冯尔康文集

冯尔康 著

古代宗族与社会结构史

南开大学历史学院◎编

天津出版传媒集团

天津人民出版社

图书在版编目(CIP)数据

古代宗族与社会结构史 / 冯尔康著；南开大学历史学院编. --
天津：天津人民出版社, 2019.9
(冯尔康文集)
ISBN 978-7-201-15059-8

Ⅰ.①古… Ⅱ.①冯… ②南… Ⅲ.①宗族-历史-
中国-古代-文集②社会结构-历史-中国-先秦时代-近
代-文集 Ⅳ.①K820.9-53②D691.7-53

中国版本图书馆 CIP 数据核字(2019)第 156785 号

古代宗族与社会结构史
GUDAI ZONGZU YU SHEHUI JIEGOU SHI

出　　版	天津人民出版社
出 版 人	刘　庆
地　　址	天津市和平区西康路 35 号康岳大厦
邮政编码	300051
邮购电话	(022)23332469
网　　址	http://www.tjrmcbs.com
电子信箱	reader@tjrmcbs.com

策划编辑	韩玉霞
责任编辑	韩玉霞
特约编辑	李佩俊
装帧设计	明轩文化·王烨

印　　刷	河北鹏润印刷有限公司
经　　销	新华书店
开　　本	710 毫米×1000 毫米　1/16
印　　张	34.75
插　　页	4
字　　数	590 千字
版次印次	2019 年 9 月第 1 版　2019 年 9 月第 1 次印刷
定　　价	320.00 元

前　言

　　本卷所汇集的文章是关于中国古代史的,确切地说是古代宗族史和社会结构史的。文章写作的个人条件是这样的:我在南开大学历史系读研究生时的学习方向是明清史,由于毕业论文是清史范围的,之后就以研治清史为治学根基;我在历史系的教学任务是中国古代史后半段,一度是隋唐至明清,通常是五代宋元明清,我就以此范围阅读"二十五史"中的史籍;1964 年起我又在土地制度史研究室研习土地制度史通史;及至工农兵学员入学,中国古代史教研室 1974 年编著《中国古代史》(内部使用教材),我写明清史部分;1977年恢复高考后, 教研室重编 1979—1980 年出版的《中国古代史》(人民出版社),我不满足于明清史的研究,希望能够对古代通史亦有所钻研,是以改写东汉部分。

　　个人的学术观念,年轻时接受马克思主义教育,中年起对年鉴学派史学及其方法、社会学社会结构论有兴趣,因此,很自然地将对古代阶级关系的研究,与社会结构论、社会生活史结合起来,所写文章从题目到内容,无不显现出学术背景的痕迹。如对中国宗族史和谱牒学史的研讨,自 20 世纪 60 年代初开始发表读书札记,迄今半个多世纪。涉猎的内容除清代而外,对宗族通史、谱牒学史亦下了一点功夫。关注的焦点,起始是在宗族政治功能方面,跟随主流意识,以族权为封建"四权"之一予以批判。80 年代中期起,逐渐认识到宗族正负两方面的历史影响。与此同时,我致力于近当代宗族、宗亲会史研治。鉴于宗族史的论文数十篇,若尽数收入本卷则篇幅过大,故将清代、近现代宗族及宗亲会文章另集为其他两个专卷。

　　在古代社会史研讨中,我关注两个重大课题,即等级和社会形态,认为中国古代是等级社会,使用等级观点更能够解析历史现象;典型的分封制破坏以后的秦汉以降中国古代社会,不是封建宗法社会,而是变异型宗法性(具有一些宗法成分)社会。

我写的先秦至明代的论文不多,读书札记则有数十篇,选择关于政治经济制度以及人生的生养死葬等篇章收入本卷。

(2018 年 10 月 30 日,2019 年 5 月 20 日改定)

编者按

为避免文集各卷内容重复,敬请读者垂注:

一、作者为"冯尔康文集"10 卷本所作的自序《学无止境,是我治学的座右铭》,置于文集的《社会史理论与研究法》之卷首。

二、作者历年著作之总目《冯尔康著作目录》,以及《冯尔康文集总目录》,置于文集的《师友述怀·序跋札记》之卷末。

以上 3 篇内容,不再一一列入文集每卷之中。读者如有需要,可以参阅。不便之处,敬请谅解。

目 录

家族文化研究

中国古代史札记

古人的生养死葬

附　录

解　题

杜家骥

　　冯先生任教于南开大学，最初是从事中国古代史的教学、研究,曾参加中国古代史教材的写作,之后同步进行古代史与清史的研究,其中清史研究的成果尤多。内容上,先生最初侧重于经济及与其关联的阶级关系,随即转向社会结构史的研究,大大扩展了研讨的范畴,并以其作为社会史研究基本对象,内容涉及社会等级及其变化,生产方式与阶级关系,各种社会群体如宗族、结社等。宗族及其他社会群体、等级与社会结构、社会形态问题,是先生较多关注的内容。其中清代的篇章,已集结为几个专卷,本卷是清以前内容,主要分为6个专题。

　　社会结构、社会形态,是中国古代史非常重要的问题。本卷第一组文章是这方面的专论。其中《先秦至近代前期中国社会结构演变简史》是一篇专门阐述社会结构的长文(15万多字)。文章分四个阶段(两周时代、秦汉魏晋南北朝隋唐五代时代、宋辽金元明清(前期)、清朝后期的中国近代社会时期),重点从等级、宗族与其宗法、社会群体组织这三方面,阐述各阶段社会结构的具体情况、特点及其变化。指出西周春秋前期,社会结构可分为六个等级:1.天子周王及其家庭。2.诸侯贵族:侯、伯等。3.百官贵族:卿;大夫;士。4.(平民)庶人。5.准贱民。6.贱民。在宗族方面,实行大小宗法,以实行分封、传承制。当时的宗族结构比较复杂,层次明显,家庭还在发展中,民间组织的"社"只是刚刚萌生,政权之外,其他社会组织基本上没有出现,社会上层的群体活动不发达,社会下层的就更无从谈起。春秋中后期、战国时期社会等级结构的变动,分封制和大小宗法制遭到消弱、破坏。

　　秦汉魏晋南北朝隋唐五代阶段的社会等级结构,由高到低为:皇帝,宗室贵族,贵族官僚,弟子员、士族,平民、准贱民(半贱民),贱民。士族分属于不同的特权等级中,唐末以后退出历史舞台。贵族官僚、士族、平民、半贱民、奴隶中,又可分为诸多等次阶层及种类。秦唐间的宗族,约有五种类型:皇族宗族、士族宗族、豪族宗族、寒人宗族、义门宗族。与先秦时期不同者,一是民间宗族在皇族以外发展了,宗族组织较前普遍,但仍以官僚家族为多,是宗族制度民间化的第一个阶段;二是君统与宗统分离,君权与族权关系演进到第二个阶段,有许多关系需要协调解决;三是修谱活动大发展,成为官修谱牒的黄金时代。秦唐间的社会组织大增,宗教及其组织相继产生和兴旺,民间慈善性质的社团开始出现,带有政治色彩的官僚朋党屡次产生,人们的社会组织活动比先秦时代丰富。

宋辽金元明清(前期)阶段的社会等级及等级内部的阶层是:皇帝,贵族,官僚,绅衿,平民,半贱民,贱民。宗族发展到宋代之后,众多平民建立自己的宗族团体,使它进入了平民化的新时期,主要表现则是祠堂的普遍出现和一部分平民掌管宗祠,宗族的集体经济增多,私家修谱逐渐兴盛,取代了往昔的官纂谱牒独盛的局面。家庭方面,小型家庭发展。民间组织形式,宋代以降较唐以前大增,活动较前频繁,社会的"中介"作用也较为显著。群体组织无论是形式和内容都比前一阶段丰富得多。社会救济、慈善组织相继出现,商业、商人有关组织的行、会馆、公所不断出现。文士诗文社,宋、明比较流行、活跃。综之,这一阶段的社会结构较唐代以前有不少变化,结构要素比以前大量增加,相互关系较前复杂。

鸦片战争至清朝灭亡的近代,等级差距缩小。皇帝实际权力缩小,宗室权力回升,官位贬值,绅衿社会地位进一步上升。平民中商人、地主的社会地位有了较大提高,特别是商人。某些贱民在雍正年间开豁为良后,至清末又一次得到解放。在阶级方面,资产阶级与工人阶级产生。宗族进一步民众化。社会群体激增,会馆和善堂等传统的地域性组织有了新的发展。新生的社团带有一些近代因素。维新派创办的强学会、保国会,开近代中国政党的风气,为中国历史上士大夫结社的划时代创举。秘密结社发展为会党,甚至有资产阶级政党出现。就是传统的组织,往往也有一些新内容。

此文最后指出,中国古近、近代社会,等级结构既严谨又有所松动,等级制是社会生活的准则,贯彻在一切社会生活领域,等级意识系统、强烈,流传久远。宗法精神贯穿于古代社会结构中,是社会结构的主导精神,反映人的依附关系,是维系社会结构的纽带,是古代社会的稳定因素。社会结构稳定,从简单到复杂的变化进程缓慢。

由生产关系、经济因素形成的"阶级"群体，及宗法性的宗族组织，是社会结构及其形态的重要体现形式。本组文章对此又有专门论述。

《从农民、地主的构成观察中国古代社会形态》认为，以农民与地主作为两大阶级解释中国古代社会结构，从概念上而言并不准确，从内容上而言也不完全。所谓农民，应是指农业中的劳动者。其中有自耕农(包括半自耕农、富裕农民)，他们拥有自己的耕地，自耕自食，或者租佃他人少量土地，或者耕地略有富余出租给他人，再或者雇佣少量农业佣工帮助耕作。有佃农，可分为平民佃农、半贱民的"佃仆"。有低于良人但比贱民高的"雇工人"，有农业奴隶，有平民地主、小土地出租者。自战国秦汉迄于明清，自耕农都有大量存在，是农民的主体，他们与地主不构成生产关系，因此主佃关系很难说是社会的主要关系。农民主体是作为纳税人的自耕农和平民地主。社会存在着两种基本矛盾，即以纳税人自耕农、平民地主为主体的农民与国家的对立；佃农与地主的对立。平民地主、自耕农的重要地位尤须注意，而不能只看重贵族地主和佃农，佃农绝对不是农民的代名词，通常也不是社会的主体。国家在社会中特殊地位的形成，除了其政权因素，更因其为最高层级的土地所有者。

关于农民的种类、复杂情况及其变化，在《中国古代农民的构成及其变化》一文中还有细致深入的论述，指出自唐代中叶以后，庶民土地所有制的发展，自耕农和平民佃农同时增多，依附农相对减少。明清时代，佃农增多，它们与佣工都向平民化方向迈进，多层级土地所有制，允许土地买卖，生产力低下，很难抗拒自然灾害，使得农村居民的分化容易成为现实，也造成农民构成的复杂化。

自耕农问题，是先生重点考察的对象，《关于中国封建时代自耕农的若干考察》一文论证，中国古代，自始至终有大量的自耕农，在前期是农村居民的主要成分，到了后期，比重减低，也还占到农户的1/3。自耕农是一个社会阶层，与地主阶级不构成生产关系，与佃农不是一个阶级，与君主专制政权是对立统一关系。君主国家一定程度上保护自耕农利益。自耕农是政府赋役重要的来源对象，与政府构成社会的基本矛盾。这一矛盾与佃农和地主构成的另一社会基本矛盾同时并存，是君主专制社会两大基本矛盾之一。君主政府在一定程度上代表自耕农，自耕农与地主共同构成政府经济基础。反对暴君、贪官污吏和横征暴敛，把矛头指向君主政权的农民运动，主要是自耕农进行的。

以"平均平等"为口号反政府之外,更把矛头指向地主阶级的,是以佃农为主导的斗争。唐朝以前的农民战争,以自耕农为主体,反对横征暴敛的王朝。这一类战争,不止一次地推翻旧王朝。唐末农民战争以后,逐渐以佃农为主体,增加反对地主剥削的内容,强烈要求平均社会财富,平等的要求也日趋明确。佃农与自耕农的要求进一步合流。自耕农的斗争,迫使君主政府不断调整对其政策。自耕农经济与地主经济并存,共同构成为社会经济的主要内容,这是君主专制社会经济结构的特点,它不同于西方中世纪单一的领主经济。这一特点,说明中国社会经济制度与西方不同。自耕农经济的存在,是创造中国古代文明和造成中国君主专制社会长期缓慢发展的重要因素。

《秦汉以降古代中国"变异型宗法社会"述论——以两汉、两宋宗族建设为例》,则从宗法演变方面论述中国古代社会形态变化。文章认为,将秦汉以降的古代社会说成是"封建宗法社会",概念似不准确,这一阶段,宗族不再是上古的典型宗族,社会不再是典型宗法社会,称为"变异型宗法社会"较为相宜。文章阐述:战国时代破坏了周代的分封制和宗族制,两汉以后宗族重建,成为"变异型宗法社会"。汉代宗族重建主要是在上层社会进行的,特别表现在皇家的建设方面,如设置宗正官,管理宗籍,完善宗庙制度,等等。汉朝政府还鼓励民间宗族的重建,为它创造政治条件,使得战国以来被破坏的宗族重新建设,产生世族,并为士族宗族的出现奠定基础。特别是在曹魏实行九品中正制以后,在豪族、世族之外,又产生士族。此后寒族势力上升。宋代宗族重建,不再表现在皇家方面,而在流动性很强的官员,及民间读书人和富人方面,尤其是士人和官员关注家族的建设。其宗族建设,是向民间化发展。理学家全面提倡宗法伦理,力行教化,有力地推动宗族建设。创设赈恤族人的常设机构——义庄,促使宗族有可能持续发展。重宗族之典型,施恩义于宗人,依坟茔而定居及著籍,成为后世子孙凝聚家族的根基。明清时期平民宗族与绅衿宗族得到同步发展,贵族宗族尽管存在着,但被蓬勃发展的绅衿、平民宗族活动所遮蔽,平民宗族从幼弱到壮大。宗族日益变为平民的群体。

第二组"古代宗族史"则是宗族方面的专论,而且偏重于宗族通史。上一组中的长文《先秦至近代前期中国社会结构演变简史》、专文《秦汉以降古代中国"变异型宗法社会"述论——以两汉、两宋宗族建设为例》,以及下一组"谱牒学·姓氏学"中的《宗族制度、谱牒学和家谱的学术价值》,对中国古代宗族的产生、发展、各阶段的特点,有通贯性的清晰阐述。本组《概述中国宗族制度特点及其历史作用——〈中国宗族制度与谱牒编纂〉自序》《中国宗族的历史特点及其史料——〈清代宗族史料选辑〉序言》两文,是专论中国宗族的历史特点。主要观点是:宗族从贵族组织到平民组织,很长时间内具有等级性。宗族还具有持久性、坚韧性和社会适应性等特点,它持续发展,可以说是从古至今始终存在的唯一的合法社会团体。其民众性,将广大民众组织在它的团体之内,是民间具有互助及某种自治性质的团体,具有某种社会中介作用。宗族教忠教孝的伦理观念,附属于主流意识。宗族及其宗法是中国君主专制的基础,在多方面影响社会政治、经济、文化面貌,影响民间社会生活,打上它的烙印,最主要的是历朝政府实行的"以孝治天下"政策,在官制、教育、法律、伦理多种领域中落实,希望以此达到其政权的稳定。

《南北朝的宗族结构与士族社会特质论纲》,则对南北朝这一特殊时期又有特殊宗族类型士族的专门论述。文章利用社会学关于社会结构的理论,说明当时的宗族结构,考察其内部的冲突性,以认识当时社会的本质特征。此文揭示了这一时期宗族的高低结构及每类宗族内部的不同层次,为:1.皇族,有尊属、疏属。2.士族,有甲族(膏粱、华腴、甲姓、乙姓),有低等士族(丙姓、丁姓)。3.平民宗族,有豪族,有寒门(小姓)。这也是当时社会的等级差别,宗族等级与社会等级融为一体。平民等级之下有贱民等级。宗族结构没有社会等级结构复杂,不同等级宗族的结合,成为社会等级结构的一部分,宗族等级是社会等级的主体。宗族内部的矛盾在政治领域的表现是:1.皇族与素族,特别是与士族的矛盾,集中在对中央政府控制权的争夺上。2.士族与平民宗族的矛盾,突出反映在出仕权和晋升权方面。3.当时宗族存在地区性特点,区域间的宗族歧视、矛盾,反映不同政治集团的利益。与宗族有关的政治制度及其变化,则体现为:从宗王辅政与出镇结合的格局向素族宰辅制发展;九品中正制向科举制过渡;南朝用寒族协助君主理政;北朝则曾一度制定宗族政策、制度(宗主督护制)以稳定其少数民族政权统治。文章认为,南北朝是士族的社会,作为社会组织,士族有三大特点:它是凝聚力最强的团体;是社会的核心组织;处于社会等级结构的中坚地位。这些特点表明,南北朝时期的士族是坚强的社会组织,是社会的中坚力量,在社会生活中发挥重要作用,同时也是社会矛盾的焦点。士族是宗族主体,是素族势力的代表,它的社会活动,成为政府制订、改订政策的出发点。

宗族是以血缘为纽带结成的组织,却又有不同血缘之人加入或结为亲缘者,称为"拟制血亲",它关系到宗族之成为组织及对其性质的深入理解。此前在这方面尚无系统的考察,《拟制血亲与宗族》是专门研究这一问题的文字。文章揭示,没有血缘关系之人形成拟制血亲或类似拟制血亲的关系,同宗族发生联系,普遍存在于中国古代社会。其类型有:1.赐姓(多为赐予皇姓);2.同姓不宗者及异姓联宗;3.义儿;4.拜干亲;5.结拜金兰;6.招婿承嗣和外甥继嗣;7.主佃东伙作为少长关系;8.奴从主姓。还有虽不是拟制血亲而与"血亲"相关,有的在称谓上有拟制血亲的味道,如"君父",即臣民将皇帝既作君主看,又当家族长看,皇帝视百姓为"子民"。百姓将县官称作"父母官"。有的与拟制血亲类似,如攀高门著姓,乱认祖先等。

宗族对拟制血亲的态度是本能的排斥,同时面对现实作有条件的吸纳。拟制血亲与宗族伴存有深刻的社会原因,并有着相应的社会功能。1.拟制血亲适应古代政治需要,起着继续、扩大王朝政权或家族势力的作用。如:以赐姓争取盟友,瓦解对方,作为建立和巩固政权的手段;给重臣以崇高的拟制血亲尊号——尚父、仲父、亚父,使之有力推行新政或治理朝政;不同的民族政权间争取用拟制血亲建立友善关系,以稳定社会;中古士族利用联宗通达亲情、提高门第和维持社会地位;武人养子以建立割据势力或王朝;太监养子以便持续干政。2.拟制血亲调节家庭与宗族间的矛盾,以适应古代家庭发展的需要,间接起着维护宗族的作用。3.拟制血亲还可在社会关系和社交手段中发挥作用。4.移民需要拟制血亲,以便在新区立足。

第三组是"谱牒学·姓氏学"的论文。《古代官府与民间编纂家谱简史》阐述:族谱编纂,始于先秦。此后从官修向私修发展,隋唐以前官修占主要地位,宋代以后私修盛行。官修时代谱牒被用作皇家、贵胄、士族、官员身份的鉴别和袭爵、出仕的依据,主要起着政治功能的作用;宋元以后的私修宗谱,是宗族凝聚族人的一种手段,社会功能增强。私修谱书的发展与宗族的民间化、大众化几乎是同步的。先秦时代实行宗法制和分封制,确定王位、爵位的袭与封,祭祀的参与,需要明了王室、贵族成员间的血缘关系、嫡庶身份,谱牒产生成为必需,设有专职撰修谱牒的官员。两汉私家谱书的产生,与世家大族为增强自身建设和社会地位有关,族谱形式开始多样化。单一家族的谱书出现,是两汉谱学的一大贡献,影响于后世。万姓谱的出现,开启通国谱的先河。与其有孪生关系的姓氏学兴起。魏晋南北朝是官修谱牒的黄金时期,朝廷编有通国士族谱,地方族姓编有州郡谱。皇家也修谱牒。私人编写氏族谱的也很多。

政府从士族选官使通国谱得到发展。士族通过谱牒维护其特权。谱牒还为联姻门户匹配提供资料。唐代，通国谱向家族谱过渡，此后官修谱牒的盛况一去不复返，私家修谱取而代之，宋代以后常盛不衰。谱牒体例也发生巨大变化，欧、苏谱创造的家族谱新体例类型，确立了典型体裁，成为圭臬性范本，影响深远，直至今日；谱牒的社会价值亦发生巨变，以前的仕宦和选婚的主导作用消失，而伦理教育的功用显著上升，修谱成为宗族收族之方法。明清是古代私家修谱集大成时期，修谱理论发展，体例更加完善，接近于官修国史和方志体裁；官方也倡导修纂，族谱撰著繁盛，数量颇大；族谱的功能呈现多样性，强调教化功能，从政治思想领域支持政权。

《宗族制度、谱牒学和家谱的学术价值》指出，宗族制度在我国社会生活中的重要性、长期性和影响的深远性，与世界各国迥然不同，可以说是我国历史的一大特点。同样，谱牒学的发展也异常突出。因此，研究有着内在联系的宗族制度和谱牒学的关系，阐明谱牒的学术价值，对于分析中国历史和文化的特点，认识我国宗族、家庭的过去和未来，是非常有益的。宗族谱书有四个类型：帝王诸侯世谱、通国氏族谱、州郡（地方）宗族谱、家族谱。这四类也可以区分为两类，一是某一个宗族的，二为集若干宗族的。宗谱的体例，以记录族人血缘关系的世系为主体，是基本的或主要的内容，还有宗族人物传记，宗祠坟茔、宗规族约等内容。

以上两文，都对谱牒的价值作论述、分析，综合其观点如下：谱牒是纂修史书的重要资料来源，族谱是下层民众的史书，也记述重大事件，反映社会历史的变迁。谱牒学在清代即被称为史学，也是今人揭示中国历史全貌不可或缺的丰富素材，为史学综合研究法的进一步实现提供可能。《宗族制度、谱牒学和家谱的学术价值》更详细地阐述了宗谱在宗族史、家庭史、人口史、历史人物、下层社会、妇女史、民族史与边疆史、地方史方面的史料价值。同时指出宗谱强认君相贤人为宗族始祖、隐恶扬善而将尊亲先人劣迹隐去、妄加谀谳之词等缺陷，对家谱的资料要鉴别真伪，慎重利用。但谱牒资料基本上可靠，不必因上述缺陷而否定它的学术价值。

《关于编辑出版"族谱丛书"的建议》指出，族谱以其特异的体裁和内容，丰富了古文献宝库，占有一席地位。宋以后的族谱，有同于一般书籍的序跋、凡例，包括多种文体的文献，有诏诰敕谕，画像赞语，宗规、家训，图表的世系，类似"志"体的关于祠堂、祠产的专文，墓志铭、寿序、哀诔等传记文。系统反映宗族组织与宗法。族谱自为一种文献,它的写作是一门单独学问。族谱有连续性续修的特点。保留到今天的族谱,大部分是清代和民国时期编写的,数量甚大。是宗族史研究的重要资料宝库。

在姓氏学方面,《关于姓氏学的历史及姓源——"百家姓书系"序》介绍,在我国姓氏发展史上,先秦和秦代以后是截然不同的阶段。战国时代社会结构发生巨大变化,典型的分封制、宗法制被破坏,使得与之相联系的姓氏制度发生相应的演化。秦汉以降,姓与氏的差别消失,人们以氏为姓,并简单地以姓表示姓氏,拥有者普遍,因而其数目大为增加。另外,由于民族间的交往,姓氏文化交流融合,大大增添了姓氏的种类和数量。文章依据郑樵《通志·氏族略》的归类作出简要的说明,并补充其所缺略的姓源,列为以下诸多种类:"因生以赐姓"、以号为氏、以封国为氏、以封邑为氏、以侯爵中的乡侯名或亭侯名为氏、以住地的名称和特征为氏、以祖父名字中的"名"或"字"为氏、以排行为姓、以族为氏、以官名为氏、以爵为氏、以德为氏、以技能为氏、以事为氏、以谥为氏、少数民族姓氏、不知姓源的姓氏、登记分家而到官府领取的新氏、被强制所改之姓、避讳改姓、避祸改姓、避仇改姓、少数民族改姓、省笔画改姓、省字改姓、两姓合为一姓、自我创姓、冒充他姓,等等。一个姓氏,就其来源来讲,往往不是单纯的一种因素、来路,今人寻找自家姓源时应注意这点。有些姓氏的来源,在历史上就存有互相矛盾的说法,则需要澄清。古代姓氏基本上是社会身份、地位的标志,先秦时代尤其如此。到了中古,士族还把姓氏与地望联结在一起称之。宋代以后,姓氏基本上不再有贵贱之别,同社会地位脱离关系。

今天的姓氏学也有社会意义,如:了解自己的先世,受祖先精神的鼓舞,提高生活情趣和质量;有利于家族或宗亲的联系。另外,姓氏制度及其演变史,也是学术研究的一个领域,因为它关系到社会群体结构和政治制度,特别是原始时代的氏族制,稍后的分封制、宗法制、职官制、士族制、祠堂制度,以及"同姓不婚"的婚姻制度,对古人社会生活、历史的变革的影响,等等,因而需要研究。

第四组"家族文化研究"所辑之文,论述了家族文化价值及对家庭史研究的看法。

《宗族史在"二十五史"中的表现形式与内容——忽视民众史是"正史"的缺憾》一文,又在对比族谱与正史的内容后指出,正史中,庶民宗族的资料少得可怜,仅在《孝义传》《孝友传》中可见极其个别的家族片断情形。而对于全部庶民宗族来讲,犹如沧海一粟。在一些志里,如《刑法志》里的丧服图、十恶的一些内容(恶逆、不孝、不睦与内乱)、连坐法、家族复仇法、存留养亲法,《礼志》里的庶人丧礼、服制,《食货志》中关于立嗣、入籍的记载,涉及到庶民部分,所用的文字,比官员又少,仅仅是只言片语而已,所以它反映不了民间宗族史。这也正是家族谱在反映民间宗族史上的独特价值。从文化角度讲,宗族史反映的家族文化及与之密不可分的家庭文化,是可能具有普世性的文化资源。

《简述中国传统家族文化的当代意义》则具体论述:传统家族文化,是小团体文化,又是中华民族及其文化形成发展的积极因素,如今仍然有着正面的价值。传统家族文化的内涵有四个方面:1.为家族而活的人生观。人们做事业有光宗耀祖的观念,而家族也予以支持。2.尊祖敬宗睦族的团体意识。3.讲求孝道的家族、家庭伦理精神。4.孝与忠的交融性、一致性,使家族文化不仅是家族的信念,还是整个社会的一种观念。现代也应实行养老孝道的可行措施,建立以男女平等为基本精神的家庭、家族文明公约。家族应对净化社会风气、建设良好的社会生活环境作出努力。应大力强调人们之间互相尊重的原则,和谐人际关系,这种尊重,更应提高到人权的严肃问题来进行审视。家族传统文化中从孝到忠的国家认同观念,发展到今日应是对社会的奉献、忠诚于中华民族的国家。家族文化是形成民族国家凝聚力的一种文化因素。

关于家庭史的研究,《浅说家庭史的研究历程与趋向》归纳近百年来家庭史的研究及其从政治批判到学术研究的转变过程,认为现在研治家庭史,应在下述四方面下功夫:1.寻觅家庭史与相关学术领域研究的联接点,如家庭与家族的关系,家庭与婚姻、人口学、人口史,家庭与神灵、宗教信仰,家庭与社会、国家政权(关于家庭与国家关系研究的见解,可详见本组《喜读中国家庭通史第一部力作——评张国刚主编的〈中国家庭史〉》一文),等等,都是应着重考察的问题。2.继续深入细部研究。如决定家庭结构的因素与家庭成员的身份职业、父母存亡状况及其与家庭类型关系诸方面;不同的家庭类别;家庭与家族的公私财产问题。3.继续开拓研究领域。如家庭冲突与家庭暴力,其内涵、外延、冲突的种种表象、性质及对社会影响;再如分家与继承方面的各种复杂问题。这些领域的开拓,可使家庭史的研究由浅而深,必将使研究水平向前推进一大步。4.牢固树立动态研究观念。家庭形态、家庭人际关系、家庭伦理总在发生不断变化,因此家庭及家庭史很难有一个固定不变的模式和内容,我们的研究理论、观点也总是在变化之中。将动态的观念运用到研究中,不断改进研究方法,提高学术水平,是我们不断思索、实践的事情。家庭变异无止境,我们的家庭史研究也就需要不停顿地更新。

第五组的"中国古代史札记",有三篇为赋税制度方面。《从社会史视角考察户籍赋役制度》一文,从社会史的视角研讨户籍赋役制度史,关注点是制度与民众生活的关系,兼及户籍、赋役、乡里制度的内在联系。讲述四个问题:1.户籍、赋役制。2.违犯这种制度的法律惩治。3.该制度对社会生活的影响。4.该制度的性质与历史影响。户籍制的主要内容,是户口登记,包括姓名、性别、年龄、相貌、资产、成分、身份、职业。进行户籍编审,造具赋役册,固定人们的职业、居地,并以宋明等朝说明具体情况。对违犯该制度如脱户、冒籍、逃避赋役、私离乡里等行为,予以相应的法律制裁,以保障赋役的征收与征发。赋役制度影响民众生活是多方面的:赋役沉重、科敛无度常造成农民暴动;政府在法令严禁之外,清查户口,搜索民户,搅扰民众正常生活;职役户避免差役,纳税户的飞洒诡寄,造成赋役不均不合理;政府给予宗族合法地位、司法上的若干权利,宗族在制定的家训宗规中教导子弟按制当差纳粮;户籍赋役制固定人们的等级身份,迫使低身份者设法改变身份地位;户籍赋役制使人们"著籍",强化故乡观念、同乡关系。外出者,同乡之间关照,进而产生会馆、义冢。寄籍者融入当地社会,子弟以商籍寄籍参加科举,给该地方做贡献。经常发生的土著与客民冲突,是与籍贯相关的问题;国家选官有籍贯回避制;官府固定民众于乡籍,实行关津稽查制,给民人造成异地谋生的极大困难,甚至不可能。户籍制实现政府对民人的控制,实即对民人人身的不完全占有,令民人对政府有人身依附关系。上古、中古役重于赋,役轻之后,控制民人的现实性减少,故摊丁入粮之后取消编审,改成岁计人口,并重视保甲法以维持治安。户籍制维系传统社会二千年,影响深远。

《从古代什一税讨论当代农民的土地所有权及农业税(提纲)》指出,历史上赋、役轻重关系的调整,与政府对农民人身控制的弱化有关。中古以前,役重于赋,故而反对征徭役的农民造反不断(陈胜、王薄)。代役制的实行,有利于徭役的减轻和役变为赋。将役纳入赋,赋役合一,是保证税收的前提下取消徭役和人头税。徭役是国家对农民人身不完全占有的标志,役的减少、合并于赋,标志国家不再依照原始方式控制农民,而且也不需要那样地控制。文章并提到今日之农民负担的减轻问题。

以庸代役,是中国古代赋役发展史上具有重大意义的改革事件,其始于何时,学术界有不同说法。《租庸调法的"庸"之制度化在于何时》一文,以详实的资料进行缜密分析、论证:与均田制相适应的力役制度,从北魏开始,是受役者亲身应役;至隋,在一定范围内(50岁以上之丁)实行折庸代役;稍后,受隋末民众战争的影响,唐初武德二年规定,凡有丁役负担的人都可以庸(交绢)代役,并确定庸的数量、具体实行办法,于是庸的制度化完成。迨至武德七年,同时颁布均田令与租庸调法,再次肯定庸的制度。这种徭役制度的演变,使农民能够较多地按照自己的意志和依照农时进行生产,所以它是有利于生产发展的具有进步意义的历史变化。

《历代人口政策与婚龄》阐述,历朝政府关于婚龄的法规,有两种类型。一是常规的,确定法定婚龄,但因民众有自行的婚龄,所以政府所定婚龄并没有法律约束力,及龄者结婚与否政府不管,未及龄者结婚政府也不过问,童养媳制度的存在就是明证。一种是强迫某年龄段男女结婚,其目的,是官府为增殖人口乃至人口税,或解决劳动力不足所影响的赋役之征及兵源问题,春秋时的越国,后来的西汉、西晋、北周及唐太宗贞观年间,都实行过这种政策,还有提倡寡妇再嫁的。这种政策,反映出古代统治者把人当作一种生殖劳动力、兵力的工具,而且往往体现为强迫早婚,甚至把不行早婚的男女当作罪犯来对待,摧残未成熟男女,是古代帝制时期的野蛮性表现。

《高力士与唐明皇》,揭示二人名分上是主奴关系,实有难兄难弟之谊的情况,列举高力士暗投明皇,助平韦氏,参与清除太平公主势力,拥戴明皇登基,谏议明皇勿予宰相李林甫权柄,赞助明皇册立肃宗为太子,体会明皇内心而两度迎还杨贵妃,谏言压抑安禄山,从明皇幸蜀,努力保护太上皇时的明皇,被流放和悲痛明皇之死而亡等等史事,以作说明。指出高力士与唐明皇的关系中,贯穿着忠与信的伦理道德,对明皇忠谨。高力士虽有擅权败坏朝政之事,但并不严重,对他的评价应当客观一些,无须过分苛求。

《关于五代时期几次战争的读书札记》,阐述五代从分裂向统一过渡时几大战役的情况。朱梁、李晋的柏乡之战(公元910年十二月—911年正月),兵力上梁众晋寡,晋军周德威的战术起到重要作用,获得胜利,后梁失去了控制河北的能力。后唐灭后梁之战(公元923年),梁、晋(后唐)相争二十多年,大小数十战,互有胜负。到公元923年(后梁龙德三年、后唐同光元年)后唐灭掉后梁,结束了双方相持局面。高平之战(公元954年),北汉、契丹联合进攻后周,周世宗柴荣率兵抵御,取得高平之战的胜利,北汉从此一蹶不振。后周进而围攻太原。后周显德二年,后周发动了对南唐的淮南之战(公元955年——958年),历经几年,尽取南唐江北14州60县。文章总结,五代时期战争是割据政权下的军阀混战,一定意义上说是唐中叶以来藩镇混战的延续。其特点是:1.军阀割据政治下的战争连绵不绝,五代短短53年中,换了梁唐晋汉周五个集团,而君主则有13个,又属于8个家庭。2.战争极端残酷。3.产生以少胜多、以弱胜强的著名战例,如柏乡之战。4.最后柴荣进行的,是开始统一的战争,出现争统一的趋势。

最后一组"古人的生养死葬",主要是人生及有关习俗的内容。《溺婴的父母》揭示,溺婴是中国历史上始终存在的社会问题。溺女事件史不绝书,溺男在唐以前不时出现。西汉元帝时百姓溺男婴是一种普遍现象,因为自汉武帝起,小儿到3岁出口钱,15岁有算赋,百姓害怕这种人口税的负担,不得不溺杀婴儿。西晋初年及东晋,因徭役多,人民为躲避繁重的征役而"生男多不养"。另外还有考虑分家时子多会陷入贫困而溺者。溺男婴在宋以后少见,因唐以后赋役制度改变,人口税由重变轻,穷人不存在因徭役重而淹毙男孩的问题了。元代以降,淹死女婴要比溺男婴多得多。明清时期,溺女在长江以南地区尤为流行。其溺女婴之原因有二:一是希望生男孩,若已生女婴,则溺毙之使该生母断奶而早日再孕,冀得男孩;二是怕女儿长大出嫁陪不起嫁妆,因而生下便溺死。此外还有因贫穷养不起女儿而被迫淹溺的。文章指出,古代社会,子女是属于家长的,家长有权处置子女的教育、职业、婚姻、交友,溺死自己刚降生的婴儿也是家长的权利,官府也不以其为犯罪,这是古代社会不文明的体现。至近代,出现"人一出世就应当有生存权利"的文明意识及道德观念。历史发展到今天,家长不仅不能溺婴,而且要保证婴儿健康地成长,给儿童以优良的物质和文化生活,才算尽到家长的责任。

《养济堂和老人的生活》介绍,中国古代敬老思想源远流长,历朝政府也多有对老年人的优惠政策。而对贫病无依的老人形成正式的照顾制度,大约始自唐朝。此后宋代设有福田院,收养老年穷人。明代有养济院之类的善堂,让贫穷老人领取口粮、布匹,过集体生活,或者和亲戚生活。清朝,普济堂之类的善堂设置较多,官府也要求各地方仿效建立,以收养老年贫民。在救济性质的善堂之外,清代还出现自救性的合办善堂。清朝时老人善堂多样化,堂规细密完善。中国古代养老堂之设,始与寺院关系密切,后为纯粹官办,待后又官民合办,主管方面的变化,是向民办趋势发展。到了近代,善堂就转以民办为主了。养老堂的建立与发展，是社会进步的表现。

本组有两篇是丧葬习俗方面的文章。《厚葬、薄葬与停丧不葬》揭示中国古代中原汉族在丧葬方面的一个特点性习俗——厚葬，几千年不变，帝王贵胄最为讲究厚葬，秦始皇陵便是典型事例。厚葬不仅体现为建造规模宏大的墓室、放置大量随葬珍宝器物、禽兽甚至有婢妾奴仆，还有是吊唁、殡葬规模大。厚葬存在太多弊端，也因此出现薄葬及停丧不葬者。主张薄葬者，西汉以后代不乏人。薄葬的实行者，多是一般民众。停丧不葬习俗，至迟在北宋年间已经形成，以后愈演愈烈，至清代而极盛。停丧不葬的原因有三：1.选吉壤做坟地、挑吉日下葬，若一时难于达到，便等待"久而不葬"。总之是因迷信，希冀葬事吉利，给生人带来富贵兴旺。2.有的因为想厚葬，眼下经济力量不足，而寄希望于日后。薄葬、停丧不葬皆由厚葬而起，而厚葬是主流，形成古人丧葬的特点。古人之所以要厚葬，主要是迷信人死后会进入阴间，为使死者到阴间后享受在阳间的待遇，甚至超过阳间，这就是古人所讲的"事死如事生"。因而厚葬也被视为是行孝表现，否则就是不孝不忠，还会被人视为小气。这种观念，顽固地影响着人们。文章最后指出，厚葬把资财埋于地下，有的化为灰烬，浪费了物力、人力，是一种恶劣的风俗。另外，厚葬还表现古人严格的等级观念，而等级制是历史上阻碍社会发展的制度。以上观念、习俗至今仍有遗留，应当批判、大力摒绝。

《宋元明时期的火葬》阐述，火葬作为一种葬法，在中原汉族的历史上争论颇多，是社会生活中值得注意的问题。火葬在五代两宋以后流行，在此之前人们对火葬恐惧，而对土葬虔诚，因而当时火葬之产生不易。北宋以后至清朝，官府出于人伦道德，对火葬是持反对态度的(清初满族沿袭火葬习俗，后来也改为土葬，而禁止火葬)，历代都发布禁令。官府屡屡发布火葬禁令，又表明火葬习俗的延续流行。汉人实行火葬，最重要的原因是贫穷埋葬不起，火葬简易花费小，还有是针对土葬中厚葬的弊俗而来。火葬应当是有生命力的事物，在遭到严重压抑的时代都能维持下来，在人们普遍认识它的好处后，会更流行。

本组《明代移民的生活》一文介绍，明代移民有两大类型。一是明初政府组织的人口迁徙；二是人民自发流移，而政府加以限制和打击。这两种移民在迁徙过程中、到达新居地后，生活及遭遇很不相同。欲知其不同生活状况之详情，请读原文。

秦汉以降古代中国"变异型宗法社会"述论
——以两汉、两宋宗族建设为例

鉴于文章较长,先行交待其要义。对于学界通常将秦汉以降的中国古代称为"封建宗法社会",心存何谓"封建""宗法""宗法社会",与宗族是何关系的问题,因之作出探讨。由于两汉、两宋是宗族重建的重要时代,特予剖析,从而发现社会颇具宗法成分:政体是具有浓厚"家天下"因素的帝制,社会等级制、观念与宗族等级制、观念结合,成为专制主义皇权的统治思想和体现;"以孝治天下"政策和小宗法的实行,促使宗族民间化、大众化,成为最重要的社会组织,然而也使得宗法社会颇具理想成分,与上古的贵族宗族判然有别;宗法精神渗透在社会结构诸多领域,宗法专制性、族人依附性(从属关系)既是存在的,也是在逐渐消弱之中。据此认为秦汉以降的社会是"变异型宗法社会",即中国上古宗法社会的制度及其观念,在秦汉以降的社会有保留,有变化,令宗族形态不再是上古的典型宗族形态,社会不再是典型宗法社会,而进入变异宗法社会的新阶段。秦汉以降的变异型宗法社会,就是中国中古、近古社会特质,它的宗法性,重视人们古老相传的血缘关系,政府讲求仁义道德的治理理念,民间追求温情脉脉的人际关系,如此保存上古社会的遗态,反映了宗族的社会适应性与高度的变异能力。

人们常常将秦汉以降中国古代社会说成是"封建宗法社会","封建"一说不时遭到诟病,近日有称"宗法地主专制社会"者,两说都有"宗法"的定语,那么究竟是何种社会呢?怎样理解"宗法""宗法社会",它与宗族又是什么关系呢?本文的写作,就是试图了解所谓宗法、宗法社会及与宗族的关系,从而认识中国古代社会的历史特质。这个题目很大,众所周知,两汉、两宋是中国古代宗族两次重建的时期,以这两个时期的宗族建设为例,可能会容易理解"宗法社会"的内涵与后人使用的意义所在。经历此番研讨,笔者则以为"封建宗法社会"概念不准确,或许将秦汉以降的古代社会说成是"变异型宗法社会"较为相宜。

一、"中国古代社会是宗法社会"说占居学术界的主导地位

中国古代社会是宗法社会的观念,是 20 世纪主流意识,不仅通行于学术界,社会各界亦然,当然不同的声音也有,不过很微弱。

20 世纪初年以来"专制宗法社会"说的产生与流衍,早期陈独秀、陶希圣所提出的观点不必说了,即笔者从近期阅读的书籍中,也有不少把"宗法"与"社会"联系在一起的资料,这可以说是信手拈来的例证,录之于后。冯天瑜主张以"宗法地主专制社会"取代通行的"封建社会"概念,①他强调古代社会的宗法性质。张晋藩讲到中国古代国情的诸因素,就有"以宗法家长制家庭为社会的基本构成单位"②。张绪山讲到中国政体的变化,"必须完成由传统宗法政治体制到现代民主体制的转变"③。秦晖论述君主对待佃农、地主态度时,使用了"家天下"一词,虽然加上了引号:"为了维护'家天下',帝王及其官府对主对佃都要约束。"④张国刚主编的《中国家庭史》第 5 卷的作者郑全红说:"中国传统社会是宗法社会,宗族势力是十分强大的,进入近代以后,尽管宗族形态日益弱化,但宗族势力和宗法残余依然存在。"⑤严昌洪讲到传统祭礼时说:"在中国封建宗法农业社会里,人们的迷信观念长期得不到破除,祭祀活动也便长盛不衰,而成为一种风俗传承。"⑥顾军研究北京的四合院,说"作为家族聚居之处的四合院,更是用建筑语言将宗法制度阐述得淋漓尽致"⑦。可见学者将古代社会视为宗法社会,并以此作为认识社会各种领域性质的立论依据的普遍性。

对秦汉以后宗法社会说有置疑者,张传玺认为宗法仅体现在皇帝制的家天下因素,不再是宗法社会,"夏商周以国王为首的宗法贵族世袭分封制",其

---

① 参见冯天瑜:《"封建"考论·提要》,武汉大学出版社,2006 年。
② 张晋藩:《中华法制文明的演进》,中国政法大学出版社,1999 年,第 1 页。
③ 张绪山:《史鉴资治中的"对号入座"——以〈甲申三百年祭〉为例》,《历史学家茶座》2006 年第 4 期。
④ 秦晖:《"业佃"关系与官民关系——传统社会与租佃制再认识之二》,《学术月刊》2007 年第 1 期。
⑤ 张国刚主编:《中国家庭史》,郑全红撰第 5 卷,广东人民出版社,2007 年,第 36 页。
⑥ 严昌洪:《传统祭礼及其在 20 世纪的变革》,《文史知识》2007 年第 7 期。
⑦ 顾军:《北京四合院的基本类型和文化象征》,《文史知识》2007 年第 8 期。

要旨是"国王'家天下'制度"(王位世袭制)和"宗法贵族世袭分封制",而秦汉至明清,皇帝制只保存家天下因素,宗法制已日薄西山,即家天下表现在"皇位世袭制"和"皇族特权制"两方面,"皇统虽可以借宗法制度以维系,但此后(汉代以降)宗法制度已日薄西山,灵光失尽,所以为皇位的斗争而发生的父杀子、子杀父、兄杀弟、弟杀兄、母杀子、臣杀君之事,几乎历代有之"①。

周代典型的宗法制是分封制与宗法制结合,大宗给小宗土地、人民及管理权。不行分封,宗法失去经济的支持,君统、宗统一体结构已不存在,国君二重性变成政体首脑的单纯性,因此典型的宗法制已不存在,那么宗法制在秦汉以降的中国社会究竟存在与否,处于何种状态和地位?此种研究对中国古代历史定性、传统文化内涵有何意义?

二、两汉、两宋的宗族建设

战国时代破坏了周代的分封制和宗族制,两汉以后宗族重建,维持一段时间,就遭到破坏,然后再度复兴。大体说来,中国宗族经历三次重建,第一次在汉晋,第二次在宋元,第三次在20世纪80年代以后,每次复兴各有重点和特点。第三次宗族变异,未来如何,不在本论题讨论范围,不予关注,汉、宋宗族重建的努力及其间、其后的状况,略述于下。

(一)汉代宗族建设及其主要内容

宗族重建主要是在上层社会进行的,特别表现在皇家的建设方面,同时产生世族,并为士族宗族的出现奠定基础。皇家的宗族(皇族)建设,大端为:

1.设置宗正官,管理宗籍

汉高祖七年(前200),置宗正官以序九族。②追尊兄伯武哀侯。③刘邦奖励异姓,给予皇族身份——赐姓。五年(前202),项羽死,封项氏家族的项伯等四人为列侯,赐姓刘。④赐姓者列入宗室,由宗正掌管其籍属,享受皇家待遇,这

---

① 张传玺:《中国古代国家的历史特征》,《文史知识》2007 年第 1 期、第 3 期。

② 《汉书》卷 1《高祖纪》,中华书局,1962 年,第 1 册第 64 页。

③ 《汉书》卷 1《高祖纪》,第 1 册第 51 页。

④ 《汉书》卷 1《高祖纪》,第 1 册第 50 页。

是皇家以皇族笼络人。文帝四年(前176)恢复犯罪的宗室成员的属籍。①武帝元光元年(前134),从前因七国之乱而丧失属籍者复其宗籍。②宣帝系戾太子刘据之孙,流落民间,后来掖庭养视,乃由宗正官为他上属籍,③这是他日后成为皇帝的契机。宣帝地节元年(前69)为有罪丧失宗籍者复籍,诏曰:"盖闻尧亲九族,以和万国。朕蒙遗德,奉承圣业,惟念宗室属未尽而以罪绝,若有贤材,改行劝善,其复属,使得自新。"④平帝元始五年(5)在郡国设立宗师,以教育宗室成员,诏书谓:"盖闻帝王以德抚民,其次亲亲以相及也。昔尧睦九族,舜惇叙之。朕(太皇太后)以皇帝年幼,且统国政,惟宗室子皆太祖高皇帝子孙及兄弟吴顷(刘仲)、楚元之后,汉元至今,十有余万人,虽有王侯之属,莫能相纠,或陷入刑罪,教训不至之咎也。传不云乎,君子笃于亲,各以世氏,郡国置宗师以纠之,致教训焉。二千石选有德义者以为宗师。考察不从教令有冤失职者,宗师得因邮亭书言宗伯(宗正),请以闻。常以岁正月赐宗师帛各十匹。"⑤有宗正官和宗籍,又特置宗师,表明皇族不仅是客观存在的,而且是组织起来的群体。

2.设立宗庙及举行祭祀

汉代宗庙制度完善,表现在下述五个方面:

其一,宗庙建设。高祖十年(前197)太上皇崩,葬万年,乃特设县,护卫陵寝。⑥刘邦葬长陵,下葬毕,皇太子、群臣返至太上皇庙,为刘邦上尊号"高皇帝"⑦。并将刘邦生前与功臣的剖符作誓,丹书铁契,藏之宗庙。⑧惠帝的安陵,距离长陵十里。⑨从后来的皇帝继位拜谒高庙来看,刘邦以太上皇庙为宗庙,而后长陵高庙成为汉室宗庙。宗庙是神圣不可侵犯之地,后世刑律"十恶"之二的"谋大逆"即指谋毁宗庙、山陵及宫阙。景帝中元二年(前148),临江王刘荣坐侵太宗庙地,由中尉审理,他乃畏罪自杀。⑩

---

① 《汉书》卷4《文帝纪》,第1册第120页。
② 《汉书》卷6《武帝纪》,第1册第160页。
③ 《汉书》卷8《宣帝纪》,第1册第237页。
④ 《汉书》卷8《宣帝纪》,第1册第246页;属未尽,指仍在五服之内。
⑤ 《汉书》卷12《平帝纪》,第1册第358页。
⑥ 《汉书》卷1《高祖纪》,第1册第67页。
⑦ 《汉书》卷1《高祖纪》,第1册第80页。
⑧ 《汉书》卷1《高祖纪》,第1册第81页。
⑨ 《汉书》卷1《高祖纪》,第1册第92页。
⑩ 《汉书》卷5《景帝纪》,第1册第146页。

其二,皇帝继位或废黜举行告庙仪式。少帝四年(前184),吕后以少帝"不能继嗣奉宗庙,守祭祀,不可属天下",废弃之。①丞相陈平等迎立文帝,是以尊奉汉家宗庙为名,他说:"大王奉高帝宗庙最宜称……臣等为宗庙社稷计,不敢忽。"②文帝也以此回应,即位之夜下诏书云:"间者诸吕用事擅权,谋为大逆,欲以危刘氏宗庙,赖将相列侯宗室大臣诛之。"③文帝即位第二月,谒高庙。景帝在高庙举行即位仪式。④昭帝即位,即谒高庙。⑤昭帝始元四年(前83),皇后见高庙。⑥元凤四年(前77),昭帝加元服,见于高庙。⑦元帝即位,谒高庙。成帝、哀帝、平帝即位,都拜谒高庙。西汉皇帝或在宗庙即位,或即位即谒高庙,形成传统,也是家法。同时废黜皇帝,也要告庙。皇家的其他重大事情亦举行告庙仪式,如平帝元始元年(1),越棠氏重译献白雉、黑雉,"诏使三公以献宗庙"⑧。二年(2),平帝改名衎(原名箕子),告祠高庙。⑨

其三,祧制。景帝元年(前156),从丞相申屠嘉等议:"世功莫大于高皇帝,德莫盛于孝文皇帝。高皇帝庙宜为帝者太祖之庙,孝文皇帝庙宜为帝者太宗之庙。天子宜世世献祖宗之庙。"⑩贾谊疏言:"《礼》,祖有功而宗有德,使顾成之庙称为太宗,上配太祖,与汉亡极。建久安之势,成长治之业,以承祖庙,以奉六亲,至孝也。"⑪这是将刘邦高庙作为太祖庙,文帝顾成庙作为太宗庙,祖、宗之庙,永远祭祀。平帝元始四年(4),"尊孝宣庙为中宗,孝元庙为高宗,天子世世献祭"⑫。由此可知谥号为高祖、太宗、中宗、高宗的皇帝,成为不祧之主,神位永远放置在宗庙大殿正中享位,不行祧制。

其四,籍田与宗庙祭祀。文帝二年(前178)下诏,"开籍田,朕亲率耕,以

①《汉书》卷1《高祖纪》,第1册第96页。

②《史记》卷10《孝文纪》,中华书局,1959年,第2册第416页。

③《史记》卷10《孝文纪》,第2册第417页。

④《史记》卷10《孝文纪》,第2册第436页。

⑤《汉书》卷7《昭帝纪》,第1册第217页。

⑥《汉书》卷7《昭帝纪》,第1册第221页。

⑦《汉书》卷7《昭帝纪》,第1册第229页。

⑧《汉书》卷12《平帝纪》,第1册第348页。

⑨《汉书》卷12《平帝纪》,第1册第352页。

⑩《汉书》卷4《文帝纪》,第1册第138页。

⑪《汉书》卷48《贾谊传》,第8册第2231页;六亲,含父母兄弟妻子。

⑫《汉书》卷12《平帝纪》,第1册第357页。

给宗庙粢盛"①。皇帝亲耕,用籍田的收成祭祀祖宗,表示极度虔诚。

其五,宗庙祭祀是政权存在的标志。吕后所谓少帝不能"奉宗庙,守祭祀",即不能保持宗庙,维持祭祀,所以宗庙与祭祀联为一体;文帝以降诸帝即位谒高庙,无不表示汉家重视宗庙及其祭祀。其实,能够维持祭祀的宗庙就标志着政权的存在,同时是皇族政权存在的观念体现。文帝遗诏:"朕获保宗庙,以眇眇之身托于天下君王之上,二十有余年矣。"②昭帝始元五年(前82)诏:"朕以眇身获保宗庙,战战栗栗,夙兴夜寐,修古帝王之事。"因命举贤良。③宣帝入承大统,自云"以安宗庙"④。本始四年(前70),地震坏祖宗庙,宣帝诏"朕甚惧焉"⑤。这些皇帝表示兢兢业业勤于政事,就是为维护宗庙的安全,也就是保障皇家帝系的传承和政权的存在。

3.传子制

高祖六年(前201),尊太公为太上皇,诏曰:"人之至亲,莫亲于父子,故父有天下传归于子,子有天下尊归于父。"⑥刘邦言简意赅说明传子制为不可移易的原则。文帝即位第五月,有司请立太子:"豫建太子,所以重宗庙社稷,不忘天下也","子孙继嗣,世世弗绝,天下之大义也"。⑦传子制,维持"家天下"。传子制,然诸子有嫡庶、长幼之别,刘邦以惠帝为嗣,是立嫡长子,而后则章法不显。文帝以景帝最长,立为太子。⑧昭帝无子,大将军霍光以"大宗毋嗣,择支子孙贤者为嗣",遂以武帝曾孙宣帝嗣昭帝,"奉承祖宗,子万姓"⑨。成帝亦无出,遂立定陶王刘欣为太子(日后的哀帝),绥和元年(前8)立太子诏:"朕承太祖鸿业,奉宗庙二十五年,德不能绥理宇内,百姓怨望者众。不蒙天祐,至今未有继嗣,天下无所系心。观于往古近事之戒,祸乱之萌,皆有斯焉。定陶王欣(定陶恭王之子)于朕为子,慈仁孝顺,可以承天序,继祭祀,其立欣为皇太子。"⑩

------

① 《史记》卷10《孝文纪》,第2册第423页。
② 《汉书》卷4《文帝纪》,第1册第132页。
③ 《汉书》卷7《昭帝纪》,第1册第223页。
④ 《汉书》卷8《宣帝纪》,第1册第240页。
⑤ 《汉书》卷8《宣帝纪》,第1册第245页。
⑥ 《汉书》卷1《高祖纪》,第1册第62页。
⑦ 《史记》卷10《孝文纪》,第2册第419页。
⑧ 《史记》卷10《孝文纪》,第2册第420页
⑨ 《汉书》卷8《宣帝纪》,第1册第238页。
⑩ 《汉书》卷10《成帝纪》,第1册第328页。

4.封宗室,拱卫皇室

刘邦鉴于秦朝不封诸侯王之失,在实行郡县制同时,封宗室诸侯王,冀其辅翼皇家政权,然而并不安宁,留下后人改正的空间。高祖六年(前201),刘邦封弟刘交为楚王[①]。此后封刘濞为吴王,并对他说:"天下同姓一家,汝慎毋反。"[②]后来平定诸吕,刘氏诸侯王立有功勋,事情是吕后死,齐王发兵反诸吕,其弟朱虚侯刘章与太尉周勃等内应,刘章杀吕产,事遂定。[③]去吕氏,乃因"内有朱虚、东牟之亲,外畏吴、楚、淮南、琅琊之强"[④]。吴楚七国乱后,武帝又采取"众建诸侯"之策,进一步削弱诸侯王权力,但仍维持封爵宗室的制度。如平帝元始五年(5),祫祭明堂,诸侯王二十八人、列侯百二十人、宗室子九百余人征助祭,礼毕,皆益户,赐爵及金帛,增秩补吏,各有差。[⑤]

5.皇帝谥号称"孝"

惠帝,谥"孝惠帝",《汉书·惠帝纪》赞惠帝:"内修亲亲,外礼宰相,优宠齐悼、赵隐。恩敬笃矣。"[⑥]文帝崩,"群臣皆顿首上尊号曰'孝文皇帝'"[⑦]。皇家以"孝"为美德,意在给臣民做表率,向民间施行教化,宣传孝道与表彰孝行。

汉代皇族有组织,有标志性的宗庙和祭祀,实行传子制和分封宗室,无疑是一种组织完善、结构严谨的团体。它标志皇族宗族的重建完成。

皇家如此,汉朝政府还鼓励民间宗族的重建,并为它创造政治条件,其措施有:

赐予民间嗣子民爵。文帝因立太子,"赐天下民当代父后者爵各一级"[⑧],即为民间嗣子赐民爵一级。景帝后元三年(前141)皇太子冠,"赐民为父后者爵一级"[⑨]。景帝遗诏"赐诸侯王以下至民为父后爵一级"[⑩]。武帝元狩元年(前

---

① 《汉书》卷1《高祖纪》,第1册第61页。
② 《汉书》卷1《高祖纪》,第1册第76页。
③ 《汉书》卷3《高后纪》,第1册第102页。
④ 《史记》卷10《孝文纪》,第2册第414页。
⑤ 《汉书》卷12《平帝纪》,第1册第358页。
⑥ 《汉书》卷2《惠帝纪》,第1册第92页。
⑦ 《史记》卷10《孝文纪》,第2册第435页。
⑧ 《史记》卷10《孝文纪》,第2册第429页。
⑨ 《汉书》卷5《景帝纪》,第1册第153页。
⑩ 《史记》卷11《孝景纪》,第2册第448页。

122)立太子,民为父后者赐一级。①宣帝立太子,"天下当为父后者爵一级"②。元帝竟宁元年(前33)皇太子冠,赐天下为父后者爵一级。③这种赐爵,是特定给民人嗣子的,鼓励父子相传,家庭绵延,世代不绝。

赐予孝悌者和设置孝悌力田奖励。西汉政府实行以孝治天下的政策,是在父子分家异财,不相救助的情况下,希望改变这种局面,让民间家人父子兄弟互相关爱,以利社会稳定。诚如贾谊所说,应行礼义之政,"立君臣,等上下,使父子有礼,六亲有纪"④。汉朝的办法是鼓励孝悌,赐帛、民爵,免其徭役,令平民百姓获得特殊的荣誉。《汉书》记载,惠帝四年(前191),"举民孝悌力田者复其身",师古对此注解曰:"弟者,言能以顺道事其兄。"⑤就是政府让地方官荐举子孙孝敬父祖、弟弟顺从兄长而又致力于农事的民人——孝悌力田者,免除其劳役。少帝(吕后)元年(前187),特置孝悌力田二千石者一人,这种官爵秩很高,为的是让他"劝历天下,令各敦行务本"⑥,可见朝廷对举荐孝悌力田是多么地重视。而地方官常常举不出孝悌力田之人,文帝对此甚为不满,十二年(前168)诏:"孝悌,天下之大顺也。……今万家之县,云无应命,岂实人情?"于是派遣谒者劳赐三老、孝者每人帛五匹,悌者、力田者二匹。并且按照户口多寡设置三老、孝悌力田名额,长吏届期必须举荐孝悌力田者。这就是师古所说的"增置其员,广教化也"⑦。

武帝建元元年(前140)诏:"今天下孝子顺孙愿自竭尽以承其亲,外迫公事,内乏资财,是以孝心缺焉,朕甚哀之。民年九十以上……为复子若孙,令得身率妻妾遂其供养之事。"⑧昭帝元凤元年(前80),"赐郡国所选有行义者涿郡韩福等五人帛,人五十匹,遣归。诏曰:'朕闵劳以官职之事,其务修孝悌以教乡里'"⑨。宣帝地节三年(前67)诏:"朕既不逮,导民不明,反侧晨兴,念虑万

---

① 《汉书》卷6《武帝纪》,第1册第174页。

② 《汉书》卷8《宣帝纪》,第1册第249页。

③ 《汉书》卷9《元帝纪》,第1册第298页。

④ 《汉书》卷48《贾谊传》,第8册第2244—2246页。

⑤ 《汉书》卷2《惠帝纪》,第1册第90页。

⑥ 《汉书》卷3《高后纪》,第1册第96页。

⑦ 《汉书》卷4《文帝纪》,第1册第124页。

⑧ 《汉书》卷6《武帝纪》,第1册第156页。

⑨ 《汉书》卷7《昭帝纪》,第1册第225页。

方,不忘元元……传曰'孝悌也者,其为仁之本与!'其令郡国举孝悌、有行义闻于乡里者各一人。"①宣帝甘露三年(前53)因新蔡有凤凰聚集之瑞,赐其长吏、三老、孝悌力田帛。②初元元年(前48),元帝以即位下诏,赐三老、孝者帛五匹、弟者、力田三匹。③五年(前44)星变,赐三老、孝者帛五匹、弟者、力田三匹。④成帝建始元年(前32),赐三老、孝悌力田帛。⑤成帝绥和元年(前8)立太子,赐三老、孝悌力田帛。⑥哀帝即位,赐三老、孝悌力田帛。⑦种种事实表明,西汉诸帝几乎都有赐复孝悌力田的举措,可谓不遗余力。宣帝还特别规定,免除有祖父母、父母丧事者的劳役:"自今诸有大父母、父母丧者勿徭事,使得收敛送终,尽其子道。"如此则可"导民以孝,则天下顺"。⑧这里值得注意的是,不仅是父母丧免役,祖父母丧亦然,其意在扩大家庭成员范围,以利家族发展。

举孝廉。这项政策出于董仲舒的建议,始行于汉武帝,此后历久相沿。《汉书·董仲舒传》:"州郡举茂材孝廉,皆自仲舒发之。"⑨武帝元光元年(前134),"初令郡国举孝廉各一人"⑩。孝廉,就是善事父母而又廉洁自矢的人。还有在孝廉之外,别举类似孝廉的人。哀帝建平元年(前6),下令大司马、列侯、将军、中二千石、州牧、守、相"举孝悌惇厚能直言通政事,延于侧陋可亲民者,各一人"⑪。这是让有能力的孝子顺孙出来做官,或供政府咨询。

设博士弟子员、孝经师,兴教化。武帝元朔五年(前124)诏:"今礼坏乐崩,朕甚闵焉……太常其议博士弟子,崇乡党之化,以厉贤才焉。"⑫平帝元始三年(3),立学官,"乡曰庠,聚曰序。序、庠置孝经师一人"⑬。这是教育方面的建设,但其精神,是培育孝悌人才,并通过这种制度,向民间进行孝道的教化。

---

① 《汉书》卷8《宣帝纪》,第1册第250页。
② 《汉书》卷8《宣帝纪》,第1册第272页。
③ 《汉书》卷9《元帝纪》,第1册第279页。
④ 《汉书》卷9《元帝纪》,第1册第296页。
⑤ 《汉书》卷10《成帝纪》,第1册第303页。
⑥ 《汉书》卷10《成帝纪》,第1册第328页。
⑦ 《汉书》卷11《哀帝纪》,第1册第334页。
⑧ 《汉书》卷8《宣帝纪》,第1册第250页。
⑨ 《汉书》卷56《董仲舒传》,第8册第2525页。
⑩ 《汉书》卷6《武帝纪》,第1册第160页;师古曰:"孝谓善事父母者,廉谓清洁有廉隅者。"
⑪ 《汉书》卷11《哀帝纪》,第1册第338页。
⑫ 《汉书》卷6《武帝纪》,第1册第171页。
⑬ 《汉书》卷12《平帝纪》,第1册第355页。

皇帝以民为子。文帝时,淳于公之女缇萦求代父受刑,文帝因《诗经》"恺悌君子,民之父母"的话,以肉刑治民,很是自责——"岂称为民父母之意哉"!因除肉刑。①他是以"为民父母"自命的皇帝。大将军霍光以宣帝嗣昭帝,云其"奉承祖宗,子万姓"。②所谓"子万姓",就是以民为子,皇帝也就是民之父母了。元帝永光二年(前42)诏,民困吏残,"朕甚自耻。为民父母,若是之薄,谓百姓何!"遂赐三老、孝悌力田帛。③皇帝将自身与百姓的关系比作父子,如同家人,拉近了距离,既可以改善治理,也使百姓感恩戴德,形成雍穆气象。

法律上的家族互隐与连坐。汉代法律,凡是"大逆不道,父母妻子同产皆弃市"④。高祖九年(前198)诏,敢反叛者,罪三族。⑤这三族是父族、母族、妻族,父族中包括父母兄弟妻子。连坐法被严格实行。高祖十一年(前196),淮阴侯韩信夷三族,⑥梁王彭越夷三族。⑦文帝后元年(前163),"新垣平诈觉,谋反,夷三族"⑧。宣帝开始实行互隐之法,地节四年(前66)诏:"父子之道,夫妇之道,天性也。虽有患祸,犹蒙死而存之,诚爱结于心,仁厚之至也,岂能违之哉!自今子首匿父母,妻匿夫,孙匿大父母,皆勿罪。其父母匿子,夫匿妻,大父母匿孙,罪殊死,皆上请廷尉以闻。"⑨以子孙父子中有人犯罪,家族可以隐瞒不治包庇罪。法律的连坐和互隐,是承认家族成员的亲情和共同利益关系,有叛逆罪同遭殃,而一般罪行又可以互相包庇,这样的法律,使得家人、族人进一步产生认同感,凝聚在一起,有利于家族、宗族的形成。

在这些政策鼓励下,使民间得到赐复的实际利益,并懂得孝悌之道,又从法律惩治方面得知家族共同体利益的客观存在,因而在主观上产生建设宗族的愿望,使得战国以来被破坏的宗族重新建设,特别是在曹魏实行九品中正制以后,在豪族、世族之外,又产生士族。

---

① 《史记》卷10《孝文纪》,第2册第427页。

② 《汉书》卷8《宣帝纪》,第1册第238页。

③ 《汉书》卷8《元帝纪》,第1册第289页。

④ 《汉书》卷5《景帝纪》,第1册第142页。

⑤ 《汉书》卷1《高祖纪》,第1册第67页。

⑥ 《汉书》卷1《高祖纪》,第1册第70页。

⑦ 《汉书》卷1《高祖纪》,第1册第72页。

⑧ 《汉书》卷4《文帝纪》,第1册第128页;文帝以父母、妻子、同产兄弟为三族,一度取消灭三族,新桓平之事,恢复夷三族之刑,《汉书》卷23《刑法志》,第4册1104页。

⑨ 《汉书》卷8《宣帝纪》,第1册第251页。

(二)两宋宗族建设及其主要内容

汉、宋宗族不同,汉的皇族制为后世遵循,起奠基作用;汉代实行的以孝治天下政策,也为历代沿用,后世的政府不过是依据实际情况,实行的具体政策有些变化。宋代宗族重建,不再表现在皇家方面,而在于流动性很强的官员,及民间读书人和富人方面,尤其是士人和官员关注家族的建设。

就皇族建设而言,宗正官、宗籍的设置,源于前代,不必赘言,而另有四事可叙:

一是宗庙之制的祧法。两宋的宗庙之制,遵循汉代以来的规制,然因时间长,传承帝王多,因之宗庙祧法成为大问题,关键是不得不祧始祖、远祖,而慎终追远,又应该尊崇始祖,故而朝议屡起,变化迭兴。宋朝传至第五代英宗的治平年间(1064—1067),朝臣对宗庙将僖、顺、翼、宣四祖置于首位不以为然,遂以始祖的僖祖"世数浸远",议定将他的神主从大殿移至夹室,不久神宗又根据王安石的建议,把僖祖牌位恢复到原先的位置。南宋前期丞相赵汝愚持不同观点,再次将僖祖牌位放置到夹室。吏部尚书郑侨为了将孝宗祔庙,请将宣祖移出。朱熹从尊始祖出发,有异议:"以为藏之夹室,则是以祖宗之主下藏于子孙之夹室,神宗复奉以始祖,已为得礼之正,而合于人心,所谓有举之而莫敢废者乎。又拟《庙制》以辨,以为物岂有无本而生者。"①宁宗朝议从实际出发,为孝宗祔庙,就把僖、顺、翼、宣四祖从首尊之位挪移出大殿,别建庙室,于是宗庙以太祖位居第一室。

二是对待宗室的政策。经历了西汉吴楚七国之乱、西晋八王之乱,皇家分封诸侯王辅翼的方针行不通,遂行放弃。唐代虽然也封宗室为王公,给以丰厚的经济待遇,然而没有领地,不能管理民事,其实况如同《新唐书》所说:"设爵无土,署官不职"②,"实与匹夫不异,故无赫赫过恶,亦不能为王室轩轾"③。宋朝的对待皇室,是所谓"宋承唐制"。《宋史》卷244《宗室》论曰:"昔周之兴,大封建宗室,及其东迁,晋、郑有同奖之功。然其衰也,干弱而枝强。后世于是矫其失者,而封建不复古矣。宋承唐制,宗王襁褓即裂土而爵制。然名存实亡,无补于事。降至疏属,宗正有籍,玉牒有名,宗学有教,郊祀、明堂,遇国庆典,皆

①《宋史》卷429《道学三·朱熹传》,中华书局,1977年,第36册第12766页。
②《新唐书》卷78《宗室传·赞》,中华书局,1975年,第11册3537页。
③《新唐书》卷82《宗室传》,第12册3640页。

有禄秩,所寓州县,月有廪饩。至于宗女适人,亦有恩数。然国祚既长,世代浸远,恒产丰约,去士庶之家无甚相远者。"①这就是说宗室成员与唐代一样有封爵,有俸禄,也同样不理民事,经济上由于人多代远,其财产的多寡就与士庶之家差不多了。

三是宋太祖血系的孝义与宋太宗血系的不义。太祖对太宗关怀备至,太宗的即位,系千古之谜,存而不论,可是对待太祖生后及家属,非常恶劣,就是《宋史·太宗纪》所说的:"若夫太祖之崩不逾年而改元,涪陵县公之贬死,武功王之自杀,宋后之不成丧,则后世之不能无议焉。"②《宋史》以不孝责高宗,而称道孝宗。《高宗纪》谓纪主:"偷安忍耻,匿怨忘亲,卒不免于来世之诮,悲夫!"③《孝宗纪》则云:"自古人君起自外藩,入继大统,而能尽宫庭之孝,未有若帝;其间父子怡愉,同享高寿,亦无有及之者。终丧三年,又能却群臣之请而力行之。宋之庙号,若仁宗之为'仁',孝宗之为'孝',其无愧焉,其无愧焉!"④高宗的不孝,然选择孝宗为继嗣,也是为人的一种补救。古代史家称道赵宋家法好,无女主干政,笔者则认为皇家讲究孝义,在给臣民做表率,民间的宗族建设,不能不受影响。

四是驸马升行辈,有悖人伦。宋代制度,凡尚主之人,在家族中提升一个辈分,即与父辈同辈分,而高出于兄弟一个辈分,为的是公主尊贵,不必像民间那样礼敬舅姑。英宗认为它不符合义理,每想到这种事情,"痡痜不平,岂可以富贵之故,曲人伦长幼之序也?"因此对神宗说下诏取消它,但是并没有能够实现。⑤

宋代士庶宗族存在的事实,由一件事就表明了,那就是真宗刘皇后认民人龚美为宗人。原来刘皇后幼孤养于外家,后随蜀人龚美到京师,"真宗即位,入为美人。以其无宗族,乃更以美为兄弟"⑥,让龚美改姓刘,名义上造成刘氏宗族。看来人人得有宗族,否则就是无根底之人,这就是宗族观念。宋代的宗族建设,是向民间化发展,与理学的兴起和倡导大有关系,致使富贵之家与平

---

① 《宋史》卷244《宗室传》,第25册第8665页。
② 《宋史》卷5《太宗纪》,第1册第101页。
③ 《宋史》卷32《高宗纪》,第2册第612页。
④ 《宋史》卷35《孝宗纪》,第3册第692页。
⑤ 《宋史》卷13《英宗纪》,第2册第261页。
⑥ 《宋史》卷242《后妃传》,第25册第8612页。

民之家的宗族得到同步的发展。

(1)理学家全面提倡宗法伦理,力行教化,有力地推动宗族建设

理学家以行惠政致力于宗法伦理的教化。程颢任晋城令,"民以事至县者,必告以孝悌忠信,入所以事其父兄,出所以事其长上。度乡村远近为伍保,使之力役相助,患难相恤,而奸伪无所容。凡孤茕残废者,责之亲戚乡党,使无失所"①。张戬任职金堂令,"诚心爱人,养老恤穷,间召父老使教督子弟。民有小善,皆籍记之。以奉钱为酒食,月吉,召老者饮劳,使其子孙侍,劝以孝悌。民化其德,所至狱讼日少"②。李侗,"饮食或不充,而怡然自适。事亲孝谨,仲兄性刚多忤,侗事之得其欢心。……亲戚有贫不能婚嫁者,则为经理振助之"③。朱熹幼年读《孝经》,"题其上曰:'不若是,非人也。'"知漳州,"以习俗未知仪,揭以示知,命父老解说,以教子弟"④。张栻知严州、袁州、静江府、经略安抚广南西路,"所至郡,暇日召诸生告语。民以事至庭,必随事开晓。具为条教,大抵以正礼俗、明伦纪为先。"及卒,江陵、静江民"尤哭之哀"。⑤朱熹的学生黄干,"丁母忧,学者从之讲学于墓庐甚众"。知临川、新淦、汉阳军,"所至重庠序,先教养",捕蝗虫,行荒政,"民大感悦"。⑥朱熹对陈淳曰:"凡阅义理,必穷其原,如为人父何故止于慈,为人子何故止于孝,其他可类推也。"陈淳"性孝,母疾亟,号泣于天,乞以身代。弟妹未有室家者,皆婚嫁之"⑦。黄灏,知德化,"以兴学校、崇政化为本,岁馑,行振给有方"。"性行端饬,以孝友称"⑧。

理学家教学,做地方官,莫不以宣讲伦理道德为己任,实行仁政,在家庭实行孝慈,类推及于族人、乡里,号召家族、邻里互助,希望百姓讲究孝悌忠信,懂得伦纪,形成良好的社会风气。宗族,在这种环境里自然容易生长。

理学家致力民众教化的教材建设。朱熹注释"四书",在他故世后,"朝廷以其《大学》《语》《孟》《中庸》训说立于学官,又有《仪礼经传通解》未脱稿,亦

①《宋史》卷427《道学·程颢传》,第36册第12714页。
②《宋史》卷427《道学·张戬传》,第36册第12725页。
③《宋史》卷428《道学·李侗传》,第36册第12747页。
④《宋史》卷429《道学·朱熹传》,第36册第12751、12762页。
⑤《宋史》卷429《道学·张栻传》,第36册第12774页。
⑥《宋史》卷430《道学·黄干传》,第36册第12777页。
⑦《宋史》卷430《道学·陈淳传》,第36册第12786、12790页。
⑧《宋史》卷430《道学·黄灏传》,第36册第12791页。

在(颁布)学官"①。士人在社会上广具影响力,以宗法伦理训导他们,使他们成为建设宗族的重要力量。

尊老爱幼及于鳏寡孤独,源于家族观念。张载《西铭》:"尊高年所以长其长,慈孤幼所以幼其幼,圣其合德,贤其秀也。凡天下疲癃残疾、茕独鳏寡,皆吾兄弟之颠连而无告者也。'于时保之',子之翼也。'乐且不忧',纯乎孝者也。违曰悖德,害仁曰贼,济恶者不才,其践形惟肖者也。"②由家庭的父慈子孝,到社会的尊老爱幼,顾恤鳏寡孤独及残疾,这是以家庭家族观念为基础,推及社会,特别是善待弱势者。

宣扬宗法人伦观念。王回《告友》:"父子兄弟之亲,天性之自然者也;夫妇之合,以人情而然者也;君臣之从,以众心而然者也。是虽欲自废,而理势持之,何能斩也。……君之于臣也,父之于子也,夫之于妇也,兄之于弟也,过且恶,必乱败其国家,国家败而皆受其难,被其名,而终身不可辞也。故其为上者不敢不诲,为下者不敢不谏。……夫人有四肢,所以成身;一体不备,则谓之残疾。而人伦缺焉,何以为世?"③父子兄弟之亲是天性自然形成的,夫妻、君臣之合源于人情、人心,也是不可废的,因此人伦绝对不可以违背。

表彰家族复仇与烈女。唐肃宗时饶州德兴程氏女因父兄被害,隐忍十余年,杀仇人祭祀父兄,及至南宋初,程迥任职于其地,"取春秋复仇之义,颂之曰:'大而得其正者也',表之曰:'英孝程烈女'"④。仁宗嘉祐年间(1056—1063),鄂州民妇张氏死节,诏封旌德县君,表其墓曰"烈女",后因兵火,到高宗绍兴末年,她的墓不为人知,通判鄂州的刘清之与郡守罗愿访求到了,恢复对她的祭祀⑤。家族复仇盛行于上古,而带来的社会问题较多,中古以降朝廷既不提倡也不严厉处治,只有宗法观念强烈者才对此进行表彰,程迥、刘清之就是这类官员,借此倡导宗法观念。

(2)重宗族之典型,施恩义于宗人

两宋时期,出现不少顾恤同宗的人物,并且突破通常的周济形式,创设义庄,将照顾族人制度化,这里仅述及几个人物,以见一斑。

---

① 《宋史》卷429《道学·朱熹传》,第36册第12769页。
② 《宋史》卷427《道学·张载传》,第36册第12724页。
③ 《宋史》卷433《儒林·王回传》,第37册第12843页。
④ 《宋史》卷437《儒林·程迥传》,第37册第12950页。
⑤ 《宋史》卷437《儒林·刘清之传》,第37册第12954页。

苏州人参知政事范仲淹生活俭约，所谓"非宾客不重肉，妻子衣食，仅能自充"，可是好施予族人，于皇祐二年(1050)在故乡用一千亩田设立义庄，赡养同宗之人，并制定《义庄规矩》，以便长久保存，他的儿子纯仁、纯礼继续经理，补充、完善《义庄规矩》，[1]使范氏义庄延续八百多年。范氏首创义庄，而又经久不衰，成为宗族赈恤的楷模，为人传诵，故有民谚："子孙贵盛，家门之幸。当思范公，顾恤同宗。"[2]

前述刘清之，临江人，绍兴二十七年(1157)进士，通判鄂州、常州、衡州，作《谕民书》，"首言畏天积善，勤力务本，农工商贾莫不有劝，教以事勤睦族，教子祀先，谨身节用，利物济人，婚姻以时，丧葬以礼。词意质直，简而易从。邦人家有其书，非理之讼日为衰息"。他不仅教人如此，更是身体力行。从兄刘肃流落新吴，族父刘晔侨寓丹阳、刘艾流寓临川，清之都把他们迎到身边奉养。从祖子刘侨为邵州录事参军，死于战乱，清之遣其孙晋之致书邵州太守，遂得将刘侨遗骨送归故乡安葬。族人从远地来访，一定留着久住，不忍使之遽去。他敬重范仲淹设立义庄，为范氏《义庄规矩》作序，劝世人量力仿行。他依据本族家法，参考先儒礼书，制定祭礼，在家族内实行。著作《曾子内外杂篇》《训蒙书外书》《戒子通录》《祭仪》。[3]他羡慕范氏设置义庄赡族，却没有财力建设义庄，但尽力之所能，关照族人生老病死，并制定家法，好让族人遵循。

二程的父亲程珦，知磁州、汉川，前后五次得到任子的恩惠，都把机会让给伯叔的子孙。嫁遣族中孤女，必尽其力。所得俸禄，分赡亲戚之贫者。伯母寡居，奉养备至。叔伯姐姐嫁人丧夫，迎回家中，教养其子，与子侄一样待遇。那时官小禄薄，克己行义，"人因为难"[4]。二程的致力于宗法伦理，真是渊源有自。

(3)墓地、籍贯、孝道与宗族

邵雍，先世范阳人，其父徙衡漳、共城，邵雍三十岁，"游河南，葬其亲于伊水上，遂为河南人"。他家初到洛阳，贫乏至极，真是"蓬荜环堵，不芘风雨"，其后"岁时耕稼，仅给衣食"。及至邵雍病笃，司马光等议其后事，他说"诸君欲葬我近城地，当从先茔尔"[5]。以坟茔而定居，邵氏的著籍洛阳，成为家族的根基，

① 《宋史》卷314《范仲淹传》，第29册第10276页。
② 民国江苏武进《吴氏宗谱·家训·先祖明训》。
③ 《宋史》卷437《儒林·刘清之传》，第37册第12955页。
④ 《宋史》卷427《道学·程颢传》，第36册第12713页。
⑤ 《宋史》卷427《道学·邵雍传》，第36册第12728页。

后世子孙凝聚的依据。

中古士族之形成，是因累世出高级官员，而做官，离开家乡到异地的城市，这样脱离了原籍，渐渐失去根基，成为它消亡的一种因素。宋代官员有离乡而去的，如三苏；也有不忘本根的，如范仲淹；也有新地落籍不移的，如邵雍。而明清时期官员大多不离其籍，因此笔者有宋代是过渡期的见解。而其中墓地与籍贯有很大关系。定居，才能形成聚族而居的状态，才会凝聚成宋代以降的宗族。

（4）大族与地方官不易协调

周敦颐任南昌令，《宋史》说："富家大姓、黠吏恶少，惴惴焉不独以得罪于令为忧，而又以污秽善政为耻。"①富家大姓、黠吏恶少不仅改恶从善，而且思想转变——害怕玷污善政，出现这种状况，表明周敦颐教化之政的大成功。不过从中可见富家大姓常常令地方不安宁，以至与地方官作对。朱熹知长沙，"申敕令，严武备，戢奸吏，抑豪民"②。豪民，往往有大族的背景。真德秀知泉州，"泉多大家，为闾里患，痛绳之"。大族成为地方安宁的祸患，表明事态的严重性。但是他在一份奏疏里又反映地方官对大族的虐待："或一夫坐罪，而并籍昆弟之财；或亏陌四钱，而没入百万之赀；至于科富室之钱，拘盐商之舟，视产高下，配民藏楮，鬻田宅以收券者，虽大家不能免，尚得名便民之策？"③强宗大族与地方官不协调的问题，不仅两宋时代存在，明清依然，政府既要给大族一些权利，又要它不越轨，大族要垄断地方，时或有越轨行为，时或与地方官较劲。双方的纠葛，不易解决，不过大族不法行为不会太严重，宗族活动，总是在政府控制范围之内的。

（5）君臣的"宗人关系"

张载《西铭》："大君者，吾父母宗子；其大臣，宗子之家相也。"④他把人君看作是宗族的宗子，大臣是宗子的家臣，百姓就是族人，因此国君与百姓是宗子与宗人的关系，是家人关系，天然的联为一体，浑然不可分割。这同汉朝皇帝以民为子的观念，是一脉相承。

---

① 《宋史》卷 427《道学·周敦颐传》，第 36 册第 12711 页。

② 《宋史》卷 428《道学·朱熹传》，第 36 册第 12763 页。

③ 《宋史》卷 437《儒林·真德秀传》，第 37 册第 12959—12960 页。

④ 《宋史》卷 427《道学·张载传》，第 36 册第 12724 页。

宋代民间宗族的建设,除了政府的以孝治天下方针影响之外,理学家的教化和以身作则,起了重大作用,于是在官员、士人乃至平民中出现许多宗族,并产生一个具有重大影响的特点,就是宗族创设赈恤族人的常设机构——义庄,促使宗族有可能持续发展。关于宋代及其后的宗族制,可参阅常建华近期的论述,他认为宗族盛行于聚族而居的地区,有两种类型,即士大夫组织化的宗族与民间存在的习俗性宗族,而宗族制度的完善实际上是在国家与宗族互动过程中进行的。他特别建议,"从宗族看国家与从国家看宗族都是需要研究的视角,将两者的关系研究清楚有助于认识整体的社会形态"①。

三、两汉以降社会的宗法因素与"变异型宗法社会"性质

下面将依据汉、宋宗族的状况,结合其他相关资料,讨论本文开始提出来的问题:秦汉以降宗族与宗法关系,中国社会的宗法性质与特质。社会的宗法性表现在下列四个方面:

(一)具有浓厚"家天下"成分的帝制和世袭的"食封贵族"

《三字经》所说的"夏传子,家天下",周朝过后,秦汉以降的政治体制使家国分离,所以周代以后说的"家天下"并非是完整意义的宗法社会的概括,这时的皇帝只是政府首脑,而不再兼具天子、宗子的双重身份。那么为何还同"家天下"概念联系呢?

家天下的帝制。皇统神圣合法,皇位在一个家族内传承,两汉属于刘邦家族,中间虽有王莽的新朝取代西汉,然而刘氏的光武帝重新建立东汉,传承刘氏一脉。天水赵氏帝统,中经南渡之变,王朝依然赓续,历时三百余载。皇族高度关注自身的建设,表现在两个方面,一是建立宗庙,进行祭祀,象征家族政权的存在,这是典型宗法社会大宗祭祀权的传承;二是设置专门机构管理宗人,令皇族凝聚为一体,当皇帝无后继承时,可以在宗室中选择继承人,保持皇家血统。皇家建设缜密,可见宗法保持最完善的是在皇族,皇族成为宗族的典范。

家天下在历朝历代的传承。各个朝代都是家族的政权,两晋的司马氏,北魏的拓跋氏,隋代的杨氏,唐代的李氏,元代的黄金家族,明代的朱氏,清代的

---

① 常建华:《宋明以来宗族制形成理论辨析》,《安徽史学》2007 年第 1 期。

爱新觉罗氏,都是一姓一氏,唯改朝换代,异姓代之,而家天下的宗法精神不变。家天下保持于中古、近古各个时代,真是源远流长。

分封制实验不绝。两汉、两晋去上古未远,对分封制怀念不已,试图有所恢复,实践的结果是非惟不理想,而且添乱子,于是不给宗室裂土参政权,可是迟至明代初年,朱元璋复行封藩临民之政,出现"靖难"的惨剧,及至明清之际,南明三藩的出现,似乎显现分封的某种光彩,于是学界再度讨论分封制与郡县制的利弊。可见分封制虽不能实现,但试验、讨论不绝,人们仍对分封制有那么一丝情怀。还有一种现象,并非分封制,然却有某种联系,北魏实行宗主督护制,清朝一度实行族正制,赋予宗族首领一定的治理权,这是国家与宗族的别样结合体,具有分封制的遗意。

经济上对分封制有某种传承。表现在皇家自有财产,秦汉的少府、唐代的内府,宋代有太子务,明朝有皇庄,清代有内务府庄田,表明皇帝有私产并有相应的管理机构。

贵族制的残余存在。拥有土地、人民、政事的诸侯没有了,然而有爵位之尊荣,得俸禄实惠的贵族依然存活在历代社会中,历朝的宗室贵族不必说,有的朝代封赐极少数异姓贵族世袭罔替,与王朝相始终;素王大成至圣先师孔子家族历久相沿,成为唯一的一千多年不衰的贵族;孔裔而外,颜、曾、孟等圣贤后裔能够世袭五经博士。这些可以视作上古贵族制的遗意。

宗法制与生俱来的政治专制性的持续保存。宗法制与分封制的结合、合一,具有强烈的政治性和专制性。无疑,宗法与专制共生、共存,互为表里,浑然一体。秦汉以降的皇权,在分封支柱丧失的情形下,以中央集权制支撑皇权,同时皇权在与相权、监察权长期斗争中削弱对方,权力达到基层(县,乃至乡),从君统、宗统合一(家国一致),转变为到国家、村落(家族)一致,皇帝(国家)借重于宗族治理地方。君主专制政体需要宗法,宗法本身具有专制性。

看来,在中央集权制度下的皇帝政治,皇家成为宗法家族的典型,在赏赐土地或税户予贵族方面具有分封遗意,因此在一定意义上说它是家天下本质的延续。

(二)"以孝治天下"与宗族民间化、大众化

皇族的存在,要求有民间的宗族呼应。汉代及历朝历代实行的"以孝治天下"政策,就为民间的宗族建设创造了条件,于是宗族陆续发展,成为民间化、大众化的组织。

汉代施行以孝治天下的基本国策,是因懂得一个大道理:合格的、优秀的官吏,要来自具有良好的门风之家,必定能够做到在家是孝子,在朝是忠臣。东汉时代,因贡举不得其人,大鸿胪韦彪上议曰:"夫国以简贤为务,贤以孝行为首。孔子曰'事亲孝故忠可移于君,是以求忠臣必于孝子之门'。"[①]表明其时人们已经深刻领会忠臣与孝子、孝义之家密不可分的关系,既然要求民间出孝子,就需要倡导、灌输孝悌思想,然而光靠宣传不够,应有相应的鼓励政策,奖励孝悌力田,因应而生。政府号召孝悌,反对忤逆不道,给百姓以巨大的诱惑。一个平民百姓,可能因行义得到社会舆论的好评,但政治地位并未提高,而政府一旦表扬,不仅经济得到实惠,更重要的是社会地位相应提高。西汉陈留蔡氏家族的蔡勋被举为孝廉,到东汉蔡邕"与叔父、从弟同居,三世不分财,乡党高其义"[②]。前有政府的嘉奖,后有乡里的推重。西汉末南阳樊重"三世共财,子孙朝夕礼敬,常若公家……赀至巨万,而赈赡宗族,恩加乡闾……县中称美,推为三老"[③]。他爱护族人和邻里,在家族像国君一样受人礼敬,在国家被授为三老。南豫州董阳三世同居,南朝宋文帝下诏,表扬他家是"笃行董氏之闾",并"蠲一门租布"[④]。这是既有荣誉又有免税的双重恩惠。河东县姚栖筠家族,自唐代至宋代二十几世同居共财,唐朝给予的鼓励是将其所居的乡改称"孝悌乡",社称"节义社",里称"钦爱里"[⑤]。试想,只有官员可以享受免役、免赋的特权,平民若因孝悌力田免役、免赋,与官员是同等的荣誉,这正是民间宗族所追求的,所看重的。是"以孝治天下"方针政策的实行,极大地促进民间宗族建设的热忱,成为民间开展宗族活动的动力。

宗族民间化和大众化。宗族民间化与大众化一事,从祭祖权的下移就可得知。原来祭祖权为大宗所特有,周代的诸侯对周天子都是小宗,没有祭祀始祖的权力,要祭始祖,得在天子祭祀之时,以小宗身份到镐京参与,而在诸侯国内,奉始封君为始祖,成为大宗。这样皇家、贵族成为大宗,拥有祭祖权。皇帝同时规定,按照人们的身份,有不同等级的祭祖权,官员可以依照品级祭祀二、三、四世祖先,平民只祭一世(父亲)。可是自晋代以来法律实行"准五服以

① 《后汉书》卷26《韦彪传》,中华书局,1965 年,第 4 册第 917 页。
② 《后汉书》卷 60 下《蔡邕传》,第 7 册第 1980 页。
③ 《后汉书》卷 32《樊宏传》,第 4 册第 1119 页。
④ 《南史》卷 73《孝义上》,中华书局,1975 年,第 6 册第 1799 页。
⑤ 宋人邵伯温:《邵氏闻见录》卷 17,中华书局,1983 年,第 189 页。

制罪"的原则,又有连坐法,将五世族人置于惩治范围之内。这是法律与礼法的不协调,显然不合理。程颢、程颐家族,其先人的官品,仅能祭祀两代,他们私自祭奠四世祖先,除了理论的凭借,就是法律与祭礼不合,应行改正。这就是程颐说的:"凡人服既至高祖,祭亦应至高祖,不祭甚非。某家即祭高祖。"明确主张祭祖世代应与五服制度一致,无论官民皆可祭祀高曾祖祢四代。对此,朱熹大加赞同,认为它符合于祭祀本意。①老百姓可以祭祀四世祖,程朱的这种观点对后人产生巨大影响,人们遵照实行。清人张惠言说:"三代而下,宗法不立,宋之大儒忧之,乃始讲论,使士庶人之祭皆及高祖,而又以义起先祖、初祖之祭。"②儒家、理学家的舆论作用,民间宗族活动的开展,使得政府放宽民间祭祀世代的限制,明代中期已经在事实上允许祭祀四世,到清朝作出明确规定:"庶人家祭,设龛正寝北,奉高、曾、祖、祢位。"③事实上,明清时代,民间祭祀的先人大大超过四世,宗族还在祭祀始祖、初祖、始迁祖,一祭就是十几代,或者还要多。民间可以祭始祖,这种祭祀权的下移,标志宗族的民间化。

　　宗族有不同的类型,社会地位各异。本来宗族是皇族、贵族所特有,先秦时代庶民宗族极其罕见,而后经历汉唐间的世族、士族为主体(实即贵族宗族的降格和扩大化④),寒族势力上升,宋元时期官员宗族发展的同时,平民宗族亦有抬头,明清时期平民宗族与绅衿宗族得到同步发展,而贵族宗族尽管存在着,但被蓬勃发展的绅衿、平民宗族活动所遮蔽,平民宗族从幼弱到壮大,贵族宗族由主体到势力的式微,意味着宗族本身经历着平民化的道路,宗族日益变为平民的群体。当然,宗族从贵族群体向民间群体演变,在清代尚未全部完成,此后仍在持续向平民化方向发展。平民化与大众化是一件事情的两个方面,祭祀先人的代数多,反映宗族现有的成员众多,动辄是以百计数,以千计数。还有联宗祭祖,联宗修谱,跨省、府、州、县开展活动,宗族群体规模大,力量强,显现出活力。

---

① 见明清之际王应奎:《柳南续笔》卷3《庶人祭高祖》,中华书局,1983年,第174页。

② 张惠言:《茗柯文编四编·嘉善陈氏祠堂祭》,中华书局"四库备要"本。

③ 《清史稿》卷87《礼志》,中华书局,1977年,第2613页。

④ 阎爱民博士致函笔者,谓"两汉时代以后的士族宗族时代,是宗法在贵族阶层的扩大化,不像以前的'五世而斩'。两宋时期的民众化,主要是扩大到庶民阶层,所以一些观念的提倡,具体的实践大多由此而来"。多受启发,特附见于此。

民间化的宗族,自身有几个特点,也反映中国社会的特别之处:

其一,宗族成为几乎是时间最久的唯一的民间合法群体。秦汉以降的中国,民间的合法群体少而又少,可以说只有三种,即合法的宗教,如佛教、道教;工商行会,出现得晚,基本上是应官的需要,谋划行业发展倒属次要功能;宗族,自上古至晚清,代代相传,政府屡加扶持和依靠,因此,从时代久远,从政府爱惜态度来看,它几乎成为始终不衰的唯一的民间合法群体。古代中国缺乏民间社团,表明君主专制程度很高,而在这种情形下对宗族情有独钟,其原因何在,大可深究。

其二,士人、绅衿在宗族与国家之间起着桥梁作用,他们在社会上拥有崇高地位。在宋代以降的宗族民间化过程中,士人、绅衿是宗族群体的组织者、领导者,没有他们宗族很难成为宗族;他们具有一定特权的社会身份,可以出入公门,结交官吏,而官吏又要取得绅衿头面人物的支持,于是他们成为国家、宗族间的中介力量。科举制以后的绅衿来自社会各个阶层,是平民能够向上流动的重要渠道,事实上士人、绅衿多出自平民,身份改变之后,宗族需要他们,比如申报烈女节妇、孝子顺孙,由他们进行,他们亦需借重宗族力量,能够代表它和乡间民众说话,是与州县官对话的一种资本。士人、绅衿在社会,尤其是基层社会有崇高地位,发挥独特作用,是国家法律所赋予,也是宗族支持的。士人、绅衿是古代中国社会支配基层社会的人群,它同宗族的关系,或者说双方之间的关系尤需研治古代史者关注。

其三,宗族实际拥有某种自治权与教化权。宗族作为群体,本身有规范,自律性很强,主要体现在两方面,即对皇帝忠诚,纳税守法;在内部,教育与控制族人行为,制定有惩治、奖励规则。与自律结合的,是国家孝治天下的方针和法律赋予宗族的若干权利,包括:司法上的送审权、审判过程的参与权及执行过程的协助权;职官制度某些内容(如丁忧、起复、更名复姓等)的实现,需要宗族的协助;族人间细小的民事纠纷责令宗族处理;赋予宗族实施家法,以至某种处死权;允许宗族某种程度干预族人财产权(主要表现在族人立嗣、寡妇财产处理方面),而政府则全力保护宗族的公有财产。总之政府赋予、认可宗族某种执法权和教化权,这是宗族具有一定的"自治权"①。这在古代专制社会实在不寻常,是其他民间群体所不可能拥有的。

---

① 参阅冯尔康:《简论清代宗族的"自治"性》,《华中师范大学学报》2006 年第 1 期。

(三)宗法精神渗透在社会结构诸多领域及人的从属关系

首先考察宗法观念及其所形成的社会习俗。

所谓"宗法思想",反映宗亲关系的理念,是在祖先崇拜旗帜下讲求族人的团结和互助,是族人间的血缘等级关系和从属性的理论升华,而拟制亲观念是它的派生物,它与社会等级制及观念结合,成为专制主义皇权的统治思想。

1.一本观与祖先崇拜

"一本"的概念,滥觞于孟子,而作为宗法观念形成于宋元时期。一本,是形象的比喻,谓祖宗如同树的根干,子孙就是枝叶,[①]子孙之间可能关系已经疏远,出了五服,或更远,但都是一个祖宗的后裔,即一本所生,因此需要认同宗,才是不忘祖宗——不忘本根。可是离开老祖宗多少辈的人,根本就没有见过他,对他就难有浓厚的感情,更难于因此对族兄弟产生认同,因之人们又发明"一气"说。人们认为,先人是由形和气组成,人死后,形变了,腐烂了,化作烟灰消失了,但是气始终存在,子孙所一呼一吸的气,就是祖先一呼一吸的气,这是对祖先的传承,既然如此,同根同祖同气的族人,血缘再疏远,也是一脉一气相承,有祖宗的血气,无论服制远近的族人,都应当崇敬祖先,也都应该与一本、一气所出的族人相亲相爱,才符合祖宗的意愿。正是这种理论,令五服以内的族人凝聚不散,更使五服以外的族兄弟们团聚在一起,形成结构复杂、组织庞大的宗族群体。要之,一本观、一气观是宗族形成的基本观念和前提,是尊祖敬宗、扩大宗族、开展祭祖活动的思想基础。

2.血缘伦序观念与孝悌之道、移孝作忠

一本观、一气观产生宗族自然伦序的等级观念。一本观念下,族人间的关系,以离先人远近形成差别,也即辈分关系,它不依年龄来区分,而以是祖宗的第几代子孙来划分,因而出现"摇篮里爷爷,白胡子孙子"的现象,谁辈分高,谁就在宗族中地位高,祭祀祖先,就按辈分区分前后来进行,辈分低就是晚辈,就得尊敬长辈,服从长辈,于是在宗族内部形成血缘等级结构。这种血缘关系在宗族内部的实行,已经具有社会意义,而当晋朝政府实行"准五服以制罪"法律原则之后,依宗族的血缘伦序关系,实行法律上的"同罪异罚",即同样的罪行,为长辈减刑,为晚辈加刑,就使得血缘等级进一步社会化,与社

---

① 笔者看到西方人的家谱,以树形记录祖孙传承关系(所谓"FamilyTree"),在以树比喻家族关系方面中西文化是一致的。

会的等级结构相一致。一本观产生的尊祖敬宗思想,与政府提倡的孝道、忠君之道合拍。孝道有多层次的理解,最低程度的是在家孝敬父祖,与族人和睦,有无相济;最高境界是立身扬名,在为祖宗、宗族争光的同时,尽忠报国,实现忠孝结合,也达到君主"移孝作忠"的要求,做个忠臣、顺民。

3.人的从属关系是宗法精神的规定和反映

个人,在宗族属于宗族血缘伦序结构之内,在社会属于社会结构之内。在这两种结构中,处于一个特定的地位,与上上下下发生各种关系。在家庭,从属于父家长,从属于家,不是独立的人;在宗族,从属于族长,从属于宗族,不是独立的人;在社会,为各级长官、皇帝的子民,从属于官府,从属于国家,不是独立的人。个人服从家长,家长服从族长,族长服从官府,官员服从皇帝,形成层层的隶属关系,这种关系,渊源于宗法制度和宗法观念。

在宗族内部,族人对宗族、对长辈的从属性有很强的承受力,视为理所当然,血缘伦序就是天理,天理不能违背。再说宗族对族人的生存、生活具有某种保障作用。在缺乏流动性、迁移性的社会,在聚族而居的地区,人们生活在宗族营造的地域空间和人文社会环境之内,生产环境是宗族创造的,人际关系是宗族、家庭赋予的,生活,就离不开宗族,自然产生某种依靠性,从而心甘情愿接受那种人身依附。

4.宗法思想的派生物——拟制亲观念

中国家族,严守血缘的认同法则,不许异姓的掺入,否则是异姓乱宗,使得祖先不得血食,是极大的不孝行为。可是在对非血统人员排斥的同时,又按照宗法观念的模式,接受拟制血缘,即并无血缘关系的人,以拟制亲的身份成为家庭、家族成员,或非正式成员,而具有类似宗亲的关系,前者如义子,进入义父家庭,后者如干儿子、结拜兄弟,并不进入干爹、把兄弟家庭。这类拟制亲关系,上自帝王,下及草民,宗族皆有,形成各种类型:前述汉朝皇帝赐姓,以及自视为百姓的君父,而将百姓视作子民;地方官自视为民之父母,而民则以之为父母官,称之曰"公祖""大公祖";学校的师生、行会的师徒、帮会的结拜兄弟、义父子、干亲家、拜把子,莫不是拟制亲的表现。其稍为具体的史实,容后申述。拟制亲的现象,是宗法观念的产物,拟制亲的观念,是意识上的宗亲化,也是宗族泛血缘化。

5.小宗法观念与宗族的壮大

首先了解小宗法的实行。宗法,是立族根本之法,有大小宗法之别,周代实行大宗法，后世，大小宗法问题讨论不绝，人们有尊古的愿望和习惯，理论上总是赞扬大宗法，但是周代宗法制破坏之后，大宗法已然失去通行的可能，于是人们"礼以义起"，从实际出发，实行小宗法。小宗法观念下，各个宗族可以祭祀始祖、始迁祖，正是这种祭祀礼俗，使得宗族日益扩大，容纳更多的宗支，令宗族结构庞杂起来，于是宗族在民间发展壮大，成为基层社会最主要的社会团体。不过，皇家仍然遵循大宗法的原则，实行嫡长制的传位制度，虽然远远不能按理想实现；贵族袭爵亦然，官员的任子制，也是先尽嫡子。爵位承袭之外，财产继承方面则是诸子均分制，与大宗法无关了。

其次，观察宗法精神与社会结构的关系。宗法观念及其派生物拟制亲观念，影响了社会结构中群体关系，这里不再谈那些意识，而是从法律规定方面考察社会结构中人与人的宗法关系。

君民关系中的宗法成分。皇帝是君父，百姓是子民，宗法关系，子民应该绝对服从君父，纳粮服役守法，不得反抗作乱；君父的"国有大丧，群臣凶服"①，禁止娱乐，民间亦得遵行；天子的圣诞，是国家的三大节日之一；法律中的十恶，第一、二、三恶是"谋反""谋大逆""谋叛"，第六恶"大不敬"，都是指臣民对君主而言，凡有犯者，必处极刑，并为"常赦所不原"。而皇帝也应当爱民如子，让百姓过太平日子，若有暴政，民不聊生，也要下"罪己诏"，表示忏悔。

工匠、商人、艺人中的师徒关系，根据"准五服以制罪"原则，师父相当于五服关系中的大功，弟子相当于卑幼。

传授儒家文化的师生关系，在法律上，师父相当于五服关系中的期亲，学生相当于家族的卑幼。

佛教、道教中的师徒关系，在通常的情况下，同于工匠、艺人中的师徒，偶尔等同于儒学师生，师父处于期亲尊长（或大功尊长）的法律地位，徒弟则在卑幼地位。

主仆关系，奴婢被称为"家人"，与主家有着类似于家庭中的父子关系，奴婢相当于子孙地位，若谋害家长，判处死刑，或凌迟处死，而家长故杀奴婢，才是一年徒刑。

义父子关系中的义子，视其与义父共同生活时间的长短、义父是否为其娶妻的情况，决定他们间类五服关系，若恩养时间长，娶妻分产，则与亲子一

---

① 《晋书》卷20《礼志》，中华书局，1974年，第3册第626页。

样,反之则差一等,犯罪就比亲子减一等治罪。

继父子关系,若同居,犯罪按缌麻关系论断,即继父相当于缌麻尊长,继子为卑幼。

职官制度中,官员的的任职受到宗亲法的诸多制约:宗亲回避条例,令父子祖孙不得在中央同一衙门任职,官小者或辈分小者要回避,另派职务;在同一省、或道府,同宗的人都得回避。丁忧守制条例,若父祖亡故,子孙回籍守制,三年服满,才能起复,另授新职,在此期间,失掉升转的机会。侍养条例:亲年七十以上,若家无次丁,官员得回籍养亲。

(四)变异型宗法社会

所谓"变异型宗法社会",是谓宗族、宗法制度及其观念变异不再是原先的模式,社会不再是典型宗法社会,而进入变异宗法社会的新阶段,或者说是变态型宗法社会。说"变异",是基于前述秦汉以降宗族活动、宗法观念、宗法社会的事实,概括成为以下三点:

其一,具有浓厚"家天下"成分的帝制。天子由身兼宗子、国家元首二任,变为单纯的国家元首一任,但是皇帝和皇族制度,仍然是宗法专制制度。皇帝又利用拟制亲观念,与臣民形成君父、子民的宗法关系,君君臣臣,父父子子,"家天下"的成分仍然浓厚。

其二,实行小宗法制。既使民间宗族壮大,也使得宗法社会多具理想成分而变异。典型的宗法社会是宗法制与分封制相结合,互相维系。秦汉以降郡县制取代分封制,令宗法制下大宗失去控制小宗的经济能力,尽管皇帝在郡县制下保留分封制因素,给宗室成员以爵禄,民间宗族建设义庄养赡族人,但不成气候。再就宗法制本身讲,原来是大小宗法兼行,天子以大宗制驭小宗,而小宗又兼具大小宗的二重性,可是秦汉以降,皇帝因无分封制配合,已无诸侯小宗可以支配、维系,如果说它还实行大宗法,只是在其内部的继承权方面实行嫡长制,保留了大宗法的遗意,况且如同张传玺所说,总出乱子,进行你死我活的杀戮。民间的宗族是宗法社会的基础,由殷周时代的贵族宗族,历经世族、士族、官僚宗族到绅衿宗族与平民宗族并存的演变,成为民间化、大众化的组织。宗法源于人们的血缘关系,这种关系仍在人们的社会生活中起着重大的不可低估的作用。

其三,宗法专制性、族人依附性的保存与消弱。前述宗法性与专制性与生俱来,宗法的血缘关系,因为社会化,成为族人间的血缘等级关系,使得族人依附于宗族,服从族长,族人间也因辈分产生尊卑关系,它与社会等级制及观念结合,成为专制主义皇权的统治基础。不过宗族民间化之后,族长与嫡长制脱离关系,通常由有力者出任,其社会身份可以是官绅,也可以是庶民,出任者辈分、年龄、才德、财力均是重要条件,其产生多系少数人决定的,有的则具有民众推选的因素,如由房支代表开会,推举族长。宗子与族长不再是一回事,非宗子的人出任族长,本身就违背了宗法原则,代表推举族长,更是具有某种民主性的表现。至于宗族对族人的约束力,也因族人各自谋生,宗族不能保障其生活,虽然约束性依然存在,但越来越弱。应当说,宗法专制性和族人依附性是存在的,同时宗法性、依附性也在日益减弱,这是历史趋势。

综合上述社会制度、观念、习俗种种因素,笔者认为,秦汉以降的社会,是变异型宗法社会:中国上古宗法社会的制度及其观念,在秦汉以降的社会有保留,有变化,令宗族不再是上古的典型宗族,社会不再是典型宗法社会,而进入变异型宗法社会的新阶段。①从典型宗法制到变异型宗法制,宗法精神仍在,但是大为消弱。笔者在这里尚需说明的是,此种变异仅指对上古典型宗法社会而言,非与其他社会或国家比对。还要说明的是,这里没有涉及生产关系的问题,因此不是全面地论述社会形态。

对于"封建宗法社会"说,因"封建"早已成为历史陈迹,笔者不无疑惑,不愿再事沿用。其他论述中国古代社会专业性的、探讨性文论运用"宗法社会"概念,笔者以为系"借用"性质,无可非议,当然,如果关于"宗法社会"问题深入研讨下去,有了较为一致的意见,当再讨论。②

变异型宗法社会是秦汉以降中国古代社会的特征,它重视人们的血缘关

---

① 补充说明对宗族"变异"的看法,到明清时代为止,宗族一直处于变化之中,而未达到"异化",待到20世纪下半叶以后,俱乐部式的"宗亲会"在华人社会出现,若将来仍有发展,则将会使宗族"异化",不再是真正意义上的血缘群体。对此,笔者在《18世纪以来中国家族的现代转向》(上海人民出版社,2005年)业已论及。

② 本文开篇说到的冯天瑜的"宗法封建地主社会"说,他在上海《学术月刊》2007年第2期发表《泛化"封建"观有悖马克思的封建论》,该刊还刊发"'封建社会'再认识"的一组专题讨论文章,许苏民的《自秦迄清中国社会性质是"宗法地主专制社会"吗?》,对冯天瑜的观点提出不同见解;张国刚的《多样性与统一性:中国历史分期的多元视角》,将中国历史区分为史前时代、族邦时代、皇权时代、共和时代。《河北学刊》2007年第1期刊登的李根蟠文《"封建地主制"理论是中国马克思主义史学的重大成果》,认为中国封建地主制理论已经区别了西方封建领主制,是马克思主义史学重大成果。本文仅就社会的宗法性问题作出讨论,秦汉以降的中国社会性质究竟如何,无力涉及。

系,讲求祖先崇拜①和宗法,这些是上古社会的遗存物,它古老,原始,但因不断变化,反映了宗族的社会适应性与高度的变异能力;宗法与血缘割不断的联系,又令人们重视古老相传的血缘关系,政府讲求仁义道德的治理理念,民间追求温情脉脉的人际关系。

(2007 年 7 月 26 日草就,载《天津社会科学》2008 年第 1 期)

---

① 何炳棣在《读史阅世六十年》(广西师范大学出版社,2006 年)中指出:"中国是祖先崇拜最高度发展的国家。"(第 311 页)"与高度祖先崇拜平行发展的是家族制度。"(第 443 页)

先秦至近代前期中国社会结构演变简史①

一、社会结构理论与中国社会结构史分期

(一)关于社会结构理论

社会结构的产生与变化,究其原因,需在社会经济中寻找。笔者以为是经济结构、经济制度、分工与职业诸因素联合起作用。古代社会的农业经济结构和农业生产方式,以及与此相适应的政府的重农抑末政策,使得家庭成为社会细胞,宗族成为社会核心组织,民间社团组织不发达,特别是缺乏全国性组织。而随着商品经济制度对社会阶级结构有着规定性的作用,在实行领主制时产生领主、农奴不同的社会集团,并使它们分别处于特权等级与贱民等级,而当地主制代替领主制后,出现地主与佃农两个社会集团,但地主已不一定是等级结构中的特权者,佃农则是等级结构中的半贱民或平民,并逐渐成为平民中的重要成分。这种经济制度还影响着政府结构——是分封制下的君主专制,还是中央集权的绝对君主专制。

有学者认为,有关职业组成要素的知识,"乃是了解社会结构的前提""一个社会的社会结构和一种职业的本来结构,是随着职业的扩展或紧缩、权势消长相关联的"。②在古代,职业决定人的社会身份、群体的社会地位,如乐人就是贱民,剃头匠也是贱民,士兵身份常常低于农夫。社会经济因素的变动,往往带来社会要素的变化,导致社会结构的演变,如近代工业社会经济结构

---

① 本文为笔者主编、主撰的《中国社会结构的演变》一书的长篇绪论,其第一节论述社会结构的理论,基本同于本文集另一卷的《社会史理论与研究法》,故而大部分略去,仅保留最后部分;文中以封建社会看待秦汉以降的社会,笔者今已存疑,详见本卷《秦汉以降古代中国 "变异型宗法社会"述论——以两汉、两宋宗族重建为例》,学术界也在讨论这一历史问题,不过兹事体大,不是局部可以改动的。该书由河南人民出版社于 1994 年印行。

② 朱岑楼主编:《我国社会的变迁与发展》,台湾东大图书公司,1981 年,第 527、531 页。

和生产方式,产生资产阶级和工人阶级,等级制度消失,政权结构也发生变化。由此可见,研究社会结构,不能忽视导致其产生及变化的原因——社会经济因素。

上述对社会结构的多方面理解,影响我对写作中国社会结构史内容和任务的规范。笔者认为社会结构及其演变史的写作内容应是:

(1)中国历史上社会结构的诸种要素;

(2)诸要素的连接方式;

(3)社会结构稳定状态下的结构模式;

(4)社会结构内部的矛盾和变迁;

(5)社会结构及其演变对中国历史进程的影响。

笔者充分注意到研究社会结构应该重视社会要素冲突的理论,并且认为它是正确的,希望能在研究中加以贯彻,因此笔者在篇名中强调"演变",意在反映社会结构的内部矛盾和变迁。

(二)中国社会结构历史的分期及其标准

社会结构的历史分期,似乎要考虑以下四种因素:

(1)社会结构要素的增减变化,特别是主要要素——等级成分的变化。各个时期社会要素有简单与复杂、量多与数少的差别,同时每一种要素自身也会有变异,这种结构成分的变化,自然要引起结构整体的某种改变。这中间等级要素的新生与消失,内部成分的变化,对社会结构的状态、性质、内部冲突又起特殊作用。

(2)社会结构要素相互关系的变化,即结构要素之间的冲突及造成结构状态的变动。结构要素的变异只能引动社会结构的微弱变化,而要素之间关系的易位就会在很大程度上改变社会结构的状态。

(3)导致社会结构发生演变的社会其他因素的变化,比如生产力的发展与职业分工的复杂化,政治体制及一些上层建筑领域的变更。这种社会结构变动的原因有助于确认结构状态的改变。

(4)社会结构变化引起与之相关联的社会成分的变化。

前两条是主要的,后两点是从不同的角度观察社会结构的变化状态,以便作辅助性的说明,但不是分期的主要依据。

上述标准的具体运用,殷周到近代的社会结构历史可分为四个时期,即:

(1)两周时代;

(2)秦汉魏晋南北朝隋唐五代时代;

(3)宋辽金元明清(前期)时期;

(4)清朝后期的中国近代社会时期。

二、贵族分权制时期周代社会结构

(一)西周春秋前期社会等级结构

说到西周社会结构,有句"天有十日,人有十等"脍炙人口的古语,它出自《春秋左传》,不妨把它和另一段相关记载先抄录于后:

鲁桓公二年(前 710)晋国大夫师服说:

> 吾闻国家之立也,本大而末小,是以能固。故天子建国,诸侯立家,卿置侧室,大夫有贰宗,士有隶子弟,庶人、工、商各有分亲,皆有等衰。是以民服事其上,而下无觊觎。[①]

鲁昭公七年(前 535)楚国芋尹无宇对楚灵王讲:

> 天子经略,诸侯正封,古之制也。封略之内,何非君土? 食土之毛,谁非君臣? ……天有十日,人有十等。下所以事上,上所以共神也。故王臣公,公臣大夫、大夫臣士,士臣皂,皂臣舆,舆臣隶,隶臣僚,僚臣仆,仆臣台。马有圉,牛有牧,以待百事。[②]

两位春秋时代大夫的话,虽没能完全准确地反映西周社会等级结构的状态,但可以说作了基本的描述,并表示了对等级结构与分封制、宗法制关系的看法。为我们了解西周社会结构作了提示。

"天子建国"的周天子,处于社会第一等级的地位,他分封诸侯,拥有王畿的土地、人民和武装,是名义上全国土地、臣民的主人,但是他没有直接治理

[①]《春秋左传》,见《十三经注疏》,中华书局 1980 年影印本,下册第 1744 页上;杨伯峻:《春秋左传注》,中华书局,1981 年,第 1 册第 94 页。

[②]《春秋左传》,下册第 2048 页上;杨伯峻:《春秋左传注》,第 4 册第 1283 页。

全国人民和征收赋税的权力,没有严格意义上的专制主义中央集权制度保证他在全国实行政治、军事、经济的统治权。他拥有祭祀王室宗庙的权力,是姬姓大宗主,以宗子的地位巩固他对同姓诸侯的统治权。

西周实行宗法分封制产生了各级贵族。

武王伐纣,大会各个政治集团于孟津,成功了,诸集团表现了强大的力量,所以西周立国,要承认这种现实,又要加以制驭,发展和巩固姬氏中央政权,采取分封制的办法,册封姬姓和异姓诸侯。霍叔、蔡叔、管叔三监和纣子武庚叛乱平定之后,进一步向东方分封同姓和异姓功臣诸侯。在实行分封制的同时,又配合以大小宗法制的原则,或者说宗法精神,使得分封制顺利贯彻。

周朝的分封,在王畿有周、召、荀、郑、虢、毕、芮、散等国,在东方以及其他地方的有周公后人的鲁,唐叔的晋,康叔的卫,召公奭的燕,姜尚的齐,微子启的宋,己姓的莒,任姓的薛,曹姓的邾、小邾等。这些封国,周、召、荀、鲁、晋、卫、燕等,是周王室血缘近亲,是姬氏族成员国,它们的属民,本氏族成员之外,有殷人以及殷商统治下的各地土著居民,如鲁国受封殷民六族,又征服领地周围的商奄之民,晋国受封怀姓九宗,卫国领有殷民七族。诸侯国中有一部分是属于异姓功臣的,如齐国;有原来殷朝贵族的,如宋国;还有曾受殷朝控制的其他宗族,如据说为黄帝后裔的己姓的莒国,曹姓的邾国,任姓的薛国,舜之后陈国,禹之后姒姓的杞国。这些诸侯都接受周王封授的爵位。周王室的血亲姬氏诸侯是诸侯的主要成分,据说71个诸侯国,它占据55个。①在同姓诸侯与异姓诸侯之次序排列上,先同姓次异姓,故鲁隐公说"周之宗盟,异姓为后"②。姬氏诸侯拱卫王畿,并散布各地,与异姓功臣诸侯共同监视、控制其他异姓诸侯。异姓功臣诸侯,与周王共建周朝,是周王的依靠力量。原殷王子姓宗族诸侯,是周王的笼络对象,以便消弭反对力量,稳定社会秩序。古老的显赫宗族(己姓、姒姓等),世代相传,在殷商受统治,周王对他们加以重用,以扶持老氏族的办法对付子姓,分化瓦解原来殷朝的统治力量。后来周王陆续册封归化的戎狄百蛮诸族的诸侯,如秦、楚诸国。这样分封制下诸侯宗族的构成可列为下述图式:

---

① 杨伯峻:《春秋左传注》昭公二十八年,第 4 册第 1494 页。

② 杨伯峻:《春秋左传注》隐公十一年,第 1 册第 72 页。

诸侯国公族结构 ┤ 姬姓诸侯
异姓功臣诸侯
原殷王室诸侯
古老显赫氏族诸侯
后进氏族诸侯

从这种诸侯氏族结构可知,周王朝用分封诸侯的办法,以姬姓为核心,联合各家族上层,建立全国性的稳定统治,这就是师服说的"天子建国",芉尹无宇说的"天子经略,诸侯正封"。

诸侯受封,接受周王赐予的土地,据孟子讲"大国地方百里","小国地方五十里",①各诸侯得到的封地多少不一。当然不会像孟子讲的那样整齐的领地数字,同时诸侯到封地后多能逐渐开拓境土,扩大领土范围。诸侯具有统属境内人民和治理政事的权力,即握有绝对的军、政、财权,但他对周天子要纳贡,派军队卫戍王室或随王出征,历尽臣属的义务。诸侯的封国是世袭的。

按照西周的大小宗法制,周天子是大宗,其所封的同姓诸侯,有王的兄弟和族人,它的兄弟是小宗。作为周王室的小宗的诸侯受封,其诸侯地位一般地说传给嫡长子,余子不得继承,需要有代管人,于是封余子为卿、大夫,授给他们土地,称为"采邑",卿、大夫在经管土地的同时,逐渐具有管理采邑人民的权力,成为采邑的真正主人。卿、大夫爵职只由嫡长子嗣承,又对其余子分授土地,称为食田、禄田,形成士的爵职。

诸侯是一个大单位,拥有土地、人民和管理的政事,这就是孟子所说的诸侯三宝,②而卿、大夫、士虽有土地和人民,但是协助诸侯管理政事。这种逐级分封,就是师服说的"诸侯立家,卿置侧室,大夫有贰宗"。

从诸侯到卿、大夫、士,是分封制和宗法制下的各级管理者,他们将领地的人民作为自己的附属者、农奴、奴隶,占有他们的劳动果实,是特权贵族。

周王朝和各诸侯国都有一批行政管理人员,由卿、大夫、士担任,如士可以出任武官,王宫及基层执事官,卿、大夫的邑宰、家臣,卿、大夫在诸侯

---

① 《孟子》,《十三经注疏》本,下册第 2741 页。
② 《孟子》,《十三经注疏》本,下册第 2778 页。

国任要职,诸侯也有兼为王室官员的。所以在西周诸侯、卿、大夫、士既是封爵贵族,又兼有官僚性质,在卿、大夫、士身上表现得尤为鲜明。可以称为"百官贵族"。

至此可知,在政治经济诸种权力集合体的结构上,诸侯处高位,是一个等级,卿、大夫是又一个等级,士处在特权等级的最低层,也就是说在贵族阶层里有三个集团,或三个等级,即诸侯贵族,卿大夫贵族,士贵族。

以上说的是统治阶层。芊尹无宇讲的皂、舆、隶、僚、仆、台的层层统属,他们究竟是什么社会地位的人? 据清人俞正燮的解释:皂,是无爵位的卫士,但有员额的限制;舆,也是无爵位的卫士,但无定额,不易进入皂的地位;隶,是罪人;僚,是罪人,充当苦役,以此不同于隶;仆,是被杀戮的罪人家属,成为奴隶;台,是罪人被罚为奴隶的,其逃亡后又被抓获的,成为陪台。①这里的皂隶,和后世属于贱民的皂隶在身份上不相同,但却在官,则是共同的。按照俞氏的解释,这六种人里,皂、舆是在武官统领下的卫士,不是直接生产劳动者,无爵位,相当于后世的吏,有自由身份的兵,是一个社会层次。僚是被罚任劳役的罪人,隶既为罪人,说他管着僚,可能是僚的领班,罪人被罚管理或从事劳役,当然是不自由的人,隶、僚与皂、舆显然不是处于同一社会集团的人。仆、台同为罪奴,社会身份最低。所谓"马有圉,牛有牧",圉是男奴隶,牧马、牧牛的也是奴隶,不在十等之列,是比仆、台还要低的奴隶。这样皂舆、隶僚、仆台牧奴分别形成为三个社会集团,三个等第。前者应为平民,后者为奴隶,毫无自由权利的人,而中间的隶僚,是国家的依附民,有罪而服役,是不自由的,役满之后,恢复自由,是介于平民、奴隶之间的人,可视为准贱民。

如此说来,西周社会的十等人,实际可分为诸侯贵族、百官贵族、平民、准贱民、贱民五个等级。芊尹无宇讲的十等人特别是皂、舆以下的情况,可能是就王宫中服务的人员情形说的。

西周社会绝不止上述十种人,我们在历史文献中经常看到"国人""野人""氓""庶人""人鬲""臣妾""农夫""商人""百工"的记载。他们属于什么身份,与上述诸种人是何关系呢?

"国人",是贵族家族的小宗成员,就是"士有隶子弟"中的子弟,他们不能

---

① 俞正燮:《癸巳类稿·仆臣台议》;杨伯峻:《春秋左传注》第4册,第1569页。

再被封为贵族,成为一般的平民,居住于城市与郊区,自食其力,可以被征为武士,大约也就是皂、舆。公元前660年狄人进攻卫国,卫懿公令国人入伍出征,国人因懿公平日好养鹤,不恤民力,拒不应征,结果卫国被打败,[①]说明国人是自由人,有一定社会力量,关乎国家兴亡。

庶人、野人,居住于乡村,分别隶属周王及诸侯、卿、大夫各级贵族,是农业生产劳动者,大约在春秋时期他们可能得到100亩耕田,50亩休耕地。[②]他们的地位有两种情况,一是自由人,是贵族的支庶成员,即"士有隶子弟"中的不能继承"士"的地位的子弟,不能当武士和做官,到土地里谋生。《诗经·小雅·大田》所描写的农户大约就是这种人。所谓"大田多稼,既种既戒,既备乃事。以我覃耜,俶载南亩。播厥百谷,既庭且硕,曾孙是若。……有渰萋萋,兴雨祈祈,雨我公田,遂及我私"[③]。二是与贵族领主没有家族关系的农人,要向贵族领主纳贡,没有迁徙的权利,人身受领主的一定控制。《诗经·豳风·七月》所写的农夫:"春日迟迟,采蘩祁祁,女心伤悲,殆及公子同归";"七月鸣鵙,八月载绩,载玄、载黄,我朱孔阳,为公子裳";"十月陨萚,一之日于貉,取彼狐狸,为公子裘。二之日其同,载缵武功,言私其豵,献豜于公";"七月食瓜,八月断壶,九月叔苴,采荼薪樗,食我农夫";"嗟我农夫,我稼既同,上入执宫功"。[④]这种农夫,有自己经济,但向领主缴纳各种农业生产物和狩猎品,还要服劳役,女儿要受领主儿子的蹂躏,更像是农奴。

工商是在社会中具有重要地位的人群。公元前564年,楚共王答应秦国的请求,将派兵助攻晋国,但是子囊认为晋国稳定不能攻打,他说"其(晋国)卿让于善,大夫不失守,其士兢于教,其庶人力于农稼,商工皂隶不知迁业"[⑤]。把工商的态度当作一个国家稳定与否的重要因素。周代手工业者世传其业,如《周礼》所说:"巧者述之,守之世,谓之工。"[⑥]可能还有家族的特点,如赐给鲁国的殷民六族,给康叔的殷民七族中的索氏、长勺氏、尾勺氏、陶氏、施氏、繁氏、绮氏、樊氏、终葵氏,大约分别是制作绳索工、酒器工、陶工、旌旗工、马

---

① 杨伯峻:《春秋左传注》,第1册第265页。
② 参阅杨向奎:《宗周社会与礼乐文明》,人民出版社,1992年,第187页。
③《诗经》,《十三经注疏》本,上册第476页。
④《诗经》,《十三经注疏》本,上册第389页。
⑤ 杨伯峻:《春秋左传注》,第3册第966页。
⑥《周礼》,《十三经注疏》本,上册第906页。

缨工、锉刀工(或釜工)、篦笆工、锥工。①工有二种,一是独立手工业者,具有平民身份,另一种是"百工",隶属于王室、公室和各级贵族,受主人控制。

公元前520年周王室内乱,单子开始盟百工于平宫,但"百工叛",单子失败。②贵族要百工支持,与之结盟,可知百工又具有某种平民身份。所以百工的社会地位介于平民、奴隶之间,是半工奴,与农奴地位相当。师服、子囊都把工商两种人联在一起论述,《左传》不乏这方面记载,如"工贾不变"③,"工商未尝不为患"④。这种放在一起看待的方法,表明商和工处于平民地位,弦高救郑的事例很足以说明商人的身份。公元前627年秦将孟明视潜越周王之境,将要偷袭郑国,郑国商人弦高往洛阳做买卖,得知其事,一面派奚施回郑国报信,一面伪装是郑国的使臣,向孟明献牛皮、牛只以劳师,使孟明视以为郑国有了准备,不战而退。郑穆公因弦高保存国家的功劳要给予重赏,弦高不接受,率领属人迁往东方去了。⑤弦高敢于冒充使臣,而对方确信不疑,郑伯之赏不是因他是奴隶身份而加以解除,他能够自由离开郑国,这一切说明他是平民,即自由民。他是较大的商人,他的身份起码可以反映与他相同的商贾也是平民。

《周礼》云:"以禽作六挚,以等诸臣。孤执皮帛,卿执羔,大夫执雁,士执雉,庶人执鹜,工商执鸡。"⑥看来基本上商是平民的地位,但比平民中的庶人要低一点。

《师毁毁铭文》:伯龢父任命师毁为其家臣,"鞴司我西隔东隔仆驭、百工、牧、臣妾,东裁(按即董裁——引者)内外,母敢否善"⑦。教训仆驭、百工、牧、臣妾,听从师毁的指挥,不得违背。师毁肯定是自由人,而仆驭、百工、牧、臣妾则是奴隶,也就是赶车的奴仆、工奴、牧奴、婢妾。奴隶有着多途径的来源:把战俘罚为奴隶,如《诗经·小雅·出车》云:"……执讯获丑,薄言还归。赫赫南仲,狝狁于夷!"⑧即以俘获的狝狁之民为奴;将罪人降罚为奴,前述僚、台即是这类

---

① 杨伯峻:《春秋左传注》,第4册第1536页。
② 杨伯峻:《春秋左传注》,第4册第1438页。
③ 杨伯峻:《春秋左传注》,第4册第1480页。
④ 杨伯峻:《春秋左传注》,第4册第1567页。
⑤ 杨伯峻:《春秋左传注》,第9册第497页;《吕氏春秋》卷16《悔过》,见《诸子集成》本,中华书局,第6册第157页;《淮南子》卷18《人间训》,见《诸子集成》本,第7册第315页。
⑥ 《周礼》,《十三经注疏》本,上册第762页。
⑦ 见翦伯赞、郑天挺主编:《中国通史参考资料》(古代部分第一册),中华书局,1962年,第56页。
⑧ 《诗经》,《十三经注疏》本,上册第416页。

人;奴隶还可以买卖。①奴隶数量相当多。公元前482年,越国攻打吴国,吴国王孙弥庸要报家仇,率领"属徒五千",与越军对垒,先胜而后败。②这里的"徒"有不同的身份,一部分应是依附民,一部分当是奴隶。

上面提到各种身份的人群,对于他们中的有些人的社会地位,特别是庶人以下群体的身份,限于资料或诸家见解的差异,并没有弄清楚,只是在这里采取一说,以便讨论。前面多次提到自由民,如庶民、农夫、手工业者、商贾,他们被当作平民,是社会的主要成员,可是他们对国家又有一定的依附性,所以在西周春秋的自由民是古代式的自由民,而不是近代概念的有着从业、迁徙、受教育等自由的人。有些人的社会地位,相互比较而言,有差别,又不很大,是基本上的一致,如皂与舆、隶与僚、仆与台、国人与庶民,就是这种关系,它表明等级社会要素的组成情况是复杂的,但若把基本相同的人群归类,就显得简单一些了。总括西周春秋社会等级结构,可分为六个等级十个层次,兹以图的形式表述于下:

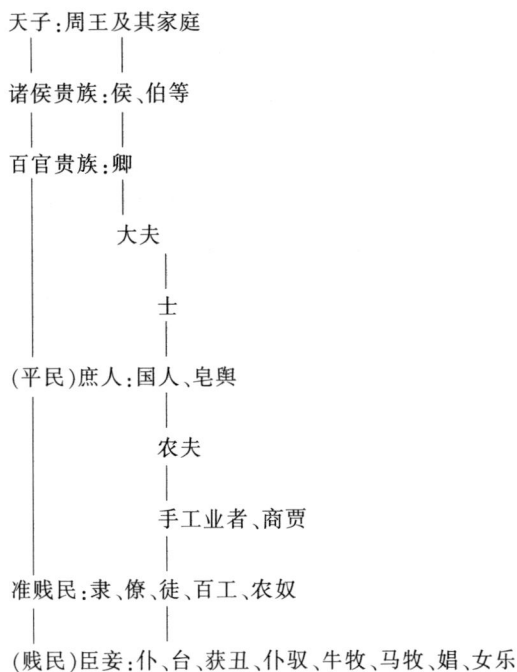

天子:周王及其家庭
| |
诸侯贵族:侯、伯等
| |
百官贵族:卿
| |
    大夫
    |
    士
    |
(平民)庶人:国人、皂舆
    |
    农夫
    |
    手工业者、商贾
|
准贱民:隶、僚、徒、百工、农奴
|
(贱民)臣妾:仆、台、获丑、仆驭、牛牧、马牧、娼、女乐

---

① 以上参阅何兹全:《中国古代社会》,河南人民出版社,1991年,第61—65页。

② 杨伯峻:《春秋左传注》,上册第1676页。

(二)简单而贫乏的社会群体

周代社会组织、社会群体,在政权之外,大约就是家庭、家族了。

1.宗族

前面在讲到诸侯宗族构成时,已涉及宗族群体的历史,即宗族成分与政治的关系,说的是诸侯贵族宗族,它在宗族的社会构成中只是一种成分,周王室的姬氏宗族也是一种。周王、诸侯贵族有宗族,其他社会成员有无宗族呢?卿、大夫、士各级贵族,大体上是他的封君的宗支,属于国君宗族,而我们知道大小宗法的原则,使小宗有二重性,即小宗的继承宗位的嫡长子在小宗内成为大宗,其他诸子成为小宗,这种二重性决定小宗也各有其宗族。国人基本上是小宗成员,也有宗族。平民有否宗族,在学术界是有争论的问题。笔者同意这种认识:平民中有宗族,但不发达,往往依附于贵族宗族。平民宗族的产生,可以设想的一种情形是:贵族宗族衰落,一部分成员被杀掉,另一部分成员降为庶人、皂隶,他们仍然保留宗族组织,只是不再是贵族的社会地位,该宗族成为庶人、皂隶宗族。比如说,公元前 596 年,晋国灭其大夫先縠宗族,其余孽降为皂隶,散处三地,后来竟能与赵荀子作斗争。[①]可见先氏宗族处在皂隶地位时尚保留着。

平民是否有宗族,还可以设想他们有无祭祖活动,这是肯定的事情。《国语·晋语上》:"国君有牛享,大夫有羊,士有豚犬,庶人有鱼炙之荐。"[②]贵族之祭,是宗族之祭,庶人是否只是一家一户地进行,有无有同一血缘关系的各户共同祭祀呢?这是值得考察的事情,若有,则应当有组织祭祀的规则(或习惯)及管理人,因此也就会有宗族。[③]朱凤瀚从长安沣西张家坡西周墓地第一地点的墓葬形式看宗族,获知它由几个同居共处的核心家族构成一种小型家族,又由几个此种家族构成较大型的伸展家族,只有一个墓群里有兵器,表示葬主是族长,可以做武士,其他人不行,这是一个庶民家族。[④]根据以上分析和事实,相信平民中会有不发达的宗族制,规模小,组织不严密。综上所述,从政治地位看,周代宗族构成为:王族—贵族宗族—平民宗族,也就是平民以上的

① 杨伯峻:《春秋左传注》,第 2 册第 572 页;《侯马盟书》。

②《国语·晋语上》。

③ 参阅李向平:《西周春秋时期庶人宗法组织研究》,《历史研究》1989 年第 2 期;彭邦本:《从曲沃代翼侯的宗法组织看晋国社会的宗法分封性质》,《中国史研究》1989 年第 4 期。

④ 朱凤瀚:《商周家族形态研究》,天津古籍出版社,1990 年,第 440 页。

人群中有着宗族组织。

宗族构成,大小宗之别以外,在其内部还有宗支的区别,周王封给鲁公的殷民六族,要求他的首领"帅其宗氏,辑其分族,将其丑类"①。使我们获知:殷人宗族,下有分族,分族成员拥有奴隶。宗族随着时间的延长,人口的繁衍,族人间的辈分关系渐趋复杂,血缘关系的远近之分更趋明显,利害之争也更多,以及继承制度的作用,势必在宗族下面分成若干分支(分族),分支下面还可以再出现若干支族,使得宗族内部组成也复杂起来。这里附带说一下,从殷民宗族构成可知,奴隶没有自己的宗族,他们归附于主人,是主人宗族的没有成员资格的实际成员,因为他是主人宗族力量的一种潜在成分。

宗族之所以成为一种社会群体,在于它有管理机构和管理人员,能把同一血缘的各个家庭的成员组织管理起来。周朝王族似乎已有了专门管理的官员,《汉书·百官公卿表》宗正条下应劭注:"周成王之时彤伯入为宗正",意思是说西周有专管王族事务的宗正官,颜师古不同意,注云:"彤伯为宗伯,不谓之宗正。"②西周不见宗正之官称,实有宗伯,《尚书·周书·周官》记载:"宗伯掌邦礼,治神人,和上下。"③宗伯主管祭祀事务,把王族的事情是包括在内的,估计他会有属吏专司王族事务。这大约就是《文献通考》所记叙的"小宗伯":"周官小宗伯掌三族之别,以辨其亲疏。"④小宗伯专管周王族内部户口、婚姻、丧葬、祭祀、继承等事务。诸侯国也有专官负责公室事情。楚国设有三闾大夫,职司楚王族昭、屈、景三姓,"序其谱属,率其贤良,以厉国士",屈原就任过这个职务。⑤

宗族有多种活动,重要的一项是纂辑谱牒,记载宗族历史,登记族人资料,理清族人之间的相互血缘关系,以便祭祀、继承。周朝设有小史之官,职司其事:"小史掌邦国之志,奠系世,辨昭穆。"⑥前述屈原为三闾大夫,即以编写族谱为一项任务,证明这项活动的正常进行。正是由于周人修纂了谱牒,司马迁写《史记》时才得以多方利用它所保存的历史资料。诚如他所说:"维三代尚

① 杨伯峻:《春秋左传注》,第4册第1536页;《十三经注疏》本,下册第2334页,"丑类"作"类丑"。

② 《汉书·百官公卿表》,中华书局点校本,第3册第731页。

③ 《尚书》,《十三经注疏》本,上册第235页。

④ 马端临:《文献通考》卷59《职官》,中华书局,1986年,上册第501页。

⑤ 《史记》卷84《屈原列传》注引《离骚序》,第8册第2486页。

⑥ 《周礼》,《十三经注疏》本,上册第818页。

矣,年纪不可考,盖取之谱牒旧闻,本于兹,于是略推,作《三代世表》。"①

宗族进行文化教育,国王设王学(辟雍等学),诸侯设黉宫,吸收贵族子弟入学。令学生"春夏学干戈,秋冬学羽吁"②,即学习武艺和文化知识,提高他们的智能,以便将来进行国事家事的管理。

宗族起着支持政权的作用。从理论上看,关于宗族的宗法制巩固分封制所确定的社会等级制度,又以宗法伦理制约受封的各级贵族,避免贵族间的矛盾。事实上西周时代,姬姓诸侯维护国王政权,稳定分封而形成的局面。春秋时代,在诸侯纷争中,宗族为本国的生存而尽力,也有一定的效果。如公元前 681 年齐国灭掉遂国,并在那里设军驻防,12 年后(前 669)遂国的因氏、颌氏、工娄氏、须遂氏等四大家族,设谋杀掉齐国戍军以报仇。③

2.家庭

西周家庭的结构,不是很清楚,春秋时期大约盛行今人所理解的"联合家庭"制度,即父子兄弟姑娌共同生活在一起。《诗经·魏风·陟岵》咏叙应征服役的农家小儿子回忆临行前父母及兄长分别对他的嘱咐,以及他在外对父母兄长的怀念。④这一家有两个成年的儿子,与父母同住,虽没有涉及他们结婚与否,可以认为这首诗反映的是父母与两对成年子媳构成的家庭。《诗经·唐风·鸨羽》咏一满怀悲怆情绪的应征农夫心声:"王事靡盬。不能艺黍稷,父母何食?"⑤儿子耕作供养父母,其家庭类型当是今日所说约"直系家庭"。联合家庭结构较为复杂,直系家庭要简单些。但这两类家庭都不能说是很复杂。上述两首诗叙述的是农夫家庭,看来春秋时代劳动者家庭比较简单,可能贵族家庭要复杂得多。

战国时期,家庭结构向简单化方向发展。张仪讲:"夫亲昆弟,同父母,尚有争钱财。"⑥兄弟争财,这是分家时的现象,说明兄弟分家,"联合家庭"解体,家庭化小了。李悝在魏国改革,估算民户的收支,计其人口,云"一夫挟五口"⑦

---

① 《史记》卷 130《太史公自序》,第 10 册第 3303 页。

② 马端临:《文献通考》卷 40《学校》,上册第 380 页。

③ 杨伯峻:《春秋左传注》,第 1 册第 193、205 页。

④ 《诗经》,《十三经注疏》本,上册第 358 页。

⑤ 《诗经》,《十三经注疏》本,上册第 365 页。

⑥ 《战国策·魏策一》卷 22《张仪为秦连横说魏王》,上海古籍出版社,1985 年,中册第 793 页。

⑦ 《汉书》卷 24 上《食货志》,中华书局点校本,第 4 册第 1125 页。

是以五口人为一家。五口之家多系今日所说的"核心家庭",或者勉强是直系家庭。商鞅变法,强令人民分家:"民有二男以上不分异者,倍其赋。"①看来当时"联合家庭""直系家庭"还不少,所以才要求父子、兄弟析居。但是这一法令必使不少较大型的家庭变小了。所以战国是中国家庭小型化的时期。

家庭实行父家长制。观《礼记》的"家无二主","家无二尊"的记载,②就可知男性家长统帅妻和子女,是一家之中独尊的主宰。夫妻的关系,是妇从属于夫,"三从"的观念已很明确:"妇人从人者也,幼从父兄,嫁从夫,夫死从子。夫者,夫也;夫也者,以知帅人者也"。③不过周代的妇女在家内具有重要地位,《周易》讲的"家人,女正位乎内,男正位乎外"④。是说女子发挥其正常作用,是治家、兴家的根本。那时儿子把父母都视作"严君"⑤,不似后世只以父亲为严君,而母亲仅有慈祥一面性质,可知作为人妻人母的妇人地位高于后代。

上层社会流行一夫多妻制,诸侯一娶九媵,即连同夫人的姊妹、侄女也要过来。孟子说的行乞的齐人有一妻一妾,⑥这个齐人似是"国人"或没落贵族之余孽,无所事事,竟然有妾。妻妾地位悬殊,妻是夫的配偶,与夫敌体,家庭的内主人。妾,对女主人如同臣对君,是夫人的从属。故而丧服,"妾之事女君,与妇之事舅姑等"⑦。

妾又分等级,媵的地位比一般妾为高。夫妻离异是常有的事,多半是夫妻中占主动地位的夫休弃妻子,如《诗经·谷风》反映丈夫弃妇再娶,原来的妻子对丈夫的寡情表示不满。

因为生母的地位的不同,儿子在家庭的地位大相径庭。妻出与妾出区分为嫡子、庶子,两者具有尊卑关系。先出世与后出世又有长幼之别,最尊贵的是嫡长子,拥有继承爵位的权利,庶子的地位低,在庶子之中,除分长幼,也要看其生母在妾中的等第以决定他在家中的地位。最能体现家庭人际关系的是

---

① 《史记》卷68《商君列传》,第7册第2230页。

② 《礼记》,《十三经注疏》本,下册第1619、1695页。

③ 《礼记》,《十三经注疏》本,下册第1456页。

④ 《礼记》,《十三经注疏》本,上册第50页。

⑤ 《周易》:"家人有君严焉,父母之谓也。"《十三经注疏》本,上册第50页。

⑥ 《孟子》,《十三经注疏》本,下册第2732页。

⑦ 《仪礼》,《十三经注疏》本,上册第1109页。

父子关系,"父父子子兄兄弟弟夫夫妇妇,而家道正"①。父子关系如同君臣关系,父亲对儿子有绝对的权威,所以是"严君"。男子行了冠礼,才算成人,才能成亲,而冠礼之行,出于父命。②在贵族家庭中,父子是一种等级关系,家庭政治化,等级化,因而父子关系实质上是主从关系,或者说主臣关系。"这是宗法性质的父家长权力的升华。"③

周代家庭,有多种功能。贵族家庭的政治功能最突出,各级贵族家庭的稳定与否,关系到天下(周王)、国家(诸侯)统治的安危。孟子说:"天下之本在国,国之本在家。"④就是讲的这个道理。贵族之家通过联姻,巩固与发展势力。如秦、晋世代为婚,所谓"秦、晋,匹也"⑤。晋公子重耳逃亡秦国,秦穆公以五女妻之,并助其返国得君位,终成霸业,秦宁公,秦穆公分别娶于鲁、晋。学习了关东文明,对秦国改变落后面貌,争霸中原,起了不小作用。

3.民间乡里祭祀组织的萌芽

"社,祭土而主阴气也。""社,所以神地之道也。"⑥《礼记》所讲的社是祭祀土神的地方,天为父,地为母,社事很重要。各种人都有这种祭祀,天子有"王社",诸侯有"侯社",自大夫至庶人的"置社"。⑦公元前504年季氏家臣的阳虎与鲁定公及三桓盟于"周社",和国人盟于"亳社"。⑧鲁定公与三桓是鲁之公室,属姬氏家族,他们有专门祭土神的周社。国人是平民,就鲁国讲,鲁公被封有殷人六族,带到东方,又征服当地土著,亳社当是殷人后裔和土著居民祭土神的地方,所以阳虎和他们在这里祭神结盟。社还是最基层的地方行政组织,每社25户,要进行户口登记,所以在齐国就将这种情形视为"书社"。⑨战国时代庶人必须参加祭社活动, 魏国李悝计算农民之家的收支, 在开销方面,有"社闾尝新春秋之祠,用钱三百"⑩一项,这是说间里之社从事社祭,一年春秋

① 《周易》,《十三经注疏》本,上册第50页。
② 《孟子》:"丈夫之冠也,父命也。"《十三经注疏》本,下册第2710页。
③ 朱凤瀚:《商周家族形态研究》,天津古籍出版社,2000年,第327页。
④ 《孟子》,《十三经注疏本》本,下册第2718页。
⑤ 《春秋左传注》,第1册第410页。
⑥ 《十三经注疏》本,下册第1449页。
⑦ 《礼记》,《十三经注疏》本,下册第1583页。
⑧ 《春秋左传注》,第4册第1559页。
⑨ 《春秋左传注》,第4册第1465页。
⑩ 《汉书》卷24上《食货志》,第4册第1125页。

两次,闾里居民都要参加,所以才是必须的开支。这条材料说明,在民间里社与祭社合一,祭社、里社原来分别为官办,它们合一之后,民众的自愿因素增多,向着民众组织方向发展。周代盛行的祭社、里社都不是民间的自发的组织,参加活动与否,带有强制性,但是民间自发组织的社团却是由这里产生。

此外,春秋时代私人办学兴起,战国时更有发展。孔子、墨子、鬼谷子等都有众多弟子。这种私人学校的教师与学生,有一些共同的利益,有的保持较稳定的联系,因而形成学派,初步具有民间团体的性质。

(三)春秋中后期、战国时期社会等级结构的变动

周代社会结构主要由等级和宗族家庭构成,分封制和宗法制的实行,使它较为稳定。大小宗法制巩固分封制所确定的社会等级制度,又以宗法伦理制约受封的各级贵族,尽量避免贵族间的争斗。分封制的实行,给诸侯以"三宝",天子才能收族,巩固宗主地位,保证大宗法的贯彻。分封制、宗法制互相配合和制约,稳定西周政治体制和社会结构。

周代社会结构在协调性之外,是它的内部矛盾性的存在、积累和发展。等级与其政治、经济权力相一致,等级越高,特权越多,而且政治权力带来经济权力,高等级具有强烈的排他性,禁止低等级的混入,等级制支配政治斗争和经济生活、文化生活,因此等级间必然产生矛盾斗争。在社会要素间的冲突多种多样,大体上是贵族与平民的矛盾,贵族与贱民、准贱民的矛盾,诸侯与天子的矛盾,家长与家属的矛盾,以及男性与女性的矛盾,这些矛盾,按性质归类,可以区分为三种,即(1)政治上的等级矛盾,(2)血缘上的宗族家庭矛盾,(3)性别上的男女矛盾。这些矛盾都具有等级矛盾的性质,因为不同宗族间的政治差别,宗族、家庭内部人际关系的尊卑长幼之别,以及男女尊卑之别,都具有等级性。等级体系是多方面的,至少有上列三种。不同的等级体系,聚合为一种事物,一个社会结构,使社会元素间的冲突搅和在一起,纠缠不清,矛盾来得更加复杂,而归根结底是贵族内部不同层级之间、贵族与平民、与贱民的等级斗争。

贵族与平民的矛盾,除不同权力、义务的等级之间的内容外,还包含贵族内部大宗与小宗的斗争,也包括同姓诸侯与异姓诸侯,诸侯与天子的矛盾,等级压迫,高等级的排他性,使低等级反对高等级,其斗争内容是每一个低的等级都有反抗性。具有反抗高它一个等级的愿望,贵族、平民都会反叛而不止是最低等级的造反;下层等级联合反对上层等级;各级贵族等级是当权者,下层

等级的反抗,往往指向当政贵族和宗子。总之,等级斗争是以下犯上,上、下是相对而言,可以包括很多等级,如诸侯反天子,卿大夫反诸侯,都是在高等级间进行的,但天子与诸侯,诸侯与卿大夫各有上下关系,诸侯在前一组关系中属"下",而在后一组关系中则属"上"了。

　　以上是一般理论的分析,周代的实际情形是,自春秋开始,诸侯、卿大夫崛起,分别向天子、向诸侯权威挑战,诸侯、卿大夫相互间的竞争加剧,并带动下层等级的反抗运动,促使等级、宗族内部矛盾的发展,分封制和大小宗法制遭到削弱、破坏。诸侯、卿大夫各有独立的经济,有封地、军队,当这种私有力量发展起来,并为寻求进一步发展,要求冲破层层隶属的等级宗法关系的束缚,破坏分封制和宗法制度。春秋以来周王地位低落,根本无力阻挡这种破坏力量。诸侯对卿大夫也没法维持传统的宗法关系。公元前556年宋公族华臣杀害其兄之子皋比的家臣,宋平公开始认为他不仅破坏宗族秩序,还扰乱宋国政治,要驱逐他,后听人言"大臣不顺,国之耻也,不如盖之"①,遂不处理华臣。这是无可奈何地掩盖矛盾,听信臣下小宗,破坏国内、族内秩序。随着社会等级的变动,社会流动的增多,血缘关系的重要性相对削弱,人们可以到本宗族之外去谋求利益,出任官职,从而减弱对宗族的依靠性,对维护分封制宗族制度的兴趣就不那么强烈。鲁国季氏之季寤,公钼极、公山不狃,叔氏之叔孙辄、叔仲志不得意于宗室,依靠季氏家臣阳虎谋图发展,阳虎遂于公元前502年劫持鲁定公发动政变,失败后逃亡齐国,又至晋国,得到赵简子的重用。②诸侯之间的兼并,小宗的出头欲望,才不管分封格局和宗法关系哩!

　　在春秋中后期,等级秩序出现了无法维护的局面,公元前539年齐国晏婴回答晋国叔向询问齐国的形势说:"此季世也,吾弗知齐,其为陈氏矣。"叔向触及晋国形势,深有同情地说:"虽吾公室,今亦季世也。"又接着解释说:"民闻公命,如逃寇仇。栾、郤、胥、原、狐、续、庆、伯降在皂隶,政在家门,民无所依。"③这两位政治家认为,齐、晋两大国都处于末世,原因就是卿大夫夺国君的权,而卿大夫内部又有分化,甚至庶民也敢于叛上,这就是等级秩序破坏的形势。晏婴、叔向对话不久,公元前502年,晋军强迫卫灵公缔结城下之盟,

---

① 杨伯峻:《春秋左传注》,第3册第1031页。
② 杨伯峻:《春秋左传注》,第4册第1567—1574页。
③ 杨伯峻:《春秋左传注》,第4册第1235页。

灵公想拒绝,"患诸大夫"不从,得到王孙贾支持,又取得国人工商的同意,卫灵公才敢对晋作战。①诸侯、卿大夫、士,在上者怕在下者不服从自己,特权等级的权威大大削弱了。春秋中后期,社会上出现以下犯上的形势,诸侯造反、兼并,破坏分封格局,卿大夫夺权,国人暴动,百工抗命,农人不满,这同时是等级结构不稳定的形势,表明它在变化之中。

明智的诸侯、卿大夫,为了适应这种形势,实行改变政策。晋文公实行"明贤良""赏功劳""轻关易道,通商宽农"的政策。②其后,赵简子为对范氏、中行氏作战,于公元前493年宣布:"克敌者,上大夫受县,下大夫受郡,士田十万,庶人工商遂,人臣隶圉免。"③这里特别值得注意的是"遂"和"免"的内涵,根据杜预注:"得遂进仕。"就是说,这项政策,允许庶人工商脱离平民地位,可以因功进入官僚贵族特权等级,人臣、隶圉可以因功免除奴隶身份,至少可以升入平民等级。从政策上允许等级成员流动,是对稳固的社会等级关系的松动。

家臣制度的发展,也为社会下层进入特权等级提供条件。西周就出现了家臣制,诸侯可以任用没有血缘关系的人为家臣,主要负责管理家庭事务。春秋以来诸侯卿大夫势力的膨胀,家庭公室事务的繁多,变革职官制度,增加官职和官员名额,需要扩大官员的来源,大量吸收异宗族的有用人才,势在必行,这就给了下层等级的成员以上进的机会。公元前六世纪鲍国被鲁国施孝叔用为家臣,后来又被齐人迎去立为鲍氏宗子。④公元前5世纪,子伯季氏由卫国孔悝家臣,改投于卫庄公。⑤

春秋中后期社会等级发生很大变化,首先表现在周天子降到小诸侯的地位。作为天下盟主的周天子已名存实亡,在洛邑的王畿已不及西周王畿的一半,军队的编制也不到西周时的一半,与诸侯的主从关系实际上已不存在,反而受霸侯的欺凌,公元前632年晋文公召周襄王于河阳,前606年楚庄王竟向周室问鼎,前580年周王与晋国大夫郤至争田,却要到晋国打官司,天子的权威丧失殆尽。

---

① 杨伯峻:《春秋左传注》,第4册第1566页。
②《国语·晋语四》卷10,上海古籍出版社,1978年校点本,下册第371页。
③《国语》,《十三经注疏》本,下册第2156页;《春秋左传注》,第4册第1613页。
④《春秋左传注》,第2册第898页。
⑤《春秋左传注》,第4册第1698页。

其次是诸侯的变化,诸侯国相互吞并,像齐、晋、楚各灭二三十个小国,于是诸侯数量大为减少,逐渐剩下几个大国,改变了内部结构。诸侯遇到卿大夫势力的挑战,发生危机,这就是晏婴、叔向所说的齐、晋的末世之兆,最终出现三家分晋、田氏代齐的事件。以及鲁之三桓(叔孙氏、孟孙氏、季孙氏)秉政的局面。即部分诸侯被其下属消灭。

再次是卿大夫的变异。卿大夫在各国改革及率领地方武装参加兼并战争中发展了政治、军事势力,取诸侯而代之,也有一些在竞争中被消灭或降低到庶民以下地位,表明这个等第在沉浮不定的动荡之中。

士的变化比卿大夫还要剧烈。士处于贵族的最低层,接近于民,变化的可能性因而也大。到春秋中后期,士已经改变以武士为主要职业的状况,向着从事文职官员的方向发展;到战国时期职业更是多途化,有武士、文士、吏士、技艺之士、商贾之士、方术之士等等的区别。社会流动面大,有上升,有下降,而上升的作用表现明显,在社会上的作用越来越大,本来等级秩序大夫在士之前,合称为"大夫士",可是到战国之后,由于士的地位急骤上升,人们对它的认识随之改变,于是出现"士大夫"的说法。士升到大夫的前头了。①在变动中有一部分士下降,也使士成了"民"之一,不过是处于首位罢了。

最后是庶民工商的变化。墨子呼吁重用下层社会成员:"圣王之为政,列德而尚贤,虽在农与工肆之人,有能则举之,高予之爵。重予之禄,任之以事。"②即允许社会下层成员浮动,以增加政权活力。庶民工商提高社会地位,出仕是一个途径。如"苦耕稼"的"鄙人"宁越,懂得以学业改变自己地位,苦学成才,被周威公聘为师傅。③显示社会允许平民向上流动。也有在上者自动向庶民靠拢的。范蠡弃官经商,子贡出仕,同时逐利贸易,表明商人地位看涨。同样的道理,传说是鲁昭公后人的公输班(鲁班),可能是没落贵族,而有兴趣于木作,也在一定程度上表明手工业者地位的上升。

在贵族分权制时代,大夫士和平民贱民要想改变身份,逃亡不失为一个办法。而这是统治者历来反对的。早在周武王于牧野誓众时,指责纣王不道,

---

① 参阅刘泽华等:《士人与社会》(先秦卷),天津人民出版社,1988年。
②《墨子间诂》卷2《尚贤》,《诸子集成》本,第4册第26页。
③《吕氏春秋》卷24《博志》,《诸子集成》本,第6册第314页。

就有收留四方逋逃的过失。①公元前562年，晋、鲁、齐等12个诸侯国在郑盟誓，其中有一条是"毋留慝"②，即同盟国不得容纳他国的逃亡人口，这就反映当时逃亡现象有一定的普遍性，所以才引起诸侯的注意，共谋对策。事实上，流亡者必不在少数，《诗经·魏风·硕鼠》描写的农人，嫉恨主人的残暴压榨，动不动表示"逝将去女，适彼乐土""适彼乐国""适彼乐郊"。③说明有很大的离去可能性。逃亡式的流动，就为流动者改变社会地位创造了条件。

春秋战国时期社会各等级的变动，尚未形成稳定的社会结构格局，特别是没有专制主义中央集权制下的皇家——社会结构中的第一等级，所以是处在前一种社会结构向后一种社会结构转化的过渡阶段。

(四)周代社会结构的特点

周代社会的等级结构和宗族结构比较复杂，层次也明显，家庭还在发展中，民间组织的"社"只是刚刚萌生，政权之外，其他社会组织基本上没有出现，社会上层的群体活动不发达，社会下层的就更无从谈起。缺乏社会组织，即缺少中介作用的组织来调节社会矛盾。总的看来，社会结构不复杂，比较简单。这可以说是周代社会结构的第一个特点。

第二个特点是宗统与君统的统一，社会结构以宗族为基础。其中又以周王朝的姬姓宗族为核心。周王是国家元首，又以宗子是宗族首领，在王畿和姬姓诸侯国范围里，他集君权与族权于一身，他的统治，也使得君统与宗统合二为一，使得宗族统治权几乎与政权重叠。不仅如此，从诸侯到士的各级贵族是政治上的统治者，国家、采邑的主管者，即具有政治方面的统治权；在宗族范围里，对天子的大宗讲，诸侯是小宗，但诸侯、卿、大夫、士在族内具有二重性，在其统治范围内又是大宗，他们还凭大宗的地位实行世袭传递制，以维持政治和宗族的统治。在异姓诸侯那里，诸侯是大宗，卿大夫是小宗，有二重性。由此可知，在周代，从中央到地方，无论是姬姓诸侯还是异姓诸侯，政治统治与宗族统治汇合在一起。君统与宗统合一，社会等级构结与宗族构结是相对应的，吻合的，即拥有特权的宗族，也是特权等级，与平民等级相对应的是平民宗族。

---

①《史记》卷4《周本纪》，中华书局点校本，第1册第122页。

②《春秋左传注》，第3册第988页。

③《诗经》，《十三经注疏》本，上册第359页。

君统、宗统的合一，是以宗族制为基础的，诸侯来自各个宗族，代表宗族，它才有地位，也才有力量。分封同宗族成员为卿、大夫、士，才使诸侯的统治达到基层。可见宗族是各级领主统治的基础和依靠力量。分封中贯穿宗法的原则，分封而形成的等级制中，也渗透了宗族的精神，从而使宗族成为社会结构中的主要因素、基本元素。在各种势力的宗族中，周天子的姬姓掌握中央政权，占居诸侯的多数，也支配政治权力的划分及再分配，决定等级结构状况，地位最重要，所以西周春秋时期姬姓宗族是社会等级结构的核心力量。春秋中后期和战国时代，诸侯称霸争雄，动摇了姬姓的核心地位。随着典型分封制和大小宗法制的破坏，君统、宗统的统一相应削弱了，并逐渐分离，宗族，特别是姬姓宗族的作用也急骤下降，宗族就失去社会结构的核心地位。还要说明的是，君统与宗统的统一本来就是相对的，就周天子而言，对于同姓诸侯国是实现了君统、宗统的合一，对于异姓诸侯国，姬姓的宗权就不能实现，同样诸侯国也有异姓卿大夫，诸侯在异姓那里就不能实行它的宗法。再则，在基层行政组织中，官员和宗族长的身份也是很难统一的。因此，君统、宗统的统一是有限度的，不能把它看得绝对化，而且君统不仅是说周天子的政治统治权，还包括诸侯的统治权。不过话说回来，君统、宗统的统一，宗族，特别是姬姓宗族乃社会结构的基础和核心。这还是西周春秋时代的特点，因为中国历史上的其他时期，宗族的政治力量没有那样大过，那样与君权(周天子权力、诸侯权力)搅和在一起。

第三，周王处于第一等级的地位，但王权在权力结构中相对软弱。过往的研究者在论述社会等级时，经常是从贵族叙述起，而不涉及皇帝，把他排除在等级之外，其实这是不恰当的疏忽，因为考察社会结构是要把社会所有的人群都包括在内，皇帝及其家庭自然也不能例外。其实古人倒是注意了的，孟子讲爵禄，就说"天子一位，公一位，侯一位，伯一位，子男同一位。凡五等也。君一位，卿一位，大夫一位，上士一位，中士一位，下士一位，凡六等"[1]。把天子列为第一等，而没有把他排除在外。黄宗羲接着孟子的话题，进一步地说："唯独至于天子截然无等级也。……后世君骄臣谄，天子之位始不列于卿大夫士之间。"[2]天子在等级结构之内，不过以其政治地位，属于第一等级。

① 《孟子》，《十三经注疏》本，下册第 2741 页。

② 黄宗羲：《明夷待访录·置相》，四部备要本，第 6 页下。

周王集君权与族权于一身,似乎权力更集中,然而实际不是这样。因为分封制的贵族分权,即地方分权的政治体制下,周天子只能直接管理王畿的土地和人民,对诸侯国的统治象征性的意义更大,权力实施范围受到很大限制,不能像中央集权制下的元首(皇帝)那样有权威。斯时专制主义中央集权尚未建立起来,王与诸侯的等级差距小,而诸侯与卿、大夫的等级差距大,诸侯的地位突出。王的地位无法与秦以后皇帝相比,这也算是周代社会结构的一种特点吧。

第四,与封建领主制相结合。分封制是在不发达的农业社会出现和存在的,那时农业生产落后,领主所可能榨取的生产物有限,必须对生产劳动进行较强烈的人身控制,才可能实现其剥削;又有大量的原来农村公社的成员存在,他们还保留某些传统的平等权力;社会财富有限,还不可能养活大量的管理人员,也就还没有一种社会力量建立对全国的一竿子插到底的有效统治;周朝的统治者原来是落后民族,偏居西隅,氏族力量相对强大。所以西周初年社会只能流行领主经济,政府只能实行分封制和大小宗制,有一个周天子的共主,而实质是诸侯分权,不过在经济、政治制度中都渗透着宗法的精神,使领主制、分封制、宗法制有机地结合起来,于是形成西周的社会结构。因为社会经济不发达,人们闭塞,加之等级制的严格限制,社会群体组织无从产生,社会结构才单调简单。

三、君主专制中央集权前期秦唐间的社会结构

秦朝统一六国之后,中国专制主义中央集权正式形成,成为社会主要政治制度,同时也不断有所变化。封建地主制取代领主制,成为社会主要经济制度。社会经济断断续续地发展,职业分工趋于增多。这种变化发展,至唐代中后期以后,特别进入宋代有较大的变化,达到了局部质变的程度。与此相应的,社会结构的演变,在秦代到唐代期间也有自身的特点,下面就来具体地考察这个时期的社会结构及其某种变化。

(一)社会等级结构

秦始皇废除分封制,实行郡县制,中央政府的法令行施到各个地方,皇帝成了真正的最高统治者,首次使中国成为专制主义中央集权政体的国家,所

以秦始皇的丞相王绾等人称颂它是"自上古以来未尝有"①的盛事。这一巨大的变革也有人非议,博士淳于越希望恢复分封制,后世的君主,如汉高祖在实行郡县制同时,实行分封制,但是随即发生吴楚七国之乱,西晋初年犯了与汉高祖同样的错误,得到了相应的惩罚——八王之乱,以后虽有分封宗室的事情,但与周朝的分封制已大相径庭,不是一回事了。郡县制被历朝统治者奉行不替,日益完善,诚如秦朝泰山刻石所云:"大义休明,垂于后世,顺承勿革。"②在君主专制时代,中央集权制及其具体制度的郡县制,是无法革易的。与这种政治制度相联系,秦唐间的等级结构大异于周代。

1.皇帝

皇帝等级的成员很少,包括皇帝、皇太后、后妃、未分府的皇子、未出降的皇女、太妃及其未分府的儿女。太子作为储君,地位远高于宗室贵族,他和他的家属也可以列入皇帝等级。

皇帝有至高无上的权力,任命中央和地方大员,处分国家大事,乃至某些庶务。向全国人民征收贡赋,拥有巨量的土地,凡耕田以外的山林川泽都是皇家私产,由少府、内庄宅使管理,使皇帝成为最大的地主。他还是军队的统帅。他的政治权力、经济利益由职官制度来保证实现。在中央实行丞相制,具体执行皇帝的政令,丞相对皇帝负责,皇帝凭其意志,对丞相进行任命或罢免。地方上的主官郡守、县令,代表皇帝进行治理,可以随时被调离、撤职,与周代的世袭诸侯完全不能比拟,这是官僚制度。官员具有被雇用性,与分封制下的世袭贵族是领地主人有性质的差别。③官员只能秉命于皇帝,而不能像前代的诸侯能同周天子抗衡。官员不同于诸侯贵族,纯粹是皇权的工具。

周朝分封使宗室成员由王朝的维护力量,成为对抗成分,秦朝不封宗室,汉晋至隋唐虽然分封宗室,出现过叛乱事件,但总的倾向使他们脱离诸侯地位,不理地方政事,执掌朝政的时间也不长,对宗室地位的处理得当,保障皇权的施行。

在地方上拥有社会势力的豪族,影响皇权的贯彻,历朝皇帝采取有力的打击措施,秦、汉、曹魏先后实行的迁豪政策,都取得了预期的效果。扫除了皇

① 《史记》卷6《秦始皇本纪》,第 1 册第 236 页。
② 《史记》卷6《秦始皇本纪》,第 1 册第 243 页。
③ 参阅周谷城:《中国社会史论》,齐鲁书社,1988 年,上册第 69 页。

帝对地方统治的障碍。礼仪制度和统治思想成功地为大一统皇权服务。自汉武帝罢黜百家,独尊儒术,儒家开始确立了官方哲学的历史地位,经历汉儒经今古文之争,到唐朝颁定《五经》,制作《五经正义》,儒家地位不可动摇。叔孙通治礼作乐,使刘邦乃"知为皇帝之贵"①,礼乐舆服制度逐步完善,突出皇帝的权威。

从秦汉到隋唐,皇权沿着加强的道路在发展,这就是相权越来越小,皇权相对加大,皇家的内朝官逐渐变为外朝官,取代丞相地位,当秦汉时丞相制,发展到唐代的三省制,有宰相之名的尚书仆射、中书令、门下侍郎,不过是从二品、正三品的官员,其地位如何能同汉初的相国比拟。汉晋六朝时代宗室时或世为政治上的风云人物,隋唐时代他们已经从制度上失去充当这类角色的可能。

中央集权制皇帝第一等级的地位确立之后,向前发展,处于无可动摇的状态。

2.宗室贵族

皇帝五服内的男性亲属是宗室成员,出了五服的,事实上也留在宗族内。《旧唐书》所谓"九庙之子孙,继统为宗,余为族"②。在皇族内,以与当朝皇帝的关系为标准,在五服之内者为尊属、近属,五服之外者为疏属,有时更严格,"帝子及帝亲兄弟之外,皆属远"③。宗室的成员以皇帝的儿子和亲兄弟最尊贵。西汉、北朝、唐朝皇帝常予功臣以皇姓,这些家族也入属籍,成为宗室成员。宗族成员犯罪,严重的削籍、改姓,不再是宗室成员。

宗室被分为王、侯,成为贵族,刘邦为矫正秦朝不封宗室的误失,封皇子、宗亲为诸侯王。诸侯王"跨州兼郡,连城数十"④。在封国,任命属官(丞相除外),统理民事。七国之乱后改革王国官制,加之推恩令实行,"唯得衣租食税,不与政事","不为士民所尊,势与富室无异"。⑤曹魏鉴于汉初分封之弊,虽封宗室为王,但对他们控制甚严,不起拱卫皇室的作用。西晋又接受曹魏教训分封诸王,实行宗王出镇与朝内辅政的办法,招致八王之乱。六朝鉴于士族势力

---

① 《汉书》卷43《叔孙通传》,第7册第2128页。
② 《旧唐书》卷44《职官志三》,第6册第1880页。
③ 《新唐书》卷78《宗室》,第11册第3529页。
④ 《汉书》卷14《诸侯王表》,第2册第394页。
⑤ 《汉书》卷14《诸侯王表》,第2册第395页。

的强大,为保卫皇室,时或采用晋初政策,但皇家内乱频仍。隋唐封宗室,亲王给予数百户以至几千户的食邑,但基本上是"高爵无土,署官不职"①,"实与匹夫不异"②。汉唐间,宗室有崇高爵位,经济收入丰厚,政治权力经过三阶段的变化,即汉初的势盛,两晋南北朝的仍有秉政权,隋唐的基本上退出政治舞台,是个削弱的过程。但即使没有爵位和官职的宗人,仍有特权,至少没有徭役负担。③

秦唐间除南朝个别时期外,各朝皆设立专门管理宗室的衙门——宗正寺,是二、三品级的高级衙门,"掌天子族亲属籍,以别昭穆"④。即主管宗人的户口登记、血缘关系、袭封、婚姻、教育等事务,修纂玉牒。西晋、北魏在宗正寺以外,设立大宗师、宗师,相当于宗室族长,协助皇帝对宗人进行教化。宗室贵族在改朝换代时被屠戮,平时内部也有互相残杀的现象,武则天当政,对李氏宗室"壮者诛死,幼者皆没为官奴,或匿人间庸保"⑤。宗室高高在上,多有悲惨之时。

唐高祖李渊诏书说:"宗绪之情,义越常品,宜加惠泽,以明等级。"⑥受封的宗室,有崇高的地位、优越的经济条件,尽管也不有幸遭遇之日,但总是因皇帝的封赏,成为皇帝之外的最有特权的等级。

3.贵族官僚

秦唐间官制,相当复杂,有爵位(皇子、皇女、皇亲、功臣的封爵),勋(荣誉称号,带有品级性),职事官(负责行政、财务、司法、监察、教育、军事官员),散官(有职称之官,不理实事),品(官员的品级制度),秩(俸禄、食邑)各方面的详细规定,历朝也有不同,但相同的原则是文武分途,不似周代诸侯集文武于一身。除了乱世之外,重视文官,以文官治国。但各朝开国之初,武将立功疆场,助建天下,封以世爵,文官亦多获封。承平之时,汉武帝封宰相公孙弘为列侯,自此几乎成为西汉定制:"宰相毕侯。"⑦后世地方长吏,亦有赐爵位的。在

① 《新唐书》卷78《宗室》,第11册第357页。
② 《新唐书》卷82《十一宗诸子》,第12册第3640页。
③ 《旧唐书》卷1《高祖纪》,第1册第8页。
④ 《新唐书》卷48《百官志》,第4册第1250页。
⑤ 《新唐书》卷80《太宗诸子》,第12册第3580页。
⑥ 杜佑:《通典》卷6《食货六》,商务印书馆十通本,1935年,第33页。
⑦ 《汉书》卷18《外戚恩泽侯表》,第3册第677页。

文武分途前提下,贵族或任文官,文官或兼有世爵,均有特权。且易一身兼二利,是以在等级结构上贵族、官僚处于相同地位,故列为一个等级。

异姓诸侯王,汉初受封,辖治属国军队,但到文帝时已经完全被消灭。东汉到唐,有异姓受封为王、郡王的,他们食户,基本上无领土可治,只拥有高等贵族封爵,与诸侯王迥异。也就是异姓诸侯王从历史上消失,没有与皇帝抗衡的力量。唐代藩镇拥兵割据,但他们没有世袭权,是乘中央无力,擅权自专,不是定制。秦唐间一些臣下受封为公、侯、食户,唯两汉彻侯有封地,稍有治理民事的权力。①两汉常封外戚为恩泽侯,光武帝刘秀于建武十三年(37)封外戚恩泽侯45人。②但是外戚贵族往往没有好下场,西汉许多外戚犯事,"大者夷族,小者放流"③。皇女封为公主,食汤沐邑。宦官间有封王、公、侯爵的,随人君喜好,并无定制。秦唐间贵族由诸侯王、王子侯、公主、列侯、关内侯、乡侯、亭侯、亲王、郡王、国公、县男等封爵成员构成。

秦唐间实行文官制,文官管理从中央到地方的行政事务。如西汉相国"掌丞天子,助理万机",御史大夫掌监察,廷尉"掌刑辟",典客"掌诸归义蛮夷",中尉巡卫京师。郡守为一郡之长,县令为一县主官,下属有县丞、县尉,均为"长吏";再下有斗食、佐史,为"少吏",还有乡亭之官三老、啬夫、游徼、亭长等。④再如唐代实行九品官制,九品各分正、从二品,每正、从又分上、下两阶,这样官员有正从九品36阶的高下区别。此外尚有未入流的吏员,如尚书省有令史、书令史、亭长、掌固,县有录事、司户、司法、仓督、典狱、问事、白直、市令、博士、助教,皆无品级。⑤

官员严密的品级制,因而可以将他们区别为若干等第。西汉官员印绶质地颜色不同,可分为三等,二千石以上是高级官员,六百石以上是中级官员,六百石以下是低级官员。官僚,系指有职位、品阶的官员,特别是中上级以上官员,汉代秩在百石以下的斗食、佐史辈,唐代未入流的令史辈,皆为吏员。不在官僚之列,不能进入官僚集团。

秦唐间有爵秩的文武官员,构成为贵族官僚集团的成员。

---

① 《后汉书·百官志五》,第 12 册第 3630 页。
② 《后汉书》卷 1 下《光武帝纪》,第 1 册第 62 页。
③ 《汉书》卷 7 下《外戚传》,第 12 册第 4011 页。
④ 《汉书》卷 19 上《百官公卿表上》。
⑤ 《旧唐书·职官表》。

贵族官僚享受俸禄,两汉食租税,贵族以户计,多者逾万,官僚以石计、钱计,前述汉代二千石官,一年实得粮一千八百石,丞相月俸六万钱,御史大夫四万钱。由于民户和土地的赏赐,使贵族官僚占有大量土地,加上他们多有"地癖"①,兼并田业,成为大地主。像东晋广州刺史刁逵、始兴相刁畅兄弟"以贸殖为务,有田万顷,奴婢数千人,余资称是"②。唐朝太尉郭子仪"前后赐良田美器,名园甲馆,声色珍玩,堆积羡溢,不可胜计"③。勿需多举事例,由此二人可以想见贵族官僚的富有。

　　贵族官僚本身有免除赋役的特权,家属也跟着享有一些权力,如唐代实行两税法以前,"流内九品以上官,为不课户"④。在徭役方面,官僚亲属有从应役向免役的发展过程。汉惠帝即位下令,六百石以上官员的父母妻子及同居的兄弟,兄弟的儿子,军赋以外,其他的赋役一概免除。⑤汉代民人有戍边的徭役,"虽宰相子亦在戍边之列"⑥,司隶校尉盖宽饶的儿子"常步行自戍北边"⑦,可见官僚家属有应役的职责。南北朝时期士族官僚没有差役。贵族官僚有任子权,西汉二千石以上官僚任满三年,即可以子弟一人为郎官,⑧所以苏武以父任为郎,萧育以父任为太子庶子。贵族官僚子弟有进学读书权,如唐代三品以上官子弟、国公子孙,二品以上官曾孙可入国子学,五品以上官子孙可入太学。贵族官僚有八议的优待。所有贵族官僚还可以纳赎、降职来减免罪刑。总之,贵族官僚本身免赋役之外,家属也有不完全的免役权,还有任子权、畜奴权、赎罪权,所以是特权等级。

　　贵族可以世袭,但袭等逐渐降低,有罪除爵,无子亦除爵,所以难于长期延续,这就与分封制下的诸侯有重大的差异,官僚本身官位不很稳定,可以撤职、免职、降职,老病须休致。任子制虽使其子弟可以入仕,使官僚家庭世代为官,形成两汉的"世吏二千石""四世三公"的世族,魏、晋、南北朝的士族高门,

①《旧唐书》卷 187 下《李憕传》,第 15 册第 4888 页;《孟子》,《十三经注疏》本,下册第 2718 页。

②《晋书》卷 69《刁逵传》,第 6 册第 1845 页。

③《旧唐书》卷 120《郭子仪传》,第 11 册第 3467 页。

④《通典》卷 7《丁中》。

⑤《汉书》卷 2《惠帝纪》,第 1 册第 85 页。

⑥《汉书》卷 7《昭帝纪》注引如淳曰,第 1 册第 230 页。

⑦《汉书》卷 77《盖宽饶传》,第 10 册第 3245 页。

⑧《汉书》卷 11《哀帝纪》注引应劭曰,第 1 册第 337 页。

但他们毕竟不是世卿世禄,与周代的各级诸侯、卿、大夫、士不同。

秦唐间官僚与贵族共同执掌政权,是两者混合,而以官僚为主体,即官僚在政权中发挥主要的作用,同先秦贵族掌权相比,这可以说是中国管理制度的第二个时期,而宋至清则纯为官僚理事,为第三个时期。

4.士族

士族是一种宗族群体,但也是一个等级,这里从等级特征对它作出说明。

六国遗留的豪强,到两汉与官僚结合,发展成为世家豪强,所谓"世吏二千石"家族,也可以说是世族。到魏晋实行九品中正制,使世族进一步与官僚结合,正式成为士族。在两晋南北朝,又从世代为官的家族和北方少数民族中产生一批新士族。北魏实行定族姓的政策,巩固了士族的地位。由于寒族势力的上升,并经过隋末民众运动的打击,到隋唐士族势力衰落,地主制经济的发展与唐末农民战争的结果,使士族作为一个等级退出历史舞台。

士族内部构成复杂,有地域、民族等区别,故有"侨姓""吴姓""郡姓""虏姓"的不同,根据其政治地位,又区分为膏粱、华腴、甲姓、乙姓、丙姓、丁姓六种,其标准是:三世有三公(一品中)的宗族,为膏粱;三世有尚书令、尚书仆射(从一品中)的宗族,为华腴;三世有尚书、领军将军(二品上)的宗族,为甲姓;三世有九卿、刺史(三品)的宗族,为乙姓;三世有散骑常侍、太中大夫(三品下)的宗族,为丙姓;三世有吏部正员郎(从四品上)的宗族,为丁姓。这六种宗族中,膏粱、华腴、甲姓、乙姓为高门士族,丙姓为中级士族,丁姓为低级士族。

士族成员有出仕权。高等士族的标志就是他的起家官,即一出仕就可以任秘书郎、骑都尉等六品官。即使低等士族的释褐官也不低于九品。大士族起家官多是清要官职,荣誉高,升迁快。与政府的荫户制、给客制相适应,士族有荫户权,"荫附者皆无官役,豪强征敛,倍于公赋"①。

士族拥有大量的依附人口,中央化以前又扎根于地方,他们间互相通婚,所以社会势力颇大,能控制地方政权。士族文化高,控制舆论。士族势力之大,使皇帝对他们颇为顾忌,像寒人要求进入士族,请求与王、谢高门士族通婚,皇帝推脱不管,实是无力干预士族内部事务。寒族受士族的严酷压制,孕育着反抗力。到了南朝,皇帝与寒族结合,起用寒人,削弱士族对官位的垄断。最终

---

① 《魏书》卷110《食货志》,第8册第2855页。

是科举制的确立,取代士族垄断官位的九品中正制。

5.弟子员

汉唐间各朝设立学校,学生多有免役权,自成一等人。

汉武帝设立太学于京师,"置弟子员"。东汉发展太学、功臣子孙学、四姓小侯学,桓帝时读书人到洛阳游学的多达三万余人。[①]西晋泰始年间,太学生达到七千多人。唐朝在中央设六种学校,即国子学、太学、四门学、律学、书学、算学,一度还有崇玄学。历朝在地方上设州郡学。从学生人数上看,学校具有一定的规模,涉及千家万户。[②]

各类学校主要收贵族官僚子弟入学,但也收平民子弟,或者被平民子弟混入。如西汉由太常卿"择民年十八已上,仪状端正者补博士弟子"。[③]就是择取平民子弟为弟子员。梁武帝"欲招来后进,五馆生皆引寒门俊才,不限人数"[④]唐代四门学招生一千三百名,其中八百人"以庶人之俊异者为之",书学、算学招生,庶人子弟中"俊士"可以入学。"吏民子弟学艺者,皆送于京学,为设考课之法。"[⑤]

学生可以入仕、做官,这样就改变身份地位,这是他们的后话,可以不考察。问题是他们在学期间,已经逐步取得免除徭役的权力。汉武帝对太学所收的弟子员"复其身"[⑥],免掉他们本身的徭役,以便专心学业。汉景帝时蜀郡太守文翁,在成都修学舍,招收平民子弟入学,"为除更繇",学习成绩上等的征为郡县吏,次等的举为孝悌力田。[⑦]因为入学免役,三国时平民子弟混入太学,乃至高门子弟不愿与他们为伍而不好好学习。[⑧]唐代国子学、太学、四门学生、俊士,"皆免课役"[⑨]。甚至有人并未入学,然因读书,也被地方官放免差役,如唐代浚仪人白履忠"特以少读书籍,县司放免"徭役。[⑩]

---

① 《文献通考》卷40《学校》,中华书局,1986年,上册第382—386页。
② 郑樵:《通志》卷59《选举》,中华书局,1987年,第1册第722页。
③ 马端临:《文献通考》卷40《学校》,上册第382—386页。
④ 《隋书》卷26《百官志》,第3册第724页。
⑤ 《新唐书》卷44《选举志》,第4册第1159—1163页。
⑥ 马端临:《文献通考》卷40《学校》,上册第382页。
⑦ 《汉书》卷89《文翁传》,第11册第3625页。
⑧ 《三国志·魏志》卷15《刘靖传》,第2册第464页。
⑨ 《新唐书》卷51《食货志》,第5册第1343页。
⑩ 《旧唐书》卷192《白履忠传》,第16册第5124页。

在汉魏以来举孝廉秀才,皆要考试,使平民有进身之阶,所谓"举人贡生,或起田亩,不系阀阅"①。两晋六朝士族垄断仕途,但南北朝后期科举制萌芽,孝、秀及明经射策,放宽门第限制,"虽复牛监羊肆,寒门后品,并随才试吏"②。至隋唐科举制确立,平民得以仕进。从举孝秀到科举制,使得平民可以改变身份,免除徭役。

读书,做弟子员,成为一种身份,即免役的身份,候补官吏的地位。服徭役是平民应尽的义务,甚至于官僚家属都要承担,而学生可免,因此使他们异于常人,成为特别等级。不过由于没有其他特权,故为特权等级的最下层。读书,成为平民上升为特权等级的台阶。

6.平民

这个等级非常复杂,有豪强、酋豪、未入流的胥吏,有低等民爵、勋位的平民;从职业分有地主、农民、手工业者、商人、少数民族首领、吏员。因此可以分出几个层次。

(1)佐吏

两汉至南北朝的文献,常有"吏民"一词,往往用于官方公告,民是平民,吏是佐吏,这两种人联称成词,表明他们社会地位相当。前述汉代基层乡里管理人员的斗食、游徼等职,唐代的未入流人员令史、白直。萧梁郡县吏有书童、武吏、迎新、送故等员,③隋代县吏之功曹、士曹、市令等员,皆未入流。吏员人数众多,隋代上州佐吏 323 人,上郡佐吏 146 人,上县佐吏 99 人,④唐代中叶内外职掌 35 万人,杜佑说这些人是"诸色胥吏"⑤。这些胥吏是基层行政的管理者,可以非法鱼肉人民,但没有法定的特权,他们的家属要承担徭役。在六朝,他们多出身于"役门""次门",本家无法免除差徭,他们在政治上受士族歧视,很难进入清流。故对社会上层不满意,同士族有很严重的矛盾。胥吏本来可以被荐举,可以升官,进入官僚集团,但到唐中叶受到歧视,宪宗元和中下令,曾任州府小吏的人,不能中进士,不能成为清流人员。⑥佐吏到明朝中叶以

---

① 《后汉书》卷 3《肃宗孝章帝纪》,第 1 册第 133 页。

② 《梁书》卷 2《武帝纪》,第 1 册第 49 页。

③ 《隋书》卷 26《百官志》,第 3 册第 728 页。

④ 《隋书》卷 28《百官志》,第 3 册第 783 页。

⑤ 杜佑:《通典》卷 40《职官·品秩》。

⑥ 《册府元龟》,见冯桂芬:《校邠庐抗议》卷上《易吏胥议》。

后被固定在下吏位置，不能升为官员。地位下降。不过秦唐之间他们处境比后世好，只是逐渐与官僚分流，没有特权，处在平民的上层地位。

(2)民间有爵级的人

秦朝为鼓励军士立功，实行军功爵级的二十等制，西汉继续推行这一制度，东汉把它用为政治点缀品，使它名存实亡。①二十等爵，不仅在军队中施行，也在百姓中贯彻。其第八级公乘以上是官爵，第七级公大夫以下是民爵，不是官员的爵级，有此爵位的平民是一种荣誉，不同于士卒凡人，而且到了第四级不更，就可以免除更徭。北周、隋、唐实行勋官制度，唐朝分上柱国、柱国、武骑尉等为十二等。勋官是酬劳战士的。勋官若要出任文武职官，上柱国可任正六品上阶的官职，柱国任正六品下阶职，以下勋位递降一阶。②在敦煌文书户籍中记录许多人家有勋爵，甚至是柱国、上柱国高爵，但他们田产很少，并无官职，实乃一介平民。但是第八级骑都尉以上的勋官可以荫成丁子，为品子，交税而不应徭役，上柱国、柱国子免课税，勋官六品以下白丁清平强干者可以充任里正，③多少有一点特权。可以把二十等爵中的民爵拥有者，有低等勋官位而无职事者视为同样的民人，只是多少有点政治身份，是平民的上层。

(3)豪强

秦唐间的豪强成分复杂，有社会势力，拥有众多依附人口，有的进入特权集团，但常与贵族、官僚、政府争利，往往受到政府打击，并逐渐退出历史舞台。秦汉豪强中有先秦没落贵族，失去合法的政治权力，但仍有强大经济力量，在地方上有社会势力，敢于同官方对抗。所谓"六国之亡，豪族处处而有，秦氏失驭，竞起为乱"④。被秦朝迁往巴蜀的豪杰，在当地发展经济势力，"以富相尚"，"工商致结驷连骑，豪族服王侯美衣"，其中卓王孙有家童数千，程氏、郑氏八百人，郫从禽"富侔公室，豪过田文，汉家食货以为称首"⑤。秦汉之时还有六国遗风，社会上多有游侠，如朱家、田仲、王公、剧孟、郭解之流，有经济实力，或者并无多少钱财，但能结纳游民甚至官僚，犯法干扰官方秩序，乃至汉

---

① 参阅朱绍侯：《从三组汉简看军功爵制的演变》，《史学集刊》1992 年第 2 期。
② 《旧唐书》卷 42《职官志》，第 6 册第 1806 页。
③ 杜佑：《通典》卷 3《乡党》。
④ 杜佑：《通典》卷 3《乡党》。
⑤ 常璩：《华阳国志》卷 3《蜀志》。

武帝非要把资产并不多的郭解像富豪一样迁往茂陵,连卫青替他讲情,也没有用,最后被族诛。①汉以后游侠消失。汉晋南北朝有许多坞壁主、宗主,他们多有宗族、宾客、徒附,像三国的许褚、李典、田畴,是为典型,李典从父李乾"会宾客数千家在乘氏",李典在曹操官渡之战时,"率宗族及部曲输谷帛供军",为魏将后,"遂徙部曲宗族万三千余口居邺"。②

豪族的社会势力与贫民及政府双方发生冲突,政府为保障税民与他们争夺人口,经常对他们采取打击的政策,手段之一就是迁豪,如秦始皇的迁十二万豪强于咸阳,西汉徙郡国豪杰及赀百万以上者于茂陵、云阳、杜陵。打击豪强,并不顺利,如东晋余姚豪强虞喜拥有大量依附民,县令山遐依法要办他死罪,但是"诸豪强莫不切齿于遐,言于执事。以喜有事节,不宜屈辱",还找了山遐的过失,把他告倒。③这是豪强联合起来与地方官斗争。但总的趋势是豪强的势力在削弱。

豪强中还有一种人,是开化比较晚的边境少数民族首领,将在宗族结构内说明,这里暂不叙说。豪强中还有大地主兼大商人的,虽在重农抑末政策的压抑之下,颇有社会势力。东汉末仲长统讲的"膏田满","船车贾贩,周于四方"的大地主商人,势力之大与公侯等,"嘉客待见而不敢去,车骑交错不敢进","睇盼则人从其目之所视,喜怒则人随其心之所虑"。④唐初关中豪商邹凤炽,"邸店田宅,遍满四海","常与朝贵游",并能见到唐高宗。⑤豪强是平民,没有法定的特权,凭借宗族的力量,经济实力,或战争的混乱局面,谋取社会地位和势力,从而非法拥有地方社会势力,因而与政府矛盾加剧,不时遭到打击,并且随着宗族势力的削弱,社会的长期稳定,这个集团的人数减少,社会势力大大下降,所以隋唐时代的豪强不如秦汉南北朝兴盛,宋以后便不成气候了。

(4)庶民、农民

这里包括非身份性地主、自耕农以及具有平民身份的农业雇工。贵族、官僚、豪强都是地主,他们或有特权,或有社会势力,而一般出租土地的地主并

① 《史记》卷124《游侠列传》,第10册第3183页。
② 《三国志·魏志》卷18《李典传》,第2册第534页。
③ 《晋书》卷43《山遐传》,第4册第1230页。
④ 《后汉书》卷49《仲长统传》,第6册第1648页。
⑤ 《太平广记》,第495页。

无特权,他们与自耕农除经济状况不同外,大体上社会地位相当,故可一并考察。秦唐间社会上存在着大量的自耕农。随着领主土地所有制的破坏,是地主制经济的发展,在其初期,自耕农经济也得以同时发展,汉文帝时晁错讲到民间疾苦时说:"今农夫五口之家,其服役者,不下二人,其能耕者不过百亩"①,云云;有百亩的耕地并负担徭役的农家就是自耕农,可见当时这种农民的众多。朱绍侯在《秦汉土地制度与阶级关系》一书中写道:"自耕农在秦汉时代的人口中占绝大多数"②,笔者有同样的看法。

北朝至唐朝前期政府实行均田制,并非政府给农民土地,而是承认自耕农和庶民地主对土地的占有,去征收租庸调,这时自耕农也占农村居民的大多数。均田令破坏后,唐武宗说"百姓输纳不办,多有逃亡"③,唐懿宗时右拾遗薛调讲"所在群盗,半是逃户"④。躲避输纳的逃户不就是自耕农吗!所以秦唐之间,自耕农是庞大的人群,秦汉以后所谓的封建社会,其生产关系主要是地主和佃农构成,容易引起误解,以为农村居民主要是佃农,其实直到唐代,农村仍以自耕农占居人口的首位。⑤非身份性地主、自耕农是国家编户齐民,对政府有赋役负担,汉代有田税、人口税(算赋、口赋)和徭役(更卒、正卒、徭戍),均田制下则有租(田税)、庸(徭役)、调(户税)。农民向政府交纳土地税、人口税和服徭役是一贯的,不可推卸的负担。人口税和役,是因人而承担,不管占有土地多少,均需承担,不像土地税是财产税,是民人附属于政府的表现,属力役性质,⑥鲜明显示出政府控制人民的实质。在汉代农民的徭役负担远远高过田赋,一个家庭大约田赋占总支出的 3.3%,人口税约占 2%,徭役约占 29%。租庸调制度下,仍然是力役沉重。

蒙文通把封建时代赋役制度的变化分为四个阶段,两汉、东晋到唐分别为前两个阶段,都是力役之征为主,⑦反映历史实际。力役重,说明农民对政府的人身依附性强,自主能力弱。农民负担重,到不堪忍受时,就要躲避户口登

① 《汉书》卷 24 上《食货志》,第 4 册第 1132 页。

② 朱绍侯:《秦汉土地制度与阶级关系》,中州古籍出版社,1985 年,第 149 页。

③ 王溥:《唐会要》卷 85《逃户》。

④ 《资治通鉴》卷 250,中华书局,1976 年,第 9 册第 8093 页。

⑤ 参阅冯尔康:《关于中国封建时代自耕农的若干考察》,收入本卷。

⑥ 参阅蒙文通:《中国历代农产量的扩大和赋役制度、学术思想》,《四川大学学报》1957 年第 2 期。

⑦ 蒙文通:《中国历代农产量的扩大和赋税制度、学术思想》,《四川大学学报》1957 年第 2 期。

记(脱漏户口),逃亡他乡,甚至自残肢体,以逃避兵役、差役,也有的逃到贵族官僚豪强门下,以求荫庇,所有这些,严重的时候,政府民户甚少,形成为社会问题。唐人杜佑指出,唐代武德建国到天宝末年的 138 年和平环境中,户数与隋代建立 18 年(大业二年)时的 890 万相当,本应当大大多出,而为何不多呢?是"法令不行,所在隐漏之盛也"①。历朝政府深知户口对它的重要,即国家治理的好坏和兴衰的标志,诚如杜佑所说:"古之为理也,在于周知为数,乃均其事役,则庶功以兴,国富家足……悖乱不起。"②因此政府采取很多办法控制人口:一是严格进行户口登记,把脱漏户口当作犯罪来加以禁止,并用法律来促其实现。二是清查户口,搜索民户。隋朝进行"大索貌阅",唐高祖于武德四年(621)下令括天下户口,一个世纪后唐玄宗于开元九年(721)命宇文融括户,结果,搜出八十余万户,每年多得钱数百万。③括户与逃亡,是农民与政府较量的一种方式,括户不时发生,表明农民逃亡与政府镇压的严重性。三是政府以户口多寡作为考核地方官政绩的一个标准,以督促地方官对农民加强管理,像西汉的黄霸、召信臣都因所治地户口增殖而升官。对于户口管理不严的官吏则予惩罚。

受政府人身控制和赋役剥削是两者关系的一个方面,政府为牢固控制农民,还施加一些恩惠,给予一些权利,如赐民爵、赐田、蠲除、赈济、举孝廉,允许农民读书出仕以调节两者间的关系,也就是说农民有出仕权和受保护权。在没有科举制之前农家子弟可以读书,充任佐吏,少数人有机会升入官僚集团。科举制实行,农民子弟出仕的机会比以前增多。历朝政府时或实行卖官鬻爵的政策,农民有资格纳资买官,而商人虽有钱也不准许。秦实行纳粟拜爵办法,西汉初资产在十万以上的人有可能做官,汉景帝改为四万以上,而有市籍的商人不行。④张释之、司马相如、黄霸等都是捐资为郎官。当然能捐官的,必是地主富人,一般自耕农无此经济力量。百姓与官僚一样可以纳钱赎罪,汉惠帝规定,民人交纳六万钱买爵,免去死罪。⑤唐律规定无官职的平民犯有流

① 杜佑:《通典》卷7《食货·户口》,第41页。
② 杜佑:《通典》卷7《食货·户口》,第42页。
③ 《旧唐书》卷105《宇文融传》,第10册第3218页。
④ 《汉书》卷5《景帝纪》,第1册第152页。
⑤ 《汉书》卷2《惠帝纪》,第1册第88页。

放以下罪的,可以纳钱赎罪。①政府为保证农民的平民地位,禁止富贵者掠买为奴,北魏和平四年(463)下令,购买饥寒百姓为奴婢的人家,应允许其赎身,否则以略掠人口论罪。②唐律规定略卖平民为奴婢的刑法很严:"诸略人、略卖人为奴婢者绞、流三千里,为妻妾子孙者,徒三年。"③法律还禁止良贱通婚,不许主人为奴隶娶良家女子为妻,也不许奴婢嫁良人,违法者要治罪,还要判离婚。

总之非身份性地主、自耕农是政府编户齐民,主要同政府发生关系,有应纳赋役的义务,也有读书出仕的权利,受国家保护,是社会主要成分,他们受贪官污吏的迫害,受无艺之征的痛苦,也受豪民的欺凌。他们的身份是良民,有法律保障。

(5)秦汉佃农

秦汉时期的佃农是政府编户齐民,是法律上的良人。魏晋南北朝隋唐时代佃农成了地主的依附农,不再是平民。秦唐间的佃农身份是下降状态。同自耕农相仿佛,秦唐间佃农是普遍的、大量的存在,汉人董仲舒说,"富者田连阡陌,贫者无立锥之地","或耕豪民之田,见税什五"。④这种租佃制历代相沿。汉代的佃农在地主地租的剥削之外,还要向政府交纳人口税和服徭役,所以仍是政府的编户齐民,地主对他们的控制力弱。如后来成为"四世三公"家族发迹人的杨震,一边教书,一边"假地种植",后被辟举,官到太尉。⑤他当佃客,可是完全没有影响他的平民身份。⑥

(6)秦汉耕佣

在农业中的被雇佣者,基本上具有平民身份,为编户齐民,雇主不能奴役其身。陈胜与其共耕的同辈,是农业佣工。他想争取富贵,同伙虽认为那是难于想象的事,但总表明他们是自由人身,有富贵的可能。两汉很多读书人为田主耕田和春米,取得报酬,如匡衡、儿宽、第五访、梁鸿、公沙穆等人,他们后来

① 《唐律疏议》卷2《无官犯罪》,第1册第39页。

② 《魏书》卷5《高宗纪》,第1册第121页。

③ 《唐律疏议》卷20《略人略卖人》,第4册第436页。

④ 《汉书》卷24上《食货志》,第4册1137页。

⑤ 《后汉书》卷54《杨震传》注引《续汉书》,第7册第1760页。

⑥ 参阅束世澂:《论汉宋间佃农身份》,《中华文史论丛》第3辑。

出仕,或成为隐逸,对主家来去自由,说明主人不能控制他们。读书人不以佣耕为耻,以之为接济生活熬出头去的手段,表明佣耕不影响他们的平民身份。[1]魏晋南北朝依附人口大增,耕佣绝少,已构不成为一种社会类别。

(7)商人

商人是四民之一,身份与农民一样是平民,但由于政府实行重本抑末政策,社会地位略低于农民,是平民的下层。历代政府给予商人专门的户籍,秦汉称作"市籍"。商人赢利,比农夫快捷,而多巨富,吸引人从事这一职业。可是古代农业生产量低,商贾多,农民相对减少,粮食生产受到影响,民食就不会充足,必然产生社会问题,这是统治者所惧怕的。政论家贾谊、晁错主张压抑商人的理由也就在这里,[2]傅玄要求通计天下人数,士农工商四业人口各占一定比例,也是这个道理。[3]统治者有鉴于此,采取相应的重农抑商政策,秦始皇宣布"上农除末"[4]的方针,汉文帝、景帝接受贾谊、晁错的建议重农业,亲耕籍田,压抑商贾。

秦唐间抑商的办法很多,一是不许商人从事其他职业,不得占有土地;二是与此相联系,商人不得读书做官吏,汉哀帝的"贾人皆不得名田,为吏"[5],隋文帝的"工商不得进仕"[6],唐高祖的"工商杂类,不得预与士伍"[7]等诏令,皆为此类;三是多征商人的人口税,如汉代商人算赋是农民的两倍,和奴婢一样;四是有时当犯人对待,西汉七科谪户中贾人、"故有市籍""父母有市籍""大父母有市籍"占其四;[8]五是在舆服方面限制商人,不得衣着鲜华、乘坐车马,如汉高祖下令"贾人毋得衣锦绣绮縠絺纻罽,操兵,乘骑马"[9],晋朝规定贾人头巾要写上姓名,一只脚穿黑色鞋,另一只穿白色鞋,[10]让人看了像怪

① 参阅庄辉明:《汉代雇佣劳动者身份特点再探讨》,《中国社会经济史研究》1990年第1期。
② 《汉书》卷24上《食货志》,第4册第1127页。
③ 《晋书》卷47《傅玄传》,第5册1317页。
④ 《史记》卷6《秦始皇纪》,第1册第245页。
⑤ 《汉书》卷11《哀帝纪》,第1册第336页。
⑥ 《隋书》卷2《高祖纪下》,第1册第41页。
⑦ 《旧唐书》卷48《食货志》,第6册第2089页。
⑧ 《汉书》卷6《武帝纪》注引张晏曰,第1册第205页。
⑨ 《汉书》卷1下《高帝纪》,第1册第65页。
⑩ 《太平御览》卷897《章服部·履》,中华书局,1985年,第3册第1110页。

物。唐朝坚持汉朝规定，商人不许骑马，商人的老妻才许乘苇荃车。①商业活动，商人财力以及社会势力的发展是压抑不住的。总的讲，在法律地位上秦唐间的商人低于农民，低于先秦时代的商人，但是是平民。

(8)手工业者

手工业者和商人一样受重农抑末政策的压制，属市籍，但基本上是平民身份。东汉书生夏馥因遭党锢之祸，隐姓埋名"为冶家佣"，劳苦得改变面貌，亲弟弟来寻访他，要他回去。②这反映手工业雇工是来去自由的人。他的主人显然也是平民。东汉政府会雇手工业者到官工业作坊作工，器具制成后给工钱，但往往不及时发给，拖欠之后还要少给。③唐朝应政府番役的工匠是平民手工业者。他们向政府应役，政府要先征工匠中富户、丁多户，后征弱户、丁少户，应役时，像东汉政府一样要给工钱，若官员在工匠应役之外，强留服役或私自役使，都要受处罚，若工匠番上时不好好作工，也要受罚。由他们的应役，表明他们是平民身份。但政府歧视手工业者的一些作法，与对商人一样，如汉代不许他们做皇家羽林、期门卫士，北魏不许读书出仕，不许他们自立学校，否则全家诛灭，连应聘的老师也要处以死刑。

平民构成复杂，职业多种多样，虽同是平民，但由于职业和其他社会因素的关系，社会地位多少有些差别，可分为三个层次，即高层次的有民爵的民、勋官下层的民及佐吏、豪强，中层次的农民、秦汉的佃农和耕佣，下层的商人、手工业者。

7.半贱民

社会地位低于平民，比奴隶又略高，内中一部分接近于前者，另一部分接近于后者。他们的来路原因不一，有平民下降的，再下滑就是奴婢了，如"十夫客"，是自卖身，有钱后可以赎身，因此把这种现象视作典身未为不可。有的是贱民被释放，但还没有到良人的地步，停留在半贱民阶段，再前进一步就是平民。这种或上或下的状态，使半贱民成为平民与贱民之间的过渡形态，不过与奴隶身份更接近。他们的主人有的是政府，有的是私人，即使属于私人的，政府承认主人对他们的控制权，也就是说他们的地位是政府法定的，至少是社

① 《新唐书》卷24《车服志》，第2册第532页。
② 《后汉书》卷67《夏馥传》，第8册第2202页。
③ 崔寔：《政论》，《群书治要》本。

会公认的,已成为习惯的事实。他们依附于国家和私家主人,属国家的有其籍属,不得变动,属私人的国家不给立户籍,听其主人管理,实行"客皆注家籍"的办法,即主人把他们当作附庸,进行登记,以便制约。他们依附于主人,听主人役使,为主人从事生产,保卫主家安全,不得离开主家,但主人无权像对待奴隶那样处理他们。他们的职业、劳动也是多样化的,因此身份、名目非常复杂,计有:

(1)魏晋南北朝军户

西汉时代是义务兵制,军士是平民。魏晋南北朝时身份降低,有许多称呼,如士家、军户、兵户、镇户、营户、驼卒等。军户有兵籍,世代为兵,不得改变职业。他们聚居,而户籍不属于州郡,身份低下,只有皇帝特旨或者死后经恩诏才能免除军籍。[①]宋武帝刘裕原来是军人身份,宋孝武帝考虑及此,于元嘉三十年(453)将刘裕当年的同伙放免为平民——"普赐解户"[②],几年后又下令把帮助刘裕登基的"军户免为平民"[③],可知军户身份低于平民。"魏晋相承,死罪其重者,妻子皆以补兵"。北齐把流放犯人"投于边裔,以为兵卒[④]"。可知做兵户是一种惩罚,其身份当然不自由。政府在军户的出仕与着装上作了许多歧视性规定,以示压抑。前述北魏严禁手工业者立学校的诏令,包括军户在内。晋朝不许士兵用珍珠珰珥、犀玳瑁,穿鞋只能是绿、青、白色的,甚至不许戴假髻。[⑤]隋唐实行府兵制,唐中叶以后又实行募兵制,这两种制度都是平民当兵,士兵摆脱魏晋南北朝时期的低身份。由此可见,军士地位有很大变化,先秦时代当武士是下等贵族的事,平民身份的才能充任,两汉及隋唐士兵是平民身份,唯有魏晋南北朝时代最低。

(2)宾客

有不同类型,有宾客、屯田客、佃客、衣食客、十夫客、食干等,受主家役使,《后汉书》记载马援历史,云"宾客多归附者,遂役数百家",又因"宾客猥多","屯田上林苑中"。[⑥]河南尹王调、汉阳太守朱敞、南阳太守蒲阴等都是大

---

① 参阅唐长孺:《魏晋南北朝史论丛》,生活·读书·新知三联书店,1955年,第252页。

②《宋书》卷6《孝武帝纪》,第1册第113页。

③《宋书》卷6《孝武帝纪》,第1册121页。

④《隋书》卷25《刑法志》,第3册699、705、709页。

⑤《太平御览》,第697、715、802、807页。

⑥《后汉书》卷24《马援传》,第3册第828页。

将军窦宪、窦景兄弟的宾客。①宾客身份复杂,王调等已是高级官僚却为权倾中外的大官僚的宾客,这种宾客只是表示他们与主家有主从关系,并未降低身份,而马援的一部分宾客是屯田客,也即隶属于他家的佃客。王调式的宾客尚依附于主人,其他宾客就是主人的附庸、主家的劳动力,地位低下。三国时代实行给客制度,曹魏给贵族官僚"租牛客户"②,孙吴给偏将军陈武家属"复客二百户"③,这种客户、复客,对政府没有赋役负担,听主人役使。曹魏役重,贫苦农民愿意离开政府,归入势家,所以《晋书》说曹魏实行给租牛客户后,"小人惮役,多乐为之,贵势之门动有百数"。又太原诸部亦以匈奴胡人为田客,多者数千。④西晋实行荫客制,官僚根据品级可以荫一至五十户佃客。⑤东晋贵族多占有"佃客、典计、衣食客之类,皆无课役"⑥。刘宋会稽人郭原平为葬父,"自卖十夫客,以供众费",到主家执役,后来攒钱赎身,其子被举为孝廉。⑦属于宾客类的还有南北朝的食干。

魏晋以来随着士族制的发展,官僚地主将佃农变为附庸。唐代士族制衰落之后,佃农地位稍有回升,但仍受地主一定控制,武将焦令谌竟将上告官府反对他逼租的佃农痛打20大板,⑧官府并不能治他的罪,可知他对佃农人身有一定支配权,可是佃农因为逼租的事能向官府告状,说明地主控制佃农的权力有限。魏晋南北朝从事农业生产的宾客、屯田客、十夫客、佃客、衣食客,都是依附农,是半农奴。佃农的身份地位变化较大,随着周代贵族分封制和领主的没落,田主不能控制佃农,秦汉时期佃农中的大部分成为平民,世族、士族制的发展,即佃农对立面的强大和身份地位的提高,迫使佃农降为半农奴。唐代非身份性地主势力随着士族制没落而相对上升,他们的对立面佃农因而社会地位也有所回升,但没有达到平民地位。

---

① 袁山松:《后汉书》,黄奭学辑佚,《汉学堂丛书》本。
②《晋书》卷93《王恂传》,第8册第2412页。
③《三国志》卷55《陈武传》,第5册第1289页。
④《晋书》卷93《王恂传》,第8册第2412页。
⑤《晋书》卷26《食货志》,第3册第791页。
⑥ 马端临:《文献通考》卷2《田赋》,上册第39页。
⑦《宋书》卷91《郭原平传》,第8册第2244页。
⑧《新唐书》卷153《段秀实传》,第16册第4849页。

（3）杂户

北朝定律"盗贼及谋反、大逆、降叛、恶逆罪当流者,皆甄一房配为杂户"①,北周武帝宣布"凡诸杂户,悉放为民"②。但是实际没有做到,隋唐仍有杂户。《唐律疏议》说,"杂户者,前代犯罪没官,散配诸司驱使,亦附州县户贯,赋役不同白丁"③,又说"杂户及太常音声人,各附县贯,受田进丁老免,与百姓同"④。据此可知,杂户是罪犯家属被官府罚为奴役户,受官府驱使,像是官奴,但是计入州县的户籍,可以按均田令的规定受田,到了成丁有役,出了壮丁年龄免役,这种情况就与终身服役的奴隶不同。但是他们在官府服役,又不同于农民的完纳租庸调,所以不是平民。唐律规定,平民若收养异姓男子为儿子,判一年徒刑,若收养杂户男子为子孙则要判一年半徒刑,⑤收养杂户子比异姓子判刑重,是因为杂户身份低,平民更不应当收养。前引资料中有太常音声人,是唐朝以前罚入太常寺为乐人,承袭下来,不得与平民通婚,户籍归太常寺管理。唐高祖宣布把他们释放为民,⑥实际上仍在太常寺服务,只是籍属改归州县,称为太常音声人,⑦比唐朝建国以来罚为乐户的地位为高,同杂户相仿佛。北魏俘虏西凉民人,定名"隶户"⑧,即隶属于官府的杂户。还有驿户,北齐定律"盗及杀人而亡者,即悬名注籍,甄一房配驿户"⑨。

此外,还有医户、卜户、平齐户、僧祇户、平凉户等,地位都低于平民,但又不是奴隶。

半贱民,可以分为两个层次,军士、宾客、佃客的高层次,地位离平民近;杂户、太常音声人属低层,离奴隶近。

半贱民与私人主家发生直接的关系,双方冲突多,属官方的,与官方矛盾,而半贱民的被私家奴役,为政府所承认,所以与官方也有冲突的一面,而归根结蒂都与官府有矛盾。

---

①《隋书》卷 25《刑法志》,第 3 册第 708 页。

②《周书》卷 6《武帝纪下》,第 1 册第 103 页。

③《唐律疏议》卷 12《养杂户为子孙》,第 3 册第 279 页。

④《唐律疏议》卷 17,第 4 册第 398 页。

⑤《唐律疏议》卷 12《养杂户为子孙》,第 3 册第 279 页。

⑥《全唐文》卷 1 高祖《太常乐人蠲除一同民例诏》。

⑦《唐律疏议》卷 3《工乐杂户》,第 1 册第 65 页。

⑧《隋书》卷 25《刑法志》,第 3 册第 707 页。

⑨《隋书》卷 25《刑法志》,第 3 册第 706 页。

8.奴隶

奴隶与贱民一样有官私之分,种类不一,名目繁多,诸如隶臣妾、徒、铁官徒、工户、乐户、官户、奚奴、牧奴、昆仑奴、部曲、奴婢、家童、家人、苍头、庐儿、人奴产子等,官奴隶与前述准贱民不同的地方很多,重要的一条是看他们的户籍由谁管理,归地方州县政府的,多为半贱民,属中央少府、太常寺等衙门的多为贱民。

奴隶来源较多,官奴婢来自战争的俘虏,抢掠的人口,如西魏消灭梁元帝集团,虏其百官士民归关中,没为奴婢的有十余万。①犯罪罚为奴隶,如汉代罪人妻子,私铸钱者及其妻子,坐父兄罪者,皆没为奴婢。私人奴隶来源于赏赐、买卖、赠予。奴隶数量相当大,秦代嫪毐有家童数千人。汉武帝时官奴婢十万余人。②东汉末年政论家徐干说:"富民及工商之家","使役奴婢,多者以百数,少者以十数"。③刘宋时官僚谢昆"童仆千人"④,唐初贵族李孝恭一次得赏赐女乐二部,奴婢七百人,他光是歌姬舞女就有百余人。⑤

隶臣妾,秦汉时犯罪入官,男为隶臣,女为隶妾,服官役。⑥

铁官徒。汉代官营铜铁业劳动者,其中一部分是奴隶。汉成帝时颍川、山阳铁官徒先后暴动,这是受压迫严重的反映。

工户。隶属于少府管理,多为皇家服务。⑦

官户。隶属司农,⑧配隶没官者。官户被释放者,可为番户。

乐户。隶属太常寺,也是配隶之人,从事妓乐。⑨历代政府将重罪犯人斩首,妻子配为乐户。北魏特别规定:强盗杀人的斩,其妻子罚为乐户,不杀人的,赃不满五匹的为首者斩,从者死,妻子亦配乐户。⑩唐代春宜、教坊就是乐

① 《周书》卷 2《文帝纪下》,第 1 册第 36 页。
② 《汉书》卷 72《贡禹传》,第 10 册第 3076 页。
③ 徐干:《中论·制艺篇》,龙溪精舍丛书《群书治要》本。
④ 《宋书》卷 58《谢弘微传》,第 5 册 1591 页。
⑤ 《旧唐书》卷 60《李孝恭传》,第 7 册第 2349 页。
⑥ 《汉书》卷 8《宣帝纪》注引孟康曰,第 1 册第 236 页
⑦ 《唐律疏议》卷 3《工乐杂户》,第 1 册第 65 页。
⑧ 《唐律疏议》卷 6《官户部曲》,第 2 册 114 页。
⑨ 《唐律疏议》卷 3《工乐杂户》,第 1 册第 65 页。
⑩ 《魏书》卷 111《刑法志》,第 8 册第 2888 页。

户服役的地方。①

奚奴。属少府,听奚官管理,管牧马。

牧奴。牧养牲畜,隋代多在西北边境。

昆仑奴。官私皆有,唐时大食国转卖而来,系东非黑人,南海各地昆仑族人,也可能是矮种黑人,卷发黑身,擅长游水,用作家内服役。②

徒附。私家奴隶,盛行于汉代,政论家仲长统说富豪之家"奴婢千群,徒附万计"③,东汉北海徐房、平原李子云"养徒各千人"④。他们多数是生产劳动者。

部曲。私家奴隶,盛行于东晋南北朝,持续到隋唐。南朝将帅"各领部曲,动以千数"⑤。《唐律疏议》对部曲的解释是:"奴婢、部曲,身系主人。"唐律规定:"诸部曲奴婢谋杀主者,皆斩。"⑥可知部曲和奴婢处于同样的法律地位,是隶属于主人的贱民。

佛图户,寺院奴隶。

家童、家人、苍头、庐儿,皆是私家奴婢,是不同时期人们对奴婢的习惯称谓。名称里带"家"字,标明是私人的,而不是政府的。汉朝人把奴隶叫作"苍头",以与良人区别,而他们只能用青帻,大约是叫苍头的原因;因为他们在家侍候主人,所以又叫作"庐儿"⑦。

奴隶人身属于主人,主人可以将他们当作财物买卖、赠予、赏赐以及释放。所谓"置奴婢之市,与牛马同栏"⑧。主人有处罚奴隶的权力。责打呵斥是平常的事情,但主人不能擅自将奴婢处死,否则有罪,汉光武帝于建武十一年(35)下诏:"天地之性人为贵,其杀奴婢,不得减罪。"又诏禁止对奴婢酷刑:"敢灸灼奴婢,论如律,免所灸灼者为庶人。"⑨把奴婢看作是人,所以不得滥施体罚和致死。法律如此,实际上奴婢受主人虐待,乃至被害,做人殉,

---

① 沈德符:《万历野获编·补遗》卷3《禁歌妓》,第900页。

② 参阅李季平:《唐代昆仑奴考》,载《唐史研究论文集》,陕西人民出版社,1983年。

③ 《后汉书》卷49《仲长统传》,第6册第1648页。

④ 《后汉书》卷83《逸民列传·逢萌传》,第10册第2760页。

⑤ 《陈书》卷30《樊毅传》,第2册第415页。

⑥ 《唐律疏议》卷17,第4册第406页。

⑦ 《汉书》卷72《鲍宣传》注引孟康曰,第10册第3090页。

⑧ 《汉书》卷99《王莽传》。

⑨ 《后汉书》卷1下《光武帝纪》,第1册第57、58页。

如1971年在洛阳发掘的东汉墓有殉葬者十人,[①]这殉葬者当是奴隶婢妾。奴隶有时拥有告主权,但政府又认为这容易引起下叛上,贱干贵,又不许奴婢告主。[②]部曲、奴婢谋杀主人,并未实现,也处斩刑。[③]这种加重处断,是因为奴隶为主人所有。奴隶伤害主人以外的平民,处以死刑,刘秀"除奴婢射伤人弃市律"[④],就是因此而发。奴隶虽有主但因是贱民,对平民以上的人也都是贱民身份。

奴隶被用作农业和手工业生产,做买卖,当警卫,家内服役及妓艺。南朝士族的田产,"皆信童仆为之"[⑤],即用奴仆农耕。刁逵有田万顷,奴婢数千人,这么多奴婢肯定会有相当一部分用到农田生产上。西汉张安世"家童七百人,各有技巧,积累纤微,故能殖其货"[⑥]显然他使用奴隶从事手工业生产和做生意。部曲原来的作用多用在武装上,保卫主人,并发展势力。达官贵人家有乐班,由奴隶充当演员。做买卖和管家的奴隶,有借主人的势力欺压平民善良。佞臣董贤"使奴从宾客浆酒霍肉,苍头庐儿皆用致富"[⑦]。刁逵"奴客纵横,固吝山泽,为京口之蠹"[⑧]。奴隶的豪横,反映主人的势力,而不是他们本身的。

奴隶有家室,有私财,可以赎身。政府对官僚贵族限制占有奴隶数目,平民不许畜奴,虽然实际做不到,但法令如此,政府有时释放奴隶,刘邦、王莽均下过释奴令,而以刘秀释奴令最著名,他三次下诏,允许陇、蜀等地被略为奴婢的人告官,免为庶民。[⑨]

奴隶是主人财产,压榨役使对象,但主人对他们不能任意凌辱和杀害,有财产,可赎身,所以与奴隶制下的奴隶不同。同时,两汉官私奴婢皆多;南北朝官奴婢减少,私人部曲多,而其身份比奴婢要略高;唐代奴隶数量少。汉唐间奴隶受控制的程度朝着减轻的方向发展。孟昭庚认为到唐代,奴隶"从身份上

---

① 余扶危等:《洛阳东关东汉殉人墓》,《文物》1972年第2期。

② 《唐会要》卷51。

③ 《唐律疏议》卷17《部曲奴婢杀主》,第4册第401页。

④ 《后汉书》卷1下《光武帝纪》,第1册第58页。

⑤ 王利器:《颜氏家训集解》卷4《涉务》,上海古籍出版社,1980年,第297页。

⑥ 《前汉纪》卷18《宣帝纪》。

⑦ 《汉书》卷72《贡禹传》,第10册第3089页。

⑧ 《晋书》卷69《刁逵传》,第6册第1846页。

⑨ 《后汉书》卷1下《光武帝纪》,第1册第59页。

说,由奴隶过渡到佣仆"①。说法未必准确,但实是令人深思的提法。也许说向佣仆过渡较为合适。

9.秦唐间社会等级结构式

秦唐间社会等级结构,由七个等级构成,即第一等级皇帝,第二等级宗室贵族,第三等级贵族官僚,第四等级弟子员士族,第五等级平民,第六等级准贱民,第七等级贱民,士族分属于不同的特权等级中,等级结构式如图:

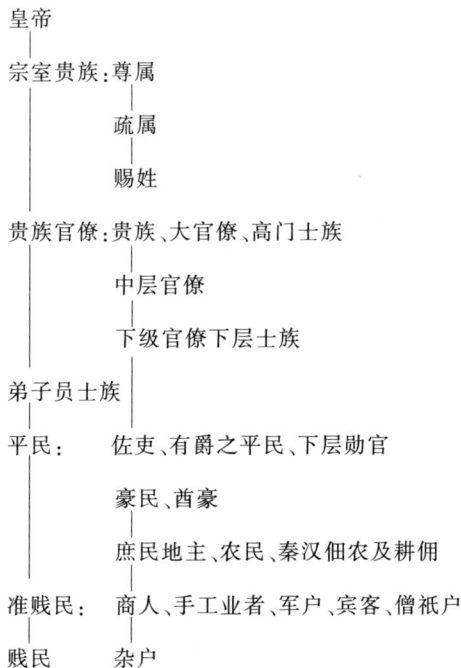

```
皇帝

宗室贵族:尊属
        │
        疏属
        │
        赐姓
        │
贵族官僚:贵族、大官僚、高门士族
        │
        中层官僚
        │
        下级官僚下层士族

弟子员士族
        │
平民:  佐吏、有爵之平民、下层勋官
        │
        豪民、酋豪
        │
        庶民地主、农民、秦汉佃农及耕佣
        │
准贱民: 商人、手工业者、军户、宾客、僧祇户
        │
贱民    杂户
```

(二)等级变化及其原因、影响

秦唐间等级变化不算剧烈,但也有不少的变动,其变异有三种内容:

一是新等级的产生和消失,这就是士族的出现。士族在魏晋南北朝间兴盛了三百多年,隋唐间又延续了二百多年,历六百年,而最终从历史上消失。弟子员由秦唐间政府的教育制度而产生,随着科举制的确立而定型,唐以后发展为数量较大的社会层次。

---

① 孟昭庚:《唐代的奴仆问题》,《唐史研究会论文集》,中国唐史研究会,陕西人民出版社,1988年,第97页。

二是几种类型的人在等级结构中地位的升降，即政治权力的多寡的变动。皇权通过逐步削弱相权、宗室贵族的特权得到加强；相权的分散，使官僚权力不能集中对抗皇权，完全成为皇权统治的工具；宗室贵族、异姓贵族由诸侯王、列侯制度，演变为纯粹的食封贵族，政治上权力减少，与皇权的等级差距加大。商人、手工业者虽然始终处于平民等级地位，但比起先秦时代，他们在平民等级内部下降为该等级的下层。这是因为他们在读书出仕方面、在被强迫迁徙方面、在生活方式衣饰乘舆方面的特殊限制，在赋役上的加重负担，使他们都降到平民中的农民之下。佃农和农业佣工的地位由秦汉的平民，急骤下降到魏晋南北朝的依附民，至唐代地位略有回升，但还没有达到秦汉时期的地位，这是劳动者地位的下降。

三是准贱民、奴隶相对数量有减少的趋向。汉代的奴婢千群、徒附万计的情况，到南北朝时代演变为部曲成千上万，唐代虽有郭子仪式的家人三千情况，但是极个别的，总的情况是奴隶在减少，原来属于奴隶地位的一些人，经过释放进入准贱民阶层，或成为平民。

秦唐间等级结构的变化，中心内容是围绕着皇权加强进行的，即特权等级的宗室贵族、异姓贵族、宰执大官僚以出让政治权力，使得权力更加集中在皇帝身上，而皇权以出让部分劳动者的权力，取得贵族、官僚的谅解，即他们在认同皇权加强的同时，发展经济势力，役使各种依附民、奴隶，集官僚地主于一身，甚而唐代官僚多兼营商业，成为官僚、地主、商人三位一体的大富豪。他们在经济上的追求，从而减少对最高权力的兴趣，助长皇权的加强。皇帝在经济方面的让步，使依附人口大量出现，直接统治的人口减少，对其统治基础不利，势必要凭借高度集中的权力收回部分经济利益，释放奴婢，增加平民农业人口，唐朝政府试图这样做，取得一些成果，不过事情尚在开头，远不理想。

造成秦唐间等级结构变动的原因是多方面的，是几种社会因素结合在一起，综合性地起作用。这就是：

第一，地主制的发展。从先秦的领主制经济，发展到秦唐间的地主制经济，这中间秦汉南北朝经济受领主制经济影响，有其残余成分的存在，即依附农和贱民在农业生产中占重要地位，独立佃农经济不发达，平民佃农少，依附性强的佃农多，他们没有户籍，不向政府服徭役而为田主纳租服役，"倍于公赋"[1]，

---

① 《魏书》卷 110《食货志》，第 8 册第 2855 页。

他们是半农奴身份。唐代中后期以后,地主制发展,租佃关系变化,实物租成分加重,劳役租的内容大量减少,这种变化,严重影响到等级地位的状态。当具有领主制劳役地租成分时,世族、士族制发展,贵族、官僚特权地主势力上升,相应地劳动者身份下降,这就是秦汉时期佃农、农业佣工从平民下沉为半贱民的原因。迨后非身份性地主经济发展,他们由于本身的原因,对劳动者控制能力弱,而减轻对佃农的身份性压抑又可以提高他们的生产积极性,提高实物租的绝对量。对地主经济上有好处,乐意于放松对佃农的人身控制,故而佃农社会地位开始上升,向平民方向发展。皇权为使皇族、官僚出让一些政治权力,允许带有一定领主性质的地主经济发展。权力集中之后,又要压抑贵族、官僚,增加自身控制的人口,乐于地主制的发展,以便将佃农逐步恢复为国家编民。

第二,政府基本政策的作用。等级是由法令而最终确定的,所以政府的政策、法令及其变化自然影响到等级结构的状况。秦唐间历朝政府的重本抑末政策,使庶民地主、自耕农稳定在平民的地位上,而使商人,手工业者地位下降。政府定族姓的法令,确认了士族的等级权力,正式承认士族的存在,使它在等级结构上占有一席地位。政府的释奴令,虽然不是解放所有奴隶,消灭这个等级,但总使这一等级中的某一种或几种人有可能离开本等级,升到新等级中去,成为平民或半贱民。同样政府的法令,又处罚一些人成为贱民,这就使得贱民等级中有各种人出出进进,处于变化状态。政策的作用,还体现在皇权和职官制度的发展方面。前述等级结构的变化是围绕着皇权加强的道路进行的,就可知皇权发展对等级变化的巨大作用。士族制的兴衰在政治上是取决于皇权和职官制度的变化,九品中正制的实行与取消,促成士族制的兴衰,又是它们存亡的标志;科举制的出现,不仅影响于士族、弟子员,随后还会引起官僚等级的某些变化。政府对民众赋役政策的恰当与否,严重影响其与平民、准贱民关系,当轻徭薄赋时,依附民就会走出私门,进入公门,否则就出公门入私门,依附农的等级转换就在这种情况下实现了。

第三,统治者在内部斗争中,以调整等级关系,争取下层等级的支持。不同政治集团的利害冲突,使他们利用调整等级关系为手段,企图增强自己的力量,打击对方,这样就引出等级关系的变化。其内容往往是特权者互相让步,各在一方面取得补偿,或者是利用社会下层的力量打击异己的力量,稳定本集团的统治。王莽代汉,下令"更名天下田曰王田,奴婢曰私属,皆不得买卖。其男口不满八,而田过一井者,分余田与九族乡党"①。试图以解放奴隶和依附民,依靠庶民地主和自耕农,拓宽新朝政权的社会基础,增强力量,对付西汉的复辟势力。刘秀的释奴令何以特别针对陇、蜀地区呢?就是为打击这里的隗嚣、公孙述旧势力,以争取在战争中被略卖为奴婢的良人的支持,稳定对陇、蜀的统治。北周武帝在消灭北齐之际宣布"河南诸州之民,伪齐被掠为奴婢者,不问官私,并宜放免"②,以清除北齐弊政,释放奴婢,稳定在关东的统治。李渊在太原起兵攻下霍邑之后,给参加战斗的部曲及徒隶授官,命令说:"岂有矢石之间,不辨贵贱,庸勋之次,便有等差!"③这时他不讲等级制度,把贱民授以官职,争取包括低等级的人在内的各层人士参加他的队伍,以便夺取政权。这类政治斗争中的政策,造成人员的社会流动之外,还有等级的变化,如唐代释放前代乐户为太常音声人。

第四,下层等级或单独或联合造反,迫使统治者实行调整等级关系的政策。我们在先秦等级结构部分曾说明,等级结构是一层压一层,上下等级形成斗争之外,在下的等级往往联合起来反对高等级,隋朝末年的民众运动鲜明地表现这一点,隋炀帝暴政,对贵族猜忌,对平民无休止的徭役,对富豪也是暴敛,由于"课天下富室"马匹,令"富强坐是冻馁者十家而九"④,也就是说皇帝与各个等级发生了冲突,同时激化了社会基本矛盾——阶级矛盾,造成各等级的反抗斗争和民众的联合运动,造反的有贵族大官僚杨玄感、李渊、王世充、宇文化及、旧贵族李密、萧铣,下层官吏翟让、董景珍,非身份性地主徐世勋,平民王薄、窦建德,贱民陇右牧奴、原州"奴贱"等。官僚、民众暴动中实行联合。岳州校尉董景珍等起兵反隋,以寒贱出身不敢为首领,主动请士族、罗川令萧铣为首脑,建立梁王政权,一时胜兵四十万,势力达到交趾。⑤民众运动中"得隋官及士族子弟皆杀之"⑥,表现了下层等级对官僚、士族高等级的仇恨。唐朝统一之后,采取打击旧士族政策,释放奴婢。其时等级秩序虽然恢复了,但下层造反的影响犹存,所以贞观中存在着"弟子陵师,奴婢忽主,下多轻

---

① 《汉书》卷24《食货志》,第4册第1144页。
② 《周书》卷1《武帝纪下》,第1册第101页。
③ 《全唐文》卷6《徒隶等准从本色授官教》。
④ 《隋书》卷4《炀帝纪》,第1册第94页。
⑤ 《旧唐书》卷56《萧铣传》,第7册第2263页。
⑥ 《资治通鉴》卷183《隋纪》,第6册第5715页。

上"的现象，①迫使唐太宗实行轻徭薄赋政策，稳定平民等级。隋末民众运动的结果标志士族走到衰亡的阶段，下层等级有上升的趋势。在此以前，魏末六镇暴动也打击了士族制度和士族力量，使之走向衰落。②而唐末的民众运动则将士族送进坟墓。

秦唐间等级斗争与变化对社会发展产生不少的影响，主要内容为：

秦唐间等级斗争与阶级斗争结合，打击黑暗统治势力，频繁地制造改朝换代，迫使新统治者改革朝政，调节等级关系和阶级关系，实行垦荒政策，平均赋役，轻徭薄赋，维护小农土地所有制和庶族地主土地所有制，最终消灭领主制残余，由贵族官僚地主制向庶民地主制发展，向契约租佃制进化，促进社会的进步。

下层等级斗争与阶级斗争的结合，使经济领域和上层等级协调产生的士族最后消失，使平民以下等级中的某些人员，身份或升或降，但对劳动者讲，显示出上升的趋势。

等级斗争使下层等级的反抗思想不断提升，极度皇权主义观念有所减弱，农民平等平均思想有所发展。陈胜的诈称公子扶苏以起兵反秦，反莽军扶立刘盆子，说明人民背着皇权主义思想的沉重包袱，黄巾运动的"苍天已死，黄天当立"③"汉行已尽，黄天当立"④，已不用好皇帝观念反对当朝天子了，自此之后的民众起义就不再以保卫旧皇室和好皇帝为号召了，反映下层等级对皇权主义迷信程度的有所降低。陈胜起义同时唱出"王侯将相宁有种乎"的时代强音，表现出对因等级制度而产生的血统论的某种怀疑，是下层等级成员的社会流动的思想武器。王仙芝的称"天补平均大将军"⑤，黄巢的称"冲天太保平均大将军"⑥，在长安实行"淘物"政策，没收富人财产，散给贫苦人民。"宗室王侯屠之无类矣"⑦，真是韦庄所说的"天街踏尽公卿骨"。这种实践，一定程度上表现出民众的平均平等意识。

---

① 《资治通鉴》卷 196《唐纪十二》，第 7 册第 6176 页。
② 参阅朱大渭：《中国农民战争史·魏晋南北朝卷》第六章，人民出版社，1985 年。
③ 《后汉书》卷 71《皇甫嵩传》，第 8 册 2299 页。
④ 《三国志》卷 12《武帝纪》及裴松之注引王沈《魏书》，第 1 册第 10 页。
⑤ 《资治通鉴》卷 252《唐纪六十八》胡三省注引《续宝运录》，第 9 册第 8174 页。
⑥ 《新编五代史平话·梁史平话》卷上。
⑦ 《新唐书》卷 225 下《黄巢传》，第 20 册第 6458 页。

（三）宗族和家庭

秦唐间宗族与先秦不同，一是民间宗族在皇族以外发展了，宗族组织较前普遍，但仍以官僚家族为多，是宗族制度民间化的第一个阶段，而到宋代以后，向平民中发展，比秦唐间又是一番景象。二是君统与宗统分离，君权与族权关系演进到第二个阶段，有许多关系需要协调解决。三是修谱活动大发展，成为官修谱牒的黄金时代。

1.宗族

秦唐间宗族约有五种类型，为皇族宗族、士族宗族、豪族宗族、寒人宗族、义门宗族，共同构成宗族群体。

（1）皇室宗族，在第一目等级结构中已作说明，这里不再赘述。

（2）士族宗族

除前面交代以外，再作必要的补充。

士族由秦汉世家大族发展而来。两汉时耿弇、窦融、马援、鲁恭、邓晨、羊续、贾逵等都是"吏二千石""世吏二千石"之家。汝南袁氏四世五人三公，弘农杨氏四世太尉，发展为士族，袁、杨二宗成为历经魏晋南北朝而不衰的士族高门。士族宗族的产生，自始就与官宦相联系、相一致。

士族经历长时期，世代不衰的宗族很多，前述弘农杨氏、汝南袁氏以外，清河崔氏、博陵崔氏、范阳卢氏、荥阳郑氏、太原王氏、琅玡王氏、陈郡谢氏、陇西李氏是第一流士族宗族，京兆韦氏、京兆杜氏、渤海高氏、河东裴氏、河东柳氏、河东薛氏、彭城刘氏、河间邢氏、阳翟褚氏、颍川庾氏、吴郡张氏、吴郡顾氏、吴郡陆氏、汝南周氏、吴兴沈氏、兰陵萧氏、沛国桓氏、泰山羊氏以及鲜卑族的于氏、陆氏、长孙氏、穆氏，并为高门士族。

士族重视文化教育，加强宗族的建设，以维持宗族传统地位。士族本来也是靠文化起家，深知文化传家的重要性。生活在一等望族的琅玡王僧虔说："或有身经三公，蔑尔无闻；布衣寒素，卿相屈体。或父子贵贱殊，兄弟声名异，何也？体尽读书数百卷耳。"[1]家族能否长盛不衰，个人能否发达，就在于是否读书掌握文化。士族成为文化的拥有者，以琅玡王氏、陈郡谢氏而论，培养出谢灵运、谢道蕴、王羲之、王献之等杰出的诗人、书法家，以及王导、谢安、谢玄等政治家、军事家。

---

① 《南齐书》卷 32 《王僧虔传》，第 2 册第 599 页。

士族与地方行政组织结合。秦唐间宗统、君统分离,但有残余形态,如北魏实行的宗主督护制,使政权与族权结合。这一制度原来在鲜卑人氏族中实行,政府赋予其族长督护身份,于是宗主一身二任:既是族长,又是闾里长。

士族宗族成为社会矛盾的焦点。它与皇帝、皇室贵族争夺对中央政府的控制权;又因压抑平民(寒人)家族成员的出仕权和晋升权,使双方形成尖锐的斗争;与其依附民和贱民发生等级、阶级冲突。

士族宗族作为社会群体,有三大特点:它是凝聚力最强的群体,它的自我建设以及组织性、持久性、群体意识,比其他类型的宗族、其他群体(如宗教、学校)都强;它是社会的核心组织,又具有广泛性;它处于社会等级结构的中坚地位,在社会等级结构、宗族结构中都处于重要地位。

士族宗族衰亡,从南北朝后期到隋唐有较长的过程。支持它的一个重要社会因素,是士族利用婚姻维持门面。高门士族互相通婚,又因其尊贵,寒人愿与其联姻以提高社会地位,没落士族就用"卖婚"作为联络新贵的一种手段。要卖婚又要拿架子,往往给新贵碰钉子,到唐文宗时要嫁公主给士族,尚怕人家不乐意,忿恨不平地说:"民间修婚姻,不计官员而为阀阅,我家二百年天子顾不及崔、卢耶?"[①]一般来说社会势力保持久远,士族凭此而延续数百年。

(3)豪强宗族

豪强宗族在政治上是平民的群体,本身有徭役负担,并无特权,因此不同于特权宗族,但它们有经济力量,战乱时组织武装,也有社会地位和地方势力,其中一些宗族能够上升为士族宗族。台湾学者毛汉光认为汉代士族的产生,有"地方豪族之士族化"的渠道。[②]前面已谈到世吏二千石转化为士族的事实,平民亦然,这里将有所说明。豪强宗族内部也因社会地位的某些差异,区分出不同类型。

有差役负担的豪强宗族。南朝新野人武念,出身郡将,其家族在户籍上是"三五门"[③];南阳人宗越,出身郡吏,其家族原为"次门",后改为"役门",又因

---

① 《新唐书》卷172《杜中立传》,第17册第5205页。

② 毛汉光:《中国中古社会史论》,台湾联经出版事业公司,1988年,第77页。

③ 《宋书》卷83《武念传》,第7册第2112页。

其立有军功,恢复为"次门"①。役门、次门、三五门都要应差役。宗越、武念的宗族都是豪强大族,但属于有差役负担的,所以他们只能充当佐吏,不像士族释褐就可以出任清要官。

土豪宗族。族大人众,汇聚宗人力量,在地方上欺压小族,劫掠行旅,与地方官府抗衡,但族人不出仕,有一定社会势力而无政治势力。北朝河北郡韩氏、马氏两族,各有二千余家,恃众武断乡曲,后其首领被政府屠杀二十余人,势力消弱。②

向士族发展的豪强宗族。在地方上有一定政治势力,宗族中有人出任地方官。北朝上洛郡泉氏先是豪族,"世雄商洛",北魏起族人世袭本县县令,到北周时期泉企出任州刺史,其子泉元礼又得世袭,且其起家即为奉朝请,本州别驾。③表明这个时候泉氏已进入士族,但在泉企以前,他的宗族仍是土豪宗族,不过在向上发展罢了。

少数民族的土豪宗族。冯翊李润镇羌族钳耳氏宗族,从西晋起,历代充任渠长。雷、党、不蒙诸姓宗族,也都是羌人的强族。④居住朔州附化郡的匈奴人破六韩宗族,世袭酋长,是强宗豪族。⑤南朝的"南州守宰,多乡里酋豪,不遵朝宪"⑥。

(4)平民小族

北魏时期东莞发生郑、赵二姓宗族复仇事件,颇能反映小族的情况。赵族杀了郑族的人,郑族将凶手拘执,预备到被害人墓前杀仇人雪耻,赵族却将郑族五位老人抓获,以为交换条件,这五位老人的儿子皆为族人敬重,故而郑族同意与赵族和解,交换被掠人口,化解了一起宗族复仇的灾难。⑦这件纷争说明郑、赵都是没有政治势力的小族,但各自团结族人,成为一个宗族群体,以进行自卫,保护本族利益。由此也可知平民小宗族建立族人组织,带有一定的普遍性。历朝政府所表彰的孝义之门,多属平民小族,比如博陵安平人李几宗

① 《宋书》卷83《宗越传》,第7册第2109页。

② 《魏书》卷42《薛胤传》,第3册第945页。

③ 《周书》卷44《泉企传》,第3册第785页。

④ 《魏书》卷94《王遇传》,第6册第2023页。

⑤ 《北齐书》卷27《破六韩常传》,第2册第378页。

⑥ 《陈书》卷20《华皎传》,第2册第271页。

⑦ 《魏书》卷91《王早传》,第6册第1957页。

族,七世同居共财,家有 22 房,198 人,长幼和睦,每当政府征发差徭,卑幼争着应役,于是乡人赞叹,政府表彰。①

以上几种宗族类型,各有不同的社会地位,皇族、士族宗族是特权宗族,与它们所在等级地位的特权等级是相当的;豪强宗族、平民小族,可以合称为寒族,没有政治特权,是平民宗族,在社会等级结构上属于平民等级。由此可知宗族结构的层次与社会等级的层次是相对应的、一致的,即特权等级,其宗族也为特权宗族,平民宗族其等级也为平民等级,宗族类型的层次差异,同时也是社会的等级差别。宗族的结构与社会等级结构相一致。

(5)义门宗族

所谓义门,是宗人同居共爨,不分家,形成一个宗族,也可以说是一种大家庭。族内、族外人际关系良好,受到舆论的好评,有些得到政府的表彰,是宗族、家庭的楷模,也是宗族的一种特殊形式。这种义门,大多数属于平民宗族,极少数是特权宗族,大约平民更需要借助于这种形式进行互助,维持生存。

清代史家赵翼根据史书记载对义门作过统计,统计受到朝廷旌表的,《南史》有 13 家,《北史》12 家,《唐书》38 家,《五代史》2 家,计 65 家。②事实上义门家族要比赵氏统计的多,南北朝以前汉晋也有同居共财的家族,只是不一定受到政府的表扬。不过总的数量并不多,只是汉唐间偶有发生的现象。

义门最主要的内容是共财产共同生活,并尊重族长的管理。东汉济北人氾毓,先人移徙青州,到氾毓时已长达七世,敦睦九族,"儿无常父(母),衣无常主"③,这是同财共炊的家族,所以衣裳由家庭成员根据需要穿,不是哪一个专有的,小孩由伯叔婶娘共同教养抚育,所以被形容为"无常父""无常母"。北魏北海王间宗族"数世同居,有百口","太山刘业兴四世同居,鲁郡盖俊六世同居,并共财产"。④

长期同居共财,不合人之常情,能够聚合在一起,靠的是管理技能和伦理教育,能够处理好族人之间的关系。郓州寿张张公艺家族,自北朝同居共食起,至唐初已经历九代,唐高宗亲临张家,询问他们团结无间的原因,张家人写了

---

① 《魏书》卷 87《李几传》,第 5 册第 1896 页。
② 赵翼:《陔余丛考》卷 39,第 853 页。
③ 《晋书》卷 91《氾疏传》,第 8 册第 2350 页。
④ 《晋书》卷 87《节义传》,第 5 册第 1896 页。

一百多个"忍"字作了回答,这就是说对族人间的不协调因素互相忍让,做到相安无事。这种百忍的功夫常人难以做到,难怪唐高宗看了也感动得落泪。①

政府的表彰也是使义门出现的一种缘由,政府把义门看作是最好的顺民,有利于推行以孝治天下的政策,大加鼓励,给予免除赋役的优待。南朝酉阳人董阳家族"三世同居,外无异门,内无异烟",政府蠲免该族租布,同时给予"笃行董氏之间"门榜。②张公艺家族受到北齐、隋朝、唐朝的奖励,唐高宗特赐以缣帛。义门免税得表彰,可以提高其社会地位,因而乐于维持同居共食生活。历朝政府乐于提倡,说明它对政府有用,而那些实行者未见得生活有乐趣。吕思勉在《两晋南北朝史》指出,笃于宗族"大抵非行庸德,谨庸言之徒"③,不值得赞颂,很有道理。

(6)宗族规模和族内结构

宗族由皇族、士族、豪族、小族、义门等类型构成,前三种宗族成员众多,大族林立,皇族越衍越繁,支派庞杂,人口众多,士族、豪族中的一些宗族也是这样。《通典》引述北齐宋孝王《关东风俗传》里的话,说明大家族的恢宏:"……至若瀛冀诸刘,清河张、宋,并州王氏,濮阳侯族,诸如此辈,一宗近将万室,烟火连接,比屋而居。"④南北朝时河东汾阴薛氏,同姓有三千家。⑤一个宗族有上万户、几千户的属民,是相当大的群体了。在其内部,又以血缘亲疏关系分出房派。以闻喜裴氏来说,《新唐书·宰相世系表》将该族有无宰执区分为四大支:西眷裴、洗马裴、南来吴裴、中眷裴。⑥南来吴裴支内部又分裴颛房、裴玑房。⑦吴郡顾氏分为顾雕、顾悌、顾容三房,此外名画家顾恺之等房分不明,⑧远不止三大支。宗族房支有聚居地,房分之间的社会地位也不相同,出仕机会大不一样,内部的分化,也产生族内斗争。琅玡王氏中的王导一支仕宦显赫,其侄王羲之一支衰微不振,后一支受到王导支裔的歧视。宗族内部地位的不

---

① 《旧唐书》卷188《张公艺传》,第15册第4920页。

② 《南史》卷73《孝义传》,第6册第1799页。

③ 吕思勉:《魏晋南北朝史》,上海古籍出版社,1983年,第927页。

④ 《通典》卷3《食货·乡党》,第23页。

⑤ 《宋书》卷88《薛安都传》,第8册第2215页。

⑥ 《新唐书·宰相世系表》卷71上,第7册第2179页。

⑦ 《南齐书》卷53《裴颛传》,第3册第920页。

⑧ 刘义庆:《世新新语》附录《吴国吴郡顾氏谱》,上海古籍出版社,1982年,影印本。

同,就使旺支成为宗族的代表。因此历史上讲某某宗族的地位,主要是指旺支而言。毛汉光指出:"自北魏中叶以后,时人虽然泛指望郡,实际上所指渐以房支为单位,至唐而更为明显。"①所以研究宗族史,要作房派的深入观察,才能看清宗族的全部历史及其历史地位。要之,宗族对外一致,内部也不乏不协调因素。

2.家庭

秦唐间作为社会最小组织的家庭比先秦时代有很大的发展,它作为社会基本生产单位的作用比前代更趋明显,是人们最主要的活动场所,它同宗族的关系非常密切,互相制约,但它的独立性显然比先秦时代大为发展了。

(1)小家庭结构与大家庭制兼行

战国时代家庭规模向小型、简单方向变化的趋势,在秦汉时代继续进行,整个中古时代也是以小型家庭为主;与它并存的是世家士族官僚的某些大型、复杂家庭,这种家庭的存在同样是不可忽视的。

秦人父子分门立户是相当普遍的现象,如贾谊所说:"秦人家富子壮则出分,家贫子壮则出赘。"财产分得很彻底,互相不得动用,所以贾谊又说:"(子)借父耰鉏,虑有德色;母取箕帚,立而谇语。"②两汉之际樊重家三世同居被人们认为大家庭的楷模,可见大家庭不多,小家庭兴盛。东汉俗谚:"举孝廉父别居"③,作为孝道体现者的孝廉,竟然与父母分家另过,可知当时父子分家是普遍现象,家庭就是以一对夫妇构成的形态为主。南朝中军录事参军周朗谈到家庭状况说:"今士大夫以下,父母在而兄弟异计,十家而七矣。庶人父子殊产,亦八家而五矣。"④无论是官僚,还是平民家庭,父子兄弟多乐于分开过,其比率达到百分之六七十,就是说那时有三分之二的家庭是只有一对夫妇的小家庭。周朗同时人、吴郡太守顾觊之,有着"家门雍睦,为州乡所重"的家风,但他有五个儿子,也分了家,各有私产,老三多财又贪婪放债,觊之批评他不听,只好把他骗出家门后焚烧其债券。⑤隋代许多地方是夫妻结构的小家庭,儿子

① 毛汉光:《中国中古社会史论》,第 233 页。
②《汉书》卷 48《贾谊传》,第 8 册第 2244 页。
③ 葛洪:《抱朴子》外篇卷 15《审举》,《诸子集成》本,第 8 册第 127 页。
④《宋书》卷 82《周朗传》,第 7 册第 2096 页。
⑤《宋书》卷 81《顾觊之传》,第 7 册第 2081 页。

离开父亲,在益州和陕南,"小人薄于情礼,父子率多异居"①。江南"父子或异居",岭南"父子别业,父贫,乃有质身于子"。②唐玄宗、肃宗分别下过诏书,反对父子析居。由唐朝皇帝反对父子异籍来看,这是严重现象,说明一对夫妇加上其未婚的子女是家庭的主要形态。

不算义门,大家庭也有相当的数量,特别是随着世族、士族制的发展,在官僚士族中出现一些构成复杂的家庭,在平民也有这种情况。东汉汝南人缪彤兄弟四人,各娶妇,同财共食,弟媳要求分家,彼此吵闹,缪彤以自责,使诸弟及弟媳不再要求另过,维持了联合大家庭。③北魏士族裴修抚养两个弟弟成家,二弟早亡,育养侄儿如同亲生的儿子,后来才异居,④在此以前也是联合家庭。

小家庭为主,大家庭为辅,这种状况的形成,社会原因甚多,政治原因很重要。商鞅强迫民人析居:"民有二男以上不分异者,倍其赋。"⑤隋文帝实行大索貌阅的户籍政策,"大功已下,兼令析户"⑥,规定兄弟以外的人不能组成家庭,虽比商鞅之法放宽了一些,但总是限制大家庭出现。唐朝政府怕出现老人无人赡养的问题,禁止子孙与父祖异财,但是遏制不住,是因为有其他无法解决的缘由。如自然灾害下大家庭无法维生,只好分家。⑦又因为大家庭是非多,严重的甚至互相残杀,不如分家夫妻单独生活好。这种分家的动力,多来自妇女,如前述缪彤的弟妹们,再如东汉人李充兄弟共食同居,穷得衣服轮流穿,其妻鼓动他闹分家,说:"今贫居如此,难以久安,妾有私财,愿思分异。"⑧小家庭人际关系简单,有利发挥家庭成员的生活积极性和责任心,特别是作为弟妇、子妇的女性的积极性,从而有利于社会生产力的发展,所以小家庭化是必然的社会趋势,不可遏制的历史潮流,不过进程上各个时期有所不同,秦汉时期而后就缓慢一些了。

---

① 《隋书》卷29《地理志》,第3册第830页。

② 《隋书》卷31《地理志》,第3册第886、888页。

③ 《后汉书》卷81《缪彤传》,第9册第2686页。

④ 《魏书》卷45《裴修传》,第3册第1021页。

⑤ 《史记》卷68《商君列传》,第7册第2230页。

⑥ 《隋书》卷24《食货志》,第3册第681页。

⑦ 《魏书》卷57《崔挺传》云:"崔氏三世同居,门有礼让;于后频值饥年,家始分析。"第4册第1264页。

⑧ 《后汉书》卷81《李充传》,第9册第2684页。

(2)父家长制及父家长权的某种削弱

秦唐时期与先秦一样实行父家长制,父家长是家庭的主宰,但其杀子权、卖子权诸方面受到一些限制。家庭财产是父家长所掌管,由其支配,如果擅自处理家产,要被判刑。唐朝定律:"同居卑幼私辄用财者,十疋笞十,十疋加一等,罪止杖一百。"[1]若卑幼伙同他人盗卖家产,要比上述规定加二等治罪。[2]即使已分家了,尽管财产分得很清楚,但在法律上父祖有权力侵占子孙财产,据《睡虎地秦墓竹简》反映,秦代父子异财之家,父盗子产不算盗。前述顾觊之焚烧第三子债券,其子无可奈何。妻子儿子对于父家长,也几乎可以视作一种财产,父家长在不得已的时候可以出卖他们,官方有时也认可。汉初刘邦因社会经济凋弊,"令民得卖子,就食蜀汉"[3]。随后家长卖儿子的信息,传到文帝宫中。[4]汉光武帝释奴令中"民有嫁妻卖子欲归父母者,恣听之"[5],表明卖妻鬻子现象严重性的同时,反映父家长把妻、子当作财产出卖的权力。

这种权力历久不衰,北魏和平四年(463)诏书允许被卖男女取赎,[6]就是一种曲折反映。唐初"关内旱饥,民多卖子以接衣食",唐政府用内库金帛为之赎身,归还父母,[7]并不治父家长之罪。早在北魏时期规定父家长出卖亲属的治罪法:"卖子一岁刑,五服内亲属者尊长者死,卖周亲及妾与子妇者流。"[8]规定如此,很难实行,因为从宗族法考虑,家长有其特权,比如北魏民人费羊皮为葬母而卖女,女儿又被人转卖,结果只治转卖人的罪,而以费羊皮实行孝道免罪。[9]父家长的卖子,政府的干涉,是君权与亲权的矛盾,而君权又要支持父权。所以禁止卖子很难认真贯彻。但是卖子治罪法的制定,总是对父家长权力的限制。

---

① 《唐律疏议》卷12《卑幼私辄用财》,第3册第281页。

② 《唐律疏议》卷20《卑幼将人盗己家财》,第4册第433页。

③ 《汉书》卷24《食货志》,第4册第1127页。

④ 《汉书》卷24《食货志》,第4册第1128页。

⑤ 《后汉书》卷1上《光武帝纪》,第1册第30页。

⑥ 《魏书》卷5《高宗纪》,第1册第121页。

⑦ 《资治通鉴》卷192《唐纪八》,第13册第6049页。

⑧ 《通典》,第167页。

⑨ 《魏书》卷111《刑罚志》,第8册第2880页。

父家长对子女的体罚权乃至处死权,在秦唐时期也有一些变化。责骂体罚是父家长的传统权力,照旧行施,东汉末崔烈买官司徒,问儿子虎贲中郎将崔钧外界反映如何,儿子照实回说嫌你铜臭味太重,崔烈举杖打他,他逃跑,崔烈乃大骂他不孝。①因作《颜氏家训》而历史留名的颜之推极力主张对子孙的体罚,认为废家法,会像国法不行一样,将助长子孙犯罪,家长不好治理。②把事情看得这么严重,体罚就会成为父家长治家所经常使用的一种手段。秦时父家长有杀子权,赵高、李斯合谋矫诏,用秦始皇名义将扶苏以"为人子不孝"赐死,蒙恬要扶苏问明情况再说,扶苏不同意,说"父而赐子死,尚安复请?"随即自裁。③他的死,既有听君命的成分,更重要的是接受父亲的指令,所以它表明父亲的杀子权。汉代郭巨欲埋儿以便母亲不分食物予孙,以尽其孝子之心。西晋邓攸为带侄儿逃命,绑子于树,以致死亡,④表明两汉两晋父家长仍有杀子权。但是杀人权,是国家的司法权,若听任民间杀子,是对司法的干扰,所以刘宋政府制定了禁止杀子的法令。⑤这同禁止卖子一样,是社会进步行为。总之,秦唐间家庭结构简单化的同时,是父家长权的有所削弱,⑥但是父亲管制儿子的主从关系没有变化。

(3)夫妻关系与嫡庶制度

秦唐间妻从夫,表现在妇主内事,管家务,侍候好公婆和丈夫。北魏崔浩的母亲"修妇功","蕴习酒食,朝夕养舅姑",并口授《食经》。⑦官僚家庭的妇女随夫上任,并可得到朝廷的封号。在其本人是一种荣誉,因系丈夫官职而封,反映出她是丈夫附庸的性质。夫死寡妇再婚,社会上不受歧视,刘备娶刘瑁寡妻,⑧晋惠帝羊皇后改嫁刘曜,以为是幸福。⑨唐高宗策立武氏为后,唐之公主二嫁三嫁为常事,多达27人。后梁宰相敬翔妻刘氏,先嫁尚让,改归时溥,又

① 《后汉书》卷 52《崔烈传》,第 6 册第 1731 页。

② 《颜氏家训》卷 1《治家》:"怒笞废于家,则竖子之过立见;刑罚不中,则民无所措手足。治家之宽猛,亦犹国焉。"第 54 页。

③ 《史记》卷 87《李斯列传》,第 8 册第 2551 页。

④ 《晋书》卷 90《邓攸传》,第 8 册第 2339 页。

⑤ 《宋书》卷 82《周朗传》,第 7 册第 2094 页。

⑥ 本段参阅高达观:《中国家族社会之演变》,正中书局,1944 年。

⑦ 《魏书》卷 35《崔浩传》,第 3 册第 827 页。

⑧ 《三国志》卷 34《先主穆后传》,第 4 册第 906 页。

⑨ 《晋书》卷 31《惠羊后传》,第 4 册第 967 页。

归朱温,最后为敬翔妻,还能"书币聘使,交结藩镇"①。帝室、大官僚如此,民间更以改嫁为当然。大体其时妇女改嫁不受限制,唯隋文帝规定品官之寡妻、五品官以上之寡妾不得改嫁,②似乎并未认真执行。尽管寡妇可以再嫁,但社会上尊重守节妇女,如羊烈家族,"女不再嫁",于北魏太和年间建一尼姑寺,凡寡居无子者出家为尼,被人称颂。③西晋、北魏偶出二妻制,开始是司空贾充被允许有二妻,他有特殊原因,是权宜办法。④北魏平原王陆定国也有二妻,盖其妻皆出身士族,无法分出高下。⑤这是历史上的偶然现象。两汉时期休妻现象频繁出现,所以才有文学作品《孔雀东南飞》的产生。弃妻的原因看来很琐屑,像鲍永妻在后母面前骂狗,姜广的妻子因为大风挑水不及时,就遭到遗弃,⑥这皆是因为实行孝道,弃妇如敝屣,致使刘兰芝、焦仲卿陷于离异的悲剧不断出现。不过这个现象也反映当时离异方便,不像后世受到政府和社会舆论的诸多限制。

养子制在唐、五代流行开来,是在庶子之外又有了养子,使家庭人际关系增添复杂性。收养义子的大抵有三种人,一是不可能有血嗣的宦官,收养假子,东汉、唐朝是宦官擅权时代,他们更是大养义子。二是少数民族有此习惯,故北魏有养子从坐法制的重订。⑦三是军人,如唐初张亮有义儿五百人。⑧唐末五代,帝王和割据一方者收养子成风,如朱温养朱友文、李七,李克用养李嗣源、李嗣昭,李嗣源又养李从珂,郭威养柴荣,徐温养李昪等。养子不得别籍异财,附属于养父,增强养父的社会力量,作为发展势力的工具。他们本身被歧视,社会地位低。但在五代,李昪、李嗣源、李从珂分别取得吴、后唐的帝位,杀戮养父的血胤,造成内乱,为养父们所始料不及。养假子容易乱宗,破坏宗法伦理,唐朝有鉴于此,禁止养异姓子,若违犯,要判一年的徒刑。⑨

官僚贵族中多行一夫多妻制,除了北魏末年官僚一度无妾媵,妾婢颇多,

① 《旧五代史》卷18《敬翔传》,第1册第250页。

② 《隋书》卷2《高祖纪》,第1册第41页。

③ 《北齐书》卷43《羊烈传》,第2册第576页。

④ 《晋书》卷40《贾充传》,第4册第1171页。

⑤ 《魏书》卷40《陆丽传》,第3册第908页。

⑥ 参阅冯尔康:《古人社会生活琐谈·两汉南北朝的休妻》,湖南人民出版社,1991年。

⑦ 《魏书》卷53《李冲传》,第4册第1186页。

⑧ 《旧唐书》卷69《张亮传》,第8册第2516页。

⑨ 《唐律疏议》卷12《养子舍去》,第3册第278页。

所以家内妻妾、嫡庶争斗不断。主要是嫡妻、嫡子欺侮妾及庶子,严重的是嫡子不承认庶子是兄弟,更不许继承遗产。北魏高济死,嫡子高矫不许庶弟高遵以儿子的身份守丧。①编撰《魏书》的魏收有庶弟魏仲同,不让他登在户籍中,即不认可他为家里人。②太常卿邢劭以文名重于当世,庶子大德、大道,竟然不识字,而嫡子大宝有文情,可见歧视庶子之强烈。③庶子无权力,是因为其生母在家中地位低,还因为舅家无身份,对父家不能有帮助,而嫡妻娘家有地位,能兴夫家,故而得到丈夫重视。如三国时世家出身的裴潜"自感所生微贱,无舅氏,又为父所不礼,即折节仕进"④。庶出要靠自己的努力摆脱不利的地位。魏晋南北朝隋唐时期嫡庶纠纷特别突出,最根本的原因是社会上层重视士族联姻,因增强家门地位,只有正妻能有助于此,即妻族对夫族地位重要,故重娶妻之门第,重嫡出,而使妾、庶子处于低下位置。

在传统的看法里中古社会是"妇妒"的时代,像郭槐之妒致使丈夫贾充绝嗣,北魏相州刺史李安世妻崔氏以"妒悍见出"⑤。隋文帝独孤皇后之妒,致使太子杨勇被废,炀帝得立。唐代杭州刺史房孺复虐待前妻郑氏致死,续娶崔氏,"妒悍甚",杖杀孺复侍儿二人,朝廷命令他们离异。⑥因"妇妒"成为家庭问题,刘宋的公主"莫不严妒",明帝严加干预,以湖熟令袁慆妻妒悍赐死,并令虞通之撰写《妒妇论》叙其死,以警告上层妇女,又让尚婚公主的江斅作让婚表,说出"是以尚主之门,往往绝嗣;驸马之身,通离衅咎"⑦的话,拒绝婚姻,令皇帝的女儿感到下嫁之难。不过看来这种干预没有起多少作用,因为造成"妇妒"的原因是难于克服的。这从两个方面分析,一是妇女受压抑的扭曲反映。丈夫多妻制,引起妻子不满,虐待婢妾,乃至杀人,即使因此被休弃也在所不惜。二是中古妇女地位还不像后世那样低,有悲愤还可以宣泄。

(4)诸子继承制的确定与女子继承

家庭财产实行诸子平分制,至迟是在秦汉时期确立。它是典型宗法制、分

---

① 《魏书》卷89《高遵传》,第6册第1920页。

② 《北齐书》卷37《魏收传》,第2册第484页。

③ 《北史》卷43《邢劭传》,第5册第1592页。

④ 《三国志》卷23《裴潜传》,第3册第673页。

⑤ 《魏书》卷53《李安世传》,第4册第1176页。

⑥ 《旧唐书》卷111《房孺复传》,第10册第3325页。

⑦ 《宋书》卷41《后妃传》,第4册第1290页。

封制破坏后的产物。先秦宗主继承制,使得诸子不仅在政治地位继承上不平等,在财产继承上也是不平等的,宗子多,余子少。商鞅的析户令可能在法令上明确诸子平均继承父亲财产。汉初陆贾的分家法证明了诸子平分财产制的实行,陆贾把一千金财产平均分给五个儿子,每人二百金,未给长子多分,他同时留下自用财产,并轮流到诸子家生活,如果死在谁家东西就给谁。[①]从他的分家法可知:①诸子平均分配家产,②老人自留养老金和丧葬费,③家长在世主持分家。他的方法为后人所接受。西晋石苞分财物给诸子,但唯独不给小儿子石崇,因为认为他有能力,将来能挣钱。[②]开元名相姚崇学习陆贾、石苞,生前给子侄分配财产,为的是"绝其后争",各保产业,免致贫寒。[③]这些分家都由家长主持,也有父祖死后由兄长或其他长辈分派的,如东汉的许武自作主张,给两个弟弟分家。[④]薛包"弟子求分财异居,包不能止,乃中分其财"[⑤],这是伯父与侄儿分家,也是实行平分制,因为侄儿代表其一房。在政治权力方面,继承先尽嫡长,与财产的分配不同,庶子继承有障碍,遭到嫡子排斥。出嫁女没有财产继承权,因为她已不是家庭成员。但若无子嗣,则女儿有权继承。南朝谢混遗产有资财巨万,田宅十余处,童仆数百人,无子,有二女,另有过继子谢弘微帮助理家,人们认为"室内资财,宜归二女,田宅童仆,应归弘微",但弘微纤毫不取,于是遗财由谢混两个出嫁女继承。[⑥]唐代《丧葬令》规定,无子嗣者死,丧葬之后所剩之财,"并与女,无女均入以次亲,无亲戚者官为检校"[⑦]。就是宗亲也不能超越女儿的继承权。无兄弟的女子有继承权,反映女子社会权利得到一定的认可。

(5)家内矛盾

父家长制必然造成家内种种关系的某种不协调,如父子、夫妻、妻妾、嫡庶,亲子假子、尊卑、长幼等等关系的紧张,《后汉书》的作者范晔平时虐待亲人,厚养妓妾:"母住止单陋,唯有一厨盛樵薪,弟子无冬被,叔父单布衣",但

①《汉书》卷43《陆贾传》,第7册第2114页。

②《晋书》卷33《石崇传》,第4册第1004页。

③《旧唐书》卷96《姚崇传》,第9册第3026页。

④《后汉书》卷76《许荆传》,第9册第2471页。

⑤ 华峤:《后汉书注·孝义列传序》,黄奭学辑《汉学堂丛书》本。

⑥《宋书》卷58《谢弘微传》,第5册第1591页。

⑦《宋刑统·户绝赀产》注引唐《丧葬令》。

其"乐器服玩,并皆珍丽,妓妾亦盛饰"。他造反受刑前与家人诀别,其母责备他不念母亲,打他耳光;其妻骂他不顾子孙,连累受刑;其子就地取土块、果皮掷他,不认其为父。①可知亲人都恨他,绝不哀悯他的受诛。这是家庭关系紧张的典型,仇恨的原因多半是对家长统治的不满和兄弟争夺财产。其表现形式不仅是家内的争吵,有的采用告官的方法,企求外部解决,如士族杨椿不答应其六弟杨舒遗孀元氏分居的要求,元氏乃诬告杨椿之子杨昱窝藏叛逆,"谋图不逞",致使杨昱被捕。②更严重的是互相残杀。汉宣帝时有一年统计,"子弟杀父兄,妻杀夫者,凡二百二十二人"③。梁孝元帝时,一个中书舍人对待家人过于严苛,妻妾买通一个刺客,乘他酒醉时把他杀害。南阳有一家庭,父亲死后,"诸子争财,兄遂杀弟"④。凶杀多半是对着父家长来的,是这种制度的必然产物。

(6)家庭与社会

中古宗族制盛行,宗族的兴旺,常常由族人家庭的发迹而来,如杨震的发家推动了弘农杨氏宗族的发达。但是更重要的是宗族给家庭的影响,是宗族的地位决定家庭的地位,家庭是在宗族地位基础上去奋斗。士族家庭自然先有了优越的社会条件,发达的机会就多一些,所以这时家庭是宗族的附庸,受宗族的保护,受宗族的影响大。

家庭处于不同的等级之中,不同等级的家庭,社会地位不同,赋役、出仕与否,有天壤之别,家庭结构也因社会地位决定其简单与复杂之分(大体如此),而妻妾、嫡庶之争基本上出现在特权等级家庭。家庭在等级结构中的地位,是考察秦唐间家庭历史所应当捕捉的问题。

家庭作为编户齐民的群体,和国家的关系密切。家庭要提高、保持社会地位,靠政府的政策;政府要维持政权,靠家庭的稳定和臣民的支持。汉宣帝和后将军赵充国议论攻打匈奴,丞相魏相根据前面提到过的家庭残杀222人的事实,认为这是社会不稳定的表现,是重大的社会问题,不加解决,不能对外用兵,汉宣帝明白了这个道理,打消了出兵的念头。⑤家庭的和睦关系着国家

① 《宋书》卷69《范晔传》,第6册第1828页。

② 《魏书》卷58《杨昱传》,第4册第1292页。

③ 《汉书》卷74《魏相传》,第10册第3136页。

④ 颜之推:《颜氏家训》卷1《治家》,第56—58页。

⑤ 《汉书》卷74《魏相传》,第10册第3136页。

的安危,家庭和宗族一起构成政府的社会基础,家庭承担的赋役完纳的好坏是政府强弱的标志,政府因而对家庭以及与它相联系的宗族实行以孝治天下的政策,它的一个内容是采用举孝廉的方针,吸收孝义之人为官吏,增加治理力量,那些在家内族内讲孝道的人,到了政府必然讲求做臣子的原则,忠于皇帝,不作贪墨之事,这就是求忠臣于孝子之门的道理。

另一项内容是旌表孝子顺孙,汉代不时宣布给孝悌力田者赐爵,有时一次竟达三级之多。①北周宣帝即位诏有一条是:"孝子、顺孙、义夫、节妇表其门间,才堪任用者即宜申荐。"②唐朝宣布:"孝子、顺孙、义夫、节妇同籍者,皆免课役。"③实行孝道的人家在两汉可以得到荣誉,而晋唐间则可免除徭役。④免役是士族的标志,民人实行孝义就不仅是免役的优待,而且也是提高社会地位的阶梯,故而乐于响应政府号召,实践孝义。再一种内容是宣传君臣的父子关系,以宗法思想统治人民。汉章帝诏书讲:"盖人君者,视民如父母,有惨怛之忧,有忠和之教,匍匐之救。"⑤自比为民之父母,视百姓为子民,以此要求人民以孝亲的精神来忠于君主,对于臣民来说,行孝尽忠,则是保家保族的最好办法,如李延寿在《北史·孝行序》中所说,"诸侯卿大夫行之于国家,则永保其宗社,长守其禄位;匹夫匹妇行之于间阎,则播徽烈于当年,扬休名于千载"⑥。

综上所述,秦唐间家庭的特点,是家庭结构沿着小家庭的道路发展,而在官僚、世族、士族中不乏大家庭;家庭实行父家长制,但家长对子孙的处死权、出卖权有所削弱;诸子平均继承制确立,但对庶子则相当歧视。家庭在社会结构中与宗族、等级制及政权的关系最密切,它的变化受到世族、士族的发展的影响,受政策的制约,它同时也是影响社会风化、政局和社会变化的一种社会群体。

(四)社会组织

秦唐间的社会组织大增,国产的以及外来的宗教相继产生和兴旺,民间慈善性质的社团开始出现,带有政治色彩的官僚朋党屡次产生,人们的社会组织活动比先秦时代丰富。

————————

①《后汉书》卷3《肃宗孝章帝纪》,第1册第136页。

②《周书》卷7《宣帝纪》,第1册第116页。

③《新唐书》卷51《食货志》,第5册第1343页。

④ 唐长孺:《魏晋南北朝史论拾遗》,中华书局,1983年,第69页。

⑤《后汉书》卷3《肃宗孝章帝纪》,第1册第154页。

⑥《北史·孝行序》卷81,第9册第2825页。

1.佛教

佛教的传入应不迟于西汉,东汉三国时开始引起社会关注,南北朝、隋唐时代兴盛,虽然也有"三武"灭佛事件的发生,但却是佛教的黄金时期,信徒众多,狂热异常,宗教生活也丰富多采。

(1)寺院的兴建和信佛的众多

寺院初建于东汉宫中和宗王贵胄之家,汉桓帝宫中立黄老祠、浮屠祠,[①]楚王刘英"尚浮屠之仁祠""晚节更喜黄老;学为浮屠斋戒祭祀"。[②]南北朝时寺庙遍及南北各地,北魏一朝所建寺宇三万余座,僧尼超过二百万人。[③]是时"民多绝户,而为沙门"[④]。唐朝武则天、代宗、宪宗等倡扬佛教,至武宗会昌灭佛时,摧毁寺院四万四千多座,二十六万五千多僧尼还俗为民,释放寺院奴婢十五万,没收寺庙田地数千万顷。[⑤]这些数字不无夸张之嫌,但当时招提之多,僧衲之众则是事实。南北朝隋唐社会各阶层信奉佛教,使之成为具有广泛性的社会组织。

(2)寺院的组织结构

政府设有管理僧寺的职官,南北朝有僧正、道人统、沙门都统、僧统。寺院内部也有一套组织机构。如唐代有三纲制,即寺宇设有上座、寺主、都维那,[⑥]其下有维那等职事僧侣,下统僧尼。北魏寺院有奴隶"佛图户",系犯重罪之民人和官奴组成,供寺庙役使,并"营田输粟"。还有半贱民的僧祇户,向僧曹纳粟。[⑦]唐代寺家有奴婢,武宗释放十五万,可见它的众多。寺院由管理僧、僧众、奴婢组成,是一种等级结构,与世俗的等级结构相当。寺主拥有佛图户、僧祇户、奴婢是政府承认的,也给法定的特权。寺院结构的完善,表明这个社会组织的完全成熟。

(3)寺院的宗教活动与民众的结合

僧人的宗教生活多种多样,造像、做佛事是其中重要项目。名闻遐迩的云

---

① 《后汉书》卷 30 下《襄楷传》,第 4 册第 1082 页。

② 《后汉书》卷 42《楚王英传》,第 5 册第 1428 页。

③ 《魏书》卷 114《释老志》,第 8 册第 3048 页。

④ 《魏书》卷 53《李颙传》,第 4 册第 1177 页。

⑤ 《新唐书》卷 52《食货志》,第 5 册第 1631 页。

⑥ 《旧唐书》卷 43《职官志》,第 6 册第 1831 页。

⑦ 《魏书》卷 114《释老志》,第 8 册第 3037 页。

冈石窟、龙门石窟、千佛洞壁画都是中古遗物,它们是僧人和信士共同结合的产物,看今存那些造像的信士题名就可以知道了。在僧人的募化下,信士不惜花重金雕造巨型佛像,表达礼佛的心愿,企求菩萨的保佑。造像的同时,许多信士捐献财产,供养僧尼。北齐泗水人隽敬"舍田立寺,员员在善提,醺昧养僧"①,是经常出现的事情。举行法会往往哄动社会,使僧众与善男信女毕集。三国时笮融在徐州建造大庙,宣讲佛法,吸收僧俗听讲。当浴佛节来临,多设酒饭,在几十里内布席,吸引上万名信众的到来。②唐宪宗迎佛骨于大内供养,引起供养风潮;长安"王公士庶奔走舍施,唯恐在后,百姓有废业破产、烧顶灼臂而求供养者"③。寺院为礼佛,绘制佛像,需求甚众,于是印刷术首先使用在印制佛像上。唐代出现称作"经变"的说唱艺术,其内容主要有两方面,其一即是说唱佛家故事,供僧俗欣赏。佛教的群众性活动,使僧尼与信士及广大民众结合起来,成为僧俗的一项生活内容,虽然物质财富耗费很大,但丰富了人们的生活。同时这些活动也使寺院与社区密切联系起来。

(4)寺院与政权关系密切

佛教传入中国,自始就取得统治者的支持,汉明帝派蔡愔到印度求佛法开了先例,南北朝的君主信仰尤笃,梁武帝三次舍身同泰寺为最著名,陈武帝设无遮大会,亲自礼拜,并舍身大庄严寺。隋文帝晚年佛、道并崇,开皇二十年(600)下令,"沙门坏佛像,道士坏天尊者,以恶逆论"④,以律令的形式保护佛教、道教。唐朝帝王在崇道、崇佛中摇摆,然崇佛者颇多,与隋文帝一样保护佛教象征的佛像,法律订立"盗毁天尊、佛像"专条。⑤寺院僧众不纳赋税,又广有田产,招纳税民,与政府争夺人口和财富,加之意识形态的不同,从而不时引起一些帝王和崇奉儒学的官僚士人的不满,掀起反对的运动,其中北魏太武帝、北周武帝、唐武宗和后周世宗是政界代表,范缜、傅奕、韩愈是学界的代表。佛教是一种强大的社会力量,容易被人利用作为政治斗争的工具,有的沙门首领借以结交皇帝、政要,混迹统治集团,薛怀义可为典型;有的人以加入佛教为名,用它组织反抗队伍,如安定人侯子光(李子扬)建立龙兴政权,反对

① 陆增祥:《八琼室金石补正》卷21《乡老举孝义隽敬碑并维摩经刻》,第11页。
② 《三国志》卷49《刘繇传》,第5册1185页。
③ 《旧唐书》卷160《韩愈传》,第13册4198页。
④ 《隋书》卷2《高祖纪》,第1册第46页。
⑤ 《唐律疏议》卷19,第4册第423页。

后赵。①此为见于记载的最早借佛教之名、之力造反的。②还有官僚与教徒结合造反的，如前述范晔、孔熙先谋反，其重要成员有道人法略、尼姑法静。上述诸种情形，可知作为社会组织的佛教，也是一种政治力量，与政权有协调和矛盾两面性质，有时被人们利用为政治斗争工具。

佛教与道家是冤家对头，即将在下述的道教子目中说明。

2.道教

原始道教产生于东汉三国，而盛行于南北朝和隋唐，与佛教之传入、发展有同步进行之处。

(1)道教组织的出现与发展

前述汉桓帝在宫中设黄老祠，他又把襄楷所献的《太平青领书》(《太平经》)留于宫中，该书后来成为道教的主要经典，这是道教发轫期上层统治者所为。同时期民间出现道教原始组织，这就是张道陵(张陵)在蜀地建立的五斗米道，其子张衡夫妇传业，其孙张鲁在汉中设立"鬼道"(五斗米教)，初入道的信徒为"鬼卒"，道行增长的为"祭酒"，首领为"治头大祭酒"，建立义舍制度，供道徒及过往民众伙食。③巴郡有张修组织的"米道"(五斗米道)，有五斗米师、祭酒、祭酒主一套组织。④张鲁、张修在黄巾起义的形势下，发动当地反对汉朝斗争，后被曹操镇压。张陵被后世道家奉为创始人，他的门派后世为道教正宗。与张鲁同时活动的张角组织的太平道，"奉事黄老道"⑤，是原始道教的另一支派。东晋末至南北朝时期道教得到大发展，北魏太武帝灭佛的同时，崇信嵩山道士寇谦之，"崇奉天师，显扬新法，宣布天下，道业大行"，每月设厨会，数千人参加。⑥

至隋代，道教在五斗米道故地巴蜀盛行，《隋书·地理志》记载：梁州"崇重道教，犹有张鲁之风焉。每至五月十五日，必以酒食相馈，宾旅聚会，有甚于三元"⑦。唐代皇帝自称是老子后裔，笃信道教，高祖、高宗开其端，玄宗尤盛，并

---

① 《晋书》卷106《石季龙载记》，第9册第2767页。

② 参阅吕思勉：《两晋南北朝史》，下册第1514页

③ 常璩：《华阳国志》卷2《汉中志》。

④ 《后汉书》卷8《灵帝纪》及李贤注引刘艾《纪》，第1册第349页。

⑤ 《后汉书》卷71《皇甫嵩传》，第8册第2299页。

⑥ 《魏书》卷114《释老传》，第8册第3052页。

⑦ 《隋书·地理志》卷29，第3册第829页。

设崇玄学以教士,使得唐代成为道教的一个兴盛时代。特别值得注意的是南北朝时代的道教信仰者和支持者,有许多是士族人士。开创南天师道的庐山道士陆修静,出身于吴姓大士族。杜子恭传播五斗米道,为宗室司马元显所崇奉。琅玡王羲之一房"世奉张氏五斗米道"①。清河崔浩支持魏太武帝反佛崇道,与寇谦之关系密切。吴郡士族顾欢著《夷夏论》,倾向于道教。晚年生活在隋唐之际的道士王知远,琅玡士族出身,是茅山道的重要人物。有知识的道家注意天文历法,研究炼丹术和医药学。因此,道教具有中古知识界团体的某种性质。

(2)道教与政府的关系

道教与佛教一样是合法宗教,与统治者关系密切,从北魏太武帝之提倡、隋文帝的保护令即可知。但道教与统治者有较多的不协调的一面,在其初期就有太平道、五斗米道这样席卷全国的武装反抗运动。世奉五斗米道的孙泰、孙恩叔侄见东晋将亡,聚集徒众,"三吴士庶多从之"。东晋杀孙泰,而孙恩起兵占据会稽,众至数十万人,最后败亡。②自此之后,道教徒及利用道教作为工具反抗统治者的运动大为减少,也不成气候,不像佛教那样起事不断,这大约同道教的群众性不及佛教广泛有关。

(3)道、佛关系

道佛二教渊源不同,教义不同,且双方都要与统治者关系协调,因此产生矛盾斗争。佛教是外来宗教,道教利用国产的优势,攻击佛教为夷狄邪教,隋代做过道士的傅奕至唐初为太史令,上疏即以此为口实:"佛在西域,言妖路远,汉译胡书,恣其假托。"③韩愈说得更厉害:"佛本夷狄之人,与中国言语不通,衣服殊制,口不言先王之法言,身不服先王之法服,不知君臣之义,父子之情。"④韩愈谴责佛教的教义不讲忠孝,这是士大夫所不能容忍,在客观上符合道家反佛的愿望。佛教为争生存,逐渐懂得中国化的道理,至迟在唐代时承认忠孝之道,特别是孝道。于是在佛教讲唱文学中产生《大目乾连冥间救母变文》《二十四孝押座文》《孝子传》等宣扬孝道的文学,也出现了道纵、道丕之类

---

① 《晋书》卷80《王羲之传》,第8册第2631页。

② 《晋书》卷100《孙恩传》,第8册第2631页。

③ 《资治通鉴》卷191《唐纪七》,第13册第6001页。

④ 韩愈:《韩昌黎集》卷39《论佛骨表》。

的孝僧,以此取得了士大夫的认可,乐与僧侣交游,以及民众心甘情愿地信佛。佛教哲学比道教哲学系统,经过鸠摩罗什、玄奘等四大译经家的翻译,在华流传,加上它中国化的进展,使它击退了道教的进攻。佛道各自争取统治者的承认及合作,政府往往采取调节双方冲突的政策,同时予以保护。双方有时也妥协,如宋明帝把陆修静召到建康,为他设立崇虚馆,又让他与儒士、释家面谈,并到佛教的华严寺讲学。①他接受了,佛寺也同意了,他的行为才能成为现实。

总起来看,佛、道的斗竞,在隋朝以前旗鼓相当,唐朝斗争尤烈,唐高祖为稳定李家天下,认道家的祖师爷李耳为祖先,故崇道教;唐太宗佛道并重,但在次序上道先于佛;唐高宗崇道;武则天取代李氏王朝,不承认道教,推崇佛教;唐玄宗清除韦氏集团,恢复崇尚道教政策。道和佛的崇抑,与李、武家族政治相一致,被利用作政争的工具。当然,在这个过程中,道、佛也因而有势力的消长。作为社会组织的佛教、道教的社会功能可以说是两方面的,一是人们通过宗教丰富生活内容,得到信仰的寄托和文化娱乐;二是统治者和从政者藉以进行政治活动,为政治集团利益服务,从而使中古佛、道二教具有浓郁的政治色彩。

3.其他宗教

秦唐间民间社会还有土产的和外来的宗教组织,不过其规模、影响都无法与佛、道二教相比,可是也不能忽视。在中古的文献中常见有"妖贼"一词,如《后汉书·顺帝纪》阳嘉元年(132)三月条记载:"扬州六郡妖贼章河等寇四十九县。"②章河等造反是以宗教形式鼓动起来的,只是没有言明"妖"是哪种宗教或信仰,以至今日我们也不得而知。民间有许多神灵信仰和历史人物的崇拜。《三国志·武帝纪》说曹操任济南相时,"禁断淫祠",乃因当地把西汉清除吕氏集团有功的城阳王刘章当作神,为他建立祠宇多达六百余个。③这类土生宗教,信仰神灵多,演变快,不得详知。南北朝、隋唐时期有几个外来宗教需要一叙。

火祆教。即祆教,又称拜火教,为波斯人宗教,南北朝时传入中国,有人信

---

① 《九江府志》,转见中国道教协会研究室编《道教史资料》,上海古籍出版社,1991年,第115页。
② 《后汉书·顺帝纪》,第2册第260页。
③ 《三国志·武帝纪》,第1册第4页。

仰,萧梁时安成人刘敬宫"挟袄道,遂聚党攻郡"①,能利用袄教组织民众造反,可见信仰者不在少数。唐代两京及梁州均有袄教神庙。信奉者西域人和中原人皆有。洛阳袄庙由西域商人主持,祈福时杀猪宰羊,鼓笛伴奏,酣歌醉舞,表演魔术,并向观众施钱。②会昌灭佛时也予袄教以沉重打击,但它流传下来,至今为塔吉克族、维吾尔族所崇信,会举行拜火节活动。

景教。基督教一支,元时称也里可温教。贞观九年(635)传入中国,随即在长安建立教堂,收信徒二十一人。③随后向洛阳及各郡发展,建设寺宇,唐肃宗时在灵武等地立寺。教职人员景净于建中二年(781)在长安建立"景教流行中国碑",叙述景教在中国的历史。唐代其信徒不少,在会昌灭佛时也遭到打击。"景教流行中国碑"为后世研究基督教在中国的早期历史提供宝贵史料,历来为研治宗教史者所留意。

摩尼教。亦是波斯人所创,武则天延载元年(694)传入中国,在长安建寺。回纥人协助唐朝平定安史之乱,唐廷派摩尼教僧睿思等四人到回纥传教,回纥人得到允许在太原、洛阳等地建寺。灭佛的武宗强力打击摩尼教。该教主张二宗三际,即光明与黑暗斗争,使人寄希望于未来,故为贫苦人所崇信,因而在民间流传。五代时陈州毋乙、董乙进行反对后梁的战争,大约就是利用杂糅摩尼教和佛教的教义鼓动起来的。《旧五代史·梁末帝纪》记载:"陈州里俗之人,喜习左道,依浮图氏之教,自立一宗,号曰'上乘'。不食荤茹,诱化庸民,揉杂淫秽,宵聚昼散。"④其宗教活动方式更像摩尼教。它的影响在后世更大。

伊斯兰教。唐时传入中国,其教徒活动在东西二京及沿海城市扬州、泉州、广州,有一些中国信徒。它后来在回族、维吾尔族等少数民族中得到发展。

唐代实行开放政策,有利于外来宗教的传播,并使它们逐渐被中国人接受,改变了人民生活的一些面貌,丰富了中华文化。

4.民间互助团体

秦唐间民间自办互相团体正式出现,与官办性质的区分趋于明显。

---

① 《梁书》卷34《张缅传》,第2册第504页。

② 《太平广记》卷285,引《朝野佥载》。

③ 《唐会要》卷49《大秦寺》。

④ 《旧五代史·梁末帝纪》,第1册第144页。

（1）四邻结社

秦汉之间的社，仍如战国时代，里社、祭社合一。后来成为丞相的陈平，初为里社之宰，祭祀后分肉很平均，得到里人的称赞。[1]这个社以乡里为单位，以祭社神为重要使命。西汉中叶以后，民间自行组织的社出现了，当时叫作"私社"，据记载它是民间在三月、九月举行社的聚会，或者是十家、五家建立一个田社，而不是政府规定的 25 家为一社的社。因其为民间自发组织，与官府方针不合，汉元帝建昭五年(前 34)兖州刺史浩赏"禁民私所自立社"[2]。禁止不可能起多大作用，私社之后仍得到发展，唐朝出现邑会，高宗下诏禁止："春秋二社，本以祈农，如闻此外别为邑会。此后除二社外，不得聚集，有司严加禁止。"[3]事情到皇帝禁止的程度，必定是民间四邻结社在祭社之外又有发展。四邻结社的主要活动内容是祭社神，春秋两次集会祭祀。南北朝时社日，社民临时建屋于树下，先用牺牲祭神，然后分享胙肉。[4]祭祀时往往还有娱乐，奏乐唱歌，如《淮南子》所说："今夫穷鄙之社也，叩盆拊瓴，相和而歌，自以为乐矣。"[5]虽然乐器简陋，但人民自得其乐，这是社的一项功能。民众是达观的，在贫苦中也能找到生活的乐趣，建立组织就是实现这种快乐的手段。

（2）互助借贷社

汉代出现称作"僤"的社团，由里民共同出钱买田，里中父老管理，收入供其作办公用度，其下任之后由新任接管。[6]这是为应承职役而立的社团，具有互助功能。

（3）悲田养病坊

个人出于行善好义，给贫苦人一些帮助，赈济灾年，疫中施药，丧葬给棺，是社会常见的现象，所以政府有表彰义行的措施，如刘宋山阴人严世期救活里人张迈等人稚子，为宗亲严弘、乡人潘伯等十五人安葬，政府因而表其门"义行严氏之闾"，又免其徭役，蠲税十年。[7]严世期之类的活动是个人行动，并

① 《汉书》卷 40《陈平传》，第 7 册第 2038 页。

② 《汉书》卷 27 中之下《五行志》及注及张晏曰、臣瓒曰，第 5 册第 1413 页。

③ 《旧唐书》卷 5《高宗纪》，第 1 册第 98 页。

④ 《荆楚岁时记译注》，湖南人民出版社，1985 年，第 55 页。

⑤ 刘安等：《淮南子》，《诸子集成》本，第 7 册第 108 页。

⑥ 参阅黄士斌：《河南偃师县发现汉代买田约束石券》，《文物》1982 年第 12 期。

⑦ 《南史》卷 1《宋本纪上》，第 1 册第 1 页。

没有组织,不是经常性的社会慈善事业。然而随着佛教的发展,渐渐产生了慈善团体。

前面讲到北魏有僧祇户,该户每年向僧曹交纳粮谷六十斛,称为僧祇粟,到了荒年,"赈给饥民",这个民,不限僧尼,包括俗民。[①]这是政府赈济,因有专项收入,所以多少有一些保障。唐代有悲田养病坊,在两京和一些地方设置,大约是供养贫病僧尼的,武宗灭佛时,僧尼大量减少,就把没收的寺田给两京悲田养病坊各十顷,给诸州的各七顷,收入给老民。[②]这使出家人的慈善机构向平民的方面转化,到北宋衍化成福田院,成为专门救济老病穷民的组织。从僧祇粟到悲田养病坊,是慈善团体建立过程中的阶段。

5.朋党

官僚制度使人容易结党,人们或以政见,或以地域,或以学派,或以科举,可以结成团体。由于君主专制制度不允许结党,所以只能出现无形的团体。东汉的党锢之祸,唐代的南衙北司之争、牛李党争,都具有朋党性质。

党锢之祸。东汉出现外戚、宦官轮留专政的局面,皇帝多次利用宦官力量击败外戚干政力量。但是宦官不会理政,造成黑暗统治局面。世家大族出身的官僚和读书人,以特权等级的眼光,看待社会下层出身的刑余之人的宦官专擅,很不服气,并为了澄清政治,步调一致地与宦官集团作斗争,有时还和外戚联合。汉桓帝时官僚李膺、陈蕃,读书人范滂等与外戚窦武结合,形成一股政治势力,社会舆论称他们为"三君""八俊""八顾""八及""八厨",赞颂他们为人杰楷模。他们打击宦官势力,宦官张让等反扑,告他们结党诽谤朝廷:"养太学游士,交结诸郡生徒,更相驱驰,共为部党,诽谤朝廷,疑乱风俗。"[③]朝廷逮捕二百余人,于永康元年(167)放归乡里,禁锢终身,不许做官。这是第一次党锢之祸。次年灵帝继位,窦武重新启用李膺等人,密谋诛杀宦官,宦官先发制人,杀死李膺、范滂等一百多人,禁锢、迁徙数百人,这是第二次党锢之祸。从此东汉政权进一步被宦官集团控制,官僚集团的政治运动以失败而告终。李膺、陈蕃等人并没有建立政治团体,但他们政治目标相同,联合行动,可以视为中国历史上第一次大规模带有政治色彩的群体活动。

① 《魏书》卷114《释老传》,第8册第3037、3042页。
② 《新唐书》卷52《食货志》,第5册第1631页。
③ 《后汉书》卷67《党锢传》,第8册第2178页。

南衙北司之争。唐代宦官衙门在朝北,政府衙门在朝南,南衙北司之争是官僚集团与宦官集团的斗争。唐朝中叶起,宦官掌握禁军,参预机密政事,废立杀害皇帝,他们所率领的神策军,多由长安工商富家子弟组成,这些人从而得到做官的机会,破坏了等级制度对他们出仕的限制,与官僚特权集团发生利害冲突。皇帝本来想利用家奴遏制武人和朝臣,但宦竖坐大后,也想清除他们势力,这样官僚与皇帝就有了联合共制宦官的可能。官僚、太监各把自身看成是政治集团,互不相容,所谓"士大夫深疾宦官,事有小相涉,则共弃之"[1];宦官"益与朝士相恶","南北司如水火矣"。[2]在争斗中吃亏的是官僚和皇帝,如甘露之变,宰相李训及六七百官吏被宦官杀害。终唐之世,官僚集团没有翻过身来。

牛李党争。学术界对这场斗争的性质认识不一,或认为这是士庶之争,旧士族与科举集团之争,也有认为李德裕没有结党的,但牛僧孺结党是史学界共识,这个事实就能说明808年至859年官僚内部的斗争多少具有政治团体斗争的性质。唐代实行科举制后,科举入仕的官僚因出身的关系,相互以利害一致而联结,无形中形成了小团体,非科举出身的人因仕进门路减少,敌视科举官员,也容易结党;旧士族往往看不起科举出仕者,也会对他们发难。科举者与考官构成门生关系,同时中试者成了同年,关系密切,如李德裕所说:"国家设科取士,而附党背公,自为门生。"[3]牛僧孺与李宗闵"同年登进士第",又"同年登制科",[4]他们结党排斥非科举出身的李德裕,就可以理解了。李德裕不屑于科举,凭恩荫入仕,认为国家应改变政策,轻科举重门第,要求唐武宗"朝廷显官,公卿子弟为之"[5]。他因牛僧孺、李宗闵是同门生,更厌恶排斥他们。[6]如此看来,牛李党争,含有科举出身与非科举出身不同官僚集团斗争的性质,也表明这种政争的一个内容是对科举的态度。

以上几种政治斗争,或者说事件,历次双方皆未组成有形政党,那个时代也不可能出现政党。但从政者乃至太学生为共同利害,在认识上取得一致,于

① 《资治通鉴》卷250《唐纪六十六》,第9册第8093页。
② 《资治通鉴》卷249《唐纪六十七》,第9册第8055页。
③ 《新唐书》卷44《选举志》,第4册1169页。
④ 《旧唐书》卷176《李宗闵传》,第14册第4551页。
⑤ 《新唐书》卷44《选举志》,第4册1169页。
⑥ 参见《旧唐书》卷172《牛僧孺传》,第14册第4473页。

是公同结伙,有了统一行动,这就是朋党。这种事是历史上经常出现的,上述几个事件,可以说是显例。

四、君主专制中央集权后期宋元明清(鸦片战争前)社会结构

宋元明清时期地主所有制发展,商品经济较前活跃,君主专制中央集权进一步强化,影响着社会结构的变化。

(一)等级结构

我们看《水浒》人物的称谓很有意思,似乎与等级身份有关系,且先看名号:

以"哥"称呼:郓哥(乔姓)、唐二哥(牛儿)、张二哥(张顺)、李大哥(李逵)。

以"郎"相称:武大郎、武二郎(松)、宋三郎(江)、孔二郎(亮)、阮二郎(小二)、阮七郎(小七)、姚二郎(文卿,开银铺)、赵四郎(仲铭,开纸马铺)。

以"官"称呼:柴大官人(进)、郑大官人(屠)、西门大官人(庆)、李大官人(应)。

关于哥、郎、官的称谓及其社会意义,明朝人文献里多有说明。田艺衡的《留青日札》云"元时称人以郎、官、秀为等第"[1]。董谷在《碧里杂存》写道:"国初每县分人为五等,曰哥、畸、郎、官、秀,哥最下,秀最上。洪武初家给户由一纸,以此为等,而每等之中又各有等。"[2]看来在元朝和明初把人分为五等,哥户是最下等穷民,畸户大约是鳏寡孤独残缺不全的畸零户,郎是一般平民,官户、秀户为富裕户,有一定社会地位。以此观察《水浒》人物的名号就同这户等相一致了,所谓大哥、二哥、三郎、五郎,虽然也含有行几的意思,但更重要的是对其人户等身份的表达,就以李逵说,他行二,而人称大哥,乃因其处于"哥"的社会地位。有财势的李应、柴进之被称为大官人,实反映其户等。唐、宋皆有户等,为纳税、应职役的依据,不过元、明似乎身份化了,所以清初人汤廷尉《公余日录》讲明人称的"秀"为"故家右族,颖出之人;郎则微裔末流,群小之辈。人自分定,不相逾越"[3]。

---

① 田艺衡:《留青日札》卷35《沈万三秀》,丛书集成初编本,上海商务印书馆,1935—1940年。
② 董谷:《碧里杂存》卷上《沈万三秀》,丛书集成初编本,上海商务印书馆,1935—1940年。
③ 汤廷尉:《公余日录》,见王应奎:《柳南随笔》卷5,中华书局,1983年,第91页。

五等户也还没有反映元代明代民人身份的复杂情况。明朝户口制度将民人分为军、民、匠、灶四籍，实际还要更细致，以浙江新昌县为例，万历六年(1578)户籍登记，将民人分为军户、民户、官户、生员户、水马驿站户、各色人匠户、捕户、僧户、医户、阴阳户，乐户 11 种，[①]同时期该县所在的绍兴府，除上述户类之外，还有灶户、力士校尉户、弓兵铺户、皂隶户、僧户、道户、尉户、厨户、外府县寄庄户、杂役户、纸槽户、儒户、窑冶户 12 种。[②]绍兴—府多达 23 种人，其中从特权等级到贱民均有。

对于宋清间人们的分类情况，先有这类形象化的概念，就可以进入等级的分析了。

1.皇帝

由于中央集权在秦唐时代的基础上进一步强化，皇权还在加强，其内容之一是继续削弱相权和分散地方长官的权力，使皇帝成为国家元首和政府首脑。它经历了两个阶段，即宋代的分散相权和明清的取消丞相。宋朝承唐制设中书、门下、尚书三省，但不予实权，而别设禁中中书，与枢密院分理政务、军务，另设三司掌管财政，于是政、军、财三权分立，宰相无统理之权。更为甚者，三省长官虽有宰臣之名，但不能任事，如尚书省"仆射、尚书、丞、郎、员外，居其官不知其职者，十常八九"[③]。主事的是临事差遣官员，不可能利用职权与皇帝分庭抗礼。三省制名存实亡，宰相权名存而实削，明初干脆废除丞相制，提升六部，使六部尚书直接对皇帝负责。在元代尚书为三品衔，与路总管府相同，比正一品的行中书省长官小得多。提高尚书地位，使各部门官员分别受皇帝直接指挥，而不要中间隔着宰相。后来内阁制形成，大学士有"票拟"权，也即处理政事的建议权，不成其为宰相。天下庶务皆皇帝总理，使他身兼国家元首和政府首脑二任。大学士由顾问而成为政府的名义主管，清朝皇帝对此尚耿耿于怀，增设军机处，参议皇帝对政事的处决，传发皇帝的一部分命令，又剥夺了大学士的部分参议权和行政权，于是大学士、军机大臣都成了皇帝的秘书，大学士连宰相的影子都几乎消失了。

自宋朝用文臣知州事，地方官由文官担任，历经明、清而不改，而文官中

---

① 万历《新昌县志》卷 4《风俗》。

② 乾隆《绍兴府志》卷 13《户口》，引万历府志。

③ 《宋史》卷 16《职官志》，第 12 册第 3768 页。

央易于控制。宋朝各路分设转运使、提刑司检法官,分管财政、司法,互不统属。州设知州、通判,具有对等权。元朝诸路总管府设达鲁花赤、总管各一员,皆正三品。明代行省设三司——布政司、按察司、都指挥司,分管政、刑、军三务,为并列衙门,互无统属,皆对中央负责。地方主官的并立,使他们互相牵制,无法集中权力对抗中央。地方官任命,由吏部负责,皇帝认可,乃至清代知县上任,都要面见皇帝("引见"),聆听训谕。官员完全秉命于皇帝,成为皇权实施的工具。

皇权加强的同时是皇帝广置私人财产。辽朝皇帝、皇后、太后有宫卫,即有直属的州县、部族,管辖的奴婢二十余万户。[1]北宋宫中有"稻田务",有田三万余顷。[2]元代有皇后食邑。明代另设皇庄、皇店、太后庄。清代有内务府庄田。皇帝财产的增加是"率土之滨,莫非王土"的理论实践,表示皇帝的权威。辽朝天子之有宫卫,就是这种意思。皇帝富有四海,还要开拓私产,与民争利,破坏了他的神圣形象。

皇权进一步强化的一个标志,是宦官在政治上的作用加强。废除丞相制,皇帝一身二任,忙不过来,又觉得家奴可信,于是重用宦官。明代在东汉、唐朝之后,又一次出现宦官擅权这个问题,就是这种原因造成的。但是它比前两次更严重,更体现出制度化的因素。东汉宦官掌权是利用童昏之君的机会,偶然性的因素多一些;唐朝宦官监军,又掌握枢密院,因而得以作祟,擅自废立杀戮君主;明代宦官拥有"批红"权,比东汉宦官的"口含天宪,出入王命"是制度化了,得以名正言顺地与内阁的"票拟"对峙,可否决内阁的建议,所以主管批红的司礼监太监地位就凌驾在大学士之上了。乃至于朝臣见太监下跪,自称干儿。因此太监之权就是不可克服的,朝臣无法反对,其实质是它体现了皇权。清朝实行内务府制度,内务府大臣由官员兼充,且不能久任,太监因而失去了专擅的机会。

到了明清时代,特别是清朝前期,一切权力归皇帝,皇权达到登峰造极的地步,无法再加大了,事物发展到这一地步,等着它的,只有衰弱、灭亡的命运了。

---

[1] 《辽史》卷31《营卫志》,第2册第362页。
[2] 《宋史》卷174《赋税》,第13册第4212页。

2.贵族

贵族由宗室贵族、异姓贵族和衍圣公孔府贵族三部分组成。贵族势力没有沿着隋唐时代的削弱方向发展下去,而是在一定范围内有所回升。

(1)宗室贵族

宋代宗室享有爵禄之赐,但不理民政,《宋史》就其夹辅王室的作用,说它"名存实亡,无补于事",但因"恒产丰约,去士庶之家无甚相远者"。[①]宗室贵族的政治作用体现在辽、金、元、清少数民族王朝和明朝初年及末季。辽、金、元、清四朝兴起于离部落制不远的时代,建政时保留宗族制的东西比较多,重视宗室的作用。辽朝宗室由太祖后裔的横帐房,太祖两个伯父后裔的孟父房、仲父房,太祖诸弟后裔的季父房四部分组成。他们接受封爵、食邑,领有头下军州,管理部民、奴婢,具有领主身份,但它多设在黄河流域部分地区和契丹故地,不影响全辽地主制性质。元代宗王出镇,宗室贵族兼有领主和食禄的性质。清代宗室贵族受封爵,有庄田,没有领地,无领主贵族性质,可是有参政权,是清初议政王大臣会议的主要成员,后来充任军机大臣,政治作用较大。明太祖分封诸子为王,有军队,管理藩地部分民事,具有领主贵族性质,但很快出现削藩和靖难事件。此后宗王之藩而不临民,唯领藩禄,不能出仕,完全成为寄生贵族。由于他们散在各地,在明清之际的抗清斗争中被各派力量利用,出现福王、唐王、桂王等明藩政权。辽清间宗室贵族时或具有领主性质,政治作用大,是历史的倒退。

(2)异姓贵族

包括外戚和各代开国功臣受封的家族。元朝的四杰木华黎、博尔术、博尔忽、赤老温家族,明代的六国公廿八侯,清代的吴耿尚三藩。其中辽代的后族述律氏由于和皇室世代通婚,势力渊远流长。辽代异姓亦多头下军州,有领主性质。明清异姓贵族政治上不起多大作用。他们有免赋、司法、荫子等方面特权,还是相沿前期旧制。

(3)孔府贵族

孔子本人在汉代被尊为素王,封为宣尼公,宋代被尊为至圣文宣王,清代更被尊为大成至圣先师。他的后人汉封为褒成侯,食邑二千户,至宋代被封衍圣公,延续至清朝。衍圣公于明代得祭田二千顷,拥有钦拨庙户、佃户、工匠、

---

① 《宋史》卷 244《宗室传》,第 25 册第 8665 页。

仆役、礼生、乐舞生，均得到政府免差徭的优待，府庙属官及孔姓族人也得优免差役。至清朝规定，曲阜县令由孔氏族人担任。孔府在北京有赐第，遇国家大典，得进京朝贺。孔府有一套管理机构，设立百户、管勾、司乐、典籍、知印、掌书等六厅管理属人、钱财和对外联系事务，有点像朝廷机构，比宗王府还要完备。①孔府衍圣公是历史上，特别是宋代以来唯一的奕世绵延的贵族，是其他任何贵族所不能企及的，它拥有多种特权，但是参与政治权则不多。

3.官僚

平民进入官僚集团的增多，官僚特权明显，队伍庞大，贪婪酷虐，为宋清间官僚等级的特点。

(1)官僚来源的拓宽

少数民族政权下，契丹、女真、蒙古、满洲人大量进入政界。究其进身之阶，平民因功跻身政坛的不少。唐代科举制确立后，科举出身的人成为官僚的主要来源，明代尤为显著。皇帝规定，科举出身者为正途，他则异途，异途不得任主官，于是高官多来自科举。在科举中，金、元、清注意吸收女真、蒙古、色目、满洲人入仕。这个时期买官入仕也是经常现象。辽朝富民要做官，交纳牛驼十头、马百匹即可。②金朝多次下诏，"许富民入粟补官"。官员能招徕纳粟者还可以升迁。③元代任官制度较滥，"入粟者以赀进，至工匠皆入班资，而舆隶亦跻流品"④。明代也有类似情形，纳银四十两可以得到冠带，称"义官"，皂隶、奴仆、乞丐，都可以冒滥捐纳，往往能得到差遣。这种纳赀者为数不少，仅1481—1488 年的八年间，苏州长洲一县即有近三百人。⑤清代捐纳事例频兴，有钱者可以捐至郎中、道员，本来说是为"搜罗异途人才，补科目所不及"，实际上"名器不尊，登进乃滥，仕途因之殽杂矣"。⑥士族制破坏后，结束士族垄断官位的局面，有钱的人得以进入官场。官僚出身的成分降低了。

(2)官户及其特权

前面讲过唐代有官户，系为贱民，金代也有官户，也指奴婢，然而前引《新

---

① 参阅何龄修等：《封建贵族大地主的典型——孔府研究》第一章，中国社会科学出版社，1981 年。

② 《辽史》卷 116《国语解》，第 5 册第 1596 页。

③ 《金史》卷 50《食货志》，第 4 册第 1124 页。

④ 《元史》卷 81《选举志》，第 7 册第 2016 页。

⑤ 张岱：《寓圃杂记》，中华书局，1984 年，第 40 页。

⑥ 《清史稿》卷 112《捐纳》，第 12 册第 3233 页。

昌县志》之官户则为官宦之户。官户的这种含意在宋朝就出现了,宋人所讲的官户,是品官之家,为九品以上官的家庭称谓,九品以下官不在其内,[①]所以官户就是官僚等级的代称。

此时期官僚优免权比中世明确。依官品大小免田赋差科:一品免百顷,每小一品递减十顷,至九品为十顷,此外的田业,"并同编户差科"[②]。明代免除赋役的规定是:京官一品,免粮 30 石,人丁 30 丁;二品,免粮 24 石,人丁 24 丁;以下递减至九品免粮 6 石,人丁 6 丁。[③]清初略同于明代,其后改制,优免人丁大为减少。官僚在司法上除了有"八议"上的有关权力,其在诉讼上的优待是司法衙门不得自行决定对他们拘留提审,须先报告皇帝,革职后才能拿问,拟出处断意见,皇帝复审后方可判决。[④]以此表明他们的特权身份。其他恩荫特权基本同于中世,不必重复叙述。

官僚有俸禄,宋代非常优厚,是养官政策的表现,而明清时代又异常菲薄。因此赵翼在《廿二史札记》中写出《宋制禄之厚》与《明官俸最薄》二条进行对比。[⑤]明清官僚税外加征耗羡,清朝政府将耗羡银归公,向官员发放养廉银,但官僚仍然大肆贪赃枉法,吏治败坏,百姓遭殃。

官僚的法外之权,事实上是存在的,而且不少,如强占平民田房产业,接受投充。真是"富者有赀可以买田,贵者有力可以占田"[⑥]。

中古士族制盛行时,官僚与士族几乎为一体,皇帝依靠官僚就等于依靠士族,基础雄厚;宋以后地主制流行,官僚来自广大平民,皇帝不可能给平民以特殊优惠政策,只能依靠官僚了,但是统治者对此有个认识过程。宋神宗要变法,遭到一些官僚的反对,他说:"更张法制,于士大夫诚多不悦,然于百姓何所不便?"宰相文彦博回答说:"为与士大夫治天下,非与百姓治天下也。"[⑦]认识得非常明确,与皇帝共治天下的是士大夫,也就是官僚,而不是平民百

---

① 参阅王曾瑜:《宋代阶级结构概述》,《社会科学战线》1979 年第 4 期;《名公书判清明集》, 中华书局,1987 年,上册第 44 页。

② 《宋史》卷 173《食货志》,第 13 册第 4169 页。

③ 万历《明会典》卷 20。

④ 《大清律例增修统纂集成》卷 4《名例律》。

⑤ 赵翼:《廿二史札记》,中华书局,1984 年,下册第 533、750 页。

⑥ 《文献通考》卷 2《田赋》,上册第 43 页。

⑦ 《续资治通鉴长编》卷 221,熙宁四年三月戊子条。

姓。皇帝终于懂得他应当专心一意依靠和利用官僚,于是扩大机构,大养官僚,给予优厚特权和经济待遇。对于他们的贪赃枉法,睁一目闭一眼,以维持官僚队伍的稳定。从而造成国家机器臃肿,官员队伍庞大,官僚贪污腐败,成为社会机体的毒瘤。

4.绅士

绅衿是在中古弟子员、科举出仕和官僚制度结合基础上发展起来的等级,而且其势头不减,成为影响社会、特别是社区社会的重要力量。

(1)绅士及其大量出现

清代河南巡抚田文镜说:"绅为一邑之望,士为四民之首。在绅士与州县,既不若农工商贾势分悬殊,不敢往来;而州县与绅士,亦不若院道、司府体统尊严,不轻晋接。"①他的话有三重含义,一是绅、士有区别,但又基本上是一种社会地位;二是绅士有特殊地位,与地方官几乎是敌体,不像院道、司府的统属主从关系;三是绅士是地方社会力量。

绅,又称缙绅,系致仕官僚及临时在籍侍亲、守制官员,革职回乡的官员不在其列。

士,又称衿士,是科举中有功名的人,即举人、贡生、秀才、监生,进士未出仕者亦为此中人。

科举制的实行,造就了一批衿士。元代科举制实行得最不好,可是元世祖时有儒户3890户,北方儒户占总户数0.17%,南方比例较北方高得多,为0.56%。②明清时期生衿多,明朝正德年间,仅廪膳生员即有三万五千八百余人。③清代每届大比之年,参加乡试者集中省会,众达数千,这些都是有了诸生功名的人。安徽全椒县在康熙间有人丁20290丁,其中乡绅、举人、贡监生员372丁,④占总丁数1.8%,比元代的南方高出三倍。同时期浙江会稽政府向民间征丁银3317两,免征绅衿优免银1472两,⑤绅衿免征部分占应征总额的32.5%,几乎三人中就有一个是绅衿,绅衿不会占到这么大的比重,但人数多

① 《钦颁州县事宜·圣谕条列事宜·待绅士》。
② 陈得芝:《从"九儒十丐"看元代儒士地位》,《光明日报》1986年6月18日。
③ 陈洪谟:《继世纪闻》卷5,中华书局,1985年,第107页。
④ 康熙《全椒县志》卷5《户口》。
⑤ 康熙《会稽县志》卷11《田赋》。

是可以想见的。绅衿成为庞大的社会阶层。

(2)绅衿特权

衿士有免除本身徭役甚至家庭徭役的权力，宋朝规定："州县学生曾经公、私试者复其身，内舍免户役，上舍仍免借借如官户法。"[1]元代通文学的儒户，"并免其徭役"[2]。明代最优惠，"监生、举人、生员各免粮二石，人丁二丁"[3]。清代通常是优免衿士本身丁银。

缙绅的优免。明朝规定以礼致仕的优免是在职官员的十分之七，一般闲住的优免为在职官的十分之五。[4]清朝缙绅的优待差很多，只优免其本身，且限制其把他人列入户下以图优免，所以条例规定："绅衿优免本身丁银外，倘借应滥以子孙族户冒入者，该地方官查出，生监申革，职官题奏。"[5]

绅衿在司法上也有特权。衿士涉讼，地方官要题请学政，先革退其功名，然后才可以提审。一般性诉讼，他们可以命家人出厅经理。

(3)绅衿是地方社会势力，绅权是一种地方权威

绅衿在地方上欺凌平民，强夺田房人畜，接受投充，扩充财力；包揽词讼，颠倒黑白，鱼肉乡民。这些事以明代最为严重，明人吕坤说缙绅"增家邦陵夺劳费之忧，开士民奢靡浮薄之俗。然则乡有缙绅，乡之殃也，风教之蠹也"[6]。缙绅为恶，引起民愤。明代后期松江平民群起反对为恶乡里的南京礼部尚书董其昌，先发传单，喊出"若要柴米强，先杀董其昌"的呼声，继而烧其房屋。[7]可见平民与缙绅对立的严重。

绅衿是地方公共事业的主持人。宋代以后，尤其是明清时期，地方上普遍出现团体和公益事业，如社仓、善堂，它们多由绅衿出面组建，往往是缙绅为董事，诸生为经理人。

绅衿有地方势力，地方官深知要同他们搞好关系，借重他们治理地方，并

---

① 《宋史》卷157《选举志》，第11册第3663页。
② 《元史》卷9《世祖纪》，第1册第181页。
③ 万历《明会典》卷20。
④ 万历《明会典》卷20。
⑤ 雍正《吏部则例·处分则例》卷18《户口·冒滥优免丁银》。
⑥ 吕坤：《呻吟语》卷4《教化》。
⑦ 《民抄董宦事实》，《中国内乱外祸历史丛书》本。

谋取良好官声。实际上却害怕他们,讨好他们,所以清朝人说:"地方有司则平日奉缙绅如父母,事缙绅若天帝,方依之以保官爵求荐剡者也,安敢撩虎须哉! 故宁得罪于百姓,不敢得罪于缙绅。"①地方上的事务,知县要同绅衿商议后实行:"邑有大事,邑令集士大夫……考询得失,定而后行。……巨室势重,意谕色授,令鲜专决之政。"②官、绅结合,有纵容绅衿把持地方不好的一面,但君主专制时代没有民治,绅衿预政,也多少有一点邑人参预本地政事的味道,倒有一点新的社会因素。

绅士主要出现在明清社会,其中缙绅比衿士地位略高。他们结为一体,成为地方的支配力量,协助政府维持社会秩序,发展地方文化和公益事业,这是与政府一致的方面,得到政府给予的特权和尊重;另一方面,他们可以鱼肉平民,同当地民众发生纷争,且为法律所不容,因此同政府也有矛盾,有时受到打击。到清代由于特权减少,衿士时有反抗活动,绅衿抗粮事件频出。但总起来看,绅士是一种地方力量,是国家控制基层社会的帮手。

5.平民

和中古一样,此时期平民成分复杂,变化较多,地位有上升之趋向。

(1)庶民地主

在土地买卖盛行的情况下,贵族官僚兼并耕地之外,庶民地主占有土地。每个王朝统治时间稍长后,就会出现一批庶民大地主,拥有大量田土。南宋殿中侍御史谢方叔讲:"豪强兼并之患,至今日而极。"③元成宗对台臣说:"朕闻江南富户侵占民田,以至贫者流离转徙。"武宗时平章约苏说江南有民人,"蔽占王民奴使之者,动逾千百家,有多至万家者,其力可知"④。明代中后期有人说:"贪绅豪民,富商大贾,求田问舍而无底止。"⑤清乾隆初年礼部侍郎方苞讲:"约计州县田亩,百姓所自有者,不过十之二三,余皆绅衿富贾之产。"⑥各人所说富民占有土地之巨,或许有些夸张,但庶民中不乏大地主则是事实。

---

① 《昆山贡生沈悫呈控徐乾学一门贪残昆邑状附条陈》,中国第一历史档案馆编:《清代档案史料丛编》第5辑,中华书局,1980年,第40页。

② 光绪《昆新两县续修合志稿》,卷1《风俗》。

③ 《宋史》卷173《食货志》,第13册第4179页。

④ 《续文献通考》卷1《田赋》,万有文库本。

⑤ 刘同升:《限田均民议》,见《古今图书集成·经济编·食货典》卷61。

⑥ 方苞:《方望溪先生余集·集外文》卷1《请定经制折子》,万有文库本。

106

庶民地主有职役的负担，充当衙前、里正、粮长、里甲。宋、明实行富人充任职役的制度。宋朝一般将农村主户分为五等，头等户是占有三顷至一百顷耕地的大地主，二、三等户是中小地主，由这三等户充当职役。职役有主管官物的衙前、课督赋役的里正、户长、乡书手，逐捕盗贼的耆长、弓手、壮丁，供州县官使令的承符、人力、手力、散从官，以及州曹、县曹孔目、押录、虞候等。[①]其中里长用一等户，户长用二等户，[②]弓手用二等户以上，散从官用三等户以上。衙前是从里长中拣充，当然既任衙前就不兼充里正。充当职役的人家本来就有钱财，一经职役在身，又有一定的权势，成为"形势户"，他们没有法定的特权，但是实际上能够免除徭役，以至自耕农为逃避赋役投靠形势户。他们的田亩税也以职役而谋图免纳，如宋初阆州"职役户负恃形势，输租违期"，因为这种现象普遍，州官为形势户单独立册，以便督责。[③]但职役户本身的负担也不轻松，如衙前要到中央输送本州县税钱，路费自行负责，到京城主管官吏故意不收，以便勒索贿赂，这样很容易出现倾家荡产的情形，因此并州知州韩琦说："州县生民之苦，无重于里正、衙前。"[④]在这种情形下，富户就希望减少人口，分散家产，以降低户等，免充职役，三司使韩绛说的就是这种现实："江南有嫁其祖母及与母析居以避役者，又有鬻田减其户等者。"[⑤]这种情形令职役制无法实行，王安石变法包含解决这一社会问题的政策。

明代里长制，选择丁、田多的人家当里长，中产之家充当的甲首，排定民户服徭役的时间和秩序。明朝规定，每纳粮一万石左右的地方设为一个粮区，地方官选派田地多的民户充当粮长，由粮长催收和缴纳税粮，[⑥]粮长在地方官委派的官员带领下把税粮送到京师。但是明代粮长、里甲和宋代衙前、里正一样没有法定持权，也有赔累的问题，这种制度难于维持，到实行一条鞭法时废除。

职役制是政府希图依靠富户为统治基础，保证赋役的征收，这就是明太祖说的实行粮长制的原因："教田多的大户管着粮少的小户。"[⑦]然而政府又不

---

① 《宋书》卷177《食货志》，第13册第4395页。
② 《宋书》卷177《食货志》，第13册第4296页。
③ 《续资治通鉴长编》，开宝四年正月辛亥条。
④ 《宋史》卷177《食货志》，第13册第2497页。
⑤ 《宋史》卷173《食货志》，第13册第2498页。
⑥ 《明宗录·太祖朝》卷68，洪武四年九月丁丑条。
⑦ 《大诰续编·水灾不及赈济》第86。

给他们特权,势必造成两种情况,一是担任职役的人为非作歹,中饱钱粮,反使政府赋役收不上来,且民怨沸腾,与政府的治理愿望背道而驰;另一方面使奉法的职役者由富变穷,无法供役。职役制实行是政府处理其与田主富户关系的办法,寻找两者结合的方式。承担职役的富户因无法定特权,仍属于平民,但由于职役在身,成为形势户,是平民的上层。庶民地主读书出仕机会比中古增多,南宋人许克昌说:"细家中人衣食才足,喜教子弟以读书,秀民才士,往往起家为达官。"①

(2)自耕农

宋代农村主户中的第四、五等户,就是自耕农、半自耕,他们人口众多,宋人张方平说:"逐县五等户版簿,中等以上户五分之一,第四等、五等常及十之九。"②辽代契丹区的中户、汉区的农户,相当部分是自耕农。元代的哈剌出,也多是自耕农。明初实行招抚流亡、奖励垦荒政策,特别是移民垦荒政策,产生大量自耕农。每一个朝代的中后期土地兼并的结果,是田归富室,自耕农大量减少。从宋代到清代自耕农在农户中的比重逐渐下降,到清代大约占比30%~40%,③不过仍然是不小的数字。自耕农作为平民,有读书出仕的权利,在科举制盛行之后,这种机会增多,确有一些人进入有功名的特权阶层。自耕农是赋役的重要负担者,诗歌里许多赋役之苦的描写都是反映他们的疾苦。他们本来与地主没有直接关系,但形势户往往将赋役负担转嫁给自耕农,如《辽史·食货志》所载:资产饶裕的富户"善避徭役,遗害贫民"④。所以自耕农与政府、势豪地主两方面都有矛盾。

(3)平民佃农

宋清间的佃农社会地位变化比较大,除了少数佃仆,广大佃农成了平民,有读书出仕的权利。

佃农与地主的关系,需要从多方面作分析:契约关系、司法关系、租佃关系的维护。

①关于地主对佃农的人身控制权。佃农可否放弃佃耕离开地主,这种权

---

① 嘉庆《松江府志》卷30《学校》,《风俗》。
② 《续资治通鉴长编》卷131,庆历元年二月辛丑条。
③ 参阅冯尔康:《清代自耕农与地主对土地的占有》,见《郑天挺纪念论文集》,中华书局,1990年。
④ 《辽史·食货志》卷59,第3册第926页。

力的有无,鲜明地反映出佃农在与地主关系中的社会地位。宋仁宗天圣五年(1027)以前,地主不允许佃农弃佃移徙,或改为其他地主的佃户。宋仁宗于这一年下令取消地主这种束缚佃农人身的权力, 诏书说:"旧条私下分田客,非时不得起移,如主人发遣,给与凭由,方许别住。多被主人抑勒,不放起移。自今后佃户起移,更不取主人凭由。"①这样佃农在一年农事完毕之后,可以离开地主,不受其约束。宋光宗开禧元年(1205)政府更规定地主不得奴役佃户妻女:"诸凡为佃户者,计役其身,而毋得及其家属妇女皆充役作。""凡为客户身故,而其妻愿改嫁者听其自便,凡为客户之女听其自行聘嫁。"②又一次重申不许抑勒佃户的政策,说明这个法令在执行中有障碍,遇到地主的阻挠,不愿丧失对佃户的人身控制权。到元世祖至元十九年(1282),继续两宋的政策,禁止地主控制佃农的人身权利,理由是佃农是良民,应当有平民的地位:"所谓地客,即系良民,主家科派,其害甚于官司差发,若地客生男便供奴役,若有女子便为婢使,或为妻妾,今后合无得将前项地客户计取勘实数,禁治主家科派使令,地客与无税民户一体当差,实为官民两便。"③宋元两代强力禁止地主对佃客的人身控制,将佃农视作政府编民,虽然他们不须交纳田税,但对国家有力役负担,是把佃农从地主控制下解脱出来。到明清时代不再见有关法令,显然这一问题已基本不存在了。明朝对于地主、佃农间的关系,明确规定为:"佃见田主,不论齿序,并以少事长之礼。"④即佃户把田主视作兄长。在这种宗法性关系里,主佃关系是少长关系,地主虽仍处于优越地位,但绝不是主从关系,表明佃农与地主基本上处于对等的地位。从法令上看,明清时代主佃关系已基本上是平人间的关系。

②司法中的主佃关系。宋神宗时规定主佃相犯,地主杀佃客,减一等发配邻州,不抵罪,宋高宗时又减一等,止配本州。⑤若"佃客犯主,加凡人一等"⑥。

---

①《宋会要辑稿·食货——农田杂录》,中华书局本,第 121 册第 4813 页,并见《食货志》卷 63,第 155 册第 6075 页。

②《宋会要辑稿·食货》卷 69,第 6363 页。

③《大元国朝圣政典章》卷 57《刑部十九·禁典雇》,第 19 册第 12 页。

④《明实录·太祖朝》卷 73,洪武五年五月。

⑤《建炎以来系年要录》卷 75,绍兴四年四月。

⑥《续资治通鉴长编》卷 445。

"佃客奸主",不论主家是官户还是民户,加二等治罪。①可见宋代主佃双方在司法上严重不平等。元代亦然,地主打死佃客,不判死刑,罚出烧埋银。大德六年(1302)有官员对此提出异议,认为"若以前例杖断追烧埋银,似启势豪兼并之家妄杀无辜佃客之门,垂历代杀人无赦之禁",要求改定律例,但是元朝政府认为"地主殴杀佃客,其情轻重不同,难拟一体定拟"②,没有改定律例的诚意。这种不平等的状况,在明清时代改变了,清代的刑法案例表明,主佃相犯按平人论,地主打死佃农要偿命,非法殴打也要处分:若官绅地主私自责打佃农,革去功名,像凡人之间私刑拷打一样杖八十;若将佃户妻女占为婢妾,革去衣顶职衔,处以绞监候的刑罚。③对官绅如此,庶民地主更不能宽免了。明清时代,佃农与地主在法律上趋于平等的地位。

③契约关系。佃农租种田主土地。需要订立契约,把双方的租佃内容、人身关系明确起来。大约在宋元时期,所立契约,反映地主奴役佃农的内容较多,是地主强迫佃农立契,如元代地主傅汝明因"所招佃客李小三不送文字,用捧打伤身死"④。这种契约对佃农不利,人身依附性强。而明清时期的租佃契约多半规定纳租方式和数量,人身依附的内容大为减少,甚或无有,反映这个时期基本平等的主佃关系。主佃订立契约,说明地主不能像中古那样控制依附民,需要用一纸文书确定双方在农业生产中的关系。有契约本身就是一种社会进步,而明清时代的内容又比宋元时期对佃农有利,契约关系是佃农平民化的过程和标志。⑤

佃仆仍然处于半农奴地位。宋元时期相当部分佃农是佃仆,明清时代也有一些,不过清代已经很少。如宋代川陕的佃客叫"旁户",被主家"使之如奴隶",他们隶属于主家,不入官籍。他们因为地位低,要反抗,成为李顺暴动的基干力量。⑥宋元时代的"随田佃客",地主土地买卖立契私自将佃农家口写

---

① 《庆元条法事类》卷80《诸色犯奸》。

② 《元典章》卷42《刑部·主户打死佃客》。

③ 光绪《大清会典事例》卷100《吏部·擅责佃户》,卷809《刑部·刑律斗殴》。

④ 《元典章》卷42《刑部四·主户打死客户》,第15册第25页。

⑤ 参阅杨国宜:《南宋大地主土地所有制的发展》,《史学月刊》1959年第9期;邓拓:《论中国历史的几个问题·中国封建社会农业生产关系的变化》,第130页;傅衣凌:《明清农村社会经济》,生活·读书·新知三联书店,1961年,第71页。

⑥ 《宋史》卷304《刘师道传》,第29册第10064页。

入,转移给新地主。①"主户生杀,视佃户不若草芥"的那种佃农,②依附关系之强烈不言自明。明清时代的投充农民,被迫投靠地主为佃户,受主人人身控制。佃仆不得读书出仕,是半贱民,与平民的佃农不同,这里叙述佃仆,意在说明佃农没有完全成为平民,其中仍有一部分依附民。

总之,随着地主土地所有制与生产关系的局部变化,佃农逐步平民化。大部分佃农由宋元时代的佃仆转化为明清时代的平民。历史好像是在开玩笑,从秦汉时代的自由农,变为中古的依附农,到明清时期终于又成为平民佃农。这种否定之否定是一种历史的进步,因为古代历史经历了带有领主性质的贵族士族地主制进入庶民地主制的变化,佃农所享有的社会权利实际增多了。

④平民佣工

佣工有从事农业劳动的,也有进行手工业、商业活动的,多食宿于主家,经济地位不如佃农,更被社会所歧视。明朝人的观念"尤贱工作"③,即贱视佣工。芜湖人把这种人称作"二汉子",意思是"贱男子"。④观念如此,但宋清间的佣工与佃农一样,经历平民化过程而成为良民。

佣工应雇自由。雇工分长工、短工,"富农倩佣耕,或长工,或短工"⑤。"农无田者为人佣耕,曰长工;农月暂佣身,曰忙工。"⑥应雇多立文书给雇主,写明工期、工价及保证勤谨干活,损失东家器皿赔偿。⑦早在宋代,工商业雇工要有牙人为中介,"凡觅倩人力及干当人俱各有行老人引领"⑧。这种雇佣状况,表明雇工有应雇与否的主动权,主家不能逼勒他们终身服役。忙工、短工本来是适应雇主农忙时需要的,季节过后他们想留在主人家也不可能。长工到工期,东伙双方愿意的话可以续约,否则长工辞去。《说梦》讲到明代浙江雇佣情况:"贫人不肯鬻身,富贵之家,惟惟雇作,期满则酬直而去,故应门之童,即捐重

---

① 《元典章》卷 57《刑部·禁典雇》,第 19 册第 12 页。

② 《元典章》卷 42《刑部·主户打死佃客》,第 15 册第 25 页。

③ 嘉庆《泾县志》卷 2《风俗》引成化志。

④ 嘉庆《芜湖县志》卷 1《方言》。

⑤ 万历《秀水县志·舆地》卷之 1《风俗》。

⑥ 嘉庆《松江府志》卷 5《风俗》引正德府志。

⑦ 参阅《明清农村社会经济》,第 70 页。

⑧ 吴自牧:《梦粱录》卷 19《雇觅人力》,中国商业出版社,1983 年,第 169 页。

价,亦不可得。"①穷人不愿意卖身为奴,乐于应雇,到期拿了工钱离开雇主。这种佣工本身的状况是:杜生父子租种乡邻三十亩田,"尚有余力,又为人佣耕,自此足食"②。他家是佃农兼雇工。明代无锡人惠仁,"市佣也……佣工以养母,所获工值,尽置轻煖甘脆以奉母姚,虑分母养,四十不娶"③。同时同地人包盛为张长狗面牧牛卖乳,被主家昧了工钱,活活气死,死前到张家痛骂泄愤。④这些被雇的人本来就是平民,并未卖身,当然还是平民。佣工受雇,来去自便,但生活多不幸,或穷得无法娶妻。

主人为了使佣工好好干活,根据他们是平民的特点,总结出"三好""三早"的对待办法,三好是:"吃口好",给佣工好吃喝;"相与好",以好态度待人;"银色好",即工钱的银子要成色好。三早是:"起身早",好督促佣工早下地干活;"煮饭早",以便及时吃饭,免使其因饥饿不好好干活;"洗脚早",早早烧好洗脚水,使佣工洗脚休息,第二天好早起。⑤佣工是自主之人,不能像奴隶那样对待,要结其欢心,使其卖力气干活,财主家就有利了,"三早"的经验证明它是雇主对付自由雇工的。这种雇工具有平民身份,可以读书做官。明代吴江人洪定远"居贫攻苦,佣于人",后中武进士,官龙江水兵营游击。⑥明代广昌人白明弼,"尝身自为酒佣",中秀才,在石城教村学。⑦

在佣工中有一种在法律身份上的"雇工人",属半贱民,与平民佣工大不相同。这种人在宋元时代就有,而明确为法律身份是明代的事。明朝政府认为平民不应当有奴婢,因为平民本身若有奴婢是压良为贱,与自身身份不相称,所以明律规定:"若庶民之家存养奴婢者,杖一百,即放从良。"⑧但是平民中的富人要人侍候,买有奴婢,同政府的法令相抵触,明朝政府考虑到立法的原则与无法清除平民置买奴婢的实际情况,于万历十六年(1588)订立折中的条例:"官民之家凡倩工作之人,立有文券、议有年限者,以雇工人论;止是短雇

---

① 《说梦》卷2《拐匪破案》。

② 沈括:《梦溪笔谈》卷9《人事》。

③ 黄印:《锡金识小录》卷《惠仁》。

④ 黄印:《锡金识小录》卷10《死为恶虫》。

⑤ 张履祥:《补农书》,见陈恒力校释《补农书校释》,农业出版社,1983年,第152页。

⑥ 费善庆:《垂虹识小录》未分卷部分《洪定远条》,抄本,南开大学图书馆藏。

⑦ 吴德旋:《初月楼闻见录》卷8。

⑧ 《唐明律合编》卷12《立嫡子违法》,第2册第238页。

日月,受值不多,依凡论。"①把佣工分为雇工人和凡人雇工两种。后一种就是前述平民佣工。确定雇工人的依据是其较长时期受雇。

这个条例将佣工区分为两类,固然把佣工与奴婢区别开来,但对雇工人的界定仍属宽泛,以后政府多次改定,至清乾隆五十三年(1788)的条例明确为:"凡官民之家……车夫、厨役、水火夫、轿夫及一切打杂受雇服役人等,平日起居不敢与共,饮食不敢与同,并不敢尔我相称,素有主仆名分者,无论其有无文契、年限,俱以雇工人论。若农民佃户雇倩耕种工作之人,并店铺小郎之类,平日共座共食,彼此平等相称,不为使唤服役,素无主仆名分者,亦无论其有无文契、年限,俱依凡人科断。"②由此可知"使唤服役"的人容易成为雇工人,农业雇工、店铺雇工往往为凡人,这就是说同是雇工,地位不同,在于他的职业,服役性质的身份低;还要看雇主身份,其本人若是农民、佃户、铺户,他的雇工就是凡人,佣工与主人不敢尔我相称。同坐共食的雇主的佣工就是雇工人,取决于主人的身份,主人只有财大气粗,才使雇工不敢与他尔我相称,这样就"有力之家有雇工人,而无力之家者即无雇工人矣"③。有雇工人的雇主多系有功名或出仕之家。

雇工人的法律地位高于奴婢,低于良人。明律规定,"奴婢殴家长者斩","若殴家长之期亲及外祖父母者绞",而"雇工人殴家长及家长之期亲若外祖父母者杖一百徒三年",犯同样的罪,雇工人比奴婢判刑轻得多。反过来,家长(雇主)对雇工人犯罪处断是:"若家长及家长之期亲若外祖父母殴雇工人,非折伤勿论,至折伤以上,减凡人三等。"④两相对比,家长与雇工人在法律上不平等,优待家长,虐待雇工人,且从"减凡人三等"律文看,雇工人身份不及凡人。清律继承了明律条文,仅作很小的改动,不必赘述。⑤由法律身份可知,雇工人是雇主的附庸,但雇工人没有卖身,绝不是贱民,这一点影响他在社会地位中与其他阶层的关系,他只是在主家服役期间是雇工人,辞工之后就是平

---

① 《明律集解附例》卷 20《刑律斗殴·奴婢殴家长》,1908 年刊本;《明史》卷 93《刑法志》,第 8 册第 2291 页。

② 光绪《大清会典事例》卷 810《刑部·刑律斗殴》。

③ 薛允升:《读例存疑》卷 36《刑律斗殴·奴婢殴家长》。

④ 《唐明律合编》卷 22《奴婢殴家长》,第 4 册第 509 页。

⑤ 参阅冯尔康:《略述清律的同罪异罚及制订原则》,《文史哲》2007 年第 3 期。

民,所谓"留之则是主仆,去之则无名分"①,不像奴婢,离开主家四代之后,才真正成为平民,而且雇工人对其他等级成员的关系,也不像奴隶对任何等级都是奴隶身份,法律上处于劣势地位,雇工人没有这个问题。雇工人是奴婢向平民转化过程中的等级,是过渡型的,有的佣工从中走出去成为平民,所以社会上凡人佣工增多,雇工人在减少。

(5)商人和手工业者

宋清间的商业发展是前所未有的,从事绸缎棉布、盐、茶、粮、典当、海外贸易行当的商人多有富人。明朝中期以后,在一些手工业商业重镇,甚而在个别的山区出现了资本主义生产方式的萌芽,产生包买主和初期资产者,如杭州、苏州的丝织业中出现"机户出资,机工出力"②的雇佣关系,机户出资开设丝织工场,用机工为其织造,是初期资产者。在松江的棉织业中,为了加工元白布,出现包头自备工具和场房开设的染坊、踹坊;雇佣工人劳作,它的原料元白布由棉布商的字号供给,染踹匠工钱也由商号发放,包头只是中间人、经营人,等于商号加工棉布,使商业资本投入生产领域,这也是初期资产者的一种类型。他们具有商人和手工业作坊主两种身份。大商人富有,南宋临安的珠宝店每成交,"动以万数"③,可见买卖之大。在明代,山西商人很出名,"豪商大贾甲天下,非数十万不称富"④。夙有"无徽不成镇"盛名的徽商,经营盐业、典当业,多巨富。

政府仍然实行传统的抑末政策,明朝的贱商尤为突出,明太祖规定商人只许可穿绢、布质料的衣服,不能像农夫那样可以穿绸、纱高级质料的衣裳,假若农民家中有一人经商,全家人都不能享受农民的服装待遇,而降低到商人行列。明武宗下令:"商贩、仆役、倡优下贱,不许服用貂裘。"⑤简直把商人着装等级列到贱民当中。

工商业的发展使它的从业者要求提高社会地位,希望工商业与农业一样成为真正的"本业",思想界对这种要求作出反映。宋人叶适说:"夫四民交致

---

① 阙名:《审办雇工殴伤家长议》,《皇朝经世文编》卷92。

②《明实录·神宗实录》卷361,万历二十九年七月丁未条。

③ 耐得翁:《都城纪胜》,中国商业出版社本,1982年,第14页。

④ 沈思孝:《晋录》。

⑤《明史》卷67《舆服志》,第6册第1649页。

其用,而后治化兴,抑末厚本,非正论也。"①不满于朝廷的抑制工商业政策。明末清初大学者黄宗羲讲:"世儒不察,以工商为末,妄议抑之。夫工固圣王之所欲来,商又使其愿出于途者,盖皆本也。"②徽商的家乡更鼓吹经商,据说清代黟县西递村有对联云:"读书好,营商好,效好更好;创业难,守成难,知难不难。"③随着商品经济的发展,金钱的社会作用大增,商人和手工业者的实际社会地位有所提高,他们的子弟读书出仕,如徽商形成"贾而好儒"的传统,④有的工商业者买功名、买官衔,以至进入官场,徽商中不乏其人。

手工业者原来向政府应役,或交纳代役银,雍乾时期把代役银纳入田亩征收,从而取消了作为力役制的匠籍制度,手工业者成为真正的平民。

宋清间的平民还有很多类型,如本节开始讲到的明代绍兴府户籍中的军户、僧户、道户、阴阳户、医户、灶户等,皆具有凡人地位,不过因为不属于农本,往往为社会所歧视。古典小说《金瓶梅》中的医家蒋竹山受李瓶儿的羞辱,不就反映了医户在平民中的下层地位吗!

6.半贱民

前面为讲述佃农和佣工的方便,把佃仆、雇工人都说到了,他们是半贱民,这里不再复述。

二税户。辽初贵族头下州县的民户,系俘掠而来,为奴婢,辽圣宗改行赋役制,令他们兼向政府和贵族纳税,成为二税户,即由奴隶转变为半奴婢。寺院也有二税户,当辽亡之后,寺院把他们重新奴役为贱民。金大定年间(1161—1189)下诏免二税户为民。⑤由二税户可知,奴婢解放为良人,经历二税户阶段,地位反反复复。

宋清间有一些人不是奴婢,比半贱民身份也高一些,但又不同于凡人,像明太祖规定,南宋官僚蒲寿庚、黄万石的子孙不得出仕,以惩罚蒲、黄投降元朝。⑥据说还规定,若他们要参加科举,得出具证明,说明他们不是蒲寿庚、黄

---

① 《学习纪言》卷 19《史记·平准书》,四库全书本。
② 黄宗羲:《明夷待访录·财计三》,四部备要本。
③ 见《光明日报》1988 年 7 月 26 日。
④ 参阅张海鹏等:《明清徽商资料选编》,黄山书社,1985 年,第 438 页。
⑤ 《金史》卷 46《食货志》,第 4 册第 1033 页。
⑥ 顾炎武:《日知录》卷 13《世风·禁锢奸臣子孙》。

万石的后裔。①金代的"监户",原来身份是良人,被没入官,隶属于官籍,②向宫廷应役。从被没入看人身很不自由,但可以与平民通婚,又有良人的味道。金朝的"正户"是猛安谋克中的奴婢释放为良的,③在其释放后的初期并未取得真正平民地位。元代的"怯怜口",系"招集析居、从良、还俗僧道"编籍而成,属怯怜口民匠都总管府管理,应宫中差役。④从良户成为怯怜口的一种来源,可见放良人户地位还是低。元朝蒙古贵族有投下私属,内有投下工匠、投下打捞鹰房户、投下斡脱户、怯薛校尉、投下种田户、矿冶户、纳绵户、采珠户、葡萄户等,他们承受领主贵族较严重的人身束缚,强制服役,世代相传。⑤明清时期皆有投充人,成为依附民,或为家人。依附民中从贱民出来的,地位尤低。在平民与贱民之间出出进进的人,身份不定,是过渡性较强的。少数民族兴起之初,其等级身份稳定性较差,在不同等级间过渡的人较多。

7.贱民

宋清间社会上有为数不少的奴婢存在,辽、金、元朝尤多。辽朝皇室管理奴隶的组织瓦里就有74个。⑥据梁方仲的统计,金代女真人中,在都宗室将军司户平均户有169.36口,其中奴婢占163.58口,占总口数的96.59%;猛安谋克户平均有10口,其中奴婢为2.19口,占总口数的21.85%。⑦由此可知金代贵族、官僚占有奴婢之多。奴婢种类繁杂。

宫户。辽代宫户,即著帐户。系籍没而来,在宫廷服杂役,亦有赏赐臣下的,如王继忠"家无奴隶,赐宫户三十"。⑧

部曲。"隶属于领主或地主、牧主"⑨。贵族所有的头下军州,其刺史由皇帝任命,以下官吏"皆以本主部曲充焉"⑩。可知部曲是奴隶,能够充管家。

驱、驱口、驱户。金、元的奴隶。金代官僚贵族在战争中把良人掳掠为驱,

① 《闽书》卷152。

② 《金史》卷46《食货志》,第4册第1032页。

③ 《金史》卷46《食货志》,第4册第1032页。

④ 《元史》卷89《百官志》,第8册第2258页。

⑤ 李治安:《元代分封制度研究》,第四章第三节《投下私属的身份》,天津古籍出版社,1992年。

⑥ 《辽史》卷31《营卫志》,第2册第362页。

⑦ 梁方仲:《中国历代户口·田地·田赋统计》,上海人民出版社,1980年,第167页。

⑧ 《辽史》卷61《刑法制》,第3册第936页;卷81《王继忠传》,第5册第1284页。

⑨ 张正明:《契丹史略》,中华书局,1979年,第101页。

⑩ 《辽史》卷37《地理志》,第2册第448页。

做奴隶。①元代"诸蒙古、回回、契丹、女真、汉人军前所俘人口,留家者为奴婢,②即为驱口。他们是典型的奴隶。

官户。金朝奴隶,"没入官的奴婢,隶太府监为官户"③。

典当奴隶,即典当家人。因典当而不能赎身,卖断为奴隶。金初民人因故借贷,质身于主家,立有期限,"过期则为奴"④。经典卖而为奴隶的,历代皆有,明初政府为开封等府"民间典卖男女"274 口赎身,用钱一千九百余锭,⑤每口平均 7.15 锭,表明典卖价格低贱。

义男义女。明代不许平民占有奴隶,但富裕平民实际拥有奴婢。因不便径称奴婢,改呼为"义男义女",这就是明人沈之奇所说的:"今之为卖身之契者,皆不书为奴为婢,而曰义男义女。"⑥大约因这个缘故,奴婢从主姓,像明代宜兴筱里任氏的家奴改任姓,"南洲公义男任泽者,陈姓也,从主姓,故名任泽",世代长远了,家奴冒充主姓正派子孙,出现纠纷。⑦

皂隶。前述绍兴府力士校尉户、号兵铺户皂隶户,是政府的差役户,还有看门的门子,牢房的禁卒,验尸的仵作,缉盗的捕快。皂隶属贱民,不得读书出仕,清朝规定"倡优隶卒及其子孙概不准入考捐监",有欺诈者斥革外,照违制律杖一百。⑧

乐户。官娼,中古即有,来源于罪人家属。在中央属教坊司,州郡亦有。宋代"官妓不过州郡守倅应奉过客,及佳节令辰侍觞侑酒"⑨。明初把各地官妓迁移南京,建十所官妓院,供官享用,以至给举子赐宴娱乐。⑩

山陕乐户。明成祖为惩治拥护建文帝的官僚,把他们的妻女发配教坊司之外,又散居山西、陕西等处,习歌舞,从事下贱营生。

---

① 《金史》卷 46《食货志》,第 4 册第 1033 页。

② 《元史》卷 109《刑法志》,第 9 册第 2640 页。

③ 《金史》卷 46《食货志》,第 4 册第 1032 页。

④ 《金史》卷 2《太祖纪》,第 1 册第 29 页。

⑤ 《明实录·太祖朝》卷 179,洪武十九年八月庚子条。

⑥ 见薛允升:《唐明律合编》卷 22,第 4 册第 508 页。

⑦ 民国《宜兴筱里任氏家谱》卷 1 之 4,景龙《辨伪录》。

⑧ 光绪《大清会典事例》卷 725《刑律·户役》。

⑨ 沈德符:《万历野获编·补遗》卷 3《禁歌妓》,中华书局,1989 年,第 900 页。

⑩ 《万历野获编·补遗》卷 3《禁歌妓》,第 900 页;又俞正燮《癸巳类稿》卷 12《除乐户·丐户籍及女乐考附古事》,第 485 页。

疍户。生活在广东、福建沿海,广东尤多。疍户于宋元时代采集珍珠,纳贡朝廷,叫作"乌疍户"①。明代呼作"龙户",清朝叫作"獭家"。居住船上,打渔为生、或作娼妓,不许上岸居住,不得与良民通婚。②

　　九姓渔户。据说是元末陈友谅集团的后裔,被明太祖贬斥,生活在江西、浙江江河上,与疍户从事相同的职业,有着相同的处境,"老死弃编氓"③。

　　丐户,即堕民。这个丐户,不是靠乞讨为生的乞巧人家,那种人属"丐籍"。堕民来源其说不一,有说是南宋政府惩罚叛宋降金人员的家属而产生,有说是元军灭南宋后对敌对势力成员的处分,称"怯怜户",也有说是明太祖处罪张士诚、方国珍集团成员的,称为"丐户",④看来它产生的历史悠久,后人已说不清它的来源。丐户被摈斥在四民之外,明人徐渭说他们:"四民中所籍,彼不得籍,民亦绝不入。"徐渭又说到他们作为贱民标志的服装,"四民中即所常服,彼亦不得服。彼所服,盖四民向号曰:是出于官,特用以辱且别之者也"⑤。就此而言,丐户是不齿于四民的贱民,与娼优隶卒身份相同。⑥

　　世仆、伴当、仆户。安徽宁国府有世仆,徽州府有伴当,这是在历史上出名的。其实这类人很多地方都有。早在元朝、明初,浙江就有伴当,明太祖对开国功臣、浙江人刘基、胡深等人子孙说:"你家去种田的种田,有庄佃的使庄仆,有伴当的使伴当。"⑦江西也有不少世仆,广州府则把他们称为"仆户"。他们被称为细民、小户、附丁,世代服役于主姓家族,看坟山,抬轿,做吹鼓手,不得与良人通婚。⑧

　　宋清间贱民所处的社会地位,同于前代,不得读书参加科举,出仕做官,不得捐纳为职员,保甲长也不得充任。他们不能与良民联姻,居住与着装都有限制。职业则是轿夫、吹鼓手、厨役、剃头匠、裁缝、乐人、娼妓、家内服役等卑

---

　　① 陶宗仪:《辍耕录》卷 10《乌疍户》。

　　② 阮葵生:《茶余客话》卷 2《乐户惰民丐户之世袭》;萧奭:《永宪录》卷 2 上,中华书局,1959 年,第 102 页。

　　③ 张应昌辑:《清史铎》卷 26《娼优》,中华书局,1983 年,第 986 页。

　　④ 乾隆《余姚县志》卷 12《风俗》。

　　⑤ 徐渭:《青藤书屋文集》卷 18《会稽县志诸论·风俗论》;康熙《会稽县志》卷 7《风俗》。

　　⑥ 参阅冯尔康:《雍正的消除绍兴和常熟丐籍》,日本《集刊东洋学》第 44 期,1980 年。

　　⑦ 刘基:《诚意伯文集》卷 1《诚意伯次子颋门使刘仲景恩遇录》。

　　⑧ 雍正帝《上谕内阁》,五年四月廿七日谕,拱北楼书局藏版印本。

贱行当,法律上对主家,以主奴法律对待。可是他们中的很多人并没有固定的主家,而是服务于良人以上的整个社会,所以在法律上有良贱之分,以压抑贱民。除了传统的禁止良贱通婚之外,贱民与非主家的平民发生冲突,要依凡人罪加等判刑,若殴打良人,罪加凡人一等,成伤的绞监候,致死者斩监候;反之,良人对他人的奴婢犯罪,减凡人罪一等。①

除了这些同于前代的共性、此间贱民有特别之处,值得注意。

其一,经济上有分化。贱民大多数贫穷,这是传统的共性;在贵族官僚家当总管的也很富有,这同样是历来皆有的事。但是贱民有以其自身经营而成为富人的,如明代甄姓堕民远离浙江原籍,到北京行医致富,捐纳京卫指挥司经历(从七品),被同乡发现告发去官。②清代山西泽州乐户窦经荣向年羹尧纳贿十万两银子,请求出籍。③丐户当中还有人积累了资产,开设戏园。④这些事实表明,在贱民内部经济上有分化,产生了有钱人,他们成为田主、商人,但是没有平民地位。

其二,贱民进行了争取解放的斗争,政府也有局部范围的开豁为良的法令。贱民不甘心被奴役的地位,或明或暗地进行斗争。明末农民军活动在黄河流域和长江中上游,没有到长江下游去,但是长江下游和中游的奴仆掀起反抗运动,如湖北麻城里仁会暴动,江西吉安、安福、永新以"铲主仆贵贱贫富而平之"为目标的暴动,⑤徽州宋乞领导的索契斗争,⑥无锡、溧阳、金坛"削鼻班"的活动,⑦嘉定、太仓、上海"乌龙会"的索取卖身契运动,⑧成为明清之际震撼东南社会的大事。清代贱民仍然斗争不辍,安徽世仆"越分跳梁者比比"⑨,泾县附丁到北京告状,要求脱离主家,另立户籍,有一部分人幸运地成为民户,⑩到了雍正年间乃有释免堕民丐户、伴当、世仆、山陕乐户、疍户的命令,使其中

---

① 《大清律例按语》卷58《刑律斗殴·良贱相殴》。
② 沈德符:《万历野获编》卷24《丐户》。
③ 《文献丛编》第八辑《年羹尧奏折》,第43页。
④ 民国《鄞县志·文献志·己编·礼俗》。
⑤ 同治《永新县志》卷15《武事》。
⑥ 计六奇:《明季南略》卷9,嘉庆《黟县志》卷15。
⑦ 民国《金坛县志》卷12;嘉庆《溧阳县志》卷12;《华氏传芳集》卷9《双烈传》。
⑧ 光绪《嘉定县志》卷32;光绪《青浦县志》卷30。
⑨ 同治《祁门县志》卷5《风俗》引康熙志。
⑩ 乾隆《泾县志》卷2下《乡都》。

的一部分人可以脱离贱民的地位。

8.宋清间等级结构图式

归纳前述各等级及等级内部的阶层,兹作图明之:

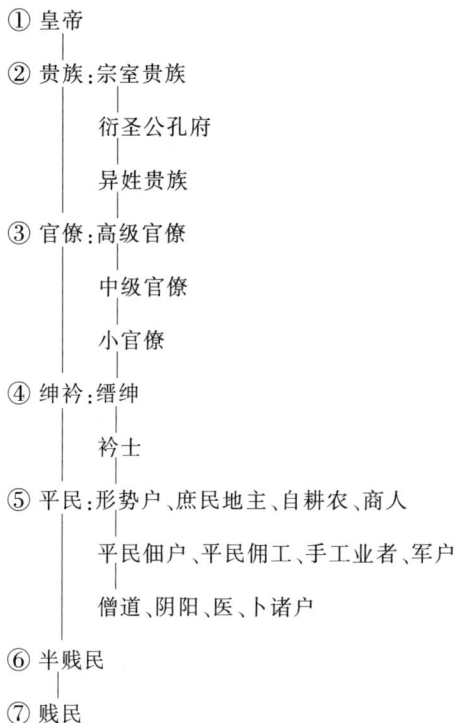

① 皇帝

② 贵族:宗室贵族

　　　衍圣公孔府

　　　异姓贵族

③ 官僚:高级官僚

　　　中级官僚

　　　小官僚

④ 绅衿:缙绅

　　　衿士

⑤ 平民:形势户、庶民地主、自耕农、商人

　　　平民佃户、平民佣工、手工业者、军户

　　　僧道、阴阳、医、卜诸户

⑥ 半贱民

⑦ 贱民

(二)宗族和家庭

1.民众化的宗族

宗族发展到宋代之后,不再是皇族、贵族、士族及官僚的群体,众多平民建立自己的宗族团体,使它进入了平民化的新时期,主要表现则是祠堂的普遍出现和一部分平民掌管宗祠,宗族的集体经济增多,私家修谱逐渐兴盛,取代了往昔官纂谱牒独盛的局面。

(1)平民取得祭祖权

中古以前的制度,为祭祀祖先,贵族、官僚可以依爵位品级设立家庙,最多可以祭祀高、曾、祖、父四代,士人、庶人不能设家庙,在寝堂内供奉祖先牌位,只能祭一代。无论官民都不能祭祀始祖。这是按照周朝大宗法设计的制度,到了宋朝早已过时,政府虽然还有这种规定,人们已难于遵守。而且它和法律上运用五服制治罪的原则不相合。自晋代开始,法律上实行"准五服以制罪"原则,五服宗亲范围内成员间的犯罪,按五服关系判断刑罚,为尊长减刑,给卑幼加刑,以维护宗法关系和制度;族人之间遇有丧葬,也依五服关系服丧。可是庶人祭祀只到父亲一代,高、曾、祖不在祭祀范围之内,就不能尽孝思之道了。这是法律与宗法制度间的矛盾。人们就想在思想上和实践上加以突破。程颐说:"凡人服既至高祖,祭亦应至高祖,不祭甚非。某家即祭高祖。"就是说祭祖先应当与五服制度相一致,无论官民,皆可以祭高祖以下四代,而且他家就是这样实践的。朱熹赞同程颐的主张,认为它符合于祭祀的本意,[①]祠堂应供奉高曾祖祢四代神主。元明时期人们实行朱熹的祠堂规范。

明朝初年允许百姓祭祀祖父母、父母两代。[②]但是实际上平民也祭高、曾祖。不仅如此,官民还提出祭祀始祖的问题。朱熹规范,因为始祖不能在家庙立牌位,到临祭祀时作纸牌,祭毕焚烧。也就是说官民可以追祀始祖,从思想上进一步破坏大宗法。明世宗时期礼部尚书夏言建议在官民间完全实现程颐的祭高祖以下祖先的主张,实现朱程追祀始祖的规范,皇帝接受了夏言的建议。[③]自此之后,民人可以合法地祭祀四代祖先,所以清朝规定:"庶人家祭,设龛正寝北,奉高、曾、祖、祢位。"[④]祭始祖也在民间成为习惯。山东即墨杨氏的族祭法,突破不祭始祖之说,在康熙年间定出祭始祖的办法,"始祖胶水公,一世祖经历公、二世祖处士公、三世祖封主簿公同牌。岁终,除夕用大馒头、蒸卷各五,糯米、黍米糕各二大方、三牲一分,子孙同拜献茶酒焚楮。自元旦后三日,惟焚香奠茶"[⑤]。江阴姚氏"以始迁祖虎士公之父崇本公为始祖"[⑥]。宗族的祭祀祭先世四代以及始迁祖、始祖,不仅是报本追远对先人的怀念,而且关系着祠堂的建立和联宗、修谱等宗族活动,也就是说涉及宗族结构状况。

(2)祠堂的建立和管理

一族之人祭祖,特别是祭始祖,要有供奉祖宗牌位的地方,这个地方要能

---

① 见王应奎:《柳南续笔》卷 3《庶人祭高祖》,中华书局,1983 年,第 174 页。

②《明史》卷 52《礼志》,第 5 册第 1341 页。

③《明史》卷 52《礼志》,第 5 册第 1342 页。

④《清史稿》卷 87《礼志》,第 10 册第 2613 页。

⑤ 杨玠:《即墨杨氏家乘·祭法》。

⑥ 同治《辋川里姚氏宗谱》卷 3《谱例》。

够容纳众多参加祭奠的人,因而要有像样的建筑。贵族、品官有法定的建筑样式,叫家庙。庶民没有,随着祭祀代数的增多,特建祠堂,供奉祖先牌位。祠堂在汉代是设在坟墓旁边的,只祭一位祖先,自宋代以后,建祠处所与坟茔没有关联,且为祭众位祖先之地,所以后世祠堂成为祭祖处所的代名词。明清时代建设普遍,在江西,人们"聚族而居,族必有祠"①。福建莆田县人习惯于在建住宅以前,先建筑祠堂,县城里的建筑占地,有五分之一是属于祠堂的。②广东番禺县"俗最重祭,缙绅之家多建祠堂,以壮丽相高,每千人之族,祠数十所;小姓单宗,族人不满百户者,亦有祠数所"③。徽州宗族在在建有宗祠,康熙《徽州府志》《风俗》卷引嘉靖《徽州府志》云:"家构祠宇,岁时俎豆其间,小民亦安土怀生。"④万历《祁门县志》《风俗》卷:"宗谊甚笃,家有祠,岁时俎豆,燕好不废。"⑤该县在二百多年后的道光年间编辑的《县志》,登录的祠堂多达二百九十七所。⑥

祠堂是族人聚合祭祖的地方,怎样管理祭祀,如何祭祀,需要有个组织,所以凡建立祠堂的宗族,必然有它的管理组织。要有族长,大族分出房分的还有房长,主管宗族事务,如广东博罗林氏,"族内设立族长,以主族事;五房立房长,管理立房中事务,邦理族事"⑦。大族的管理人不只是族长、房长,常常有一套机构。如在清初,江苏宜兴筱里任氏宗族设有宗子、宗长、宗正、宗相、宗直、宗史、宗课、宗干,分别负责宗族祭祀、教育、财务、修谱诸种事务,还有宗守、守祠人等杂勤人员。⑧这样严密的管理简直使宗族成了小王国、有了宗子的小朝廷,族人成了宗子、宗长的属民。

祠堂管理人产生的原则是多方面的,如,论大小宗,以大宗为宗子,实际上这种办法在多数情况下行不通;论行辈年龄,相当多的宗族尊重这个原则,但还需同别的条件相结合;论德行,即人品是否为族人所佩服;论财力和社会

---

① 《皇朝经世文编》卷 59,李绂:《别籍异财议》。

② 乾隆《莆田县志》卷 2《风俗》引前志。

③ 同治《番禺县志》卷 6《风俗》。

④ 康熙《徽州府志》卷 2《风俗》。

⑤ 万历《祁门县志》卷 4《风俗》。

⑥ 道光《休宁县志》卷 20《氏族志》。

⑦ 宣统《博罗林氏族谱》卷 6《规则》。

⑧ 《宜兴筱里任氏家谱》卷 2《宗法》,任源祥:《大宗祠述》。

122

地位。大体上讲,族长、房长及其他祠堂职事人员是由上述几项条件综合考虑遴选确定的。在有官宦功名之家,族长必是有社会地位的人充任。宋元以后宗族民众化,许多民间宗族有了祠堂,它的管理人不必尽是绅衿,也颇有平民担当的。如福建永福县鄢瑞龙,系商人,晚年被推为族长,"族人尤雅重之,出一言率皆为允服"①。我们在一些家谱中,见不到有功名的人,那个宗族的族长必定都是平民了。从总的情形讲,祠堂基本上掌握在绅衿和有威望的平民族人手里。

(3)祠堂的祭祀和教化

祭祀是宗族的一项重大活动,族人参与既是权利,又是义务,不按时出席要受处分,参加完祭祀仪式要"食馂余"——会餐,富有宗族还发给胙肉或银钱。倘若宗族不让族人参与祭祖,那就是表示将他开除出宗,他就失去宗族的保护。祭祀仪式隆重,人们要衣冠整洁,严肃虔诚,不得嬉笑,表示出对祖先的崇敬。如广东南海冯氏宗祠,"五年一大祭,子姓咸集,虽远必至庙中奔走,规矩秩然,祭毕而宴"②。

在全部祭祀活动中贯穿着一种等级精神,被祭之祖先除了辈分之外,还要依其人在世时的地位或其子孙的地位,以决定他的牌位在祠堂中的位置。如宜兴任氏主祭室一本堂,奉祀十一世以上祖先,十一世以下而有德、爵(文官七品、武官三品以上)、功(子孙为祠堂捐银一百两以上)的人的牌位也可以进入一本堂,其他祖先的牌子只能放置在一本堂两则的树风堂和锡类堂。参加祭祀的子孙,依辈分和社会地位为先后秩序。祭后的食馂余和分胙肉,坐席的位置和胙肉的多少,与年龄及官职、功名有极大关系,绅衿受优待。

祠堂利用祭祀集会的机会,或者每月初一、十五的集会,对族人进行伦理教育,宣讲宗规、家训以及皇帝的圣谕。其内容大体上是忠君主,完赋税,孝父母,敬长上,睦家族,别内外,善驭下,务正业,戒强暴,慎交游等,既有三纲五常的说教,以利于社会等级秩序的维持,又有做人及处理人际关系的经验说明,对培养正直的人颇有意义。

(4)宗族的公共经济

祠堂要正常开展活动,没有固定的经费是难以为继的,宋代以来,一些热

---

① 永福《麟阳鄢氏族谱》卷6《鄢瑞龙》。
② 宣统《南海县志》卷4《风俗》。

衷宗族活动的族人自愿向宗祠捐献田房产业和银钱，于是宗族有了公共经济，并形成三种类型：祀田，宗族祭祀的主要经费来源；书田，宗族办义塾，请教师，给学生膏火费的办学经费来源；义庄，赈济贫穷族人。许多宗族拥有不等量的祀田，若数量稍多的，在祭祀开支之外，也接济族人。有书田、义庄的家族不多。义庄的发明人是以"先天下之忧而忧，后天下之乐而乐"为己任的范仲淹，他创建苏州范氏义庄，并经他的后人努力，维持到20世纪初。宋代一些家族学习范仲淹的义行，建立各自宗族的义庄，历经元、明，到清代有了发展，在苏、浙、皖较流行，笔者依据族谱和地方志粗略统计获知，在康熙朝至20世纪初的二百多年间，出现于江苏苏州、松江、常州三府的义庄多达二百余处，在苏州府长洲、元和、吴县三县的全部税田中，义庄田占1.22%，数量可观。它从经济方面表明宗族的平民化。义庄救济穷人，把族人吸引在祠堂周围，是团结族人的有效方法。分封制废除之后，"敬宗收族"的目标由于没有经济做保障，不易实现，有了义庄，就容易"收族"了。只是义庄仅在个别地区流行，不能在全国取得相应的效果。

(5)宗族与政府的关系

双方关系有协调和矛盾两个方面。政府要利用宗族实行以孝治天下的政策，同时又限制它，不允许它分割政府治理臣民的行政权和司法权；宗族要求得到政府的保护，以利自身的发展，对政府限制其发展的一面表示有所不满。两者的结合是主导方面，不协调方面双方在摸索解决的办法，但始终未能消除。

宋朝以降的历代继承唐代以前的孝治方针，并根据新情况，实施具体政策，如对宗族祠产和义庄实行严格的保护政策，范仲淹建立义庄即向政府登记，求得保护，后世形成义庄登记的一套制度，即建庄人向地方官报告义庄的设立，各级政府逐级上报，到中央礼部报呈皇帝，正式立案。义庄和祀田，族人不得盗卖，盗卖者政府严惩，买者罚银入官，土地归原主。法律规定犯罪人财产籍没，但祠产不在没收范围之内，以维持宗族的祭祀和救济。宋清间政府继续表彰累世同居的家族和其他类型的模范宗族，挂匾额、免赋役之外，对其成员给予职衔顶带，或径直用作官员。如南宋以来的浙江浦江义门郑氏，当明初胡惟庸案被牵连时，郑濂、郑湜兄弟争着入狱，明太祖因而说这样的人家哪有造反的道理，不但不治罪，立即授予郑湜左参议，并要他推荐人才，也即授予官职。①在司法上政府坚持亲权法,宗亲间犯罪,依据五服亲等实行同罪异罚的法规。

总起来看,宋清间的宗族向民众化方向发展,它基本上掌握在绅衿手中,富裕平民也掌握了一些宗祠,其内部结构中,仍然存在着宗法等级性;它具有传统的功能,即是古代家族政治的体现,历朝政府的一种统治工具,但同时它的民众求生存和发展的社会组织的性能较前明显, 互助团体的性质显现出来;民间报本追远观念增强,成为宗族凝聚的一种力量;由于民间祭祖对象的扩大,宗族成员相应壮大,支派增多,宗族结构也较前期复杂。

2.发展中的个体家庭

宋清间的家庭,与地主制相适应,随着低等级人家上升到平民地位,许多人家摆脱过去世族、士族地主的控制,成为独立的个体家庭。在家庭结构和社会功能方面,沿着中古的内容发展着,不过在父家制、家庭与宗族等方面有着新的特点。

(1)小型家庭的发展

祖父母在而子孙分家异财的,唐律判罪徒刑三年。若居父母丧期间,兄弟析产的判徒刑一年,若祖父母令别籍异财的,祖父母徒刑二年。②表明严厉禁止分家的精神。明律改动了唐律的条文:"凡祖父母父母在而子孙别立户籍,分异财产者,杖一百,若居父母丧,兄弟别立户籍,分异财产者,杖八十。"③同是祖父母在子孙别籍异财,明律的杖一百,较唐律的三年徒刑,减轻了五等,而杖八十对着徒一年,减轻三等。明朝对子孙实行分家的判罪减轻,把这种事情的严重性比唐朝看得轻,但两朝政府讲究孝道的精神、孝治的方针并无变化,明律的从轻处罚,只能表明祖父母、父母在世而子孙别籍异财现象的普遍,政府也只能准情处理,适应形势而作出处分。唐、明律这种条文的变化,标志着父子分居是时代趋势,个体小家庭还在增多,是家庭的主要类型。

家庭的化小,是大家庭发展到一定时期的必然结果。明代吴江人曹大武,祖父在世命其诸子分家,大儿子曹禙无子,以侄儿大武为嗣子,大武以田产

_____

① 《明史》卷296《郑濂传》,第25册第7584页。
② 《唐律疏议》卷12《子孙不得别籍》,第3册第277页。
③ 《唐明律合编》卷12《别籍异财》,第2册第252页。

多,而亲兄弟财产少,征得祖父的同意把应继承的产业分给兄弟。[①]这是祖父主持了分家。明代无锡人华效复临终命儿子分家。[②]大约只有看着诸子和睦析产,才能安心辞世。清前期东莞王作汉之父遗命兄弟同爨,但到王作汉晚年对弟弟说人口多,管不好,还是分开过,于是拨出一份家产作祀田,交给其弟次子管理,其余的均分。[③]他们的分家不仅是兄弟辈的事,连小一辈也分了,分得很彻底,都成了小家庭。大家庭变为小家庭是规律,小家庭是家庭的主要形式。

子家庭是从父家庭分析出来的,未分以前,往往是大家庭。大家庭也不少,只是不占主流地位。

(2)不同社会地位的家庭及其特点

在社会上的各个家庭,不仅有内部结构的不同,还有社会地位的差别,各种家庭都因其政治、经济、文化状况,决定其阶级的、等级的属性。因此,家庭出于其社会属性,分别成为贵族、官僚、绅士、平民、准贱民及贱民等等级家庭,这些家庭在与政府、宗族、社会团体等关系方面各有独特之处,特权等级家庭能过问政治,是政府的支持力量,在动乱时会分化出一部分反对力量,而平民家庭在动荡年代将有一部分人从过去与政治分离状态中走上政治舞台。

特权等级家庭表面上看规模大,实际上并非如此。前述金代在都宗室将军司每户平均169.36口,其中奴婢163.58口,作为正口的主人只有5.78口,猛安谋克每户10口,奴婢2.19口,正口7.61口。[④]宗室将军每户平均数正口才占全家总人口的3.41%,正口少,就是主人少,每户五六口人,就是两三代人,一个贵族家庭有169口,绝大多数是奴婢,奴婢又有自己的家庭,所以贵族家庭是大家庭含多个小家庭,就其主家讲,结构并不复杂。而猛安谋克家庭正口比宗室将军家多,奴婢比正口也少得多,他们的家庭看似比贵族家庭小得多,实质却要大一些,家内构成要稍微复杂一点。猛安谋克内含有少数官僚,多数是平民。

事实证明平民家庭反而比贵族要大。明人管志道说江浙地区,"唯贫者有

---

① 乾隆《震泽县志》卷24《别录》引茅坤文。
② 无锡《华氏传芳录》卷6《通奉大夫雍明府君谱传》。
③ 东莞《鳌台王氏族谱》卷5《毅堂公传》。
④ 梁方仲:《中国历代户口·田地·田赋统计》,第167页。

二三代同居者,而富室诸子既长、父母已先为之各构一宅也"①。说明富贵之家比平民规模要小。富贵家有财产,分开过都能生存,而贫寒之家靠劳动力维生,合在一起生活比分开过容易一些,因此倒能二三代同居,这是经济条件决定的。比如清代阳江县江伯立临终给子孙析产,分出29家,后来第五房孙子江中业比较富有,见其他叔伯兄弟家穷。就想学习古代义门共食的办法,征得三伯父的同意,向全家族建议共同生活,别人因为穷,都乐意,于是合一百六十余人于一家,"男耕于野,女绩于室,衣履均其厚薄,每食以鼓征众","自合爨后,虽不比于素封,而衣食无缺于供"。②这种分而又合的家庭极少,这里只是说明经济原因使得一些贫民家庭不能分居。贵族家庭的奴多主少,是社会上层家庭所特有的问题,是研究家庭史所宜注意的。

(3)家内人际关系中父家长权力的有所回升

这里说回升,是对着秦唐间有所削弱讲的。

庶子地位逐渐与嫡子抗衡,反映妻权的降低和父家长权的提高。南北朝士族不把庶子当主人成员看待,后世改变这一状况,从继承权看,元代庶生子有法定继承权,可以与同宗过继子"均分家财",但是比嫡生子地位仍低。元代大名路有一案例,孙平的儿子孙成与婢生子孙伴哥争遗产打官司,政府判决将遗产八成分给嫡子,二成给婢生子。③表明法律承认婢出子也有少许的继承权,是家庭正式成员。到了清代,除了官荫袭封,妾、婢所生子与妻生子取得了同等继承财产的地位,清律规定:"嫡庶子男,除有官荫袭封先尽嫡长子孙,其家财田产,不问妻、妾、婢生,止以子数均分。奸生之子,依子与半分。"④康熙朝户部尚书王琐龄广纳姬妾,其长子詹事府春坊庶子王图炳抱怨乃父纳妾生子,怕庶兄弟将来分占家财,社会上因此取笑他,说"庶子(春坊庶子)惟嫌庶子多"⑤。这一笑料证明法律条文庶子与嫡子平分家产得到实现。庶子的这种平等权,乃至非婚生子的一半继承权,是嫡庶名分观念的削弱,它重视的是父家长的血统,而把妻妾名分放在后面。因此它表示妻的地位下降,更加突出父

① 管志道:《从先维俗议》卷5,转见李文治《论明清时代的宗族制》,载《中国社会科学院经济研究所集刊》第4集,中国社会科学出版社,1983年。

② 道光《阳江县志》卷7《艺文志·凤山监生江中业传》。

③ 《元典章》卷19《户部五·家产》。

④ 《大清律例》卷8。

⑤ 徐珂辑:《清稗类钞》,中华书局,1986年,第4册第1769页。

家长在家中的主宰地位,丈夫主宰妻的地位。

杀子权的复辟。中古杀子有罪,宋代亦然,元明清时代又有条件地恢复杀子权。瞿同祖在《中国法律与中国社会》里写到这个问题:"元、明、清的法律较唐律宽容得多,父母并非绝对不得杀子孙,除了故杀并无违犯之子孙外,子孙有殴骂不孝的行为,被父母杀死,是可以免罪的。即使非理杀死也得无罪。"①他举出法律条文和案例,成功地辨明了事实真相。请有兴趣的读者阅读该书,兹不赘言。在父子关系中,元明清父权更突出了。

丈夫对妻子的控制权,能够维持到死后,寡妇再婚困难了。从一而终的观念,在程颐"饿死事小,失节事大"的条教提出和流行后,寡妇再嫁障碍增多,在宋代好一些,元明清越来越严重。政府的旌表节妇,从"二十五史"的烈女传可以看到愈往后愈多。在事实上,由于生活的艰难,寡妇改嫁的并不少,在特权等级家庭里少见,而在平民家庭中则是常有的现象。王应奎说:"今世衣冠之族,辄以改嫁为耻,而事出勉强,驯致无状,反不如改嫁之得也。"②平民寡妇再嫁也不好受,如在举行婚礼出发途中,"自肩舆中出酒壶一,履一双,掷之,别具酒筵祭于路,惧前夫随往为祟也"③。至于以再嫁妇为不祥、为可耻的侮辱更使她们身心受摧残。

(4)家庭是宗族的附庸

许多家庭是宗族的成员,受其制约。家庭在与地方社会的关系中,在与政府关系的某些方面,要由宗族祠堂来代表它,如与他族人发生纠纷,往往宗族出面调处,弄得不好,两族械斗,形成社会问题。宗族与家庭合力教育子弟,如祠堂的宣讲,义塾的文化教育,有些父家长对家庭成员的惩治由祠堂代行,族人的婚姻有的宗族也要干涉,不许与贱民通婚,不许族女再嫁,为的是保持宗族的体面,所谓"族人欢笑女儿死,请旌藉以传姓氏"④。寡妇的改嫁要取得丈夫宗亲的同意,寡妇的继承遗产,由丈夫宗亲安排,如有养子只能得遗产的三分之一,另三分之二归同门均分。⑤

---

① 瞿同祖:《中国法律与中国社会》,中华书局,1981年,第8页。
② 王应奎:《柳南续笔》卷4《改嫁》,第196页。
③ 民国《永安县志》卷15《礼俗》。
④ 俞正燮:《癸巳类稿》卷13《贞女说》。
⑤ 吕坤:《实政录》卷3《恶风十戒》。

(5)家庭与政权关系

家庭的父家长制和政府的君主制相一致,互相支持,政府承认父家长权力,家庭维护专制制度和稳定社会秩序。宋清时期人们对于体现家、国关系的忠与孝的关系,更加强调孝对忠的从属性。南北朝以后,先家后国的观念,在官方哲学中改正为先国后家,逐渐取得民间认同。明太祖在讲到孝道内容时,除了要求子孙对父祖"冬温、夏清、晨省、昏定"的纯孝内容外,还有"事君以忠""莅官以敬""不犯国法"等条教。①讲孝要以忠君为前提。清世宗论说科举以《孝经》命题的原因是:"庶士子咸知诵习而民间亦效本励行,即移孝作忠之道胥由乎此。"②号召民间把在家的行孝,转移到做国家的忠臣顺民,民间的移孝作忠,表现在思想上强调君主的恩泽比家长的重大,洪秀全的先辈洪钟鸣作的家训第一条就是"忠君",他认为"君恩重于亲恩,谚云'宁可终身无父,不可一日无君'"③。表现在行动上,是热诚完纳赋役,民家只有交了钱粮,才能安心过日子,所谓"田有租,身有佣,民分应尔。所有编折银两,依限报纳,米粒照征送完,庶免拖欠之罪"④。赋税是古代政府的经济基础,完粮是民户对政府的巨大支持。

(三)社会组织

宋代以降,民间组织形式较唐以前大增,活动较前频繁,社会的"中介"作用也较为显著。其团体建立,主要在社会救济、慈善组织相继出现和向地方基层普及,与商业、商人有关的组织产生,文士的诗文社较活跃,带有或多或少的政治色彩的团体散布民间。绅衿、商人是民间社团的重要角色,他们沟通政府与民间双方。使绝大部分社团具有合法性,而带有政治色彩的群体为非法的。

1."社"的民间化与普遍化

祭土神的社,宋以后官方在京城和州县皆有设立,春秋二祭。⑤明代甚至规定每里一百户立坛一所,祀土神、谷神。⑥官办的社由各级官员主持,如宋代

---

① 《大诰续编·明孝》。

② 《上谕内阁》,雍正元年五月二十一日谕。

③ 《洪氏宗谱》,浙江人民出版社,1982 年,第 20 页。

④ 《潜阳琅琊王氏三修宗谱》卷 1《家箴》。

⑤ 《宋史》卷 102《礼志五》,第 8 册第 2483 页;《辽史》卷 53《礼志》,第 3 册第 876 页;《元史》卷 76《祭祀志》,第 6 册第 1880 页;《明史》卷 49《礼志》,第 6 册第 1265 页。

⑥ 《明史》卷 49《礼志》,第 6 册 1269 页。

"京师春秋社祭,多差两制摄事"①。

宋辽起民间祀土神的社与官方的社稷完全分开,成为土地庙。敬土神的社,所在多有,"俗重社祭,里团结为会"②。社的成员以邻里为范围,凡在村庄、集镇范围的民户无例外地参加,无所谓自愿与否。社有主事人社首,凡有文武生员的地方多半由他们出任,有土豪富人出头的,有里甲长兼任的,也有按户轮流充任的, 也就是说平民百姓都可以充当。它基本上是服务性质,并没有多少权力, 有人望和有能力就可以出来操办社事。当然当地若有官绅,社首办事要征得他们的同意。因为社普遍到各乡村僻壤,社的组织者不可能完全是有功名的人,所以大部分落在平民身上。但是大的活动就由有势力的人出面:"其所谓会首者,在城则府州县署之书吏衙役,在乡则地方保甲及游手好闲之徒。"③

四邻结社,原来只祭土神,希望土神保佑地方风调雨顺,五谷丰登,人民安居足食,但是后来祭的神灵不断增多,人们在总的丰收愿望下,又产生许多具体的愿望,通过祭祀活动表现出来。祭土神春秋两次,春祈雨泽,秋庆丰登。如果天旱不雨,社里人们向龙王求雨,抬着龙王塑像游行。为了防止瘟疫、灾害的流行,四邻结社将在较大范围内举行"出会",其滥觞大约是宋人在东岳神诞日举行"钱旛社""重囚枷销社"④,到明清时期,"出会"民众把城隍神抬到州县的厉坛进行祭奠,参加的人多,游行的人装扮成官、民、衙役及神犯形象,敲锣打鼓。各种民间艺人边走边舞边表演。出会固定在清明节、中元节和十月初一日进行,定期以外举行的视具体情形而定。

在社区结社活动中,为纪念英雄人物形成专门的庙宇和集会,这个英雄人物,具有社会性,有的人后来影响大,被纪念的范围超出原来社区;有的人是宋以前的英雄,但到宋清时代特别为人所尊重;也有的人是宋代以后出世的,但也被民间崇拜为神。关羽,在明清时期受到特别推崇,他的庙宇出现在穷乡僻土,几乎是无处不在。天妃庙,崇祀的天妃,系宋代莆田人林愿幼女,其兄经商海上,遇险,传说她瞑目出神救之,二十岁亡故,此后海上遇险者向她

① 魏泰:《东轩笔录》卷6,中华书局,1983 年,第 68 页。

② 乾隆《婺源县志》卷4《风俗》。

③ 钱泳:《履园丛话》,中华书局,1979 年,下册第 575 页。

④ 《梦粱录》卷 19《社会》,第 168 页。

祷告,祈求保佑,明朝封她为天妃,清朝升格为天后,沿海居民为其建庙宇,闽粤尤盛。清乐社,流行于金代河北境内,纪念史伦。他是永清人,乐于行善助人,死后,河朔诸郡出现四十多个清乐社,近千人参加,每年定时在史伦遗像前举行祭祀会。[1]刘猛将军庙,纪念宋将刘琦之弟刘锐,传说他能消灭蝗虫,为农民所崇拜。

宋代以来徽州人以程灵洗、汪华为地区英雄神,对他们的崇祀,无论是庙宇的建筑,祭祀活动的举行,都是各个宗族共同的事情。程灵洗的世忠祠与汪华的忠烈祠,各有总祠和行祠。明人戴廷明等人的《新安名族志》记载,宋代,黟县南山程士龙建祀程灵洗的横岗世忠庙、祀汪华的忠烈祠。[2]元代,歙县向杲吴新,"建汪王庙门屋"[3]。黟县横冈,吴景阳、景行"一门捐财鼎建汪公忠烈祠"于里居水口之滨。[4]纪念汪华的社日,"村落游烛龙于社,为汪越国寿,竹马秧歌,亦以队从"[5]。各个村落都灯烛游行,边歌边舞。陈三姑娘祠,松江府青浦人于每年三月二十八日、九月初九日祭奠,届时方圆几百里内皆有人前往,众以万计。据说陈三姑娘被其父淹死,故为祟,人们惧祸而祭之避灾。江苏常熟有王老相公祠,传云王酒醉落水死,好为祟,人们惧而祠之。[6]还有一种社区的集会,多少有一点政治性,这就是浙江人过太阳生日。明崇祯帝死于三月十九日,浙江人于这一天纪念他,但碍于清朝的管制,于是把这种纪念称为太阳生日。[7]这一类结社聚会,并不多见,但是值得注意的。

迎神赛会、出会,民间崇拜土神、城隍神、龙王,以及各种精灵鬼怪,神鬼化了的历史人物,乃至《西游记》流传以后的孙悟空,它们寄托了民众的愿望,希冀好年景,消灾去难。办会的游行很热闹,文艺演出伴随而行,为乡民平静而枯燥的生活增添一点情趣,获得难得的娱乐,实现一次精神满足,所以赛会、出会进行时,空村空巷,万人聚观,真正是"闾里之欢"[8]。社会之时,社首按

---

① 《元史》卷147《史天倪传》,第11册第3478页。

② 戴廷明等:《新安名族志》,朱万曙等点校,黄山书社,2004年,第82页。

③ 《新安名族志》,第368页。

④ 《新安名族志》,第414页。

⑤ 许承尧:《歙事闲谭》,李明回等点校,黄山书社,2001年,第609页。

⑥ 钱泳:《履园丛话》,中华书局,1979年,下册第417—418页。

⑦ 民国《鄞县通志》;《郎潜纪闻二笔》,下册405页。

⑧ 乾隆《婺源县志》卷4《风俗》。

户敛钱,穷民不免,是一项额外负担。但社日的聚众,不良分子乘机盗窃,男女混杂,恶少恣事,统治者认为有伤风化和秩序失常,时或禁止,但总的精神是不予过问。

2.救济、互助和慈养团体

救济、互助和慈养团体的纷纷出现,大体是宋代开创,而清代较流行,且有所变革。

(1)义仓和社仓

早在汉代,政府就设立常平仓,以备荒年调节粮价,之后有的朝代实行,纯系官办,与民间团体无关。唐朝始设义仓,仍系官办,但由民间依田亩出谷储备,用作荒年向民间出贷和赈济,后世多踵而行之。北宋设惠民仓、广惠仓、义仓,遍布于州县,民间每纳正税二斗,另交一升为义仓米,遇到水旱灾赈给饥民,然官吏把它"视为公物,遇赈给靳惜特甚,殊失原立法之意"①。到了明代义仓兼具民办的性质。有的人家不是按田出仓粮,而是捐献田地给义仓,如浙江新昌县民人陈大顺捐田 20 亩,每年收租 20 石,致仕尚书吕光洵捐田 10 亩,年收租 15 石。②捐田的人就要过问义仓的管理,特别是有身份的人。清代间有个人或一个家族设立义仓的,如乾隆年间遵化州桂大德捐谷五千石建置义仓,③道光年间光录寺署正韩花捐田一千一百亩在家乡苏州设置丰备义仓,随后绅士陆仪等续捐田五千一百亩,成为相当规模的大仓。④由个人或若干人筹建的义仓,要向政府备案;其管理人多由绅士担任,其人选由地方官和本地绅士共同确定,其规则经董理商定,要求政府批准。⑤这样的义仓实际是官督绅办,实质是民办,成为民间团体,与唐宋时期不同。

义仓设在州县,到元代出现社仓,建立在乡村。元朝实行村社制,任务之一是管理社仓,由社长主持,社民依人丁纳粟,欠年发给社民。⑥这还是官府操持,不过它办到最基层,赈济在村社的范围里,与百姓的关系更密切了。到了清代,出现纯粹民办的社仓:设立在乡村,各户按经济力量出钱或粮,公举社

---

① 王栐:《燕翼诒谋录》,中华书局,1981 年,第 34 页。
② 万历《新昌县志》卷 1《建置》。
③ 乾隆五十九年《遵化州志》卷 16《人物》。
④ 民国《吴县志》卷 31《公署》。
⑤ 民国《吴县志》卷 31《公署》。
⑥ 《元史》卷 96《食货志》,第 8 册第 2467 页。

仓管理人。与义仓不同的是义仓范围大，完全由绅衿控制，社仓的范围甚小，平民富人也可以掌管。官办的常平仓，以及绅办以前的义仓不起赈济作用，古人讲："常平不平，义仓不义。盖其权操于官吏，而里胥奸民复播弄于其间，是以良法美意不能经久也。"①绅办义仓、社仓，不是无偿发放粮食，是平粜和借贷，所以清朝人说它"但能惠次贫，不能惠极贫"②。不管怎么说，民办义仓、社仓的出现，是社会救济事业的发展，是民间社团组织增加了一种形式。

（2）收容乞丐的福田院与居济院

福田院由前述悲田养病坊发展而来，北宋政府设立于汴京，不再是佛寺主办，但用了佛家的名称。它以官廪向老病无依靠的乞丐发放钱、粮，但是名额很少，宋英宗增加数额，每天也只有三百人能够领到救济。宋神宗时令州县在冬季收养无依靠的乞丐，经费则是绝户的财产和住房，不够用，动用官舍和常平仓利息。③在开封府设居养院，收容鳏寡孤独，也是以绝户财产给养。这是用民财而官办，对象专为乞丐。宋代以后仍有专为乞丐设立的善堂，但更多的是把他们与其他贫苦无靠者一样收入养济院、普济堂。

（3）收养穷苦无告者的养济院、普济堂

元朝下令各地方设立养济院，收容极贫百姓："诸鳏寡孤独，老弱残疾，穷而无告者，于养济院收养。"④穷而无告的人是无亲戚，或虽有宗亲也穷得无法帮助的人。明代的养济院救济分两种形式，一是把穷民收容在院供养，一是发给穷民米布，到亲戚家居住。⑤清朝与养济院同类性质的是普济堂，在京城和各州县举办，其经费来源是官田、房租和利息，但是有不少绅民捐田捐银赞助普济堂，如淮安人程钟为本县普济堂捐田一千余亩。⑥由于绅民的捐助，管理上也有所改变，在官吏之外，绅衿参与其事，乃至完全由民间经理，如松江普济堂管事人，由官府从华亭、娄县两县绅富中选任，二年一换，不许胥吏过问。

①《佛镇义仓总录·卷首·序》，见《明清佛山碑刻文献经济资料》，广东人民出版社，1987年，第390页。

②《皇朝经世文编》卷42 齐彦槐《图赈法》。

③《宋史》卷178《食货志》，第13册第4338页。

④《元史》卷103《刑法志》，第9册第2640页。

⑤《明会要》卷51《恤鳏寡孤独》。

⑥沈德潜：《归愚诗钞余集》卷4《淮安普济记》。

政府并给董事免除徭役,无官职的给予八九品顶戴的荣誉。①表明这种善堂与义仓一样有了官督绅办的性质,也即向民办方向发展。

（4）收容病人的安济坊

宋代首创安济坊,收容贫病人员,给予治疗,招募僧侣主持其事,以其医愈人数给予奖励。所收治病人,包括囚犯。②金代设置惠民局。③元朝在各行省设立惠民药局,官发钞币为本金,得息钱买药,为贫民治病。④明代发展元制,下命在各府州县建设惠民药局。清代这类施药机构增多,名目不一,多系民间出资办理。

（5）收养弃婴的慈幼局与育婴堂

宋代出现慈幼局,用常平仓息钱收养弃婴。提举常平仓司黄震改革办法,允许贫人送婴儿入局,或把弃婴交民抚养,官给粮米。⑤清朝康熙年间下令各地设立育婴堂,此后较为普遍地出现,它多有田产,经费有固定来源。田产多由民间捐助和官方拨给,管理与普济堂几乎相同,即官府监督,绅衿办理。

（6）义葬的漏泽园和锡类堂

有贫不能够安葬的或无主死尸,停放在僧寺,北宋政府下令设立漏泽园,给官地,令僧侣安葬他们。⑥后世漏泽园发展,民间出现锡类堂、义地,帮助穷人收葬和掩埋道路郊野的浮尸。

上述内容的善堂之外,还有不少慈善团体,如救济寡妇的恤嫠堂,帮助贫人完纳赋役的助义会,安抚流民的栖留所,帮助行人的义渡、茶亭等。

（7）宋清间慈善团体的特点

逐渐成为官督民办、实即民办的组织。慈善团体开始是唐以前的寺院经办,宋代官办,间或用僧刹协助,到清代普遍由民间操持,政府予以监督。其组织结构为董事—工役—入堂贫民,董事会之上是官府的监督,所以也可以说是政府—董事—工役—入堂贫民。董事多为绅衿和富人,他们在地方上享有声誉,有经济力量,可以出面经管,同时这一事业又可巩固、提高他们在社区

---

① 嘉庆《松江府志》卷16《建置》。

② 《宋史》卷178《食货志》第13册第4339页;《黄簪传》,第36册第12643页。

③ 《金史》卷5《海陵纪》,第1册第103页。

④ 《元史》卷96《食货志》,第9册第2467页。

⑤ 《宋史》卷438《黄震传》,第39册第12993页。

⑥ 《宋史》卷178《食货志》,第13册第4338页。

的特殊地位。富人参与赈济事业有个过程,起初是单个人进行;次后仍属个别接济,但特别关照同业人员,如南宋临安的富室,有许多是外地来的江商海贾,他们见同类中潦倒破败的,深知出入波涛汹涌的江河海洋谋生不易,产生同情心,于是对生者"以钱物周给,助其生理",对死者"给散棺木,助其火葬,以终其事";[1]再则认识到社区的安宁有赖于救济事业的发展,如流民过境,若不能妥善处理,加剧流民与本地居民的冲突,对社区不利,所以地方设栖留所,负责饥民在境内的食住,然后资助他们出境,免得他们到各户骚扰。

善堂的设立,宋代开其端,而清代有较大发展。上述各类善堂的建立事实已揭示此点,如果我们再以安徽太湖县为例就可更清楚了。该县在至道光为止的清代所建的善堂,据同治年间所修的县志记载有:敦善堂,民办,收养穷民,施棺药;葆仁局,备棺义葬;公输局,民办,接济乞丐;公济局,民办;同安局收尸;承平局,民办,赈流民乞丐;近仁局,民办,赈过境流民,收尸;清平局,收尸;里仁局,民办,施药施棺;仁木堂,民办,收尸;义施局,民办,赈贫收尸;同仁局、敦善局、体仁堂、为美堂、同善局、乐善堂、乐善局、清良局、忠恕局、积善堂、广仁堂、广仁同等,皆民办,田产少,设义园收尸;普安局,官督民办,救火。[2]民间办,规模小,具有民众性。

善堂具有区域性。各地发展不平衡,大体在行政中心和经济发达地区比较多一些。没有、也不可能有全国统一的机构。

善堂的设立具有间断性。各类善堂多是建设不久就遭到破坏,前朝建立的,后朝没有能够接续的,要建也是重新设立。对统治者来讲,赈济鳏寡孤独、贫苦无告的子民是仁政,但又舍不得花钱,只是做一点表面文章,对京城的乞丐作点抚恤,以维持首善之区的太平盛世的景象。对富人讲,真对穷人有同情心的不乏其人,但他们更关心的是社会治安,因此作些施舍,但很难由一家一户来坚持,故而有兴趣的人建设,没有后继人就不能维持了。社会的经济水平和人们的思想水平,决定了社会救济事业不可能大发展。

3.工商业和社区的行、会馆、公所

宋代两京的行、团组织很普遍,它们是商业、手工业者的职业团体。耐得翁在《都城纪胜》写道:"市肆谓之行者,因官府科索而得此名,不以其物大小,

---

① 吴自牧:《梦粱录》卷18《恤贫济志》,第162页。
② 同治《太湖县志》卷4《公局》。

但合充用者,皆置为行……亦有不当行而借名之者,如酒行、食饭行是也。又有名为团者,如城南之花团。"①说的是临安行当,行、团是应官科索而成立,不当官的买卖也有行、团,所以行、团是工商业内部分工的行当的同业团体,就是工商业者的专业组织。宋代的行、团很多,有米业、珠宝业、刀匠、镀金业、裱褙业、古董业、船业。还有一些社,如花绣行当的锦体社、杂剧的绯绿社、蹴鞠打球的齐云社、相扑的角抵社、射弓的锦标社、使棒的英略社、"风流最盛"的清乐社(清音社)等。②其特点是凡是从事同一行业的组织在一起。行有会长,会长对会员有约束能力,要求会员团结,每年聚会,祭祀本行的守护神。③遇有道、佛的节日,工商行户举行社会,表示祝贺和赞助,"七宝行献七宝玩具为社",青果行献时果社,东西马塍(园艺业)献异松怪桧奇花社。④

行会的组织,流传到明清称作会馆,不过会馆不纯是商人团体,它把官吏绅衿包括在内,是同乡官和商人组织,大体上可以说设在政治中心的会馆,主要是同乡团体性质,设在商业城镇的基本上是商会性质。

明清时期的流官制度、科举考试和商品经济的发展,造成官吏、士子、商人和手工业者四种人的流寓外乡,多集中在首都和工商业发达的城镇。这些人在异地他乡,为谋求发展,就以同乡为契机,在新居地建立本乡的会馆。它以流寓人的多寡或建全省的,或建府县的。会馆以北京为最多,有四百多所,苏州、南京、上海、武汉、广州各有几十所、十余所不等,广东佛山镇、江苏吴江县盛泽镇各有几所。

会馆的设立多由商人和官绅操持出资,不过商人出力更多。徽州歙县人、徽州人,于明清时期在北京分别设立会馆,歙县会馆内建有义庄,起义冢作用,地点在永定门外五里石榴庄(下马石),规模甚宏,丛冢有六七千。该馆经始于嘉靖四十年(1561),万历(1573—1619)间拓地,募建厅堂,东阁大学士、歙县人许国(1527—1596)预其事。康熙间钦天监监正杨光先(1597—1669)重新修整,嘉道以降大学士曹振镛(1755—1835)、潘世恩(1769—1854)皆资助。捐款,以茶商为多。乾隆中茶行七家,茶商字号一百六十八家,小茶店数十。许

① 耐得翁:《都城纪胜》,第4页。
② 《武林旧事》,中国商业出版社,第45页;《梦粱录》,第168页;《都城纪胜》,第12页。
③ 参阅(法)贾克·谢耐和著:《南宋社会生活史》,马德程译,台湾中国文化大学出版部,1982年,第64页。
④ 《梦粱录》卷19《社会》,第168页。

承尧在《歙事闲谭》中说："吾徽人笃于乡谊，又重经商，商人足迹所至，会馆义庄，遍行各省。"[1]商人愿意出资建设会馆，但社会地位不高，是否有权威团结同业同乡，是否能排除流寓地的当地人的阻挠没有把握，因而希望同在流寓地的同乡官僚出面号召，由他们具体经办；官僚把这件事当作是服务桑梓，也是增加在任所的力量，所以乐于促成。本地人看外地人的会馆，是"他省仕商"所建，[2]准确看出官、商合办的性质。

会馆既有它的建筑，也有它的组织和管理人。通常设有董事会，议决该馆重要事项，交由它所聘请的司事办理，并雇有勤杂工役，其组织结构是：董事会—司事—工役。主持会馆事务的是官绅和商人，如建立在上海的潮州会馆，嘉庆年间的主事人是：董事，举人陈玉；粮户万世车，即会馆房产的代理人和纳税人，显系大商家；监生吴美盛；吏员林大有等。[3]

会馆是为处理流寓人口与土著的关系、促进商业的发展而出现的，有多种功能。徽州人于康熙年间在汉口创办徽州会馆，其宗旨是："联络乡情，提倡商业，维持本籍旅居一切公益。"[4]概括了会馆的社会作用。其一，团结旅居同乡，一致对付外乡人。会馆建有祠宇，供奉全国统一信仰的神灵人物，如关羽，或本省崇拜的对象，如江西人的奉祀许真君(许逊，神功妙济真君)。遇到信奉神灵的生辰、年节，所有的会馆成员都要去集会祭拜，以此加强联系，增进同乡的感情，遇事互相帮助。其二，发展在客居地的商业利益。会馆兼有货栈旅舍性质，商人到会馆居住，存放货物，开展商贸活动，遇有纠纷，会馆帮同料理。其三，办理同乡社会福利，帮助落魄的同乡生活或返回原籍，设立义地，助理殡葬事务，给同乡提供生活上的方便。会馆是联络同乡的组织，有地方主义色彩，但它又起着冲击留居地地方主义的作用。

会馆就其兼具商人群体性质而言，重视商业的同时，不能兼顾商业内部的各个行业，因此它同行会不同。商业的发展又是建立在其内部分工基础上的。各个工商业均要求发展，不能满足会馆的建立，它要求冲破区域限制，按行业，把土客籍的工商业者组织起来，到了清代中后期出现一批行业组织的

---

① 许承尧：《歙事闲谭》，第 357 页。

② 民国《吴县志》卷 52 上《风俗》。

③《上海碑刻资料选辑》，上海人民出版社，1980 年，第 250 页。

④ 民国《夏口县志》卷 5《建置》。

公所,有的沿用传统名称,仍称会馆,正如徐珂《清稗类钞》所记:"商业中人醵资建屋,以为岁时集会及议事之处,谓之公所,大小各业均有之,亦有不称公所而称会馆者。"①公所对外协调与其他方面的关系,谋求本行业的共同利益,对内制定规约,在一定范围内禁止同行业竞争,处理内部纠葛。

工商业者的群体,从宋代的行、团到清代的公所,中间穿插会馆的组织,从中可以找到它发展轨迹。宋代的行、团首先是应承官府科索的,是当官需要,而不是其内部发展的产物,当然,后一因素是有的,故不应承官的行业也有行的组织,但这是次要因素。会馆和公所的设立则不同了,与官府发生关系已不是它的第一需要,而是为发展其行业利益和地区利益。所以宋代的行和清代的公所在性质上有所不同,前者为官,反映工商业者对官府的隶属性较强,后者是为自身,隶属性已相对削弱了。所以两种组织,表现出社会的进步和商品经济的发展。

4.宗教

宋清间的宗教,原有的以外,又有新传入的;合法宗教之外,非法的秘密宗教活动频繁,为前所未有;它更深入民间,影响群众的生活。

(1)佛教

顾炎武在《日知录》里,以其犀利的目光对佛、道二教与士大夫的关系作了描绘:"南方士大夫晚年多好学佛,北方士大夫晚年多好学仙。"又说"士大夫家容僧尼",并举《金史·海陵纪》所载右丞相张浩、平章政事张晖优礼僧法宝的事例。②顾氏不仅指出南、北士大夫对佛道态度的不同,还启发我们认识南、北方民间各自流行秘密结社和秘密宗教,而后者与道教关系更密切。

宋、明、清的君主对佛教采取有所限制的政策,辽、金、元时代佛教势力颇大。辽代上层社会颇信佛,妇人曹氏施地三千顷、粟一万石、钱二千贯、人五十户建设中京静安寺,仅此一事,盖可证明。金章宗为赵太后起造大明寺,原计划度僧三万,要求剃度的人多,达到五万,大明寺不够居住,又在旁边建立八座梵宫。③元代江浙地区寺院所占有的佃户约五十万户。④可以想见寺院之多

---

① 徐珂辑:《清稗类钞》,第 1 册第 185 页。
② 顾炎武:《日知录》卷 13《世风》。
③ 《大金国志》卷 20《章宗纪》。
④ 《通制条格》卷 3《寺院佃户》。

之富。明太祖限制佛寺数量和僧侣人数,严禁私自剃度,违者杖责、充军,甚而没官为奴。①清朝执意支持藏传佛教。佛教由于受到从贵族士大夫到平民百姓的信奉,把庙宇建立在各个城乡,供养众多的僧尼。俗语"虽二十五家之里,尚有五道庙、七圣祠"②,福建漳州一府自唐至元出现过大小寺院六百多所。③北京"庙宇不下千百"④。乾隆初年,政府发出的僧、道度牒三十万张。⑤根据规定,领牒人可以招收一个生徒,全国至少有和尚、道士六十万。这是合法的,实际上私度的有一大批。不过总的说来,宋代以后,佛教再没有中古时代的兴盛,至明清尤不如前,因此清高宗说"彼教已式微"⑥。

僧尼的生活,做功课之外,各依其职责办事,有文化的,还能从事创作和研究。兹以《清稗类钞》所载,述其数例。出家于浙江嘉兴石佛寺的静山"惟日以吟咏为事";南岳和尚退翁著《灵岩树泉集》《孝经笺说》;平湖尼德隐"精墨翰,能诗文";通州尼无垢"不废吟咏"。⑦他们长于诗文绘画,还通儒学。宋清间精于诗文、书画、音乐、医术的僧尼颇多,对佛学的研究也颇下功夫,一面整理前人佛学思想和佛教史,如宋释善济编辑《五灯会元》,明圆极居顶编《续传灯录》等。僧人作了许多"语录",仅孙殿起收在《贩书偶记》中的目录就不下八十五部。他们以此阐释佛学思想和修行经验,也反映佛教内部宗旨和派别的斗争。

寺院往往分为上院、下院,下院管理庙产和用度。僧刹得有信士的捐田,各有不等寺田,名山宝刹聚田数百顷,租给佃户,收取地租。漳州五禅寺的田地在明代屡次被政府分割其地租,到清代它仍能收取租银 2565 两。⑧寺庙宣称慈悲为怀,但收租时对佃户却不宽容,云南永北厅白云寺僧三人至佃户何能纪家收租,嫌粮食不好,何妻周氏不愿为他们更换,僧人竟将周氏门牙打落。⑨福建将乐崇业寺和尚"拥厚赀,积肥产",因为争水,就把邻里的佃农打

① 《明史》卷 74《职官志》,第 6 册第 1818 页;《唐明律合编》卷 12,第 2 册第 236 页。
② 李光庭:《乡言解颐》,中华书局,1982 年,第 25 页。
③ 顾炎武:《天下郡国利病书》,卷 93《福建·漳州》。
④ 潘荣陛:《帝京岁时纪胜》,北京出版社,1961 年,第 13 页。
⑤ 《清朝续文献通考》卷 89《选举》,十通本。
⑥ 徐珂辑:《清稗类钞》,第 10 册第 4813 页。
⑦ 徐珂辑:《清稗类钞》,第 10 册第 4824、4828、4859 页。
⑧ 乾隆《尤溪县志》卷 5《赋役》。
⑨ 中国第一历史档案馆藏,内阁全宗·刑科题本,嘉庆三年,土地债务类,第 67 包。

死,买嘱无赖顶凶,以故杀为误杀。①僧人的逼租、殖产反映其寄生的性质。

僧侣中有一些不守清规的人,交结官绅,愚弄民众,欺压良善。清代山西人王树勋,始为北京道士,继为悯思寺和尚,教人蔬食,云能知前生,以修炼术与公卿士大夫交游,侍郎蒋予蒲拜其为师,河道总督请他帮助治河,礼敬备至,然而其法不灵。他以多财,捐纳为同知,升知府,为御史劾奏,流放黑龙江,蒋予蒲因而罢官。②三遮和尚在江南淫奢无度,为巡按李森杖杀。③败行逾检和尚的行径及佛法的不显,招致一些人对佛的嘲弄。清代一翰林在扇面上书写五言偈,云:"逢僧必作礼,见佛我不拜。拜佛佛无知,礼僧僧见在。"④以佛为无知。吴三桂在昆明建功德庙,泥塑四大金刚,一按察使为作诗曰:"金刚本是一团泥,张牙舞爪把人欺。人说你是硬汉子,你敢同我洗澡去。"⑤虽说是讥刺吴三桂,但以菩萨作比喻,是对佛教的大不敬。

佛教对民众的生活方式影响很大,诸如购买、消费、节日、饮食、婚丧、社交,都体现出一定的佛文化因素。因为崇拜佛菩萨,产生一些节日,如二月十九日的观音生日,四月初八日的释迦佛诞日,七月三十日地藏菩萨生日,十一月十七日弥陀佛生辰,十二月初八日释迦佛成道日等。凡有节日,人们就举行庆祝活动,不只是僧侣信士过,几乎成了全民的节日。宋代苏州人新年到寺庙聚会,"岁首即会于佛寺,谓之岁忏,士女阗咽,殆无行路。亲友有经岁不相面者,多于此时相见,或庆或吊,纷然议姻亲、觇婿妇,亦多决于此时"⑥。寺庙成了人们最活跃的社交场所,不仅许愿还愿,还能会到广泛的亲友故知,议定子女的婚姻大事。这种风习延续到清代,新年仕女游梵宫,或烧香答愿。⑦祀佛与给祖宗上供一样成了不可缺少的节日。由于拜佛的盛行,各地名刹多有庙会的日期,人们届期朝佛,这时商贩赶往卖货,各种艺人前去表演,人们借机采购和进行文艺欣赏,不啻过了一个大节日,所以庙会在礼佛的内容之外,更重

---

① 刘持原:《武进西营刘氏宗谱》卷6《问松府君行述》。
② 陈康祺:《郎潜纪闻三笔》卷1,中华书局,1984年,下册第664页;梁绍壬《两般秋雨盦随笔》,上海古籍出版社,1982年,第23页。
③ 徐珂辑:《清稗类钞》,第7册第3014页。
④ 徐珂辑:《清稗类钞》,第4册第1787页。
⑤ 徐珂辑:《清稗类钞》,第4册第1549页。
⑥ 乾隆《苏州府志》卷2《风俗》引范成大《吴郡志》。
⑦ 顾禄:《清嘉录》,来新夏整理,上海古籍出版社,1986年,第9页。

要的是商品交易会、文艺演出会。

有远道人朝佛或赶庙会的,被称为"香客",有的还组织社团结伴而行。如安徽无为人去九华山朝拜地藏菩萨,穿着是"白布襞作裙,红罗缘作帼。银铃压背摇丁东,鸣金打鼓双脚赤"。香客们十人一伙,另有一位老僧作为香头。到了九华寺烧香,"手捻念珠口持素,地藏王,保佑我,年年岁岁一家平安,有牛有羊,有鸡有鱼,有豆有麦,有瓜有黍"[1],念叨了丰收平安的愿望,冀望佛菩萨的庇佑。礼佛的形式,使人焚烧仪物贡品,形成很大的社会浪费。明人吕坤说:"民间耗财,第一修建寺院,铸塑神佛,刺绣幡袍,买烧金纸,打醮进香,暗结密施,此小民妙业耗财之一大蠹。"[2]黄宗羲进一步指出,"佛之宫室,佛之衣物,佛之役使,凡佛之资生器用无不备,佛遂中分其民(信徒)之作业矣"[3],因此生产和销售与佛有关的工商业就是末业,应当禁止。黄宗羲同时代人张履祥说:"佛氏之教行,将天地多少有用之人化为无用,将天地多少有用之物化为无用。"[4]更涉及人的作用,在人们迷惘于佛法无边之时,成为警世之语。无疑,吕坤等人的说法体现了儒家与佛学对立的观点。

古代佛教留下许多文化遗产,名山古寺成了后人的旅游胜地,给人们以无穷的精神享受,不难设想,如果没有丛林宝刹,我们今天将少掉多少旅游景点,如果杭州只有西湖,没有灵隐寺,扬州仅有瘦西湖,没有大明寺,它们的旅游城市的面貌也就改观了,将要失去多少光泽。佛家的典籍遗存,是我国传统文化的重要内容之一,哲学、伦理学、文学、历史学、文献学等学科将从那些宝藏中得到难得的养料。

(2)道教

道与佛对立,但宋清间统治者对它们的态度大体相同,金、元朝廷重视道教,其他朝代有些帝王崇道,如宋真宗、宋徽宗、明世宗等。民众对佛、道信仰参半,都信,又都不那么虔诚,多数人对这两者并不因一方排斥另一方。道教在这种大背景下,向民间发展,教派增多,特别是北方全真道兴起,取得支配地位,王重阳、邱处机有崇高地位。

---

① 《清诗铎》,下册第 904 页。

② 吕坤:《实政录》卷 20《山东劝栽种语》。

③ 黄宗羲:《明夷待访录·财计三》。

④ 张履祥:《杨园张先生全集·备忘》卷 2。

道教深入民间,与佛教一样也把民众吸引到它的活动当中,影响他们的生活,道观的朝拜,观庙的集会虽不及佛寺红火,也轰动城乡。天官、地官、水官的三官大帝诞辰传说,形成上元、中元、下元三节,而上元节热闹非凡。八仙之一的唐人吕洞宾,为后人崇敬,其诞辰在四月十四日,人们为纪念他,称这一天为神仙生日,吃米粉五色糕,呼作神仙糕,戴垂须钹帽,叫神仙帽。①道教的招神降妖、诵经拜忏的打醮活动流行,规模盛大,像清初佛山镇真武庙醮会,"举镇数十万人"竞相参与,"观者骈阗塞路,或行或坐",一办就是三四天。所放的爆竹,大的径三四尺,高八尺,药引长二丈多,爆炸时"声如丛雷,震惊远迩"。一个纸爆价值百两银子,还要放烟花。这种活动中闹剧多,往往为有识者所哂,如记载其事的屈大均所议,对百姓"教以节俭,率以朴纯,使皆省无益之费,以为有用之资"②。当然民众在这些活动中得到娱乐,在惧怕神鬼的心理上也是一种安慰,不能说一点价值没有。

明清时期道教徒和信奉者开展抄写、刻印善书的活动,使《太上感应篇》《阴骘文》《功过格》等书流行,劝人为善。《红楼梦》写与道士们掺和的贾敬过生日,不参加祝寿活动,只要求子孙把《阴骘文》急速刻出来,印一万张散人(第11回),真实反映了当时的崇道活动风尚。而贾敬的堂侄女贾迎春被仆妇偷了东西,管不了,只好"拿了一本《太上感应篇》去看"(第73回),这是讽刺信道者的无能了。

讲到宋代以降道、佛对民众的影响,不能不注意儒、释、道三家的合流,在哲学思想上三家互相吸收、互相渗透不必说,即在形式上也表现出来。清代河南的寺宇供奉释迦、老子、孔子三像,往往释氏居中,老子、孔子置于两侧,官方以为有侮孔圣人,屡加禁止,而不能改变。③思想上的合流,必然要在行动上表现出来。作为官方哲学的宋儒理学吸收了那么多佛教的观念,怎能禁止得了民间在行动上显示出来呢!

(3)秘密宗教活动频繁

宋清间民间秘密宗教活动,可以用白莲教历史来表述,它独盛于明清时期,而其前身弥勒教、白莲会、摩尼教则有较长历史。前面说到的摩尼教,虽被

① 顾禄:《清嘉录》,第76页。
② 屈大均:《广东新语》卷16,中华书局,1985年,下册第444页。
③《清朝续文献通考》卷89《选举》。

禁止，然而在宋代民间仍有秘密活动，在闽浙间颇为流行，方腊起兵就是利用摩尼教来组织的。摩尼教，即明教、大明教，历元代而不衰。同时在其内部产生白莲会。萧梁时傅大士倡言佛教净土宗弥勒佛下世，济度众生，创弥勒教，历隋唐，至北宋，信徒散布于黄河流域。贝州王则起兵，也宣称弥勒佛将要降世，至元代，弥勒教活动更频繁。白莲教就是"以弥勒教为主，白莲会、摩尼教为辅助混合体"[①]。

明清时代的秘密宗教大体是白莲教系统。这种宗教常常发动反政府的运动，屡屡被镇压，然后以改头换面的形式出现，所以它名称很多，派系复杂，据戴玄之的研究，它有红封教、老子教、涅槃经等65个派别。[②]喻松青把它内部的派别归纳为白莲教、罗教、弘阳教、黄天教、闻香教、圆顿教和八卦教等大教派。它们又衍生出许多小教派。[③]由教派林立，可知它吸引民众，把许许多多的信徒置于组织之内，而信徒则有了可以寄托理想的活动团体。

秘密宗教为隐蔽活动，组织较严密，有大小首领，称谓不一，如方腊摩尼教，教主称魔王、副手称魔翁、魔母。[④]或者称教主、师父、徒弟，教主是教团的组建者，也是信徒的精神偶像，他领导大传头、小传头，小传头直接联系信徒，主持集会，收取入会钱，其结构形式是：教主—大传头—小传头—会众。

教主世代相传，不出一个家族，除非被彻底破坏。元朝韩山童组织明教，死后教主传给其子韩林儿，山童之徒刘福通反元，尊奉韩林儿为小明王，就是显例。明代王森建立闻香教，死后传子王好贤，其徒徐鸿儒造反，也是尊王好贤为主，在起义失败后，王家继续以教主身份传教，直到嘉庆年间居地被血洗才退出教主舞台。

教主与信徒是师徒关系，这种宗法关系也就是隶属关系，如闻香教系的信徒对王家传教人尊称作"爷"，意思是主上、主人，见传教人行跪拜礼，称为"朝上"，传教人以主人身份安然受之。这种师徒关系在传教人死后，其子继承，不过新传教人再与信徒举行收徒仪式，表示师徒关系的确立。[⑤]可见即使在民间的宗教里，也充满宗法的等级性。

---

① 戴玄之：《中国秘密宗教与秘密社会》，台湾商务印书馆，1990年，下册第512页。
② 戴玄之：《中国秘密宗教和秘密社会》，台湾商务印书馆，1990年，上册第126—155页。
③ 喻松青：《明清白莲教研究》，四川人民出版社，1987年，第1页。
④ 庄绰：《鸡肋编》，中华书局，1983年，第12页。
⑤ 中国第一历史档案馆编：《清代档案史料丛编》，第3辑，中华书局，1979年，第2、47页。

秘密宗教的成员,几乎都来自平民等级和一部分贱民当中,也有合法宗教的信徒加入。宋代摩尼教的参加者,多系"贫乏游手之徒"[1],元代温州大明教吸引的是"民之无业者"[2],清代参加清茶门教的,有铁匠、盐船水手、道士、和尚、尼姑、乞丐、开锡铺、种菜园、开香料铺、开剃头铺、剃头匠、贫苦无靠妇女、裁缝、卖卜、卖花椒、阴阳先生等,[3]均是些贫苦农民、小商人、工匠、城镇贫民、无业者,三教九流,无所不有。

信徒有其宗教生活和宗教仪式。兹录《青溪寇轨》的记载,以明其概要:"吃菜事魔,法禁甚严,有犯者,家人虽不知情,亦流远方,财产半给告人,余皆没官。……闻其法,断荤酒,不事神佛祖先,不会宾客,死则裸葬。……始投其党,有甚贫老,众率财以助,积微以至小康矣。凡出入经过,不必相识,党人皆馆谷焉。凡物用之无间,谓为一家,故有无碍被之说,以是诱惑其众。……不事神佛,但拜日月,以为真佛。"[4]由此我们知道秘密宗教信徒在经济上互助,生活简朴,实行裸葬,严守秘密,崇拜日月,不信神佛。清代弘阳教系统的信徒,入会交香钱,举行盟誓,绝不泄密和自首,叫作"过愿";传道人焚烧书写入教人姓名的黄表纸,念经,表示为其消灾,这个仪式叫作"打丹""点烧";传教人向会友发送《太阳经》《灵文合同》;定期举行集会,念诵经文和祷告。[5]信徒的活动方式,所谓"夜聚宵散""男女混杂"。此类记载,在官方关于民间宗教的文献中比比皆是,即他们夜间聚会,白天分散,不顾男女授受不亲的禁忌,在一起不分彼此地活动。妇女积极参加秘密宗教活动,有成为首领的,如唐赛儿、王聪儿等受到尊重,是民间宗教的一个特点。教徒的参加活动,改变了生活方式,与非教徒有明显的差异。

民间宗教含有反政府的性质,他们一立教,基本上以二宗三际为教义,即希望光明战胜黑暗,弥勒佛降世带来光明的未来,结束现世的黑暗。他们把现实看作是暗无天日的,要求改变现状,不可避免地要与现政权发生冲突,于是

---

① 方勺:《青溪寇轨》,中华书局,1983 年,第 111 页。

② 宋濂:《艺园续集》卷 4《故政宁卫经历熊府君墓志铭》。

③ 中国第一历史档案馆编:《清代档案史料丛编》,第 3 辑,中华书局,1983 年,第 11、15、16、32、64、68、89 页。

④ 方勺:《青溪寇轨》,中华书局,1983 年,第 113—114 页。

⑤ 中国第一历史档案馆编:《清代档案史料丛编》,第 9 辑,中华书局,1983 年,第 178、1479、203、256 页。

常常以武装暴动的形式表现出来,如王则、方腊、刘福通、徐寿辉、唐赛儿、徐鸿儒、林青、李文成、王聪儿等分别领导的起义。他们的结局大多很惨,当组织参与活动时被发现,或则被杀戮,或则被流放,财产被没收,家属也跟着遭殃,若是暴动被镇压,牺牲就更惨重了。

(4)犹太教和天主教的传播

①犹太教(一赐乐业教)

犹太人来中国,至迟不晚于唐代,建立教堂,作为一种有团体活动的人群讲,不晚于公元1163年,这是有碑刻铭文明确记载的。开封犹太人在弘治二年(1489)、正德七年(1512)和康熙二年(1663)先后在教堂立碑,讲述犹太教及其在中国活动的历史,成为我们今日研究宋元明清时代中国犹太教史的重要文献。[①]

金世宗大定三年(1163),生活在开封的犹太人建造犹太会堂,即一赐乐业教堂,元世祖至元十六年(1279)重新修建,明英宗天顺五年(1461)再修,清顺治十年(1653)又一次修筑,开封犹太会堂的连续维修,象征着犹太人在中国有着自己的群体活动。他们知道,道教有玉皇殿,供奉三清;佛教有圣容殿(大雄宝殿),供奉释迦佛;儒家有大成殿,祭奠孔子。他们建设一赐乐业殿,尊崇皇天,显示有了自己的宗教,并用它表示他们的信仰、生活方式、政治态度,也反映他们与汉族文化、回族文化的关系。

开封三通碑文表明,明清时代与开封犹太人有往来的,有宁波、宁夏和扬州的犹太人,其他文献表明,杭州、广州、北京、泉州、南京等处也有犹太居民。因此说明犹太人于金元明清时代散布在中国的许多地方。

开封有教堂,至少明代杭州也有教堂,教堂有神职人员掌教,有通晓经文并向教民宣传的满喇,领导教众,过宗教生活。他们特别重视经典的诵读和收藏。明天顺年间特意从宁波教徒中取来圣经一部,到明末该教堂藏有摩西五经以及方经、散经。李自成起义军围攻开封,放水淹城,圣经漂没,当时有二百余户犹太人逃到黄河北部, 教民高东斗命其子贡生高选数次返回城里搬取经书,但所得不完整,乃请掌教、满喇编辑整理,纂成全经一部,方经数部,散经数十册,"教众咸相与礼拜,尊崇如昔日。此经之所以不失,而教之所

---

① 三通碑文见张绥:《犹太教与中国开封犹太人》,上海三联书局,1991年,本目的写作主要参考张著,志此表示谢忱,并不再写明出处。

以永传也"(康熙二年碑)。有经才有教,犹太教徒以其圣经为精神力量维系其宗教团体。

犹太教徒的宗教生活,每日礼拜三次,于寅时(3点—5点)、午时(11点—13点)、戌时(19点—21点)举行。念诵经文,礼拜时不胡思乱想,不乱动,不交谈,以便潜心致志,表现出对神的虔诚。过安息日,七天一次,这一天不开火,为的是省下精力静静地思考事情。过赎罪节,秋末进行,闭户清修,不饮食。他们还过守割礼、守逾越节、五旬节和住棚节的节日和礼仪。犹太人的丧葬仪式,殡殓简单,没有烦琐礼节,居丧期间禁忌荤酒。

犹太人在保持民族宗教文化传统的同时,逐渐接受一些汉文化,首先在观念上讲儒家的五伦:"其儒教与本教,虽大同小异,然其立心制行,亦不过敬天道,尊祖宗,重君臣,孝父母,和妻子,序尊卑,而不外于五伦矣。"(弘治碑)表现在行动上是忠君,在明代犹太会堂立有大明皇帝万万岁牌位,在清代更设立供奉皇清万万岁牌位的龙亭一座。犹太人参加科举,出仕为官。金瑄的祖父于明朝前期任职光禄寺卿,俺诚官至浙江都指挥佥事,被明成祖赐姓赵氏。犹太人中出了一些进士、诸生。犹太人、汉人彼此交友,为康熙碑撰文的太子太傅、工部尚书刘昌是开封的汉人,与张罗立碑的犹太人、游击赵承基、大参赵映乘、医官艾显生"为莫逆交",而且"素知一赐乐业之教",所以能著文叙其历史。

到了近代,中国历史上的犹太教彻底衰落了,鸦片战争以后又进来一批犹太人,不过和金元明清时代的不同。金清间犹太教的活动,给中国的宗教史增添了新内容,丰富了中国社会结构史和文化史,那时的统治者对犹太人基本上采取宽容政策,犹太人也愿意为政府效力,双方有良好关系;在民间,因为宗教信仰的不同,生活方式的不同,免不了有摩擦,如因犹太人吃肉除掉筋,故汉人称他们为"挑筋教",但从三个碑文的内容看,汉人、犹太人之间基本上是融洽的。

②也里可温教的传播

前面讲到在华基督教唐代是景教,而在元代则是也里可温教。元世祖至元三十一年(1294)另有天主教方济各会教徒进入中国,到了明朝后期又有耶稣会教士来华,使基督教在中国的历史进入一个新的时期。

元代也里可温教徒有唐代景教徒的遗胤,有随蒙古西征军返回时带来的中亚人及来中国贸易而留居的外国人。郝镇华指出："元代信奉基督教者，大抵皆为中国西北诸部人和西域来华诸国人。"①但他们不只是居住在西北方，在北方、东南、华南、西南各地，大都、上都、扬州、镇江、杭州、福州、泉州、云南都有也里可温信徒和他们建立的教堂。教堂和信徒有个特殊标志，就是十字架：屋顶上有十字架，大殿内绘有十字架，胸前挂有十字架。

元代约有基督徒3万人，其中镇江有也里可温23户，106口，他们拥有驱口109人，大体上是一个主人有一个仆人，平均每个家庭占有四个仆人，他们多半是有钱的商人或官员。在镇江府建立七所教堂的(马)薛里吉斯，其祖父为中亚撒马尔罕人，随成吉思汗的西征军到中国，精于制作葡萄制品，薛里吉斯从赛典赤征云南，迁职闽浙，至镇江任明威将军、副达鲁花赤，专心造寺，竣工后元朝政府拨赐江南官田30顷、浙西民田34顷作为教堂经费，由此可知元朝政府支持也里可温教。元朝特设崇福司，以从二品高级衙门，主管也里可温事务。②又据《马可波罗游记》讲，基督徒过复活节时，元世祖召见他们，亲吻圣经，并让在场的官员也这样做，表示对耶稣基督的尊重。元朝灭亡，明朝对也里可温不感兴趣，海外贸易大为减少，也里可温教衰落。可见也里可温的兴衰与元朝兴亡和政策关系极大。同时也里可温的活动遇到其他教派的抵制，据说福州只有一所也里可温教堂，它难于发展是因摩尼教在这里势力强大的缘故。而我们前面说过宋代闽浙摩尼教盛行的事实。可知某一个宗教的发展，是在各种宗教斗争中进行的，是互相制约的。

③明清天主教

万历十年(1582)，属于天主教的耶稣会士范礼安、罗明坚、利玛窦来到中国澳门，开始了耶稣会在华传教活动和中国信徒的新的宗教生活。尤其是利玛窦和艾儒略等人实行结合中国文明的办法传教，逐渐为一些中国人接受。他们开始学做和尚，穿僧装，后来"还俗"穿儒服，学习儒家的四书五经，以既懂得西学、又通中学的学者面貌出现，与士大夫交游。他们不完全依照基督教教规传教接受信徒，允许信徒礼拜祖先和师长，他们见到明朝官员，照样行跪拜礼，以减少人们对他们体现的西方文化的警惕和距离。这种结合中国国情的传教方式，使人们可以接近他们。同时他们具有自然科学知识，比当时中国

---

① (英)阿·克·穆尔著：《1550年前的中国基督教史》，郝镇华译，中华书局，1984年，中译者序言。

②《元史》卷89《百官志》，第8册第2273页。

人所掌握的有关知识要高明一些,如在天文学、数学、地理学、医学、物理学、化学等领域,他们著作、翻译介绍西方科学知识和人文知识的书籍,如《坤舆万国全图》《几何原理》《几何要法》《职方外纪》《坤舆图说》《天学实义》等书,从而使他们被一些中国人认为是学者,而且是学说符合于儒学的学人,是"西来孔子",是"西儒"。

接受天主教,并举行洗礼入教的中国人,上自皇族,下至平民、奴婢,各社会阶层都有。在明代,士大夫投入信教行列的不乏其例。在皇族中,明思宗的宫中有妃嫔和宫女、太监入教,永历帝的母后、皇后、太子都是教徒。清朝皇族苏努的后人皈依天主教。明末大学士徐光启、李之藻信教,分别取教名波尔、列奥,表现出了官僚对天主教的兴趣。有的官员本身不参加,但不阻止家属的信仰,如大学士叶向高的两个儿子、一个孙媳、一个曾孙都信了教。据《利玛窦中国札记》所载,在利氏宣传下入教的有肇庆的穷人,没落子弟霍太素,南雄富商葛盛华,韶州仆人的儿子,南京绅士秦某等人。士大夫本崇奉儒学,分化出信教的人,乃因利玛窦等所讲述的西方科学知识,为他们闻所未闻,对追求新知识的士人,颇具有吸引力,故而愿意与他们交谈,研求真理,这就是《明史》讲到利玛窦时所说的:"公卿以下重其人,咸与晋接。"①一部分平民为传教士的神学所折服、或为其服务精神所感动,如第一个受洗礼的肇庆人是因病无人管而教士为其治病。因此《明史》总括说:"士大夫暨里巷小民,间为(利玛窦)所诱。"②在明末,据说天主教有七万名信徒,其中有一些官吏和士人。③在明清之际,艾儒略在福建传教,建设大教堂 22 座,接受一万余人入教。在明末的南京,受耶稣教影响的不下万人,做礼拜的动以千计。④到清朝初年,有教徒 15 万,分布在 13 行省中,记载说 28 座城市有 30 座天主堂,这大约没有把乡村教堂统计进去。

天主教传教士无论如何以儒学与官绅结交,它宣传的总是外来宗教,与中国的文化思想、民间社团、社会风俗及其他宗教必然会发生冲突,互相撞

---

① 《明史》卷 326《意大利亚传》,第 28 册第 8460 页。

② 《明史》卷 326《意大利亚传》,第 28 册第 8460 页。

③ (德)恩思特·斯特莫著:《通玄教师汤若望》,达素影、张晓虎译,中国人民大学出版社,1989 年,第 43 页。

④ 《明史》卷 326《意大利亚传》,第 28 册第 8460 页。

击。首先表现在与佛教的矛盾,这是两种宗教势力的斗争,佛教要维持原有地位,天主教想把它从民众信仰中排挤掉。利玛窦刚在韶州接受信徒,一个天主教徒指着寺庙的佛像对将受洗礼的人说:"这从前就是你们的神,你们向他下拜过",说着就挖坑把佛像埋掉,还有天主徒把佛像焚毁。①崇祯十一年(1638)福建发生佛教徒与天主教徒的冲突,前者获胜。但是福建天主教势力狠狠地打击了原有宗教势力,如把武夷山的三所祠庙中的两个改为天主堂,另一个大约是属于秘密宗教的,也不许崇拜偶像,三庙的信徒改入天主教。②

　　利玛窦、艾儒略式的传教方法,为天主教的正统派所不容,认为允许教徒信天帝、祭祖先、祀孔子有碍教规,罗马教皇格勒门得十一世支持这种意见,于康熙四十三年(1704)派多罗到中国,向康熙帝和天主教徒致书,要求教民信奉的只是天主,不是中国传统的"天",不许张挂带有"敬天"字样的匾额;不许教徒参加祭孔祭祖仪式,不得到孔庙、祠堂行礼,否则就是异端,不许教徒在丧葬活动中行礼;不许教徒家中置立天地君亲师的牌位,若为父母作牌位,应写明天主教孝敬父母的道理。③这是希望教徒完全改变信仰和生活方式,不得再保留传统的敬天敬祖和尊孔思想以及有关的社会生活内容。康熙帝见后,认为教皇无知,不能容忍他对中国民人信仰的干预,决定驱逐传教士,禁止在中国传教。雍正帝、乾隆帝、嘉庆帝坚持康熙帝政策,只聘用一些传教士在政府和宫廷服务,准许他们自身信教,但不得传教,相应地制定了西洋人传教治罪条例。一些地方官认真执行,如福建福宁府是天主教颇有势力的地方,乾隆二十四年(1759)知府清查天主教徒,有几百人自首,缴毁圣经圣像。④

　　如果依照格勒门得十一世的禁令实行,无异是不允许教徒做官、科举,不允许作为宗族成员和四邻结社的成员,即不得参加生员的、家族的、社区的种种活动。这就不仅同中国政府发生冲突,还同社区、宗族势力产生矛盾,即与"乡族组织的传统价值观念产生了直接的对抗,数量有限的教徒在势力强大的乡族社会面前,显得格格不入"⑤。

---

① 《利玛窦中国札记》,何高济等译,中华书局,1983 年,上册第 264 页。
② 陈支平、李少明:《基督教与福建民间社会》,厦门大学出版社,1992 年,第 11 页。
③ 乾隆《福宁府志》卷 14《风俗》。
④ 乾隆《福宁府志》卷 14《风俗》。
⑤ 陈支平、李少明:《基督教与福建民间社会》,厦门大学出版社,1992 年,第 90 页。

尽管清政府禁止,民间反对势力破坏,西洋传教士仍在偷偷传教,只是它的快速发展在18世纪遭到遏制。天主教在华的传播,同它的传教方式有直接的、几乎是决定性的关系:明清之际尊重中国文化传统时得到迅速发展,康熙后期之后的失去灵活性受到挫折,19世纪下半叶以后实行与推行慈善事业相结合的传教办法,又在社会下层中得以开展。

从唐代的景教,中经元代的也里可温教,到明清的天主教,说明基督教在中国维持不绝,只是教派有些变化。它的发展与否,取决于它与政府的关系及其信徒的社会层次。元朝政府给色目人以高地位,一部分色目人信仰的也里可温教就得以发展。明末部分官僚士大夫信仰天主教,它就很快在中国立住脚。一种外来文化能否与土著文化结合,被土著居民所吸收,视其社会价值而定,明末清初西洋传教士传播了先进的西方科学文化,故而得到追求新知识的中国士大夫的欢迎。从这个角度去看明末士大夫的信仰天主教,就容易理解了。读书人思想比较活跃,其中一部分人易于接受新文化,而且历来如此。也里可温教只在色目人中流行,而天主教深入到汉人中,与汉文化的碰撞更多,给社会生活以更多的影响。

5.文人结社

文人结社,不外是研讨诗文和议论政事两种目的,因而构成不同类型。结社的状况,历代不同,宋、明比较流行,元代由于科举未大行和文人实际地位低而开展不力,清朝政府不许结社,造成清代基本没有政治性结社,唯有明代后期结社之风最盛行。

(1)文化人的诗社

诗社的组织,自宋至清,历久不衰,是官僚缙绅业余爱好,陶情冶性之举,有的是故作风雅,也有老年缙绅的消遣聚会。南宋时四方流落杭州的文人、官僚组建西湖诗社,结伴创作诗词歌赋,名作迭出,为人诵读,传播四方。这种社会上层雅聚为人们称道,不是武士、商人、艺人那些社团所能比拟的。①元代杭州的不乐仕进的文人,托情于诗酒,组成清吟社、白云社、孤山社、武林社、武林九友会,分曹作诗词,相互切磋。②明代苏州有韵社,编纂"三言"的冯梦龙即

---

① 耐得翁:《梦粱录》卷19《社会》,第167页。

② 万历《钱塘县志》,转自瞿宣颖:《中国社会史料丛钞》,上海书店,1985年,下册第500页。

为该社成员。①徽州有天都社、丰干社，诗人"拈毫角韵，歌啸徜徉"②。广州有南园诗社、越山诗社、浮丘诗社，③东莞也有南园诗社，另有凤台诗社。④明世宗时工部尚书蒋瑶致仕返回故乡浙江归安，与尚书刘麟、顾应祥等结文酒会，优游岘山间，享高年，89岁而终。⑤在边疆的吉林，流放者吴兆骞、张缙彦等于康熙初年组成诗社，因有七人与会，被视为七子社。女子也结社吟诗，御史钱肇修之母顾之琼与徐灿等结成杭州蕉园诗社，还有女子参与的清溪诗社。⑥有的诗社还收社外人诗赋，予以评论，如康熙年间广东番禺人梁无技在家乡组织的诗社，出题贴在街上，任人去作，规定把卷子交到指定地点，密封姓名，评出等次，优秀的奖励金帛，次一点的给予笔墨。⑦诗社的发展，到近代产生诗钟社，以作似诗似联新文体为娱乐的雅会。⑧功成名就者，或者优游林下，得享清福者，才有兴致和可能结成诗社，依韵唱和，赋酒畅叙，使生活得到乐趣，还可以博得儒雅的清名。

（2）读书人的文社

文社与诗社不同，它是参与科举的学子组织，结社是为研讨文章的做法，提高技艺，以便应试。它有两种，一种是地方教官、绅衿或者宗族倡建的，为参加者评论文章，予优秀者奖励；另一种是学子自行结合的，规定集会的日期，届时互相评品文章。不管哪种形式，会后聚餐，真是酒肉和诗文并赏。广东"文会极盛"，由乡村的社学主办，求学的人不论年龄，必须参加作文比赛。⑨阳江县绅士钟荣王等23人创立文社，筹银2300两，每年四次考课，每课阄题作四书文一篇，用银子的利息，作阅卷者润金和作文者润笔费。⑩还有一种师生结合的会，由学生出钱，在清明前后请教师游玩宴乐，余钱送给先生，称为"浴沂会"。⑪

---

① 金德门：《冯梦龙社籍考》，《中华文史论丛》1985年第1辑。

② 民国《歙县志》卷16《拾遗》。

③ 同治《番禺县志》卷6《风俗》。

④ 屈大均：《广东新语》，下册第358页。

⑤ 《明史》卷194《蒋瑶传》，第17册第5154页。

⑥ 参阅董清瑞：《清代的妇女文学团体》，天津《今晚报》1991年4月27日。

⑦ 同治《番禺县志》卷6《风俗》。

⑧ 徐珂辑：《清稗类钞》，第8册第4007页。

⑨ 同治《番禺县志》卷6《风俗》。

⑩ 道光《阳江县志》卷8《编年》。

⑪ 乾隆《莆田县志》卷2《风俗》引弘治志。

还有学生结社作文,请名家评阅指点,如厦门学子"好结文社,月有课,课有期,期则聚首角艺,至宵分乃罢,求前辈甲乙之"①。江苏常州洪亮吉弱冠即与友人结会,在杨氏胜光馆赛文,请他做过御史的蒋姓舅舅评文。②作这种文会,目的很明确,就是为提高作八股文的能力,以便参加科举考试。故而建立文社的,有幼稚的童生,青少年的诸生,也有少数壮年。应试的人多,所以随着科举制的盛行,学子的文会遍布于各地城乡。

(3)具有政治色彩的士人结社

士人结社以明朝末年为兴盛,延续到清初,明清史专家谢国桢著《明清之际党社运动考》③和《明末清初的学风》④论述甚详。他把明清之际的士子结社分为三个时期,崇祯初年至顺治二年清军占领南京为第一阶段;顺治二年至顺治十七年为第二期;以后至康熙初年为第三期。明清之际的士大夫带有政治色彩的结社,出现在东北到广东一线的整个东部中国,各社之间没有组织联络,但有的有私人联络,并以苏州、南京的组织为项背。参加的成员是读书人,在明朝多有仕宦,至清朝则为隐士。

①反对阉党余孽的结社

天启间官僚与宦官及官僚内部的党争不已,到了崇祯朝,仍有反对阉党余孽的斗争。

明末社团名声最大的是苏州的复社,它是由应社和复社合并而成。应社成立于天启四年(1624),倡导人是张溥、张采、周钟。张溥(1602—1641),太仓人,当时是诸生,后为庶吉士,终生未做官。张采系进士出身,做过临川令。开始只有十来个成员,不久有一些其他社团的成员参加进来。原来安徽贵池吴应箕与苏州徐鸣时等七府十三人结有匡社,加盟应社,山东、河南、湖北的一些士人也与应社取得联系。社里成员吴昌时想发展成员,扩大影响,组织广应社。张溥到北京,也在同好中建立应社,于是应社分为江南、江北、河北三部分。⑤复社成立在应社之后,由孙淳、吴曾羽等四人创立于吴江,应社中有人看

---

① 道光《厦门志》卷 15《俗尚》。

② 洪亮吉:《外家纪闻》。

③ 谢国桢:《明清之际党社运动考》,中华书局,1982 年。

④ 谢国桢:《明末清初的学风》,人民出版社,1982 年。

⑤ 谢国桢:《明清之际党社运动考》,第 126 页。

不起这个后起的组织,张溥为了联合同道,主动与复社联系,愿意合并,并用"复社"为社名。①孙、吴等又联络各地文社,复社进一步扩大,把江北匡社、中州端社、松江几社、莱阳邑社、浙东超社、浙西庄社、黄州质社、江北南社、江西则社、武林读书社、山左朋大社,汇聚在一起,但只是一种外形,"大概是在一个大社之内,有许多小组织,对外是用复社的名义,对内是各不相谋的"②。复社连续举行大集会,崇祯三年(1630)在南京聚会,是利用秋闱士子集中的方便进行的。崇祯六年(1633)在苏州虎丘集会,会前发出传单,届时山东、山西、湖北、湖南、江西、福建、浙江的几千名学人赶来参加,旁观者更多,人们都说这是明朝三百年来所没有出现过的盛况。岂止如此,整个君主专制时代也没有过这种自发的文士大集会。后来吴应箕和他的孙子铭道编纂《复社姓氏》暨《补录》,记载参加复社活动的人员有 2025 人之多。③

复社建立的目标,是所谓兴复古学,研究有用之学,出仕能致君泽民,为有用之才,有着政治抱负。复社开大会,联络四方之士,评论时政,形成一股舆论的势力,通过自身成员或有联系的官员抨击一些官员,肯定前朝政争中的东林党人,反对阉党余孽及与阉党有关的官僚,弹劾大学士温体仁、薛国观。崇祯十一年(1638)掀起反对阉党余孽阮大铖的浪潮,阮是安徽怀宁人,因阉党被革职,居于南京,仍有一些社会势力,欺侮来宁的同乡,引起东林子弟顾杲、天启间被害朝臣子弟黄宗羲及复社成员的强烈不满,由吴应箕起草《留都防乱公揭》,众人签名,声讨阮大铖,以防阉党复辟,从而在舆论上进一步把阉党搞臭。可是弘光小朝廷马士英、阮大铖当政,复社名家和东林后裔遭到严重打击。

②在抗清斗争中表现出志节的社团

几乎与复社同时存在的松江几社,创办人是夏允彝、杜麟征、徐孚远、陈子龙等人,倡导复兴绝学。他们为学重视经世致用,以此为目标编辑文选。今存《明经世文编》即由陈子龙、徐孚远编辑。崇祯帝死,几社领袖支持南明政权,进行抗清斗争,陈子龙任职鲁王监国政府,联络太湖地区的武装,将举兵

---

① 王应奎:《柳南随笔》卷 3,第 52 页。

② 谢国桢:《明清之际党社运动考》,第 132 页。

③ 王应奎:《柳南随笔》卷 2,第 30 页。

反清,事机败露被捕,投水死节。①夏允彝隐藏民间,图谋发动反清运动,见嘉定抗清斗争失败,失望自杀,他的儿子完淳、兄长之旭因牵连于陈子龙案被害。②广东南海人陈子壮在明末组织词林诗社,恢复先贤的南园诗社,和他一起活动的有黎遂球、陈中洲、谢长文等十二人。清军占领广州,陈子壮率兵反抗,兵败被俘遇害,其长子战死,母亲自缢。黎遂球亦在抗清中牺牲,其他社友除一人外都坚持反清立场,故而后人说该社成员"以忠烈称"③。

(3)以复明为纲领的结社

在武装反抗被清朝镇压后,仍有一部分读书人坚持反清立场,怀念故明,希望前朝复辟,但又不可能采取激烈行动,乃以研讨诗文为名,结社进行复明活动,正如当时人屈大均所说:"自(甲)申、(乙)酉变乱以来,士多哀怨,有郁难宣,既皆以蛰遁为怀,不复从事于举业,于是祖述风骚,流连八代,有所感触,一一见诸诗歌,故予尝与同里诸子为西园诗社。"④以抒发愤懑情绪。⑤杨凤苞所说:"明社既屋,士之憔悴失职高蹈而能文者,相率结为诗社,以抒其旧国旧君之感,大江以南,无地无之。"⑥南明兵部主事、北直隶人梁以樟与兄以柚移居江北宝应,一面与反清的闫尔梅、僧松隐等四方来客交游,并与乔出尘、陈铨等"结文字社"⑦。而社事办得有声有色的是几社于顺治六年(1649)演变成的慎交社和同声社,活动中心在苏州,两社经过诗人吴伟业的斡旋,于顺治十年(1653)在苏州虎丘集会,并有江浙各地读书人参加,众逾千人。惊隐诗社,建立于顺治七年(1650),苏州吴江人吴宗潜、叶桓奏发起,当地及侨寓于此的士人王锡阐、潘炎、潘柽章、顾炎武、陈济生等参与活动,吴江以叶、吴、王、潘为大族,这些家族成员加入,使该社成为当地绅衿与寓客的社团。广东僧侣函可目击弘光政权的灭亡,作史指斥清朝,被发配沈阳,与流放犯左懋第等33人结成冰天诗社。台湾有福台新咏社,参加人是投奔郑氏集团的各地文人,有宁波沈文光、宛陵韩文琦、关中赵行可、无锡华衮、郑廷桂、榕城林奕丹、山阳

① 《明史》卷 277《陈子龙传》,第 23 册第 7096 页。
② 《明史》卷 277《夏允彝传》,第 23 册第 7098 页。
③ 《明史》卷 278《陈子壮传》,第 23 册第 7130 页;同治《番禺县志》卷 53《杂记》。
④ 屈大均:《广东新语》,下册第 357 页。
⑤ 李景新:《屈大均传》,见《翁山文钞》。
⑥ 杨凤苞:《秋室集》卷 1《书南山草堂遗集后》,转引自《明末清初的学风》,第 182 页。
⑦ 《清史稿》卷 500《梁以樟传》,第 45 册第 13818 页。

宗城、螺阳王际慧等,他们的政治观,"不过欲完发以见先皇帝于地下"①。

(4)清朝政府的限制结社

清政府对遗民的反抗坚决镇压,对他们的故国之思及不合作态度,在统治稍微稳定之后,就采取控制政策,禁止士人带有政治色彩的结社活动。顺治九年(1652)清朝开始发出士人结社的禁令,十七年(1660)御史杨雍建奏请"严禁结社订盟",不许士人互称"同社同盟",以根绝交结盟社事象。顺治帝采纳他的建议,若再有发现,严厉惩治,革除功名,各地学官若不严格执行,一体治罪。②迫使士子不得结社订盟,连有关称谓也不能沿用。原来结社的人互称"社弟""盟弟",并且推广到社会上为众人使用,这时人们为表明相互间关系,改称"同学",据说发明这一流传后世的词汇的是带头反对阉党余孽的黄宗羲。③稍后康熙帝举行博学宏词科笼络遗民,相当一部分隐逸应征与试。这时清朝统治时间较长了,反清复明的思想在人们中淡薄了。遇上清朝的镇压和拉拢两种手段,复明势力瓦解,基本消失了,带政治色彩的读书人结社从而也销声匿迹。

总起来说,文人的结社,以读书人为多,出仕者、隐逸次之,其目的主要是为谋出路,学子为取得功名,做官者为联络感情,隐逸是在特定情况下,如清初才结社的。学子结盟为进学,不涉及政治,政府不加干预,所以合法存在。凡带有政治色彩的,政府认为它有碍政权的稳定,一概不准存在。所以在君主专制时代不可能有政治性社团。而明末及延续至清初的社团的活跃,是在改朝换代的特殊情况下出现的,即明、清两朝当时都无力控制士人,在这权力强度削弱的空隙,带政治性的结社得以出现和存在,从全部历史看,这是短暂的一瞬间的事情,具有颇多的偶然性。

上面从四个方面说明宋清间民间社团组织和活动,此外还有很多社团没有提及,如宋代奉道的灵宝会(富家上供诵经),崇佛的庚申会(势家妇女供佛会),④明代浙江山阴的斗鸡社,⑤北京群瞽的茶会,⑥清代江苏青浦县绅衿的同

---

① 《清史稿》卷 500《沈文光传》,第 45 册第 13838 页。

② 《清世祖实录》卷 131,十七年正月辛巳条。

③ 王应奎:《柳南续笔》卷 2,第 171 页。

④ 耐得翁:《梦粱录》卷 19,第 167—168 页。

⑤ 张岱:《陶庵梦忆》,上海古籍出版社,1982 年,第 27 页。

⑥ 张瀚:《松窗梦语》,中华书局,1985 年,第 17 页。

文会(捐修孔庙)。①也有政治性的,没有有形团体,但实有帮派性,如北宋的新旧党争,明代世宗朝大礼议中的两派,熹宗朝的阉党、楚党、浙党,清代康熙朝废太子事件中的党争,等等,不再详说。

6.社会组织状况与功能小结

总括宋清间的社会组织状况,值得注意的是:

群体组织无论是形式和内容都比前一阶段丰富得多。如社会慈善事业出现了多种正规组织,就其具体机构讲不能维持多久,但其形式则是持续下来,把唐代不成形的、处于萌芽状态的群体因素固定化了,于是人生中的生、老、病、死,都开始有社会组织来关照,虽然它不普遍,不能解决多少问题,但那些慈善团体的出现,就是人们认识的提高,和向着解决问题方向的努力。又如民间的四邻结社有了较多的形式和活动内容。而民间秘密宗教的发展是前所未有的,它勃然而兴,把更多的受苦的民众卷了进去,尽管屡次遭到镇压,然而不屈不挠,旧的消失了,新的又冒了出来,成为专制统治者无法消除的隐患。又有新的宗教或已有宗教教派的产生和传入,外来的宗教总在寻求与中国传统文化结合的可能,以求站稳脚跟。工商业者在行业应官组织之外有了解决自身存在、发展的团体。这就使我们看到社会组织由先秦的极少,到秦唐间的有所增加,在宋清间更有较大幅度的增添,而且比较正规化,多已定型。

社会组织有利于商品经济的发展。工商业应官组织的行、会,作为工商业者与政府的中介组织,调节双方的关系,应付官方的科索,对工商业多少有一点保护作用。公所限制其内部竞争,有限制工商业发展的一面,同时又协调内部关系,允许一定范围的竞争,因此从总的方面讲它还是有利于工商业发展的。至于会馆,有多种功能,仅从商业看,它为商人在异地他乡的经营,提供居住、存货的方便,协调与地方土著的关系,增加与本乡官绅的联系,这些都为商业的发展提供便利条件。

社会组织丰富民众精神生活。古人受着科学不发展和物质生活不丰富的限制,不能掌握自身命运,迷信和惧怕神鬼,但是就在四处结社和宗教、会馆、公所、诗文社的活动中,包含了许多文化生活内容,欣赏了各种形式的文艺演出,或者自身参加进去,达到了自娱的目的。面对灾害、瘟疫的降临,疾病的缠身,由于这些活动,民众也得到一些精神安慰,多少从恐惧中解脱出来,所以

---

① 诸联:《明斋小识》,卷3《同文会》。

说社会组织的活动,丰富了人们的精神生活和文化生活。

专制主义政治决定了民众社会组织活动的数量、质量都有待于大大提高。专制主义政治不允许民众在政府机构之外再有什么组织,所以对民间的许多社团采用取消政策,只有维护其统治的予以保护。由于限制,民间团体还是数量很少,前面虽然说到不少团体,但是这是在上千年的时间里才有那么一些,除了松散的四邻结社和宗族,实际上大多数人没有自己的群体。有组织的,也只是宗族、合法宗教团体活动还多一点,其他则很少活动,一年不过一二次,这就是数量的不足;而在活动内容上,迷信、怪诞的成分不少,没有纯粹的政治团体,带有政治色彩的组织极少,只是偶而出现,这就是民间社团活动的质量不高。到了近代,这类数量、质量问题才有较明显的改变。

(四)社会结构变化的原因和意义

宋辽金元明清时代,社会结构较唐代以前有不少的变化。结构要素比前大量增加,相互关系较前复杂,它们间的矛盾运动对社会的发展起着直接的推动作用,而其本身状态的变动则与社会的经济、政治密切相关。

1.社会结构变化的内涵

宋清间社会结构比起秦唐间的有同有异,归结到一点是结构要素增加,社会构成趋于复杂,表现在新的社会团体相继出现,以致不能说这个时期的社会结构构成简单了;等级构架虽无变化,但各等级的成员和前期很有不同,有的消失了,有的是新生的,或者虽是同一种人,仍在原来的等级内,但其在全部社会结构中的地位却发生了明显的变化,也即不完全是原来的它,在和其他成分的结构关系中,实际地位发生了变异。这些结构成分的变动,就其内容讲,可以归纳为三方面:

其一,皇权加强的同时,政治权力下移。职官制度和贵族制度的变革,使得皇权强化到了无以复加的程度,贵族和官僚上层的权力被进一步削弱和分散,就宋、明、清统一时间长的王朝讲,贵族在政治上失去的权力最多,作用变小,过去的宰辅高官,变成了皇帝的"参谋长""秘书长",地位陡跌。而绅衿成为重要的等级成分,数量骤增,权力上升,控制地方社会,与贵族、大官僚权力的减弱相比,他们成为政治权力下移的得益者,也即移到了他们身上。这样,社会结构的变动是政治权力从贵族、宰辅处做上下的移动,向上是归皇权高度集中,向下是归绅衿分权,所以皇权加强与权力下移是一个事情的两个方面,看似矛盾,实有内在的有机联系。政治权力向绅衿方面移动,实际上是政治权力向社会权力转移,受益的除绅衿之外,还有能够掌握宗族祠堂和各种慈善救济团体的富人。

其二,生产劳动者权力回升。君主专制社会的生产劳动者是自耕农、佃农、农业佣工、手工业者、手工工匠、贱民半贱民中的工农业生产者,其中自耕农和手工业者属于平民等级,佃农、农业和手工业的佣工,在中古是半贱民,到了宋清间摆脱那种地位,回到凡人的行列。虽然他们的伙伴佃仆、雇工人留在屈辱的地位,但作为佃耕、佣工主体成分的他们毕竟走出了困境,恢复到秦汉时代的地位。而且不是简单的复原,有一部分佃农已经成为"一田二主"中的"一主",有了永佃权及其转让权,他们的平民地位是不可动摇的了,不可能再下降了。佃农和佣工与自耕农一起是社会生产基本劳动者,他们成为平民,意谓着社会主要生产者是凡人,社会生产由凡人来进行,这种社会就不是典型的宗法社会,而是具有宗法因素的社会。

其三,社会团体是社会中下层向社会上层权力挑战的武器。宋清间出现那么多新型团体,只有合法宗教是不分阶层的,什么人都可以信仰,佛教居士中有的是贵族,乃至皇帝,但此外的组织多是绅衿以下社会阶层的,文人结社专属于绅衿,公所为工商业者所有,会馆汇合绅衿、商贾,祠堂、善堂基本上为绅衿富人所掌握,秘密宗教纯属平民、下层平民的组织,半贱民、贱民只有暴动时才有团体。而贵族、官僚没有政权以外的单独组织,有组织的只是绅衿和平民,他们建立团体,是为发展自身的利益,在绅衿是借以取得地方社会权力,是向社会高层挑战,谋图扩大社区以外的利益,在平民是争取较好的物质生活,不满于黑暗统治。

2.社会结构变化的原因

宋清间社会结构的发生变异,导源于社会经济运动和政治斗争、民族斗争,试分别以明之。

第一,地主土地所有制发展的结果。

中古的身份性地主土地制为宋清间的非身份性地主土地所有制所取代,这时的土地制度是宋代人所谓的"田制不立",不识时务者还要求限田。[1]其实田制不立,就是不实行井田、占田、均田等制度,也不限田,任凭土地买卖,谁有钱谁就可以通过买卖占有土地,而不管他的身份,是贵族官僚,抑或是平民

---

① 《宋史》卷 173《食货志》,第 13 册第 4163 页。

百姓,甚至是贱民仆役。非身份性的地主占有了土地,就必然会在生产关系中改变过去身份性地主时代的状况,那时士族地主面对的佃农是依附农,这时地主是平民,就难于把佃农役使为依附农了。他没有强大的政治权力、政治力量控制得了佃农,难怪明朝立法,不许庶人有奴隶,农民、商人不能使雇工陷入"雇工人"处境,只有特权者才能拥有雇工人和奴隶,于是在生产关系中人身控制权大大削弱,广大雇佣劳动者和佃农成为平民。事物就是这样,对立统一体的矛盾双方,一方面地位高,另一方面就低;一方面下降了,另一方面就因之而提高,地主社会地位下降,佃农地位自然上升。土地所有制的变化,带来了农业生产关系的相应变化,反映到政治上就是等级结构的相对变动。

在实践上宋清间地租形态发生了变化,有利于佃农走向平民地位。这时地主在传统的分成制地租之外,采用定额租制,还有附加地租,要求佃农在正租之外交纳一些农副产品,并需到地主家无偿干几天活。这种额外剥削不在其数量多寡,而表示主佃双方有某种隶属关系,引起佃农不满,如明代福建佃农邓茂七起义就是反对附租"冬牲"引发的。佃农屡次斗争的结果,使地主被迫取消附租,或改收钱钞,这样附租所含有的主佃间的主从关系被金钱关系所代替。还有少数地主舍弃实物地租的剥削方式,改用货币地租,这更标志主佃间金钱关系的实质。地主在无法控制佃农人身时,或认识到这种控制对其实现地租不利时,愿意改善双方关系,用有利于佃农发挥生产积极性的办法,以保障其地租的实现,这是以削弱人身控制换取经济利益的保证。明清时代地主土地所有制所发生一些变化,地主出租土地时向佃农收取押金,这在经济上是多得到一些,但交了押金的佃农成为土地的某种意义的主人,从而获得了永佃权,这种佃权可以继承、赠送、出让,地主就不能任意起佃。形成"一田二主""一田三主"的局面,使得地主土地所有权的完整性丧失,而成了"一主"的佃农,在经济上都要与地主争衡,社会地位方面自然不甘心处于传统社会地位的角色。凡此种种,佃农平民化成为地主土地所有制暨生产关系变化的必然结果。

第二,统治阶级、剥削阶级成熟地运用经济手段制驭被统治、被剥削者,从而放松政治手段,促成等级结构变动。

上面说过地主在租佃形态上做文章,保障其地租收入,专制国家维护地主的经济利益,在使用政治权力的同时,也注意经济手段的运用。政府在赋税征收方面,从役重赋轻,转变为赋重役轻,进而把徭役摊进赋税中征收,于是赋役合而为赋税一种。役是人的负担,为实现徭役,政府要有控制人口的办法,故而特别重视户籍编审——户口登记,把国家掌握人口的多寡看做国家盛衰的标志,在这种制度下,严惩脱漏户口,不断地编审户口、大索貌阅、括户。但是役向赋转化特别是完成转化之后,政府为保证赋税收入,只要掌握有田民户的田亩和赋税额就可以,没有确切掌握人口的必要了,因此宋代以后括户的现象减少了,对隐漏户口的惩罚比唐代以前减轻了,如明律规定:"一户全不附籍,有赋役者家长杖一百,无赋役者杖八十。"比起唐朝的有役之家脱户徒三年来,减轻了四等。

对于这种现象,晚清侍郎、法律专家薛允升在《唐明律合编》中就此感慨地说:"古人最重户口,故脱漏之法亦严。此律具系仿照唐律纂定,罪名则轻重悬绝,明律重于唐律者居多,而此等类则轻于唐律,至今日而并无此等罪名,人亦不知有此等法令矣。古今之不同如此。"①是的,清朝实行摊丁入亩制度之后,很少再认真进行户口编审,更没有脱漏户口罪了。其实薛允升的感慨很好理解,把徭役转入赋税征收之后,政府再没有经济原因要去控制民人了,而用赋税的经济手段就完全可以了,从政治手段转向经济手段,更有保证得到赋役,是政府的统治更加成熟,更加高明。在这种情形下,人民的移徙权、从业权大大增多,很自然地佃农、佣工取得平民地位,政权更向纳税人地主、自耕农、商人开放,他们可以读书入仕,可以纳资买官职、买学位,总之,平民的地位随着经济力量的发展在提高,这就是社会结构变化的一个原因。

第三,民族政权造成贵族和下层民众的身份变动,影响社会结构状态。

辽、金、元、清兴起之时,社会形态落后,把一些汉族地区过时的东西带进中原,造成社会等级地位的升降。前已说过,辽、金、元宗室贵族特权较多,是复旧趋向,相应地奴婢和半贱民增多,把一部分平民汉人降低为官户、二税户、怯怜口、驱口、部曲。宋清时代社会等级发生矛盾现象,一方面是平民佃农、佣工地位上升,一方面又出现不少新的奴婢和半贱民,这后一方面虽然不是主流,但也在社会结构中作出反响,说明社会下层身份地位变化有反复,不是直线上升。

3.社会结构变化的意义

社会结构的变化对历史发展的影响是难于把握的问题,笔者认识肤浅,

---

① 薛允升:《唐明律合编》卷12,第2册第232—235页。

仅知结构关系的变动和等级斗争促进了社会经济特别是商品经济的发展,向前近代方向转化。

等级的变化,解放了生产力,促进社会经济发展。士族、豪强是落后生产方式的代表,他们的退出历史舞台,给劳动者有了较前更多的回旋余地,可以多发挥一些作用。宋清间自耕农所受特权等级的压抑有所减少,有益于他们发展生产。特别是佃农、佣工取得平民地位,租佃、东伙关系的调整,使佃农能在农业生产中发挥较多的主动性,如定额租就比分成制对他有利,分成制下增产多少,要被地主拿走规定的比例部分,而定额租制下多生产的,佃农多得,与地主不相干,佃农自然乐于积极生产,增加劳动投入。附加地租的取消更具有人身解放的性质,鼓舞了他们的生产兴趣。商人和手工业者地位的变化,对他们发展手工业生产和扩大商品流通的积极性,是不言而喻的事情。奴仆和准奴仆中的一部分人的开豁从良,更是解放生产力,促使他们热情劳动。劳动者生产热情的发挥,带来了生产提高和经济的发展。

在传统自然经济内部,商品生产和商品经济宋代已相当活跃,于明代中期产生了资本主义生产关系的萌芽,并在鸦片战争前的清代得到了一定发展。它的出现标志君主专制社会已走进衰落期,或者说晚期,已不可能继续长期维持下去了。在我国,商品经济的发展和资本主义萌芽的出现,和劳动者平民化(或就是平民)是同步进行的,不可能设想广大劳动者是农奴、工奴、奴隶,商品能有广阔的市场,商业能繁荣,包买商的采购对象只能是平民劳动者——独立手工业者,而不能是准贱民和奴婢。当广大劳动者成为平民等级成员之时,也就是君主专制社会等级制危机之日,也就是这种制度危险到来之时。特权等级的特权是对平民等级和贱民等级的压迫、剥削而产生的,当平民等级与特权等级距离缩小、贱民等级成分减少,特权等级就有相当程度的危机,就不容易长期维持下去了。

等级斗争与阶级斗争的结合,迫使统治者采取让步政策,调整社会矛盾。

前述邓茂七起义反对附加地租取得效果,宋清间这类斗争很多。北宋王小波、李顺起义,提出"吾疾贫富不均,今为汝均之"①的口号,这是社会贫富不均造成的阶级矛盾的反映。南宋初钟相起义,发出"法分贵贱贫富非善法,我

---

① 王辟之:《渑水燕谈录》卷8。

行法,当等贵贱,均贫富"①,并把富人的财产分给贫民,叫作"均平",称宋朝的法律制度为"邪法"②,在反对贫富不均的同时,批判贵贱有别的等级制度。明朝年间,包括邓茂七在内至少有四次民众暴动首领自称"铲平王",表示要铲除社会上的不平等现象,特别是明末江西吉安暴动的奴仆头领称的铲平王,意思是"铲主仆贵贱贫富而平之也",他们责问主家:"均人也,奈何以奴呼我?"③表现出对贵贱等级制度的强烈不满。李自成提出"均田免粮""贵贱均田"④的口号。对均田的内涵,是平均土地,还是平均赋税,今天史学家认识不一,即以均税论,是要求特权等级与平民等级一样完纳赋税,以减轻平民等级的负担,是从经济领域表现出对特权等级和不平等的谴责。

以农民为主体的平民的等级斗争和阶级斗争的结合,打击了特权等级、地主阶级的力量,也使他们知道完全按照旧办法统治不下去,促使他们的政治家、思想家去思考和进行改革,国家因而放松对平民劳动者的控制,地主改变地租形态,法令改定主佃关系,承认佃农、佣工劳动者的平民地位,如元末农民战争之后,明朝统治者"惩元末豪强侮贫弱,立法多右贫抑富"⑤,确定主佃的"少长"关系,就不是偶然的了。政策的调整,以至于等级差距的缩小,是等级制度的危机,也就是说等级结构的内部矛盾运动,与社会上的阶级矛盾的结合,使等级结构不能依旧维持下去,它必将继续作出改变,以适应时代的变化。

总之,资本主义萌芽从社会经济内部产生新的力量,尽管极其幼弱,但已开始冲击君主专制社会经济结构,发展下去,势必延伸到政治领域和上层建筑各个方面,必将给予等级结构以重大冲击、破坏。等级结构内部的下层等级的斗争,也会随着他们经济势力的发展,要求进一步改变社会地位、政治地位,反对抑末政策,反对等级特权及特权等级,希望等级结构和社会结构变化。中国君主专制社会的等级制度和社会结构发展到明清时代已进入晚期,处于不得不变动的状态。

---

① 《三朝北盟会编》卷137,建炎四年二月。

② 鼎澧逸民:《杨幺事迹》卷1。

③ 同治《永新县志》卷15《武事》。

④ 查继佐:《罪惟录》传卷31《李自成传》;卷17《毅宗纪》,四部丛刊本。

⑤ 《明史》卷77《食货志》,第7册第1880页。

五、近代(1840—1911)变动中的社会结构

鸦片战争至清朝灭亡(1840—1911)的近代社会结构,是君主专制社会结构向资本主义社会结构的过渡型态,不过它处于变革的初期,在许多方面有了近代的气息,虽然不浓烈,但毕竟不是纯粹的君主专制社会结构了。

(一)变动中的等级结构

近代社会的等级构成,仍然和君主专制社会后期一样,由皇帝、贵族、官僚、绅衿、平民、准贱民、奴婢诸等级组成,不过在各自内涵上发生了或大或小的变化,相互关系也有所改变,这里仅就变动部分作简单的说明。

1.实际权力缩小的皇帝

名义上讲,鸦片战争以后皇帝的权力并没有改变,但是在实际上,他的权力削弱了,很多诏令无法贯彻,反对的事情臣民去做了无力禁止,这是下述三种因素造成的:

外国资本主义入侵势力,屡次打败中国,迫使清朝签订不平等条约。领事裁判权的确立,使中国丧失治外法权,殖民主义干涉中国内政,甚至影响到光绪帝的存废。清朝皇帝在《南京条约》签订后犹作抗争,但从 1860 年《天津条约》《北京条约》之后,一步一步地屈服了,在洋人面前直不起腰,在臣民面前威严丧失不少,政治权力随之难于全面落实。

地方势力发展,皇权受到阻碍。清朝为镇压太平军、捻军和陕甘回民武装,重用湘军、淮军和掌握他们的汉人,而中央财力不充足,湘军、淮军军饷相当一部分要自筹,奉命出境打仗,要自行解决大部分军饷,于是征收厘捐,补充军用,开始在战争省份实行,后来波及全国各省。厘金成了地方官的小金库,向户部报不了账的,就用厘金,因此"各省实收之数,竟数倍报部之数"[①],这样地方有了经济力量。收厘金养活本省军队,使湘军、淮军等地方部队与本地发生不可分割的关系,地方势力因而拥有军队和财权,这样就可以隐蔽地或公开地抗拒中央政令,以至于八国联军侵占北京,慈禧太后和光绪帝逃亡西安,而两江总督刘坤一、湖广总督张之洞等实行东南互保,坐视不救。

改革政体,预备立宪,是皇权的让步。光宣之际,宣布预备立宪,1907 年设

---

① 《清史稿》卷 125《食货志》,第 13 册第 3698 页。

立资政院,评议政事,1911年建设弼德院,参议政事。即使实行宪政,"大权统于朝廷,庶政公诸舆论"①。皇权本身没有变,但是要用资政院对政事发表评论,让它用舆论起监督作用,而且资政院议员,除了来自贵族、官僚,还有读书人,更有纳税多的人,这税民不就是平民商人、地主吗!他们也要以议员资格大模大样地发表意见,这在历史上是从来没有过的事。唐代有门下省,历代有六科给事中,可以对皇帝的命令行使驳议权,但那是官员私下进行,而议员处于官民之间,也对皇帝政治评头论足,这确是前所未有的。其实君主立宪制,已经是在政体上改变皇帝独裁制度,是皇权的让步。

如果说地方势力发展抵制了皇权,这在其他朝代的中后期也是发生过的。如唐代的藩镇割据,不足为奇,那么资本主义侵略者干涉中国内政和君主立宪是前所未见,他们的出现真正使皇权削弱了。

2.宗室权力的回光返照

在晚清,清朝宗室企图控制中央政权,排斥官僚,占了不少重要官位,如总理各国事务衙门。光绪帝死后,摄政王载沣监国,力图用宗室掌握军权,兼掌禁卫军。载洵为海军大臣,载涛任军谘大臣。1910年内阁共有十三名成员,皇族占据七个,总理大臣是皇族庆亲王奕劻。他们排斥汉族官僚,迫使其中最有势力的袁世凯洹上养疴。可是宗室又很无能,控制不了政局,及至辛亥军兴,又不得不请回袁世凯维持残局。皇族不甘心,组成宗社党作垂死挣扎,遭到革命党人打击,最终没能挽救清帝的逊位命运。晚清的宗室势力已无法与清朝兴起时相比。强弩之末,焉能穿缟,所以光宣之际的皇族掌握朝政,犹如病危之人回光返照,行将寿终正寝。

3.官位贬值

官员的崇高地位和形象,到近代大为改变。清朝镇压民众起义费了九牛二虎之力,成功了,酬劳与事者,大量提升、加级、加记录,没有那么多官位,候补的骤增,高级别的人做小官,拥有四品衔出任七品知县,是常见现象。人们眼中官衔的位置降低了。政府军费、赔款需要大量货币,经常使用捐纳手段卖官。这时买的不仅得个虚衔,有的可以直接上任,官至道员,这就是《清史稿》所说的"军兴饷绌,捐例繁多,无复限制,仕途芜杂日益甚"②。卖官名声不好

---

① 《清史稿》卷113《选举志》,第12册第3247页。
② 《清史稿》卷112《选举志》,第12册第3237页。

听,有时政府也想限制,如同治元年(1862)不许商人捐纳为正印实官,可是许多人对虚衔不感兴趣,非实缺不捐,政府为要钱,只能又卖实缺。买官的人出身繁杂,商人不少,这是舆论看不起的人,他们往往也不会做官,于是就像《二十年目睹之怪现状》《官场现形记》描写的那些官场,丑态丛生了。前述皇帝在洋人面前直不起腰,官员更甚,真如同《官场现形记》里制台见洋人那样尴尬,他在部属和百姓中的权威,不说一落千丈,也大大下跌。真是"夷扰以来,民不畏官",因为人民眼见清军吃败仗,官员求和,就不那么尊重他们了,而官员本身也有点自惭形秽,不太敢像过去那样显现威风。①

4.绅衿社会地位进一步上升

进入绅衿等级的成员大增,下级武官,武举,非正途出身的候补官、捐纳人员、留学生、学堂毕业生,都成了绅士。由于战争多,下级武官多得很,退役返乡,也可进入绅衿行列;光绪年间留学生大增,1906年留学生即有八千人左右。他们的社会地位,以清末江苏南汇县的士风来说,据记载是:"不肖人士持一衿作护符,结交书役,牢宠保甲,恐吓乡愚,鱼肉善类,在官称之曰'衿董',亲友舔之曰'出场人',乡民恶之曰'吃白食'。"②他们管理地方公共事务,自称代表民意,所以官方尊重他们为衿董,亲友羡慕他们是能与官府接交的头面人物,乡民虽然厌恶他们的作风,但也无可奈何。

从三种人物方面表现,衿和绅一起控制了社区,地方上离不开他们。他们地位的重要,从资政院议员的选举条件得到进一步证明,资政院议员由钦选一百名,由各省谘议局议员互选一百名,钦选的有硕学通儒十名,占总数10%,其硕学通儒的条件是:"一,不由考试,特旨赏授清秩者;二,著有有裨政治或学术者;三,有入通儒院之资格者;四,充高等及专门学堂主要科目教习五年以上著有成绩者。"③由谘议局选的议员其各省名额的确定,"参酌各省取进学额及漕粮多寡以定准则",即读书人的多少是决定该省议员数量的首要条件,至于当选议员资格,更是要有学历的,任教职,当过官的。④总之,绅衿充议员,并在资政院中占有不可忽视的地位。近代社会,绅衿由于从事地方公共

① 段光清:《镜湖自撰年谱》,中华书局,1960年,第52、64页。
② 民国《南汇县续志》卷18《风俗》。
③ 《清史稿》卷113《选举志》,第12册第3250—3257页。
④ 《清史稿》卷113《选举志》,第12册第3250—3257页。

事务,有的兼营工商业,又拥有经济实力,不仅在本地有势力,而且代表地方在省里有一定地位,所以绅衿在社会结构中地位更重要了。

5.平民中的商人、地主

他们的社会地位有了较大提高,特别是商人,将在本节第二个题目中说明。

6.贱民

雍正年间对贱民中的世仆、伴当、乐户、堕民、疍户等开豁为良,但是贱民必须改变职业,而且四代以后才能读书做官,所以除豁令之后,宥于特权等级的习惯势力,以及这些贱民难于改变原来的职业,他们当中的大部分人并没有真正摆脱贱民地位。到了清末,随着西方平等、人道主义、博爱观念的传入,社会开明人士和贱民为解放而奋斗。光绪末年宁波人卢洪昶说:"同是人也,而强名'丐'、名'堕'以辱之,不平何如焉?吾誓拯之出,以全人道。"①在他们的努力下,开办堕民子弟学校,获得政府批准,毕业生可以与良民学校毕业生一样"给予出身"②,这标志着浙江二万多堕民取得平民地位。在广州,由于宣统元年(1909)的释放令,"各姓仆户纷纷脱籍","自是而后,仆户、疍户均一视同仁,无拘畛域矣"③。清末是贱民的又一个解放时期。当然说他们得到社会上一视同仁的对待也不完全符合实际,就以他们自身讲,也没能完全挣脱旧职业、旧观念的束缚,鲁迅说:"绍兴的堕民,直到民国革命之初,他们还是不与良民通婚,去给大户服役。"④社会还没给他们提供从事其他职业的条件,他们只能以旧方式维生。但是无论如何,清末贱民又一次得到解放。

近代的等级制特点,是等级秩序状态的变化。由于君主专制社会变成半殖民地社会,向资本主义社会过渡,中央集权的皇权下降。政权失控,地方权力上升,地方自治、民治的呼声和力量有所抬头,并反映到政治上,表现在绅权的加强,这是一种扭曲反映,因为本应当是平民本身地位的提高和以本等级的人物反映其政治要求,可是实际上却是通过接近他们的绅衿表现出来的。

---

① 民国《鄞县通志·文献志·丁编·堕民脱籍始末记》。
② 《清德宗实录》卷536,光绪三十年十月丙寅条。
③ 宣统《南海县志》卷4《风俗》。
④ 鲁迅:《鲁迅全集》第6卷《病后杂谈之余》,第142—143页。

(二)资产阶级与工人阶级的产生

近代社会与两千年来君主专制、地主制经济社会的一项重大不同,是产生资产阶级与无产阶级。明清以来的资本主义萌芽所产生的初期资者和无产者,到了近代,有少量的分别成为资产阶级和无产阶级的成员,而这两个阶级的成员来路广阔。资产阶级多由买办商人、地主、官僚转化而来。

1.买办和资产阶级

买办是西方资本主义经济侵略势力的产物。西方商人来华贸易,需要帮手,鸦片战争以前在广州通商,通过十三行进行贸易,利用公行制度下的通事、捎客;五口通商以后,西方商人向中国东南沿海、长江流域发展贸易,并向北方和内地推进,其中上海成为"中外贸易之中枢"①,广东的捎客、通事随着西洋商人北上,甚至洋商未到,他们已先到达。19世纪四五十年代在上海为中外贸易服务的通事有一半是广东人,②甚至达到三分之二的惊人比重。③捎客逐渐成为外商的代理人,和通事一起,变成为买办。④起初买办代表外商洋行收购丝、棉、茶叶,推销洋布、洋杂货,贩卖鸦片烟。他们凭借洋东家的势力,抑勒民众,威胁官方,进行走私逃税和非法贸易,是西方侵略势力的爪牙。后来外国资本在华开银行、保险公司、轮船公司、工厂,买办也在这些企业中产生。买办进入洋行,要与行东订合同,规定雇佣期限、报酬、义务,他要交纳保证金,生意做坏了要赔偿,因此他同行东有争持的一面。他们的收入包括薪金、佣金,附股的利润及杂项,相当丰厚。

买办在洋行搭股,资本雄厚了,就抽出来自行办商号、企业,经营茶叶、钱庄。他们向民族资本转化,或者和洋务派经营的官办企业结合,参加开设官督商办的近代企业,主要经营造船、航运、纱布、矿冶、电讯、保险等行业。

2.官僚和资产阶级

19世纪七八十年代发生洋务运动,官场掀起兴办新式企业的浪潮。官办近代企业,是为制造军火、维修武器装备,最早由曾国藩于60年代兴起,在上海建立江南制造局,而后出名的是上海轮船招商局、开平矿务局等企业。上海

---

① 徐珂辑:《清稗类钞》,第5册第2351页。

② 王韬:《瀛壖杂志》;参阅冯尔康《清代广东人在上海》,收入《中国史论集》,天津人民出版社,1993年。

③ 汪敬虞:《唐廷枢研究》,中国社会科学出版社,1983年,第23页。

④ 参阅汪敬虞:《唐廷枢研究》,第26页。

招商局,由李鸿章倡导,始办于同治十年(1872),买办出身的广东香山人徐润投资白银 48 万两,唐廷枢 8 万两,陈树棠 10 万两,盛宣怀 4 万两,朱其昂 3 万两。徐润又从亲友及亲友之友人中招股,集资 50 万~60 万两。也是香山人的唐廷枢"凑集商股数十万",并招徕侨商资本。①1883 年,上海招商局有资本 200 万两,在天津、牛庄、烟台、汉口、福州、广州、香港、横滨、神户、吕宋、新加坡设立分局。1877 年由李鸿章倡导筹建开平矿务局,1881 年私人投资 100 万两,次年上海招商局投资 21 万两。上海机器织布局,1878 年筹划,1880 年郑观应、龚寿图招商集股 50 万两,1894 年盛宣怀招商股 100 万两,改名华盛纺织总局,在宁波、镇江等地设立十家分厂。1877 年开局的池州煤厂,创办人为广东人杨德,他原来是汉口宝顺洋行买办,集资 10 万两,其中 3.8 万两系上海招商局股份,其余的多为杨德投资。此外还有由沈葆桢主持的基隆煤矿,左宗棠操办的兰州织呢局,张之洞倡设的汉阳铁厂、大冶铁矿,李鸿章操持的平泉铜矿、电报局(始设于天津,继改设总局于上海)等。

这些企业的投资者有买办,有官僚,有商人,由官方任命的投资者经办。这些官督商办企业,有个别的实系商办,如池州煤矿。这些企业的开办,买办出身的资产者起了重大作用,如唐廷枢、徐润在上海招商局集股中起了决定性的作用,原来由朱其昂操办,无起色,李鸿章改派唐廷枢为总办,唐先是上海怡和洋行总办,主持过该洋行航务部,投资英商主办的公正、北清轮船公司,自家开设茶、盐、当、钱庄,在上海、武汉、天津、扬州、镇江等地设店。他们积累了办企业的经验,特别是在洋行期间,学习了西方近代企业的管理方法,用到上海招商局的经营中,立见成效。李鸿章称赞他"熟悉商情,明白笃实","贸易有年,声望素著,经验极熟"。②徐润先在上海宝顺洋行学徒,做买办,也学会了西方经营方法,继唐廷枢主持招商局,吞并美国旗昌公司,使"招商局轮船得与外洋诸公司争衡,中国国旗飘扬于英京"③。

3.商人、地主、绅衿与资产阶级

原来从事传统商业的商人有的改而开办近代企业,也有地主、绅衿、华侨

---

① 徐润:《徐愚斋自叙年谱》,载中国近代史资料丛刊《洋务运动》第 8 册。

② 招商局档案,李鸿章札饬候选同知唐廷枢,同治十二年五月十日,转见张后铨主编《招商局史》(近代部分),人民交通出版社,1988 年,第 44 页。

③ 民国《上海县志》卷 17《游寓·徐润传》。

经营纺织、缫丝、面粉、煤矿、铁矿、修造船只等新式企业。中国第一家民营的机器缫丝厂南海县继昌隆号,是 1872 年由华侨陈启源创办的,在当地影响很大,不久新增三、四家机器缫丝厂。铁匠出身的林文于 1875 年在上海开设建昌机器厂,到 1895 年已具相当规模。1878 年天津出现贻来牟机器磨坊,1882年徐州利国驿煤铁矿开办,1903 年华侨张煜南出资 50 万两与谢荣光等开办潮汕铁路有限公司。经营规模巨大的是南通状元张謇,1907 年创办和参加投资的企业 25 个,资本 900 余万元。

4.资产阶级要求政治权力

近代资产阶级产生,经济上力量不大,人数不多,在企业管理上保留了许多自然经济时代传统成分,政治上还没有多少法定的权力,但它却受着外国资本主义侵略势力和国内传统社会势力的压抑,它在同两种势力的斗争中,取得一些效果。资产阶级开办的近代企业虽然力量弱,但多少也阻遏了外国资本主义经济的侵略,保卫了民族利益。买办出身的郑观应就自身经验给侍郎张荫桓写信:"(我)初则学商战于外人,继则与外人商战,欲挽利权以塞漏卮。"[1]中国资产阶级与外国资产阶级的斗争可以用"商战"来说明,他们学习西方的经营管理方式,与西方侵略作斗争,多多少少挽回一些经济上的利权,如上海轮船招商局在海内外设立那么多分局,轮船航行在黄海、东海、南海、太平洋、大西洋,清朝龙旗不是靠着军舰而是商船飘扬到东瀛、南洋和英伦上空。资产阶级所办的企业在一定程度上推动了近代经济的发展。可以用郑观应的话说,它是"振兴中国商务之权舆"[2]。在资产阶级中买办资本家一向是为人们痛责的。其实买办资本向民族资本转化,是历史的进步。[3]

资产阶级为了本身的发展,必然要求政治的权利,以保证和发展经济利益。他的政治要求离不开社会传统因素和现实环境的影响,所以其内容也有传统的和新型的不同。他们要走向官场和取得绅衿地位,多采用本身捐纳买官和让子弟走科举道路。他们经济力量较强,捐官一捐就是捐纳制度所允许的最高级别——四品道员,次则五品同知,当然很少能够实授,多是取得虚

① 《复考察商务大臣张弼士侍郎》,《洋务运动》第 8 册第 83 页。
② 《郑观应集》,上海人民出版社,1982 年,上册第 617 页。
③ 汪敬虞:《唐廷枢研究》,第 129 页。

衔,可是在官督商办企业中的主持人,如唐廷枢、徐润、盛宣怀、郑观应、严信厚、祝大椿、朱其昂等都是亦官亦商、半官半商。商人捐官,远离国土的华侨也不乏热衷者,如在新加坡的陈鸿勋捐有都司衔,当 1866 年斌椿奉使出访西欧路过狮城,他竟"顶帽补服"会见斌椿。[1]

资产阶级一面希望子弟走读书做官的道路,一面送到外国留学。在清末废科举制之前,他们对科举并不放弃。徐润和他的家族成员在上海经商,年青一代跟随在沪,一到科举时他们就返回广东老家应试。1875 年的一天,徐润开宴会,为堂弟宷臣、笏臣、赞臣赴美留学,小勤回粤应童子试送行,1883 年其弟可大中秀才。[2]徐氏三兄弟留学美国,是容闳办理的幼童留美第三次。他共办四次,派出 120 人,其中广东人最多,有 84 人,占总人数的 70%,就中香山县就多达 40 人,此外江苏 21 人,浙江 8 人,安徽 4 人,福建 2 人,山东 1 人。[3]粤籍学生多,江浙次多,乃因这里商人多,人们思想比较开化,敢于让子弟出洋。

资产阶级要求直接的政治权力,参议政事,改良运动所提出的君主立宪制主张,颇能表达他们的愿望。清朝的政府到了 20 世纪初开始考虑他们的要求,1907 年农工商部制定《奖励公司章程》,规定给予资产者该部议员、顾问的条件:集股 20 万至 100 万元以上者,授予该部各等级的议员;集资 200 万至 2000 万元以上者,授各等级顾问官;集股 1000 万元以上者,另授予其子孙三代世袭顾问官或议员。在前述资政院 100 名议员中,有"纳税多额人"10 名,这种人是"年纳正税或地方公益捐,在所居省份占额较多者"。各省谘议局互选的议员,除了学历的条件,还有为有资产者考虑的条件,即"在本省地方有五千元以上之营业资本或不动产",或寄居者,要求满十年以上,"有万元以上之营业资本或不动产者"。[4]不用说,营业资产和纳税额的规定主要是为资产者考虑的,其次是为大地主。

资政院和各省谘议局的设立和农工商部奖励条例,使得少数工厂主、铁路股东、资产阶级化的士绅成为议员、顾问,但是人数太少,无力量反映意见、要求,而且君主立宪迟迟不能实行。江苏省谘议局议长张謇倡议召开了十六

① 斌椿:《乘槎笔记》,《小方壶舆地丛钞》第 11 帙第 42 页。
② 徐润:《徐愚斋自撰年谱》,《洋务运动》第 8 册第 113、133 页。
③ 李喜所:《近代中国的留学生》,人民出版社,1987 年,第 39 页。
④ 《清史稿》卷 113《选举志》,第 12 册第 3250、3255、3257 页。

省谘议局代表会议,决定成立国会请愿同志会,三次赴京请愿,还联合了各省商会政团、华侨团体代表以及部分资政院议员和督抚,但毫无成果。资产阶级革命派的代表则在组织革命政党,策划武装起义,走推翻清朝统治的道路。这方面的内容,将在社会团体一目中说明。

5.工人阶级

与资产阶级相伴而生的是产业工人,如矿工、海员、码头工人、纺织工人等,他们受资本家的剥削,工时长,工资少,缺乏劳动保护,还受把头的欺凌,常常遭到体罚、搜身等人身侮辱。这是传统宗法性的因素,但不是隶属关系。工人来自破产的农民和城镇贫民,本来就属于平民范畴的人,这时依然是平民。他们在剥削压迫到难以维生的程度时,进行各种反抗斗争,以至举行罢工,如1890年江南制造局新任总办刘麒祥将八小时工时延长到九小时,工人罢工,刘被迫同意增给伙食费,工人乃复工。有的工人组织自己的团体,相对主家的"东家行",叫作"西家行",以维护自身利益。关于这个组织,后面还有机会谈到。

(三)社会群体的激增

近代社会组织的相继出现,在清季有蓬勃发展之势,诚为历史上前所未有的现象。事情还不仅是数量的增加,更重要的是内容上的变化,新生的社团带有一些近代因素,甚至有资产阶级政党的出现,就是传统的组织,往往也有一些新内容,也融入了或多或少的时代气息。

1.进一步民众化的宗族

近代宗族族长还在维护他的权力,宗族的公共经济、族人的互助比鸦片战争前有所发展,但值得注意的是宗族下述活动:

反对族人吸食鸦片烟。西方侵略者在华进行罪恶的鸦片贸易,一开始就遇到中国宗族势力的抵制,早在乾隆年间,东莞王氏宗祠家规就有"禁鸦片"的内容,[1]这可能是由于当地处于华南沿海,鸦片走私多,而当时广大内地鸦片尚少,自道光朝起流毒各地,不可遏制。不过有很多宗族为此做出努力,光绪初年编纂的《毗陵修善里胡氏宗谱》所载《家诫》,有一条是"勿吃洋烟,倾败家产"[2]。武进胡氏看到吸食鸦片烟给人们带来倾家荡产的危害,禁止子弟服

---

① 乾隆《鳌台王氏族谱》卷3《家规》。
②《毗陵修善里胡氏宗谱》卷1《家诫》。

用。光绪二十二年(1876)湖南平江叶氏订定《宗约20条》,其中有"不可贩卖洋烟,贪婪物件"[1],即不许族人为了赚钱,贩卖鸦片,干伤天害理的事情。鸦片是近代西方侵略中国的工具,宗族看到这个问题的严重性,自发地做抵制工作,符合时代的要求,也是爱国主义精神的表现。

宗族会议。到了晚清,西方君主立宪、议会的观念传入中国,宗族的族长制在沿海开放地区,受到了一定的冲击,族人不满意族尊独揽族中事务的状况,要求有议事权,于是倡导实行宗族会议制度,1905年上海王氏、朱氏两个宗族仿照自治政治的方式,"集族人为族会,从事家族立宪"。1909年上海曹氏宗族也成立族会,以"联络情谊,清厘公产,保管祖坟,修辑族谱"为目标,召开族人会议处理族内公共事务。[2]族会是祠堂的发展,使族人比在祠堂制时有较多发言权,是宗族组织管理制度的变化,体现了近代民主精神,是一种进步。

侨民宗族对血缘观念的某些改变。古代宗族以血缘关系为绝对的组织原则,讲究同姓同宗,同姓不宗的不能作为一族,更不允许异姓乱宗。只有皇家的赐姓、奴仆随主姓,容易混淆。同姓同宗的观念和做法,到近代海外移民中有了很大变化。1860年《北京条约》之后,清朝允许劳工出境,西方资本家大量招华工出洋,几百万华人到了南洋、美洲、澳洲各地,他们为了生存,组织同乡的团体——会馆之外,就是宗族的祠堂,如槟榔屿的林、杨、邱、李、谢、黄、王、胡、梁、陈等姓都设立家庙,印度尼西亚有汾阳世家、高阳公祠、杨氏联谊会,人们逢年过节祭祖,清明扫墓。[3]华侨出洋,固然是沾亲带故的同行,或追随前住,但是凑集在一起的宗人究竟有限,为扩大力量,凡是同姓就认为是亲骨肉,就是同宗,共同建立宗族团体。[4]这一现象说明,在移民当中,特别是海外华人易于破坏同姓不宗的原则,改变宗族面貌,以适应其扩大社会联系的需要。

吸收非血缘关系者参加家族,以宗族会议的形式允许较多的族人关心宗

---

① 民国《平江叶氏族谱》卷1。

②《上海曹氏族谱》卷4。

③ 力钧等:《槟榔屿志略》,见《晚清海外笔记选》,海洋出版社,1983年;温广益等:《印度尼西来华侨史》,海洋出版社,1985年,第438页。

④ (印尼)林天知:《三宝垄历史(1416—1931)》,李学民等译,暨南大学华侨研究所,1984年,第151—152页。

族事务,这是近代宗族进一步民众化的表现。当代宗亲会的较多出现,是宗族的又一种发展。看来宗族团体是处在变化中。这种变异,表明它能适应时代的要求作相应的调整。本来血缘家族是在自然经济条件下,人们为生存而建立的宗法团体,含有互助性质,那时生产不发展,商品经济不发达,人们聚族而居,成为建设宗族的先决条件。照说,商品经济活跃之后,与自然经济共存的宗族应当逐渐削弱,退出历史舞台,而事实不然,它却日益民间化,为更多的民众所接受。原来,它随着时代的变化,去适应人们互助的要求,作为一种互助的现成形式,人们只需要增加一点内容,就可以利用了,故而不是聚族而居,只要碰到一起,哪怕不是同宗,或者说五百年前的同宗,人们就利用起宗族组织,互相援助:帮助寻觅职业,协助成员解决与他人的争竞,对生活困苦以经济的支援,等等。人们离不开它,尤其是移民。聚族而居与移民社会,自然经济与商品经济,完全是相反的东西,宗族却能同时在其中出现,说明宗族组织有随社会变化而变化的适应性,具有强烈的生命力,将有长久的生存时间。20世纪一二十年代社会上有废家族的舆论,当时有人认为此说"不达事体",因为"国之团结始于一家,家家有自治之能力则一国有自治之能力,夫如是,家族之义宁可不有以广之乎"①。社会的实践证明宗族未能消失,事情不在宗族之有无,而要视其与社会的关系,视其能否以及如何适应社会的需要,去发展它的生命力。

2。会馆和善堂

会馆和善堂等传统的地域性组织,近代有了新的发展,主要体现在扩大和新内容两方面。

(1)会馆

会馆在工商城镇继续增加,如广东人在上海设立的会馆,有乾隆二十四年(1759)建立的潮州会馆,乾隆四十八年(1783)的海隆饶会馆,道光二年(1822)的揭普来会馆,道光十九年(1839)的潮惠公所,都是潮州人的组织。近代以来广东人到上海的骤增,出现嘉应公所、广肇公所、南海邑馆、顺德邑馆。于是广东广州府、肇庆府、嘉应州等地的人在沪也有了自身的组织。

会馆与祠堂一样为华侨所乐于创办,它是一省、一府或一县的同乡组织,在会馆称谓之外,或称作公所、公会、公司、同方会。在有华侨的地方往往就有

---

① 潮州《洪氏族谱》,洪己任《汕头三瑞堂创修族谱序文》(1992年)。

这种团体,较普遍,如西贡有福建会馆、广(州)肇(庆)会馆;堤岸有潮州、嘉应、琼州三所会馆;河内有福建会馆;海防有华商会馆;槟榔屿有平章会馆;新加坡有福建会馆;吉隆坡有闽人会馆;仰光有宁阳会馆;巴达维亚(雅加达)有中华会馆、华侨公会、广肇会馆;棉兰有福建公所;三宝垄有洪义顺会馆;印度尼西亚还有嘉应州、潮州、琼州、永春、福州、玉融(福清)、晋江、安溪、金厦、同安各地会馆及江浙公馆、梅县同乡会、永定公会、山东公会等,真是"南洋随地皆有会馆"①。华侨会馆是用群体的力量谋求经商、作工的利益,聘请状师,代打官司,别设义冢、义学,赈济贫病同乡。这与内地的会馆一样,如在上海的广肇公所,"凡广、肇两府(人)之事,俱归公所经理,联乡里而御外侮,公益诚匪浅焉",它附设有新山庄义地、三元宫义学。②

(2)专业行会

有的专业行会,不只是东家的,把佣工也包括在里面。光绪二十四年(1898)佛山镇重修的轩辕会馆,是成衣业的行会,成员中含有"宾主东家""西友"和"长工",③显然西友为成业匠,长工则是勤杂工了。佛山有两个兴仁帽绫行,一为东家会馆,设在社亭铺;一为西家会馆,坐落在舒步街。④制帽业工人有自己的组织,与雇主的东家会馆,各谋自身的利益。被雇用者有了自己的团体,说明手工业的发展,同时证明工人的觉悟,其实像成衣行会那样把工人包括进去就是进步,不过工人有自己的社团是又前进了。到了光绪末年、宣统年间,各地商人纷纷成立商会,为各业商人之联合会。

(3)善堂

善堂团体在近代的活动较前代显著。育婴堂、仁济堂、清节堂、义园之类的慈善机构,出现的较多,这是因为公所、会馆、教堂和有钱的人都乐于开办。散布到内地城乡的传教士多注意于慈善事业,应当引起重视。善堂出现了新形式,苏州洗心局,同治十年(1871)建立,民建公助,收容"旧家子弟不肖者"⑤,即浪荡公子、败家子,家庭宗族管不了,自身又无约束力,由洗心局对

---

① 力钧等:《槟榔屿志略》。

② 徐润:《徐愚斋自撰年谱》,《洋务运动》第 8 册第 113、183、186 页。

③ 《明清佛山碑刻文献经济资料》,第 253 页。

④ 《明清佛山碑刻文献经济资料》,第 341 页。

⑤ 民国《吴县志》卷 30《公署》。

174

他们实行半强制性的管教。北京、苏州还出现贫民习艺所，强迫有毛病的青年入所学手艺，以便出所后有谋生之道，这种方式的运用，是从西方学来的。

在近代慈善事业中，从事赈济成了一大项目。每当某地发生大灾，政府允许各地人士设立捐局，募集捐款，送往灾区，其中特别热心人士会得到政府奖励。

（4）社学

明朝初年政府命令各地设立社学，教民读书，但官吏奉行无状，办得不好，所以明太祖加以指责。到明中叶右都御史、总督两广军务秦纮，因广东多盗贼，乃"设社学，编保甲"①，使社学起着维护治安的作用。延续到清代，广东城乡仍有社学，"联守望，备非常"为其宗旨，②治安系统组织性质更鲜明，民人按户参加，由绅衿、耆老管理。鸦片战争中，英国侵略军攻打广州，清军投降，签订《广州和约》，人民基于义愤，自发杀敌，举人何玉成、菜农韦绍光等乃以社学为渠道，联合南海、番禺、增城四百余乡民众，打击英国侵略军，形成著名的三元里人民抗英斗争事件。

3．从秘密结社到会党

近代在长江流域及其以南地区，乃至海外，有各种秘密组织的活动，那些团体可分为天地会、哥老会、青红帮三大系统。它们的成员众多，有不同于民间秘密宗教的方式和内容，与统治阶级处于严重的对立地位，是反对清朝的重要力量。

（1）秘密结社的出现

天地会、青红帮都不是近代才产生的，它们的历史可追溯到 18 世纪或更早一点。天地会成立于何时，学术界见解不一，但至迟出现于乾隆二十六年（1761），它又有添弟会、三合会、三点会、小刀会等名目，团体散布在闽、台、两广、苏、浙、皖、赣、两湖、川、甘、豫各省，美洲华侨中的致公堂、秉公堂、协胜堂、萃胜堂，南洋华侨的义兴公司也都属于天地会系统。它的活动中心在东南沿海和华南。青红帮渊源于秘密宗教系统的罗教，可能产生于康熙年间，它的成员活跃在运河和长江沿岸，以江浙为中心。哥老会渊源系统说法不一，是同治四年（1865）正式形成的，活动中心在长江中上游。它们虽然不是或不全是

---

① 《明史》卷 178《秦纮传》，第 16 册第 4743 页。

② 《三元里人民抗英斗争史料·西湖社学重建社会碑记》，修订本，第 280 页。

产生在近代,但在近代社会最活跃,特别显现其团体的力量,为世人所瞩目。

(2)秘密结社的成员和组织

参加秘密结社的人员成分复杂,有农民、商人、小贩、工匠、矿工、船民、码头工人、水手、散兵游勇、乞丐、小偷、皂隶、占卜算命职业者、私盐犯,还有地主、绅士和政治活动家。近代社会游民遍布城乡,数量惊人,他们多投身于秘密结社。下层劳动者和失业者是秘密结社的基本成员,有身份的人是极少数,但有重要地位。

各个会党没有全国的统一机构,它以地域为单位把会员组织起来。哥老会以山堂作为活动单位,每一个组织以山为名,以堂为号,另有水名、香名,所以把它的组织称为山堂香水。青帮依行业、成员原籍、所活动的城镇地段成立帮派。从整个秘密结社来看,是山头林立,分散地域广,而互不统属。

各个组织有其领导机构,如天地会设有元帅(又称总理、大哥)、香主(二哥)、先生(白扇、三哥)、先锋、红棍、草鞋。哥老会头领称作大龙头、副龙头,下设有坐堂、陪堂、刑堂、理堂和执堂等五堂,另有心腹、圣贤、当家、红旗、巡风等头目,普通会员叫作大九、小九、大乡、小乡。构成层次多,可简单化地视为:首领—管事—会员三方面组成,首领与会众之间用一种结义关系联结起来。会员称义兄弟,在举行入会仪式时要歃血结拜,念祝词:"结拜兄弟之后,如同手足,患难相助。"[1]会众、首领各自之间大多数没有血缘关系,经过结拜,形成虚构的血缘家族关系,首领的统治方式也是借用家族的宗法统治关系,所以秘密结社保留了传统的东西,有着等级制的内容,还不是具有近代内容的组织。

(3)从"反清复明"到"创立民国"

天地会员入会宣誓,第一条是"自入洪门之后,以洪为姓,以忠义为本"。第二条是"洪家兄弟遇有真主出","要奋力向前,齐心合力,毋得临阵退缩"。[2]表明他们信仰真主,提倡忠义。这个真主不是像宗教、秘密宗教中的神佛,而是中国传统观念的"天",真正的内容是要一个汉人的君主,反对清朝的统治。天地会的《请神祝文》写道,"一片丹心,反氵月(清)复明,以顺天意之长流"[3],

---

① 萧一山:《近代秘密社会史料》,岳麓书社,1986年,第232页。

② 萧一山:《近代秘密社会史料》,岳麓书社,1986年,第218页。

③ 萧一山:《近代秘密社会史料》,岳麓书社,1986年,第231页。

以反清复明为纲领。咸丰年间上海小刀会起义建立"大明国",光绪年间洪全福准备在广州起义,拟称"大明顺天国南粤兴汉大将军"。秘密结社并非真要恢复朱元璋家族的明朝,而是以明朝代表汉人政权,实际是要推翻满人皇帝的统治。从这一点看与清代秘密宗教没有多少区别。但是到19、20世纪之交,特别是20世纪初,革命党人与秘密结社联系,并通过新建立的会党兴汉会、共进会等把分散的老组织分成大区统一起来,开展革命宣传,组织武装起义。[1]特别是孙中山到美洲会党中活动,加入会党,起草旧金山致公堂章程,把"驱逐挞虏,恢复中华,创立民国,平均地权"纲领写进去。共进会以"建立民国,平均人权"为宗旨。前面虽说会党有反清复明目标,实际上并不很鲜明,经过革命党人的改造,使秘密结社的主旨从模糊的反清朝转向民主革命,随着时代而前进,本身也具有较多的政党性质。

在近代的演变中,会党也碰到与西方殖民主义、西方文化关系的问题。当基督教会势力深入到中国乡村,一些洋教士与不法教徒一起欺压民众,引起民众的反抗,光绪十五年(1889)余栋臣领导四川大足县哥老会起义,提出"顺清灭洋"的口号,把斗争矛头直接指向西方资本主义侵略者。反侵略是中国近代史上两个重要内容之一,会党的"灭洋"宏愿尽管是不现实的,但在认识上的价值很大,是抓住了社会的主要矛盾之一。

总之,会党的活跃,反映了下层民众组织起来,争取自身权利的愿望。他们多次起义,反对清朝腐朽统治,反对西方资本主义侵略,富有反抗精神,但是思想上长期处于落后状态,宗法迷信思想较严重,不知道如何反对敌人,加之队伍中游民太多,破坏性不少,建设性缺乏,所以难以达到目的。只有和民主革命结合,它才发挥一些积极作用。

(4)脱胎于秘密宗教与秘密结社的义和团

前面讲的白莲教与刚刚说过的会党信仰、教义、集结形式不同,活动地域大体上有南北之分,各自的黄金时代也不相同,但都是民间秘密组织,都因带有反政府性质而不得合法存在,并都有内部互助互救性质。义和团从白莲教和秘密结社两方面吸收营养成分,加上它自身的习武性质,形成活跃一时的新团体。不过这里说的秘密结社并非特指前述天地会等社团,而是流传在北方的秘密结社。

---

① 魏建猷:《辛亥革命时期会党运动的新发展》,《上海师范学院学报》1981年第3期。

山东民间有练习拳棒的风气,并有组织地进行传授,至迟在乾隆年间就出现义和拳、红拳等团体,到了近代,习武风气更甚,义和拳、梅花拳、八卦掌、神拳、金钟罩、大刀会、虎尾鞭等社团,活跃于山东、河北、河南、安徽和江苏北部。练拳使用刀枪,所以拳团拥有武器。团民习武为的是健身自卫。拳团受到白莲教系统清水教、八卦教的影响,崇信神佛,相信符咒的作用。而在清末,秘密宗教继嘉庆年间被镇压的一段沉寂之后,又活跃起来,乃至出现热河金丹道教的起事,这时拳团与秘密宗教结合,使义和团崇信玉帝、圣母之类神灵,带有一定的宗教色彩。这时一些基督教传教士支持"吃教"的教徒作恶,激发了民众的愤慨,而山东基督教堂一千余所,势力尤大,这里教、民冲突严重,山东义和团首先掀起反洋教运动。

义和团的参加者,开始是贫苦农民、手工业者、贩夫、店主、船夫、游勇、读书人和绅士,及至光绪二十六年(1900)义和团运动席卷北方,达官贵人也有加入的。

义和团烧教堂,与八国联军开战。清朝政府对它开始以乱民镇压,继而利用它与外国侵略者作战,后来又把战争的失败推到团民身上,加以屠戮。

义和团运动既有爱国一面,又有愚昧反科学的一面,它的失败教育了中国人民,要救国,就得同时反对外国侵略者和清朝腐败政府。义和团运动之失败,也是观念落后的结果,迷信符咒,自以为刀枪不入,扒铁路、割电线,误以为是它们带来的罪恶,这正是不懂科学、无知的表现。在愚昧思想状态下,以血肉之躯,怎能敌得钢铁枪弹,失败是不难理解的。秘密宗教及秘密结社的弱点就在于迷信、散漫,而秘密宗教尤盛。近代南方开发早,秘密结社受革命党人影响,政治斗争纲领大改观,对社会作用加大,北方落后,秘密宗教、秘密结社在反对帝国主义上体现出时代特色,而对解决国内矛盾没有新认识,"扶清灭洋"口号的提出乃是很自然的事情,结果不过是被没落统治者所利用。

4.基督教和拜上帝会

基督教自康熙末年被禁止传播,至鸦片战争后,因西方殖民者的军事胜利而得以合法传教。1844年中美《望厦条约》允许美国人在五口通商口岸建立教堂,中法《黄埔条约》承认天主教传教权,1860年生效的《天津条约》规定西方传教士可以进入内地传教。从此以后,基督教各教派涌入中国,深入沿海、内地各城乡传教,成为中国人与基督教关系的新时期。

同治初年,传教士到各地,士民群起反对,因为他们是在战争之后实行不平等条约的情况下出现的,士民就不像明朝末年那样新奇地对待他们的到来,而是本能地拒绝,不许进城,尤其是对那些打着恢复雍正朝被没收教产旗号的传教士有反感,所以那时士大夫以信教为耻,不与沾边。如在清末的福建龙岩,有耶稣教信徒九十多人,而"士夫不与"①。

同光之际以及光绪年间教会发展迅速。如连江县在晚清出现耶稣教堂19所,天主教堂13所。②据统计,1891年在华罗马加特力神父530人,教民525000人,路德波罗特士敦牧师男女共1296人,教民37287人,③总计基督教中国信徒56万多人,这还是不完全的数字。

教会的发展,靠传教士使用经济、文化手段:他们建造医院,为穷人治病;开设学堂,向学生提供住宿和伙食;兴办育婴堂、孤儿院,抚养孤儿、弃婴;成立天足会,劝诫女子不缠足,宣传博爱和女子的权利;办报纸,传播新闻和反映社会情况,宣传教义。传教士在这些活动中,向受惠的穷人宣传教义,被一部分人接受,皈依教会。所以贫苦劳动者信教的多,且是虔诚教徒。稍后教会学校培养的学生信徒,多少改变信徒成分。④此外,还有地痞流氓信教,利用教会势力作恶地方,渔肉善良,勾结或对抗官府。总起来说,从社会地位看,教徒以贫民为多,读书人和绅衿甚少;从信仰看,大部分人是虔诚的,有一部分人是利用教会势力的假信徒,作用恶劣。教徒的这两种分野早在鸦片战争前后已露端倪,当时有信教者被政府发现,强迫退教,否则发配新疆,他们宁愿受到处罚,也不退教。⑤这是真信教,值得同情。另有一种人已开始借助教会势力作恶了,这就是张穆所说的:"倚敌国为逋逃主,负隅自雄。"⑥道光以后沿着这两种趋向发展,不过后一种人作用越来越大,与教会一起生出很多事端。这种发展是必然的,因为伪信徒的横行霸道得到一些传教士的支持,使得伪信徒狐假虎威。

传教士中也有虔诚和不肖两种信人,前人评述云:"(他们)皆熟悉吾国之

---

① 民国《龙岩县志》卷20《外交志》。

② 民国《连江县志》卷18《外交志》。

③ 徐珂辑:《清稗类钞》,第4册第1958页。

④ 参阅陈支平等:《基督教与福建民间社会》第152页。

⑤ 《清宣宗实录》卷217,第36册第221页;卷307,第37册第782页。

⑥ 张穆:《斋文集》卷2《弗夷贸易章程书后》。

方言习俗、深入内地、不惮艰险,设学校,建医院,就教育慈善事业,尽其发展之策,以和易合群为宗旨,以勤俭进取为目的。……至藉教为护符,干预地方行政者,则皆不肖之教士也。"[1]对传教士作基本的肯定。

传教士开办学校、医院、慈善团体,在客观效果上有其救助作用和传播近代文明的作用。

教会与清朝政府,与所在地的社区社会,与非教徒关系恶劣,清朝地方官对传教士无可奈何,传教士对中国皇权起了揶揄作用。中国土生的宗教和类宗教(神鬼迷信),自来受皇权支配,外来宗教佛教、伊斯兰教、犹太教也受皇权控制,摩尼教在被支配之后变为非法组织,后成为秘密结社的一个渊源,秘密结社是皇权不能控制的,但其内部却实行宗法性原则,没能摆脱皇权的影响。基督教在唐、元之际进入中国,也受皇权的干预,唯独近代来华的基督教,清朝皇帝不仅治理不了它,还因它的活动生出种种事端,令皇帝遭致屈辱,如逃难西安。近代基督教在中国破坏了皇权支配神权的规律。

与基督教有一定关系的拜上帝会,导演了一幕轰轰烈烈的太平天国运动的历史剧。1843年落第文童洪秀全认真读了第一个华人牧师梁发编写的《劝世良言》,从中知道一点基督教教义:上帝是真神;一切人都是上帝的子女,相互间平等;耶稣是上帝的独子,受差遣下凡为世人赎罪。他根据自身的理解和儒家大同观念,写出《原道救世歌》《原道觉世训》《改邪归正》《太平天日》等书,认为皇上帝是人间主宰,人人应当朝夕敬拜;社会上有两股势力,一方面是皇上帝及其子女,是正、善的力量,另一方面是阎罗妖及妖徒鬼卒,是邪、恶的力量;天下男子是兄弟之辈,女子是姊妹之群,应当和睦相处,一律平等,反对国家之间、人们之间的压迫;他本人是上帝次子,耶稣之弟,奉命下凡为太平天子,斩邪留正,建立人间天堂。洪秀全以这些认识为拜上帝会的教义,向民众宣传。在他倡导下,经过冯云山的组织宣传活动,于道光二十七年(1847)在广西桂平成立了拜上帝会。这是一个"模仿和自制"[2]的宗教,并非是基督教分支。

拜上帝会的信徒多是贫苦之人,有农民、矿工、手工业者、小商人、下层读书人,受特权等级压抑的平民地主、富人。因广西少数民族众多,除汉族外,

---

① 徐珂辑:《清稗类钞》,第4册第1956页。

② 程歗:《晚清乡土意识》,中国人民大学出版社,1990年,第273页。

壮、苗、瑶等族也有不少人入会。

拜上帝会采用基督教的一些仪式,如洗礼、祈祷、讲道、礼拜,建有礼拜堂,礼拜时庄严肃穆。拜上帝会反对偶像崇拜,洪秀全砸了孔子牌位,不让人相信文昌帝君、灶王爷和其他神灵,和冯云山领着信众把象州甘王庙拆毁。

拜上帝会成立后,与绅衿控制的团练发生矛盾,冯云山等被捕。拜上帝会为实现斩邪留正的目标,走上造反的道路,1851年1月11日在桂平金田村正式起义,参加者是桂平、贵县、陆川、博白、武宣、象州、浔州等地的会友。参加者还有饥民、矿工,但以会众为基干,而且这些人以后成为太平军的骨干。所以说拜上帝会造就了太平天国起义。

拜上帝会对太平天国的作用还表现在下述诸方面:以"太平天国"为年号,争取实现平等、太平的世界,以符合教义;洪秀全自称天王,不称帝,因为只有上帝(天父)才是帝,他只能称王;杨秀清、萧朝贵也是上帝之子,可以代天父、天兄传言,拜上帝会的制度决定了杨秀清的特殊地位,以后竟以传言之名处责洪氏,促成洪杨矛盾,并表现在一些重大政事处决上,如太平军克武汉,洪秀全欲继续北上,杨秀清要东下,竟如后者之愿都南京,他为此而假借天父下凡压抑洪秀全,后来又逼洪秀全封他为万岁,遂促成洪秀全假韦昌辉之手杀戮杨秀清事件。这内讧大大削弱了太平军力量,而后洪秀全又为杨秀清平反,虽为团结旧部,然所持理由却是借用教义,说杨秀清下凡乃为"赎病"和"战妖",其使命已了,故而升天。太平天国实行圣库制度也与拜上帝会教义直接相关,起始是让会众变卖家产,交入圣库,参加起义军;到南京后实行,则是让战士把财产归公,实现基本上平均分配的供给制度。

从东汉原始道教开始,到拜上帝会为止,中国历史上的贫苦农民和其他小生产者,幻想过上温饱日子,常常乞灵于宗教,希望幽灵的神仙、佛祖,或带有一定物质观的天、上帝拯救自己,建立崇拜他们的宗教团体,组织自己的力量,去与邪恶势力作斗争。神灵天帝成了受苦受难民众的精神寄托。他们一旦组织起来,震撼了统治者,几乎起到改朝换代的作用。他们自己实行义米义肉制度、圣库制度,但是只能在极小的范围、极短暂的时间内实行。他们的愿望,总是落了空,归根结蒂是失败了。所以民众争取美好生活的组织——造反宗教,是"银样镴枪头",不中用。一句话,小生产者的平均主义幻想,绝不可能成为现实,这就是历史的结论。

5.维新派和保皇派的团体

戊戌变法的倡导者、维新派政治家康有为,创办强学会、保国会,开近代中国政党的风气,为中国历史上士大夫结社的划时代创举,意义之巨大不言而喻。康有为把结社与政治改革紧密联在一起,他在代张之洞撰写的《上海强学会序》中说:"挽世变,在人才;成人才,在学术;讲学术,在合群。"①即以变革为目标,以人才为动力,以社团为手段。故要变革,先组织社团,以培养人才,而为成立团体,又需要先进行宣传。故而办报纸,因此改良派政治家,把办报纸、设学堂、建书局、组社团视为一体,以便推动政治改革,其中组建团体和出版报纸尤为重要。这里讲改良派的社团,要把办报等相关事情一体说明,才能清晰。

(1)强学会

康有为、文廷式、陈炽等办北京强学会之时,先办《万国公报》做准备,至1895年11月正式成立,会名又称强学书局、强学局、译书局,列名会籍和参与会务的有康有为、梁启超、麦孟华、陈炽、沈曾植、沈曾桐、文廷式、丁立钧、张孝谦、杨锐、袁世凯、徐世昌、汪大燮等22人,另外夏曾佑、吴樵等与该会关系密切,总董为陈炽、丁立钧、沈曾植,而主事者为张孝谦。学会把《万国公报》改为《中外纪闻》,由梁启超、汪大燮主笔政。会员每十天集会一次,都有演讲,鼓吹变法维新。但才活动二个月,被御史杨崇伊弹劾,罪名是私立会党,开乱议政治之风,于1896年1月被封闭,原机构被改为官书局。

为扩大影响,康有为在北京强学会筹备期间,南下筹建上海强学会,路经南京见两江总督张之洞,征得他的支持,和其幕僚梁鼎芬至沪,进行组建,于11月正式成立,列名与会和参与会务的有康有为、黄体芳、梁鼎芬、黄绍箕、张謇、汪康年、黄遵宪、龙泽厚、左孝同、陈三立、岑春煊、陈宝琛、吴樵、章太炎、沈瑜庆等23人,办事人员徐勤、何树龄等人,出版《强学报》,由徐勤主笔。在北京强学会被取缔之后,上海分会也有了相同的遭遇。

强学会的会员始初由康有为邀请。他考虑到各种政治势力,除了改良派的力量,还力求与帝党分子合作,后党及地方实力派也要染指其间,所以强学会内有各种政治派别的人物,观念不一,内部不能一致。

强学会为筹集会费,有目标地向督抚募捐,张之洞、刘坤一、王文韶各赞

---

① 上海《申报》1895 年 10 月 18 日。

助北京强学会银 5000 两,张之洞另给上海分会 1500 两,对李鸿章赞助拒不接受。支持强学会的除了张之洞、刘坤一、王文韶子外,还有翁同龢、孙家鼐、李鸿藻、张荫桓、郑观应、经元善,以及外国人李佳白、李提摩太、欧格纳等人。

强学会订有章程,上海会章为康有为所拟。会章说明办会目的,为讲求中国自强而建立,联络读书人,探讨变法图强之道理以挽救世事。会章强调学习西方资产阶级政治学说和科学技术,翻译和印刷图书,开博物院,置办仪器,以挽救中国。

强学会办报纸,宣传其政治主张,它先后办报多种,被解散后仍在用报纸作武器,鼓吹变法。

北京强学会最初创办的是《万国公报》,光绪二十一年(1895)8 月 17 日创刊,两天出一期,至 12 月 16 日改为《中外纪闻》,仍为双日刊,但只过一个多月,随着强学会被查禁而停刊。上海强学会办的《强学报》只出了三号。由黄遵宪的积极筹集经费,梁启超、汪康年主办《时务报》,光绪二十二年(1896)8 月 9 日创刊,至光绪二十四年(1898)8 月 8 日停刊,坚持两年,出版 69 册。光绪二十三年(1897),康有为弟弟康广仁和何树龄在澳门创办《知新报》。这些报纸除刊登上谕和中外新闻,着力发表宣传变法的评论文章,登载强学会的文件,如康有为撰写的章程和会序,说明组织社团的意义,还刊出《会即荀子群学之义》《论学会》等文章;刊登介绍欧美西方各国制度、历史、地理的文章,如《地球万国说》《西国兵制考》《英国幅员考》;介绍欧美科学技术和经济的文章,如《万国矿务考》《万国邮局章程价值考》《印俄工艺兴新富国说》《铁路情形考》《普国矿利考》《西学书目表序例》等,披露号召变法的文论,如《变法通议》《续变法通议》《变法当知本源说》《论报馆有益于国事》《论大地各国变法皆由民起》《中国除害议》等。这些文章说明非变法不可的原因,若再因循守旧,就要像印度那样灭亡,波兰那样被分割,而变法则会如同日本那样得富强。变法的内容为,在政治上学习欧美,实行议院制度,设立议员,通上下之情;在文化教育方面,废除科举,兴办学校,培养人才;在经济方面,兴工艺,发展民族工商业。全面宣传变法维新思想,提倡爱国主义、民族主义,富有浓厚的政治色彩。

维新派的宣传,制造了变法舆论,反响强烈,尤其是《时务报》深得读者欢迎,行世数月,销售万余份,出现中国报纸前所未有的盛况。所发表的梁启超的文章,更得读者青睐,通都大邑、穷乡僻壤的读书人都知道梁启超其人,把他和康有为相提并论,号称"康梁"。

光绪二十三年(1897)康广仁和梁启超在上海开办大同译书馆,出版译著《俄土战记》《意大利侠士传》,梓刻康有为的《孔子改制考》等书。

对西文著作翻译出版的贡献,大同译书馆并不多,当时出名的是上海机器制造局的翻译馆,由华蘅芳、李善兰、徐寿等从事译作,出版《西国近事汇编》《格致汇编》《行军测绘》《海战指要》《西药大成》等书,为探讨新学者所必读。

(2)保国会

强学会封禁之后,希望变法图强的士大夫为聚集同人,有组织地进行宣传和推动工作,纷纷成立学会,如光绪二十四年(1898)2 月,谭嗣同、唐才常等在长沙成立南学会,社员千余人,各县设立分会,每七天集会一次,讨论新政。在北京,杨锐等发起组织蜀学会,林旭等发起闽学会,杨深秀等发起关学会,康有为等组织粤学会。各省的学会,力量分散,康有为和御史李盛铎等人发起建立保国会,于 1898 年 4 月 17 日召开第一次会议,到会者有士大夫一二百人,林旭、刘光第、杨锐、梁启超等都是会员,其中有一些原强学会成员。总会设于北京、上海两地,各省府县设分会。

《保国会章程》30 条,开宗明义阐发保卫国家的要旨,第一条写道:"本会以国地日割、国权日削、国民日困、思维持振救之,故开斯会以冀保全,名为保国会。"政治目标鲜明,在甲午战争之后,各个帝国主义瓜分中国,维新派力图挽救国家的灭亡,而且知道要救亡,就得组织起来,进行宣传,使更多的人明白救国道理,这就是康有为在第一次会上所说的:"今日之会,欲救亡无他法,但激励其心力,增长其心力……果能使四万万人人人发愤,则无不学者,奚患不能救。"

保国会的成立,为顽固派所嫉恨,著文上疏,攻击他们厚聚党徒,妄冀非分,辩言乱政。罪名无非是两条,一为结党,二为惑民乱政。在这类攻击下,保国会不解自散。

保国会比强学会进了一步,政治上改革的目标更明确,章程较完备,初具政党规模。

(3)强学会、保国会的历史意义

京沪两地强学会、保国会活动时间都不长,但其基干成员坚持其组织的政治方向,活动了三四年。其骨干基本上是康有为的弟子和好友,如学会主笔政的梁启超、麦孟华、徐勤、何树龄、欧榘甲，以及林旭、刘光第、杨锐、黄遵宪、康广仁、汪康年、汪大燮等人。强学、保国两会及其成员的活动推动维新运动的开展。学会及其报纸的宣传活动，大规模地制造社会舆论，深入人心，即如落后地区的陕西，也有人刊刻京、沪强学会的序言，予以传播，并集资筹设织布局。可见学会为变法做了舆论准备。同时起着组织发动作用，张謇说强学会的成立，"中国士大夫之昌言集会自此始"①，强学会虽很快被取缔了，但它及其他社团兴起，出现不可遏制的形势。两会的成员，稍后在戊戌变法中起了重要作用。在"戊戌六君子"中有杨锐、林旭、刘光第、康广仁四人是两会中人物。②

强学会、保国会活动的历史意义，如果不考虑与戊戌变法的关系，换个角度，即从历史上的民众结社来看，它是旧时代无政治团体状态的结束，预示近代政党的到来。前面在第三、第四目讲过东汉的党锢之争，唐朝的牛李党争和南衙北司之争，明代的复社、几社活动。东汉、明代党派活动中被害的一方，抨击当时的黑暗政治，但并没有明确的政纲，即使成功了，也不过是出现较清明的政治，不似强学会、保国会要进行政体的改革。官僚士大夫政争中党派活动不明显，多无组织，纵似复社那样也极其松散，而民间的秘密宗教、秘密结社在组织上比士大夫的较为严密，但从组织原则上颇具宗法性，迷信色彩浓厚，破坏性有余，建设性不足，它们还是君主专制时代的产物，不能与具有近代政党性质的强学会、保国会相比，它们只有接受革命派的改造，才改变了面貌。③强学会、保国会宣传的变法思想，影响了两代人，继承其维新思想的是立宪派，从中吸收精神养料得到启发的是革命派。强学会的成立比孙中山组织的兴中会晚一年，何以说它是近代政党的开端，是因为强学会一问世，就给社会予重大的影响，引人注目，此后又引发戊戌变法，是这种社会作用是兴中会所不能比拟的。

(4)保皇会

戊戌变法失败，光绪帝被囚瀛台，康有为及维新派中的一些人谋图拯救

① 张孝若：《张謇年谱》，中国近代史资料丛刊第八辑《戊戌变法》，第 4 册第 199 页。
② 本子目写作，参阅汤志钧：《戊戌变法人物传稿》修订本，中华书局，1962 年；苑书义等《中国近代史新编》第八章，人民出版社，1986 年。
③ 参阅吴廷嘉：《戊戌思潮纵横论》，中国人民大学出版社，1988 年，第 121 页。

光绪帝,实现君主立宪。光绪二十五年(1899)逃亡日本的康、梁设立保皇会,并在南洋、北美建立分会,在横滨出版《清议报》《新民丛报》,在上海创办《外交报》《东方杂志》以及《新加坡天南星报》《檀香山新中国》《纽约维新报》《澳洲东华兴报》等,宣传君主立宪,逐渐与兴中会、同盟会革命派发生冲突,在华侨、会党中排挤革命派。光绪二十六年(1900)唐才常接受康有为指使在上海成立自立会,后加入与保皇会有联系的上海中国国会,组织自立军,总部设在武汉,联合哥老会,准备武装起义,被湖广总督张之洞取缔。在清朝宣布预备立宪后,康有为为表示合作,于光绪三十三年(1907)二月将保皇会改为国民宪政会,同年七月梁启超在东京组织政闻社,加以配合,但清朝仍以康梁组织为非法团体,使他们大为扫兴。

6.近代群众组织

自从强学会公开设立之后,士大夫们受影响纷纷建立团体,如梁启超认为:自此"学会之风遍天下,一年之间,设会百数,学者不复以此为大戒矣"①。说一年间学会的成立以百计数,未免夸张,但知识界胆大了,敢于冲破清朝禁令建设了许多团体则是事实。其时清朝也无力一个一个地查禁,只好睁一眼闭一眼,对各种团体既不承认也不取缔。据研究者称,1896—1898 年间,各地办的学会、学堂、报馆有三百余所,主要分布在江苏、湖南、直隶、广东。②以后还陆续出现。这些团体,有各地学会、戒缠足会、去毒会、戒奢会、自治公所、城乡议事会、商会等。这些组织有的议论时政,希望变法;有的本身不是政治团体,但为热心政治者所建立,把它作为改变风俗,促进政治改革的实验;有的纯属非政治性民间组合。现介绍两种。

(1)戒缠足会

女子缠足是中国社会不文明的一种标志,它大约起源于五代后唐,至明清时代风行。它是病态审美观的产物,是男子控制与玩弄妇女的一种手段。在其风行的年代,缠足被视作是妇德、妇容的表现,天足是下等女子的本色,贫贱妇女想裹足还不被社会允许,良家妇女不是三寸金莲难以嫁给门当户对的人家。等级制度和缠足搅和在一起,使这种陋习显得格外恶劣。鸦片战争前就有有识之士反对裹足,俞正燮、钱泳、龚自珍、苏州李氏女都有这方面的言论,

---

① 《康有为传》,见《戊戌变法》第 4 册。
② 郭沫若主编:《中国史稿》,人民出版社,1962 年,第 4 册第 127 页。

李女《弓鞋》诗云:"三寸弓鞋自古无,观音大士赤双趺。不知裹足从何起?起自人间贱丈夫!"①痛斥欣赏莲足的坏男人。而批评深刻的是钱泳,他认为脚的大小不仅与妇德、妇容没有关系,而且违背人的本性,是不仁义的事情,同时对国家兴盛不利,因为缠足有碍身体健康,影响子孙发育,他说:"妇女裹足,则两仪不完;两仪不完,则所生男女必柔弱;男女一柔弱,则万事隳也。"②从民族体质和国计民生出发,反对缠足,具有很强的说理性。

到了近代,反对裹足的人日益增多,郑观应、林琴南都有这方面的言论。而令自家女子天足且以组织方式劝戒他人缠足的则自康有为开始。他于1895年正式创办广东不缠足会,1897年,梁启超、汪康年、康广仁等在上海成立不缠足总会,次年黄遵宪、谭嗣同等在长沙建立不缠足会,各地相继出现天足会。参加的人很多,上海系统会员三十多万。不缠足会的宗旨富有时代特色,即是同维新运动联系起来,希望造成有用人才,富强国家,如梁启超在《戒缠足会叙》所说:改变中国积弱状态在储人才,在母教,而裹足使一半人口的女性像有罪的刑徒,怎能不使人柔弱和不成才。与此相联系,提倡女学,上海不缠足会向会员赠送劝女学歌,鼓吹女子上学。戒缠足会的另一个意义是冲击由缠足与否所表现出的等级观念,天足会针对富贵之家不娶天足女子的状况,规定会中人不得娶小脚女子,若家里女子因天足嫁不出去,会员之家互相婚配,以抵制缠足陋习。女子天足之后,人们改变以脚的大小来判断妇女的良贱和妇德恶俗。

(2)闺女不嫁团体

女子结婚产生诸多不幸,而出嫁又是家长做主,不容女儿不听,但是到了近代,偶有女子结伴抗婚,因而产生特殊内容的团体。

闺女不嫁教。光绪年间出现在奉天,从教者居住紫霞宫,其实她们不是僧道,也不是秘密结社,参加的都是年轻女子,矢志不嫁,有的人已订婚,态度坚决地退了亲。③她们自谋生计,立教是为谋生,以实现不嫁的目的。

女子金兰会。男子结金兰之好是社会普遍现象,而女子结拜常有非同一般的原因。广东顺德处女往往结为干姊妹,立志不嫁,父母逼婚就逃到义姊妹

---

① 袁枚:《随园诗话》卷4,人民文学出版社,1960年,上册第115页。

② 钱泳:《履园丛话》,第629—631页。

③ 徐珂辑:《清稗类钞》,第4册第1985页。

家躲藏,不得已出嫁的,回娘家后赖着不走,若强迫去夫家就投河、上吊。①这是妇女以结拜金兰逃避包办婚姻,与闺女不嫁教同一性质。

君主专制社会婚姻制度给女子带来种种不幸,迫使少数妇女走上独身的道路,而社会制度又不允许,单人行动就更加无力,在这种情形下出现抗婚组织。那个时代女性独身与现代不同,不可能实现,其社团不会发展,只会是偶而一现。

7.革命派的团体

光绪二十年(1894)成立的兴中会,首倡推翻清朝的革命,与改良派宗旨不同,但当时持有革命观念的人极少,迨后戊戌维新流产,义和团运动失败,亡国危机日益严重,教育人民改良道路走不通,一些爱国志士转向革命理论的探讨。20世纪头几年成立了带有革命性质的团体,如秦毓鎏等在日本建立青年会,倡言民族主义和破坏主义;蔡元培、章太炎等在上海组建中国教育会,联络有识之士;军国民教育会,分别出现在东京和上海,倡扬革命。光绪三十年(1904)华兴会、光复会、科学补习所等团体成立,次年同盟会组建,一个资产阶级政党的诞生,标志着革命派开始走向成熟,而后领导了辛亥革命。革命团体要处理与社会各方面关系:内部的团结与联合;与清朝作推翻与反镇压的斗争;与保皇派的反对革命、争夺成员进行斗争,发展革命思想和力量;同会党的联络与结盟;开展对清朝新军的工作。

(1)兴中会

1894年11月孙中山在檀香山建立兴中会,次年与杨衢云领导的香港辅仁文社合并,将总机关设在香港,另在广州设立农学会,以学术研究为名掩盖政治团体性质。它的公开会章是为振兴中华,而会员秘密誓词为"驱逐挞虏,恢复中国,创立合众政府"。这是以美国联邦政府为蓝图,企图推翻清朝,建立资产阶级共和国,表明它是一个革命团体。在檀香山的会员多是小商人、小农场主。兴中会主要在海外华人中活动。及至康有为亡命海外,组织保皇会,孙中山开始想同他联合反对清朝,但康有为坚持保皇主张,且在海外华人中有一定影响,与兴中会争夺会员,孙中山乃与保皇派斗争。

(2)华兴会

湖南善化人黄兴原在日本参加拒俄义勇队和军国民教育会活动,回长沙

① 咸丰《顺德县志》卷3《风俗》。

与宋教仁等人于光绪三十年(1904)2月成立华兴会,分别任正、副会长,以"驱除挞虏,复兴中华"为宗旨。为革命活动方便对外称华兴公司,以作买卖为掩护,用股票代替会员证。为发展力量,联络各界人士,设立东文讲习所,面向学界;组织黄汉会,作为与军界联系桥梁;为同马福益为首领的哥老会合作,设立同仇会。他计划于11月举行反清起义,派人同湖北、四川、江西、江苏、浙江各方面联系,希望反清团体同时举义。因事机不密起义失败,黄兴流亡日本。

(3)光复会

1904年中国教育会、爱国学社领导人蔡元培联合陶成章、章太炎在上海成立光复合,并出任会长,徐锡麟、秋瑾、熊成基等为骨干成员,在东京设有分部。会员入会,举行歃血对天发誓的仪式,誓词有"光复汉族,还我河山"的内容,表示推倒清朝的愿望。它基本上是浙江人的团体,与会党联系密切,1904年陶成章即在会党中工作,谋图与华兴会长沙起义相呼应。

(4)科学补习所与日知会

湖北人吕大森、胡瑛等人于1904年在武汉设立科学补习所,名似教育机构,实以"革命排满"为主旨,谋图响应长沙起义,未成功,补习所被破坏。圣公会教堂在武汉开办日知会阅报社,对外开放,原所员刘静庵利用该社办补习班,并于1906年成立日知会团体,以革命救国为目标开展活动。

(5)中国同盟会

1904年华兴会、科学补习所、光复会等革命团体相继建立,并有联合武装起义的愿望,说明建设中华统一的革命组织形势业已到来。具有全局眼光的黄兴在长沙起义未遂之后,仍想联合各地力量,遂于1904年12月在日本成立革命同志会,成员包括湘、滇、苏、豫、直等省的陆军留学生。孙中山时在欧洲,得知各个革命团体组建的消息,认识到革命形势变化,有建设统一团体的必要和可能,于1905年7月到达日本,从事组织工作,开筹备会。有17个省的留学生和旅日华侨代表与会,兴中会、华兴会、光复会愿意联合,成立一个统一组织。8月在东京正式成立中国同盟会,简称同盟会,设总理主持会务,总部内设执行、评议、司法诸部,在中国本土和海外各设支部,本土依地域分设东、西、南、北、中五支部,海外以洲域设檀香山、南洋、欧洲、美洲四支部,支部以下,在国内各省建设分会。总理由筹备会议定,孙中山出任。总部各部成员由成立会上投票选举产生,黄兴为执行部庶务科总干事。会章规定会员均有选举权与被选举权,会中总理暨各部、各分部主持人均由选举产生。

中兴、华兴、光复诸会各自宗旨都要推翻清朝,写进同盟会纲领之中,即孙中山提倡多年的"驱除挞虏,恢复中华,建立民国,平均地权"。反清是要解决民族压迫、民族歧视问题,这是孙中山民族主义的部分内容;建立民国是废除君主专制制度及其政体,建立民主共和国政体,实行民选的总统制,这是孙中山的民权主义;平均地权是解决民众生活困窘问题,是孙中山民生主义。孙中山的三民主义是要破坏君主专制社会政治、经济制度,建设资本主义政治、经济制度,即在中国建立资本主义社会,这是资产阶级民主革命思想,同盟会以此为纲领,表明它是资产阶级革命政党。

同盟会的成员,从总会始设东京可知,他们主要是学生、文化教育工作者和工商业者。戊戌变法废科举,设立新学堂,练新军,原来科举制下的读书人不能走科举道路了,一部分改上新学堂,一部分投入新军,一部分出洋留学。知识界易于接受新思想,一些人投身革命,参加社团,如华兴会的成员多是留学生、新学堂毕业生和学生。学生和新军中的知识青年有天然的联系,相邀参加团体,如前述组建日知会社团的刘静庵,原来是湖北新式陆军自强军的文书,参加科学补习所,谋杀侍郎铁良未遂,军中待不下去了,出来组建日知会。学生的老师——教育工作者中有不少人是革命派,指导学生走上革命道路。华侨中的具有爱国热忱的资本家,摆脱了保皇会的影响,一些人参加同盟会,国内也有工商业者加入。散布在国内外的会党,经过革命派的刻意联络,有的人加入了同盟会,也有少数官僚和下层劳动者进入同盟会。总起来说,同盟会的成员以革命知识分子为主体,由于他们出身各个阶层和关心社会问题,能够联系社会各阶层。

同盟会建立后,革命团体的统一只是相对的,不久陶成章利用光复会进行活动,自组光复军。

同盟会以其反对君主专制的民主革命鲜明政纲,近代政党的组织原则,热心投身革命的成员,成为近代的革命政党,是历史上的创举,也是历史上社会团体的最高级的组织形式,它的出现给资产阶级革命以新的面貌。

(6)革命团体的武装起义

兴中会、华兴会、光复会、同盟会既以推翻清朝为宗旨,无不致力于武装斗争,发动起义。如1895年10月兴中会准备广州起义,陆皓东等遇难,为革命组织起义的先声,接着是1900年兴中会郑士良发动的惠州暴动,1904年黄兴等筹组的湘、鄂、浙同时起义,声势要比兴中会的大得多,1906年萍浏醴起义,1907年5月潮州黄岗起义,同年7月徐锡麟安庆起义和秋瑾绍兴起义,同年秋与次年春钦州两次暴动,1908年4月汉口起义,同年11月安庆起义,1910年广州新军起义,1911年4月广州黄花岗起义,接着是十月武昌起义,推翻清朝。

近代社团到了光宣时期,数量大发展,形式多样化,活动内容较丰富,可以说是质量比前一时期大为提高,影响社会生活的变化,乃至从改良君主专制政治到取消君主专制政体,其作用为前代所无法比拟。还可注意的是民众团体意识的巨大变化,历来人们对于社会团体有许多不同的看法,特别是涉及政治内容的,"君子不党"的思想为人所接受,像欧阳修的"唯君子有党""小人无党"的观点,近代则不然了,改良派有了政党性质的团体,革命派更建立了政党。当然这个变化还不彻底,故而光复会誓词在"光复汉族,还我河山"之后,紧接着是"以身许国,功成身退"的内容,表示结党不是为谋取个人的私利,革命成功就退居林下。一方面是表白自身的高尚,另一方面也是怕人用结党营私之恶名进行攻击。可见结党不是一无顾忌,可知破除传统观点,在建立社团上取得的成就太不容易。当然,这就教训后人,组建政团,必须为公众谋幸福,而不是为自身得利益,得天下。

(四)近代社会结构的特征

在前面的叙述中实际上讲到近代中国社会结构不同于前代的成分,现在归纳一下,以见其特点。

1.产生新的阶级,对社会等级结构和社会群体结构以重大影响,也影响和改变社会的阶级斗争、政治斗争和国家体制

清代后期资本主义生产方式的发生和初步发展,产生了资产阶级,即从官僚、地主、买办、工商业者中分化出一批人,进行近代工商交通企业的经营,他们成为新兴资产阶级。他们人数很少,力量幼弱,与传统社会有千丝万缕的联系,但他们毕竟不是旧时代的商人和手工业者,他们有适合时代变化的愿望和要求。

与资产阶级伴生的是工人阶级,它的成员除了来自中国资产阶级的企业,还有帝国主义在华兴办企业的工人。他们人数也少,和农村联系也多,产业工人更少,但它毕竟是新的阶级,同样有其愿望和要求。

资产阶级和工人阶级是中国历史上所从来没有的社会成分,它们一出现就改变了社会阶级结构、社会结构的状态及社会的面貌。

这两个阶级是在君主专制社会内部产生的，必然会同清王朝发生冲突，还会同压迫它们的帝国主义侵略势力产生矛盾。平民出身的资产阶级开始对特权等级不满意，对自己的愿望不能在政府中反映出来表示不满，对政府不能实行优惠工商业政策不满意，进而认识到君主专制的政治制度、等级制度不合理，是它发展的障碍，应当改变。由于它的成员认识参差不齐，改良派、保守派要求实行君主立宪制度，革命派则要推翻帝制，实行资产阶级民主制，这就是戊戌变法、预备立宪、辛亥革命出现的原因，所以资产阶级一出现，就与劳动者、社会中上层中的进步因素结合在一起，改变中国的面貌，最终推翻清朝，结束中国二千多年的君主专制统治。

2.等级差距缩小

前已说过，近代帝权实际下降，皇族权力看似强化，实系垂死挣扎，恰恰表明其无力，官位贬值带来的是官僚地位的相对下降，处于官民之间的绅衿和平民实际地位是提高了，一部分贱民得到解放，表明等级差距在缩小。

等级差距减小，是这种制度危机的信号。等级制是古代社会所特有的，是建立在人对人的人身占有和人身隶属(不完全占有)关系上的，因此才分出特权、平民、贱民不同的等级，在法律上和习惯上确定特权者对平民、贱民的等级特权。到了清代后期，近代的生产方式产生了，冲击着传统生产方式及其上层建筑——君主专制政治制度和等级制度，这就是使得当时存在的人身隶属关系难于维持，辛亥革命后即被正式废除。

等级制的削弱和取消，是历史的进步，标志着古代社会的结束，近代、现代社会的到来。

3.中国近代社会结构的变化，受着外国资本主义、帝国主义侵略势力的影响

外国侵略者战败清朝，使中国从皇帝到官僚改变形象，权威下降，影响中国等级结构的演变。为外国资产阶级服务产生的买办，官僚的办洋务，与资产阶级产生有关，而中国民族资本家既受中国传统势力压抑，又受外国资本主义侵略和资本输出的迫害，所以中国资产阶级、工人阶级状况都同外国势力发生关系。西方文化的传播和中国人的学习西方近代文明，对慈善团体，政治团体的面貌改观起了不小的作用。

4.近代社会是中国君主专制制度向资本主义制度过渡状态中的社会，或者说是制度转化型社会

这个社会既有古老的地主阶级和佃农阶级,及传统社会的自耕农、商人、手工业者等阶层,还有残存的奴婢、半奴婢阶层,也有演变中的古代的阶级和等级;又产生出新兴的资产阶级和工人阶级。资本主义的生产方式刚刚产生,需要发展,新旧两种方式在斗争,古老的不肯让位,拼命地压抑新生者,新生的也以其幼弱的力量作出抗争。这种状况决定它是新旧交替时代,它不是纯粹哪一种制度的,不过既有新因素产生,它在向着取代旧因素的道路上前进着,只是步子迈得很小,缺乏力量,所以要完成取代事业,尚需时日。不过新道路已经开辟,过渡开始了,君主专制制度的灭亡是不可避免的。

六、中国古、近代社会结构的特点

从周秦至清季的三千年间,中国社会结构经历了封建制、君主专制制度向近代资本主义过渡的演变,君主专制时间长,发展充分,说起中国历史上的社会结构,基本上就是君主专制社会结构。本目所要说的特点其实也主要是指社会结构所表现出来的,是古代的结构特色,而不是近代的。

(一)等级制度是社会生活的准则

中国古代的等级,不同时期有一些变化,有的等级消失了,如周代分封制下的诸侯,随着分封制的异化而灭亡,有的等级产生了,如科举制实行后读书人正式成为衿士等级。皇帝以外的每一个等级内部成分也有变化,特别是在平民、贱民两个等级中,总有一些社会成分的出出进进,如佃农、佣工,有时是平民,有时是半贱民。尽管有这类变动,但总的格局不变,大致可以分为六个等级,即第一等级皇帝,第二等级贵族官僚,第三等级绅衿(弟子员、科举制下的有功名者),第四等级平民,第五等级半贱民(准贱民),第六等级贱民奴婢。自第二至第六等级内部又可分析为若干层次,在前几目已分别说明,这里不再重复。总之,中国古代社会等级结构是:皇帝—贵族官僚—绅衿—平民—半贱民—贱民奴婢。六等级的结构式,不必视作是古代社会等级结构的特点,而下述三方面则可以考虑。

1.等级结构既严谨又有所松动

等级结构严密,表现之一是等级差异鲜明,权利、义务截然不同,一个等级压着一个等级,特权等级压着平民以下的等级。各个等级的社会地位具有不可变动性,特权者恒有特权,贱民恒受压抑。特权等级总有出仕、免役、赎免的权利,在与贱民的诉讼上有受优待的权利。贱民奴婢除了不能被他人任意杀害之外,别无权利。这种等级划分和各等级的社会地位是由法令确定的,是依照人们的品级、身份、门第、职业划定的,①也是依靠习惯形成的,因此很难改变。要变动,某一种人可以由一个等级变为另一个等级,如皇帝下令宣布某一种人为贱民,某一种贱民豁除为良民,这是人群在不同等级中变化地位,但等级格局不变,各等级本身地位不动,如贱民中某种人被豁免为良人,但贱民等级中仍然有其他成分的人,因此贱民等级并未消除,等级地位也未变化,所以说等级结构不变,它是严密的。

等级结构严谨的另一种表现是等级监督严格,是什么等级的成员就是什么社会地位,不得错乱,违反者将被纠正,甚而会判罪。人们会受到政府的、等级成员内部的监督,不许伪冒。政府用户籍、法令进行管理,唐律禁止"相冒合户",即不许低等级民户与特权等级人家合户,否则判徒刑二年;不许收养杂户、部曲、奴隶为子孙,否则判徒刑一年半、杖一百不等的刑法。②特权等级有既得利益,不许平民等级以下的人冒充混入,以纯洁其高贵的队伍。南朝长水校尉贾渊奉命修检谱牒,受贿将平民王泰宝书于大士族琅琊王氏谱内,即通过作伪将平民侧身士族,被琅琊王氏正根、尚书令王晏发现,报告南朝梁高宗,高宗为维护士族利益,几乎将贾渊处死。③这是特权等级的监督。同等级或低等级的人不愿意有人混进高等级,以超过自己的地位。参加科举要有功名者作保,生监也往往纠核某个考生合不合资格。这里有冒籍问题,也有非良人冒充应试,被人检举出来。有的并非贱民,只因职业被贱视,也受欺凌,如清代浙江建德水泥匠的儿子要应童子试,当地读书人联合起来反对。④这有压良为贱的因素,更不许以贱冒良了。等级权利、义务不一样,这就决定平民以上等级为自身利益,不许非等级成员掺入。这种民间的自发监督,有时比政府管制还来得厉害,这也使等级结构来得严格。

任何事物都不可能一成不变,等级结构严谨之中,也有它松动的一方面,如刚刚说过的一些等级的产生与消亡,一些等级成分在不同等级调换位置,

---

① 参阅侯外庐等:《中国思想通史》第四卷,人民出版社,1980年,上册第37页。

② 《唐律疏议》卷12,第3册279—281页。

③ 《南齐史》卷52《贾渊传》,第3册第906页。

④ 段光清:《镜湖自撰年谱》,第14页。

还有少数人员的社会流动,从一个等级流动到另一个等级,或在同等级内作上下层次位置的转换。

社会流动,主要是低等级的成员流动到高等级里去。在中国历史上,由贱民进到贵族,由平民上升为皇帝,并不是少见的事情,这是因为有着多种渠道允许社会流动:

(1)军功:这是在改朝换代的时候常常发生的,统治者为鼓励各等级的人为他打天下,对包括奴隶在内的人都要奖励,以便动员更多的人为他奋战。

(2)选举、科举:这是在平民等级以上范围实行的,是制度化的办法,长期不断地实行,是人们改变地位的经常起作用的途径。

(3)婚姻:低身份者与高身份者联姻,随之改变社会地位,如与皇家婚姻,成为外戚恩泽侯。

(4)造反:低身份者用战争的办法谋取改变地位,是常见现象。虽然造反成功的极少,但不妨碍队伍中有人得到官禄,甚而在宋代出现要做官,先做贼,以便受招安的现实。

(5)佞幸、亲信:做官僚、贵族、皇帝的亲信、佞幸,得到提拔,改变门庭。

(6)释放:皇帝对贱民的开豁为良,主人释放奴婢。这完全是上面的恩赐。

(7)赎身、捐纳:这是靠个人的经济力量,通过国家的捐官、捐监制度,取得官位、爵衔,提高社会等级或层次;奴婢用金钱向主人赎身,获得平民地位。

等级结构的严谨与某些松动,是一个事物的两个方面,相对而生,不过总的来讲,以严谨为主,松动性有一点,正因为如此,等级结构模式基本不变。

2.等级制贯彻在一切社会生活领域

等级制度不只是体现在政治权力有无、多寡方面,也体现在社会结构的其他方面,渗透在人们生活方式的衣食住行、婚丧、节日、娱乐、医疗等方面,也表现在对社会问题的处理上。

在社会群体、社会组织方面,家庭成员间的关系,父家长与妻、子、媳构成家庭等级关系;宗族内部,族长、房长、子户形成宗族等级关系;在宗教内部,存在教主、执事与职业教徒的宗教等级制;在会党,出现会首、执事、会众的会党等级关系;在行会内部,有董事、司事、会员以及业主与帮工的行会等级关系。近代资产阶级政党出现以前,社会群体、社会组织内部都有着各自的等级关系,将其成员分出不同的层次,一层管着一层,一层压着一层,实质上是等级制度在这些领域的体现。

生活领域的一些规范，依照等级、职业而制定，不同等级的人有不同的衣食住行制度，婚礼、丧礼的仪式，文化娱乐的方式和圈子。

人人要穿衣，衣裳一日不可离，服色制度最能体现等级精神。历朝政府都制定有不同等级的男女着装质地、颜色和式样，在皇帝官员方面有十二章服制度，皇帝、贵族、大小官员服装上有不形式的图案，以区别人的等级身份。衣料的明黄色自唐代以后为皇帝专用色，据说北宋名将枢密使狄青偶用浅黄色袄子，被人疑惑有谋逆不臣之心，后终降为陈州知州。①官员有补服，也有异样图案，专门区别文武官员的不同身份。这还只是朝服，另有祭服、公服和常服制度。特权等级的妇女也有其服饰规定。平民、贱民也无例外地有着装制度，政府对商人、手工业者、士卒、贱民不时颁布歧视性的法令，如第三目所述汉高祖不许商贾穿细绸衣裳，晋朝士卒百工不得戴假髻，隋朝规定庶人穿白色，商人屠户用黑色，士卒用黄色的衣服。②宋朝定制庶民工商人等衣带只能用铁、角质料做钩，不得用玉石金银制作的。③元朝规定庶民帽笠不可用金玉装饰，靴子不能有花纹，皂隶公使人只准用绢绸做衣料，娼妓戏子只许用皂色褙子。④这些规则强制执行，违背者以"服色逾制"论罪。如元朝规矩："服色等第，上得兼下，下不得僭上。违者，职官降现职，期年后降一等叙，余人决五十七下。违禁之物，付告捉人充赏。"⑤综观历代政府的服饰制度，是在服装的式样、质料、颜色、饰物几方面做出规定，与人的身份等级搭配起来，从服色体现人的等级地位，所以采用什么衣饰不是人们爱好的产物，而是等级制度的体现。人们受等级思想影响，互相纠举服色违制的人，狄青被告即有此种因素，而在清初，无功名的人穿上秀才的襕衫，诸生必起而攻之，侮辱到他惭愧得无地自容而后快。⑥

居民区和住宅同样有等级的规划。所谓闾左、闾右，就是不同身份者的居住区，尽管闾左、右各是什么人的住地，古文献记载和今人见解不一。⑦但在秦

---

① 王铚：《默记》卷上，中华书局，1981年，第16页。
② 《旧唐书》卷45《舆服志》，第6册第1952页。
③ 《宋史》卷153《舆服志》，第11册3573页。
④ 《元史》卷78《舆服志》，第7册第1943—1944页。
⑤ 《元史》卷78《舆服志》，第7册第1943—1944页。
⑥ 叶梦珠：《阅世编》，上海古籍出版社，1981年，第174页。
⑦ 《汉书》卷24《食货志》，第4册第1126页。

汉时期居民依等第建筑住宅区,则是事实。属于官府和特权等级所有的贱民有一定居住区,不能和良人住宅掺混,所以江苏、浙江堕民的住宅是"低屋小房"①,其区域叫作"贫巷"②,或者叫"衖子巷"③。住宅的形式也有等级的规范,萧何为刘邦建筑未央宫,异常壮丽,刘邦因政权不稳定对如此费工不以为然,萧何说"天子以四海为家,非令壮丽亡以重威",刘邦于是高兴起来。④所以天子宫殿是为表现皇帝权威的,住宅与权力联系在一起。明太祖指责"民有不安分者,僭用居处、器皿、服色、首饰之类"⑤,居室列在其中。清朝律例中有"服舍违制"的条文。⑥人们见到住宅的规模,就可以知道主人家的等级身份了。

交通中使用车舆,为了区分人的等级,历朝也有烦琐的规定。打开"正史"的《舆服志》,就可以知道天子的各种辂辇、后妃车舆、皇太子和皇子车舆、公卿百官车舆的规制,且对平民百姓作了很多限制,如唐朝法令,庶人、商贾、僧侣不能骑马,商人的老妻才准许坐苇帘车,或二人抬的兜笼。⑦北宋允许商贾骑马,但马鞍不能带彩绘,所许坐的是牛车,车身也不得有彩绘,车前不能排列仪仗物。⑧

饮食也有等级身份的不同及其相关规定。饮食的等级差别从祭祀的规范表现出来,三牲使用有别,神仙、祖先都有等第区分,何况活人。人们形容上层社会的饮食是"钟鸣鼎食""锦衣玉食",鼎食、玉食,即使用玉器、高级瓷器和精制金属器,而平民以下则应当用粗瓷瓦器。前述明太祖责备平民器皿过制,即是指此。可知食物之外,食具也有等级之别。食物违制,也要治罪,汉代有"通行饮食"罪,西汉长安令尹赏将长安"轻薄少年恶子"数十人,"劾以为通行饮食群盗",加以处死。⑨东汉也是"通行饮食,罪至大辟"。通行饮食究竟是什么罪,唐人李贤的解释是"过致资给,与同罪也"⑩。大约是平民饮食太过丰盛,

① 乾隆《余姚县志》卷12《风俗》引旧志。
② 瀛若氏:《琴川三风十愆记》。
③ 民国《鄞县通志·庚编·方言》。
④ 《汉书》卷1下《高祖纪》,第1册第64页。
⑤ 《大诰续编·居处僭分》,玄览堂丛书本,第74册第113页。
⑥ 《大清律例》卷17《服舍违制》。
⑦ 《新唐书》卷24《车服舆》,第2册第532页。
⑧ 《宋史》卷153《舆服志》,第11册第3573、3576页。
⑨ 《汉书》卷90《尹赏传》,第11册第3673页。
⑩ 《后汉书》卷46《陈忠传》暨李贤注,第6册第1559—1560页。

而且聚众会餐。

节日的庆贺,也体现出等级来。一年中有所谓三大节,即元旦、冬至和万寿节。皇帝过生日,臣民要庆祝;元旦是岁首,奉正朔之臣民当然要欢庆;冬至也作为大节日,是因为这一天表示阳气生,君道长,百官朝贺,皇帝赏赐,官僚互贺,属员拜上司,是过小年。

婚姻仪礼中也多体现等级精神。朝廷给婚礼迎亲定制,品官之家可以用官员执事,打多少灯,用多少吹鼓手,而士庶人等与此不同。《儒林外史》里写严贡生为次子迎亲,特地借了人家知县的执事(第6回)。这虽然是作弊,若没有婚礼仪仗的规定,严贡生无须作伪了。

等级制度造成种种社会问题,可是一些社会问题的处理又是靠着等级制的原则,如民众造反,是社会问题的集中表现,往往具有反对等级制的内容。即使如此,战斗的民众通常情形是只反贪官,不反皇帝;那些成功者,同样做皇帝,封拜百官。所以造反民众是皇权主义者,思想没有越出等级制度的范畴。

等级制度贯穿在社会结构、社会生活方式、社会问题的方方面面,无处不在,成为人们社会生活行为的准则。

3.等级意识系统、强烈、流传久远

等级制度的现实,产生等级的理论和意识,来巩固和发展等级制度。这等级意识就是门第观、名分观、血统论。

门第观念直接反映等级现实。社会上高门、上户、寒门、细户、小户的区分,产生的门第观,其要旨是尊重高门大户,鄙薄寒门小户。其内容,一方面认为各等级的权利、义务是天经地义的,即高门大户为官作宦,婚配于同类,锦衣玉食,重堂巍阁,使奴呼婢,视为当然;寒素细户承应差徭,输纳国课,也食牛马之食,也视为固所当然。另一方面是宣传等级压迫是合理的,即上等人是神仙下凡,上应星宿,下等人是草木之躯,故称"草民""细民""蚁民",人的本质不同,为人上者治人,为人下者受治于人就是合理的了。

名分观也是一种等级观念。什么名分的人要按其名分行事,君臣之间及官民、主仆、主佃、父子、夫妻、师生、东伙之间,都有其名分,故为臣、为仆要忠,为子要孝,尊名定分,君君臣臣、父父子子、夫夫妇妇。教导不同等级的人各安于本分的名分观也就是等级观念了。

血统论来源于等级的世袭制度。君主世袭,并幻想万世一系,贵族世代相传,官僚以荫子权而有部分世袭权,士卒、百工往往世袭,奴婢、贱民、准贱民全部世代相承,于是贵者恒贵,贱者恒贱,似乎高贵者造出优等血液,生下新的高贵者,卑贱者的劣等血素产生低能儿,俗语"龙生龙,凤生凤,老鼠生儿会打洞",是这种理论的通俗说明。血统论讲究人的出身,在说明人的等级身份不变时,肯定了等级制的合理性,也是一种宿命论。

门第观、名分观、血统论表明我国的等级观念十分系统,十分强烈。它被用作说明等级制度的合理性,要人安分守己,成为压抑下层等级的理论,成为评判人物、事件的标准。高等级者要压制低等级的人,往往用出身、门第羞辱对方。即使如勇于纳谏的唐太宗,贵族出身,登基后成为最高等级,当魏徵以谏诤披其逆鳞,他回后宫愤恨地说要杀死这个"田舍翁",魏徵当过道士,出身不高贵,虽然官至门下侍中,但李世民还是以其非士族出身看不起他。另一位谏诤之臣张玄素是小吏出身,在隋朝为景城县户曹,一次唐太宗于百官面前问他在隋朝做什么官,回答是县尉,又问在这以前是什么官,答称为流外县吏,又问属于什么曹,这样究根问底,"穷其门户",以现其"寒微"。[1]作为对他的谏议的报复。唐太宗是开明君主,但有贵族的积习,以门第压人,做了君主,还不忘臣子的平民出身,希图以此使臣下服服帖帖。唐太宗如此,其他君主对臣僚,特权者对平民、奴婢以门第作为欺压手段,是可以想见的了。等级观念是等级制度在意识领域的反映。

等级观念流传愈久,愈深入人心,愈牢固难破。到了君主专制社会晚期,虽然下层等级的人在行动上作出反抗,甚至说出过"均人也,奈何以奴呼我"的话,但是他们接着又说"今而后得反之也",[2]即以仆为主,并没有取消等级制的认识,相反,倒是贵贱观念很强,只不过是谁来做主、谁来做仆的问题。直到近代,工商业发达的上海近邻宝山县,人们还是"主仆名分甚严"[3]。中国等级意识顽固,清除它是一个严重的历史任务,"文革"浩劫中血统论的猖獗就是显例。

(二)宗法精神贯穿于古代社会结构中

等级制度与意识贯穿于古代社会全部结构之中,宗法、宗法性制度与观

---

① 《资治通鉴》卷 195。

② 同治《永新县志》卷 15《武事》。

③ 光绪《宝山县志》卷 14《风俗》。

念同样浸透在全部社会结构中,但两者很有不同,前者主要表现在社会结构的内容方面,而后者则是社会结构的主导精神。宗法精神的内涵是祖先崇拜,是父家长制所规定的忠道(忠君之道)、孝道、人伦和亲情,是国家法律制度中的宗法原则。这种精神贯穿在社会结构的一切领域,它的实质是反映人的依附关系,是维系社会结构的纽带,是古代社会的稳定因素。

1.宗法、宗法性精神渗透在社会结构诸领域

家庭、宗族是祖先崇拜、父慈子孝宗法精神的直接作用场所,国家立法中的亲属法、分封制、士族制、任子制、嫡长制,民间等级关系中的亲属法的应用,民间组织的结拜原则,无不表现出宗法精神。皇权是父家长权的扩延,皇帝成为国家的最高主宰,他和臣民形成君父与子民的具有宗法含义的关系,臣下对君父的最高道德准则是尽忠,子孙对父祖最高道德准则是尽孝,"求孝子于忠臣之门""以孝作忠""移孝作忠",忠孝次第是"忠"居于"孝"之先。父家长制的宗法精神最终是为君主制服务,换句话说,君主制中渗透了宗法精神,利用了宗法精神。与此相关的分封制,使君统与宗统合一,也即君主制与宗法制合一,宗法精神更形突出。分封制异化之后,宗族制向民间逐步发展。族权独立,依附于政权,成为君权的一根支柱。君权离不开宗法、宗法性原则。

"中国古代法律的主要特征表现在家族主义和阶级概念上。"①等级结构中的主人与奴婢,生产关系中的佃农与地主、雇工与雇主,在法律纠纷中,政府以宗法的亲属关系为准则,比附父祖与子孙、尊长与卑幼的刑法来论断。

有一些社会团体内部,实行师徒关系、结义关系原则,也是宗法思想的表现。

宗法精神渗透到社会结构各领域,家族成为社会结构的中心,宗法原则向外扩散,运用到等级结构、群体结构中,成为维系社会结构的纽带。

2.宗法精神反映人的从属关系实质

宗法精神的来源是迷信祖先,是祖先崇拜,以为后人的一切都是先人给的,不要说身体是先人的遗传,富贵的取得是祖德的照拂,倾家败产是不肖子孙作孽不受祖宗保佑,后人的祸福皆由于祖宗的态度。不仅古代民间这样认识,皇家也不例外。当北宋灭亡,宋高宗逃到临安,独子夭折,没有皇储,真是国运家运两不济,为什么会这样,有官员认为是宋太祖不保佑的结果。原因是

---

① 瞿同祖:《中国法律与中国社会·导论》,中华书局,1981年,第1页。

宋太祖打了天下,而皇位却由宋太宗一系传承,故而他在天之灵不再保佑皇家。要改变这一状况,要取得宋太祖亡灵的谅解,需要在他的后裔中选立太子。宋高宗接受这个建议,在太祖裔孙中选立宋孝宗,并及时把皇位传给孝宗,自身做太上皇,颐养天年去了。[1]对待先人的丧葬,子孙要以"事死如事生"的精神进行安葬、祭祀,于是形成厚葬的风习,还特别重视坟山的选择,让祖先好保佑子孙发达。为了挑选坟地和准备殉葬物品,不能及时安葬,往往一拖几年以至一二十年。这种厚葬和停丧不葬,是孝道的体现,而其精神是祈求祖宗的庇佑。有的家庭、家族打官司,说祖坟利于那一房,不发那一房,真是迷信祖宗神灵到了极点,表明古人祖先崇拜到了何等严重的程度。

祖先崇拜是子孙从属于父祖的现实的思想升华。社会的现实是子孙为父家长的家庭成员。他的职业、婚姻由家长安排,劳动所得成为家长掌管的家庭财富,甚至他本身也可以是家长出卖的财产,家长对他有体罚权、送审权,乃至不完全的处死权。子孙依附于家长,从属于家长。奴婢没有主人家庭正式成员的资格,但对主人的从属性比主人子孙要严重得多。主佃关系、东伙关系中的佃户、隶农、佣工,对田主、雇主也有一定的依附关系,即使佃户、佣工在法律上取得平民身份之后,实际上也还有一定的依附性。小官僚依附于大官僚,幕客依附于幕主,徒弟依附于师傅。在宗法关系中,人和人关系的实质就是一部分人对另一部分人的依附和从属,依附者、从属者没有独立的人格,没有人身的自由,这就是宗法制度和宗法精神的实质。

3.宗法精神对社会结构和社会发展的影响

宗法精神在伦理上引导人们注意人伦关系和忠孝道德,维护家庭、宗族、团体、等级的秩序;在法律上注重亲情,以情代法,以人伦代替法理,使严酷的法律蒙上温情脉脉的面纱,以利于它有效地执行,实现它所维护的结构关系;在经济上讲究有宗法关系人们之间的互助互救,令宗族、团体各自解救自身成员的痛苦,力求不发生社会变乱。从上述三方面可知,宗法精神为统治者所乐于提倡,是稳定社会结构和社会秩序的因素。蔡文辉认为家庭的"孝道、亲属关系,祖先崇拜,敬老等等都是社会安定的最根本的基础"[2]。但它防碍阶级

---

① 《宋史·孝宗纪》;《宋史记事本末·孝宗上》,参阅冯尔康:《祖宗保佑观念与宋高宗之立孝宗为嗣子》,收入《古人社会生活琐谈》,湖南出版社,1992年。

② 蔡文辉:《社会学与中国研究》,台湾东大图书公司,1981年,第76页。

的分化。

宗法精神是小团体的思想,是在家庭、宗族结构基础上形成的,使人们注意血缘集团和拟制血缘集团内部的联系,追求小团体的利益,有强烈的排他性。尽管宗法精神渗透到各个社会结构领域,但它不是要各个社会元素联结一致,而是加强各小团体的凝聚力,为各自小团体谋利益,是合小群而排斥大群。小团体主义使被压迫阶级和下层等级不易认识到阶级、等级利益的一致性,难于产生阶级的、等级的联合和斗争。这是统治者所乐于看到的事实,有利于统治秩序的稳定。因而统治者提倡小团体主义,倡导宗法精神。

(三)社会结构的微弱变化与静态型农业社会的缓慢发展

中国自夏商时代即有发达的文明,历周秦以下而不衰,遂以文明古国著称于世。近代骤显落后,受帝国主义侵凌宰割,时至今日仍处于发展中国家地位。近现代国势与古代之不同,盖源于秦汉以降君主专制制度,源于静态型农业经济,虽能创造古代文明,却不适应近代社会发展的需要。而为何成为静态型农业社会,则不能不追究到社会结构的简单与稳定的特点,再根究起来又在于职业结构的稳定与生产方式的缺乏变化,故又不只是社会结构的问题。

1.古代社会结构从简单到复杂的缓慢进程

中国古代社会群体、社会组织只有两种是发展的,一是官僚机构,再一个是宗族。除此之外,对已出现的组织,政府有条件地予以承认,如佛教、道教、会馆等,对另一些则坚决反对,厉行取缔,如对民间秘密宗教、秘密结社、士人结社。政府的这种态度,造成古代社会组织简单,极不发达;长时期内,民间只有四邻结社,而且与官府不能分离;两汉以后外来宗教传入,加上土生的道教;两宋以降,社会救济组织正式诞生,给单调的社会组织一丝生气,但它们多与官府密不可分,还不是纯粹民间自办;到明清时代,民间秘密宗教始而发展,继而民间秘密结社崛起,使社会组织较前丰富一点;迨至晚清,近代政党的出现,开始改变社会组织低层次的状态。以上社会组织发展线索的勾勒,说明它在不发达中也有由简单向复杂进化的趋势。另外,宗族逐渐民间化,也是这一群体的发展。等级结构也有所变化。总之古代社会结构是在微弱的变化之中。

2.古代社会是静态型农业社会

李树青在《蜕变中的中国社会》一书中比较中国与外国社会的不同,他说:"中国社会始终未能脱离静态的类型。静态社会的人民,便极容易囿于乡土的观念。"又说："中国农民对土地的黏着性，远较他国为大。我尝作过一个譬喻，美国农民把土地看作商品，中国农民则把农场看作婴儿。"①诚然，中国古代社会是静态型社会，是以农业维持人们生存的社会，所以说它是静态型农业社会。

所谓静态型社会，是指社会结构和社会生产关系的相对静止不变，或者说没有大的结构性变化。本目开始就指出，中国古代社会的等级结构可以用六个等级结构模式来概括，是则等级结构基本处于静止状态。社会组织又是简单的、不发达的。社会生产关系长时期内是农业地主与佃农的生产关系，伴随着的是独立自耕农的存在，工商业本身及其雇佣关系均不发展，所以社会结构、社会生产关系在二千年间没有结构性的和社会性质的变化，只有到晚清的极短暂时间内社会生产关系开始向资本主义制度转变，君主专制社会的结构也受到相应的冲击和演变。二千年间社会没有结构性的变化，这个社会当然是静态型的了。这是事实，而要观察社会的静态抑或动态，是看社会等级、社会组织、社区诸结构是否开放。等级制本身是禁止错位的，是不开放的。社会组织不多，参加者受身份、职业的限制，唯有四邻结社和宗教较为开放，但贱民亦难于加入。社区本来就有封闭性，不对外乡人开放。古代社区由官员和绅衿控制，豪民和平民中有钱人也起一些作用，其控制力多少有一点变化，即开始纯粹是政治权力的作用，及至社区内产生一点社会组织，掌握社会组织的绅衿富人逐渐发挥其对社区的影响力，乃至控制社区，这就是说社区多少有一点开放性，但程度很小。总的来说，社会等级结构、社会组织、社区结构处于封闭状态，形成静态型社会。

中国古代社会是农业社会，生产上以农业为主，就中又以粮食生产为主，整个社会生产的根本任务就是解决人们吃饭的问题，所以"民以食为天"的观念，主宰着从最高统治者的皇帝到小民。为达到满足民食的生存目的，君主国家执行重农抑末的根本国策，并以种种措施辅助其实现，这就是：在平民中给农民以较高的地位，四民中农列第二、居工商之上，即使佃农及农业佣工也常常能跻身平民行列；实行户籍制度，将农民附着于乡里，保护其土地和生产，对农民无奈而沦为贱民者，除法律上不许抑良为贱的保护措施，还时或颁布释奴令、开豁贱民令，实行者不见得是出于怜悯贫贱，而是为保障农业生产劳

---

① 李树青：《蜕变中的中国社会》，台湾里仁书局，1982 年，第 46 页。

动力;户口制度不许人民自由迁徙,禁止人口流动,防止劳动力流失;压抑工商,限制农业人口向工商业转移,保证农业劳动力;实行与户籍配合的乡贯制度,如科举给各地区分配入学中试名额,造成人们重视籍贯,反对外乡人进入本地考试,侵占本地名额,政府为此制定保结制度,对冒籍考试者及其保人进行惩治,又如有的朝代实行官员回避制度,不得在本省任地方官;提倡乡土观念,即以会馆说,是认同乡的组织,无可非议,但人们只注意建立同乡组织,就是乡土观念的表现了,到 20 世纪初,同盟会的建立才打破政团的地方性,给乡土观念一个冲击。以农为本,人口与地域、与土地结合,这就是静态农业社会的表现和原因。

农业社会生产力难于有较大的发展,职业结构难于改变。给近代社会带来活力的是工商业的发展,它扩大了社会经济部门,改变了社会经济结构,为劳动者创造较多的就业机会。古代民以食为天,是以吃为主的消费结构,此外建造住宅是一项大消费,其他消费就很少了。当时生产力不发展,很难有更多的消费。这种消费结构需要的就是农业,其他经济部门得不到发展。所以农业社会经济结构远比产业社会经济结构简单,农业以外难得有就业机会。那时被认为是末业中的末业——茶楼、酒馆、戏园,统治者中的正统派认定它助长糜烂之风,加以禁止,但是重视民生问题的一派,也认为它是奢侈行业,不予干涉,因为他们懂得这是开辟人民就业之路的道理。仅以清代工商业发达的苏州一地而言,巡抚汤斌、陈宏谋等屡禁饮宴倡优,而雍正帝及一些文人就不以为然,雍正帝说:"苏州等处酒船戏子匠工之类,亦能赡养多人,此辈有游手好闲者,亦有无产无业就此觅食者,倘禁之骤急,恐不能别寻生理,归农者无地可种,且亦不能任劳,若不能养生,必使为非,不可究竟矣。"[1]文人钱泳说苏州"商贾云集,宴会无时,戏馆酒馆凡数十处,每日演剧养活小民不下数万人"[2]。统治者怕失业者造成社会的不安定,学者看到就业的好处,都不主张禁止。惜乎这类人太少。从另一面看,公共饮食业和娱乐业在古代并不发展,宋代以前基本上都是私家的。行业少,人们就业机会少,不让贱民从事原来的职业,即使政府宣布开豁令,他们没有新的就业机会,只好仍操旧业,继续做贱民。所以社会职业结构、经济结构不发生变化,社会结构就不可能有大

---

① 《朱批谕旨·鄂尔泰奏折》,雍正二年六月初八日折朱批。

② 钱泳:《履园丛话》,上册第 26 页。

的变动,就只能是稳定的,静态型的。

3.促成古代社会稳定的是政治力量

使社会诸要素以特定方式结合为一个整体的力量,在近代社会是依靠政治权力、社会组织、市场和舆论,在古代社会主要是靠政治力量,政权以外的社会组织本身就不发展,所能起的中介作用不会很大,自然经济下市场的调节力量也有限,而政治权力却很强大,无处不起作用。

(1)政治权力规定和协调各方面关系

中国古代有着严密的从中央到地方的管理机构,它有行政、司法执行部门,有虽不完善但起一定作用的监察系统,还出现复议机构的雏形,而这一切政权建设,都为强化皇权服务。国家用各级各类官吏面向民众,面向各等级、阶级、社会群体和社会组织,以法令规定各等级的权力和义务,明确各等级之间的内部关系,把各等级整合在等级结构之中。又以法令形式承认一些社会组织、社会群体的合法性,给予保护,甚而加以鼓励和提倡,如对孝义之家、宗族、慈善团体;或者反对一些社会团体、群体,宣布它为非法,予以取缔,如对秘密结社和秘密宗教。这些措施使合法的社会群体、组织、等级结构有机地结合起来,各自占据其社会位置,形成社会结构整体。当社会结构内部冲突不能协调时,政府施行其权力,进行干预,调整社会要素之间的关系,首先是调整各等级的权利、义务的内容,沿着使贵族官僚等级特权减少、平民等级权力相对上升、贱民奴婢等级数量相对减少并向解放道路前进的路线进行,使上下两方面等级距离缩小,以整合社会等级结构。其次是调整社会组织、社会群体结构,沿着逐渐承认社会组织的路线前进,让那些组织起到一定的中介作用,帮助协调社会等级结构的裂痕。再次是允许社会流动,准许社会下层成员进入上流社会,使人有寄托,有幻想,服从按照统治者愿望进行的命运安排,减少社会冲突。

(2)政治权力的调整和多渠道吸收人才

政府处于整合社会力量的地位,就成为社会矛盾的焦点,各等级、各团体往往把攻击点集中在政府方面。倡言"官逼民反"的下层民众造反指向政府,社会上层的政变借口也是旧政府的政治黑暗和滥施权力,不管是谁,都要改造政府,这就是看到政治权力在社会整合中的作用。政治权力为摆脱社会矛盾焦点的困扰,采取了二种办法:一是把官吏与皇帝区别开来,在官吏直接面向民众的同时,使皇帝高高在上,具有人神结合——天子的双重身份,把他神圣化，与民众隔开，以便在官民矛盾中起调节作用，造反民众的只反贪官、拥护好皇帝的事实，表明皇帝的这种角色作用起到了。释放贱民这类好事都以皇帝的名义来进行。这样避免反对力量指向皇帝，而由皇帝调节官民矛盾，从而保证政治权力的存在及发挥作用。二是调整政权机构本身，改变不适应社会形势的部分，创建新机关，裁撤旧衙门，调整皇权与相权、中央集权与地方分权的职官制度，增加入仕的途径，以新鲜血液改善官僚机器。在荫子制之外，争取以才能取人，起初重视选举制，当它被士族把持之后，改用科举制，允许较多平民出身的人进入统治集团，既增加治理能力，又能对平民起一定的迷惑作用，故此法最妙。自隋唐发明后历代沿用不辍，成为官员来路的主要途径。政权机构的调整，官僚队伍的更新，使政权本身自我调节机制和能力都很强，从而运用政权的力量处理社会矛盾，进行社会整合，促进社会稳定。

4.社会结构稳定与变革两种因素的制约与社会的缓慢发展

在稳定的古代社会内部存在着冲击其稳定性的变革因素，促进社会的缓慢发展。其变革因素，仅从社会结构方面来说有下述四种：一是自耕农的大量存在和他的平民身份，一定程度上允许其发挥创造力。二是身份制有一定弹性，允许社会流动，进入上层社会的原下层等级成员的生活积极性自然提高了。三是社会团体逐渐增加和社会结构的某些变动，多少起一点调节社会矛盾作用。四是下层等级的反抗斗争，迫使政治力量调整等级关系。这四种因素综合发挥作用，促进社会制度的一些变化和新文明因素的产生，推动古代社会缓慢发展，其表现为：

(1)作为平民的自耕农的大量客观存在，促进主佃关系的调整

自耕农的作用，似乎成了一种楷模，令佃农向往它的社会地位和经营方式，并向这一方向努力；地主接受这一现实，适当改变租佃关系，以保证地租的实现。于是在佃农方面，由领主制的农奴地位，变化到世族地主制的依附农地位，再变到地主制的平民佃户地位，佃农经营种植自主权也随着社会地位的变化有所扩大。在地主方面，虽然让出一些对佃农的人身控制权，但以地租形态方面的变革，即从劳役地租转变为实物租分成制，再转向实物租定额制，再转而实行货币租的尝试，用经济手段控制佃农，这种生产关系的调整，产生大量的平民佃农。这是社会的进步。平民的增多，为近代化的生产提供大量的自由雇佣的劳动力，是近代工业生产发展的前提。

(2)创造了灿烂的古代农业文明

自耕农和佃农作为古代社会的主要生产者,以其平民、类似平民的等级地位,发挥比农奴较高的生产热情,与所有的农民成员共同创造了古代发达的农业:兴修水利,治理黄河,开凿大运河;开辟垦田,把平原沃土变为良田,将丘陵开成梯田;在粗放农业的同时,发展了精耕细作;农作物品种不断增加,解决日益增加的人口食粮的基本需求。正是由于农业的不断发展,为社会精神文明的生产提供了必要的物质条件。

(3)商品经济的逐步发展和资本主义的萌芽

传统的重农抑末方针压抑工商业的发展,大大限制了商品经济发展的速度,但是商人、手工业者基本上是平民,在限制之中,也还给他们的经济以一定的发展余地,手工业者在应官之外有生产主动权,商人有经营权,法律虽贱商人,而大商人凭其富有,势侔王侯,结交权贵,又有买官、捐监制度,使其中少数人改变了社会地位。古代政治地位压抑财富地位,但"钱能通神""有钱能使鬼推磨",这些出现于古代社会的俚语,表明财富的地位是压制不住的,终于在自然经济社会内部使商品经济逐步发展,并在这个基础上,于明清时代出现资本主义生产关系的萌芽。而到近代,有的商人、官商成为新兴资产阶级的成员。

(4)文化领域的不全面发展

文化发展需要物质条件,还要求社会环境、政治条件等因素的适当。特权等级需要为其服务的理论,就有了三纲五常为中心内容的伦理学的产生,于是有了儒学的发达,并且成为中国古代文明的主要内容。而从事科学技术研究的人,不被看作是读书人正宗——儒生,在科举中不给他们以应有的地位,把他们看作是天文生、乐舞生、历事生,只能是平民。这种等级结构地位,极大地限制了科学技术的发展,所以农业生产的主要工具犁、锄,长期没有大变化,使农业难于进入机器生产时代。总之,文化受社会等级制度的影响,意识形态领域有发展,而科技领域的发展非常缓慢。

(原载冯尔康《中国社会结构的演变》,河南人民出版社,1994年)

中国古代农民的构成及其变化

一、问题的提出及笔者的研究态度

关于中国古代农民构成的历史，史学界一些流行观点似乎有待商榷，而更重要的是需要深入研讨，笔者感到的问题有：

(1)农民只是指或主要是指佃农吗？人们只要说到封建时代的农民，便会意识到佃农，因为人们认为封建社会的主要矛盾是地主和农民，与地主处于对立面的农民当然是佃农了。然而佃农真能代表整个农民，可以不顾及与佃农并存的自耕农吗？事情正是这样，一些研究者忽视了自耕农的大量存在，农民结构就难于认清了。

(2)与第一个问题相联系，自耕农和佃农在农民构成中各占何种地位，谁是主体，有无变化？

(3)古代的地主与农民能够形成什么关系，地主是绝对与农民概念不兼容，不能在一定意义上被视为农民吗？

(4)小土地所有制和小农制经济如何成为君主专制制度的经济基础和专制基础？一些研究者是这样指出的，但是古代土地所有制的性质是聚讼多年而不决的问题，且不说土地国有和私有的问题，就以多数人认为的大土地所有制在土地制度中占主导地位来说，小土地所有制又何以能有那样的作用呢？看来它同农民的构成及与国家的关系问题需要深入探讨。

农民的构成是研究农民问题的基础，设若连哪些人是农民都不清楚，恐怕难以对与此相关的社会基本矛盾、阶级关系、等级关系、政府政策及其归宿、政治斗争及农民运动、中国古代历史特点等一系列重要历史问题，作出准确的说明，因此对农民构成史值得下功夫作一番考察。

关于古代农民构成史，仅见几篇专题或涉及较多的论文，有王毓铨的《中国历史上农民的身份》写作提纲,①刘毓璜的《试论西汉时代的自耕农经济》②,束世澂的《论汉宋间佃农身份》③,杨国宜的《宋代农民的政治地位和经济生活》④,以及笔者的《关于中国封建时代自耕农的若干考察》⑤《清代自耕农与地主对土地的占有》⑥等,可以说研究尚很缺乏。但相关问题讨论很多,如土地所有制、农民战争都曾经是争论的热点,歧见多,这就使研讨的问题复杂化,增大了难度。

笔者对这个题目范围大、时间跨度长、研究歧义多的论题,虽颇有兴趣,也有所接触,拜读了上述时贤的论文,还阅览了侯外庐《关于封建主义生产关系的一些普通原理》⑦等论著,从各种观点中汲取可供加工的成分,但是研究还很不够,这里想把探讨对象的时间定位在战国至清代,更主要的只是想提出一些思路和初步意见,以便向方家请教。所说的思路,也可以说是方法,就是:

注意农业要素。农业包含土地、劳力、投资和农业知识四要素,这四个方面在研究中都要注意,不忽视任何一种,比如投资与农民的构成就关系匪浅。

与土地所有制相联系而认知。宜于认识劳动者如何与土地结合,也就是需要考察土地所有制与生产关系下的生产者成分。

农民与政权关系。笔者认为中国古代国家是土地最高层次的所有者,由此探索农民结构和中国古代历史的特点。

运用社会结构理论。其理论要义是寻找结构要素之间的联系和变化,据此考察农民构成诸成分之间的关系及其变动,并探讨农村分化。

① 王毓铨:《莱芜集》,中华书局,1983 年。

② 刘毓璜:《试论西汉时代的自耕农经济》,《南京大学学报》1959 年第 1 期。

③ 束世澂:《论汉宋间佃农身份》,《中华文史论丛》,第三辑。

④ 杨国宜:《宋代农民的政治地位和经济生活》,南开大学历史系等编:《中外封建社会劳动者状况比较研究论文集》,南开大学出版社,1989 年。

⑤ 冯尔康:《关于中国封建时代自耕农的若干考察》,南开大学历史系等编:《中外封建社会劳动者状况比较研究论文集》,南开大学出版社,1989 年。

⑥ 冯尔康:《清代自耕农与地主对土地的占有》,吴廷璆等编:《郑天挺纪念论文集》,中华书局,1990 年。

⑦ 侯外庐:《关于封建主义生产关系的一些普通原理》,收入《中国封建社会土地所有制形成问题讨论集》,生活·读书·新知三联书店,1962 年。

二、多层级的封建土地所有制与"农民"概念

学术界对于中国古代土地所有制的认识分歧太大,国有制、私有制、多种所有制并存诸说林立,也即认为古代社会同时存在着土地国有制、大土地占有制、大土地所有制、中小土地所有制、残余的村社所有制等,[①]历史事实也正是如此。诸说各有道理,笔者都有所同意,不过也有不好理解的地方,觉得从总体上难以完全接受。笔者认为,也许用多层级土地所有制来概括会恰当一些。所谓多层级所有制是说国家、私人都有所有权,并有不同层级的权力区别,除了第一层级对官田之外,都没有完整的所有权。层级区分和所有权涵义是这样的:

第一层级,国家所有权,或说皇帝所有权,即王朝对土地的最高、最终支配权。这种权利不是像民间那样表现在对土地的买卖上,而体现在王有土地观念、国家土地政策及赋役制度等方面,具体说是:

(1)观念形态上土地是天子所有,并为臣民所接受。《诗经》所谓"普天之下,莫非王土;率土之滨,莫非王臣"[②],秦始皇所宣布的"六合之内,皇帝之土……人迹所至,无不臣者"[③],都表示土地为国君所有。唐人陆贽论说:"夫以土地,王者之所有;耕稼,农夫之所为;而兼并之徒,居然受利。"[④]他谴责豪强兼并田亩的罪恶,出发点则是土地为王有,应由百姓共享皇恩,不能被兼并之徒霸占图利。土地王者所有的观念深入人心,直到明清时代人们还是这样认识的。安徽王氏家训告诫子孙按时完纳钱粮:"田有租,身有佣,民分应尔。所有编折银两,依限报纳,米粒照征送完,庶免拖欠之罪。"[⑤]讲百姓本分,应当承担赋税义务,根本原因就是土地为王者所有。洪秀全的先人说:"君

① 诸说见《中国史研究》编辑部编:《中国古代史研究概述》第 12 篇之 2《中国封建土地所有制问题》,江苏古籍出版社,1987 年;《历史研究》编辑部:《建国以来史学理论问题讨论举要·封建土地所有制形式讨论中的分歧》,齐鲁书社,1983 年。

② 《诗经》,《十三经注疏》本,中华书局,1980 年,第 463 页。

③ 《史记》卷 6《秦始皇本纪》,中华书局点校本,第 1 册第 245 页;以下所引"二十四史"资料,皆据中华书局点校本,不再一一注出。

④ 陆贽:《陆宣公奏议》卷 22《均节赋税恤百姓·论兼并之家私敛重于公税》,上海会文堂印本。

⑤ 《潜阳琅琊王氏三修宗谱》卷 1《家箴》。

恩重于亲恩,谚云'宁可终身无父,不可一日无君'。"①人们能活着,包括土地在内的一切都是皇帝给的,当然把天王老子看得比亲爹神圣。一切为皇帝所有的观念,来源于天命观。汉人贡禹说:"王者受命于天,为民父母。"②鲍宣对皇帝讲:"天下乃皇天之天下也,陛下上为皇天子,下为黎庶父母,为天下牧养元元。"③说白了,天是人间最高主宰,国君是天子,是百姓的父母,代天施恩,是天把土地、人民、政事交给他的,人们信天,就要尊奉天子,承认国君对土地的最高所有权。④有政权就有土地的最高所有权,洪秀全的"天朝田亩制",不就把辖区的土地看作他所代表的太平天国所有吗!

(2)施行有关田地的种种制度、力求实现土地王者所有的理论。许多朝代都宣布土地制度,诸如授田、限田、限民名田、屯田、占田、均田、更民田制度等。如王莽新朝下令,"更名天下田曰王田,奴婢曰私属,皆不得买卖"⑤。不久,因百姓愁怨,又允许买卖。⑥奴婢问题不是这里要说的事项,单讲土地,他把田地叫作"王田",是土地为其所有观念和权力的表述,所以他可以一会儿允许买卖,一会儿又不准出售,许不许买卖,这就是土地制度,就是国君有土地最高权力的表现。制度里的买卖权之外,还包含赐予或收回土地的权力,即将垦田赏赐给贵族和官员,封赏的土地有的是国有的,也有私人的,皇帝都有权使用。国有的,君主有权处置自不必说了;私有的,也有权,那是把私有的当作国有的一样来处理。如金朝"拘刷良田"给女真人,⑦后来清朝的"圈地"——"将民地圈给旗人,仍系民人输租自种"⑧。圈地办法是政府派遣官员,骑马拿绳索将所经过的地方加以丈量,就成为官地,分赐八旗将士,叫作"圈拨";所圈之地有好有坏,八旗将士不要次地,又重新圈占好地,是为"圈换";把被圈占田地的农民强行迁移到口外、关外,叫作"拨补"。这就是明目张胆地剥夺农民小块土地,被圈占了耕田的农民,"离其田园,别其坟墓"⑨,"妇女流离,哭声

① 《洪氏宗谱》,浙江人民出版社,1982 年,第 20 页。

② 《汉书》卷 72《贡禹传》,第 10 册第 3070 页。

③ 《汉书》卷 72《鲍宣传》,第 10 册第 3089 页。

④ 参阅《莱芜集》,第 378 页。本节有数处参考该书写作,下不再注明。

⑤ 《汉书》卷 99 中《王莽传》,第 12 册第 4111 页;第 24 卷上《食货志》,第 4 册第 1144 页。

⑥ 《汉书》卷 24 上《食货志》,第 4 册第 1144 页。

⑦ 《金史》卷 47《食货志》,第 4 册第 1045 页。

⑧ 《清朝经世文编》卷 35,孙嘉淦:《八旗公产疏》,道光刊本。

⑨ 《清实录·世祖实录》,顺治二年二月丁丑条,中华书局,1985 年,第 3 册第 129 页。

满路"①。可见皇帝最高层级土地所有权的残暴性。把民间的私田强行割给猛安某克、八旗将士,金朝、清朝如出一辙,如果说这是少数民族政权初建时的残暴情形,有点例外,那么明朝皇帝的以民田建设皇庄、勋贵庄田就不足为奇了。《明史·食货志》在叙述皇庄和勋贵庄田时说,"褚王、外戚求请及夺民田者无算","盖中叶以后,庄田侵夺民业,与国相终云"。②明宪宗时建宫中庄田,原来只有三十五顷地亩,后来"占过民地四十顷",扩展到七十五顷。③这类事实说明王权对土地的最高权力。

(3)强占私田为官田。政府将百姓、官僚的私田,通过诸种手段占为官田。手法之一是"刮田",即政府以清查官田、荒地为名,把私田搜刮为官田,如金朝大定间刮地,见到"皇后庄""太子务"的名称,就认定那个地方是官地,百姓有土地凭证,也无效应。④所谓"牧地荒地","其实多民地耳"。或者对无田契的农民进行剥夺,如北宋杨戬"立法索民田契,自甲之乙,乙之丙,辗转究寻,至无可证,则度地所出,增立赋租"⑤。本是私田,只因田主辗转相售而失去田契,被抑勒为官佃,丧失了自己的田地。二是廉价强卖,实际同于强夺。如南宋贾似道的"买公田","浙西田亩有直千缗者;似道均以四十缗买之。数稍多,予银绢;又多,予度牒、告身"。⑥仅给原值的几十分之一,有时还拿废纸告身来顶替。政府认为这种强占有理,因为田地最高所有权是它所有。三是因奸民投献,而以民田为官田。元人吴某某伪称有宋高宗吴皇后遗留的汤沐邑,献给国家,其实"皆编户恒产,连数十万户,户有田皆当夺入官"⑦。牵连到几十万户之众,朝廷并不顾恤,不就是皇帝有最高所有权吗。

(4)实行垦荒和禁止抛荒政策。国君在特定的情形下,允许农民开垦国有地和荒田、无主地、有主而抛荒地,一定时间后就成为垦荒者的私产。不少王朝实行过垦荒政策,而以明朝初年规模最大,影响的农民最多。仅据《明史·食货志》的记录就有以下数起:洪武朝迁太湖区的苏、松、嘉、湖、杭五府的"无田

① 《皇清奏议》卷 2,卫周胤:《请呈治平三大要》,1936 年罗振玉刻本。

② 《明史》卷 77《食货志》,第 7 册第 1888—1889 页。

③ 《明经世文编》卷 88,林俊:《传奉敕谕查勘畿内田地疏》,中华书局,1962 年,第 1 册第 791 页。

④ 《金史》卷 47《食货志》,第 4 册第 1045 页。

⑤ 《宋史》卷 468《杨戬传》,第 39 册第 13664 页。

⑥ 《宋史》卷 474《贾似道传》,第 39 册第 13782 页。

⑦ 刘基:《诚意伯文集》卷 6《前江淮转都运盐使宋公政绩记》,第 1225 册第 222 页,台湾商务印书馆《四库全书》本。

者四千余户,往耕临濠,给牛、种、车、粮,以资遣之,三年不征其税"。大将军徐达迁移北平山后百姓三万五千八百余户,散处诸府卫,其中一部分人收入军籍,而属于民籍的则给田地。又徙江南民十四万于凤阳。对晋东南的泽、潞等州农民多次进行迁徙,始则迁于河北,"后屡徙浙西及山西民于滁、和、北平、山东、河南","又徙登、莱、青民于东昌、兖州"。到了永乐朝,将"太原、平阳、泽、潞、辽、沁、汾丁多田少及无田之家,分其丁口以实北平"①。移民中也有有田人被发遣的,但多数人是少地无地农民,被政府有组织地迁徙,领受耕地,以至牛、种,从事耕作,数年后纳粮当差,耕地也归个人所有。垦荒政策的实行,除官田外,把荒田乃至有主荒地也进行分配,实质上将一部分农民的私田用政府的力量转化为另一部分农民的私田,表明国家对私有地拥有支配权。与垦荒政策相辅相成的是不许抛荒,农民的田地若不耕种,要照常纳粮当差,严重的还要治罪。

(5)民人依身份所有的土地不得与其身份相分离,如明代将民人区分为民籍、军籍、灶籍,他们所拥有的田地分别是民田、军田、灶田,这些田有定额,不得短少,军田不能卖为民田,反之民田也不许卖为军田。

(6)向田地所有者征发赋役。政府的征收赋税和徭役,人们的印象是赋税出自垦田,徭役源于户口人丁,这种理解原没有错,但是这两项基本上都出自于田地,诚如宋人张方平所说:"以两税输谷帛,以丁口供力役,此所谓取于田者也。"②因田地而有赋和役,徭役也因田地而来。无田者佃耕,也有役,到清朝实行摊丁入亩制度,力役完全摊入田亩,徭役全部由有田者负担,因此,徭役从总体上说也是出于田地。徭役在很长时间里大大重于赋税,役表示服役者对政府的人身依附关系,役重则表示依附关系强烈。政府征收赋税的依据,除了它的管理机构的性质之外,能对土地所有者有那么大的控制权,还在于它拥有土地的最高层所有权。

第二层级,贵族官僚对官田的占有权。官田为国家所有,来源与名目很多,如明代官田,开始是接收的。"宋、元时入官田地",后来有"还官田,没官田,断入官田,学田,皇庄,牧马草场,城壖苜蓿地,牲地,园陵坟地,公占隙地,诸王、公主、勋戚、大臣、内监、寺观赐乞庄田,百官职田,边臣养廉田,军、民、

---

① 《明史》卷 77《食货志》,第 7 册第 1879 页。
② 张方平:《乐全集》第 6《论率钱募役事》,台湾商务印书馆《四库全书》本,第 1104 册第 276 页。

商屯田"等。①明代这些官田的来源和名称,表明了官田的用途,它主要封赏贵族做食邑(汤沐邑、勋贵庄田、王庄),赏给百官做职田,分给军队做屯田。不仅明代多官田,历代如此。如曹魏将赤眉军的土地收为官田,实行屯田制。②又如唐朝给品官职分田,自十二顷至一顷半不等。③贵族官僚对所得的官田,拥有支配权、使用权、出租权,收取庄田上的收获物,他们没有买卖权,皇帝可以将这些土地收回,但是有时偶尔有赏赐所有权的,如北魏世宗将以前诸帝所赐的官田,允许受赐人随意买卖。④官田的军屯和民佃,都要按本分应军役或纳租,受田人获得土地的使用权,且必须亲自耕作,不得转佃,没有支配权和所有权。只有在年久的情形下,政府开恩,将民佃之田归承佃人。总之,领受官田的贵族官僚,对这种土地拥有占有权、使用权、支配权,但基本上没有所有权,而皇帝将土地赏赐出去之后,就失去了对它的支配权,但仍有所有权,可以回收,不过不能任意使用这一权力。从授受两方面来说,土地所有权都不完整了。

第三层级,私人业主所有权。私人业主包含不同身份的人,有贵族、官员、平民、半贱民乃至奴隶。前述贵族官僚有国君的赐田、职田等官田,他们还有私田,是通过买卖(或含有攘夺成分)、接受投献等形式获得的。贱民、奴隶有田产,当然是极少数,是那些贵族官僚的大管家,即通常所讲的豪奴,或者是不属于某个特定的人的贱民层中的个别富人,拥有田业。平民中除了属于民籍的人,还有少数商人、手工业者。私人业主的所有权体现在土地的买卖权、转让权、租赁权、使用权、典当权诸方面,但是这些权力并不完整,受到国家多方面的干扰,如不得卖给法定圈外的人,不许不耕作,政府可以强制收买等。南北朝时期发生一个有趣的故事:南朝梁高祖建造大爱敬寺,在寺旁有中书令王骞的良田八十余顷,这田原来是王骞先人、东晋丞相王导的赐田,这时早已是私田,梁高祖派人宣旨,要把它买了舍施给大爱敬寺,王骞不情愿,回书写道:"此田不卖,若是敕取,所不敢言。"回答得很有风趣,又带出挖苦的味道,所以梁高祖很是恼火,下令按市值估值,强迫卖下,送给寺院,还惩罚王

---

① 《明史》卷77《食货志》,第4册第1881页。
② 《三国志》卷1《武帝纪》,第1册第14页;卷16《任峻传》,第2册第489—490页。
③ 《新唐书》卷57《食货志》,第5册第1393页。
④ 杜佑:《通典》卷2《食货·田制》,浙江古籍出版社,1988年,第15页。

骞,把他外放为吴兴太守。①由此可知,私有的土地并没有任意支配权,这种私有权是古代意义上的,极不完善的,君主有最终的支配权。

第四层级,典当业主的部分所有权。典当是产业转移过程中的过渡形态,原业主出让土地的使用权和实际上的部分所有权,承典者取得使用权和到时不赎的优先购买权,出租权,以及对土地的转当权,实际拥有部分土地所有权。典当是将土地所有权分割为业主和典主共同所有,但就私田意义上的所有权来讲,双方都是不完整的,不过出现了典主的所有权,使得土地所有制的分层上多了一个层级。土地典当现象出现得很早,在均田制下的非法买卖,就有"典贴"的事,②宋代"典卖逃户田土"的事情不断发生,引起官方的注意。③明清时期土地典当成为常见的事实。

第五层级,"一田二主"的押租制下的佃农的永佃权和转让权,一定程度地分割了土地所有权。明清时代出现押租制,即佃户要向田主交纳押金,才能取得佃种权,田主因此不能随意撤佃,遂令佃农获得永佃权,同时可以把这种佃种权出卖,若这样,又有一个花钱买佃者,对此田主不得干涉,对于得了押金的业主来讲,损失了土地的任意支配权,而使其私有权不完整,交押金的佃户取得永佃权及其转让权,实际上获得土地的某种主人身份,因此有了"一田二主"④和"一田三主"⑤之说。这是土地所有权分割形成的一个层级的主人,虽然他仅仅同所有权沾一点边,可是也不宜忽视这类现象。

以上五个层级,自上而下,所有权的量度在递减;自下而上,所有权的量度在递增。归根结底,国家土地权力最高,对没有分配的公田有任意支配权,对赏赐出去的公田只有一定支配权了,而对私田并没有绝对的支配权,一般不能限制其主人的买卖,所以除了未分配的公田之外其他的土地,包括已分配的官田、私田,很难认为有完整的权力,至于第四层、第五层级的土地权力就更不完整了。所以笔者认为我国古代出现的是多层级土地所有制,不能视为简单的国有制或私有制,似乎也不宜视为多种所有制共存,因为后一说法

① 《梁书》卷 17《太宗王皇后传》,第 1 册第 159 页。

② 《册府元龟》卷 495《邦计部·田制》,中华书局,1960 年,第 6 册第 5928 页。

③ 徐松辑:《宋会要辑稿·食货》卷 69,中华书局,1957 年,第 7 册第 6348 页。

④ 顾炎武:《天下郡国利病书》卷 93、94。

⑤ 参阅傅衣凌:《明清农村社会经济·清代永安农村赔田约的》,生活·读书·新知三联书店,1961 年。又,冯尔康《清代的押租制与租佃关系的局部变化》(载《南开学报》1980 年第 1 期)亦有所论述。

忽略了国家最高层次的所有权。在五个层级中，无疑，第一和第三两个层级最重要，因为它们所涉及的土地数量最多，关乎到的所有权的人数量最多，在所有权的分量上具有举足轻重的地位。所以，层级虽多，主导面则在一、三两个层级，是以注意力需要放在这两个方面。同时有一个特点不可忽视，就是私田在相当程度上可以买卖，不把握这一点，就易被多层级的特点掩盖。

明了了土地所有制和所有权状况，与土地相联系的农民构成问题就容易弄清楚了，不过也还需要明确什么是"农民"，然后才可能解决得顺当些。

农民，在现代辞书中的解释，无例外的说是从事农业生产的人，种庄稼的人，必然是农业生产劳动者；不干农活的农村居民，当然不是了。在古代的文献里也基本上是这样说的，如《汉书》的"辟土殖谷，曰'农'"[①]，《说文解字》的"农，耕人也"[②]。《春秋谷梁传》讲到士农工商四民中的"农民"，谓为"播殖耕稼者"[③]。《唐六典》说，"肆力耕桑者为农"[④]。可知，在古人的概念里，农民是耕田种地的人。古代的分工远不如现代精细，那时把捕鱼、打猎、采樵也视作农业范围，渔夫、猎手、樵夫也是农民。农民是否就是这些人？种田人家兼营商业或手工业，而以农业收入为主，就不能把他们排除在农民之外。有一种农业经营者，自身下田干活，又雇工劳作，或者不雇工而出租一些田地，这种人在古人观念里是"上农"，今人视之为富裕农民，无疑属于农民范畴之内。

出租土地而生活在农村的人(地主和小土地出租者)，不事生产，家中没有有功名或做官的人，要向政府交纳税粮，没有脱离农业，他们算不算农民？用今天阶级分析方法，他们不下地生产，不能算农民，然而古代政府士农工商四大类民人分类法，把他们归类于农，属于农户，也即民户。而且从等级观点来考察，他们是平民，与农民是一个等级，看来他们是有土地、有田赋而不耕作的农户，不妨也视作农民。将农户也看作农民，似乎有些勉强，但是这种农户不如此当作农民看，也是忽略了他们是交纳田赋而又被政府当作农民和平民的历史状况。把土地出租者纳入农民概念中，是同土地多层级所有者联系在一起，特别是将有助于认识与它共存于一个矛盾统一体的佃农关系，认识

① 《汉书》卷 24 上《食货志》，第 4 册第 1117 页。
② 《说文解字》，中华书局，1963 年，第 60 页。
③ 《春秋谷梁传》，《十三经注疏》本，下册第 2417 页。
④ 《唐六典》卷 3《户部尚书》，广池千九郎训点，日本广池学园事业部，1973 年，第 31 页。

与它同是土地所有者的自耕农的关系,以及作为土地所有者的地主、自耕农与国家的关系,与农民运动的关系。

此外,有一点需要明确,农民是四民的主体。四民中的士,是"德能居位"的、"学习道艺者",[1]是未出仕的人,还属于民的行列,处于四民中的首要地位,但主体应当是人数最多、居于主要行业的农民。还有一点不能忽视,即农民是庶民的主体,《史记·货殖列传》讲到无秩禄的素封之家,说"庶民农工商贾"云云。[2]众所周知,农工商是庶民,不必多说。春秋时楚国子囊讲到晋国各种人都安于职守时说,"士莥于教,其庶人力于农穑,商工皂隶不知迁业"[3]。径直把农民称作庶人,可知农民是庶民中主要成分。

至此,是否可以认为,古代的农民是庶民,也是四民的主体,其主要成分是从事农业生产劳动的人,以及以业农为主而兼营商业、手工业的人,务农兼出租田地或兼雇工经营的人,没有功名的农村土地出租者也算到农民的概念中。要之,一切与耕地、与农业生产有关系而又不是其他职业或身份的人都属于农民范畴,不宜于把农民看得太单一,以为只是种田人。

多层级土地所有制和农民范畴既明之后,可以交代农民构成了。

三、以自耕农、佃农迭为主体的农民构成

上一节考察农民范畴,把职业看得很重要,这一点主要从社会成分来认识农民,分析它的构成。人们的社会属性,取决于生产关系中的地位和法律中的地位,社会地位也有一定的作用,我们在这里把这些因素综合起来,认识农民的社会构成。换句话说,农民成分的确定,有的是用生产关系概念,有的则是以等级概念来划分的,并没有统一的标准,目的是要将事物分析清楚。

农民的社会构成,大约可分为下列九类:

1.自耕农

自耕农,自身拥有耕地,通常可以自种自食,身份上属于平民范畴,是良人,国家的主要纳税人,农民的重要组成部分。本文开篇指出古代自耕农是近

---

① 《唐六典》卷3《户部尚书》,广池千九郎训点,日本广池学园事业部,1973年,第31页。

② 《史记》卷129《货殖列传》,第10册第3272页。

③ 《春秋左传注·襄公九年》,中华书局,1981年,第3册第966页。

几十年来被学术界忽视的研究课题,与它的历史重要性不相称,因此这里首先叙述它。究其内容,主要是讲它的存在状况、原因和社会地位。

自耕农在古代社会是大量存在的人群,从战国到清代,不少人说到这些事实。战国时魏国实行李悝提出的"尽地力之教"政策,将国家土地分给农民,原则上每户100亩,李氏就此向魏文侯算了一笔农户开支账,他说"今一夫挟五口,治田百亩",并以此计算其家庭收入和支出的经济状况,得出不易相抵的结论,从而制定政府具体恤民措施,"行之魏国,国以富强"①。无疑魏国的政策发展了自耕农经济,从李悝计算农民支出以交纳什一税农户为标准,可知自耕农是农村人户的主体。《史记》云秦国实行商鞅的"为田开阡陌封疆","僇力本业,耕织致粟帛多者复其身"政策,鼓励农民开垦田地,收到"赋税平","秦人富强"的效果。②商鞅还招徕三晋百姓垦荒,允许三世免除赋税。③《汉书》说商鞅"坏井田,开阡陌"④。看来秦国农民是在破坏所谓井田制的情况下获得田地的。由魏、秦的土地政策可知,战国时代出现大量自耕农。《汉书》还说秦始皇"收太半之赋"⑤,攫取农民的三分之二收成,他既然收的是田赋,而不是地租,这种农民只能是自耕农和地主,因此不能不认为秦朝自耕农数量不少。在汉文帝亲耕耤田时,晁错上《论贵粟书》,建议重农抑商,他说"今农夫五口之家,其服役者不下二人,其能耕者不过百亩,百亩之收不过百石",收获物自家用度外,"治官府,给徭役",若政府再横征暴敛,加上商人及高利贷者的盘剥,农民就只好"卖田宅,鬻子孙"了。⑥董仲舒论述农民的赋役之重,讲了更卒、田租、口赋,接着说"或耕豪民之田,见税十五"⑦,后世读书人见到此话,理解到佃户之多和地租之重,当然是准确的,不过笔者倒觉得应当注意到"或"字,这是一个转折词,它表示前面讲的是纳税农民的情况,现在转而叙述无税而有役的佃农,由此笔者注意到纳税农民还是多数,只是佃农增加了,他们更贫困。王莽卖行王田法时,指斥汉朝云:"汉氏减轻田赋,三十而税一,常有更

---

① 《汉书》卷24上《食货志》,第4册第1124页。
② 《史记》卷68《商君列传》,第7册第2230—2232页。
③ 《商君书》第15篇《徕民》,第26页,中华书局《诸子集成》本。
④ 《汉书》卷24上《食货志》,第4册第1126页。
⑤ 《汉书》卷24上《食货志》,第4册第1126页。
⑥ 《汉书》卷24上《食货志》,第1132页。
⑦ 《汉书》卷24上《食货志》,第1137页。

赋,罢癃咸出,而豪民侵陵,分田劫假,厥名三十,实什税五也。"①与董仲舒所说相同,值得注意的是这段话中的转折字"而"字,也是前面说农民负担实际沉重,何况还有佃农更苦。诸如此类的汉代人论述,无不表明秦汉时代自耕农的众多。

魏晋南北朝隋唐的中古时期,自耕农之多,由历朝政府不断颁布均田令和一再推行"刮户"政策可以得到证明,因为它们都是针对纳税的有田农户,也即地主和自耕农的。均田,名义上是国家给人民份地,并且限制民人拥有垦田的数量。这是国君拥有土地最高所有权思想的表现,是国家把所有土地都视作为自身的。它表示要给农户一百亩垦田,并以此数量为单位,向农户征收赋役,也即租庸调的标准,就是说,一个农户,应当有一百亩耕田,因此应当交纳相应的田赋、户调,以及应服多少天的庸役(或折钱代役)。政府并不能按照规定的数量给农户以田地,在多层级土地所有制下,政府不可能剥夺农户的自有垦田,所以通常手中并没有掌握多少随意支配的土地,只有大的战争之后,才有巨量的荒地,也就是说政府平常没有足够的土地向无地、少地的农民进行平均分配。因此说,均田制不是国家普遍给农户以田地。

当然,政府也不是绝对不能给某些农户一点垦田,如战后允许农户垦荒,或者采取迁移狭乡之民去宽乡的措施,使一些农户垦种荒地,拥有一定数量的耕地,逐渐把它变为永业田,成为自耕农。史学家陈登原说:"颁均田者,所以赋诸荫附之人于荒废之田也","游手耕弃地"②,说的就是这种情形。这些政策措施实行的结果,农户也很难达到百亩之田的标准。敦煌资料所反映的正是如此。查阅《敦煌资料》第一辑,不难发现,那些农户所有的垦地不过几亩、十几亩、几十亩,难得有达到一百亩的。③再如,唐太宗时灵口农户中每丁仅有三十亩耕地,④标志狭乡农户拥有垦田的一般情形。均田令还有另一种作用,就是承认农户自有的田地。近人的研究成果表明均田制的已受田,就是政府承认农户合法所有的土地。

施行几个世纪的均田制,为政府所重视的均田户,其实就是自耕农和小

---

① 《汉书》卷24上《食货志》,第1143页。

② 陈登原:《中国田赋史》第二编第4章,第83页。

③ 中国科学院历史研究所资料室编:《敦煌资料》第一辑,中华书局,1961年。

④ 《册府元龟》卷105《帝王部·惠民》,第2册第1257页。

地主,而主要的又是自耕农。中古自耕农之多还可以从唐朝政府屡次推行的刮户令获得信息。刮户之所以出现,是因为逃户多,农户逃亡是由于赋役重,是连锁反映现象。唐玄宗时宇文融奉命"搜刮逃户","检刮田畴,招携户口。其新附客户,则免其六年赋调"①。结果"得户八十余万,田亦称是,得钱数百万贯"②。八十万户是相当大的数字,德宗朝实行两税法时,有"旧户三百八十万五千"③,八十万是它的五分之一强,可见宇文融刮户的效果。被刮之户,大多是原来的自耕农,或新自耕农,刮户就是把小农户纳入国家赋役控制之内。唐武宗说"百姓输纳不办,多有逃亡"④,将输纳与逃亡的关系表述得很明白,为此就要搜检户口。政府的刮户现象本身是说有田者弃田离去,政府竟然把它当作大事,说明这种现象的严重,从而表明自耕农的众多,因为地主要闹到弃田离乡是不会太多的,逃户主要是自耕农。再从唐人为民请命的情况看,人们讲到赋役沉重、民不堪命,所说的多是指自耕农,如白居易《杜陵叟》云:"杜陵叟,杜陵居,岁种薄田一顷余。……典桑卖地纳官租,明年衣食将何如。"⑤《纳粟》咏道:"有吏夜叩门,高声催纳粟。"⑥毋庸赘述,唐代自耕农的大量存在,当为事实。

唐代中叶以后,庶民土地所有制发展,自耕农和平民佃农同时增多,依附农相对减少。宋朝将民户分为主户和客户两种,在主户里又分为五等户:一、二等户是形势户地主,三等户的成分,诸家说法不一,笔者相信,大部分是自耕农,少数是地主。四、五等户是自耕农和半自耕农,三等户少,四、五等户多,所以主户基本上是自耕农和半自耕农。辽代契丹区的中户、汉区的农户,相当部分是自耕农。元代的哈剌出,也多为自耕农。前已说过,明初实行移民垦荒政策,产生了大量的自耕农。到了清代,康熙帝因蠲免钱粮讲到土地占有情况,"田亩多归缙绅豪富之家","大约小民有恒产者,十之三四耳,余皆赁地出租"。⑦据此,自耕农约占农户的30%~40%。宋元明清之间,各个时段的自耕农

---

① 《旧唐书》卷105《宇文融传》,第10册第3217页。

② 《旧唐书》卷48《食货志》,第6册第2086页。

③ 《新唐书》卷52《食货志》,第5册第1351页。

④ 王溥:《唐会要》卷85《逃户》。

⑤ 《全唐诗》卷427,中华书局,1960年,第7册第4704页。

⑥ 《全唐诗》,第4666页。

⑦ 《清实录·康熙朝》卷215,四十三年正月辛酉条,中华书局,第6册第178页。

在农户中的比重不会相同,不过总不会少于三四成,自耕农在社会上的大量存在应是不争的事实。

根据以上资料,笔者认为,在古代社会存在着相当数量的自耕农,它是农民的主要组成部分,它在总农户中的比重虽时有变化,但仍不失为重要成分。它是国家的编户齐民,要向政府完纳赋役,是国赋的主要承担者之一,法律身份是良人,属于平民等级。

2.半自耕农

与自耕农有基本相同之处,唯自有田地少,不够耕种,需要租佃一些耕地,或者家内有人要出卖劳力,才能维持家庭生活。古代文书中的"下户",宋代主户五等户,讲的就是这类农民。不过半自耕农在本质上仍属于有田亩自耕的农民,而不是佃农或雇农。他们因有田地,要向国家完纳赋役,属于平民等级。

3.平民佃农

佃农与自耕农一样,在古代社会始终存在着,董仲舒说"富者田连阡陌,贫者无立锥之地"①。无地的农民为求生存,赁地耕种是一条最可行的道路,于是成为佃农,也就是前面讲到过的,董仲舒说的"或耕豪民之田,见税什五"的佃农,王莽所说的"分田劫假"的佃户,康熙帝讲的农村居民百分之三四十以外的农民,"皆赁地出租"的佃户。佃农的数量也非常大,有时超过自耕农。佃农所租赁的土地,多数属于私田,与地主形成主佃型租佃关系。少数属于官田,与政府构成直接关系,成为官佃,此种类型虽少,但历朝都有,西汉元帝屡次将公田"假予贫民","无田者皆假之,贷种食如贫民",②其中一部分是把公田出租给佃农。还有一些有地农民,由于种种原因,被迫带地投靠豪民、官僚以及寺庙,成为佃农,而被官府认为是"挟佃诡名"③。无论官、私佃户,都要交纳大致相同的地租。

佃农的社会身份在不同时期有属于良人和非良人的不同,这里先交代平民身份的。大体上说,秦汉时期和宋代以后的佃农中有一部分具有平民社会地位,是法律上的良人,可以向上流社会流动,如东汉"四世三公"的杨氏家族

① 《汉书》,第 1137 页。

② 《汉书·元帝纪》,第 1 册第 281、287 页。

③ 徐松辑:《宋会要辑稿·食货》卷 69,中华书局,1957 年,第 7 册第 6348 页。

创业者杨震,原来"假地种植"①,一度的佃农地位并没有影响他官至太尉。汉朝政府向他们征收人口税和徭役,仅仅不交纳田赋。中古时代佃农身份下降,而随着土地所有制的庶民化,佃户身份逐渐提高,"唐中叶至宋,北方佃农对主人的人身依附关系有明显削弱"②。宋代有多种关于佃农的法令,但总的倾向是人身依附关系的减轻,基本上具有退佃、迁徙自由,接近平民。所谓"佃户起移,更不取主人凭由"③。元代政府宣称,"所谓地客,即系良民……禁治主家科派使令,地客与税民户一体当差,实为官民两便"④。宋、元两代禁止地主对佃客的人身控制。明代初年规定:"佃见田主,不论齿序,并以少见长之礼"⑤,表明主佃基本上的对等地位。在法律上,宋元时代主佃冲突中,在量刑上主佃不平等,而清代已基本改变,严惩官绅地主对佃户的凌虐。⑥法律虽然没有明言佃户是良人,但是实际上是平民,他们可以读书科举,可以出仕,这就是良人的权利。笔者在《中国社会结构的演变·绪论》中说:"……佃农逐渐平民化。大部分佃农由宋元时代转化,到明清时代成为平民。历史好像是在开玩笑,从秦汉时代自由佃农,变为中古的依附农,到明清时期终于又成为平民佃农。"⑦

4.佃仆

与平民佃户并存的是佃仆,它们对主家有人身依附关系,大多实行劳役地租制,或者交纳实物地租,然而附加地租很重,要在交租之外到主家无偿服劳役,依然受地主较强的人身控制。汉唐间有所谓"客""宾客",他们成分复杂,不少是属于这里所说的佃仆类的,径称为"佃客""屯田客""田客"的即是,别的名称的也还有。东汉开国功臣马援,"宾客猥多",用他们"屯田上林苑中"⑧。三国时代实行给客制度,曹魏给贵族官僚"租牛客户"⑨。其时役重,农

①《后汉书》卷54《杨震传》,第7册第1760页。

②唐长孺:《唐代的客户》,转引自《隋唐五代史研究概要》,天津古籍出版社,1996年,第228页。

③《宋会要辑稿·食货》卷1,第5册第4813页。

④《大元国朝圣政典章》(《元典章》)卷57《刑部·禁典雇》,第19册第12页。

⑤《明实录·太祖朝》卷73,洪武5年5月,第2册第1352页,台湾历史语言研究所校印本。

⑥光绪《大清会典事例》卷100《吏部·礼律仪制》,第2册,中华书局,1991年影印本,第284页。

⑦冯尔康主编:《中国社会结构的演变》,河南人民出版社,1993年,第122页。

⑧《后汉书》卷24《马援传》,第3册第828页。

⑨《晋书》卷93《王恂传》,第8册第2412页。

民愿意离开政府,归入势家,诚如《晋书》所说的曹魏给客制后,"小人惮役,多乐为之,贵势之门,动有百数"①。西晋实行荫客制,官僚依据品级可以荫一至五十户佃客。②东晋、南朝贵族多占有"佃客、典计、衣食客之类,皆无课役",品官因荫客有数量的限制,典计的数目算在"佃客数中"③,看来典计应当是佃客的管理人。国家并不直接管理各种类型的客,实行"客皆注家籍"的制度,④即佃客只在主家户籍内附带登记,没有资格自立户口。这种情形是国家把他们交给主家管理。

魏晋以来随着士族制的发展,贵族官僚将大部分佃农变为附庸,唐代士族制衰落,佃户地位稍有提升,但仍受地主控制,如陆贽所说:佃农"依托强家,为其私属"⑤。宋代仍有为数众多的佃农处于佃仆境地,如川陕的佃客被叫作"旁户",附属于主家,不入官籍,被主家"使之如奴隶"⑥。辽代的头下户,与国家、投下主是租、课关系,有独立经济,名为奴隶,实际是依附农。宋元时代有"随田佃客",田主卖地,将他们一同转手。⑦社会上还存在着"主户生杀,视佃户不若草芥"的佃仆。⑧明清时期有许多投充农民下降为佃仆,以及伴当、世仆之类的佃仆。主家控制佃仆人身,并得到政府的承认。总之,佃仆的身份介于平民和奴隶之间,不得读书出仕,本质上不是良人;中古时代依附农多,成为佃农的主体,其他时期也有,但已不是主要成分。

5.国家佃户

屯田户、占田户、营田户等耕种国有土地的农民,历代皆有,在汉代就是"税民公田"的种公田而纳租的农民。它们中有的人身份是军人,元代、尤其是明代,军屯特别多,虽是屯军,受军籍管制,然而因为垦种政府土地,在一定意义上也可以看作国家佃户。这类佃农受国家严格人身控制,不得离开田庄和戍地,不许逃亡。他们向政府交纳租课或屯田子粒,数量与私人佃户差不多,

① 《晋书》卷93《王恂传》,第8册第2412页。
② 《晋书》卷26《食货志》,第3册第791页。
③ 《隋书》卷24《食货志》,第3册第674页。
④ 《隋书》卷24《食货志》,第3册第674页。
⑤ 《新唐书》卷52《食货志》,第5册第1357页。
⑥ 《宋史》卷304《刘师道传》,第29册第10064页。
⑦ 《大元国朝圣政典章》卷57《刑部·禁典雇》,第19册第12页。
⑧ 《大元国朝圣政典章》卷42《刑部·主户打死佃客》,第15册第25页。

所交的是地租,而不是像其他有田人那样的赋税,所受负担比有田者大得多。也有佃官田的豪民,承揽官地之后,与主管官吏勾结,将土地转租给劳动农民耕作,他们成了二地主,虽名为政府佃户,实际不是这种社会地位。

6.农业佣工

没有或丧失土地而受雇于农业经营者的人,是农村中的赤贫人家。古代始终存在这种人,宋代庶民地主经济发展之后数量增多;在古代经营地主制不发达的社会环境里,这类人数量不多,在农业生产中发挥的作用有限,远远不是农民的主流;他们因在主家做工时间多寡的不同,区分出长工、月工、短工等类型,如清人所言:"富农倩佣耕,或长工,或短工。"①"农无田者为人佣耕,曰长工;农月暂佣者,曰忙工。"②佣工被用在谷物生产方面,还有被用于生产经济作物的,如种茶、园艺等。

在身份上,农业佣工与佃农有类似情形,也分出两种:一是平民,一是非平民的"雇工人"。平民身份的,秦汉时期和明清时期较多。笔者从史料获知,秦汉时期的许多佣工属于编户齐民,他们为雇主劳作,但不受人身控制。陈胜受雇,对共同耕作的伙伴抒发宏愿,听者虽认为那是难于想象的事,③但总表明他们是自由人身,有富贵的可能。两汉有许多读书人替主家耕田或舂米,领取报酬,养活家口,如匡衡、兒宽、第五访、公沙穆、梁鸿等人,后来或出仕、或成为隐逸,史书留名。④他们对主家来去自愿,说明雇主不能控制他们人身。中古时期依附人口大增,佣耕很少,宋代以后又增多,而社会地位也有向好的方向变化。记载说反对宋徽宗暴政的方腊,"家有漆林之饶","又为里胥",⑤可是另外的文献又说他是"佣人",聚众造反,⑥大约他是由富人落入平民佣工地位的。明清时期人们不愿卖身为奴,所谓"贫人不肯鬻身,富贵之家,唯唯雇作,期满则酬直而去"⑦。

---

① 万历《秀水县志·舆地》卷之《风俗》。
② 嘉庆《松江府志》卷5《风俗》引正德府志。
③ 《史记》卷48《陈涉世家》,第6册第1949页。
④ 《汉书》各自本传。
⑤ 曾敏行:《独醒杂志》卷7,《四库全书》本,第1039册第564页。
⑥ 《桂林方氏宗谱》卷7《方庚传》,转见翦伯赞、郑天挺主编:《中国通史参考资料》第5册,中华书局,1982年,第234页。
⑦ 《说梦》卷2《拐匪破案》。

与此相对应,政府在法律上将佣工分为平民雇工和雇工人两种。明万历年间订立条例:"官民之家,凡倩工作之人,立有文券,议有年限者,以雇工人论;止是短雇日月,受值无多,依凡论。"①明确把佣工分为雇工人和凡人雇工两种。到清代乾隆朝规定,有主仆名分的被使唤服役的是雇工人,而"农民佃户雇倩耕种工作之人,并店铺小郎之类,平日共坐共食,彼此平等相称,不为使唤服役,素无主仆名分者,亦无论其有无文契、年限,俱依凡人科断"②。是平民佣工,还是雇工人,区别在于受雇工作性质、时间长短、双方称谓关系及生活习俗,而关键是雇主身份,若雇主是特权等级的人,被雇的佣工就多半是雇工人身份,若雇主是平民身份的地主、自耕农、佃农、商人、作坊主,所雇的佣工就是平民身份。试想,雇主本身是平民,是小土地所有者、小业主,如何能实现对佣工的人身控制?清朝末年侍郎薛允升说:"有力之家有雇工人,而无力之家即无雇工人矣。"③一针见血地指明雇工身份与雇主身份的关系。明清法律承认的平民佣工,他们原来就是平民,不过是贫困受雇,或临时受雇,与雇主是同坐共食的平等关系,法律是对这种现实认可的。雇工人的法律地位介于良人和奴隶之间,雇佣双方在法律上不平等,如关于互相殴打的处罚,明律规定:"雇工人殴家长及家长之期亲若外祖父母者杖一百、徒三年","若家长及家长之期亲若外祖父母殴雇工人,非折伤勿论,至折伤以上,减凡人三等"。④就是不平等关系的一项具体内容。总而言之,在历史上,佣工有两种身份,一是平民,一是非平民的雇工人。

7.农业奴隶

"雇工人"型的农业佣工,虽然不是平民,但与奴隶有别。前述明律的那些规定, 在说到奴隶时云:"奴婢殴家长者斩""若殴家长之期亲及外祖父母者绞"。⑤而雇工人的处刑如上述,比奴隶轻得多。这里讲的农业奴隶就不同了。将奴隶使用于农业,是奴隶制度的残余形态,秦汉时代屡见不鲜。吴荣曾在《试论秦汉奴隶劳动与农业生产的关系》文中认为:秦代奴隶中"有相当一部

---

① 《明律集解附例》卷20《刑律斗殴·奴婢殴家长》,1908年本。
② 光绪《大清会典事例》卷810《刑部·刑律斗殴》,第9册第844页。
③ 薛允升:《读例存疑》卷36《刑律斗殴·奴婢殴家长》,光绪三十一年京师刻本。
④ 薛允升:《唐明律合编》卷22《奴婢殴家长》,第4册第509页,商务印书馆。
⑤ 薛允升:《读例存疑》卷36《刑律斗殴·奴婢殴家长》,光绪三十一年京师刻本。

分是在田野上服役的"，"西汉时女奴也被驱使于田地之上"。①东汉仲长统指斥豪民田地、奴婢之多时说："豪人之室，连栋数百，膏田满野，奴婢千群，徒附万计。"②晋人刁逵"有田万顷，奴婢数千人"③。他们这么多的奴隶无疑有一部分用在农业生产上。中古以后，在辽、金、元朝官府里有一些农业奴隶。明代在长江中下游的一些地方出现投献现象，即农民因官府赋役太重，把田地献给豪强，成为其奴仆。清代初年，北方一部分汉人成为满洲贵族的"投充人"，而"投充者，奴隶也"④。明清的投献、投充者基本上是以奴隶的身份从事农业生产。

8.富裕农民

自家生产，还有余田，雇工经营，或者将余田出租，向政府承担赋役，是平民身份，财力上比自耕农富裕一些，经济收入主要靠自家劳动，属于劳动者行列。前面讲到明律关于确定雇工人身份时提到"农民、佃户"雇工，他们的佣工，是短雇的多，雇长工少，但毕竟或因耕田多，或因劳动力少，或因农忙季节的驱迫，需要雇工。凡是农业雇佣长工及季节工的农民，基本上是富裕农民。这种农民是不是今人概念里的"富农"？这就涉及到农业生产经营方式，说来复杂，笔者认为他们还没有发展到那个程度，整个社会级济也没有发展到那个水平，他们还不是后世的富农，不过有向此方向发展的味道。

9.平民地主

出赁土地收租的人，身份上差别巨大，有皇族、贵族、官僚、绅衿、平民、半贱民、奴隶之别。具有特权身份的地主，以及半贱民、贱民地主，另有更能决定其身份的因素，他们是特权者，是贱民，不属于平民农人之列。这里只分析平民地主，他们向佃户收取地租的同时，向政府交纳赋役。他们人数不多，却与自耕农同是田赋的主要交纳者，同是国家的主要关注对象。他们属于平民身份，无法定特权，只是在和佃户的关系中属少长关系中的长者，在实际生活中一定程度上控制佃农。

在平民地主中，出租田地之外，明清时期出现了雇工经营者，可以视为经

① 吴荣曾：《试论秦汉奴隶劳动与农业生产的关系》，第56—57页，收入《郑天挺纪念论文集》，中华书局，1990年。

② 《后汉书》卷49《仲长统传》，第6册第1648页。

③ 《晋书》卷39《刁逵传》，第6册第1845页。

④ 《清实录·世祖朝》卷58，八年七月丙子条，第3册第458页。

营地主。它们人数远远不能同出租地主较量，但已引起当时人的注意。明末浙江沈某是关心农业经济的人士，他在《沈氏农书》里特为雇工经营的田主计算经济收支，结论是"毫无赢息，落得许多早起宴眠，费心劳力"[1]。他不赞成雇工经营。可是经营地主仍有所扩大，清代苏州人陶煦在《租覈》一书中也为经营地主算了一笔收支账，结论是有赢余。[2]笔者曾利用中国第一历史档案馆馆藏档案资料，统计二十九个案例，获知有二十六个平民经营地主，他们所雇的长工，多的四五人，一般只有一二人，再加上一二个短工。[3]经营地主管理生产，或参加一些劳动，如苏州张士仁"治田尤有法度，当昧爽督佣保，趣田中力作，莳艺芸蓐"[4]。地主经营田地是为获利，但有风险，如常州人钱泳所担心的："是种田求富而反贫矣。"[5]所以历史上经营地主有所发展，不过进展非常缓慢。

上述农民构成的九种因素，从生产劳动角度讲，主要成分是属于平民身份的自耕农（含半自耕农）和平民佃农，其次是依附农（佃仆、佣工）。从影响社会变化的视角看，自耕农、平民地主和佃农最重要。至于本节标题说自耕农和佃农迭为主体，是从变化发展来看待这两者在农民人数中比重的变化，现在就来观照它，并拟从现象和原因两方面着手。

从现象上说，探究自耕农与佃农的历史地位，科学的办法是寻找他们各自在农户中的比重，有了数据，事情就不说自明了。但是历史文献没有提供这方面的必要资料，因此只好退而求其次，依据史料作些估计，这当然是很不可靠的，所以也没有学者就此作过全面的论述，只是在宋代、清代等几个断代史方面有过研究。笔者认为这项工作应当做，虽然估计会有不当，还是试着做一下。

从战国到明清时代，自耕农、平民佃农、依附农同时并存，各个历史时期都有它们的身影，但是他们在各个时代的数量及地位是不同的、变化的，实际比重是不一样的。如何估计他们，笔者的方法是看他们在官方、政治家、政论

---

① 沈某：《沈氏农书》，《学海类编余集》本。
② 陶煦：《租覈·减租琐议》。
③ 冯尔康：《清代地主阶级述论·地主雇工经营简况示例表》，载《中国古代地主阶级研究论集》，南开大学出版社，1984 年。
④ 钱仪吉编：《碑传集》卷 144，沈德潜：《张孝子士仁传》，光绪江苏书局校刻本。
⑤ 钱泳：《履园丛话》卷 7《种田》，中华书局，1979 年，第 185 页。

家眼中的地位,官方及这些人重视哪种人,就如同一架天平,看到他们的价值了。战国秦汉时期自耕农大量出现,从李悝、晁错、董仲舒、王莽等人的论述中可以获知。他们立论的出发点,是保护纳税的自耕农和平民地主,以维持政府的经济基础——赋税来源。从中不难发现自耕农和地主应是农民构成的主体,应占农户的大多数,根据历史事实,地主人数少,所以主体成分又是自耕农。当然,董仲舒、王莽对佃农也给予了充分的重视,不过还不是把他们当作主体来论述的。现代学者虽没有对此作过分析,但有些论点,可以为我们借用。吴荣曾认为战国时代有"数量很多的独立小农",秦汉时期"有不少的小自耕农"。①刘毓璜认为西汉自耕农经济发达,②不言而喻,是小自耕农众多了,否则怎么能有它的发达经济呢!因此笔者产生战国秦汉时期自耕农是农民构成主体的看法,同时也认为那时佃农、依附农、农业奴隶数量也很多,但处于次要地位。

魏晋南北朝隋唐时期,自耕农依然众多,笔者还是从官方、政论家注意的焦点来观察,即土地制度、赋税制度、刮户政策等方面来观察,对此,已在第二节里作了说明,这里只需指出政府的那些田制、税制和刮户都是为控制纳税者的,也即自耕农和平民地主的。前述宇文融刮户八十余万,是客户。杨炎实行两税法,检核户口,"得主户三百八十万,客户三十万"③。这里的客户,不是宋代的佃户含义,而是原来没有入籍的自耕农户。对客户一搜查就得到那么多,可知自耕农在唐代依然是农民主体成分。同时,中古的依附农有了大量的增加,特别是在魏晋南北朝时期,使它与自耕农地位相接近。

宋元明清时期,佃农数量和地位上升,大约在一个朝代开国时期,自耕农比重超过佃农,而后的情况就反过来了。根据北宋官方的户口统计,主户与客户的比例约为二比一,④宋代的客户基本上就是佃户,如此说来纳税的主户要比佃户的客户多得多。杨国宜认为,"北宋前期的自耕农至少估计在总户数的50%以上,大概是不成问题的"。而到了南宋,在总农户中"自耕农已经只有三

① 吴荣曾:《试论秦汉奴隶劳动与农业生产的关系》,收入《郑天挺纪念论文集》,中华书局,1990年,第5、67页。

② 刘毓璜:《试论西汉时代的自耕农经济》,《南京大学学报》1959年第1期。

③《新唐书》卷52《食货志》,第5册第1351页。

④ 详见冯尔康:《关于中国封建时代自耕农的若干考察》,见《中外封建社会劳动者状况比较研究论文集》,第85页。

分之一左右了"，"佃户逐渐成为劳动者的主体……人身依附关系有所松弛，法律地位比过去高了"。①南宋后期佃户超过自耕农，当无疑议。明初自耕农大增，就看那么多的垦荒移民，就知自耕农当是农民主体，而中后期佃农又多过自耕农。清代至少有三分之一以上的农户是自耕农，而佃农占据了农民主体地位。王毓铨说古代自耕农难于估计，但有个印象，即是："全国统一在一个朝廷之下的时候，尤其是统一在一个强有力的朝廷之下的时候，'自耕农'的数量多于私人佃户，至少不少于私人佃户。就地区讲，大江以南汉族地区多佃户，尤其是江南苏淞。大江以北黄河流域多自耕农。"②这个印象是说朝代初期自耕农多，而后减少；北方自耕农多，而南方佃户多，既看到了自耕农的众多，又看到自耕农与佃农的相互变化关系，很有见地。笔者在《关于中国封建时代自耕农的若干考察》中说："在封建时代，自始至终有大量的自耕农，在封建制前期它是农村居民的主要成分，到了后期，比重减低，也还占到农户的三分之一。"③如今依然是这种想法，不过可以重新表述为：大略地说，唐代以前，自耕农为农民的主体，唐代以后，随着依附农的减少，平民佃农增多，社会地位提高，逐渐取代自耕农的地位，时或上升成为农民的主体。

探究自耕农在农民构成中得以长期成为主要因素、佃农地位得以上升以及双方农户中比重状况变化的原因，多层级土地所有制的变化当是着眼点之所在。而第一个要考虑的因素则是官田的私田化，扩大庶民土地所有制。启发我们思考的是漆侠、乔幼梅在《辽夏金经济史》所叙述的史实。他们说金朝初年把四百万人的猛安谋克迁到北中国，大规模地拨给土地，实行牛头地制度，这是一种占地方式，即土地为国家的，而归占有者使用，后来"许多猛安谋克户把国家授予其自种的官田当作私有土地或者出卖或者出租"，"牛头地作为国有土地的色彩越来越淡薄"，这就是"官田的私有化"。又说金章宗"定屯田户自耕及租种法"，准许猛安谋克户把每丁自种四十亩以外的土地出租，金宣宗承认给军户拨授的土地为永业田，"即把官田当作合法的私有土地"，据此他们认为"计口授田制显然已从国有制的外壳中蜕变出来，变成封建土地私

① 杨国宜：《宋代农民的政治地位和经济生活》，见《中外封建社会劳动者状况比较研究论文集》，第 181、188、198 页。

② 王毓铨：《莱芜集》，第 363 页。

③ 冯尔康：《关于中国封建时代自耕农的若干考察》，见《中外封建社会劳动者状况比较研究论文集》，第 86 页。

有制的分配方式了"。①他们认为土地制度的区别在于国有制和私有制,与笔者的多层级理解不同,但这不防碍对他们具体观点的借鉴,这就是官田的私田化认识。

官田的经营,在所有权的层级上属于第二层级,皇帝不仅在名义上,而且在事实上都拥有所有权,分配给贵族、官僚、军士乃至农民使用,而他们由使用权、占有权逐渐地拥有所有权,就是把官田变为私田,令官田减少,私田增多。山林川泽,在整个古代都是属于国家的事实,没有随时代的变化而变化,但是垦田中的官田数量则在减少,其原因在于皇帝对它的支配政策发生了变革。皇帝将官田用作贵族庄田、官僚职田,没有多大变化,而在给农民方面则前后不同时期变更颇多。早期,比如汉代,皇帝处理贫民就耕问题,多是将官田出租给农民,收取与私人地主差不多的地租,只把极少数的耕田赐给农民。耕田出租,所有权仍完整地保持在官府手里,是官田仍多。到了后期,政府的举措向有利于官田私有化方向发展。像金代四百万人的官田私有化了,其数量之巨大,可想而知,事情还不止于此,更重要的是皇帝对官田一般不再出租,而是径直给予农民,就像明初那样的移民垦荒,给农民以土地所有权。清代的"更民田"政策,承认农民已占有的明朝官田为私有田。将官田给农民的政策,使庶民拥有的土地增多,从而使庶民土地所有制得到发展,也令小地主、自耕农、半自耕展不断产生,稳定它们的地位。

第二个考虑的因素是土地买卖权力程度的变化,与庶民地主土地所有制的发展。董仲舒讲的"除井田,民得买卖",道出了战国以来土地就可以买卖的事实,问题是土地买卖的自由程度如何,那是由古至近逐渐变化的。官方要控制买卖的程度,而民间则要求摆脱官府的控制。王莽宣布土地为王田,不得买卖,可是百姓怨恨,不得不改变为允许买卖的政策。北朝均田令宣称国家给民份地,虽然实际做不到,但是观念上土地是皇帝所有,不准买卖,然而唐代均田制把份地区划为永业田和口分田,前一种田可以买卖。这种变化,是政府对农民土地买卖权限制上的松动,似乎可以认为是农民要求土地所有权和扩大买卖权的结果。待均田制破灭后,政府再没有控制土地买卖的制度,所以宋朝人讲这种情形是"田制不立"②。

---

① 漆侠、乔幼梅:《辽夏金经济史》,河北大学出版社,1994 年,第 395—397 页。
②《宋史》卷 173《食货志》,第 13 册第 4163 页。

230

政府减少对土地买卖的干涉,允许它在较大程度上进行,土地买卖比较能够顺利实现,因而可能变得频繁。事实也正是如此,那就是土地兼并越往后越激烈。董仲舒说"富者田连阡陌,贫者亡立锥之地"。表明土地兼并已经很严重了,汉哀帝时土地兼并进一步恶化,于是有辅政师丹、丞相孔光的限田主张,但无任何效果。①到了唐代,杜佑说:"天宝以来,法令弛坏,兼并之弊,有逾于汉成哀之间。"②表明唐代的土地兼并比汉代更为严重。土地兼并的一个标志,是土地转移的迅速,也即土地频繁地更换主人。宋代出现"贫富无定势,田宅无定主,有钱则买,无钱则卖"的情形,③兼并形势愈加激烈。到了清代,钱泳说:"俗语云:'百年田地转三家',言百年之内,兴废无常,必有转售其田至于三家也。今则不然……十年之间,已易数主。"④说明清代田地转移更频繁,土地兼并更猛烈。

土地的自由买卖,使富有庶民与特权者在兼并土地的竞争中处于同等地位,有了买卖的方便,越容易拥有土地,造成庶民土地所有制的发展。于是,多层级的土地所有制中,第三层级的私人土地所有权,主要拥有者的身份发生了变动。唐代以前,特权等级地主土地所有制发达,地主多有特权身份,是身份性地主,他们控制耕种其田地的劳动者能力强;唐代之后,庶民地主土地所有制发展,取代了身份性地主土地所有制的地位。这是土地所有者身份的变动。

这种变化,对庶民地主有利,而对自耕农不利,并产生出大量佃农。唐代以前,身份性地主拥有巨量土地,但他们人数毕竟有限,所垄断的耕地比后世地主要少得多,客观环境允许小农拥有土地,所以自耕农能够大量存在。唐代以后庶民地主拥有的土地在总量上要超过此前的身份性地主,这两者所拥有土地加在一起,就占有了大部分耕地,迫使相当部分自耕农丧失土地,下降为佃农。农民中自耕农的减少,就意味着佃农的增加,所以在庶民地主田地所有制发达的情况下,佃农数量超过自耕农。与此同时发生的事情是,庶民地主对佃农的控制力减弱,使佃农不仅在数量上,而且在社会地位上成为农民的主

① 《汉书》卷24上《食货志》。
② 杜佑:《通典》卷2《食货·田制》,第16页。
③ 袁采:《袁氏世范》卷3《富家置户多存仁心》,丛书集成本。
④ 钱泳:《履园丛话》卷4《协济》,上册第110页。

体。总之,中国古代社会,随着身份性地主土地所有制向庶民地主土地所有制转化,农民社会中人数比重占主体地位的自耕农被佃农所取代。

第三个考虑的因素是土地所有权第一层级实施的作用,影响自耕农、佃农数量增减和存在状况。当政府实行允许农民垦荒,将官田给贫民为永业的政策时,以及实行政治改革多少有些成效时,自耕农就会增加和稳定;反之,实行把官田租给贫民的政策时,对豪强兼并土地束手无策时,乃至自身参与兼并时,就会使自耕农在挣扎中落入佃户行列,而使佃农增多。

第四个考量的是其他社会因素和土地买卖的作用。中国传统的财产继承法是诸子平分制,它的实行,往往使富人变穷。试想,一个地主家庭,经过几次诸子分家之后,田产分散了,有的子孙会落入自耕农行列,甚而为半自耕农、佣工。当大的战乱,特别是农民战争之际、之后,大土地所有者逃亡,农民自动耕占他们遗留下来的田地,若经政府承认,就是名副其实的主人了,成为自耕农。土地买卖,会使有的地主下降为自耕农、半自耕,也会让一些佃农上升为自耕农。归结自耕农、佃农在农民构成中的状况以及他们地位变动的原因,多层级土地所有制下,作为政府使施行其土地权力的象征的有关政策,庶民土地所有制的发展,土地买卖程度的变化,以及其他社会因素,综合起作用,而庶民土地所有制的发展更是关键之所在。

四、农民构成和中国古代历史的特点

对农民构成及其相关事物的研究,使我们发现中国古代历史的一些特点,仅述于下:

1.中国君主专制社会具有两种基本社会矛盾,即君主国家与农民的矛盾,地主与佃农的矛盾

佃农与地主的矛盾,这是大家都理解的,是古代租佃制、人身依附制的农业生产关系所决定的,毋庸繁述。这里要交代的是另外的那种矛盾关系。

君主国家与农民的矛盾,基本上是多层级土地所有制产生的。矛盾的一方是国家,以皇帝为代表,它制定土地法规、君臣法规、赋役制度等一系列法令,以拥有最高层级的土地所有权,对私人土地拥有一定的支配权,对臣民具有人身支配权;反之,平民土地所有者在人身上对国家具有强烈的依附关系,土地所有权很不完整,这就使它在承受田亩负担之外,有着更为严重的

徭役义务。于是形成一方面压迫者、剥削者与另一方面被控制者、被剥夺者的对立。

后一方面,包括自耕农、半自耕农、富裕农民、平民地主,而主要成分是自耕农和平民地主,所以说这种矛盾是自耕农和地主共同对国家的对立斗争。这里要特别留意的是,本文所说的国家与农民矛盾中的农民,主要是自耕农和平民地主,不是佃农,需要避免概念的混淆。

矛盾表现在农民的各种反抗形式,如拖欠钱粮、隐匿户口、逃亡、暴动以至战争;国家为控制农民,强化户口制度、什五制度、教化制度、赋役制度,并借助于宗法制度,不时地进行政治改革,采取惩治贪官、整顿吏治、蠲免钱粮、兴修水利、颁布农书、改良耕作技术等措施,实行社会整合,企图化解这种社会基本矛盾。

研究这种社会矛盾,有益于认识历史上经常出现的政治改革和史不绝书的农民暴动。为什么君主专制时代的政治家、政论家都倾注精力于民本和安民,都关注农民的动向,针对农民与国家的对立状况,针对财政危机和其他重要社会冲突,不断提出和实行政治改革,产生董仲舒、师丹、陆贽、余靖、谢方叔、原杰等的土地制度危机论、改革论和招抚流民论,出现王莽的王田法、杨炎的两税法、王安石的农田水利法、张居正的一条鞭法、雍正帝的摊丁入亩法等等的改制,关键就在土地制度和赋役制度的变更,以及历朝的蠲免钱粮,康熙帝和乾隆帝先后实行的普免钱粮政策被视为盛世的一个标志。另一方面,为什么农民反抗运动的矛头指向政府,要求"均田免粮"[1](不必说赫赫有名的闯王李自成宣布的"不当差,不纳粮"[2],就是鲜为人知的南宋广西李楫暴动,也"出榜约不收民税十年"[3]),反对贪官污吏,却又拥护好皇帝,说什么"官逼民反";为什么农民运动规模那么大,参加者那么广泛,除了劳动农民之外,有那么多的地主分子及下层读书人参加?就是因为平民地主所受政府的赋役负担,比劳动农民还要多,他们被迫的程度更大,他们参加比自耕农更不容易,可见他们负担的沉重。如果不用这种多层级土地所有制认识论及其相关的农民概念,不用等级观念,很难说得清农民战争爆发的原因、参加成分的复杂性

---

② 谈迁:《国榷》卷 100,古籍出版社,1958 年,第 6 册第 6017 页。
③ 朱熹:《朱子语类》卷 133《盗贼》,第 702 册第 693 页,《四库全书》本。

及其后果。

2.农民构成的历史实际所反映的中国君主专制时代的特点

按照通常理解的封建社会发展史理论,是农奴制占主导地位,自耕农和平民地主无足轻重,而中国历史则不然,许多学者论述过中国封建社会历史的特点,如嵇文甫①、童书业②、傅衣凌③等认为中国封建社会早熟、不成熟,具有弹性,这是以西方封建制为典型作出的比较,非常有见地。但是,世界的发展是多元的,不是一个模式能够容纳的,如果我们再从中国的多层级土地所有制,从农民构成,从平民地主和自耕农的历史实际出发,解释中国的中世纪历史,就会发现中国历史的诸多特点,不必套西方的模式了。中国中世纪农民史与西方封建农奴史不同,承认这个差异,庶几全力寻找中国历史的特点,笔者粗浅地认为:

其一,多层级土地所有制下私有制和庶民土地所有制的发达。多层级土地所有制异于它国,尤其是田地可以买卖,造成庶民土地所有制的盛行,它与多层级的土地所有制相结合,使广大人群与土地所有权联系在一起,成为土地的一"主",形成自身的、具有较强独立性的个体经济,令人们既依赖土地,又离不开土地,而这与西方农奴固着于土地、离不开主人的原因大不相同。

其二,多层级土地所有制是中国君主专制主义中央集权所产生的终级原因,或者是人们通常所说的小土地所有者成了社会的基础。中国何以形成高度的专制主义中央集权制,皇帝拥有最高土地所有权当是基本原因,它掌管土地的分配和使用,生产者与土地的结合,水利的兴修,以维持社会生产和社会生活的正常进行。设若不集中权力,在分散的小农经济情况下很难将这样广土众民的国家统一起来,并进行有效的管理。统治者亦深知这个责任,常常努力去做,比如,在"五胡乱华"的混乱形势下,前秦政权也懂得"课百姓区种"④,兴修泾水水利,⑤留心农业生产,原因在于它要维持政权,就要收税,就

---

① 嵇文甫:《中国古代的早熟性》,《新建设》1951 年第 4 卷第 1 期。

② 童书业:《中国封建制的开端及其特征》,《文史哲》1951 年,第 1 卷第 2 期。

③ 傅衣凌:《论中国封建社会中的村社制和农奴制残余》,《厦门大学学报》1980 年第 3 期;《论明清社会的发展和迟滞》,《社会科学战线》1978 年第 4 期。

④《晋书》卷 113《苻坚载记》,第 9 册第 2895 页。

⑤《晋书》卷 113《苻坚载记》,第 9 册第 2898 页。

不得不关注农田水利和农业生产技术。蒙元开始不懂农业,变农田为牧场,后来学得聪明了,设立大司农司、劝农营田司掌管农事,并由司农司编辑农书《农桑辑要》,颁布农村。

土地、人民、政事三项是政权的要素,皇帝在经理农事的同时,更知道管理农民和土地中的土地制度与赋役制度结合的极端重要性,所以用户口的多寡作为官吏的考核标准,严格要求人民"地著",严禁脱漏户口,搜括逃户。皇帝深知依赖农民和从中寻找政治人才的重要,承认半自耕农以上的农民都是良人,佃农、佣工中的相当一部分也是良人,这就是以农为本的表现。从良人中选拔官吏,从有田产的农户中选充衙前、里正、里长、粮长等职役,是因为良人多且有较为广泛的民众基础。总之,皇帝依赖农民、统治农民;农民接受皇帝的治理(不乏残暴的统治),要求好皇帝的保护(实际上是常常遭到破灭的幻想)。

其三,多层级土地所有制和农民的广泛构成,允许农民具有创造性,为产生掌管古代的灿烂文明做出贡献。农民的构成中含有地主、富裕农民、自耕农、半自耕农,人员众多,又是平民,有自身的独立经济,有必要、也有一定条件推进农业生产并为手工业生产和商业的发展提供必要的物质条件。中国古代的璀璨文明,就是在平民农民个体经济基础上创造出来的。

3.由土地所有制和农民构成,认识古代农村居民的分化及流民、游民问题的严重性

多层级土地所有制,允许土地买卖,使得农村居民的分化容易成为现实,容易出现"富者田连阡陌,贫者无立锥之地"的状况,出现种种分化现象,不仅是两极的地主和佃农,更造成农民构成的复杂化。

农村居民分化的社会原因之外,又有古代生产力低下,很难抗拒自然灾害的缘故,造成大量人口游离在农业生产之外,先后出现严重的流民、游民问题,从汉代至清代历久不衰。这也是政治家注意的一种焦点。

流民的产生是由于土地分配的不合理,政治上的混乱,重大的自然灾害,特别是大的战争,使得农民被迫背井离乡,流浪他方。但是,只要战争结束,灾害过后,政治走上轨道,缓解土地集中的程度,流民就会返回家园,或就地着籍,重新安定下来。不过,造成农民流移的因素反复出现,所以流民问题在历史上始终不断。

比起流民问题的严重性来,游民问题就更突出了。历史进展到宋代,特别

是明清时代,佃农增多,他们与佣工都向平民化方向迈进。与此相适应,农业生产方式起了某种变化,雇工经营较多地出现,地租方式除了传统的实物租,货币地租被采用的增多,经营方式和地租方式的这类变化,是农业经济结构由传统向新方向转变的开始,它使农业生产为出卖而生产的成分增加,与商品经济联系比过去密切,为手工业生产和商业发展提供必要的条件。与此同时,整个社会经济结构发生变化,商品经济和手工业生产发展到相当水平,出现新的生产关系的因素,需要一定的劳动力。总体上说,社会经济结构的某种变化,使农村劳动力中的相当一部分人成为富余劳动力、多余的劳动力,游离在农业生产之外,他们因是平民,可以离乡,正好适合城镇商业和手工业的劳动力需要,于是有少量的农民变成工商业从业人员。但是手工艺、商业接受能力极其有限,令一部分劳动力无处安置,成为游民。所以游民是农业经济结构和整个社会经济结构开始变化的产物,当时社会还无法容纳他们,逐渐成为严重的社会问题。

(原载冯尔康、常建华编《中国历史上的农民》,台湾馨园文教基金会,1998 年)

从农民、地主的构成观察中国古代社会形态

　　研究社会形态的历史，人们一般以生产方式的状态来做判断。对于战国秦汉至明清(鸦片战争以前)时期的社会，大多认为农民与地主阶级建立一种生产方式，形成封建社会形态。这两者间的矛盾是社会主要矛盾，相当于欧洲中世纪农奴与领主时代的社会形态，这种似乎是定论的见解，如今令人生出某种疑问：只有佃农才同地主构成生产关系，佃农能是农民的代名词吗？它能概括所有的农民吗？社会主要矛盾是所谓的农民与地主的矛盾吗？

　　对此，我们首先需要了解农民的构成及其社会关系。

　　认识农民的成分，要从生产关系与等级结构诸方面作出分析。所谓农民，是指农业中的劳动者，其中有自耕农、半自耕农、富裕农民，他们拥有自己的耕地，自耕自食，或者租佃他人少量土地，或者耕地略有富余出租给他人，再或者雇佣少量农业佣工帮助耕作。以上三种人在国家编制中都是编户齐民，属于平民身份。租赁地主土地耕作的农民，基本上可以区分为两类，即平民佃农，属良民身份；另一种是中古时代的"客"(户口编制在主人家的客户)。宋代以后的"随田佃客""佃仆"受到主人的某种人身控制，法律地位介于良民和贱民之间，是半贱民。受雇于人的农业佣工，也可以分为两种，一是平民佣工，一是身份低于良人但比贱民高的雇工，就是明清时期所谓的"雇工人"。比雇工人身份更低的农业劳动者是农业奴隶，在政府和私人地主的田庄上劳作。以上各种人虽身份有所不同，但都是农业生产者，是通常所说的农民。此外，还有生活在农村的平民地主和小土地出租者，他们是不是农民呢？这是个值得讨论的问题，笔者以为他们亦可以被视作农民，原因有三：第一，他们出租土地，可以视为农业经营者；第二，居住在农村，交纳农业税，应国家对农民的徭役之征；第三，职业是农民，在国家的户籍制度中，将人户区分为四大类，即士、农、工、商，地主属于农民类。上述各种人，共同构成农民。

　　在各种农民中，佃农与地主形成租佃的生产关系，处于对立矛盾的统一体中。佣工、农业奴隶与地主也形成东伙、主奴的生产关系。至于自耕农、半自

耕农和富裕农民,在生产过程中与地主不产生租佃关系,根本不能形成生产关系的统一体,换句话说,他们之间不存在生产关系的问题。在劳动农民中有的与地主形成生产关系,有的不能产生这种关系,因此所谓封建时代的农村生产关系,能不能仅以或主要以租佃关系来表述呢?笔者以为要看佃农和自耕农各自在社会中的比重,假如佃农占大多数,自耕农的比重不足计数,自然可以用(地)主佃(农)关系表达这个时代的生产关系。如果不是这种情形,就不宜于这样认识事物了。自战国秦汉迄于明清,都有大量的自耕农(包括半自耕农、富裕农民)存在,从战国李悝、西汉贾谊起,政治家、政论家讲的纳税人,都是指的自耕农,均田制下的均田户其实也是自耕农,这些自耕农是政府极其注意的纳税人,是农户的主体。宋代以后自耕农有所减少,有时佃农占到农户的多数,这就是康熙帝所说的"小民所自有田者不过十之三四"的情形。即使如此,自耕农仍然达到30%~40%,比重并不算小。在一个朝代的初期,自耕农占多数,这可能已是学者的共识。大体上可以说自耕农是农民的主体,他们与地主不构成生产关系,因此主佃关系很难说成为社会的主要关系,地主与佃农的矛盾未见得会成为社会的主要矛盾。

自耕农与地主没有生产中的关系,而他们和平民地主却共同地与国家发生密不可分的联系。他们是有田地的人,可是土地在名义上是属于国家的。事实是皇帝对土地有着最终的支配权,或者说最高所有权,均田制就是以土地为国家所有作为前提,在名义上向农民分配田地,而事实上是国家承认农民对耕地的占有,并以一百亩(隋唐制度)作为征收租庸调的标准。可见国家具有双重身份,既是管理者,又是土地最高所有者,所以向有土地的农民征收赋税和征发徭役,而无土地的佃农并无赋税,只有徭役。早期役重于税,而后变为税重于役,到了清代将人头税摊入地亩征收,更加大土地税。事情的实况是自耕农和地主成为国家赋役的主要承担者,国家与农民,特别是与其主体的自耕农和平民地主形成对立统一关系,处于一个统一体中。

其次,认识田主的构成及其与佃农的关系。

地主的结构,需从等级身份和土地占有状况来分析。皇帝不仅是全国土地的最高主人,他和他的家族还直接经营一部分耕地,这就是少府、内庄宅使、皇庄、内务府所管理的田地,可视之为皇室地主。贵族拥有采邑、禄田和自置的田地,他们是贵族地主。官僚有职田和自有的土地,成为官僚地主。拥有土地的退职官吏和有功名的绅士,是缙绅地主。上述诸种人在社会的等级结构中处于不同的地位,但都有不同程度的特权,是特权等级。他们的土地,或全部没有赋役负担,或减免部分赋役,因此他们是特权地主(或者如同研究者所说的身份性地主)。在等级结构中处于平民地位的地主,要按照土地占有的多少、财产和人口状况完纳赋役。贱民在等级结构中位置最低,这是就社会政治身份而言,但他们中有极少数人富有财产,占有土地,出租给佃农,成为贱民地主。平民地主和贱民地主不仅没有减免赋役的权利,还是不法官吏鱼肉的对象。贱民地主人数极少,在社会生活中影响甚微,可以不作考虑;而平民地主地位重要,他们同自耕农一起,成为国家赋役的主要承担者。以上这些人都是田主。

主佃关系存在着剥削与压迫,佃农要向地主交纳地租,大约相当于收获物的一半,董仲舒所说的"或耕豪民之田,见税十五",即是指此。还有附加地租,佃农要为地主做一些无偿的劳动,或在粮食之外交纳鸡鸭等物,这种附租反映地主对佃农有着某种人身的控制权,此种制约力,特权地主比平民地主要来得强烈,因为他们身份高,制驭佃农的能力自然比平民地主强。到了明朝,政府干预地主对佃农的人身控制,规定主佃为少长关系,如同家庭家族成员间的兄长与少弟关系,但是这种情形只能在平民地主与佃农中出现,因为佃农是不可能与特权地主称兄道弟的。所以在主佃的生产关系中,佃农的地位要视其田主的地位而定。剥削、压迫造成佃农的反抗,内容与形式则多种多样,态度则有温和与暴烈的差别。

主佃关系是君主专制时代农业生产关系的体现,并成为社会基本矛盾之一。

再次,观察农民与国家的关系。

这里说的农民,包括所有的农民,主体是纳税人的自耕农和平民地主。国家对农民的控制,通过户籍、赋役制度和法律的实行来实现。农民面对政府的赋役,进行各种抗争,常用的方法是隐匿户口、"诈老诈小"、逃亡,甚至自残肢体以避役。当政府的征发超过可能的限度时,农民就会以暴力进行反抗,所以中国历史上出现绵延不绝的农民起义。农民同国家的关系缓和与紧张状态反复地出现,使两者间的矛盾成为社会的基本矛盾。

最后,归纳笔者的浅薄之见:第一,在中国的君主专制社会形态下,社会存在着两种基本矛盾,即以纳税人自耕农、平民地主为主体的农民与国家的对立;佃农与地主的对立。以此不同于欧洲的农奴制形态。第二,对这种形态下的国家、平民地主、自耕农的重要地位,尤须注意,而不能只看重贵族地主和佃农,佃农绝对不是农民的代名词,通常也不是社会的主体。第三,国家在社会中特殊地位的形成,除了其政权因素,更因其为最高层级的土地所有者。

(原载《历史研究》2000 年第 2 期)

关于中国封建时代自耕农的若干考察

一、问题的提出

自耕农是在自身所拥有的小块土地上从事耕作的劳动者,它在我国漫长的君主专制时代始终以一个社会集团出现在社会中,并影响着历史的进程。对这一客观存在,学术界似乎漠然视之。人们在讲到封建土地占有和农村阶级状况时,唯相信"富者田连阡陌,贫者无立锥之地","有田者什一,无田者什九","为人佃作者什九"等资料,把从战国到明清的农村居民,实际上看作只有有田的地主和租地的佃农,对自耕农并不在意,纵或承认他的存在,又认为它力量微弱而不足计议。于是乎在人们的观念中,所谓农民,就是佃农;佃农经济,就是农民经济;农村阶级关系,就是地主与佃农关系;农民,就是地主的对立面。这些已经成为"定论"的观点,比较深入人心,人们差点就把它们当作公式来运用了。这种对自耕农缺乏研究及漠视的状况,使笔者产生几个疑问:

(1)自耕农在中国君主专制社会历史上确是人数甚少而不值得重视的吗?传统社会里地主人数很少,但他似乎是社会的主宰,人们自然地将视线集中到他的身上。自耕农若人数也少,没有地主那样的地位,当然可以不去注意它的作用,否则,就要把握自耕农的社会地位,首先要厘清他的存在状况,明了他在人口和社会经济中的地位。

(2)大量存在的自耕农与佃农属于一个阶级吗? 是一个阶级内部的不同阶层吗?它与哪一个社会集团构成对立统一体,是与地主吗?那么他如何同地主直接发生联系而形成对立关系呢? 它难道不是一个社会集团吗?

(3)自耕农对中国君主专制社会历史进程的影响微不足道吗?它与君主国家的政策是何关系?与农民战争是何关系?同中国君主专制社会的缓慢发展又是什么关系?

二、自耕农的存在及其在农户中比重的估计

如果我们有自耕农存在的意识的话,就会发现关于它的历史资料是不少的。那些材料表明它是以相当多的人数出现在全部君主专制社会历史上。

战国时代以降,诸侯、君主专制政府实行发展自耕农经济的政策。战国时代,魏文侯和李悝执行"尽地力之教"的政策,把国家的土地分给平民,原则上每户100亩。李悝曾向魏文侯算过一笔农民的经济账,以5口之家耕田100亩计算,年收入多少,食用衣着等费用多少,交纳什一税若干,算的结果,农民若按一般劳动去生产,则入不敷出,须想法增加产量,还要政府实行平籴法,才能维持生活。①魏国的政策发展了自耕农经济,且从李悝计算农民经济以交纳什一税的自耕农为标准,可见自耕农是农村人户的主体。商鞅深知国家要强大,必须开垦土地,发展生产,而老百姓的愿望也在于取得田宅,遂实施"耕织致粟帛多者复其身"的政策,②鼓励秦国农民垦辟田土。又招徕三晋之民垦种,许其三世免除赋税,③于是秦国自耕农大量增加。西汉时,晁错向文帝上《论贵粟疏》,讲到农民疾苦:一个五口之家,耕百亩之田,收获物个人用度外,"治官府,给徭役",若政府再滥征暴敛,加上商人和高利贷的盘剥,农民就只好"卖田宅鬻子孙"了。④晁错与李悝的言论如出一辙,都是以自耕农的大量存在为前提,提出他们的治国主张。事实表明,与战国、秦汉时期政府鼓励小农生产相一致,农村涌现出大量自耕农,成为居民的主要成分。他们的动向关系到国家的兴衰。

北魏至唐初的数百年,各个王朝颁布均田令,声称给民人一定量的土地,并相应地向民户征收租调力役。这一制度下的均田户好像是政府的佃农,其实不然,也没有人这样看待它。大量的资料表明,均田户土地不多,达不到政府规定的数额,可见政府未能授田。所谓授田,大约有两种情况,一是允许农民开垦一定数量的荒地,陈登原认为均田是"游手耕弃地",他说:"颁均田者,

---

① 《汉书》卷24上《食货志》。
② 《史记》卷68《商君列传》。
③ 《商君书》卷15《徕民》。
④ 《汉书》卷24上《食货志》。

所以赋诸荫附之人于荒废之田也。"①说得有理。二是承认民人占有一定数量的耕地,近人的研究成果表明均田制中的已受田,是政府承认民户合法占有的土地。既然如此,均田户中的农民,通过政府允许的垦荒等手段占有一部分耕地,是自耕农。几个世纪里为政府所重视的均田户,原来基本上就是自耕农。自耕农在这个时期的存在和占有的重要地位自不待言了。

均田制破坏以后,随着地主土地所有制的发展,自耕农有所减少,但仍保持相当的数量。唐中后期起,历宋元明清,社会上有一个严重的流民问题,稍一考察,就会知道它实质上是自耕农的问题。如唐武宗诏令讲:"百姓输纳不办,多有逃亡。"又说有的官吏,"破除逃户桑地,以充税钱"②。再如咸通元年(860)右拾遗内供奉薛调奏称:"兵兴以来,赋敛无度,所在群盗,半是逃户。"他要求豁免逃户税科,为唐懿宗所接受。③逃户躲避赋役,因为他们有田产,逃户多,说明自耕农也多。赋役繁重到自耕农承担不起的时候,他们就只有忍痛抛弃田园流亡他乡了。因为赋役的缘故,他们逃亡的原因比佃农还要来得强烈。

唐中叶以后,自耕农究竟有多少,看它在宋、清两代农户中的比重就可以有所明了。宋朝政府把人户区分为主户和客户,客户是佃农,主户又分为五等,第一、二等户是地主,三、四等户基本上是自耕农,五等户是半自耕农。各户等的人数,据宋仁宗时张方平讲:"中等以上户不及五分之一,第四、五等常及十之九。"④即自耕农、半自耕农占主户中的大多数。至于主客户在人口中的比重,据私人记载,普遍认为客户多于主户,大约是 2:1 的样子,如叶适说"大抵得以税与赋自通于官者不能三与一"⑤,就是主户占总人口的1/3。官方记载大不相同,它的统计数字如下表所示:

① 陈登原:《中国田赋史》第 2 编第 4 章,第 83 页。

② 王溥:《唐会要》卷 85《逃户》。

③《资治通鉴》卷 250。

④ 李焘:《续资治通鉴长编》卷 131,庆历元年二月辛丑条。

⑤ 叶适:《水心别集》卷 2《民事》。

时间	主客户	主户	客户	主户百分比	客户百分比	资料出处
天禧五年（1021）	8,677,677	6,039,331	2,638,346	69.6	30.4	《文献通考》卷11《户口》
天圣七年（1029）	10,562,689	6,009,896	4,552,793	56.9	43.1	《续资治通鉴长编》卷107
元丰六年（1083）	17,211,713	11,379,174	5,832,539	66.2	33.8	同上，卷341
元符二年（1099）	19,715,555	13,276,441	6,439,114	67.4	32.6	同上，卷519

客户与主户的比例,反过来是 1:2。当然,官方的统计和私家的说法都未见得准确,设若折中来看,大约主、客户各占 50%,其中的地主,一般说来占总户数的 10% 以下,这样,自耕农要占农村人口的 40% 以上。

清代农村各种人口的比例,从皇帝到地方官绅都有所说明。康熙上谕讲:"约计小民有恒业者,十之三四耳,余皆赁地出租。"[1]嘉庆间编修的《巴陵县志》写到:"十分其农,而佃种居其六。"[2]道光中纂辑的《江阴县志》讲到人口职业:"农之家十居八九,农无田而佃于人者,十居五六。"[3]同治时撰就的江西《新城县志》说:"农之家什九,农无田者十之七。"[4]这几个对农村有田与无田人户的估计,说明有田者占农村总人户 30%~50%,若除去约占 10% 以下的地主,自耕农在 30%~40% 之间。宋、清两代地主猛烈兼并土地,也没有能够把耕地全部垄断了,仍使农村有 1/3 的人户占有一部分垦田,以自耕农的面貌出现在大地上。

我国古代文献缺少像宋代主客户户口统计一类的资料,纵有一点也难说准确,这就使得我们难于精确考察古代农村人口的阶层分布,只能作大约的估计。因为我们研究的对象是自耕农,发现它的存在不容忽视,但为稳妥起见,关于它在人户中的比重,宁愿采用偏低方面的资料。即使这样,我们仍然获知:在君主专制时代,自始至终有大量的自耕农,在前期是农村居民的主要

---

① 王先谦:《东华录》,康熙四十三年七月辛酉条。
② 《皇朝经世文编》卷29《巴陵志田赋论》。
③ 卷9《风俗》。
④ 卷1《风俗》。

成分,到了后期,比重减低,也还占到农户的1/3。这是笔者的保守估计。王毓铨说他有个印象:"全国统一在一个朝廷之下的时候,尤其是统一在一个强有力的朝廷之下的时候,'自耕农'的数量多于私人佃户,至少不少于私人佃户。就地区讲,大江以南汉族地区多佃户,尤其是江苏苏淞。大江以北黄河流域多自耕农,而且基本上是自耕农。"[1]笔者基本相信他的说法,唯先从保守角度立论,俟日后进一步研究再来订证这个带有估计性的认识。

自耕农的发展趋势,若从一个王朝看,初期多,中后期少,改朝换代后又增多,于是按照多—少—多—少的公式循环;但从全部君主专制社会进程看,它在农村人口的比重中,由多变少,百分比在下降。这一趋势的出现,有着深刻的社会原因,即地主经济进一步发展,蚕食自耕农的土地;政府赋役制度变化,由役重到赋重,使自耕农负荷不起;商品经济发展,商人、地主、高利贷者三位一体,更有力地兼并土地,君主专制后期土地典当频繁,就是三者以借贷为过渡,攫取自耕农田地。

自耕农比重下降,总还维持在一定数量上。虽有一部分离开这个集团,却又有人补充进来。新分子有着产生的条件和途径:

(1)由于土地买卖和实物地租的盛行,一部分佃农可以购买小块土地,上升为自耕农。

(2)同样由于土地买卖,一部分地主破产,沦落为自耕农。

(3)由于实行诸子继承制,一部分地主分家后,下降为自耕农。

(4)当政府实行允许垦荒政策时,一部分农民开垦荒地成为自耕农。

(5)当政府实行将国家租赁给农民的土地归佃种人所有的政策时,官佃变成为自耕农。

(6)当政府实行向民户分配土地政策时,农民成为自耕农。

(7)农村劳动群众进行反抗斗争时,特别是发展到暴动时,贫苦农民强占耕地,进入自耕农行列。

(8)原业主逃亡,贫苦农民占耕逃田,经过政府批准,交纳赋税,成为自耕农。

上述事实,令我们自然地得出两点结论:

第一,自耕农在君主专制社会中人数众多,是农业人口的重要组成部分,

---

① 王毓铨:《莱芜集》,中华书局,1983 年,第 363 页。

因此应当充分注意它的存在。

第二,自耕农的存在、增减,与地主状况、国家政局发生密切关系,对政府的政策,农业生产的发展,农村阶级、阶层关系的变动,都产生相当大的影响,因此,只有充分注意自耕农的存在及其与其他事物的联系,才可能作好君主专制社会史的研究。

三、自耕农是一个与地主、佃农没有本质联系的社会集团

将自耕农包括在内,笼统地说农民阶级是地主阶级的对立面,我们在获知自耕农自始至终大量存在的事实之后,就应当考察这一问题了。

1.自耕农与地主阶级不构成生产关系

自耕农中的一部分人,当政府横征暴敛,赋役量超过地租量时,就"出公门,入私门",投身豪强、绅衿地主门下,如南北朝的荫庇户,宋代的"挟田"户,明代江南的某些世仆,清初某些旗下投充人。这种人不是经常出现、人数不很多,不成为自耕农与地主关系的主流。

自耕农破产,下降为佃农,成为地主劳动力的补充。这是经常发生的事情。这时破产的自耕农已作为佃农与地主发生关系,而不复是自耕农了。

自耕农丧失的土地,往往是被地主吞噬了去,土地买卖使双方发生直接联系。这种土地所有权的转让,与生产关系并不相干,它也不能使自耕农与地主纳入一种生产关系。

豪强地主经常逃避赋役,把它转嫁到自耕农身上,引起双方的矛盾,但他们之间夹着政府,不是直接的对立。

上述诸种情形表明,自耕农与地主有某些瓜葛,互有影响,然而一般不发生直接关系,即使有联系,也不属于生产关系的内容。自耕农自有土地,不向地主租赁,不是有了地主才有自耕农,同样,地主之所以成为地主,也并非有了自耕农才有剥削对象。双方的存在,不是有你才有我,有我才有你,与地主和佃农相互依存的关系不同。所以,双方不是一种生产关系的联系,不在一个矛盾统一体中,构不成对立面的关系。

2.自耕农与佃农不是一个阶级

自耕农与佃农的不同,至少有五个方面:其一,经济基础方面,前者自有劳动对象——土地,生活基本过得去,后者租赁土地,经济生活比前者差。其

二,社会身份上,前者在法律上是良人,后者有一部分人身份低于平民,而且其中一部分人长期处于农奴、半农奴地位。其三,在受剥削的对象、形式和性质方面,两者都承担国家徭役外,自耕农对政府完纳税粮,佃农向地主交纳地租。国赋是臣民的财产税,而地租是土地所有权借以实现的经济形式,即地主土地所有制的产物,两者性质不同。其四,两者都受国家控制,但政府对自耕农控制尤严,而佃农还要受地主的一定支配。其五,在思想意识和政治要求方面,自耕农希望进一步获得土地,政治上主要反对政府无艺之征,其次反对地主的土地兼并,佃农希望占有小块土地,反对地主及国家的压榨。

自耕农与佃农有一些相同的或近似的地方:第一,都是农业生产劳动者;第二,都处于被治理的地位;第三,生产规模都不大,都是一家一户的个体生产;第四,经济上都不富裕;第五,自耕农与佃农中的佃中农经济状况大体相同;第六,君主专制后期,两者出现某种合流,即自耕农减少,加入佃农队伍,而部分佃农拥有田面权,成为土地的一"主"。

自耕农与佃农的前几点的相同,或被误解为本质一致,视为一个阶级——农民阶级,视为一个阶级内部的两个阶层。倘若我们细加分析的话,就可发现它们在本质上是不同的。它们不在同一个生产关系当中。掠夺它们的对象,在佃农方面,有国家与地主的交叉,但主要是地主,而且佃农仅与地主构成一组生产关系,与国家则没有这种关系;在自耕农方面,如前所述与地主不形成生产关系,而主要同国家发生联系。如果把国家同地主视为一体,才可以把自耕农、佃农看成一个阶级,然而阶级和政权是两个事物,不能等同,它们的对立面也就不能是同一的。因此,自耕农和佃农从生产关系角度分析有质的区别,不是一个阶级,自然也就不是一个阶级内的两个阶层了。

3.自耕农与君主专制政权的对立统一关系

自耕农同国家的关系密切。它受政府严格的人身控制,是国家的编户齐民,在一个固定的地方著入户籍,被编制在什伍(村社、保甲)之中。自耕农承受国家的赋税和徭役两种内容的经济负担,著籍就是接受这种负担的前提,不按期完纳钱粮有罪。这种赋役制度对自耕农的生活中生重大影响,有时甚至起决定性的作用。自耕农在土地、财产、人身方面也受国家法律的保护,政府不允许他人任意侵犯它的土地所有权和人身安全,至少在法律规定中是这样的。自耕农既要求国家的保护,又反对政府过度的服役负担,隐瞒土地、人口,拖欠钱粮,逃避徭役,甚至于抗官暴动。自耕农与政府在保护与被保护问题上是一致的,在沉重赋役方面是矛盾的,这就决定双方构成一对矛盾,处在一个对立统一体中,这个统一体可以概述为自耕农对君主的贡纳关系。这种贡纳,从形式上看不出多少特点,因为地主、商人、手工业者都有此类负担,但从内容看则是自耕农与国家之间所特有的了。地主对国家完纳赋税,是用从佃农收租中的地租支付的,是地租的再分配,而自耕农则是用自己的劳动所得来支付的。手工业者也对国家纳贡,也是个体劳动者,但它的职业与自耕农不同,贡品和纳贡方式都不一样,两者不能混淆。所以结论只能是自耕农与封建国家有其独特的关系,成为一个对立统一体。

4.自耕农是一个社会阶层

有了以上三个方面的分析,现在提出的问题就比较容易说明了。

自耕农这一人群,有许多共同的因素:

第一,基本相同的经济条件。自耕农拥有小块耕地,还有生产工具、牧畜等生产资料,在自有农地上生产劳动,支配劳动果实。在通常的情况下,可以维持生活和简单再生产。

第二,同一的对立面,即专制政府,同它发生矛盾斗争。

第三,共同的政治地位,即良人的身份,受国家法律的保护。

第四,相同的意识,即要求巩固和发展小土地所有制,不满和反对政府超负荷的赋役和黑暗统治。

自耕农在政治、经济上一致的地位和利益,以及共同的思想要求,使它们形成为一个社会阶层——自耕农。在这里,最重要的是拥有少量土地,因而能自行支配自己的生产和收获物,形成自己的独立经济,而见异于其他社会阶层。

在自耕农内部,人们由于经济状况的某些差别,可以分出三个层次:富裕农户,占有土地较多,主要靠自家生产,间或雇用他人劳动,生活较好,可以稍许扩大再生产;一般农户,仅够维持生活,是自耕农中的大多数;半自耕农,自有垦田不敷耕种,尚需租借一部分土地或出卖一部分劳动力,生活困苦。

自耕农经济比较绵薄,经不起天灾人祸的打击,万般无奈时就出卖土地,故而土地益于流失。这种经济的不稳定性,促成自耕农人数的上下波动和经济力量的消长。但是它的成员在农村人口中始终占着相当大的比重的事实说明,它的经济不稳定性丝毫也不影响它作为一个独立的社会阶层。

自耕农以君主国家为对立面,但两者间不形成生产关系。这是自耕农集团的特点,以此不同于历史上的许多阶级。如奴隶与奴隶主,佃农与地主,无产阶级与资产阶级,都形成一种生产关系。然而并非只有自耕农例外,小手工业者、小商人均以国家为其对立面,与自耕农有共同之处。

四、君主专制国家对自耕农的政策

在对自耕农政策方面,君主国家既要维持自耕农生存状态,又不顾客观情况强征赋役,豪强地主兼并自耕农土地和转嫁赋役负担,而其结果是自耕农增加了对政府的不满,当然也憎恨那些兼并他们耕地的势豪地主。明智的君主政府鉴于这种状况,会考虑它的发展后果:自耕农丧失土地,将会出现大量的闲民、流民问题,影响社会秩序的安定;影响政府赋役征收,造成财政短绌,削弱政权力量。因而整饬吏治,调整政策,限制土地兼并,一定程度上保护自耕农利益。

1. 维护自耕农小土地所有制的政策

小块土地是自耕农的命根子,也是政府对它索取赋税以至徭役的根据,同时也是势豪吞并的目标。维持自耕农存在的关键是要保障他的土地。

历朝政府实行垦荒政策是赋予自耕农利益的主要政策。商鞅招徕三晋之民是施行垦荒政策,两晋的占田制,后来的均田制,皆是允许、鼓励农民开荒。宋朝以降的王朝,开国之初亦多行垦荒政策。宋太宗规定:凡州县旷土,许民请佃为永业,捐三岁租,三岁外输三分之一。[1]南宋初,以"见户荒田授流民"[2]。元世祖"募民耕江南旷土,户不过五顷,官授之券,俾为永业",三年后征税。[3]明初实行大规模移民垦荒政策,允许民人开垦荒田为己业。朱元璋为此在河南设立司农司,掌管中原垦荒事务。在古代,地广人稀,尤其是在大的战争之后,人口流亡,土地荒芜,完全有条件实行垦荒政策。如宋初陈靖所说:京畿二十三州,"幅员数千里,地之垦者十才二三"[4]。正是在这种情形下宋太宗才下诏许民垦辟。垦荒之外,有的王朝把一部分官田给予自耕农,如梁武帝大同七

---

① 《宋史》卷173《食货志》。

② 《毗陵城南张氏宗谱》卷3,朱熹:《宣公碑志》。

③ 《续文献通考》卷1《田赋》。

④ 《宋史》卷173《食货志》。

年(541)下诏,将没入的田宅一部分"分给贫民",量其所能给予一定田土。①元仁宗延佑元年(1314)命对流民"验各家人力,官为给田耕种"②。有的王朝把农民佃种的官田交给承佃人为永业,如后周郭威罢营田,将官庄田土舍宇"分赐见佃户为永业"③,因此而脱离官佃的人达到三万户。清朝康熙间实行更名田政策。这些政策实施后,使一部分农民拥有小块土地,或恢复他们原有的土地,或使流民复业,从而维持和扩大自耕农的队伍。

有的王朝在一定时期实行打击势豪兼并土地的政策,企图遏制土地的过分集中,使自耕农不致继续丧失耕地。西汉自武帝起土地集中,董仲舒感到问题的严重,提出"限民名田,以赡不足"的主张。④未被采纳。哀帝时辅政的师丹发出与董仲舒相同的呼吁,丞相孔光提出限田的办法,因权倖阻挠而未能实现,但这时土地兼并已极严重,势必要有所解决了。到王莽建立新朝,颁布王田法,企图按孟子讲的井田制模式把土地分给农民,但是土地所有权归于国家,就不合民情了,从而未能付诸实行。南唐内史舍人潘佑建议:"复井田之法,深抑兼并,有买贫者田,皆令归之。"⑤后主李煜加以采纳,急急忙忙地猛烈推行,遭到阻挠而终止。宋真宗定"限田法","形势干挟他人田者,听人告,予所挟田三之一"⑥。明太祖鉴于"元末豪强辱贫弱",施行"右贫抑富"的政策,⑦惩治巨富沈万三的故事脍炙人口,可以说是打击豪强的典型事例。有些官员推行他的政策,如江南地方官熊概,"喜抄没人,一时富室略尽"⑧,造成当地人"以富为不祥,以贵为不幸"⑨的感觉,表明实是给兼并之徒以较沉重的打击。

君主政权中的一部分有识之士反对土地高度集中,试图对它有所解决,在一定时期内产生或多或少的效果,有利于自耕农的保持土地。但总的情形是政府没有根本解决的决心和行之有效的方法,没有扼制住势豪的兼并之势,所以每一个朝代的中后期就出现土地高度集中现象,而且都不能靠当代

---

① 《梁书》卷3《武帝纪下》。
② 《元典章》卷3《圣政·恤流民》。
③ 《旧五代史》卷112《周太祖纪》
④ 《汉书》卷24上《食货志》。
⑤ 《续资治通鉴长编》卷14。
⑥ 《宋史》卷177《食货志》。
⑦ 《明史》卷77《食货志》。
⑧ 光绪《常昭合志稿》卷48《轶闻》。
⑨ 乾隆《吴江县志》卷38《崇尚》。

的政权来改变。

2.平均赋役的政策

历代赋役从制度到执行都有很多弊病，重要的一项是豪富规避赋役，直接或间接地向自耕农转嫁负担。宋人章谊说："民所最苦者，催科无法，税役不均，强宗巨室，阡陌相望，而多无役之田，使下户为之破产。"[1]明朝豪强田主规避田赋的花样集前人之大成，唐龙总括飞洒诡寄的名目："有飞洒现在人户者，名为活洒；有暗藏逃绝户内者，名曰死寄；有花分子户不落户眼者，名为畸零带管；有留在卖主不全过割者，有过割一二，名为包纳者，有全过割不归正户，有推无收，有总无撒，名为悬挂掏回者；有暗袭官员、进士、举人，捏作寄庄者。"[2]政府赋役有定额，不因豪富规避而减少，其所造成缺额，就主要落到自耕农身上，加重了他们的负担。同时自耕农本身为躲避赋役，也隐瞒土地、人丁。

君主政府为保障赋役收入，不断完善它的赋役制度。如根据土地质量定出纳税等级，按照资产、田地、人丁定出户等作为征税的依据，为使纳税者明确其负担数量，制定输籍法、田帖、砧基薄图，鱼鳞图册，发放征税由单，以这些制度争取使纳税人的负担有相对的合理性。政府当赋役不均和逋逃严重的时候，有时采取平均赋役的政策，其具体做法有两个方面：一是清查土地，一是清查人口。像东汉光武帝发布度田令，清丈民户田产。隋朝实行大索貌阅法，整理户籍。唐朝不断括户，增加税民。周世宗颁布均田图，平均民间田税负担。辽兴宗、道宗先后下令"通括户口"，"检括脱户"。[3]宋仁宗在江南西路括户，令郭谘在邓州方田。王安石变法，实施方田均税法。南宋李椿年在两浙路推行经界法。朱元璋即位就派人到浙西核查田亩，接着命户部核实天下土田。张居正推行一条鞭法，先行丈量土地。清世宗在四川清丈垦田。清查耕地和人口，是面向所有的有土地者和人口的，主要对象是地主和自耕农。把隐田和漏口清理出来，使臣民按本分完纳赋役，不允许不法官僚、绅衿、豪强向自耕农等劳动民众转嫁赋役，争取做到赋役均平。它的实质是保证国家的财政收入，要点是平均负担。所以辽兴宗说检括户口是为"普逐均平"，李椿年讲他的经

---

① 《宋史》卷173《食货志》。

② 唐龙：《均田役疏》，见《昭代经济言》卷3。

③ 《辽史》卷59《食货志》。

界法，"要在均平，为民除害"。自耕农在清查后取消了不法地主加到他们身上的不合理负担，同时接受正常赋役，对他们有利有弊。他们要求轻徭薄赋和合理赋役，就这一点讲，清查如果实行得好，打击了不法地主，对自耕农是有利的。有的清查确实起到这种作用。

透过上述君主国家政策，可以进一步明确它同自耕农关系的性质：

（1）自耕农与君主专制国家的矛盾是社会基本矛盾

自耕农作为社会基本成员，承担了与此相适应的赋役，甚至还要完纳官绅地主转嫁的部分，从而成为政府赋役来源的重要对象。基于这一事实，自耕农与政府构成社会的基本矛盾。这一矛盾与佃农和地主构成的另一社会基本矛盾同时并存，是君主专制社会两大基本矛盾之一。它们都可以成为社会主要矛盾，至于何时是，要以具体情况而论。所以我们要充分注意自耕农与君主政权的矛盾，认识到它对社会生活的影响。

（2）君主政府在一定程度上代表自耕农，自耕农与地主共同构成政府的经济基础

赋税是国家的经济基础，自耕农是赋税的重要提供者，因而是政府经济基础的重要组成部分。自耕农以其完纳赋税，表明他是君主政府的一种支持者。

赋税的多寡，是政府强弱的标志，自耕农完纳赋税与否，直接关系着政府命运。君主政府为了维持其统治，强化政权，希望取得自耕农的支持，为此而采取相应的政策：时或打击豪强，抑制兼并，授田与允许农民垦荒，反对飞洒诡寄，平均赋役。实行这种政策的政府，在一定意义上说是自耕农利益的代表。换句话说，君主王朝部分地具有代表自耕农利益的性质，因而能够维持和强大。当它忽略了本身的使命，完全同不法地主站在一起，将变得虚弱，乃至于垮台。

君主国家既统治又代表自耕农的性质，使自耕农产生对国家的幻想，以为它是自己利益的保护人。自耕农痛恨损害其利益的暴政和贪官污吏，要求清明政治，拥护实行打击贪官和抑制豪强政策的好皇帝，拥护以皇帝为首脑的中央集权制。当出现地方割据时，战争多，赋税重，自耕农更加要求好皇帝的统一，成为君主专制主义中央集权的强有力支柱。

君主国家的盛衰兴亡，在一定程度上取决于自耕农的状况和政治态度，统治者怎能不在经济上、政治上重视对它的政策，调整政府、地主、自耕农三

者间的关系呢？国家的户口、赋役、土地等项政策,原来都紧密地联系着自耕农,因此对国家政策及其归宿的考察,不充分留意自耕农的因素,就不可能把事情弄清楚,也就不可能揭示中国社会运动规律。

五、自耕农与农民起义

自耕农与佃农,作为农村两个主要的劳动者社会集团,会因共同利益而联合起来反对君主政权的暴政,使它们的斗争有一致性;它们的不同地位和要求,又使它们的斗争带有差异性。因此对农村居民的反抗运动,需要进行细致的区分,以便明了农民运动的实质及其对社会生活的影响。

1.反对暴君、贪官污吏和横征暴敛,把矛头指向君主政权的农民运动,主要是自耕农进行的

赋和役压在自耕农头上, 当政府压榨过重, 尤其是超过定额的征敛、加税、加役、加耗、预征,再加上政治腐败下官吏的敲骨吸髓,自耕农无法负荷时,只有奋起反抗。暴政重敛的主要受害者是自耕农和平民地主,他们反抗最有力势所必然。

以反暴政为主的农民运动历史上层出不穷。

秦朝末年戍卒陈胜、吴广等揭竿而起,以"杀无道,诛暴秦"赢得民众拥护,"诸郡县苦秦吏者,皆刑其长吏,杀之以应陈涉"[①],进行了一场反对秦朝暴政的战争。

西汉末年农民起义时,王莽任命费兴为荆州牧,问他施政方赂,回答是明白晓谕盗贼"归田里,假贷犁牛种食,阔其租赋"[②],说明战争的起因是赋税苛重和农民丧失土地。

东汉中期各地农民相继起义,顺帝时广陵张婴领导数万人杀刺史、长吏,新任太守张纲去招降,说:"前后二千石多肆贪暴,故至公等怀愤相聚,二千石信有罪矣！"又讲:"今主上仁圣,欲以文德服叛。"[③]在谴责暴吏施行仁政的许诺下,张婴等解甲归田。汉桓帝下令,对太山、琅琊的起义者,"勿收租赋,复更

---

① 《史记》卷48《陈涉世家》。
② 《汉书》卷99 下《王莽传》。
③ 《后汉书》卷56《张纲传》。

算三年"①。政府把责任推卸到赃官身上和答应减免赋役,从侧面透露起义者的要求和自耕农身份。

隋末王簿起义,作《无向辽东浪死歌》。李密讨隋炀帝檄文,指斥他:"科税繁猥,不知纪极,猛火屡烧,漏卮难满,头会箕敛,逆折十年之租,杼轴其空,日损千金之费。"②窦建德是自耕农出身,起义后劝课农桑,给农民创造生产条件。隋末农民战争反徭役,反暴政的性质至为鲜明。

唐末,原翰林院学士刘允章上《直谏疏》,陈述苍生八苦,有"官吏苛刻""赋税繁多""所由乞敛""替逃人差科"等条,③反映农民起义的部分原因。

方腊动员众人起义时说:"今赋役繁重,官吏侵渔,农桑不足以供应。……当轴者皆龌龊邪佞之徒,但知以声色土木淫蛊上心耳。"又说他要当政,将"轻徭薄赋,以宽民力"。于是以"诛朱勔为名"起兵,"民方苦于侵渔","所在响应",众及百万。④

"石人一只眼,挑动黄河天下反"。元末起义的导火线是修黄河,即征徭促成了起义的爆发。

刘六、刘七起义时,秀才出身的赵鐩在回答明朝招降文书上写道:"群奸在朝,浊乱海内,诛杀谏臣,屏斥元老,乞皇上独断枭雄之首以谢天下,斩臣之首以谢群奸。"⑤

明代泰兴农民,"逋租赋,煽为变,啸聚村落"⑥,被知县镇压。

这些起义,针对皇帝昏暴,奸臣当政,官贪吏蠹,征徭无度,兵役不休,税敛无艺,反对黑暗统治和过度的赋役负担,是自耕农进行的反抗斗争,或是以自耕农为基本民众的农民战争。起义队伍里有时还有社会各阶层成员,项梁、张耳、陈余的反秦,刘秀弟兄的参加反对王莽的战争,李密的领导瓦岗军,黄巢、赵鐩之类人物的投入农民军,有的是看到当政者的残暴和无能,希望取而代之,有的则因繁重赋役使他们也难于负担,从而同自耕农一块参加反暴敛的反政府斗争。

---

① 《后汉书》卷 7《桓帝纪》。

② 《旧唐书》卷 53《李密传》。

③ 《全唐文》卷 304。

④ 方勺:《青溪寇轨》。

⑤ 谷应泰:《明史纪事本末》卷 45《平河北盗》。

⑥ 光绪《泰兴县志》卷 17《仕绩·王荣简传》。

2.以"平均平等"为口号、反政府之外,更把矛头指向地主阶级的,是以佃农为主导的斗争

财产不均和地位不平等的现实,自耕农是不满意的,但他们多少有点田产,处于完完全全的良人地位,在这方面的不满就远逊于佃农了。佃农经过长期的生活教训和斗争经验的积累,逐步意识到占有土地和提高社会地位的重要,模模糊糊地感到这些东西要靠自己去争取,不能完全等待圣君清官的恩赐。所以平均平等的要求佃农来得更强烈,以此为目标的斗争,自是以它为主力,而自耕农则处于次要地位。要求平均平等的斗争,历史上不乏其例。

张角组织太平道,又打出信奉黄老道的旗号,利用黄老道的经典《太平经》向信徒作宣传。《太平经》说:"财物乃天地中和所有,以供养人也。"[1]又说:"平之为言者,乃平平无冤者,故为平也。"[2]农民群众借助于原始平均平等思想,要求人们共同占有社会财富和人与人之间的某种平等。

张陵、张鲁祖孙组织五斗米教,张鲁起义后,设立义舍,"置义米义肉其中,行者取之,度腹而已,不得过,过多云鬼病之"[3],实行平均主义的社会救济,反对贪婪多占。

王仙芝起义,自称"天补平均大将军",指斥唐朝"吏贪沓,赋重,赏罚不平"[4]。黄巢进长安,宣布"黄王起兵,本为百姓,非如李氏不爱汝曹"。没收富家财产,叫作"淘物",而"见贫者,往往施与之"[5]。作了一些平均财产的实践。

王小波向民众宣布:"吾疾贫富不均,今为汝均之。"所以"贫者附之益众"[6]。李顺"悉召乡里富人大姓,令具其家所有财粟,据其生齿足用之外,一切调发,大赈贫乏"[7],把富人的财物分给贫民,实现了一次平均主义的再分配。

钟相组织民众,声称"法分贵贱贫富非善法也,我行法当等贵贱均贫富"。起义后,谓"国典为邪法,谓杀人为刑法,谓劫财为均平"[8]。

---

① 《太平经》卷 67《六罪十治诀》。
② 《太平经》卷 98《包天裹地守气不绝诀》。
③ 常璩:《华阳国志》卷 2《汉中志》。
④ 《新唐书》卷 225 下《黄巢传》。
⑤ 《资治通鉴》卷 254。
⑥ 王辟之:《渑水燕谈录》卷 8。
⑦ 沈括:《梦溪笔谈》卷 25。
⑧ 徐梦莘:《三朝北盟会编》卷 137。

明代福建地主要佃农把租子送到家中，还要收取冬牲，佃农出身的邓茂七反对送仓和送冬牲，领导起义。明朝招抚时，起义军中有人回答说："我曹苦富民鱼肉，有司不我直耳。如朝廷宥我，且立散，乞免徭三年。"①邓茂七自称"铲平王"。就笔者所知，明代以铲平王为号的起义者不下五起。

万历间，刘汝国暴动于安徽，自称"铲富济贫替天大元帅"，打开仓库，"招致饥民"②。

明朝中后期，农民以暴力夺取耕地的事，屡有发生。如弘治中，江西永兴农民到临郡茶陵州占耕土地，不交赋税。正德间廖公广起义群众占据廉州永平寨，强种垦田。嘉靖年间，广东归善李文积带领数千农民，"流劫乡村，占夺民田"③。江西南部复鼎山、白叶山的山田，有一半是暴动农民开垦的。广东陈世魁聚众以佃耕为名，占田八千余石。隆庆间潮州林道乾率领群众，"据膏腴之田，以自安固"④。

清代佃农普遍开展要求永佃权和抗租的斗争。康熙间江西兴国佃农在李鼎三领导下组织会馆，反对地主退佃转佃。石城佃农在吴八十发动下进行了同样的斗争。江苏无锡佃农的抗租运动，习以成俗。雍正间崇明佃户反对两季租，到乾隆时，多次发动不交租运动，并且动员了商人罢市。福建上杭佃农在罗日光领导下械殴地主，要求减租，以分享政府普免钱粮的好处。福建农民还进行较斗运动，反对地主大斗收租。

凡是群众起义，都是反政府的，不过上述起义多了一个内容，即将矛头直接对准富家大户。他们疾恨于富人剥削而积累财富，伤感于自身的一贫如洗，因之要求平均占有社会财富，获得自己的耕地，享受自身的劳动成果。他们要求提高社会地位，不允许地主掌握自身的一部分人身权和对自己妻子儿女的奴役权。这类思想指导下的斗争，毫无疑问，较多地表达了佃农的愿望，它应当是以佃农为主力的农民运动。

3.农民战争主导成分的变化及农民战争史的分期

自耕农、佃农的运动，贯穿于整个君主制时代；反对暴政、赋役的斗争，出

---

① 谷应泰：《明史纪事本末》卷31《平浙闽盗》。

② 瞿九思：《万历武功录》卷2《山贼刘汝国列传》。

③ 顾炎武：《天下郡国利病书》卷103《广东》。

④ 《明神宗实录》卷3，隆庆六年七月。

现于全部农民战争史；要求平均平等的斗争，也几乎贯穿于每一部农民战争史。但是反暴政和争取平均平等的痕迹在农民战争史上却有轻重的不同,对历史影响的不同。这两者有交叉,有时很难分开,不过总可以区别。凡是全国性的战争,当是自耕农和佃农共同进行的,目标大,人员多,才有力量,因而成为全国规模的。局部地区的小规模的起义、暴动,是一种人进行的可能性比较大。

如果以反对政府赋役和反对地主剥削作为区别自耕农斗争与佃农斗争的不同点,作为划分农民战争发展阶段的标准,就可以发现:唐朝以前的农民战争,以自耕农为主体,反对横征暴敛的王朝。这一类战争,不止一次地推翻旧王朝。唐末农民战争以后,逐渐以佃农为主体,增加了反对地主剥削的内容,强烈要求平均社会财富,平等的要求也日趋明确。这类战争,大多像王小波、杨么、邓茂七起义那样,局限于一个地区,冲击地方政权,未能摧毁当政的王朝。不用说,这种分期只是相对的,因为唐以前的农民运动也表现出佃农的要求,而宋以降的,自耕农的愿望并没有削弱,只是佃农的要求比以前强烈了,显出新的特点。同时,在第二阶段,佃农与自耕农的要求进一步合流,李自成"均田免粮"的战斗纲领即为显例。史称李自成"有贵贱均田之制"[1],其实他并没有分配土地的办法,唯在其辖区,有的贫民自动抢种土地。李自成到处宣布免粮政策,什么"不催科""三年免征""五年免征""蠲免钱粮",以至有民谣:"吃汝娘,着汝娘,吃着不尽有闯王,不当差,不纳粮。"[2]免粮是部分地实现了,令所有农民对付君主专制国家。

农民战争内容的变化绝非偶然,唐朝以后佃农增多,主佃矛盾在社会诸矛盾中的地位加重,佃农更能在政治上表现自己,所以在农民战争史的第二阶段里较多地显示了他们的力量。

4.自耕农的斗争与君主政府政策的调整

自耕农与其他阶层联合的战斗,可以削弱或摧毁一个王朝,这种威力不止一次地出现,不能不对新王朝的统治者产生巨大的影响。它促使统治者调整政策,以缓和矛盾。隋末农民战争之后,唐太宗不仅看到农民的力量,也比较深刻地认识到农民起义的原因, 从而明了应当采取什么样的政策。他说:"民之所以为盗者,由赋繁役重,官吏贪求,饥寒切身,故不暇顾廉耻耳。朕当

---

① 查继佐:《罪惟录》卷 17《毅宗纪》。

② 谈迁:《国榷》卷 100。

去奢省费,轻徭薄赋,选用廉吏,使民衣食有余,则自不为盗。安用重法耶！"①
他深知暴乱的根源是赋役苛重和吏治不清,而不是老百姓的天性好乱。因此
要从政府方面加以解决,实行轻徭薄赋政策以不激发民变的方针。历代所实
行的行之有效的政策是：

轻徭薄赋政策。赋役重则激变,不能繁重,如何才能适度呢？历代统治者
进行过探寻。西汉开国之初,土地税什五税一,后改三十税一。一些朝代开始
也实行这个税则,明初亩税三升三合,大体上也是三十税一。后世明智的统治
者绝不增加赋役,如清朝政府冻结了人口税,不断宣布普免钱粮,它知道从其
他途径敛财,不在垦田钱粮上打主意。

许民垦荒。前面多次提到政府实行这一政策,它也是自耕农斗争的产物。

整饬吏治。任用清廉官吏,整饬贪官污吏,既可推行政府的明智政策,也
可减少蠹吏害民,避免包括自耕农在内的农民与政府矛盾的激化。

六、自耕农对君主专制社会历史发展的影响

君主专制社会存在着多种经济,有地主经济,佃农经济,并由主佃双方构
成主佃生产方式。自耕农有独立经济,不在地主、佃农组成的生产关系经济范
畴之内,不像佃农经济依附于地主经济。但它也是自给自足的自然经济,与地
主经济同属于自然经济范畴。自耕农经济在整个农村经济中占有重要地位,
是社会的一种重要经济成分。

自耕农经济与地主经济并存,共同构成为社会经济的主要内容,这是君
主专制社会经济结构的特点,它不同于西方中世纪单一的领主经济。这一特
点,说明中国社会经济制度与西方不同,因此不能用西方的封建制模式来衡
量、说明中国的中古社会历史。

自耕农对中国历史的影响前面已有所涉及。概括地说,它是创造中国古
代文明和造成中国君主专制社会长期缓慢发展的重要因素。

自耕农一般具有从事再生产的能力,它的耕地面积不大,但系自家土地,
会尽可能地改良土壤,而不像佃农不敢进行。自耕农一般能够精耕细作,多是
生产能手,可以提高农产量。它的生产促进了社会经济的发展。

---

① 《资治通鉴》卷 192。

自耕农提供的赋役,是君主政府的重要经济来源之一,用来养活官吏、军队,是保证古代中国国家统一和边疆巩固的重要物质前提,它使国家有能力进行公共工程和大兴土木, 有可能提供一批文化人从事文化创造的消费,提供形成中国古代文明的物质条件。

　　自耕农经济是典型的自给自足的自然经济, 自耕农有条件实现男耕女织,这种不富裕的经济状况决定了它很难向市场索取什么,只是在两税法之后,政府征收一部分货币税,它才必须出卖一部分农产品,以换取货币。佃农经济薄弱,不一定能做到男耕女织。地主消费较多,与市场联系比自耕农密切。自耕农是自然经济的有力维护者。

　　自耕农以其大量承担赋役成为君主政府经济基础的一个组成部分;它在通常情况下的冷漠的政治态度,它的要求中央集权,又是君主政府的政治支柱之一。自耕农促使君主政权格外稳定,维护了专制主义中央集权。而这种上层建筑维护自然经济基础,阻挠了资本主义因素的发生和发展。

　　自耕农的反政府运动,促使君主调节社会关系,克服其经济危机。自耕农进行反政府的战争过后,不仅暴政被比较清明的政治所取代,一部分佃农也在新的政策下跻身自耕农行列,从而使地主与佃农的矛盾也得到缓和。自耕农人数的升降,反映自耕农与政府的矛盾状况,也标志着佃农与地主矛盾的缓和与紧张,它的变化,影响着主佃矛盾的变化,在这种意义上说,自耕农的斗争成了主佃矛盾的调节器。由于自耕农不断地盈缩,不断地由盈到缩就不断地缓和主佃矛盾,不致使那对矛盾一直沿着紧张化的方向发展。

　　自耕农最好的情况是能够温饱,维持简单再生产,且自然经济下的单一农业生产,决定了它的经济不可能大发展,是没有前途的。对自耕农的研究,使我们认识到农民的富裕之路,是要在良好的政治制度下,改变单一的农业经济结构,变自然经济为商品经济。还使我们认识到,在以农民和农业为基础的社会,只有农村的进步,才能促进整个社会的长足发展。

(原载南开大学历史系等编《中外封建社会劳动者状况比较研究论文集》,南开大学出版社,1989 年)

膏粱——士族的最高等第

新得《博导晚谈录》,打开拜读邢公畹教授的《汉语"蜜"非印欧语借词说》,获知汉藏语系之"蜜"字与印欧语系的"蜜"字毫无关系。接下来阅览王达津教授的《脂砚斋与畸笏叟》,因知王教授认为给《红楼梦》写批语的脂砚斋与畸笏叟是一个人。二文当即激发笔者,《红楼梦》中出现"膏粱"一词,整理者的注释,以及各种辞书对这一词汇的疏解,似乎均不甚到位,何不一考之乎?

《红楼梦》第一回"好了歌"的"注"有句云:"择膏粱,谁承望流落在烟花巷。"中国艺术研究院红楼梦研究所校注本就此注解道:"择膏粱——意谓挑选富贵人家子弟作婿。膏:脂肪;油。粱:精米。膏粱:本指精美的饭菜,这里用作'膏粱子弟'的省称。"对于"膏粱"的解释,并无不妥,一般说是确切的。其他辞典也莫不作如是之解, 如颇具权威性的商务印书馆的《现代汉语词典》(1997年修订本)"膏粱"条曰:"肥肉和细粮,泛指美味的饭菜:膏粱子弟(指富贵人家的子弟)。"也是1997年由四川辞书出版社印行的《汉语成语词典》的"膏粱子弟"条:"膏粱:肥肉和细粮,泛指精美的食品。比喻过惯了骄奢享乐生活的富家子弟。"这些是新出辞书,再查早先的,比如民国年间刊行的《辞源》,"膏粱"条有二解:"(一)肥肉美谷也。《孟子》:所以不愿人之膏粱之味也。(二)《唐书》:郡姓者,以中国士人差第阀阅为之制,凡三世有三公者曰'膏粱',有令仆者曰'华腴'。"第一解众家皆同,第二解引出《新唐书》有关膏粱之文字,而未作说明。又如台湾梓行的《中文大辞典》"膏粱"亦释意有二:"(一)肥肉与美谷也。……(二)谓富贵之家也。《唐书·高俭传》:'先宗室,后外戚;退新门,进旧望;右膏粱,左寒畯。'杜甫《驱竖子摘苍耳》诗:'饱食复何心,荒哉膏粱客。'柳芳《世族论》:'三世有三公曰膏粱,有令仆曰华腴。'"在第二解上比《辞源》进了一层,指出膏粱是富贵之家。这些释文虽有丰约之别,但第二解也还不能完全到位。这可能是对中古时代的士族等级制度尚不清楚所造成的。

在历史上以汉化著称的北魏孝文帝,于太和十九年(495)下诏定姓族,给鲜卑贵族官僚确定崇高的社会地位,以与汉人官僚士族长期形成的地位相匹配,巩固他们在中原政治上的优势。与此同时也从法令上在汉族士族内部区分出等次。《新唐书·柳冲传》记载,谓柳芳(非柳冲)著文论述春秋至隋唐的氏族、士族史,在讲到北魏时代的中原"郡姓"(汉人士族)时说:"郡姓者,以中国士人差第阀阅为之制,凡三世有三公者曰'膏粱',有令、仆者曰'华腴',尚书、领、护者为'甲姓',九卿若方伯者为'乙姓',散骑常侍、太中大夫者为'丙姓',吏部正员郎为'丁姓'。"(中华书局点校本,第18册第5678页)理解好这份记录,需要明了北魏的职官制度,是以笔者对照《魏书·官氏志》所载的北魏太和中期官制,得知士族中的膏粱、华腴、甲姓、乙姓、丙姓、丁姓的区别,取决于这些家族成员的官位状态,而且这官位不是只看一时一职,要视家族成员连续三世职务情况,始能定入某一等次。

所谓"三公",在中国历史上通常的情形是指太师、太傅、太保,然而在北魏时期管这三种勋衔称作"三师",而以太尉、司徒、司空为"三公",属正一品中的官阶(北魏官职分正、从九品,每品又分上、中、下三阶),根据规定,一个士族在其成员中有连续三世出仕太尉、司徒、司空职衔的,就成为膏粱士族。若家族中三世出任官阶为从一品上的尚书令、从一品中的尚书左、右仆射的,即为华腴士族。如若三世官职在正二品中的尚书、领军、护军以上的则为甲姓士族。设若三世官职在正二品上、下的九卿,从二品下的刺史(北魏世宗初年的官职,上州与中州刺史为三品,下州刺史为四品)以上的为乙姓。倘若三世官职在正二品下的散骑常侍、正三品下的太中大夫以上的就为丙姓。若三世居官在从四品上的吏部郎中以上的家族,则为丁姓。上述规定表明,在北魏太和中,凡三世居官在从四品上阶以上的家族可以定为士族;因为各个家族官品的高低差异,士族区分出六个等第,即第一等的膏粱,第二等的华腴,第三等的甲姓,第四等的乙姓,第五等的丙姓,第六等的丁姓。由此可知,所谓膏粱,具有两种涵义:一为通常所理解的精美饭食的意思,二是南北朝时代第一等士族的专门称谓,系专有名词。

写到这里,笔者不得不认为前述诸部辞书及《红楼梦》校注本对"膏粱"的解释,是正确的,又是有所缺憾的。当然,《现代汉语词典》一类的中型辞书只作出一种说明是完全可以的,而有的书倘能将第二解也表达出来,似乎更好。像《红楼梦》中"择膏粱,谁承望流落在烟花巷"处的"膏粱"注释,仅及"挑选富贵人家子弟作婿"的一层意思,未能把选择第一等士族(意即最高等的贵胄官宦之家)的含义也诉说出来,如若能补充上,读者无疑地会对《红楼梦》原文理解得深刻一些:婚姻是选择最高贵的家族,结果却跌入最下等的贱民娼妓行列,是多大的悬殊,又是多么的可悲! 如此,再理会"好了歌"的"注"的结束语"甚荒唐,到头来都是为他人作嫁衣裳",岂不意境更深。

笔者之所以注意到"膏粱"的士族等级词义,是因为研究中古时代社会等级结构课题时,从社会结构视角读《新唐书·柳冲传》,将"膏粱"的常见含义之外的等级概念捕捉到了。由此想到先贤说的做学问必得有打破沙锅问到底的精神是何等的重要,真的是,小到对一个名词、术语,大到对一种制度、一个事件、一种观念,只有穷根溯源,才有将事情弄明白的可能,而且仅仅是可能! 不如此,就更不好说了。人云亦云,学术事业自然难以开拓进展。笔者还从上述诸书"膏粱"一词的解释中体会到,早先枣梨的书,如《辞源》等,给读者的知识倒比晚进的多,现在各种类型的辞书出版得真不少,究竟超过没超过以前的图籍呢? 前进了多少呢? 实在不能令人乐观。提倡精品图书,是时候了!

(原载《今晚报》1997 年 7 月 19 日)

中国宗族的历史特点及其史料

——《清代宗族史料选辑》序言

笔者原是要介绍《清代宗族史料选辑》,继而想到既然述说宗族史料,必然关乎到宗族的历史,不如索性涉猎中国宗族的历史特点及其在历史上的地位,于是就形成现在的题目。

一、宗族在中国历史上的地位

关于宗族的属性及其在中国历史上的作用,近现代的学术研究者倾心关注,政治家亦有论述,笔者也多年从事这方面的研讨,这里不拟像写作规范性论文那样,而是综合前贤时彦和个人的研究,概要地表述个人的见解。拟从五个方面来认识中国的宗族,这大约也是中国宗族的特点。

(一)从贵族组织到平民组织,很长时间内具有等级性

宗族作为社会组织,商周时代,宗族制与分封制相结合,宗族是各级贵族的团体,由王族、卿大夫士族组成,平民应当有宗族,但微乎其微,其时是贵族宗族时代,也是典型的宗族制时代。秦汉是典型宗族向中世宗族转型期,到魏晋南北朝隋唐时期,皇族之外,最主要的是士族,它是官员的主要构成成分,在很大程度上掌控朝政,引领文化生活、消费生活潮流,其时寒门宗族较古典时期也有一定程度的壮大。随着地主制经济的发达和科举制的实行,宗族制再次转型,宋代以降,官员宗族、缙绅宗族、平民宗族依次演进。到了明清时期,绅衿、平民宗族成为宗族的主体。这种演变过程令人产生三点认识:

其一,宗族具有等级身份性质。宗族具有身份性,由皇族(王族)、各级贵族、官僚、缙绅、平民等不同社会身份所构成。这种身份性在先秦时代最明显,宋代以后身份性大为减弱,但是在祭祖仪式的规格上,贵族、不同品级官员、生员、平民有法制性的差异,实际上还是等级区别。

其二,缙绅、平民宗族逐渐成为宗族主体。在中国古代,也即君主专制主

义时代,皇族(王族)始终存在,政治地位未变,但平民宗族发展壮大,世族、士族消失了,无世袭特权的官僚无暇长期经营宗族,退职的缙绅和有功名的读书人(绅衿)需要、有力、有暇组织宗族及开展活动,于是在各个等级的宗族中,绅衿、平民宗族成为宗族的主体,宗族的最活跃成分。

其三,宗族经历大众化过程,拥有最广大的成员。当宗族是贵族、士族组织时成员相对较少,宋代以后,先秦的大宗法彻底地为小宗法所取代,小宗可以立嗣,可以祭祀始祖,于是宗族民间化和大众化同步进行和实现,在绅衿、平民宗族大发展同时,宗族扩大其成员的组成范围,不限于五服宗亲,只要是一个始祖、始迁祖的后裔,均是宗族的当然成员。这样一来,平民百姓可以参加宗族活动,成为宗族的一分子,成为有组织的人,与同宗血亲有了宗族的社会组织关系。宗族民众性将广大民众组织在它的团体之内,成为民间最具广泛性的团体。

要之,传统社会晚期的宗族,是绅衿、平民的组织,是广大民众的组织。

(二)始终是合法组织,极短时间内有波折

宗族生来就是合法的组织。宗族作为社会组成部分,生来就是合法的。它是宗法制度产物,初期是贵族组织,中世演变过程中的士族,以及其后的官僚宗族、绅衿宗族,是有特权者的团体,当然是合法群体。至于平民宗族,由政府允许的祭祖权、实际认可的祭祀始祖权,可知它是政府承认的合法民间组织。

再从政府的政策来看,宗族不只是合法的,它在宗法观念主导下的活动更受到鼓励。历代政府实行以孝治天下政策,诸如举孝廉、旌表义门和孝子顺孙,这是在承认宗族合法性前提下实行的政策。政策的施行在客观上促进了宗族的凝聚力。政府在法律方面的"准五服以制罪"的原则,实行连坐法、宗亲法,也以现实中存在着的宗族为前提,而这种准五服以制罪的法律,正是宋儒要求扩大民间祭祖权的一种根据。

宗族不仅是合法组织,而在中国历史上几乎是唯一的历时最久的合法组织。因为其他可数的合法团体,如佛教、道教比之晚出千百年,行会、会馆历史之短,更无法与它相比。

宗族在其历史发展长河中,也遇到不合法的麻烦,那是在20世纪后半叶的三四十年间,被视为非法,宗族公产被没收,管理人被作为地主分子或坏分子处理。这是全部宗族历史的一个插曲。

总起来说,宗族自其产生之日,就是合法的社会组织。

（三）教忠教孝的伦理观念，附属于主流意识

宋代以降的宗族往往宣称其宗旨，是"尊祖敬宗收族"，或为"尊祖敬宗睦族"。尊祖，强调"一本观"，以祖宗为团聚宗族的旗帜。尊祖，讲求孝道，孝顺父母、祖父母，同时睦族，若对族人如同路人，不予关爱，一本之祖会伤心难过，即为不孝，所以，宗族观念的核心是孝亲睦族。孝道，最简单的内涵是孝养长上，做到生养死葬，这是最基本的要求，也可以说是低层次的要求，它的高层次境界是光宗耀祖，是子孙能够出人头地，有钱，在地方上有名声还不够，为官作宦，得到皇上赐予的荣誉，才是真正的光宗耀祖、光大门庭。出仕，服务于皇家，得到表彰，是忠臣，做到移孝作忠。孝的内涵本来就有忠的要求，所以忠与孝是一致的。于是从家族讲，要移孝作忠，从国家讲，是求忠臣于孝子之门，并要臣下移忠作孝。因此宗族讲孝道，包涵了忠与孝的双重内容。总之，宗族以孝道为伦常，包涵了孝亲、忠君、睦族的丰富内涵。宗族为族人能够实现孝道，制订祖训、宗规、族约，讲的就是忠孝睦族，以及夫妻、友朋、御下的做人道理。宗族还通过祭祖的或朔望的聚会，宣讲帝王圣谕、法律和圣贤遗训、祖训，灌输孝道的纲常伦理。

忠孝伦理，是皇家道德观念，宗族接受，照搬过来。但是在实践上，如同"孝"的多层次一样，宗族及其族人是难于全面做到的。忠、孝有一致性，也有矛盾性，有忠孝不能双全的对立，是尽孝还是尽忠，是先尽孝后尽忠，还是先尽忠后尽孝，从观念到实践，人们有不同的见解和做法。在历史长河中，长时间内是先家后国，宋代以后，先国后家的观念开始占上风地位，不过这只是观念层面上的东西，而很难是实践方面的。人们首先顾及的是家庭的利益，宗族的利益，而不是国家的利益，正因此，孙中山提出改造宗族，建设国族的主张。

产生于血缘群体的宗族，尊祖敬宗睦族，是小团体意识，虽然有讲求尽忠为国的因素，但是难于实践。

（四）宗族的自治性与某种社会中介作用

历朝皇帝宣称爱民如子，实际并不真正关心民间痛痒，如顾炎武在《华阴王氏宗祠记》所云："自三代以下，人主之于民，赋敛之而已尔。凡所以为厚生正德之事，一切置之不理，而听民之所自为。于是乎教化之权，常不在上而在下。"国家不做"厚生正德"的事情，对百姓如何谋生，如何改善生活不闻不问，只知道向百姓征收赋役，百姓的事情只好自行调理，人主还要说对百姓进行

教化,百姓怎么能够听从官员的说教。而宗族成员在一起,可以相亲相爱,互助谋生。因此,宗祠可以教育其子姓。所以说"教化之权常不在上而在下"。教化是一种权力,是宗族的自我管理权,其内容包括内部管理、参与社区事务及奉命参与国家事务三大方面。(1)宗族管理内部事务,主要内容是:登记族人户口,将族人按房系编制起来,以此成为内部管理的基础,以便开展活动,如作为祭祀祖先、编修族谱、发放救济的依据;组织祭祖活动,为凝聚族人的手段;制定族人行为规范和施行家法;管理宗族公产和发放救济;组织族谱编修,最能反映它的凝聚力和组织管理能力;调解族人间纠纷;管理宗族聚居村落的公共事务,进行村落建设,如修建族人公共活动场所祠堂、寺庙、文昌阁,生产、生活性的公用道路、水源与水利设施,社会治安防卫事务。(2)宗族对外部事务的管理与协调是:各宗族共同管理社区寺庙道观;联保维护社区治安;调解宗族间冲突;组织民俗节日活动。(3)政府允许宗族参与的官府事务:司法上的送审权、审判过程的参与权及执行过程的协助权;职官制度中一些内容的实行,需要宗族协助,如官员丁忧、起复、更名复姓、荫袭、封赠,都需要有族人甘结,或族谱验证;比较细小的民事纠纷责令宗族处理,如立嗣案件,县官常常交由宗族解决;允许宗族某种程度干预族人财产权,如寡妇对于故夫遗产出卖、转让,必须通过宗族,得到族人认可才能实现;保护宗族公产,如果族人伙同他人盗卖、盗买祀田、义田,处以加重刑罚,或流放,或枷号示众。

历朝政府没有自治的观念,也就不可能明确宣布给予宗族自治权。不过宗族在内部的自理权和社区事务参与权,就同后世所说的"自治"发生联系。特别是在政府多项政策及其实施中,宗族参与执行,令它走出内部关系范畴,在官民之间进行活动,使得宗族有了政府认可的某种自治权。"自治",是近代外来词汇,具体到自治团体讲,是指民间自行组建的团体,民主管理其内部事务,是得到政府承认的合法组织,甚至可以像商务印书馆 1933 年版《辞源》"自治"条所说,是"受国家之委任,自己处理本团体内之事务"。这样的团体是政府和社会的中介物。传统社会宗族的自我管理,在政府允许的有限范围内进行,受着政府的严格控制。而且在其内部实行宗法性族长制,民主成分远不充分。总体讲自治程度较低,与近代自治概念差距甚大。然而也不应当忽视其具有的自治成分,故而用"自治性"概念来表述这种状态。

(五)宗族社会属性分析及历史地位

给事物定性,以明了其特点,是必要的,然而属性确定,往往让人产生绝对化的认识,常常只看到事物的主要方面,而忽视其他方面,并不能够真正全面把握事物,笔者在这里避免出现这种不当。

1.专制主义基础与族权是封建"四权"之一说辨析

在中国古代,宗族是专制主义的统治基础。从各个时期宗族政治作用来看,宗族产生以来的几千年间,可以区分为四个阶段:宗族出现初期的殷周时期的贵族制,就成为政权的支柱,其时君统、宗统合一,周天子既是国家元首,又是宗族首领。经历秦汉的转型,魏晋至隋唐世族、士族制的第二个时期,君统、宗统虽然分离,国君依靠士族进行政治治理。宋元明清第三个时期的祠堂族长制和族老制,在皇权允许下,从事民间"自治",成为皇权的附庸。二十世纪以来,宗族走到它的第四个时代,逐渐克服其宗法性,向近代民主团体方向演变,以至变异性地产生同姓俱乐部式的宗亲会。在前三个阶段,宗族依附于政权,是政权基础,所以五四时期吴虞在《家族制度为专制主义之根据论》文中认为宗族是中国专制主义根据。古代宗族依附于政权,它的族长管理制(习俗)被后世定性为封建族权,成为封建"四权"之一。

但是应当注意到族权有二重性,它固然有宗法性,又有民众性、自治性和中介性。二重性对政权讲,宋代以降的宗族民间自我管理,以求生存,它代表成员利益,在有条件情况下要反映成员意愿。如同顾炎武所说,官府对百姓不能教养,而宗族"自教养",所以宗族具有依附于政权及为成员谋利益的双重性,它不可能完全与政权一致,它与政府有不协调一面,不宜忽视,一味强调它的附属性,就容易抹杀它的自治性和中介性。族权二重性,对宗族内部讲,族长有其宗法性统治一面,但作为社会组织的管理,协调、维护全体利益的作用,亦不可忽视。特别是到了传统社会后期,宗族实行小宗法制,有公共性质,族长多系族人遴选产生,若其犯有重大过失,族人可以黜退他,重新遴选族长,因此,在宗族管理中有着某种民主因素。在这里笔者需要饶舌的是:民间组织的宗族,反映民众诉求,关注民众生活,它的宗法性说教是一回事,生活实践本身是另一回事,应当看到这种不同。

2.宗族活动对中国历史的影响和研究中国历史的一种视角

宗族制度多方面影响古代中国社会政治经济文化面貌,影响民间社会生活,打上它的烙印。最主要的是历朝政府实行"以孝治天下"政策,在官制、教

育、法律、伦理多种领域中落实,令宗族发挥其作用,希望以此达到其政权的稳定。宗族史,在一定意义上说是中国历史的缩影:

其一,国家的君主制和宗族的族长制性质是相同的,可以说,从上到下,家长制一以贯之。

其二,在很长时期内,国家、宗族的宗法等级性是一致的,社会等级构成是皇帝—贵族—官僚—士人(有功名的读书人)—平民—贱民;宗族的结构式是皇族—贵族宗族—缙绅宗族—平民宗族。

其三,宗族社会性与社会性质同步演进:古代君主制社会演变为近现代转型期社会;宗族则由祠堂族长制宗族演变为近代族会暨议长制,进而演化为宗亲会会员大会暨理监事会制。

宗族的宗法观念深深影响着后世社会,甚至在一定程度上支配人们的行为,小团体观念和家长意识、宗派意识流行,讲究血缘、朋友关系,重情轻法,令人难于产生个人主体意识,而有依赖思想,不利社会的前进,需要彻底清除。

基于这种认知,笔者以为研究中国历史,可以从研讨宗族史入手。当然,这只是一种方法,一个角度,不会、也不可能排斥其他研究法。

3.发扬宗族自治性精神

宗族的"自治",虽然没有成为近代概念的自治团体,但其自治性,已经为民国时期学者所认识。陈独秀在 1919 年发表的《实行民治的基础》文中写道:"乡村有宗祠,有神社,有团练;都会有会馆,有各种善堂……像这些各种联合,虽然和我们理想的民治隔得还远,却不能说中国人的民治制度,没有历史上的基础。"梁启超在《中国文化史》讲到地方自治的社会基础,以他的家乡广东新会民间自治的传统为例:"上祠堂"的"耆老会"是乡治组织,除了交纳钱粮是地方政府的事,其他的乡间事务都由他们办理,"此盖宗法社会兑余之遗影,以极自然的互助精神,作简单合理之组织。其于中国全社会之生存及发展,盖有极重大之关系"。他们肯定、以至认同这些基层社会的组织具有民治精神,发掘宗族的自治性及其合理性,并宣示于世人。宗族的自治性,某种民治、民主因素,是实行民主制的一种社会背景,或许可以说是今日村民自治的前奏。宗族所表现出的民间自治精神,后人认识不足,宜于发掘、发扬。后世实行民主政体,它就是一种观念的、实践的依据。专制主义依据、民主依据,共存于宗族之中,事情在于后世根据世情选择需要的因素。

二、编选原则与方法

一部历史资料汇编的成功与否,除编选者的史识之外,笔者认为主要考察三个方面,即材料是否丰盈;编辑体例、凡例是否得当;史料的标点,以至考订是否准确。是以笔者在本选辑启动之初,即认真思考怎样进行才可能会做得好一点。在这里想说明编选的必要性和我们的目标、资料来源、编辑方法及大纲、凡例、参与者的情况,以期方便读者明了选辑是怎样形成的,会不会有些许学术价值。

宗族既然有上述那样的重要历史地位,加强对它研讨乃必然之事。要研究,当然得有史料。宗族史的史料很丰富,蕴藏在各种类型的古典文献中,官修正史、实录、政书、文集、方志、笔记、类书、档案文书等等,而以族谱为主要史源。蕴藏宗族史史书的文献种类虽多,但在族谱之外,资料分散,搜寻不易,即使族谱,由于它的数量惊人——以万计数,阅读起来难于穷尽,更何况它的收藏分散,更增加了阅读的困难。有鉴于此,笔者在二十多年前的1984年,为《古籍整理出版情况简报》(第124期)撰文《关于编辑出版〈族谱丛书〉的建议》,倡议编辑出版族谱丛书和"家谱专题资料汇集",如族规家训资料汇编,人口资料汇编,祠田、义庄资料汇编,人物传记资料汇编等。同时预计到"这些工作不是一天能够做得出来的,可以有计划地分期分批来完成"。如今笔者主编这个资料集,无疑是希望实现宿愿。但是愿望也是发展的,原先只考虑汇辑族谱资料,现在则增加选辑正史、实录、政书、文集、方志、笔记、类书、档案文书的有关族史材料。归结笔者选辑宗族史资料的目标,就是汇编各种古典文献的宗族史素材,为研究者提供阅览的方便。笔者在这里,也仅仅是部分实现宿愿,因为所汇辑的资料是关于清代宗族史的,远非各个时代的。笔者力量极其有限,而学问是天下公器,相信会有其他同好进行。事实上,费成康已选辑出版《中国的家族法规》,造福于读者。

"选辑"资料取材于清代形成的各种类型的纪录清代宗族史的文献,也部分取材于民国时期的有关图籍。图书文献包括实录、政书、史书、文集、方志、笔记、档案和族谱等各种类型,以及图像史料。如《清实录》、清代多次编纂的《会典》和《会典事例》、历次修订的《大清律例》,"清三通",民国年间编纂的《清史稿》;利用的族谱图籍有二百余种,大部分编纂于清代(最早修于康熙末年,最晚有修于宣统朝者),少数修于民国时期的族谱,仅择取其中形成于清代的部分内容。对产生于明代的宗族活动内容,本选辑也仅择录清代仍在遵行的部分,以资参照。对于族谱的取材,我们尤为上心,专人赴北京、河北、山西、江西、湖南搜访谱牒资料,而阅读甘肃、陕西族谱,则是在美国盐湖城犹他家谱学会图书馆实现的。

本选辑以从族谱摘取的资料为大宗,盖因此种资料详实具体,颇能反映民间宗族的活动状况。鉴于族谱数量虽多,而各地制作状况差异很大——南方多、北方少,为了能够全面反映清代各个地区、不同时期的宗族史,特别加强对北方、中原、西北地区族谱资料的搜集,因而能够涵盖河北、山东、山西、河南、陕西、甘肃、江苏、安徽、浙江、湖北、湖南、江西、福建、广东、广西、云南、贵州、辽宁十八个省份,并以江苏、安徽、江西、湖南、浙江、河北、山东、山西资料为多。

如何择取素材,选取后怎样进行编辑?笔者首先是制作查索资料大纲和规制编辑凡例。笔者在启动工作之初的 2004 年拟订了较为详细的大纲和简单的编选凡例——《选辑资料大纲和实施细则》(12 月 28 日),作为工作准则;同时邀请同人参与选材,并在工作中对大纲和凡例做出若干细节的补充,于2006 年形成《清代宗族史资料汇编大纲》(3 月 1 日)暨《资料长编选辑说明》(即《凡例》)(2006 年 1 月 13 日)。资料搜集工作至 2007 年基本完成,在之后的整理编辑中,发现一些内容的不足,乃陆续选材补充,到 2010 年编选工作基本结束。

经过调整、补充的大纲,区分为文字资料编和图像资料编二编,文字资料编又分为清廷法令政策和士庶宗族两大部分。全书采取六级标目,为编、篇、章、节、目、子目。为明了起见,录出文献资料编的篇、章两级的目录:

第一篇律令政策与宗法伦理:第一章《圣谕广训》中的宗法伦理和宗族制度;第二章律令体现的宗法观念和宗族制度;第三章官制与宗法观念和宗族制度;第四章丧祭礼制与家庙制度;第五章族正设立与存废。

第二篇士庶宗族基本状况:第一章宗族组织与祠堂族长;第二章祖坟;第三章族产;第四章族学。

第三篇宗族观念与行为:第一章宗法变革论与宗族建设;第二章宗族与丧礼祭礼;第三章族谱理念与修纂;第四章族人规范。

第四篇宗族与外部联系:第一章宗族与社会;第二章宗族与国家。

有了框架,就可以将各种内容的资料一一纳入结构之中,但是各条资料按大纲及其六级目录编排,这是凡例基本原则,那些具体方法才是大量而细致的。以选材方面讲就有:注意资料的完整性,即每一项资料完整表明某种事情,全部辑入某一文献,如录入某些谱序、族规、祖训、圣谕广训、丧礼五服制等;突出主题,对一些资料原文做出适当删节;有些资料涉及多方面的内容,在大纲不同的子目中重复出现,此系各个主题之所需,非为滥增篇幅。对资料原文存在的问题, 做出技术处理, 如若原文有缺字及无法辨识者,以"□"代替;凡原文有误,或疑有错误,于()内注明。文献原文及原文之标注、注释文字系小号字者,亦仍其状。

为将一条条资料汇入纲目中进行多项具体工作:(1)为每条资料拟写简明标题,并以黑体字显示;若系选自族谱,尽可能标出时间和地区。(2)每条资料标题之后,写明资料来源的书名、卷目、篇名、版本。(3)选辑者在有的资料原文之前略加说明——编者按语,起连缀各条资料的作用。(4)同类资料,以形成的年代先后辑录。(5)选自族谱的资料,在大纲框架之内再行细分,方法是按清代行政区划(参照《清史稿·地理志》)分地区排列著录,在一省内分府县,先首府首县,次他府州县,然后按时间录入材料。(6)第二编"士庶宗族基本状况",一般按省份、地区及姓氏编辑,如"直隶沧县于氏""山东东莱赵氏"等,从清人文集、方志、实录、文编、笔记等所选资料,则前置,不分地区姓氏。此外,为读者使用方便,对资料原文进行标点断句和必要的注释,以()表示,如"季长"(房长)。至于图像编的辑入方法,类同于文献资料部分,按照文献的大纲,依图片的内容将之一一纳入其中,然因图片数量不足,内容又集中在几个方面,故而大纲中有许多缺略处,不无憾焉。

本书的编选者,系清代宗族史研究有素的专家和有志于宗族史研究的博硕士研究生,其中有《宗族志》《明代宗族研究》和《朝鲜族谱研究》的作者常建华教授,《汉晋家族研究》《中国宗族》著者阎爱民教授,文史造诣深厚的《沧波掠迹五十秋》作者冯尔健研究员,副研究馆员惠清楼,副教授胡中生、于秀萍,从事宗族史硕博士学位论文写作的郭玉峰、罗弋、王霞蔚(如今均已获取博士学位,分别为副教授、讲师),刘祥花女士,以及我本人。各位同人提供的专题素材,由阎爱民依据大纲汇总,然后又由阎爱民、惠清楼、冯尔健及笔者分头复阅,最后由笔者定稿。在全部编辑出版工作中,阎爱民、惠清楼做了大量的联络工作和事务性工作。在此我要向各位同人表示诚挚谢意。

三、资料的学术价值

宗族史史料是历史学,同时也是多种学科的研究素材,它的学术价值,笔者将先作一般性的概述,然后对本"选辑"的史料价值进行简括的说明。

族谱和其他文种的宗族史史料,很容易被理解到对历史学的意义,其实它同样为社会学、民族学、文化人类学、人口学、优生学、教育学、经济学、文献学、自然科学等学科提供学术资料,意义不凡。社会学追踪历史,建立历史社会学,田野调查获得的材料不够用,还需要借助历史文献。人口学的人口史研究,对正史、政书所记录的人口数字难以确认,于是利用族谱的人口登记资料,人口学所研讨的人口统计及增长率、人口寿命、年龄结构、就业与职业、教育与文化、移民,在谱牒也能找到丰富素材。

对历史学而言,家谱文献就是如同梁启超在《中国近三百年学术史》所说的史界"瑰宝"。古人常说"家之乘,犹国之史",宗谱最直接反映的是该宗族及其成员的历史,即宗族史和家庭史,对宗族祠堂组织、职能和规则,祭祖扫墓活动,宗族与政府关系,祠堂财产和经营,宗族文化教育,人们的宗法意识,宗规祖训制约下族人的生活,谱牒提供了研究的基本资料。正史、方志、文集着墨的历史人物,多是社会上层人士或地方精英,而下层社会的人物被严重地蔑视掉了,赖有族谱著录每一个人的简单生平,平民百姓从而有了历史记载,令后人多少可以窥见他们的日常生活、生产劳动、哀愁喜乐、消费习俗,而这是历史研究所不能忽略的。

中国民族分布的重大特点,是少数民族生活在边疆,所以民族史和边疆史联系在一起,清代学者研究西北史地,就是把西北少数民族与西北边疆问题融于一体来考察,谱牒资料价值亦在这两门学问中显现出来。清末民初,名盛一时的广西岑春煊家族的《西林岑氏族谱》,反映岑氏是宋元以来的"西南著名土司"。谱牒是地方史最大量、最直接的素材。宗族与地望紧密结合,宗族同地区(郡县)联系在一起,古人讲到某个宗族,一定要说明它是哪一个地方的,讲到哪一个人,也要指出他的乡贯,记载宗族史的谱牒,也必然反映宗族与地域的关系。古来编写地方史志,就利用该地谱牒史料。清代史家章学诚在《修志十议》讲到编写方志的十项理论的第二条时,认为要把史实理清,在广泛搜集资料时,对家谱应予重视,表明史家对方志与谱牒关系的认识向理论上提高。族谱对史学研究提供多方面的史料,下面将进一步说明。

"选辑"对于清代宗族史和清代历史研究的史料价值,可以从五个方面来理解:

(一)汇集了清代宗族史基本史料,全面、详细而具体

说全面,是从资料来源和内容两个角度讲的,就资料选材讲,它涵盖民间文献族谱,更有官方文书的有关史料。"选辑"不只是含有族谱资料,特别关照官方文献,就是在第一编所辑录的清朝政府关于宗族制度的观念、法律、职官、丧礼、祭礼、家庙制度中的宗族内容,清朝所特有的族正制及其实行,官方文献的这些内容常常为学者忽视。留心于此,实为"选辑"的一大特点。所谓全面的另一层意思是内容方面,既有官方的制度政策,又有民间宗族活动的方方面面,即宗族基本状况、宗族观念与行为、宗族与外部联系,具体关涉到宗族组织与祠堂族长、祖坟、族产和族学,宗法变革论与宗族建设,宗族与丧礼、祭礼,族谱理念与修纂,族人规范,宗族与社会联系,宗族与国家关系等方面。

说它详细,反映宗族制度、宗族习俗和宗族活动的资料非常翔实,有各个地区的,不同时代的,宗族组织形式不同类型(祠堂族长制、族老制、族会制、联宗制)的,宗族变化、发展的。在一条条资料中,有概述宗族一般情形的,而绝大多数是具体细致的描述,如宗族清明扫墓的仪式和行为,资料显示宗族办事人如何订日期,发通知,族人交分资,何时何地集合出发赴墓地,先期的培修坟头,摆设供品,墓前列队,宣读祭文,奠酒行礼,祭祀后立即进行族人团拜,又有一番按尊卑长幼相见礼,最后的节目是族人"享胙"——会餐,同样是按礼数进行。如此等等。规范得何其详尽、细致入微,可以令人得知宗族墓祭的规制和族人的祭祀生活详情,以及族人日常相见礼仪的训练、演习。

(二)官方文献与民间文献的结合,官方与民间对宗族建设的一致性

清朝政府倡导民间发展宗族活动,以实现以孝治天下的方针,令民间移孝作忠,民间受到鼓舞,与之呼应、配合,从事宗族建设和宗族活动。康熙帝向民间发出生活准则的"上谕十六条",它的第二条是"笃宗族以昭雍睦",雍正帝在《圣谕广训》就此作出解说:"立家庙以荐蒸尝,设家塾以课子弟,置义田以赡贫乏,修族谱以联疏远。"提出建议宗族的四项内容。康熙帝、雍正帝向民众灌输宗法宗族思想,也是民间宗族所追求和实践的目标。一些宗族宣讲和翻印"上谕十六条"和《圣谕广训》。湖南平江叶氏宗族《家训》(民国《平江叶氏族谱》卷一):"伏读《圣谕广训》十有六条,纲举目张,言言切至,何一非生民日

用之资。今欲一道同风,宜于岁时会合,集族中父老子弟当堂听讲,而又恭录其尤关于宗族最为切近而易行者。每门刊布几条,使之家谕户晓,相与父诫其子,兄勉其弟。"就是既宣讲《圣谕广训》,又录出关于宗族的内容,各房刊刻,做到家喻户晓。据常建华的检索,至少有24种族谱刻印了《圣谕广训》。江苏华亭张照家族设立义庄,张照在奏折中声称,早年臣祖张淇,曾以己田一千亩作为义田,赡给族人,然恐义田不能经久保存,庆幸的是如今皇上颁布《圣谕广训》,号召"置义田以赡贫乏",是以臣祖张淇"此举仰符圣主化民成俗之至意",因而冒昧陈请,"将臣家义田官为查核,立册存案,载入县志,不得擅卖擅买,违者虽系臣之子孙,亦以盗卖官田论。"(《华亭张氏义庄条例》抄本,藏南开大学图书馆)张氏宗族建设义庄,在政府立案,受到保护,是臣子与君父密切配合的产物,是典型事例。

(三)关照到不同地区的宗族活动情形

鉴于清代宗族史的研究状况,重视南方,对北方留意较少。这当然有其客观原因,即南方宗族活动较多,形式多种多样,相关文字记录保存的也较多,而北方宗族活动相对较单调,遗留的文献也少,致使北方宗族史面貌不清,甚而人们怀疑北方有无宗族存在。笔者从事本选辑工作之先根据文献资料和田野调查所获得的素材,认为北方不是没有宗族及其活动,只是它的组织形式是清明会,不同于南方的祠堂,它的共有财产极少,很难开展丰富多样的活动,不如南方宗族活跃。既然有宗族活动,勿因不活跃而漠视它的存在。为了加强对北方宗族史的研究,笔者特别对它投注热情,加意对北方、西北、中原宗族资料的搜求,以示弥补。故而笔者在盐湖城参加学术会议,会后到家谱学会图书馆阅览甘肃、陕西的族谱,刻录光碟保存。笔者还安排参编的学者,分别搜集河北、山西、山东的族谱资料。我们搜集的北方、西北地区族谱资料,汇入"选辑"。

它们的进入,不简单是增加文字数量,而是它的内容,令我们对北方宗族有了较完整的认知:它有组织,有活动,也有一些文献记录,可供学人采摘研讨。笔者撰文《清代宗族族长述论》(《江海学刊》2008 年第 5 期),论证族长的遴选方法、族长的实际人选,典型材料出自光绪年间编纂的甘肃《金城颜氏家谱》;2009 年发表的《清代宗族祖坟述略》(《安徽史学》),相当部分的资料择自山西、河北的族谱;同年参加一个学术研讨会,宣读《漫谈清代北方宗族的祖坟建设与祭祀活动》,专论北方宗族的活动,引用的文献是民国孟村《张氏家谱》的《先茔志》;沧州《戴氏族谱》中的《城东茔祭田家规十二条》,该谱书翻印的是朝廷的《丧服总图》和《本宗九族五服之图》;宣统间成书的山东《黄县太原王氏族谱》中的《建修茔墙序》《祖茔建碑记》;山东东阿阎氏使用清朝人已不常用的碑谱记录宗族史,文中附入它的碑谱谱系图片;山西洪洞王氏嘉庆间编纂的《洪洞薄村十甲王氏族谱》墓祭祭礼仪规。论文报告引起青年学人的注意和刊物编辑约稿,笔者因所利用的素材与前述《清代宗族祖坟述略》有不少雷同,谢绝披露。上述写作的实践,令笔者相信北方有宗族史素材,可供描绘北方宗族历史,进而认为有必要改变对北方宗族史的传统看法,提升其应有的历史地位。

(四)提供宗族原始性资料

"选辑"不惜文字和篇幅,迻录大量的谱序、宗规、祖训、族学规则、宗族丧礼与祭礼规范,借以反映宗族活动的各个方面的实况。如此长篇宗族文献迻录,还在于保存宗族组织活动的原始性文献,避免选录片段资料的零散性,以及可能产生的片面性。迻录、提供宗族史原始性资料,也成为"选辑"的一大特点。著录的文献原件,兹介绍数种,以见一斑。

关于祠堂的兴建、规则,读者可以在"选辑"中见到:光绪间编纂的甘肃《金城颜氏家谱》所载的康熙《颜氏建修牌坊墙垣记》,乾隆《迁修祠堂记》,乾隆《重修祠堂记》,乾隆二十二年《重修廊房记》,道光二十七年《创修复圣殿碑记》,光绪十一年《重修祠堂记》等篇。安徽歙县汪氏在康熙中制定《歙县汪氏崇本祠条规》(康熙三十年刻本),是该族关于祠堂的专门条例。光绪中纂修的安徽绩溪《华阳邵氏宗谱》,卷首载入《新增祠规》。

清朝人修谱,其体例、书例产生两个范本,一个是北方的直隶河间纪氏宗族纪昀(纪晓岚)的《景城纪氏家谱序例》,收入《纪文达公(纪昀)遗集》卷八,另见《续修四库全书》集部·别集类(第1435册)、贺长龄和魏源辑《皇朝经世文编》卷五十八、嘉庆七年刊本《景城纪氏家谱》。另一个是南方的广东南海朱氏宗族朱次琦的《南海九江朱氏家谱序例》,载于《朱九江(次琦)先生集》、沈云龙主编《近代中国史料丛刊第十三辑》。这两篇序例篇幅大,"选辑"全文辑入。

作为宗族公共财产和事业的义庄的史料,民国间修纂的《吴县志》给予热情的关注,一一记叙该地各姓义庄的始末,但系概述性质,"选辑"则将华亭张氏义庄的《张氏捐义田义庄折奏》及附《义庄条例》全部录入,如前所述,它是南开大学图书馆藏抄本,"选辑"将使其得以广泛流传。

宗族办学——族学,乃宗族的一种实体,虽然有条件建立学塾的不多,但能办的则努力实现培养"吾家千里驹"的目标。"选辑"逐录的《任氏家塾规则十条》,为乾嘉时期江苏震泽任兆麟为该族学塾所拟订,收入清刻本《有竹居集》,十条规则是重师范、选才俊、别贫富、慎司事、严考课、藏书籍、习威仪、戒庞杂、禁外务、惩败类,可归纳为五项内容:(1)明确办学目标是培养合乎主流社会要求的精英,是以只接受可以造就的才俊入学;祠塾购置书籍,供给生徒阅览,以便成为博雅通才,向高层次发展;生徒必须学习礼仪,加强品德修养,锻炼成正人君子;各种奖惩手段,亦为生徒成才而立。(2)尊师重道,塾师不仅授业解惑,更在于传道,所以第一条是"重师范";同时要求老师德才兼备,并以此为标准聘请塾师,授予其职权——"一切学规悉禀师训"。(3)鉴于贫寒子弟难于从学,祠塾以之为主要招收对象,表现其宗族义学的特点。(4)强调奖惩原则,鼓励上进者,严惩怠惰者和有不良行为者,给好学生童以良好环境,成就人才。(5)严格管理。祠塾由义田赞助,义田经营者势必兼管祠塾事务。但是要照章办事,若有徇私舞弊,则受处罚。

族规、祖训是宗族活动的思想与行为准则,"选辑"多所收集。光绪间修成的湖南益阳《熊氏续修族谱》中的《家训》,含有孝、悌、刑于、友谊、朋友、睦族、和邻、正家、贻谋、勤俭、改过、行恕、种德、劝诫、溺女戒、酒戒、色戒、财戒、气戒、争讼戒二十条。嘉庆江西清江《云溪徐氏族谱》卷一《宗训》,有谨遵国法、笃念天伦、敦睦宗族、笃课儿孙、崇尚节义、整饬闺门、确守俭勤、致戒争讼、听命尊长、敬重斯文等条文。家训中的刑于是论述夫妻之道的。《熊氏续修族谱》所说的"刑于",规范是:"夫妇之际,人道莫重焉。夫贵和而有礼,妻贵柔而不媚。古人举案齐眉、相敬如宾者,洵足嘉也。故为夫者有刑于之化,而夫纲能振;为妇者守三从之道,而妇道克敦。"虽然是以主流意识的夫为妻纲为准则,然而特别指出丈夫对待妻子应当和善,而非动辄指斥妻子,故云:"妇女未尝读书明理,其有不是,当委屈晓谕,不可遽生嗔怒。乃为和气致祥之本。凡自己妻子虽德言功容不能兼备,亦须厚待。"离石于氏与熊氏有相同见解,康熙间的《家训》:"夫妇之间当思一敬字,梁鸿孟光之举案齐眉,千古称为美谈,敬而已矣。如今夫妻反目只为太狎。太狎则不敬,不敬则变生莫测矣。是故居室之间当如宾客,自然刑于之化以起,门内之和以生。"[1]明末清初大儒、

---

① 离石《于氏宗谱》卷5。

容城孙奇逢《孝友堂家规》，讲到齐家，"诗曰'刑于寡妻，至于兄弟，以御于家邦。'此千古家规也，身范不端，向妇人女子求疵，道无由矣"（《丛书集成初编》中华书局 1985 年影印本）。有的宗族认识不及于此，《云溪徐氏族谱》的"整饬闺门"条也认为应该讲求刑于之道，但批评现实生活中男女均做得不足，而强烈指责的是女子不守妇道："闺门为王化之始基，故关雎之什，独冠周南，自后世刑于之道不讲，则士无行而女亦多纵，妇夺夫权，妾凌嫡位。"

"选辑"收录许多族谱序言，直接反映的是宗族编纂家谱活动及其结果——修出族谱，其实它能告诉读者整个宗族建设和活动情况，诸如修谱过程制定族规，宗族执事人员的产生和组织建设，表彰好义族人。其翔实的资料，这里仅举出乾隆二年兰州颜穆如的谱序即可知。光绪《金城颜氏家谱》载他的《重修家谱序》，全文如下："穆不敏，粗知章句。其于修己治人之道，何敢自任也。但年来谬为诸父昆弟委以族长，经纪家政，不敢不尽心勉副众望。窃谓家政之大，序谱为重。故向者谋诸二三昆仲，而后操笔，今已敬修成帙。其世系支派按房稽考，不烦赘词。唯是家有条约，犹国之有令典。令典之设，期于无犯，条约之陈，岂必相厉。今谱中所载典礼懿训，悉采先辈成规。而条约数事，则自吾远祖以来立为家法，经三百年如一日者，不敢妄有增损而轻重出入。随时小变之处，亦尝会同合族细加商酌，而后载之于谱。唯望我族本尊祖敬宗之心，为持身保家之计，不干条约，则人人能修己，人人能治人，庶不负诸父昆弟委任之盛心，是所望也夫。"

(五)图像资料编的宗族史史料

当今的人类社会，电视已经成为人们须臾不离之物，与此相关联，人类阅读图书，读图成了时尚，以图片为主或图文并重的杂志是高雅客厅茶几上必备品、装饰品，图说历史的著作也相当走俏。图片进入书籍，原来只是作为文章读物的附加物，也就是有了插图，令读者增加阅读兴趣和醒目。这应当说是书籍配图的初级阶段的状况，进一步是将图片作为史料，与文字记录互相印证，图片所包涵的内容，是著者论点的论据，是史料，是证据，不可或缺。笔者在 2006 年撰文《史学著作的图文配合与构建视觉史料学》[①]，认为视觉史料"是指依据一切历史的、现实的实物、事象所拍摄的照片、记录片及文艺表演影像等，是理解、阐释历史的史源之一种。由于它是以照片(图片)形式表现出

---

① 上海《学术月刊》2006 年 7 月号。

来的,所以,照片就成为视觉史料分类出发点"。它的原生态就是那些可以用作史料的实物(历史遗物、遗迹),实物中包括绘画作品。说到宗族史的视觉史料,笔者所寓目的,有实物,有图画,它记录在族谱和其他载籍中,也有实物遗存。

笔者所掌握的宗族史图像资料,汇入"选辑"的图像资料编,可以分类为:祠堂,坟墓,各个宗族祖先的肖像画,先人遗墨,先人遗物(衣饰、书籍、手稿),祠堂以外的家族各种建筑(牌坊、戏台、文昌阁等),肖像以外的图画(村落图、人物故事图画、祭仪图示等),计有数百帧,完全可以用作历史资料。笔者在前述《漫谈清代北方宗族的祖坟建设与祭祀活动》文中,配图二十幅,有沧州《戴氏族谱》中的"鸡泽公墓图""内台总宪'坊图""八世定图公戴明说画像",宣统间成书的山东《黄县太原王氏族谱》中的《祖茔建碑记》《王氏茔图》,民国时期修纂的山东《东莱赵氏家乘》中的《坟墓》《遗像》《坊表》《手书遗迹》,山东东阿阎氏"碑谱谱系"图片,山西忻州民国《陈氏族谱》的"坟茔图",灵石乾隆《王氏族谱》"宗祠图",洪洞民国《刘氏宗谱》的"家庙图",平遥光绪《冀氏宗谱》的"冀氏祠堂图",介休道光《定阳张氏族谱》的"敕建牌坊图"等,借以说明北方宗族活动情况。

上述五点归结起来,"选辑"汇辑的宗族史资料有三个特点:一是保存史料的原始性和完整性;二是官方有关宗族的方针政策文献与民间宗族活动文献的结合;三是资料拥有量比较多,约有二百万字。这是对"选辑"学术价值的直观了解,而且仅仅是对宗族史研究而言,其实它对历史学的整体研究有特殊意义,笔者现将1997年发表的《宗族制度、谱牒学和家谱的学术价值》(《中国家谱综合目录》代序言,中华书局)文中的认识移植于此:

宗族史史料为勾勒中国历史全貌提供了丰富的不可缺少的素材,为史学的综合研究法的进一步实现提供可能。综合研究是史学研究的主要方法,没有以谱牒为主的宗族史资料也可以使用综合研究法,但那样难于真正做好,因为资料本身的不全面,怎么能做到全面研究?只有在各方面资料充分具备的条件下,再有意识地运用综合研究法,就可能成功了。所以谱牒提供史料的同时,还对历史研究法的科学化有意义。这还是就着历史学科内部讲的综合,其实宗族史资料还反映文化人类学、民族学、人口学、社会学、生命科学、自然科学等学科的资料,可以利用它综合各学科的研究方法和内容,用于史学研究,有的学者已经这样做了。卓有成果的谱学研究者潘光旦撰著《明清两代嘉兴的望族》(商务印书馆,1947 年)专书、《家谱还有些甚么意义》[1]等文,利用族谱资料,研究历史上家庭的婚姻,说明优生学的道理。他希望治谱学者把史学与遗传学、生物学、心理学、社会学、人类学结合起来,才能富有成果。潘氏说得非常有道理,不少学者也在这样做,他们在研究中国宗族社会时与人类学研究结合起来,如林耀华作《从人类学的观点考察中国宗族乡村》[2],美国威特逊作《中国宗族的再考虑,历史研究中的人类学前景》[3]。近来,广东与中国香港学者采用了社会学、人类学与历史学互相结合的研究方法探讨明清时期珠江三角洲家族制度的发展问题[4]。这些学者的建议和实践,使我们认为历史学与其他人文学科及自然科学的结合,在更广阔范围内进行综合研究,才可能科学地说明历史。宗族史的资料,将使这些学科的研究沟通起来。

笔者对"选辑"的出版,自然有欣慰之感,也有遗憾,就是标校中可能有破句之类的错误;可能有迻录中的误笔,尽管搜集资料之初笔者就强调抄录、扫描后核对原文,但是难免有误,京津收藏之外的文书,经费、人力、精力等原因,也不可能前往核实,所提供的资料出处,也只供读者觅取查核而已;资料本来还可以再多收集一些,笔者早年手抄卡片资料亦未能输入电脑进入资料库;同一材料在不同类目中重复出现,有的是必要的,有的则可删除;等等。凡此只有请读者谅宥,倘若日后有可能修订,再事弥补。

"选辑"由天津古籍出版社刊行。该社原来在古籍出版界名声不彰,近年声誉鹊起,在出版内容方面的特色日趋显著。2008 年,我们有过愉快的合作,事情是杜家骥教授主编,朱金甫研究员和笔者副主编的《清嘉庆朝刑科题本社会史料辑刊》即由该社梓刻,颇有好的反响。是以我们双方今次非常高兴地联手,希望将"选辑"出好,贡献给学界和读者。

(2011 年 2 月 12 日修订,该书已于 2014 年由天津古籍出版社梓行)

---

[1]《东方杂志》第 43 卷第 12 号。
[2]《社会学界》9 卷,1936 年。
[3]《中国季刊》1982 年第 2 期。
[4]《明清珠江三角洲家族制度发展的初步研究》,《清史研究通讯》1988 年第 1 期。

概述中国宗族制度特点及其历史作用
——《中国宗族制度与谱牒编纂》自序

　　我对中国宗族史和谱牒学史的研讨,可以说是历有年所,自20世纪60年代开始发表读书札记,迄今将近半个世纪。研治内容,主要是在清代时段,对宗族通史、谱牒学史亦下了一点功夫,就中对两汉、南北朝、宋代和近当代宗族史饶有兴趣。关注的焦点,起初是在宗族政治功能方面,跟随主流意识,以族权为封建主义"四权"之一予以批判,揭露其对族人的控制、迫害。80年代中期起,逐渐注意到宗族的社会功能,从正反两方面评论宗族活动的历史作用和历史地位。与此同时,致力于近代以来宗族、宗亲会史的研治,以致进行田野调查,认为其活动的正当性不宜贬抑,如若宗族、宗亲活动中出现不良行为或倾向,宜加引导,而非制裁。

　　我的研究历程,成就这部中国古代和近当代宗族史和谱牒学史论文集,或许可以说它稍具中国宗族通史性质,但是遗憾的是缺少一个断代——清代,原因是我对清代宗族史和族谱写有二十几篇专题论文,如果将它们统统编辑进来,这个集子将容量过大,作为一部书,必将分成上下二册,令人阅览不便,不如分为两部,本集遂将有关清代的论文排除,以后有机会将它单独梓刻,似乎相宜一点。

　　说是"稍具中国宗族通史性质",因为并非有系统内容的各篇文章,因此不可能构成一部通史,而只有靠读者自行综合体认。为了弥补这种缺失,在这里对宗族史和谱牒学史以及它们的关系作出挂一漏万的概括。因为学识所限,这里又是序言,文字应当尽量简洁,所造成的疏漏和观点不当,敬祈读者海涵和批评。

　　宗族渊源于原始社会父系氏族公社,中国历史自从进入文明社会就产生宗族组织。古代宗族的组成,一般有四个要素,第一是血缘因素,成员是一个老祖宗的后裔,相互间有血缘关系;第二是生活在固定的地方——村落、城郭,是所谓聚族而居;第三是要形成组织原则,即有宗法或宗法性的规范;第四是要有组织机构和负责人,这个机构必然是非常简单或比较简单的。四个因素中的血缘原则,后来因为不断受到拟制血亲的冲击而有所松动。宗族产生以来,延续至今,经历了几千年,可以区分为四个发展阶段。宗族出现初期,也即第一个时期,就成为政权的支柱,如在周朝实行宗法制和分封制,即君统、宗统合一的政治,周天子既是国家元首,又是宗族首领。这种宗法宗族制,随着春秋战国时代诸侯崛起和分封制瓦解,社会政治经济制度的变革而更新,于是进入第二个时期,是为秦汉至隋唐的世族、士族制时代,君统、宗统分离,国君不再能够直接支配民间宗族,而依靠世族、士族进行政治治理,士族对君主有着某种抗衡力量。到了宋代以后,历经元明清三朝,是为第三个时期,宗族演变成祠堂族长制,在皇权允许下,从事民间"自治",实行"自教养"——自我教育,自我养护,成为皇权的附庸。20世纪以来,宗族走到它的第四个时代,在强烈的社会政治制度、社会文化思潮冲击下,自变、应变,逐渐克服其宗法性,向近代民主团体方向演变,以至变异性地产生同姓俱乐部式的宗亲会,宗族、宗亲会组织祭祖活动,文娱活动,编修族谱,以及奖学和敬老活动,是民间联谊性质的团体。

中国宗族的历史轨迹,使我们看到它的四个特点:

(1)宗族持久性,具有坚韧性和社会适应性。它持续发展,可以说是从古至今始终存在的唯一的合法社会团体,其他团体,如合法宗教、行会都不能同它的历史悠久相比。

(2)宗族民众性,将广大民众组织在它的团体之内。在第一阶段宗族是贵族的组织,第二个阶段是世族、士族的组织,它的社会上层性质决定成员相对较少,及至第三、第四阶段,宗族逐步取得祭祀始祖、始迁祖的权利,逐渐民间化、大众化,成员众多,结构也变得较为复杂,能够将广大的民众吸纳进去,成为民间最具广泛性的团体。

(3)宗族是民间具有互助及某种自治性质的团体。宗族自我管理,在王朝政府允许范围内,在其内部组织祭祖活动,管理宗族义产,规范和制约族人行为,修纂家谱,开办族学,组织宣讲帝王圣谕和圣贤遗训、祖训,以及实行家法和将族人送官究治;在其外部,参与所在地区的寺庙、神祠的建设,维护社会治安,筹办迎神赛会、庙会等活动;在政府指令下,参与宗族案件的审理和执行,为相关的职官制度的执行提供宗族历史文献(族谱)证据。这类活动表明宗族有其内部的管理权和某些外部事务的参与权,宗族因而具有自治性质,但在近代以前,它还不是近代概念的自治团体。宗族自治对社会产生一些影响,如增强了宗族内部的凝聚力,令宗族成为政府与社会之间的某种中介组织,有益于社会秩序的稳定。特别需要强调的是,宗族是民众团体,在诸多领域影响民间生活,例如宗族有公共产业,经济上救助贫穷族人;族人有婚丧大事,宗亲必须参与料理,如五服近亲给丧家送饭,协助安排丧礼仪式,出殡抬棺材;与外族人纠纷中会得到宗族的援助;因为族亲关系而扩大社交圈;所有这些给族人产生一种社会安全感;宗族与社区群体组织共同筹办节日庆典、庙会,组织文娱演出,多少丰富族人的单调生活。可以说宗族活动影响族人的生活状况和生活质量,宗族对于族人至关重要,须臾不可离开。

(4)宗族是中国君主专制的基础,在多方面影响社会、政治、经济、文化面貌,影响民间社会生活,打上它的烙印。最主要的是历朝政府实行"以孝治天下"政策,在官制、教育、法律、伦理多种领域中落实,希望以此达到其政权的稳定。

宗族的历史,给我们认识中国历史的一个方法,一种视角。宗族史,在一定意义上说是中国历史的缩影:

(1)国家的君主制和宗族的族长制性质是相同的,可以说,从上到下,家长制一以贯之。

(2)在很长时期内,国家、宗族的宗法等级性是一致的,社会等级构成是皇帝—贵族—官僚—士人(有功名的读书人)—平民—贱民;宗族的结构式是皇族—贵族宗族—缙绅宗族—衿士宗族—平民宗族。

(3)宗族社会性与社会性质同步演进,可用如下图示表述:

古代君主制社会→近现代转型期社会
     | |

祠堂族长制宗族→族会暨议长制→宗亲会会员大会暨理监事会制

(4)君主专制社会,没有民主,民权极其微弱,极难组织团体,没有政党,团体极少,然而宗族始终是合法组织,成为政府附庸。但是还应看到宗族的自治性,是实行民主制的一种社会背景,也可以说是社会基础,是今日村民自治的前奏。

正是基于这种认知,所以我说研究中国历史,可以从研究宗族史入手。当然,这只是一种方法,一个角度,不会也不可能排斥其他研究法。

至此,似应涉及宗族、血缘组织与历史发展关系的问题,中外学者大多认为宗族是专制主义的依据,阻碍中国近代化,认为中国人家庭家族观念强,难于产生个人的主体意识,所以在中国不易建立民主化政体。时至今日,仍然认为中国政坛官吏的贪腐渊源之一是血缘裙带关系。其实宗族与任何事物一样具有正反两面性,宗族之所以能够历久不衰,在于它对社会有很强的适应性,本身在顺应着社会的变化而变化,不是中国实现现代化的巨大阻力。

叙述了宗族历史及其特点,再来扼要了解家谱与宗族历史的关系,家谱自身的历史及其社会价值、学术价值。什么是家谱?家谱是宗族活动的记录,同时是宗族的一种载体。人们有宗族活动,自然会有记录,族谱会应运而生,这是不说自明的道理,不过令人惊喜的是中国宗族极其关注撰写自身历史,认为"家谱犹如国史"。中国有重视修史的传统和特点,宗族亦然,创修、续修,坚持不懈,从而使得家谱事业特别发达。家谱给宗族每个成员作出记录,如同西方教会给每个受洗礼者做记录一样,这是中国谱牒学史的特点。

中国家谱产生得很早,有学者认为甲骨文中就有家族系谱,如若依据为史料的那片甲骨文出于伪造,不可信,金文中有家族系谱,则是确凿无疑的。家谱,产生于先秦时代,它的发展史,粗略地划分,有两个时期,隋唐以前和宋代以降各自为一个阶段,隋唐以前的族谱主要是官修的,私家纂述的处于次要地位;反之,宋代以后,主要是私家纂修,官修为次。官修时期谱牒被用作贵族世袭、选官凭据,具有强烈的政治功能,为此要严格审核记载的准确性;私修时代,主要功能是所谓"收族",联络涣散的族人,成为一个整体——宗族,是社会功能。官修时代的族谱多已亡佚,不必多说。今存私修家谱,数以万计,极其丰富,它的体例为唐宋八大家中的欧阳修和苏洵分别创制的,后人遵循他们的体例,并丰富它,就是向史书体和方志体学习,吸收它们的体例,逐渐完善,形成族谱的传、志、表、图的完整体例,能够将宗族的各种活动记录下来,为宗族的总体史的撰写提供丰富的素材。这里要特别指出的是,家谱体现宗族的民众性,任何一个普通的农夫、农妇、工匠、商人,都能够进入谱书,有自己的历史文献记载,而这类人物绝大多数是不可能写进史书和方志的,唯有家谱向他们开放,给予一席之地。正因为写普通人历史,使得族谱拥有最多的人物传记,为户籍登记以外的其他任何古典、现代文献所不能比拟。就此而言,梁启超说族谱是史界瑰宝,诚为不可改易的经典名言。珍视族谱及其宝贵的史料,是我们应该保持的态度。

下面,说明本集编选的一些具体原则:

(1)一些文章在编选过程中,作出两方面的变动,一是对有某种重复内容和史料的各篇文章,进行了删节;二是文字的加工,期望让它简明而通顺一些。至于涉及到重大历史理论和历史问题,如对于"宗族"的定义,不止一篇文章讲到,我均强调宗族的血缘性,有学者提出批评,我仍坚持不变。"宗族""家族"的概念,学术界有所讨论,与其他领域的学术概念、定义一样,也不可能有定论,是以我不愿去下精力钻研,于是在使用宗族、家族词汇时有随意性的毛病,请读者谅宥。

(2)关于 20 世纪最后 20 年的宗亲活动与修谱的两篇文章,具有综述性,严格的说不能成为论文,鉴于是各地宗亲活动进行中的事情,而修谱又是实践之学,仍然收了进来。

(3)姓氏学是专门学问,然而同谱牒学、宗族史有研究的重合点,如认定始祖、颂扬祖先功德和明确姓源,故而将姓氏学的几篇随笔收入集中。

(4)《宗族制度、谱牒学和家谱的学术价值》一文,原为《中国家谱综合目录》(中华书局,1997 年)的代序言,因为它概述了宗族史与谱牒学史,故移作本集的"绪论"。

(5)《古代官府与民间编纂谱牒简史》一文,原为《中国古代的宗族与祠堂》写作的,今迻录过来,然有删节。

(6)收入本集的文章,大部分是发表在报刊和文集的,有的谱序是未正式披露的,还有几篇是手稿。不论何种情形,均在文末注明出处或写作年代。

(7)所收文章,依其论述的社会内容,分为五类,即:绪论,宗族形态与社会,族谱及其学术价值,宗族文化观念,家庭史、姓氏文化与宗族史,另有附录,计 28 篇。鉴于所收之文,是将论述清代宗族史的排除在外,故汇集其目录,以"存目"之名,缀于书末。

(8)附录六篇,内有五篇序文,表明我对学者宗族史研究的评论和当代家谱编纂的一些设想。

(9)笔者撰有《中国古代的宗族和祠堂》[①]一书,前不久进行了增订,将由商务印书馆文津文化(北京)有限责任公司梓行,与本集可谓为姊妹篇。

———————

① 商务印书馆,1996 年;台湾商务印书馆,1996 年。

（10）笔者业已出版的论文集，有名曰《顾真斋文丛》（中华书局，2002年）者，是关于清代社会结构和社会经济史的，因此可名之为"清代社会群体史卷"，有称作《中国社会史研究》（天津人民出版社，2010年）者，可视为《顾真斋文丛》之"（古代）中国社会史研究卷"，如今的《宗族制度与谱牒编纂》，同样可作为《顾真斋文丛》的一个专卷。

（11）有一篇论南北朝时期宗族的手稿，文长有四五万字，写于1990年前后，其摘要是收入本集的《南北朝的宗族结构与士族社会论纲》，原拟将它整理汇入本集，然因是手写的，整理难度大，乃行舍弃，不无遗憾。

古语"敝帚自珍"，本集文章的某些内容，我已不尽为然，不过仍然辑入，留作纪念，兼乞方家教正。

（2010年12月9日于顾真斋，该文集由天津古籍出版社于2011年印行；此次收入本文集，为自序加写了题目）

南北朝的宗族结构与士族社会特质论纲

笔者利用社会学关于社会结构的理论研究南北朝宗族史，立意不仅要说明宗族结构是怎样的，更要考察结构要素内部的冲突性，以认识社会本质特征。

一、宗族类型和构成

宗族以其自身的组织状态和社会地位的差异，可分为若干类型和社会层级。南北朝时期的宗族有下述三种类型，并由它们构成宗族整体。

（一）与王朝相始终的皇族

严格意义的分封制破坏以后，皇族的实际社会地位大为降低了，加之皇权强化，皇帝进一步凌驾在皇族之上，从而令人忽视皇族的地位及其作为宗族独立存在的事实。然而皇族是一种血缘群体，按照宗法的原则形成自身的组织，在社会生活中仍然起着重要的作用并有着不同于其他宗族的特点。

皇族是帝王的家族，是王朝建立后形成的，在此以前它可能是特权宗族，也可能是平民宗族，南朝宋、陈皇族原来都是平民宗族，南朝齐、梁皇族原来是新士族，北齐皇族原是鲜卑化的汉人豪强家族，北魏、北周皇族分别是少数民族酋长、豪强家族演变而来。事实表明皇族是随着王朝的建立而产生的，是宗族地位变化的结果。

南北朝的宗族管理有两个系统，一个是国家行政机关的宗正寺，北魏、北齐、北周、萧梁、陈朝都设有大宗正，刘宋也有兼职宗正官，这个衙门负责皇族的人口登记，参与处理皇族内部事务；另一个是皇帝从宗室成员中指定的宗师、大宗师，等于是皇族族长，协助皇帝处理皇族内部重大事务。

晋代形成宗室辅政和宗王出镇的宗室参政格局，南方各朝依式摹制，与晋代大同小异，即任命宗室为宰相，掌理朝政，另派宗王到地方上都督诸州军事和担任州刺史，所出镇的地方，以占有人口之半的荆州、扬州最为重要。北魏也利用宗王辅佐朝政,宗王出镇的地方重在长安。

皇族往往发生内讧,互相惨杀,及至王朝灭亡,又要被新朝屠戮,刘宋、陈朝、北齐、北周的皇族被屠杀殆尽,北魏留在东方的宗室被北齐杀得只剩下几家人,留在西方的幸免于难。齐、梁的萧氏皇室同宗,齐宗室损失惨重,梁宗人保存较多,到隋唐时代萧氏仍能以士族的面貌活动于社会。大致上说南北朝皇族结局悲惨。

南北朝皇族的基本情况是:在结构上,以皇帝为中心,族人以与当朝皇帝的血缘远近,分成尊属、疏属;皇族有严密的管理制度,设宗正和宗师,皇族有优越的从政条件,出仕早,职位高,位尊权重,但是皇族不稳定,与王朝相始终,不像民间宗族能在不同王朝下延续。

(二)高层仕宦者的宗族——士族

说到士族,容易简单地理解为做官的个人及其家庭,这是极不全面的。士族是一种血缘团体,集做官者于一族,即全族仕宦化,它是宗族中的一种类型,也是一种社会集团,所以要把它当作宗族组织来认识和把握。

士族最迟产生于魏晋之际,南北朝时期的士族已有了较长的历史,就其具体成员讲,有老士族的延续存在,也有由其他宗族陆续演化成的。不管新、老士族,都要有官方和社会的承认。官修谱牒记载士族姓氏、地望、位次,成为确认士族的专门文书。值得注意的是北魏孝文帝实行定姓族政策,规定宗族中要有三世以上出任四品以上的官员,始得为士族,又根据所任官职的高低和世代任职的状况,将士族区分为膏粱、华腴、甲姓、乙姓、丙姓和丁姓六个等第。这种规定,进一步巩固了士族的地位,是士族发展史上的一个阶段。

定姓族的办法,也是把士族区划为六个层次,或者说两个大层次,因为属于膏粱、华腴的士族屈指可数,是特级士族,加上甲姓、乙姓,会合成为高门士族。这些层次,也就是士族的结构。[①]

从整体上看士族规模庞大,一个士族往往有几百户。在其内部,又因血缘疏密关系分出房支,其结构为:士族—房支—族—家庭。各房支间政治、社会地位有所不同,甚至有层级的差别。

士族有出仕权,其特点是起家官高,所任之官属于清要之职,升迁迅速,至于高位。士族还有荫附人口和免役特权。

---

① 关于士族的社会层级结构,冯尔康的《膏粱——士族的最高等第》(收入本文集本卷)可参考。

（三）平民宗族

史学研究者普遍认为,南北朝的士庶之别在于有无徭役,承担徭役的就是平民宗族,被称为"役门""三五门""次门"。这些称谓上的"门",均不是简单地指一家一户,而是指属于这个范围的宗族,指一个群体。

平民宗族基本上由两种状况的宗族组成,一是豪宗,这类宗族包括的族人多,由豪强管理,在其居地有势力,即有社会地位,或者尚能拥有武装,但多半不出仕,没有政治地位。也有少数豪宗出仕,经过一段时间,跨入士族行列,不过那已是宗族间流动了,不再属于豪族。另一类型是寒门,或称小族,这类宗族规模小,人户少。它的成员中也有人掌握文化,做小吏,少数升到官僚上层。

平民宗族成员之间除有血缘关系,还有社会因素的结合,族人秉命于族内权威,在族内进行互助,对外团结一致,族人有宗族团体意识。所以说平民当中也形成了宗族。只是组织不甚健全,不如士族、皇族严密,家族规范不那么条理整齐,因此宗族特征也不那么明显。

社会上也还有一部分人没有组建宗族,或因与宗族有血缘关系的人太少,或虽有一定数量的人群,但缺乏组织联系,或是贱民之家,依附主人,不能另行组成宗族。宗族的存在具有普遍性,把社会上的主要成员包括进去,但作为社会团体,还不能像社会细胞——家庭那样普遍、那样无所不在。

综上所述,在全部社会成员中,有一部分人不属于宗族成员,在宗族群体内的,分别属于皇族、士族、平民宗族。相对皇帝而言,士族、平民宗族合称为"素族",当然这不是史籍中常见的含意,但本文篇幅有限,不便多作说明。这三种类型的宗族,构成南北朝时期的宗族整体。

二、宗族的等级结构及其内部冲突

皇族、士族、平民宗族有不同的社会权利和义务,由此决定它们的社会地位和在社会结构中的排列秩序。皇族因与皇帝同一血系,地位崇高而尊贵,时或掌握政府中枢大权;士族世代充任高、中级官职,能与皇族分掌中央政权,具有较高文化素质,是思想舆论的控制者,其生活方式和作风能够影响整个社会;平民宗族担负出徭役的义务和充当下吏,在地方上有社会势力,个别成员可以上升到高级官僚的地位,但不能改变这个宗族平民地位的本质。这三类宗族高下不一的政治地位,使宗族处于不同的社会层次,即在全部宗族中区分为不同的等级,其排列的顺序应当是皇族居首位,士族次之,平民宗族处于低层,其结构式为:皇族—士族—平民宗族。在每类宗族内部,又有不同的层次,统观其架构,则为:

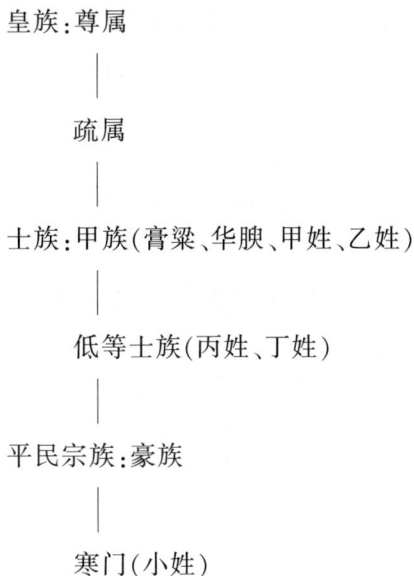

皇族:尊属

     |

   疏属

     |

士族:甲族(膏粱、华腴、甲姓、乙姓)

     |

   低等士族(丙姓、丁姓)

     |

平民宗族:豪族

     |

   寒门(小姓)

宗族类型的层次差异,同时也是社会的等级差别。皇族、士族具有出仕权、免役权,从而成为社会的特权等级,平民宗族有赋役义务,没有必然出仕的特权,可以出仕,表明其成员的平民身份,属平民等级成分。所以从社会等级来区分,皇族等级高于士族,士族高于平民宗族。由此可知,宗族内部的层次区分与社会等级划分完全一致,实质上也是等级差别,可以说宗族等级与社会等级融为一体。南北朝时期社会等级的顶端是皇帝,以下各等级是:皇族,士族(皇族与士族也可以合称为特权等级),平民等级,贱民等级(含贱民、半贱民,诸如佃客、衣食客、部曲、吏家、百工、军户、僧祇户、佛图户、奴婢等)。宗族结构没有社会等级结构复杂,但在特权等级、平民等级层面上相同,这就是不同等级宗族的结合,成为社会等级结构的一部分。由于特权等级、平民等级是等级制中最重要的部分,所以宗族等级也就是社会等级的主体。

在等级性结构中的各类宗族,处于不同的政治地位,有着压抑与被压抑、歧视与被歧视的关系,在它们之间必然发生矛盾和冲突。这矛盾是多方面的,有皇族、士族、平民宗族相互间的,有同一类型宗族内部不同层次间的,有不

同地区宗族间的,还有属于不同政治集团宗族之间的。宗族内部的矛盾在政治领域的表现是:

其一,皇族与素族,特别是与士族的矛盾,集中在对中央政府控制权的争夺上。如果说东晋是门阀士族势力平行于皇权的时代,南朝则改变了这种状况,皇权加强了,打破了士族与皇族势力的平衡,但其优势维持一段时间之后就结束了,到南朝末年皇族竟处于劣势,素族,尤其是平民宗族在中央政府的地位提高了。

其二,士族与平民宗族的矛盾,突出反映在出仕权和晋升权方面。南朝官制,士族任清(要)官高品,寒人任浊官低品,士族出仕就是六、七、八品官,甚而五品官,寒人起家为流外七班,此种清、浊分流的官制严重限制了寒门的升迁。这种官制实行的结果,是延续两晋以来的"上品无寒门,下品无势族"的情况,宗族出身决定了人们仕途的命运。

其三,区域间的宗族歧视、矛盾,反映不同政治集团的利益。南北朝时期各地宗族有其特点,所谓山东人"尚婚姻",江左人"尚人物",关中人"尚冠冕",代北人"尚贵戚",不同地区的宗族风尚,产生于南北朝、东西魏、北齐北周的对峙局面。各地宗族的不同特点,就是以此保全自身,并利用它与其他地区宗族进行争竞。

三、宗族与政治制度、政权的演变

南北朝时期宗族与政权互相利用与维护,又相互抵触、排斥,统治者为协调它们之间的关系,局部改变行政制度和宗族制度。

(一)从宗王辅政与出镇结合的格局向素族宰辅制发展

对宗室的分封和官职使用,是贯穿于整个中国古代史上的大问题,南北朝时期的各个王朝也为此而颇费斟酌,寻求对王朝最有利的政策。它们在考虑这个问题时,主要是权衡皇权与皇族、士族、平民宗族以及皇族与士族的关系,探索政权形式如何有利于各方面关系的协调,以保证王朝的稳定和最大限度的皇权。

南北朝时代皇权与宗族的矛盾,在对皇族上有三方面的内容:以当朝皇帝为中心,分出尊属、疏属,给予不同待遇,导致日益扩大的疏属的不满;青年皇帝亲政与辅政的宗王极易发生冲突,魏宣武帝亲政屠戮乃叔的事件就是显例;宗室中野心分子篡位的可能与皇帝的惧怕防范心理,由此而出现的造反和镇压。皇权与士族的矛盾是士族希图限制皇权和皇族行政权,皇权谋图加强对士族的控制,削弱相权,双方都争夺对劳动者的控驭权。皇权对豪族的冲突发生在对地方的控制权上,以加强中央集权。

如果把皇族与政权关系的演变视作三个过程的话,即:"分封制"—宗王辅政与出镇结合制—封爵而脱离民政制,南北朝时代政府对皇族的政策,是由实行宗王辅政与出镇结合制,向封爵而脱离民政制变化,尚处在转化过程中,并未完成。

(二)从九品中正制向科举制过渡

南北朝继承魏晋九品官人法,以出身评品人才的弊病,更有所发展,另一方面,作伪冒籍的现象也严重起来,反而造成士、庶不分,引起士、庶双方的反感,九品中正法倒难以维持下去了,改革的建议应运而生。

取代九品中正制的是科举制,南北朝后期科举制萌生了,举孝廉、秀才是汉代就实行的选官方法,在魏晋士族制下,孝、秀限于在士族中举荐,寒门难以入选,南北朝初期也是如此。到北魏晚期,允许寒微出身的读书人参加孝、秀的考试,合格者可以入仕。梁武帝打破国子学只收贵胄士族子弟的旧规,同时规定明经射策,不限门第。秀、孝的考试放宽门第限制,向隋代唐代科举制方向发展了。

(三)南朝用寒族协助君主理政

北朝汉人士族开始受到一些打击,如同魏道武帝枉杀大士族崔逞那样,士族影响力受到限制。魏孝文帝定姓族,严行区分士庶,距离道武帝已为时一个世纪,而且重心是在肯定鲜卑上层的地位。南朝与此不同,晋室南渡,依靠侨姓士族,争取吴姓士族,是为国策,南朝继承这一传统,采取依靠士族的政策,但为调节士庶关系,士族与皇权、皇族的关系,又采取限制士族势力发展、适当扶持寒门的政策,促使素族中的政治力量互相牵制,在平衡士族与寒宗的斗争中,稳固和强化皇权。南朝君主多任用寒门出身的人做中书舍人、散骑常侍,掌管机要,遂使寒门拥有一部分实权。相对而言,寒人根基浅,易于控制。寒人势力的抬头,士族地位的下降,意味着皇权的加强。

(四)北朝宗族政策及其对稳定少数民族政权的作用

北魏前期有着如何将部落控制下的鲜卑民众变为编民的问题,政府采用了宗主督护制度。宗主原是部落、氏族的首领,有管理族人的权力,政府又任用他们为宗族的督护,即赋予(或者说承认)他们治理族人的权力,这样宗主就有双重身份,既是宗族长,又是基层政权的闾里长。这一制度的实行,把鲜卑部落民纳入到国家行政系统之内,收到组织民众、稳定政局的效果。

宗主督护制也在汉人中实行。北魏进入中原之初,宗族纷纷结垒自保,北魏以宗主督护制承认士族、豪强对宗族成员及依附民的治理权,换取了它们的支持和拥护。

北魏政府不满足于对宗族民众的间接治理,到孝文帝前期,政治稳定,国力强大,在全面实行汉化政策前夕废除了宗主督护制,实行三长制,把宗族民众真正变为编民,置于政府直接管理之下。

北魏在社会由落后向先进转化的过程中,在中原大乱之后实行宗主督护制,就全部宗族制度史来看,它是落后的,但与当时的政治形势相适应,情况一改变,它就被取消了,也可以说它的出现是中国宗族制度史上的一个插曲,当然,它对于稳定北魏统治的作用是不应当忽视的。

上述(三)、(四)两个子目,也可以说是宗族制度在南方、北方的一些特点,也是在南北朝的特点。

四、宗族社会力量的作用及其持续性

宗族社会力量指社会关系所形成的社会地位和社会活动能量。这里说的社会关系主要是婚姻关系、依附关系、邻里关系;社会传统因素,如宗族的历史、门风,对宗族社会地位的取得、提高有巨大意义;文化因素对宗族社会地位状况的意义相当突出,是显而易见的。从政治、经济地位考察宗族组织是必要的,但还不全面,再从社会地位和作用去观察它,或许会完善一些。

(一)联姻:宗族社会力量的表现和加强社会地位的手段

南北朝时期的婚姻,基本上是两种类型,一种是门第婚,即宗族等级、社会等级相同家族的男女的结为配偶,这是婚姻的主流形态;另一种是失类婚,即不同宗族地位的男女结合,这样联姻有发展的趋势。不论是那一类的结亲,都同宗族的社会地位联系在一起。

南北朝时代的联姻是社会地位的标志,一个人联姻于何种宗族的成员,即能反映他处于何种社会地位。

人们选择婚姻对象,往往以本宗族的社会地位作为筹码去要求对方,社会地位成为联姻的条件和手段。

门第婚扩大宗族的社会力量。婚姻结"秦晋之好",把两个宗族联缀起来,扩大宗族的社会关系,令原来一个宗族的力量,结成两个宗族的力量,并因双方姻亲的关系,汇集多个宗族的力量。所以两个相同地位的宗族联姻之后,对于双方的政治、经济、社会地位的稳固提高都有好处。正因为极其强调门第婚,士族之家的妻妾地位更形悬殊,以致嫡子不把庶子视作家庭的正式成员。

因门第而卖婚,更见士族社会力量的巨大和影响深远。在门第婚盛行的时代,士族为了政治、经济的利益而与平民联姻,这种婚姻是卖婚,出"卖"的门第,即出售士族的社会地位。这是走下坡路的士族利用卖婚挽救自身社会地位,而买婚的一方正需要对方的社会地位,以改变暴发户的形象。

(二)士族、豪宗为乡里力量的代表,发挥其社会力量的作用

宗族与地望联为一体。乡里不仅是生息的土壤及社会环境,还使宗族能同当地民众联系起来,借用乡人的力量,发挥社会作用。

南北朝时期一些宗族的成员,在家内族内讲究孝义睦族,在乡里乐善好施。如果是平民做这类事情,政府会表彰他的义行,免征其徭役赋税,提高他们的社会地位。他们在乡邻中会取得好评,受到尊敬和推崇;若是士族、豪强这样做,会增加他们的声望,使他们更加具备代表乡里的资格。

士族、豪宗的社会力量,表现在能够统领乡众,并能出境作战。没有强大的社会号召力,当然做不到。

北朝政府实行的乡里管理制度,即从宗主督护制到三长制,都是承认、利用宗族在地方的力量,这也是宗族具有并发挥地方社会势力的表现。

(三)士族统领依附人口,发挥其社会力量的作用

士族拥有大量的依附人口,如奴婢部曲、衣食客、十夫客、佃客等。士族群体由有血缘关系的成员组成,这是毫无疑问的,但是笔者认为它还包括依附人口,因为主家与依附人口的宗法性关系,使依附者虽然不是主家的正式成员,但又不能随意脱离主家,所以说它们是士族中的附属成员。有了它们,士族的社会力量壮大了。依附者在社会生活中有的被用作生产劳动,有的进行保卫活动,有的从事生活服务,使主家得以经营田庄,建立坚实的经济基础。士族之所以有力量,在于它扎根在把生产劳动者作为附庸的田庄经济上。

综合来看,士族因其社会关系,形成宗族团体社会结构,它包含宗族本体、依附人口、姻亲宗族、乡里邻人,他们有着一些共同的利益,围绕着士族进

行活动,促进士族社会地位的提高、社会力量的壮大,并在代表乡里、统领乡兵、代表依附人口、代表姻亲宗族诸方面发挥其社会地位、社会力量的作用。

南北朝士族的社会力量还表现在皇权不能干涉士族内部事务,不能随意让幸臣寒人进入士族以及与高等士族联姻。

五、结语:宗族制度与士族社会特征

宗族制度是社会制度的一种,宗族活动是社会整体活动中的一个组成部分,它同土地、赋役、等级、职官、婚姻、教育、奴婢、雇佣、家庭等项制度和活动相联系,这里把宗族活动放在南北朝整个社会生活中略作分析,或许对明了那个时代的社会特征有点益处。

(一)南北朝是士族的社会

作为社会组织,士族有三大特点:它是凝聚力最强的团体,在三种类型的宗族中,士族的自我建设、组织性、经济力、持久性、群体意识,比平民宗族强得多,皇族从总体上也比不过它,它在宗族内凝聚力最强。社会上的其他团体,如佛教、道教、民间学校的内聚力也不如它。士族的另一特点在于它是社会的核心组织,家庭、坞堡等群体是宗族依附体,民间学校组织不严密、不稳固,佛、道二教组织较严密,也较稳定,但它们的广泛性不如宗族,又以出世为目标,社会地位、社会力量赶不上宗族。所以宗族最具普遍性、持久性和最有力量,成为社会的核心组织、基本组织。士族还有一个特点,即处于社会等级结构的中坚地位,它在社会等级结构和宗族结构中处于同等重要地位,属于特权等级,并支配其他等级。这三项特点表明,南北朝时期的士族是坚强的社会组织,是社会的中坚力量,必能在社会生活中发挥重要作用,同时它也是社会矛盾的焦点。

士族是宗族主体,是素族势力的代表,它的社会活动,成为政府制订、改订政策的出发点。宗主督护制、三长制、定姓族、官修谱牒、九品中正制、科举制、任用寒人,这些制度、措施,或出现,或萌芽,或兴盛,或衰落,或消亡,都是政府处理与士族关系的产物。士族的社会活动,在很大程度上影响朝廷的政策。

士族作为宰辅的人数不比皇族、寒人多,但在政坛上它却起着领袖的作用。一般讲他们比皇族、寒人政治上成熟,比较稳重,政治上不会出大乱子。士族普遍具有先家后国、先孝后忠的思想,关心宗族胜过关心王朝。南北朝时期改朝换代频繁,士族的政治态度和活动,影响着南北朝的政治面貌。

总之,士族是社会的主宰力量。南北朝是继魏晋之后的士族社会,如果说魏晋是士族社会的形成和鼎盛期,南北朝则是士族社会鼎盛期的持续并开始步入衰落期。士族的社会,正是南北朝社会的一大特点。

(二)士族社会矛盾是历史发展变化的动因

南北朝时期职官制度的一些变化,其内涵就是分解官僚与宗族的关系,解决士族与官僚画等号的问题,让宗族地位不及士族的寒人出仕,企图造成由君主完全控驭官僚的局面,不允许士族控制官员与君主分庭抗礼。这样,先家后国、先孝后忠论逐渐失去影响力,先忠后孝的观念树立起来。官僚与宗族脱离关系,是中世纪强化皇权和中央集权的需要,南北朝的君主为此作出努力,采取了许多措施,令官僚与士族朝着逐步脱离关系的方向演变。

作为社会矛盾的焦点,南北朝的士族受到劳动者反抗斗争和统治集团内战的影响,经过几次打击,士族元气大伤,政治、经济、社会力量被削弱了。

(三)宗族社会力量影响深远

前已叙述了宗族的社会地位和社会力量,这里再从它的作用力保持时间的长久,影响力的深远略作讨论。

门第婚是随着等级制的形成而逐渐产生的,士族门第婚也是随着士族制的确立而逐渐出现的。门第婚的进程不可能与社会等级制、士族制的形成、发展同步进行,它的速度要慢一点,同样,士族门第婚的衰亡也不是和士族制的衰亡同时完成的,它在时间上要拖得长一些,所以到南北朝后期士族制走向衰落,失类婚姻现象增多,门第婚却仍然存在,寒门仍追求与士族的联姻。士族的社会力量靠着它的门第婚发挥出来,并延续它的生命力。

士族成功地进行自我建设,形成独特的生活方式,并以此自我标榜。由于它的社会主宰的地位,追求士族社会生活方式,成为社会风气。风俗具有传继性,当士族处于衰微之时,它的生活方式还在流传,也就是它的社会影响仍然存在,起着延续士族社会力量的作用。

掌握和运用文化知识是士族的特征,也即士族自我建设的必备内容。南北朝时期士族在经学、历史学、谱牒学、地理学、文学、艺术、佛学、道学及科学技术方面有很高的成就。它对文化的高度重视形成传统。延续宗族在于掌握文化,这是当时人的共识。士族掌握文化的传统,造成士族对社会的影响长盛不衰。

士族将门第观、婚姻观、乡土观融汇在一起，形成士族社会地位观念。观念形态更是流传久远，使得士族社会力量能够长久发挥作用，所以研究南北朝士族的影响应在更长的历史阶段来考察。

附记：在 1989 年、1990 年笔者研习南北朝宗族史，写出一篇长文的草稿，本文缩写该文于 1990 年夏季。在写作过程中学习了时贤论著，然终因是南北朝史的初学者，文章纰缪或多，敬祈方家教正。

（原载赵清主编《社会问题的历史考察》，成都出版社，1992 年）

拟制血亲与宗族

中国历史上的宗族,是由有男性血缘关系的各个家庭,在宗法观念的规范下组成的社会群体。成员间具有男系血缘关系,是它的基本要素和不可动摇的原则。然而在历史上,人们间有拟制血亲及类似拟制血亲的社会关系,与家庭结合在一起,直接或间接同宗族发生联系。这本来是宗族血缘原则所不能允许的,事实上却以不同的形式存在着,而且随着时间的推移,越来越成为常见现象,形成斩不断的联系。拟制及类似拟制血亲纠缠着宗族,反映人们社会生活、政治生活和宗族家庭生活的某种状况及特点。它应当是宗族史、家庭史和古代政治史研究的一项内容,似乎还没有怎么引起学术界的关注,笔者不揣谫陋,提出这一历史课题,以就教于方家。

一、历史上拟制血亲的类型

有血缘渊源的人,如父母子女、祖孙、兄弟姐妹、伯叔姑侄,构成血亲关系,并为政府法令和社会规范所承认。没有血缘联系的人,在社会交往中比附这些血亲关系,进行认同宗、拜干亲、结拜金兰、收养义子、招婿承嗣、奴从主姓等活动,皇家给臣下赐姓,田主、东家与佃户、伙计之间施行少长关系礼法,这样形成拟制血亲或类似拟制血亲的关系,同宗族发生联系。现将历史上出现的诸种情形,按其类型分别陈述于后。

(一)赐姓

皇帝给大臣赐姓,以示宠异。所赐之姓有两种,一是赐予皇姓,另一赐给他姓,而以前一种为多。赐姓流行于汉唐之间,后世少见。汉高祖刘邦将向他建议定都长安的娄敬赐为刘姓。[①]汉武帝给俘虏来的匈奴休屠王太子赐姓金,

---

① 《史记》卷99《刘敬传》,第8册第2717页;本文所运用的"二十五史"皆中华书局点校本,下面不再注明。

这就是后来的辅佐大臣金日磾。①可知在西汉,这两种赐姓情况均已出现,在北魏、北齐、北周三朝,赐姓频繁,尤以北周为多,成了常见现象。北周的缔造者宇文泰还在执掌西魏政权时,因北魏巨族,即所谓"统国三十六,大姓九十九",多所湮灭,就以"诸将功高者为三十六国后,次功者为九十九姓后,所统军人,亦改从姓名"②。即以功劳大小继承先年北魏少数民族中的望姓,并成为该姓族宗长。这实际是赏功的同时,包括赐给姓氏。它涉及的人很多,因为把各将帅辖下的军人也包括在其中,改从主帅姓氏了。宇文氏不仅在少数民族中作赐姓,还推广到汉人群里,特别是给汉人士族赐以少数民族姓氏。笔者在《周书》中粗略查到41例,其中22例赐姓宇文氏,19例为赐予鲜卑人大姓,如贺兰氏、独孤氏、拓跋氏等。被赐姓中,有高门士族博陵崔氏、汾阳薛氏、河东柳氏、陇西李氏、杜陵韦氏、荥阳郑氏、天水赵氏等。后来建立隋朝的杨坚家族被赐姓普六茹氏,③建立唐朝的李渊家族被赐姓大野氏。④北齐给原北魏皇族中的元文遥赐姓高氏。⑤

唐朝继承了北朝赐姓传统,唐初徐勣、罗艺等赐国姓,两唐书为徐勣作传,采用赐姓,故名《李勣传》,而舍去原姓。唐代中后期对武人更是不断赐以皇姓。唐以后赐姓现象渐少,但未绝迹。如明初成祖为原姓马氏的三保太监郑和赐姓郑氏,南明唐王朱聿键给郑芝龙子郑森赐姓朱氏,改名成功。⑥郑成功即以明裔自视反清,故而其下尊称他为"国姓爷"。

赐姓还偶而出现在妇女中,如北齐后主皇后邪利,不知其父和姓氏,因有宠被赐姓陆氏。⑦

被赐为皇姓者,即列入皇族宗籍,直系亲属跟着入籍,如北周令狐整被赐姓宇文氏,"宗人二百余户,并列属籍"⑧。

(二)联宗

在古人的书信、文章、诗词中,常有"家某某"的字样。这"家某某"本应是

① 《汉书》卷 68《金日磾传》,第 9 册第 2967 页。

② 《周书》卷 2《文帝记》,第 1 册第 36 页。

③ 《周书》卷 19《杨忠传》,第 2 册第 314 页。

④ 《旧唐书》卷 1《高祖本纪》,第 1 册第 1 页。

⑤ 《北齐书》卷 38《元文遥传》,第 2 册第 504 页。

⑥ 《清史列传》卷 80《郑芝龙传》,中华书局,1987 年,第 20 册第 6691 页。

⑦ 《北齐书》卷 9《穆皇后传》,第 1 册第 128 页。

⑧ 《周书》卷 36《令狐整传》,第 3 册第 643 页。

写作者同宗近亲,但实际上往往泛指同姓氏的人,即把同姓人作为本家对待,别人也常常这样看待他们间的近亲关系。称同姓为"家人"的现象,不晚于东汉末,到明代就颇为广泛了,故而清朝初年人王应奎说:"称家之滥,迨始于前明中叶",随后侍郎李绂说清人继续这一状况:"近世人诗文标目,与同姓人辄称家某人。"①把同姓人称作本家,是社会上出现的同姓不宗的人联宗现象在语言上的反映,表明这种情况的流行广泛。

联宗,在历史上通常被称为"合族""通谱""认族",也被贬称作"越认"②,俗话是"认本家"。

合族本意是说两个同姓同宗的成员,互认为是共同祖先的遗胤,即互相承认宗亲关系,成为一个宗族的成员。实际上,有的联宗者很难证明有共祖的关系,或者说根本不存在血缘关系,或者血缘关系已非常疏远,且双方家族分居异地,以某种缘由而联宗。前一种联宗亲属实质上属于拟制血亲范畴。

联宗的出现,大约肇端于东汉后期,正式出现于西晋。中古时代这一现象不少,但受到社会抵制和控制,近古以来随着宗族范围的扩大,联宗成为屡见不鲜的事情。联宗可能是源出于同姓的近亲感情和关照,如西汉蜀郡郫县人何武为郡吏时,太守何寿"以其同姓故厚之"③。东汉末期董卓宣称与孝仁董太后是本家,应是认本家的滥觞。汉灵帝的母亲孝仁董太后是河间人,灵帝何皇后生皇子刘辩,王美人生皇子刘协,何后毒死王美人,董太后怕她加害刘协,乃亲自养育他,因此人们管刘协叫作"董侯",灵帝死后刘辩继位,是为少帝,董卓进长安,"自以与太后同族",因刘协为太后所养,遂废少帝,改立刘协,是为献帝。④董卓是陇西林涛人,与董太后根本不同族,自认为是一族,实际是冒认,乃出于政治需要,拉关系,应是开了认同族的先河。

我们知道正式的联宗是《晋书·孙旂传》所载:孙弼及其堂弟孙髦等与孙旂合族,其时孙旂正受执政的赵王司马伦所重用。⑤此后寒门与士族通谱事时有发生,如唐初执政李义府与陇西李崇德通谱,及至义府失势被贬出京,崇德

---

① 王应奎:《柳南续笔》卷4《同姓称家》,中华书局,1983年,第197页。

② 平步青:《霞外攗撷集》卷10《认本家》,中华书局,1982年,第702页。

③《汉书》卷86《何武传》,第11册3483页。

④《后汉书》卷72《董卓传》,第8册第2323页;卷10下《孝仁董皇后传》,第2册第446页;《灵思何皇后传》,第450页。

⑤《晋书·孙旂传》,第6册第1633页。

299

乃不承认和他同宗。①也有高门士族自始就拒绝和寒门联宗,如唐初执政杜正伦要求与京兆城南杜氏通谱,后者以其昭穆关系疏远予以否定,气得杜正伦破坏城南杜氏居地的"风水"——自然环境以泄愤。②

宋代以后人们想认本家,就少有杜正伦那样的遭遇了。比如以奸相出名的蔡京,是福建仙游人,初入仕时与比他早出仕的同乡蔡襄同姓不宗,却冒认人家为族兄,及其为相,开封人、给事中蔡嶷始则认他为族叔,后又改认他为族叔祖。③明清时期官场中通谱现象较为普遍,明清之际顾炎武说其时"同姓通谱,最为滥杂"④。清人赵翼则说:"世俗好与同姓人认族,不同宗派,辄相附合。"⑤

认同宗不仅出在官民之中,也有君王认同姓为宗人的。后赵石勒本是羯族人,对渤海士族石朴,以为是同姓,又是河北人,遂将他纳入宗室,也即联了宗。⑥高隆之,本姓徐,高平人,从祖姑父之姓,故名;肇造北齐的高欢自云出身渤海高氏,遂认高隆之为从弟,以显示他们都是渤海士族高氏,为同宗。⑦南朝晋安人陈宝应为闽中巨姓,南朝陈朝创立者、吴兴人陈世祖(陈倩)却以他同姓,将他编为宗室。⑧

还有异姓通谱认族的现象,始于王莽,他以王、陈、田、姚、妫五姓为舜的后人,将五姓都收入宗室。⑨清代海宁人尚书陈诜与少詹士高士奇互认本家,理由是海宁陈氏出自渤海高氏,故而同宗。⑩

有与异姓通谱相类似的是,自身也不认为有共祖关系的数姓联合起来成为一姓,以便在观念上构成血亲关系,互相帮助,而与他姓争决雄雌。这是发生在清代福建泉、漳二州的所谓"齐会"和"包会"现象。这里宗族械门频仍,斗争双方为取得胜利,各自联络他族,组成宗族联盟。在同安县,大姓李、陈、苏、

---

① 《旧唐书》卷82《李毅府传》,第8册第2769页。

② 《新唐书》卷106《杜正伦传》,第13册第4039页。

③ 《宋史》卷320《蔡襄传》,第30册第10401页;卷354《蔡嶷传》,第32册第11171页。

④ 顾炎武:《日知录》卷23《同谱》,中华图书馆印本,第4页下。

⑤ 赵翼:《陔余丛考》卷31《认族》,商务印书馆,1957年,第645页。

⑥ 《晋书》卷33《石苞传》,第4册第1009页。

⑦ 《北齐书》卷18《高隆之传》,第1册第235页。

⑧ 《陈书》卷35《陈宝应传》,第2册第486页。

⑨ 《汉书》卷99中《王莽传》,第12册第4106页。

⑩ 陈康祺:《郎潜纪闻初笔》卷6,中华书局,1984年,第121页。

庄、林数姓联合,成为"包会",意思是能够包办一切,决定地方事务;各个小姓联合在一起抵抗大姓,认为众志成城,齐心合力,故称"齐会"。①

以上合族都是双方自愿的,然而还有一种冒认情况,就是一方冒充另一方成员,而另一方并不知晓,也未见得接受。其情形较复杂,大体是买谱认族,即买有同姓非宗人的族谱,在人家修谱时,因持有旧谱,而将本身家系填入谱内,混为该族成员。因这种事时有发生,故望族对族谱严加管理,防止遗失和被盗卖。实际上也有发现的,如南朝卑贱人王泰宝买得高门士族琅琊王氏谱,被真正主家尚书令王晏发现而东窗事发。②

从中古的联宗到近古以降的认本家,多系个人、家庭活动,但中古更具宗族性,是个人所在的两个宗族相认,近古在具有宗族性同时,颇具个人性质,即两个不同宗的人相认可,不一定要求各自宗族的承认。

(三)义儿

义儿,又称义男、养子、假子、售子、义子、螟蛉子。收养者多在义子童稚之年予以抚养,令从本人之姓,并为取名,甚或依本宗族的辈字命名。养父子多生活在一起,在养子成家立业之后,可以像亲子一样分居另过。

义儿在历史上是带有普遍性的现象,以致欧阳修在《新五代史》特立《义儿传》,并在序言中概述了义子的一些特点。他写道:"呜呼!世道衰,人伦坏,而亲疏之理反其常,干戈起于骨肉,异类合为父子。"明确指出无血缘关系的人结合为父子。接着说:"开平、显德五十年间,天下五代,而实八姓,其三出于丐养。"梁、唐、晋、汉、周之朱、李、石、刘、郭五姓外,唐明宗、唐废帝、周世宗皆李、郭之异姓。皇帝尚异姓相承,何问官民了。欧阳修又叙述道:"(后)唐自号沙陀,起代北,其所与俱皆一时雄杰嗷武之士,往往养以为义儿,号'义儿军',至有其天下,多用以成功业,及其亡也亦由焉。"③义儿成军,更表明义儿之众和势雄,故能助人成功也能致人死命,是以其作用巨大。一般民众养子也多,故而宋朝官员蔡杭才能说"谁无父母,谁无养子"的话。④对这类常见现象,不可不多作留意,本文于此不惜笔墨,即此之故。

收养他人子女的现象出现得相当早,西周的褒姒,就是为褒国人所收养,

① 民国《同安县志》卷3《大事记》。
② 《南史》卷72《贾希镜传》,第6册第1776页。
③ 《新五代史》卷36《义儿传》,第2册第385页。
④ 《明公书判清明集》卷8《背母无状》,中华书局,1987年,上册,第295页。

而献给周幽王的。①收养现象维持到现代。被收养的有男有女,不过本文的主题所限,注意点放在男性方面。收养者和被收养的人,有着多种情形和类型。

收养者可分成六种情形,一是宦官,主要是高级宦官,他们不可能有亲子,而收养假子为承嗣人。西汉元帝宠幸的宦官石贤,在成帝即位后失宠,被免职,"与妻子徒归故郡"②。他本身受过腐刑,不可能生子,这时和他同行的儿子,应当是养子。看来西汉宦官当有养子。到东汉,宦官干政,常常被封爵食邑,而且允许义子继承。顺帝于永建四年(129)下昭书:"宦官养子,悉听得为后,袭封爵,定著乎令。"③宦官的养子可能是同宗的,但异姓很多。东汉宦官曹腾养子曹嵩,系夏侯氏之子,《三国志·武帝记》引《曹瞒传》及郭颂《世语》说:"嵩,夏侯氏之子,夏侯惇之叔父。"④唐代宦官擅权,气焰熏天,对朝臣武将,"率皆子畜"⑤,还将"镖士奇材","养以为子"⑥。所养的假子,有的世袭宦官,义子名位常出于义父之上,如宦官高力士的威名远非其义父高延福所能比拟。有的宦官还是彪悍武将,如杨复光,本姓乔,受内常侍杨玄价收养,改姓杨。他更多地收养子,作将帅的即有数十人,其中的杨守中官至忠武节度使,守亮为兴元节度使,守信任商州防御使。复光从兄杨复恭,本姓林,受养于宦官杨玄翼,为金吾上将军,势大养子多。唐代内监因养子制而能世代相传,有的能形成"大家族","后人"以字派相称,同于骨肉家族,如上述二杨之家,起于唐德宗时的中卫杨志廉,其世系如下表:

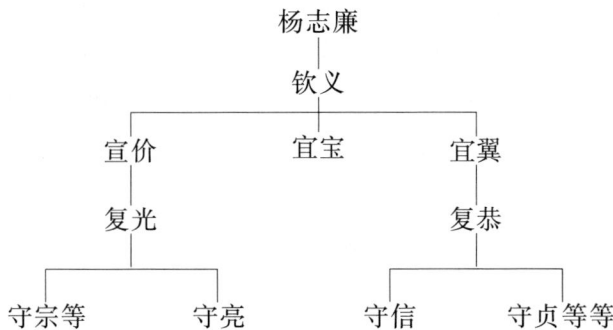

```
                        杨志廉
                          |
                         钦义
          ┌───────────────┼───────────────┐
        宣价            宜宝            宜翼
          |                              |
        复光                           复恭
      ┌───┴───┐                    ┌────┴────┐
    守宗等   守亮                  守信    守贞等等
```

---

① 《史记》卷4《周本纪》,第1册第147页。

② 《汉书》卷93《石显传》,第11册第3730页

③ 《后汉书》卷78《孙程传》,第9册第2518页。

④ 《世语》,第1册第2页。

⑤ 《旧唐书》卷184《宦官传》,第15册第4754页。

⑥ 《新唐书》卷207《宦者传》,第19册第5856页。

值得注意的是守字辈诸人系武将，不一定是宦竖。①明代的宦官同样多养义子，宦官曹吉祥义子曹钦效法东汉曹腾、曹操所为，在京城造反。②但曹吉祥比起后来号称"九千岁"的魏忠贤，则是小巫见大巫了，魏忠贤有"五虎""五彪""十狗""十孩儿""四十孙"③。孩儿、孙儿之谓，明确说明魏忠贤有义子义孙，其实所云的虎、彪、狗，也多为其义男。五虎为首的崔呈秀，原以御史出任淮阳巡按，还朝以贪污被革职，他乃投奔魏忠贤，"叩头涕泣，乞为养子"④。而后成为养子首领。

二是武人，尤其是高级将领多养义儿。战乱时期武人与部下形成家兵家将关系，收养义子为习见之事，大约汉末三国、五代、元末、明末尤甚。小说《三国演义》里责骂反复无常的吕布是"三姓家奴"，意思是说他本是吕家儿，可是先后做刺史丁原、董卓的义子，故称三姓人。然而实际情形如同《三国志》及《后汉·吕布传》所说，他开始为丁原主薄，"大见亲待"，并未明确说明他们有义父子关系，倒是董卓对吕布"甚信爱之，誓为父子"⑤。吕布与丁、董的关系，应是吕、丁无义父子名分，但丁以子侄态度对待吕布，而董、吕则是明确的义父子身份。从吕与丁、董的关系看，汉末似是武人养义子的初期。唐末五代，割据一方的武人收养义子，成了通常现象。后梁太祖朱温收养康勤为义子，取名朱友文，封为博王，并有弃亲子而传位给他之意。⑥吴主杨行密收养李荣之子为子，但亲子不承认，杨乃要求徐温收养他，为之改姓名曰徐知诰，后来徐知诰建立南唐，复姓李，仍奉徐温为义父。⑦本为宦官田令孜义子的王建在建立前蜀的发家过程中，夺甘氏子、魏氏子等为养子。⑧赵德钧盘据幽州十余年，以妻前夫延寿为子，并令延寿继承其位。⑨凤翔主李茂贞，多次被人养及养他人。⑩元末大乱之时，武人多收养子，赵翼看到朱元璋义子之众，特在《二十二

①《旧唐书》卷184《杨复光、杨复恭传》，第15册第4772、4774页。
②《明史》卷304《曹吉祥传》，第26册第7774页。
③《明史》卷305《魏忠贤传》，第26册第7848页。
④《明史》卷306《崔呈秀传》，第26册第7848页。
⑤《三国志》卷7，第1册第219页；《后汉书》卷75，第9册第2444页。
⑥《新五代史》卷13《朱友文传》，第1册第36页。
⑦《新五代史》卷62《李昪世家》，第3册第765页。
⑧《新五代史》卷63《王健传》，第3册第787页
⑨《旧五代史》卷98《赵德均传》，第4册第1311页。
⑩《旧五代史》卷132《李茂贞传》，第6册第1736页；《新唐书》卷208《田令孜传》，第19册第5889页。

史札记》中写了"明祖多养异姓为子"专条。①

三是一些少数民族有收养义男的习惯。魏晋南北朝时鲜卑人、匈奴人、羯人将养子习俗带到中原,隋唐因之,五代沙陀人继续这一传统。这里说的养子,还包括养弟、养孙。可以从养者之姓,也可以是其他姓氏。羯人后赵建立者石虎养冉瞻为子,瞻生子闵,成为石虎的养孙,石虎死后,石闵几经周折,取代石氏政权,建立"大魏",复姓冉氏。②沙陀族李克用"养子多矣,其可纪者九人"③。

四是为继嗣考虑的人养育义子。有人乏嗣,为得到继承人,抱养他人之子为子。汉代秦嘉妻徐淑收养异姓子,徐死后,异姓子归宗,政府却令其义子还为秦氏子,为之奉祀。④在汉代养子现象已不少见,以至于出现法律上讨论"父为子隐,子为父隐"条文适用于义父子与否。⑤有的人为了能生育男儿,先抱养他人之子。诸葛亮未有子之前,以兄诸葛瑾之第二子乔为嗣子,后生子瞻,仍以乔为子。⑥这是以亲侄为子,不过更多的人是养异姓为子,作为自家生子的预兆。小说《二刻拍案惊奇》卷五《襄敏公元宵失子,十三郎五岁朝天》,假托北宋王韶第十三子,在元宵节时丢失,被宦官带入大内,当时宋神宗尚无子嗣,因以拾得男孩为"宜男之祥",令皇后鞠养,"以为得子之兆"。⑦小说反映了人们养义子寄托生养亲子的意识。及至有了亲子,仍会留养义儿,但常常不太爱惜,如明代陈洪谟在《治世余闻》中所说:"世家多畜异姓为继子,卒之视如土芥者多。"⑧也有的人本有亲子,另收养义子,以为可以保障亲子健康成长,这是拿义子作陪衬,希图有亲子继嗣。

五是商人收养义子。出现在福建、广东一些地方,他们用义子外出经商,乾隆年间编辑的《尤溪县志》对当地风俗写道:"间或假他人之子为子","其在商贾之家,则使之挟赀四方,往来冒霜露,或出没巨浸,与风涛争顷刻之生,而已子安享其利焉"⑨。清人黄安涛在"螟蛉子"诗中有这么两句:"给赀行商涉洪

---

① 赵翼:《二十二史札记》,中华书局,1984 年,下册第 745 页。

② 《晋书》卷 107《石继龙载记》,第 9 册第 2790 页。

③ 《新五代史》卷 36《义儿传》,第 2 册第 385 页。

④ 杜佑:《通典》卷 67《礼》,浙江古籍出版社,1985 年,典第 383 页。

⑤ 杜佑:《通典》卷 67《礼》,典第 382 页。

⑥ 《三国志》卷 35《诸葛亮传》,第 4 册第 931 页。

⑦ 凌濛初:《二刻拍案惊奇》,上海古籍出版社,1983 年。

⑧ 《治世余闻》,中华书局,1985 年,第 44 页。

⑨ 乾隆《尤溪县志》卷 10《风俗》。

涛,割蜜饲蜡酬其劳"①,意思是说义父用义子出没江洋经商,义子得回高额利润,而义父给他很差的待遇。

六是各种原因收养义子。有的是后父收养随嫁母而来的他姓之子,如曹操纳何晏母为妾,养何晏于宫中,曹丕不高兴说他是"假子"②。宋代有叫阿黄的妇人前夫生子李如,改嫁丘闰,李如随母去丘家,改名丘如。③有的是收养无依靠的孤儿,如南朝人纪氏收留丹阳吴姓孤儿,为之改名纪少瑜。④随嫁母而成为义子,常被称为"售子",犹同卖身于人。⑤

(四)拜干亲

拜干亲,也即认干亲,历史上各地说法不一,如清代苏州人称作"过房",浙江人说是"寄拜"。⑥

拜干亲的人多为少年,由其父母作主,拜他人为干爹干娘。但干儿与前述义男不同,干爹也把姓氏给他,不过这姓名只在亲家中使用,在社会上干儿仍使用本姓名。他们一般不与干爹共同生活,不是干爹的后人,不存在继承家财问题。

拜干亲可能始于皇家的尚父制度,即年轻的帝王、人主,明确宣布以辅佐大臣、大宦官为尚父、仲父、亚父,以子侄自卑,以父执尊重他们,形成类似的家族关系。此类事起始于周武王的尊姜子牙为尚父,⑦唐代宗尊宦官李辅国为尚父,后者竟称代宗为"大家弟""郎君"⑧。唐末僖宗呼宦官田令孜为"父","政事一以委之"⑨。仲父之尊,起于齐桓公优待管仲,"立以为仲父"⑩。秦始皇信用吕不韦为相国,号称"亚父"⑪。

臣民的拜干亲,早期的记载,虽不明确,大约西汉初年的张苍对王陵夫妇

---

① 张应昌辑:《清史铎》卷23,中华书局,1983年,下册第834页。

② 白居易:《白孔六帖》,台湾商务印书馆四库全书本,第891册第300页。

③《明公书判清明集》卷10《与义兄争业》,第375页。

④《南史》卷72《纪少瑜传》,第6册第1786页。

⑤《留青新集》,转见梁章钜:《称谓录》卷六《养子、售子》,岳麓书社,1991年,第70页。

⑥ 徐珂辑:《清稗类钞·风俗类·干儿》,中华书局,1984年,第5册第2192页。

⑦《诗经·大雅·大明》,十三经注疏本,中华书局,1980年,上册第508页。

⑧《新唐书》卷208《李辅国传》,第9册第5882页。

⑨《新唐书》卷208《田令孜传》,第9册第5884页。

⑩《荀子》卷3《仲尼篇》,中华书局,诸子集成本,1986年,第2册第67页。

⑪《史记》卷85《吕不韦传》,第8册第2509页。

的关系,接近于此。张苍犯法当斩,王陵救之,张苍遂"常父事王陵",及其为相,每当休沐日,"先朝陵夫人上食,然后敢回家"①,真把王陵夫妇当作义父母,不过并没有明确的说法。东汉末孙策与周瑜友善,瑜送策大宅,"升堂拜母,有无通共"②。拜人之母,有类拜干妈。晋朝庾衮说:"拜人之亲者,将自同于人之子也,其义至重"③,是以张苍拜王陵妻,周瑜拜孙策母,虽不是拜干娘,实可引发出拜干亲。正式称为干亲的,早期见于记载的是《北齐书》所述干阿奶事。北齐时骆超之妻陆令萱,因夫谋叛而配入掖庭,抚育齐后主,那时皇子奶妈一般称呼为"姐姐",可是她却被叫作"干阿奶",稍后她又将出身卑微的后主邪利皇后"养以为女",皇后也"以陆为母",而与生母断绝关系。④拜干亲至明代而流行,观明人小说《金瓶梅》,起始写开茶坊的王婆撮合西门庆和潘金莲,这两人一口一声的管她叫"干娘"⑤,他们并没有真拜过,但那样脱口而出的热络劲儿,可知那时认干娘是一种常见现象。明嘉靖朝首辅严嵩与大将军仇鸾"约为父子",后者得到明世宗宠信,严嵩仍然"儿子畜之"⑥。拜干亲之风,清代更加盛行,不只一人讲述干儿对干娘的母亲及婆母的称呼史。⑦如若拜干亲不成为一种普遍现象,人们不会注意到这类称呼问题。

(五)结拜金兰

俗称拜把子,就是异姓男女结拜把兄弟、干姐妹。结义时要互相交换名帖,因此又称"换帖"。

结拜之习,大约肇端于秦末刘、项,项羽威胁刘邦要烹刘太公,刘邦说:"吾与项羽俱北面受命怀王,曰'约为兄弟',吾翁即若翁",若要烹食,请给我一杯羹。⑧刘邦说无赖话,也反映他们是盟兄弟,一人之父,则为另一人父执。不过这种结盟是政治性的,少社交性。迨后,魏晋时社交性出现。据梁章钜《称谓录》卷八"师傅·拜亲友"条引《百帖》云:"荀觊、王济、何劭为拜亲友,殆如今

---

① 《史记》卷96《张苍传》,第8册第2681页。

② 《三国志》卷54《周瑜传》,第5册第1259页。

③ 《晋书》卷88《庾衮传》,第7册第2282页。

④ 《北齐书》卷5《穆皇后传》,第2册689页。

⑤ 《金瓶梅》,齐鲁书社,1987年。

⑥ 《明史》卷30《严嵩传》,第26册第2917页。

⑦ 分别见梁绍壬:《两般秋雨盦随笔》卷2《干阿奶》,上海古籍出版社,1982年,第93页;徐珂辑:《清稗类钞·风俗类·干儿》,第5册第2192页。

⑧ 《史记》卷7《项羽本纪》,第1册1第338页。

所谓盟兄弟乎？"①南北朝时结拜已不少见，北周鲜卑贵族于谨希望和汉族官僚唐瑾交好，要求同姓，结为弟兄，北周建立者成全其愿望，给唐瑾赐姓万纽于氏，从此两家互行长幼尊卑礼，如同一个家族的人。②这里既有赐姓关系，又有结拜因素，而且双方均很严肃。结拜风气到明清时期大盛，延续到民国。明代小说《三国演义》第一回写刘关张桃园三结义，成为脍炙人口的故事，深入人心。然而我们看《三国志》，只讲刘备与关张二人"寝则同床，恩若兄弟"。又说关羽年长张飞数岁，"飞兄事之"，并没有明白地说他们结为异姓兄弟。③《三国演义》大写结义誓词："念刘备、关羽、张飞，虽为异姓，既结为兄弟，则同心协力……不求同年同月同日生，只愿同年同月同日死。"④应能反映明人结义的盛况。无独有偶，《金瓶梅》第一回《西门庆热结十兄弟》，写西门庆与应伯爵等十人结拜的场面。两部名著开篇写结义，绝非偶然。明代还有妇女结义的事情。兼领"三孤"(少师、少保、少傅)的陶仲文，在未得意之前，其妻与山海关民人张鸾之妻结为姐妹，后陶虽贵，然两家往来不绝。⑤妇女结拜，反证男性社会结义的流行。清代因满族主政，各民族间的结拜，屡见不鲜，如汉人、陕西粮道张集馨与满人、汉中道员兆那苏图、蒙古人文廉换帖为盟兄弟。⑥

异姓结拜之外，同姓也有结义的，明代给事中傅魁与魏忠贤外甥傅应星结为兄弟。⑦前述张集馨亦与同姓人结义。

人们结拜，构成"亲戚关系"，如同《古今小说》第四十卷《沈小霞相会出师表》所描写，官员沈炼遭严嵩陷害，发配保安州，得到当地人贾石相助，结成义兄弟，沈叫两个儿子拜见贾石，贾也唤出妻子相见，"做了一家儿亲戚"⑧。

(六)招婿承嗣和外甥继嗣

在历史上有时能看见双姓，其中有的既不是少数民族的姓氏，也不是汉人的复姓，而是两个家庭的姓氏合在一起形成的，是为"合姓"。其出现的原因，一是义男被迫离开义父家，复原姓，不忍心背弃义父抚养之恩，乃取本生

① 梁章钜：《称谓录》，第113页；《白孔六贴》，第537页。
②《周书》卷32《唐瑾传》，第2册第564页。
③《三国志》卷36《关羽传、张飞传》，第4册第939、943页。
④《三国演义》，人民文学出版社，1985年。
⑤ 王士禛：《池北偶谈》，中华书局，1982年，第101页。
⑥ 张集馨：《道咸宦海见闻录》，中华书局，1981年，第131页。
⑦《明史》卷305《魏忠贤传》，第26册第7818页。
⑧ 冯梦龙辑：《古今小说》，人民文学出版社，1958年。

与义父二姓合在一起;再一种原因是"甥嗣舅,嗣翁,而又不忍使本宗斩祀者"①。浙江桐梓的陆费家族即此类,该族的陆费犀是《四库全书》总校,据《清史列传》的记载,他家五代人仕宦不绝,其孙陆费犀官至巡抚。②

赘婿现象出现之早,当不晚于战国,齐人即有长女不出嫁招婿的习惯。因要抵抗楚国的入侵,为齐王出使赵国,成功请兵的淳于髡,就是齐之赘婿。③至秦汉已成为引人注目的社会现象,所以贾谊说:"秦人家富子壮则出分,家贫子壮则出赘。"④严助也讲到赘婿:"民待卖爵赘子以接衣食。"⑤赘婿,亦称赘子,因家贫而至妻家,若生父家经济好转,可以携妻返回本族,否则长留岳家,成为赘子,也即义子,若岳翁无子,则可承继岳家烟火,后世此类现象居多。这就是无子有女之人招婿承嗣,婿从女方姓氏,使婿、子合而为一。这样以婿为子,成为一种拟制血亲。与其他义子的不同,在于一种是单纯的义父子,一类是翁婿兼名分上的父子。

女子出嫁,加入丈夫宗族,而于娘家宗族脱离关系,她所生子孙,本有娘家宗族血统,但是宗族是男性组织,不承认族女后裔的血缘关系,所以对他们的子女不能以血亲对待,如果这些人涉及到外家的继承问题,就要以拟制血亲来处理,即改从外家姓氏,成为外家的人,且往往得不到社会的认同。外孙继承,汉魏之际已不乏见,西晋贾充立嗣是著名事例。贾充无嗣而终,其妻郭槐立外孙韩谧为孙,继承爵位,郎中令韩咸等因韩谧是异姓而持反对态度,晋武帝以贾充为开国元勋而特别允许,但申明下不为例。⑥

以婿、甥作拟制血亲承嗣之外,还有以寡妇招夫及招夫之子为拟制血亲,令他们承嗣的现象。有无女而养女招婿,也形成拟制血亲关系。寡妇招夫,至少在宋代已形成习惯,所以对其所招之夫,形成"接脚夫"的专有名词。⑦到清代仍行保留,在台湾称为"赘老公"⑧。且此类事增多成俗,如福建诏安,"买女

① 徐珂辑:《清稗类钞·姓名类·合姓》,第5册第2140页。
②《清史列传》卷26《陆费犀传》,第7册第2020页;卷43《陆费泉传》,第11册第3413页。
③《史记》卷125《淳于髡传》,第10册第3197页。
④《汉书》卷48《贾谊传》,第8册第2244页。
⑤《汉书》卷64上《严助传》,第9册第2779页。
⑥《晋书》卷40《贾充传》,第4册第1171页。
⑦《明公书判清明集》卷9,上册第353页。
⑧ 陈盛韶:《问俗录》,书目文献出版社,1983年,第128页。

赘婿,媰妇赘男,以承湮祀,守丘坟,分受家业,仰事俯畜,无异所生,族中人亦不以乱宗为嫌"①。

以婿为子,以甥为嗣,以接脚夫之子为后,同宗法反对异姓乱宗原则相悖,基本上为宗族所不容。

(七)主佃东伙的少长关系

在古代晚期的平民人际关系中,如地主与佃户,东家与雇工,往往没有主从的分别,而以拟制血亲关系相处,即地主东家处于父兄的尊长地位,佃客伙计则处在子弟的卑幼地位,后者以晚辈身份称呼前者为伯叔,并不计年龄。明朝立法:"佃见田主,不论齿序,并如少事长之礼。"②政府法令是对这种关系的肯定。

(八)奴从主姓

奴仆的社会地位顶不上佃户佣工,但其中有少数人与主人关系非同寻常,被允许改姓主人姓氏,主人把他当作不完全的家庭成员对待。

奴从主姓,大约从属人冒从主官之姓发展而来,早期的见于西汉灌孟,灌孟原姓张,是颍阴侯灌婴的舍人,双方有较重的隶属关系,张孟得到灌婴的抬举,被准许姓灌,其子因袭灌姓,是为灌夫,乃平定吴楚七国之乱的猛将。③

政府法令和社会舆论不许买族人为奴仆,可是我们在史籍里见到奴仆与主人同姓的不少,比如明代杨继盛有仆人叫杨应民、杨爱儿。④严嵩大管家叫严年。⑤这些仆人与主人同姓,显然是给他姓氏。有的记载说,奴仆"既已卖身,例从主姓"⑥,但是我们看到许多奴仆仍用自身姓氏,即如前述杨继盛有个仆人叫魏钺,是花四两银子买的,保持原姓。大约奴仆从不从主姓,要看主人态度,家主要视情节而定,如服役年久,并得到主人欢心,才给予姓氏,因此与主家同姓的,常是"老家人"。从主姓之奴,常能得到主人照顾,给予财产和一些家庭成员的权利。如杨继盛遗嘱,给杨应民五十亩地,一所住宅,让他看守坟山。得到主人姓氏的豪奴,竟能为非作歹,如严年"最黠恶,士大夫竟称'莩仙

① 陈盛韶:《问俗录》,第 86 页。
② 《明实录·太祖朝》卷 73,洪武元年五月,台湾史语所印本,第 2 册第 1352 页。
③ 《史记》卷 107《灌夫传》,第 9 册第 2845 页。
④ 杨继盛:《杨忠愍公遗笔》,学海类编本。
⑤ 《明史》卷 308《严嵩传》,第 26 册第 7919 页。
⑥ 徐珂辑:《清稗类钞·奴婢类·大姓买谱》,第 11 册第 5266 页。

先生'"以巴结他。①

上述八种拟制血亲之外,还有一些社会现象,虽不是拟制血亲,但以与"血亲"相关,这里附带一叙。比如在称谓上,有些称呼颇有拟制血亲的味道,如"君父",即臣民将皇帝既作君主看,又当家族长看,是以西汉会稽太守严助在给汉武帝上书中说:"臣事君,犹子事父母也。"②于此相对应,皇帝视百姓为"子民"。不仅对皇帝如此,人们还将基层政权的县官称作"父母官",府官比县高一级,在称谓上就升为"公祖"了。在皇家,虽尊为众姓的至高无上的地位,但对自身的先世,也要攀高门著姓,连少数民族帝王也宣称是轩辕皇帝之后,至于李唐以老子为先祖,萧齐以萧何为族祖,均成了出名的笑柄。这种乱认祖先,于拟制血亲确有类似之处,或者说有异曲同工之妙。还有真是同族同宗的亲骨肉,皇家却又以削籍除宗的办法,不承认血缘关系,民间宗族也有类似做法(削谱除名),这就成了与拟制血亲的相对应现象。凡此种种,本文不再涉及。

二、宗族对拟制血亲的态度

前述八种现象,从表面上看,有的直接同宗族关联,如认同宗、赐姓;有的是个人的事情,如结拜;有的是家庭的事,如收养养子、拜干亲、奴从主姓、主佃东伙少长礼、招婿承嗣。后两类情形似与宗族没有什么关系,其实,凡是关乎到家庭的,在古代就不能不同宗族发生或多或少的关联,因此对各种拟制血亲、类似拟制血亲现象都要同宗族联系起来考查。问题是这两方面构成什么关系?宗族接受这些拟制血亲吗?不接受又怎么办?这些拟制血亲又如何同宗族结合?两者关系发展趋势如何?检讨历史事实,不难发现宗族对拟制血亲的态度是本能的排斥,同时面对现实作有条件的吸纳。它在排斥上有理论、有规范、有行动,并得到历朝政府的支持;与此同时也逐渐尊重实际,将部分拟制血亲内涵纳入宗族体系中。事实是宗族在节节后退,而拟制血亲则步步紧逼。

宗族排斥拟制血亲的理由,柳立言在《论族谱选录人物的标准》文中,就

---

①《明史》卷308《严嵩传》,第26册第7919页。

②《汉书》卷64上《严助传》,第9册第2779页。

宗谱不记载异姓为后的原因,认为有三条,即一礼法上,支子不祭,异姓更不能祭祀;二是宗法上,维持宗属与血缘关系;三是国法上,立异姓乱宗要处以刑法。①笔者以为说得有理,这里就排斥异姓为后的观念做些说明,它主要是"神不歆非类,民不祀非族"②。意思是说祖宗(神)不接受非子孙祭祀,子孙(民)也不给他族的人作祭奠。祭祀在古代是头等重要的事情,所谓"国之大事,在祀与戎"③。在王朝,能祭祀祖庙,表明本宗族政权的存在,如果祭祀不是由子孙进行的,则表示这个家族政权的灭亡。同理,在民间,则表示这个家族的消亡。所以"神不歆非类",人们也不祭祀他人祖先,祭祀一定要由子孙举行,就不能以异姓为后。由此而产生两个排斥异姓为后的说法,即"异姓乱宗"和"同姓不宗"。

这里说的宗,汉朝人许慎在《说文解字》中讲:"宗,尊祖庙也,从宀从示。"④可知宗是祭祀祖先的地方。还是汉朝人班固等著的《白虎通义》,说"宗"是尊重的意思,是族人敬重主持祭祀祖先的人,并接受他的治理。⑤将此意伸引下去,宗就是首领,而其所以成为宗主,是因为他管理下的人都是被祭祀的那个祖先的后裔。至此,就很容易理解"异姓乱宗""同姓不宗"的含义了。"异姓乱宗"是说不是本族的人混入族内,与族人血统不一,造成本族血缘的混乱,使宗族不成其为一个祖先后裔的组织,先祖也不会接受他的祭祀,若容忍他的进入,是对本宗族的破坏,因而应当严行防止。"同姓不宗",是在同姓范围内再考查是否同宗,不同宗的人,尽管是同姓,但不是一个共同祖先的后人不能一起祭祀,亦不能接纳入宗族。反对异姓及同姓不宗的人乱宗,在古人讲是极其简单、极好理解的道理,官方文书的解释是:"异姓之男,本非族类。"⑥不是一族一宗,焉能纳入族内,只有摈斥之于族外。

宗族为反对异姓乱宗的观念能贯彻到生活实践中,制定相应的族规,以便具体地要求族人遵守。由于宗族是以家庭为单位组成的,在诸种拟制血亲

① 联合报国学文献馆编:《第四届亚洲族谱学术研讨会会议记录》,台湾联经出版事业公司,1989年,第199页。

②《左传·僖公十年》,杨伯峻注本,中华书局,1981年,第1册第334页。

③《左传·僖公十年》,第2册第861页。

④ 许慎:《说文解字》,中华书局,1963年,第151页。

⑤《白虎通义》,四库全书本,第850册第54页。

⑥ 长孙无忌:《唐律疏议》卷12《养子舍去》,上海商务印书馆丛书集成初编本,第3册第278页。

中,义子、招婿及外甥承嗣中的子、婿、甥是要与义父、承嗣之父(岳父、舅父)共同生活,成为家庭成员,也应当是宗族属员,但宗族为保证血统的纯洁性,对此特别留意,所谓"异姓乱宗"主要是指这部分人,族规多就此而发。

对于族人绝嗣继承的常见现象,宗族制定立嗣办法试图解决。首先,由宗族裁定继嗣。决定嗣子,不仅是立嗣人的事,更是宗族的事务,没有宗族的参与,当事人立的嗣子不一定被宗族接受,可能要重新选定。如江苏武进胡氏宗族规定,宗人立嗣,"自有定序,不容紊乱。当请命族、分长集议,写立过房,告之祖宗,使合族晓然"①。与此相联系,宗族规定嗣子要在昭穆相当的族亲中选择,即从立嗣人的亲侄中选立后人,如无亲侄,则选择从侄,如此类推于再从侄。在这个原则下,还有更细致的规则和习俗,如在亲侄中,若系二房无后取立长房次子。以血缘疏密关系确定继嗣的办法,习惯上成为"应继""序立"。但是在实际生活中,立嗣人会因种种原因,不愿意接受应继者为子嗣,而希望在诸侄或异姓中选择一个喜爱的后人,这在习惯上称作"爱继""择立"。因其符合于人之常情,比应继方法易于流行。宗族对此也认为有违血缘宗法,加以反对。这类族规,下举二例,可见一斑。

清代常州姚氏族规:"继嗣以昭穆为定","或有欲立爱者,亦必以应继为先,爱继次之;若有以异姓乱宗者,众共黜之"。②天津徐氏族约:"本族有抱养异姓之子及异姓之子随母改适本族而收为子者,不得混列乱宗。"而本族之人有出赘改姓、过继他姓及随母改嫁离开宗族的,也要让他归宗,登记在宗谱里。③因为反对异姓乱宗,对离开宗族的人也要收归本宗,不使流失,从各方面维护宗族血缘原则。

天津徐氏的族约,涉及到宗族对义男与族谱关系的规范,也是族规的一种体现。族谱体例本着反对异姓乱宗的原则,不许异姓冒滥入谱和义子、赘婿上谱。儒家圣贤曾参的后人因宗族名贵,为防范他人冒伪,特别在宗谱上加盖"省身念祖"四字印章:"吾族分东、南两大宗,谱绳宗子之法,历由南宗设局,东宗查核,为杜混冒,东宗核盖铃记,南宗州同古庵雍正间将世宗宪皇帝钦赐'省身念祖'四字图章,于新旧各谱,逐页戳盖。"此举是所谓"严查混冒,杜紊

---

① 光绪《毗陵修善里胡氏宗谱》卷1《祖训》,光绪刊本,第1册12页。

② 同治《蜩川里姚氏宗谱》卷3《谱例》,同治癸酉敦睦堂版。

③ 天津《徐氏宗谱·小引》,众睦堂印本,1988年。

宗也"①。许多宗族为了确认族子血缘的真实性，进行族人男婴登记，举行上谱仪式，将族人新生男儿记录在宗谱草谱上，或特设的纪年薄上。赫赫有名的范氏义庄的主人——范氏宗族规定：族人生育，要在两个月内向义庄报告，说明出生者的性别，出生日期，嫡母和生母姓氏，排行及小名，管事人经过调查证实，始可为之登记，承认他是宗族正式成员，享受其应有的权利。②

宗族力图将上述诸种规范落实到族人的行动中，族人也因诸多缘由而不遵守宗约，但若宗族坚持，最终不得不依宗族规范办事。如元代婺源人汪氏无子，收养许姓儿为子，义父子感情甚笃，真是"父慈子孝"，及至汪某亡故，汪姓宗族不准异姓为后，代立本族人为嗣，许氏义子也认为立同姓继嗣合于宗法，甘愿退出。③又如清代江西人孙荐洲，以外甥李耀宗为嗣子，他死后，孙姓族人以耀宗继承为异姓乱宗，把他逐出宗族。④汪、孙两个事例表明，人们生前养义子，宗族尚可容忍，但若以异姓继嗣，宗族可能会强制推行反对异姓乱宗原则，置族人本意于不顾。在清代，湖北京山县徐在明亡故，其妻严氏在娘家母亲严王氏主持下招赘徐元佐，仍归徐在明户下，以抚养其孤女。徐在明胞叔徐位安获知后，率领徐在明堂弟、族兄等人前往问罪，以寡妇改嫁须由夫家主婚为由，拆散徐元佐婚姻，激起徐元佐反抗，打死两条人命。湖北巡抚拟刑以徐元佐杀人处绞，婚姻不合法，离异；肇事者徐位安因系反对非法婚姻，无罪开释；允许在族中选立昭穆相当的人为徐在明继嗣，抚养其幼女。⑤这一事涉及到族人之妻的再婚和立嗣两件事，政府都以宗法原则处断，可见政府支持宗族的反对异姓乱宗理论和族规。

鄂抚的判案也是根据朝廷的有关法令。清朝及历代政府制定有处分异姓乱宗的法令，支持宗族的血缘原则，使其具有较强的社会实践性。唐律规定：凡收养异姓男子的，判处徒刑一年；若以杂户男子为子孙，判刑加重为一年半；若将男儿给予他人为子，判笞刑五十。⑥明朝有相同法令："养异姓义子以

---

① 道光《武城曾氏重修族谱·例言》。
② 《范氏义庄规矩》，清照堂丛书·次编本。
③ 康熙《徽州府志》卷18《拾遗》，台湾成文出版社，中国方志业书本，华南地方第237号，第7册第2441页。
④ 徐珂辑：《清稗类钞·婚姻类》，第5册第2074页。
⑤ 中国第一历史档案馆藏，《内阁全宗·刑科题本·土地债务类·嘉庆朝》。
⑥ 《唐律疏议》卷12《养杂户为子孙》，第3册第27页。

乱宗族者,杖六十;若以子予异姓人为嗣者,罪同,其子归宗。"①在量刑上,明律比唐律收养者方面减轻,而予人者加刑,虽有不同,但历朝政府始终是宗族"异姓乱宗"论的有力支持者,使得宗族在有伦理根据之外,又有法律做后盾,强迫族人遵行宗族立嗣法,减少异姓为后。当然,我们也看到西汉政府在处理异姓为后上有许多通融的事例,同样,在《明公书判清明集》中,也看到一些宋代官员的通情达理的做法,才会有"谁无父母,谁无养子"的为养子父母张目的说法,表明历代政府的法律规定和实践不完全一致,是政府对异姓为后的法令要根据情况处断,宗族若无争竞,政府不会主动干涉。

社会上大量拟制血亲的出现,与孤儿、弃儿的存在有着密切的联系,宗族面对这种现象,既难于应付,又不得不承认某些现实,因而思想界和政府探讨孤儿拟制血亲的关系,具体说是讨论生功与养功的关系,以及养功与异姓为后的关系。魏晋之时,有所谓"四孤"之说,这四孤是:因为战乱和灾荒被家长出卖的婴幼儿;被遗弃的孩子;孤儿而又没有五服宗亲可以顾恤的;因社会风俗以五月为恶月,五月初五日生子女克父母的观念造成的弃婴。由于战乱的频仍,弃子与收养他人之子为子的现象相当普遍,所以东晋中书侍郎范宁说当时"生儿不复举养"②。"无子而养人子者,今世行之甚众"③。历史上不仅魏晋有此现象,因为贫富的不均、灾荒的反复出现,人们生育功能的差异,孤儿的存在贯穿于全部历史,收养弃儿和义子为嗣的现象不绝如缕。此种讨论至晚自西汉始,延及于清代,其论点大约可作如下描述:

(一)强调血亲人伦,反对异姓为后

范宁认为无子而以异姓为后的人,是把本族的人际关系和亲爱给了异姓,错乱了本宗血缘关系,犯了"逆人伦昭穆之序,违经典绍继之义"的过错。④他是"崇儒化俗"的人,⑤不顾社会上存在的义子为嗣的事实,坚持宗法血缘原则。这种观点,不乏继承者。赵宋以"闻道甚早"而著称的直宝文阁张拭,用"一本"观念,维护宗族血缘法则,反对异姓乱宗,他说一个人,同他父母、兄弟、家

---

① 《大明律集解·户律·户役·立嫡子违法》,广陵古籍刻印社据光绪戊申本影印本,第4册。
② 《晋书》卷75《范宁传》,第7册第1986页。
③ 杜佑:《通典》卷69《礼》,典第382页。
④ 杜佑:《通典》卷69《礼》,典第382页。
⑤ 《晋书》卷75《范宁传》,第7册第1985页。

支,名分虽有不同,但如"厘分缕析,血脉贯通,分虽殊,而本实一",因为族人是一个老祖宗派生繁衍出来,天生具有宗亲感情,这就是天理,不可违背,哪里能让人背弃本宗,而出嗣他姓。①

(二)弃子与生父人伦关系改变,义子与义父的父子关系确立论

前述秦嘉、徐淑的义子,自行归宗,政府令其仍为秦嘉之后,这是"朝廷通儒"主办的。②同时期,某甲生子乙,不能养育,给丙,由丙抚养成长,但是有一天甲对乙说你是我的儿子,乙不知情,殴打了甲,甲因为亲子所打而心不甘,告到官府,董仲舒论断,不按子殴父律处理,因为"甲能生乙,不能长与,以乞丙,于义已绝矣,虽杖甲,不应坐"③。这是说弃子与生父已经断绝了父子关系,父子伦理与立法已不能适用于他们身上。同时期,有个养子杀人,养父将他藏匿起来,案发,要不要给养父处以窝藏罪?董仲舒根据父为子隐的原则,主张不给这位养父定罪,或者会有人提出这是养父而非生父,不适用父为子隐的原则,董仲舒就此解释说:"甲无子,振活养乙,虽非所生,谁与易之。"④也就是说甲乙二人的养父子关系是不能改变的,就应当适用父子互隐法。由这两个事例,说明董仲舒尊重事实,承认没有血缘联系的义父子关系,而不重视真有血缘关系的弃儿与生父关系。

(三)养功重于生功论

董仲舒在判断上述二案时,对生功与养功的各自地位虽未明确论及,但实在已涉及这一问题,而后许多人对此作了讨论。一个人的出生、成长,要有诞生他的人,还要有抚养他的人,生与养可能是一个人,也可能不只一个,但生他的人、养他的人都对他有不可缺少的作用,或者说功绩,即是生功和养功。对于一个要有继嗣的人,无论对亲子或养子,都要进行养育,也就是有着养功,在亲子方面还有生功,而于义子则无。但是生功、养功在整体上的作用,人们的看法不同,一种是强调生功,另一种是突出养功。三国时大理王朗认为养父子恩情超过本生,也即养功大于生功,他说:"收捐拾弃,不避寒暑,且救

　①《续通典》卷67《礼·异姓为后议》,浙江书局版,典第1536页;《宋史》卷429《张拭传》,第36册第12775页。

　②杜佑:《通典》,典第383页。

　③杜佑:《通典》,卷69《礼》,典第382页。

　④杜佑:《通典》,卷69《礼》,典第382页。

垂绝之气而肉必死之骨,可谓仁过天地,恩逾父子者也。"因此养子应为养父之嗣, 而对生父之服制要低于养父。①清代文学家袁枚继承并发展前人的论点,在《与清河宋观察论继嗣正名疏》中明确指出:"生与养并称,而养功尤重",抬高养功地位。他又说,上古时代人们"以养为功,竟有立异姓,而君子不以为非者"。既然重养功,生功作用就降低了,因而不需要极端重视亲生关系和生功,可以立异姓为后。他又从分封制的有无来讲立嗣原则,认为上古有分封,才分出大小宗,后世没有分封,都是小宗,既然是小宗立嗣,何必遵循大宗法,区分什么支流。②按照他的逻辑,立爱、异姓为后都是应当允许的。

以养功重于生功,在具体服制上,有人提出降等论,或别立祭祀的主张。东汉吴商在承认异姓为后的前提下,回答出嗣异姓者与生父的服制关系问题,认为双方人虽分开,但"骨肉之恩无绝道",因此要像出嫁女一样降一等服制对待生父,同时他的儿子也像嫁女之子一样对待亲父祖。③三国时博士田琼从四孤是被遗弃的事实出发,他们并不是有意断绝与本生关系,不能责难他们嗣于异姓,他也应当为养父报恩,只是若生父方面绝嗣,可以在养父家门外对生父进行祭祀。④

(四)生功重于养功论

晋宋之际庾蔚之、王修强调生功,认为所生重要,所养是再生,终敌不过诞育。庾蔚之认为把儿子遗弃的父母,都是情不得已,是为了让儿子活命,心里也会结记他,所以儿子虽离家,与在家没有两样,因此他永远还是生父的后人,当然也要对养亲报恩。具体做法,如王修所云:"报生有死,报施有力。"就是在生活上孝养养父母终身,对生父母生前不能尽孝,在他们死后以亲子身份守孝祭祀。庾蔚之则说,若生、养二亲都没有其他嗣子,其人则应嗣于本生,而降一等服对待养父。⑤

在汉代至清代的二千年中,养功、生功与异姓为后关系的讨论,意见纷呈、难定于一,不过也可从中看出:第一,养功的作用不可忽视,非养功无以存活,义子一定要孝养养父母,否则为社会道德规范所不容。第二,养功、生功孰

---

① 杜佑:《通典》,典第 383 页。
② 袁枚:《小仓山房文集》卷 17,乾隆三十四年刊本。
③ 杜佑:《通典》,卷 69《礼》,典第 382 页。
④ 杜佑:《通典》,卷 69《礼》,典第 382 页。
⑤ 杜佑:《通典》,典第 383 页。

重,从观念形态总倾向上看,生功始终为人重视,但养功的地位时或被抬高,这是值得注意的现象。第三,强调生功,反对异姓为后的是儒家正统观,其思想武器是"神不歆非类,民不祀非族",而重视养功的,或者是像董仲舒一类人注重社会问题的解决,或者是如同袁枚那样,思想上比较活跃,受传统观念束缚相对少一些。强调养功,贬低生功,给异姓为后提供某种理论依据。第四,异姓为后的现象,始终存在,并为人们在事实上所接受,因此才会讨论生功、养功与异姓为后的问题。

前述宗族认可某些拟制血亲的形式和接受某些拟制血亲成员,而认可与接纳,都要给予被接受者以全部或部分的宗族成员权利,这是在相关社会条件下实现的,这就是有产生四孤现象的社会环境,还有宗族上层的因素。

掌握宗族的皇帝、贵胄、官僚、绅衿,会使宗族接受拟制血亲,赐姓即为显例。皇帝给某人赐皇姓,皇族成员没有权利反对,只能承认事实。受赐姓的人及其直系亲属被收入宗正寺,登记户口,按皇家成员待遇,依例朝贺,或得升官晋爵及子弟出仕。政府和宗族上层可以准许族人立异姓为后,如汉末三国时,江东朱治无子,欲以姐子施然为嗣,报告国主孙策,得到批准,将施然改姓名为朱然。后来朱然为朱治办罢丧事要求复宗,孙权不许而未得实现。①再如周拾支持周荟收养项猛奴。南朝义兴阳羡人周荟为新安寿昌蒲口戍主,收养项猛奴为子,任满回京城,请宗人、太子詹事周拾给义子取名,遂改姓名为周文育,并培养他成为高级将领。《陈书》在其传记里写道:"周文育,字景德,义兴阳羡人也。"②似乎他纯系义兴周族子弟,而与新安项氏了无关系,这就是因为他取得了周族的认可,周家给了他籍贯、姓氏、名字,完全成了义兴周家的人。他的入宗不是其养父周荟个人所能决定的,周拾显然是族长,他的命名,起了关键性的作用。宗族接受的义子,虽然不能都像周文育那样得到宗族全部权利,但要改名换姓,至少应有部分继承权。如明代有的地方规定,养子可以得到养父的三分之一遗产,另外的遗产则归养父同门血亲均分。③

拜干亲,被拜者一般仕宦身份比较高,或者较有钱,拜亲人的父母多有求于干亲家,才命子女结拜。干爹要给干儿取名字,领到家祭祖,形式上完全像

① 《三国志》卷 56《朱志、朱然传》,第 5 册第 1305 页。
② 《陈书》卷 8《周文育传》,第 1 册第 137 页。
③ 吕坤:《实政录》卷 3《恶风十戒》,万历戊戌版。

家族接纳成员。宗族对此不加干涉,接受这种拟制血亲,原因可能有二:一是干儿在正式场合仍用本身姓名,不同干爹一起生活,不继承遗产,所以宗族对此不必认真。二是干爹在宗族中有地位,别人不能太认真。

奴仆主姓的主人身份高。明清两朝的立法,平民不许有奴隶,有奴隶的人在法律上须是有功名的人。这类主人令喜爱的或有功的奴仆随从己姓,给予宠荣和部分家人资格,该族一般成员慑于其人的地位,无从理论,奴仆也就因主人的地位而沾光了。

主佃东伙少长礼,实行于一般平民中,压低作为佃户、伙计的他姓,无形中提高本姓地位,又同财产继承毫不关涉,宗族自然乐于接受。

综观伴存中的宗族与拟制血亲关系,予人印象是:

(1)拟制血亲在向宗族的血缘原则挑战,这种挑战既是现实的,又是有若干理论的。就中,宗族处于防范地位,但是拟制血亲又以宗亲关系为模式,在向宗族靠拢,所以双方有冲突性,也有一致性。

(2)宗族对拟制血亲在伦理观念上、族约规范上防止较严格,而在实践上则较松弛,形成有所排斥与有所吸纳的实态。

(3)宗族对拟制血亲的吸纳是逐步实行的,换句话说,它对拟制血亲的抵制,在中古及其以前较为有力,明清以后较为松弛。

(4)宗族对拟制血亲的吸纳是有条件的,即作为社会上的宗族首领,出于本阶层利益的考虑,接纳拟制血亲;同时宗族反对拟制血亲主要是怕族人财产流出族外,若拟制血亲与继承权无关或关系较少,宗族亦可以接受,后世拟制血亲类型增多,与宗族不甚反对有关。

三、拟制血亲与宗族伴存的原因及影响

拟制血亲的出现及与宗族伴存,有其深刻的社会原因,并有着相应的社会功能。

(一)拟制血亲适应古代政治需要,起着继续、扩大王朝政权或家族势力的作用

上古王朝实行分封制,中古施行九品中正制,相应地在宗族法方面,施行大小宗法制、士族制、宗主督护制,宗族与爵禄、出仕、升迁关系密切,因而宗族的政治功能突出。人们利用宗族的这种特点,发明赐姓、通谱、义男等拟制

血亲关系,为王朝和家族的繁荣发达服务。

1.不同的政治集团,以赐姓式拟制血亲亲情和制度,争取盟友,瓦解对方,作为建立和巩固政权的手段

古代家天下王朝政权,在创业、守成之始,给割据一方的枭雄、给敌方归附将领中起特殊作用和对本朝有特别贡献的功臣,用拟制血亲方式收入宗室,显示宗亲感情和赋予宗室权利,令被赐姓人感到亲如家人和地位牢靠,死心踏地为新王朝效命,因而赐姓成为新王朝瓦解敌对阵营,削平群雄,鼓励群臣筹划统一和守成之策的一种政治手段,对创立和巩固新王朝有着一定的作用。有时取消前朝赐姓,也关乎新朝的稳定,如郭衍,仕北周为开府仪同大将军,赐姓叱罗氏,归心杨坚,大受亲信,杨坚称帝后,敕其恢复旧姓,表示他与前朝完全脱离关系,一心辅佐新朝。①汉人王朝用作对少数民族首领及少数民族王朝用作对汉人官僚进行亲族感情的拢络手段,希图达到边疆的安定和政权的稳定。如唐朝给协助平定庞勋之乱的沙陀部朱邪赤心(李克用之父)赐姓李氏,赐名国昌,"以之属籍"②,希图利用少数民族力量稳定风雨飘摇中的唐政权。唐朝又给参加讨伐黄巢的党项族首领拓跋思恭赐皇姓。其后宋太祖给思恭族裔李继迁赐姓名赵保吉,使其归服。③北朝少数民族王朝给汉人高门士族赐姓,促进汉人上层与少数民族政权合作。

2.王朝或一方政权给重臣以崇高的拟制血亲尊号——尚父、仲父、亚父,使之有力推行新政或治理朝政

"吕尚聘,而天下知商将亡,而周之王也。"如何尊贤呢?周武王先尊吕尚为"师尚父",然后大会诸侯于孟津,征伐商纣,获胜建立周朝。就中,"师尚父谋居多"。尚父,就是武王将吕尚当做父辈来尊重,言听计从成其大业。④唐德宗刚嗣位,对朝中柱石郭子仪赐号"尚父",以维持安史之乱后的唐政权。⑤齐桓公不避前嫌,重用管仲,给予高官,可以"临贵";给他金钱,可以"使富";但管仲说,虽然有这两项权威,因非公室,不能"制近"——制约宗室听从号令,仍然不能把政事理好,齐桓公"遂立以为仲父",即尊他为宗亲的叔父,齐公室

① 《隋书》卷61《郭衍传》,第5册第1469页。

② 《新五代史》卷4《庄宗纪》,第1册第31页。

③ 《宋史》卷485《夏国传》,第40册第13986页。

④ 刘向:《说苑》卷8《尊贤》,台湾商务印书馆四库全书本,第696册第64页。

⑤ 《新唐书》卷137《郭子仪传》,第15册页4608页。

宗人就不敢不听管仲号令了，于是管仲政令大行，"齐国大安，而遂霸天下"①。晋元帝尊王导为仲父，稳定东渡的晋室政权。②项羽尊范增为亚父，但不听其谋，又中刘邦反间计，迫使范增说出"竖子不足与谋"的伤心话而出走，③项羽终于失败，从反面说明正确使用尚父式的拟制血亲关系，对一个政权创立和巩固的重要。

3.不同的民族政权间争取用拟制血亲建立友善关系，以稳定社会

西汉刘邦与匈奴冒顿"约为昆弟以和亲"，冒顿因而减少对西汉的骚扰，此后双方也用兄弟关系约束对方，以维持一个时期的和平状态。汉文帝时匈奴右贤王侵扰边地，文帝给匈奴单于书信，以"汉与匈奴约为昆弟，无侵害边境"，要求其约束右贤王，单于函复，承认右贤王"绝二主之约，离昆弟之亲"的不当，双方重归于好。④

契丹族首领阿保机在发展初期，与沙陀族李克用约为兄弟，互不相犯，而各自谋求向中原发展。⑤

出身于"西夷"的石敬瑭，背叛后唐，迎降辽太宗于雁门，相约为父子，辽朝册封他为晋帝。⑥这是历史上有名的儿皇帝的故事，确立了辽朝与后晋的主从关系。稍后辽晋关系破裂，辽太宗进军中原，从行的汉人、燕王赵延寿要求辽太宗立其为皇太子，企图辽朝北撤后成为中原主宰，辽太宗以其并非皇子而拒绝，即不同意建立义父子关系，不承认他建设傀儡政权。⑦由此可知拟制血亲的义父子关系在两个政权关系中的重要作用。

附带说明一下，中原王朝偶尔采用拟制血亲关系对待四周邻国，形成较平等的关系，如清朝开国初期，于天聪元年(1627)打败朝鲜，议和，"约为兄弟之国"⑧。但是清朝势力迅速发展，再败朝鲜，建立君臣关系，取消兄弟之约。不过仍给朝鲜不同于其他附属国的待遇。⑨

---

① 《荀子》卷3《仲尼篇》，第67页；《说苑》卷8《尊贤》，第696册第72页。

② 《晋书》卷65《王导传》，第6册第1746页。

③ 《史记》卷7《项羽本纪》，第1册第315页。

④ 《汉书》卷94上《匈奴传》，第11册第3754页。

⑤ 《新五代史》卷4《庄宗纪》，第1册第38页。

⑥ 《旧五代史》卷75《高祖纪》，第4册第985页；《新五代史》卷8《晋纪》，第1册第79页。

⑦ 《旧五代史》卷98《赵延寿传》，第4册第1312页。

⑧ 《清史稿》卷526《朝鲜传》，第48册第14557页。

⑨ 陈康祺：《郎潜纪闻四笔》卷5《朝鲜旧为兄弟之邦》，第72页。

4.中古士族利用联宗通达亲情,提高门第和维持社会地位

在上古和中古,世族、士族和皇族几乎垄断仕途,在这种情况下的两个家族联宗通谱,往往是一个家族社会地位较高,另一个社会地位较低,但有的成员在仕途上飞黄腾达,两相结合,一个借以提高社会地位,一个贪图对方仕宦上的提携,以便各自维护、扩大宗族势力,从而维护了士族制。比如前面提到过的孙旂与孙秀合族,因其时晋惠帝贾皇后见废,孙秀正在议立皇后,孙旂赶着与他合族就是要请他将自家外孙女杨氏推荐为皇后,并且如了心愿。①

5.武人养子以建立割据势力或王朝,影响政局的变化

武人养义子,令其统领家兵,双方厉害攸关,有感情,义子靠义父提拔,并为养父效劳,养父因而扩充势力。赵翼说:"群雄角立时,部下多易与去就,唯抚之为家人父子,则有名分以相维,恩谊以相浃,久之亦遂成骨肉之亲,以之守边御敌,较诸将帅尤可信也。"②武人养义子易造成军人的跋扈和政权的更迭,五代十国的分立就是明证。前已提及,兹不赘述。从中可见武人养义子,影响所及不仅在一个家族的兴衰,还在于政局的变化。

6.宦官养子是其持续干政条件之一

大宦官养小宦官为子,父子相承,易于控制天子;内臣养文武百官为子,便于掌管军队和插手朝政。这种内外兼理,宦官就把皇帝玩弄为掌上之物,遂得"口含天宪",制驭不服帖的朝臣而独操政柄。此事在唐代最明显,而又以杨复光、杨复恭拟制亲家族为代表。杨复恭以诸假子为州刺史,又养子六百人监诸道军,是以"天下威势,举归其门"。威仪抑天子,乘肩舆出入太极殿,宰相孔纬对唐昭宗揭露他的擅作威服,说他以皇室家奴而敢肩舆至前殿,犯了大不敬的重罪,又把不逞之徒收为义子,扩充势力,不是要谋反吗?杨复恭辩解说,养假子是为收士人之心,以辅助天子。唐昭宗说若真如此,为什么不赐予我家的李姓,让他们姓杨又为何!说得杨复恭无言以对。③可见宦官养子,实为扩大自身势力,用以支持其干政,养子制成了内臣政治一种因素。当然,宦官养子也不完全是为政治,亦有为传承家业的。

古代王朝实行以孝治天下政策和家族政治,拟制血亲能够配合宗法,服

---

① 《晋书》卷 31《惠羊皇后传》,第 4 册第 966 页。

② 赵翼:《二十二史札记》卷 32《明祖多养异姓为子》,下册第 745 页。

③ 《新唐书》卷 208《杨复恭传》,第 19 册第 5891 页。

务于王朝政权,维护世家大族的既得利益,特别是在中古时代,宗族的政治功能较突出,赐姓、通谱、义子等形式的拟制血亲相应起较大的政治作用。

(二)拟制血亲调节家庭与宗族间的矛盾,以适应古代家庭发展的需要,间接起着维护宗族的作用

古代家庭是宗族的基础和附庸,两者有利益的共同性,也有冲突的方面,矛盾主要表现在家庭的继嗣和财产分配上,宗族要干涉家长的权力,这就是前面叙述过的,宗法规定的立嗣法和反对异姓乱宗。可是作为家长,虽会有一些人自觉接受宗法观念和规定,而相当一些人会在分家、立嗣上有自身的爱憎感情和切身利益的考虑,会偏向某子,无子者在立继嗣时会对应继者不满,不愿"序立",而倾向于"择立""立爱",甚至于立异姓。而在另一方面,有的族人为接受无子者的财产,不遵守应继、序立的原则,争相将己子出嗣,以致"有亲二三子,皆分继各房者",甚而仅有一子,"尽先过继者"。还有同姓不宗的人也争承嗣。①依照宗法观念,更为离奇的是,有的人为继承族人财产,逼迫寡妇改嫁。诸如此类,使立嗣者不遂立爱之愿,继嗣者亦或破坏宗法继承原则,此种继嗣问题上的个人意志与宗法伦理及其规范的冲突, 如果不能妥善地解决,将不利于家庭的维持和发展,从而也使家庭对宗族产生离心力,令宗族处于难堪地位。所以宗族、家庭各自必须作出妥协,以利于矛盾的有所克服。这妥协就是宗族承认拟制血亲的某些成分,部分地放弃对家长权力的干涉,以利于家庭的维持,并使家庭稳定在宗族之内。拟制血亲对家庭建设功能,无论有无亲子,都有下述作用:

1.部分允许爱继和异姓为后,有利于维持无亲子家长持家立业的动力

应继是理性的事情,立爱及异姓为后是感情的产物。立嗣人与继嗣人双方的感情及融洽程度会有不同。应继、爱继、异姓为后都无生育关系,立嗣人对他们无生功,因而养功来得特别重要。立应继,应继人年龄往往会较大,立嗣人对其养功就不及爱继人,而且应继人会认为他本来就应当继承,对继父母常常不知感恩。立爱,会因原来就对他作过某种抚养,有了感情,才会立他;或者看他人好,容易相处才选择的;再或者由于他年少,收养之后经过较长时期的养育,可以建立浓厚的亲情。《儒林外史》里写二房严监生家要过继长房严贡生家幼子,以便在抚养中培养感情,这是选择立爱方式,可是大房不允

———————
① 陈盛韶:《问俗录》,第57页。

许,硬将已成亲的次子过继给二房,这就是采用了应继的方式,大违人意,严监生家庭也随之被毁灭,财产被长房霸占。[1]这个故事,颇能反映应继与爱继选择中的个人意志与宗族法规的冲突,这是处理不善招致的恶果。反之,允许爱继的话,二房会得以保存。

立异姓,人们很容易考虑到外孙、甥,因为本来双方是近亲,往来密切,易于建立感情,像前述郭槐、郭威、孙荇洲的立后,体现了立嗣人的意向。就连晋武帝在准许郭槐立外孙时也说,外孙是骨肉至亲,立之合乎人情。[2]一个无子之人,若找一个理想的继嗣,不论是同姓、异姓,只要是中意的,他会和嗣子一心一意过日子,还会去兴办家业,勤俭持家。在近代的台湾,有人无力结婚,收养义子,勉力劳作,替义子娶亲,以便有香火传承人。可见立了合意的后嗣,对人兴家立业的奋勉作用之巨大。

2.抚养嗣子、孤儿,使之成为家庭兴旺的活泼因素

收养外亲、异姓,多在其婴、幼时代,经过长期抚养,被养人也会知恩图报。所以古代文献关于养父子间义行的记载不少,前述元代徽州许姓人虽没有继承义父财产但还是感念不已,为之立嗣,岁时祭祀。被养的若是属于四孤之类的孤儿,本来会死于沟壑,被义父抚养成人。他们中的一些人还会因感戴义父抚育之恩,努力上进,再或者利用养父家的条件,成为人才,提高养父家庭的社会地位和扩充家财。如南朝钮景明,为章氏所养,官至散骑侍郎,其女章要儿为陈高祖皇后,而章家没有一个人在朝为官,即使钮家,也只有一个族人官至中散大夫。[3]可见章家不是望族,因义子及其女而出名。前述宋人丘如,经营生父遗业,扩充增多,能够赡养后父和生母。[4]

从主姓的仆人也是主家兴盛的因素。他们因从主姓,被主人视为心腹,会尽力替主人经营。如清代徽川巨姓汪氏、吴氏,桐城大姓姚氏、张氏、左氏、马氏,买从主姓之仆,"或使营远,或使耕凿"。他们的劳作不仅发达了主家,自身还会致富,经过赎身,使子弟读书出仕,自身或能与主人叔侄相称。[5]

---

① 吴敬梓:《儒林外史》,人民文学出版社,1962 年。

②《晋书》卷 40《贾充传》,第 4 册 1171 页。

③《陈书》卷 7《章皇后传》,第 1 册第 126 页。

④《明公书判清明集》,第 375 页。

⑤ 徐珂辑:《清稗类钞·奴婢类·大姓买谱》,第 11 册第 5266 页。

3.家养义子,有利于婴儿成长和人丁兴旺

古人以养义儿为吉祥,期待生子和保育亲子,固然是无科学根据之说,但在实践上对婴幼儿成长有益。人们先抚养义子,获得照管婴幼儿经验,再养亲子,便于成活。再说对亲子,尤其是独子容易娇养,对他们身体成长和品格、才能的培养不见得有好处,若有义兄在,倒可比较严格要求,容易培养成人,所以说义子对家庭人口兴盛容或有益。明人王恕先养义子王承祚,随后连得五子,皆成家立业,或可为其例。①

在此说一说女性结拜的社会功能问题。前面提到明代女子结拜干姐妹的事实,清代更有青年女性结成金兰会,相约不婚或不落夫家。在广东顺德未婚妇女青年,"拜盟结干姐妹,名金兰会",互约不婚,若父母逼婚,就藏匿干姐妹家,逼不得已出嫁了,誓不与丈夫同房,且迅速归宁,长期不去夫家。记载说:"常有娶妻数年,多不识其妻面貌者,岁遇翁姑寿辰,或年节,非迎迓数次,不能望其一来。至则翌日即返,见其夫,若仇雠也。"这种不婚或不落夫家自然对家庭建设不利,地方官出面禁止,侮辱女方父兄,敲锣押送妇女至婆家,即使妇女以自杀反抗,政府也不受理。②地方官的强制办法显然荒唐,妇女独身或不落夫家应视为对男性社会的抗争,只有处理好社会、家庭中的两性关系,使家庭健康发展,才能消除这种社会现象。

总之,只有以符合于家长愿望的立嗣,允许异姓人(包括奴从主姓者)在家庭中发挥作用,才能使人致力于兴家立业和很好地维持家庭,促进家庭的兴旺,因而要求立爱、以甥为嗣、以异姓为后、奴从主姓,对于家庭的建设都有一定的合理性;同时,家庭的稳定、发达以及与宗族关系的融洽,也关乎着宗族的繁荣,处理好家庭继承问题,也有益于宗族发展,所以宗族在继承问题上作出一定程度的通融,允许爱继就是照顾到族人家庭的愿望,准许给义子分配一定的财产,以避免扩大冲突。家庭与宗族在继承事物上的妥协,对双方都有益处,并使宗族制得以维持。

(三)拟制血亲作为社会关系和社交手段,在社会生活中发挥作用

随着社会的演化,人们的社会交往越来越重要,社交形式越来越多。比

---

① 《治世余闻》,第44页。

② 梁绍壬:《两般秋雨盦随笔》卷4《金兰会》,第222页;徐珂辑:《清稗类钞·风俗类》,第5册第2210页。咸丰《顺德县志》卷3《风俗》,台湾中国方志业书本,华南地方第187号,第1册第293页。

如,四邻结社由官办变为民办,普遍到穷乡僻壤,成为居民日常生活中常见群体;行会,在宋代已较多出现,发展到清代的公所,这是工商业的社团;会馆,出现于明清,是地方性官绅商人组织;诗文社,多系青年学子应试和老年官绅消遣的社团;宗教,合法的有佛、道及伊斯兰教等教,吸引了众多的信徒;非法的秘密宗教和秘密结社,层出不穷,元明清时代大发展,并作出激烈行动;等等。各种团体都有其特定的社会功能,在这些社团中,有的也吸收了某些宗法观念和组织原则,拟制血亲被会首利用为联系会众的手段,如行会、秘密结社和秘密宗教内部讲究辈分,实行师徒和师兄弟、义兄弟关系。

宗族本身是一种社会组织,在社团发展的同时,拟制血亲关系多途径、多样化地渗入宗族中,扩展了宗族内涵,使宗族又具有某种拟制宗族性质,更多地发挥社会功能。我们在前两个方面讲了拟制血亲与古代政治、家庭建设的关系,这里将从其自身的社会化说明其社会功能的作用。

人们进行拟制血亲中的联宗通谱、结拜金兰、认拜干亲等活动,是在社会活动中,扩大交游,寻求友人,企求他人的理解、揄扬、支持、提拔或资助。利用这种社会关系的人,因其人品和手段的不同,社会效果各异,人们对其评价也就大相径庭。古代家训名著《颜氏家训》作者颜之推写到:"四海之人,结为兄弟,亦何容易!必有志均义敌,令终如者,方可义之。一尔之后,命子拜伏,呼为丈人,申父友之敬;身事彼亲,亦宜加礼。比见北人,甚轻此节,行路相逢,便定昆季,望年观貌,不择是非,至有结父为兄,托子为弟者。"①指明有人对结义态度严肃,而有人轻率,后者必是超出社会的规范别有所图,遭人议论——指责他们品行不端,借着拟制血亲的关系从事卑鄙勾当,趋炎附势,苟营私利,败坏社会风俗,破坏正常的血缘关系。顾炎武在前引"同姓同谱最为滥杂"之后,接着发出如下议论:"其实皆置党营私,为蠹国害民之事,宜严为之禁。"②他是从政治清浊上着眼,反对同姓联宗。

清人讲到寄拜的原因有二,其一是"势利":"甲乙二人彼此本为友,而乙见甲之富贵日益增盛也,益思有以交欢之,且欲附于戚党之列,得便其攀援于异日,夸耀于他人也,乃以子女寄拜甲之膝下,而认之为干亲。"③另一则记载

① 颜之推著、王利器集解:《颜氏家训集解》,上海古籍出版社,1980年,第125页。
② 顾炎武:《日知录》卷23《通谱》,中华图书馆印本,第4页下。
③ 徐珂辑:《清稗类钞·风俗类·干儿》,第5册第2192页。

又说："晚近以来，趋炎附势之风日甚一日，拜老师、结兄弟之外，有所谓义亲者，则以己之子女，谓他人父，谓他人母，而自身得以为亲家也……而其子女则曰，某为我之义父，某为我之义母，以相夸耀。"①北魏季年高欢与尔朱兆"刑白马而盟，约为兄弟"，尔朱兆对此颇为郑重，认为是"香火重事"，然而高欢却是用以麻痹尔朱兆，放手发展取代拓跋氏势力，用心卑劣。②后唐庄宗宠爱的刘皇后，"出身贱微，蹿次得立"，众人不服，庄宗逐命她拜重臣张全义为义父，以巩固其地位。③社会地位低的人巴结高的人从事拟制血亲活动，也有地位高的人降尊与地位低的结好，以寻找爪牙和谋图其财产。隋朝佞幸许国公宇文述为获得奇珍异宝，对"富商大贾及陇右诸胡子弟"，"结以恩意，呼之为儿"，这些人受宠若惊，纷纷向他献宝，他因而"金宝累积"。太常乐户赵行柜，处于半贱民身份，因"家财亿万"，宇文述也称他为儿子，大得其贿赂。④

趋炎附势的拟制血亲关系，首先有益于个人事业的发展，其次有利于家庭，复次对宗族虽在伦理上冲击血缘原则，但在实践上有益于攀高门，所以家族也不能绝对排斥它。更有甚者，宗族为械斗需要而鼓励养义子。

械斗，在明清时代，兴盛于闽粤及长江以南的一些地区，这是宗族为争夺社区资源而采取的激烈斗争形式。少数宗族为在械斗中获胜，需要宗族人丁兴旺，对义子表示欢迎。清人黄安涛说潮州风俗："以丁多为强，乞养他人子，非独单斗然也。甚有貌为鞠育，包藏祸心者，更多故也。"包藏什么祸心？"以保族撑门眉"，即宗族为壮大力量多收义子，用以参加械斗，即使犯法，也可用于顶凶。在这里宗族就不以异姓乱宗为嫌了。⑤

以势力而结合的拟制血亲，与真正的血亲亲属，在亲密程度上难于相比，当事人双方根据需要，骤聚骤散，《金瓶梅》对此作了讽刺。开卷写西门庆热结十兄弟故事，西门庆的目的是找些心腹，故说结拜了兄弟，明日也有帮手，其妻吴月娘因见十人中只有自家丈夫财势大，怕靠不了别人，不太赞成，说"结拜兄弟也好，只怕后日还是别人靠得你多哩"⑥! 不久西门庆做了官，用不上那

① 徐珂辑：《清稗类钞·讥讽类·一龙一蛇》，第 4 册第 1732 页。
② 《北齐书》卷 1《神武纪》，第 1 册第 56 页。
③ 《新五代史》卷 14《刘皇后传》，帝 1 册第 144 页。
④ 《隋书》卷 61《宇文述传》，第 5 册第 1466 页。
⑤ 《清诗铎》卷 23《螟蛉子》，下册第 834 页。
⑥ 《金瓶梅》第 1 回，齐鲁书社，1987 年，第 17 页。

个盟社了,十兄弟之一的白赉光找他去集会,否则盟社就会拢不起来,西门庆却说:"散就散了罢,那里得功夫干此事!"①一副市井嘴脸,将结义作儿戏。不消说,这是假结义之名,行非义勾当之实。小说讥讽的现象恰是社会风俗之写照。

人们多方式多途径地开展社交关系,各有其效应,然而拟制血亲的人际关系,因同人们最尊重的血亲关系联系在一起,成为值得重视的人际关系之一,为人们格外垂青。总之,各种社会关系都有其特定功能,在社交关系和社会团体发展的时代,拟制血亲同步发展,并体现出对个人、家庭、宗族维护的独特作用。

(四)移民需要拟制血亲,以便在新区立足,对社区建设也有价值

移民到异地谋生,更需要社交和团体,对原有的宗族自会更加重视和让它充分发挥作用。但移民能够举族迁徙的情形只在晋室南渡时较多,此后则很少。即使举族而往,也会失去一些宗亲,在新居地的宗族规模一时不会庞大,也需要扩大宗族成员。在这种形势下,对血缘的纯洁性便不能过分认真。

两晋南北朝时期,北方许多人士南逃,自称是某地某士族成员,究竟是否,真假难辨,所以《宋书》《齐书》《梁书》《陈书》《南史》等书,对一些北人自称的先世族系持怀疑态度,书为"自云"如何如何,并不作肯定或否定的评语。相信那时移民中冒认士族的不少。人们无法追究这类假冒,也不必作认真查核,就在事实上予以承认。两晋南北朝之外,中国历史上有几次人口大迁徙,每次播迁都会对宗族的血缘原则作出冲击,出现有利于拟制血亲发展的形势。如清代是大陆居民渡海向台湾移徙的重要时期,移民对宗族经常只看姓氏,同姓不宗的也认为是同宗,结成宗族,这样便没有一个可以说得清楚的祖先。于是就以同姓氏中历史上有名的人物为祖先。这种认祖现象甚多,故被人们归结为"唐山祖",与稍后发展的以第一代移民为祖宗的"开台祖"相区别。唐山祖现象,生动而有力地表明移民要利用宗族关系,又没多少真正同宗血亲可以接交,于是不太注意血缘因素,而利用宗族形式作为社交手段,实际是发展了拟制血亲关系。拟制血亲的联宗、拜干亲、结拜兄弟等形式帮助移民在新居地谋求职业,维持生活,扎下根基。而移民给社区带来活力,开垦荒地,发展生产,促进商业发展和文化交流,是社区发展所不可或缺的条件。

---

① 《金瓶梅》,第 35 回,第 531 页。

历史上的宗族为社会政治、社会生活和家庭生活所需要,各种拟制血亲关系作为宗亲关系的补充,就必然会出现,并起着宗族的某些作用,影响王朝政治和家庭、宗族兴衰。

拟制血亲的出现,冲击宗族血缘原则的认同性,使宗族产生变异。看到福建韶安种种拟制血亲事实的陈韶盛不解地说:"夫随嫁儿得以承宗,鬻义子得以入祠,吕赢牛马,韶安巨族之实已不可考矣。"①他用纯血统宗族概念自然不能理解这种拟制血亲的流行现象,不知道它已使宗族成为血缘不纯的组织。然而血缘关系使宗族之所以成为宗族的基本条件,是宗族不同于其他社会团体的根本所在,因此拟制血亲对宗族产生重大影响,并为后世宗亲会、宗义会的出现在观念上找到渊源,破解了宗族异姓乱宗、同姓不宗原则障碍。二十世纪下半叶,在台湾地区、香港地区以及世界各地华人社会出现的宗亲会,以同姓为吸收对象。八九十年代大陆的个别姓氏举行全国性的祭祖大会和编写族谱。这类组织及其活动,放弃了宗族同姓同宗的观念。还有异姓联合,以原出于上古传说人物为祖先作为根据建立宗亲会,或以某历史人物遭难而子孙流离为异姓而后认祖相结合。更有龙岗宗义会,因演义中的刘关张结义,加上赵云的忠义,结成刘关张赵四姓宗亲团体。这些组织实质上是以拟制血亲为基础,与宗族的血缘认同性有重大区别,可以说是历史上拟制血亲的延续和发展,加之这种团体的组织原则和管理的现代化,使得它向俱乐部式的团体方向发展。

拟制血亲在向宗族血缘原则挑战的同时,又给予认同。人们首先要承认血缘关系的重要性,才会模拟它,以适应社会的需要。拟制血亲的流行,表明人们的社会生活离不开宗族及血缘关系,从反面证明它的难于取代。

宗族与拟制血亲伴存,虽对之严行排斥,但又有所吸纳,对其自身原则的有所改变,说明这个团体有较强的包容性和应变性。笔者曾经从宗族结构和功能方面考查过宗族的变异性,现研究拟制血亲与宗族的关系,进一步了解到宗族的应变性和变异性,看来存在了几千年的宗族不会直线衰落下去,可能还会以宗亲会或其他形式继续维持一个时期,学术界似有对它继续追踪的必要。②

---

① 陈盛韶:《问俗录》,第 86 页。

② 参阅笔者主编的两部书之笔者所写部分,这两部书是:《中国社会结构的演变》,河南人民出版社,1993 年;《中国宗族社会》,浙江人民出版社,1993 年。

最后，笔者要说，本课题的研究，令我们透过拟制血亲及类似拟制血亲的历史现象，看到中国古代社会乃至近现代社会的一个侧面，从而加深认识中国古代政治的演进，古人社交关系和社交生活，历史上的移民社会及移民生活。这种侧面研究，或许可以成为认识中国历史的一种方法。笔者这种尝试性探讨，自知是粗糙的，可能错误百出，热诚欢迎同好指出。

附记：对本课题，笔者于今春先后在台湾历史语言研究所、天津南开大学历史系中国古代史博士生班等处作过演讲，与会诸位先进、同行提出许多资料性建议，再次表示真挚的谢意。1996 年 6 月 6 日于南开大学顾真斋。

（原载台湾《史语所集刊》第 68 本，第 4 分册，1997 年 12 月）

拟制血亲——一个饶有趣味的文化现象

本来没有血缘关系的人，却比附有血亲关系，诸如收养义子、认干爹娘、结拜金兰、甥婿为嗣、族际联宗、皇家赐姓、奴从主姓等，是中国历史上反复发生的现象。为什么要作这种比附呢？它涉及到个人与群体（家庭、家族）、社会伦理、国家法律和政策、社会风俗等社会领域。它不仅属于历史学的研究范畴，同时是社会学、文化人类学、法制学、民族学、民俗学、伦理学等学科的研究课题。这么大的题目，自然不是这篇小文所能详谈的，这里只能摆出拟制血亲的某些现象，试图指出它同某些社会制度和文化的关系。

让我们首先了解历史上拟制血亲的一些表现。

养义子。小说《三国演义》骂吕布是"三姓家奴"，说他是无耻小人，先后作丁原、董卓的义子，历史事实是他与董卓有义父子关系。与他同时代的曹操，原应是夏侯氏家族成员，其父为宦官曹腾养子，才改姓为曹氏家族的人。假子也有一些权利，五代时期，有三个养子做了皇帝，且不说继承地方首脑地位的了。皇家、官僚、民间，都有把他人之子作为自己儿子的事象；收养义子的人，有的没有生养儿子，有的则是有亲子的。

认干亲。在亲生父母主持下，男女少年、青年拜他人为干爹娘，也要拜干爹的祠堂，甚至也接受干爹的姓氏。但是干儿与养子不同，不和干爹一起生活，不继承财产，姓氏只在干亲家内部使用。

拜把子。没有血缘联系的异姓人、同姓人结盟为弟兄，秦末两位大英雄刘邦和项羽，《史记》里说他们"约为兄弟"。《三国演义》开篇写刘关张结义，史书虽未记载，不过它和《金瓶梅》第一回的《西门庆热结十兄弟》，倒反映明朝人结盟的盛行。结义，不是一母所生，表示要义同同胞。

甥婿承嗣。无子者用姊妹的儿子（甥）、出嫁女的儿子（外孙）为继承人，如西晋开国元勋贾充死后，其妻以外孙为孙，继承爵位。有女无子者招婿为子，改名换姓，继承家业。进入家门的甥、婿，原来的亲属关系改变了，在新家庭的名分是父子、祖孙，是血亲关系了。

赐姓。皇帝给臣下赐以皇姓或他姓,如刘邦对失败的项羽家族的几个成员,赐予刘姓。中古时代皇帝频频赐姓,以至建立隋朝的杨氏、创造唐朝的李氏都接受过北周赐予的少数民族姓氏。以七次下西洋而著名的郑和的郑姓,是明成祖赏赐的。

联宗。原意应当是两个或多个宗族,出自同一祖先,因为世代久远,或异地而居,失去联系,而后要恢复往来,建立统一的谱系关系。实际上一些并没有血缘关系的同姓宗族联宗续谱,以至异姓联宗;还有同姓或异姓的个人盗买他族的谱牒,或径直冒充为名门士族的成员,似乎有了血缘关系。

除了上述现象,明清时代政府规定和民间习惯,田主与佃户、东家与伙计间往往以叔侄、兄弟相称,将主家视为血缘家族中的尊长,客户视作卑幼,将生产关系笼罩在家族结构里。有的主人把自己的姓氏给予某些奴隶,仿佛真正是一家人。臣民称皇帝为君父,而皇上则称呼百姓为子民,用"血缘纽带"联系君与民。这一类的事情还有许多,不必缕叙。要之,拟制血亲和类似拟制血亲的现象,表现在各种社会生活领域。为什么会有这样的事情呢?不妨了解它的社会功能。

建设家庭、调节家庭与宗族矛盾。古代家庭附属于宗族。宗族是以有男系血缘关系的各个家庭为单位,在宗法观念的规范下组成的社会群体,男系血缘纽带是它的基本要素和不可动摇的原则。异姓承嗣、不是共祖的两个宗族联宗,直接冲击宗族的这个神圣原则,宗族被迫应战,以维护祖先崇拜和反对异姓乱宗为武器,辅以相应的宗规,制止拟制血亲。拟制血亲通常为家庭所欢迎,无子家庭选择继嗣,一般不喜欢宗族规定的"应继"法,而乐意于自由选择(甚至超出家族范围),按家庭意志立嗣,家长才有兴趣兴家立业,家庭才能兴旺,否则就可能败家,如同《儒林外史》所写的二房严监生家想立长房严贡生的幼子为继嗣,可是严贡生按宗法立了成年的次子,使二房家败人亡。拟制血亲、家庭、宗族三者搅和在一起,通常情况下拟制血亲适应家庭需要,有利家庭建设,冲击宗族的宗法血缘原则,但宗族如果处理好同它的关系,在执行宗亲法中稍具弹性,可以使之调节家庭与宗族的矛盾,所以宗族在反对它的同时,又对它有所吸纳。拟制血亲就是在这种社会环境里生存和演变的。

承认拟制血亲,就出现养子如何对待生身父母和抚养父母的伦理问题,特别是生父别无他子时,养子究竟奉侍何人,为谁作孝子?因此历史上总在讨论"生功"(生育之功)和"养功"(养育之功)孰重的问题,有益于社会道德水准的提高。

支持宗族是古代国家的国策,在继嗣方面就立有"异姓为后"的专门惩治法,另一方面皇帝又自作赐姓。看来,政府基本上是反对拟制血亲,同时又以实用主义态度默认它的某些内容,因为那对政权有好处。赐姓,对新王朝的建立和巩固,对少数民族王朝的稳定,均有益处。拟制血亲与政府有冲突与协调两面关系。

拟制血亲扩大人们的社交范围,加强生存能力。古代社会没有民权,政府基本上不允许民间社团的成立,其所鼓励的就是宗族。联宗,是宗族的壮大,是其从社会上层组织演变为民众团体的标志;同时其他的拟制血亲现象也在随着时代的演进而增多,人们用以拓宽社会联系范围,获取他人的帮助,以利生存发展。

拟制血亲影响人们的生活和精神面貌,关系到社会政治、社会组织的变化,是值得学术界探讨的历史现象。拟制血亲与国家法律、与社会伦理、与移民社会、与宗族变异等等问题,都需要深入的考察。随着社会史研究、人文学科多学科综合研究的开展,相信会得到圆满的解决。

(原载《今晚报》1997 年 7 月 19 日)

古代官府与民间编纂家谱简史

　　编修族谱是宗族活动的一项重要内容,也是它的记录。换句话说族谱是宗族活动的产物,又是宗族的一种载体,后世人们正是通过它来认识它的原体——宗族。因此宗族编写族谱的行为,是宗族史研究所不能忽视的;再说今日存留的家谱数量惊人,是一份珍贵的历史文化遗产,它的史料价值更不容忽视。

　　编纂族谱,在先秦时代就开始了,它的产品"谱牒",是古老的名词,司马迁在《史记·三代世表》里就使用了"谱牒"的名称。今人的研究认为:牒,原用以记录帝王世系、谥号,后来发展为谱书的传记;谱,始初是记叙帝王、贵胄血缘疏密关系的,后来发展为谱书的世表。自有文字以来,宗族史被刻写、书写在甲骨、青铜器、石碑、石塔、绢帛、纸张上,历朝历代创作不绝,而以纸质文本为多。它拥有众多的名称,常见的为玉牒、天潢玉牒、宗谱、族谱、家谱、家乘、支谱、房谱,以及百家谱、氏族谱、州郡谱、氏族志等。在纸质文本中,又因形式和内容的不同,区分出挂谱和卧谱,后一种又名书谱。

　　族谱的编纂,有官府编撰和民间私人撰著之别,不过其发展历程是从官修向私修转移,隋唐以前官修占主要地位,宋代以降私修盛行。官修时代谱牒被用作皇家、贵胄、士族、官员身份的鉴别和袭爵、出仕的文献依据,主要起着政治功能的作用;宋元以降的私修宗谱,是宗族凝聚族人的一种手段,社会功能增强。而私修谱书的发展,与宗族民间化、大众化几乎是同时发生的,正因为宗族民间化、大众化,私修数量增加,因此能给后世留下那么多的族谱。

　　族谱的体例,有由简单到周详的发展过程,近古以来,不断吸收正史、地方志体例,形成包含世系表、人物传记、大事记、图录、文献的综合体例,能够容纳宗族史的大量内容,从而提供历史研究的丰富素材,被学者谓为史界瑰宝。

　　谱牒学史,内涵丰富,笔者的学养还不能作出系统的、深入细致的描述,在这里只能对古代族谱史进行简单的勾勒,并且为了与收入本文集本卷的

《宗族制度、谱牒学和家谱的学术价值》某些内容不相重复,故更事简略。

一、先秦官修谱牒的萌生

先秦时代实行宗法制和分封制,需要明了王室、贵族成员间的血缘关系、嫡庶身份,有血缘关系的王室与贵族成员间的世系脉络,以便确定王位、爵位的继承,祭祀的参与,封爵的进行。为此要有家族史的记录,这就是谱牒产生的客观必然性。事关传承大业,统治者必然对家史的写作给予高度的关注和认真。

殷商和两周设有"小史"官职。《周礼》记载:"小史掌邦国之志,奠系世,辨昭穆,若有事,则诏王之忌讳。"[①]他是中央史官,主要任务是理清帝王、诸侯世系以及两者间的昭穆关系,写出《帝系》《世本》,同时将王的祭祀时日通知有关贵族,以便他们作出相应的行为反映。在诸侯国,有三闾大夫一类的职官,著录诸侯宗族的家史。

周代小史的成果,被后人笼统地称为《周谱》,因为原书业已亡佚,仅存的断简残编,也是后人辑佚的,难于窥其全豹。今从传世文献和司马迁的利用情况得知几部谱书:《春秋历谱牒》,依时间顺序,记叙国王和诸侯的世系及谥号,所记载的内容极其简略,不能让人获得宗族史的详情,所以司马迁说:"其辞略,欲一观诸要难。"[②]《五帝德》,讲解黄帝、颛顼、帝喾、尧、舜、禹世系关系,今保存在《大戴记》《孔子家语》中。《世本》,汉代即已散佚,刘向进行过搜集整理,后又散失,清朝人茆泮林辑佚出的《世本》,包括帝王、诸侯、卿大夫世本和氏族篇。帝王世本记叙自传中说的黄帝起至周敬王止的历代帝系,如"(周)成王生康王,康王生昭王,昭王生穆王,穆王生恭王,恭王生伊扈……"所记是王位相传承的名氏,几乎没有其他说明。今见《世本》虽系后人辑佚,但仍不失为最早的谱书。

先秦时代有专职撰修谱牒的官员,有著述问世,且今有遗存。应当说那个时期谱牒学已经萌发。不过其时是王室、诸侯的官府修纂,编写之事是政府行为,不是私人的事情。

---

① 《周礼》,《十三经注疏》本,中华书局,1980年,上册第818页。
② 《史记》卷14《十二诸侯年表》,中华书局点校本,第2册第511页。

二、两汉私家谱书的出现

两汉世家大族兴起，宗族由贵族大宗法制向民间小宗法制过渡，与此相适应，私家谱书产生，而且族谱形式开始多样化。

私家族谱的编纂。世家大族为增强自身建设和社会地位，需要有自己的历史，原先谱牒由政府官员修纂，汉代出现私家撰写本宗族谱书。汝南袁氏是四世三公的大族，家中立嗣，举行"上告祖灵，下书谱牒"的仪式，①可知编制了本家族的族谱，并且不断地续写。西汉扬雄家族编著《家牒》，为日后研究者所注目。孔子的后裔有族谱，《汉书·孔光传》颜师古注说"孔氏自为谱牒，示尊其先也"，其记录家族成员的名号方法是：先写表字，后书名字，如孔子的儿子名鲤，字伯鱼，书写作"伯鱼鲤"，先写字，表示尊重先人。②战国时代的纵横家苏秦，兄弟数人，名重一时，司马迁在《史记·苏秦传》中写他兄弟三人，三国时谯周则说他弟兄五人，唐人司马贞的《史记》"索引"根据《苏氏谱》也说他有五兄弟。看来这《苏氏谱》是在汉代形成的，但是在司马迁著《史记》以后问世的，所以司马迁没有依据苏氏家谱来写作。东汉云台二十八将之首的邓禹，其后裔之兴衰，几乎与东汉王朝国运相同，这个家族编有《邓氏官谱》，有研究者认为这部书专门记载家族成员出任职官的状况，不是谱牒，却相接近。③司马迁在《史记·太史公自序》中写其家族世系，班固在《汉书·叙传》述其家史，司马、班二氏不一定有成书的谱牒，不好说他们写出家族世系，就表示两汉人修纂家谱的兴旺，但总能反映汉代私家留意家族历史。以上几部家谱或类似家谱之作，表明两汉大族已开始编纂本宗历史。它是以一个个家族为主体进行编写，与先秦《世本》集中各个家族于一书不同，这单一家族的谱书出现，是两汉谱学的一大贡献。而且这种类型的谱书，影响于后世，直到当代。这种历史地位，自是值得大加肯定。

官方撰著谱牒。汉王朝继承了周代官修王室谱牒的传统，宗正官的职责之一是编制宗室成员簿录，形成《帝王年谱》，《隋书·经籍志》著录此书，同时

①《后汉书》卷74下《袁绍传》，中华书局点校本，第9册第2414页。

②《汉书》卷81《孔光传》，中华书局点校本，第10册第3352页。

③ 杨冬荃：《汉代家谱研究》，见《谱牒学研究》第3辑，书目文献出版社，2010年。

记载有《汉代帝王谱》(三卷),这部书如果不是在汉代纂辑成的,也是利用汉朝官方谱牒资料编写的。前述刘向整理《世本》,应当和官方修纂帝王谱牒有关。刘向是汉家宗室成员,历事西汉宣、元、成三帝,反对外戚王氏当政,因而遭受压抑,任职光禄大夫,三十多年得不到提升,他对皇帝讲:"公族者国之支叶,支叶落则本根无所庇荫,方今同姓疏远,母党专政,禄去公室,权在外家,非所以强汉宗,卑私门,保守社稷,安固后嗣也。"①他的整理《世本》,研究皇室、诸侯历史,很可能是为加强宗室地位,保卫刘氏江山。由此看来,汉室官方谱学同政治斗争有着某种联系。

汉代通国谱的纂著。颍川太守聊氏作《万姓谱》汇集天下各姓的族史。在谱牒类型上,它被称作"通国谱",在两汉以后的中古时代这种类型的宗谱最发达。《万姓谱》的出现,开启通国谱的先河。但它并非无源之水,应当是脱胎于先秦《世本》类的谱牒之作。

与谱牒学可能有孪生关系的姓氏学,在汉代兴起。应劭著《风俗通议》,内有《姓氏篇》。王符作《潜夫论》,第三十五篇为《志氏姓》,讲了许多大姓的来历、变化和世系,如叙述韩王信一族,原出于晋国姬姓,是公族成员,其中有大夫,名叫韩当者,他的后人遂姓韩,传至韩王信,投降匈奴,裔孙中一部分回到汉朝,仍为显贵;留在匈奴的也是贵族。汉初三杰之一的张良,原来亦系韩公族,因谋刺秦始皇失败而改姓张。王符就这样说明大族的渊源、祖先及其姓氏的产生。族源及家族人物传记,正是谱牒学所要探讨的内容。族源与姓源、家族人物传记,成为谱牒学、姓氏学研究的交叉点,或者说重叠处。这两门学问的研讨交互影响,交相发展,在汉代,正是这种情形。

三、魏晋南北朝官修谱牒的黄金时代

这个时期,九品中正制的实行和士族发展到颠峰,令与之配合的官修谱牒大为兴盛,因而被现代学者杨殿珣在所撰《中国家谱通论》文中认为是其黄金时代。②这时,官修谱书有制度,有专家,有监督,实用价值大,同时私家撰谱也很多。谱牒的类型已较完备。郑樵在《通志·艺文志》、杨殿珣在前述《中国家

---

① 《汉书》卷36《刘向传》,第 7 册第 1966 页。
② 杨殿珣:《中国家谱通论》,《国学季刊》新三卷第一、二期,1946 年。

谱通论》均作出分类,笔者借用和综合,似乎可以区分为帝王玉牒,诸侯、贵胄世谱,通国士族谱,地方氏族谱和家族谱五类,两晋南北朝时代谱牒类型齐全,而且全面发展,在谱学史上是一个繁盛时代。

官修通国士族谱。东晋孝武帝于太元年间(376—396)下令员外散骑侍郎贾弼之主持修谱,为其配备令史、书吏等助手。贾弼之搜集各个宗族家谱,审核考订,撰著成《百家谱》,备载天下十八州一百一十六郡的士族,毫无遗漏。缮写两套,一藏秘阁,另一存尚书省左民曹。[1]贾弼之的儿子骠骑将军贾匪之,匪之之子长水校尉贾渊,世代制作谱牒,加工弼之著作,最后抄成一百册,多达七百余卷,又名《姓氏簿状》。刘宋、萧梁时代,谱牒不完备,一些役门冒充士族,造成"士庶不分"的状况,萧齐朝卫将军王俭在贾渊协助下,对原《百家谱》加以审核,增添及削去一些士族,新编出一部《百家集谱》。梁武帝在得知士庶不分的情形后,命北中令咨议参军王僧孺负责修订百家谱,王僧孺以范阳张氏等九族取代雁门解氏等九族,又将东南部的士族单独编谱,于是形成《十八州谱》七百一十卷、《百家谱》三十卷、《百家谱集抄》十五卷、《东南谱集抄》十卷。王氏和贾氏,形成为谱学世家。领军将军刘湛负责选官,职务需要,选编《百家谱》二卷。以上为东晋、南朝官修通国谱,北朝政府同样编写了同类谱书。不过不叫《百家谱》,而称为《方司格》。魏孝文帝下诏各郡中正排列本郡士族的次第,以便举官时应用。修成的书有《后魏方司格》,直到唐朝仍为人们称道。

官修州郡谱。通国谱是各州郡中正上报的材料编纂的,有的州郡将本地的族姓编成谱书,是为州郡谱。南北朝时期形成而在隋代还在流传的有:《益州谱》《冀州姓族谱》《洪州诸姓谱》《吉州诸姓谱》《江州诸姓谱》《袁州诸姓谱》《扬州谱抄》等。

皇家修谱。各朝编纂本朝皇室谱牒,据《隋书·经籍志》记载,南朝有《宋谱》《齐帝谱属》《齐、梁帝谱》《梁帝谱》。北魏于道武帝天赐元年设立大师、小师,鉴别皇家族属成员及关系,后来利用大、小师的资料,编辑成《后魏皇帝宗族谱》,记录北魏出自帝族的八氏十姓,即拓跋氏、普氏、长孙氏等,包括疏属。[2]

---

① 《南齐书》卷52《贾渊传》,中华书局点校本,第3册第906页;《南史》卷33《王僧孺传》,中华书局点校本,第5册第1459页。

② 参阅李裕民:《北朝家谱研究》,《谱牒学研究》第3辑。

北朝北齐、北周皇家亦有宗谱：《后齐(北齐)宗谱》《周宇文氏谱》。

私修家族谱。两晋南北朝官修谱牒兴盛，淹没了私家的修谱，其实私人编写氏族谱的很多。首先出现的是晋人挚虞的书。他是京兆长安人，才学通博，因东汉末大乱，人家谱牒、传记图书大多遗失，遂撰著《族姓昭穆》十卷，进呈朝廷，以为可以致用，增广见闻。①从体例讲，挚虞修的是通国谱，而私家多编写本家族的单一宗族谱，如渤海封氏是当地望族，族人封伟伯撰成《封氏本录》六卷。②渤海高氏亦为著姓，骁骑将军高祐作《亲表谱录》，"自五世以下，内外曲尽"，并将族人的姻亲写了进去。③私家谱书成品多，萧梁刘孝标注《世说新语》，广泛征引族谱资料，有《羊氏谱》《挚氏世本》《袁氏世纪》等，笔者粗略统计有二十八种，所引材料不下六七十条。

纂修的情形可以说是：官方始终在进行，而东晋、萧梁、北魏和北周尤其关注；州郡的中正负责基础工作，专门指定的中央官员从事综合，编出许多谱牒。私家同样留心本家族历史的编写，也有不少著作问世，但这类作品要由政府核实才能作数。

谱牒体例。从现存残谱、《世说新语》注所引资料及一些其他文献材料，可知由谱序、世系和传记三部分构成。谱系以男性为主体，记录谱主基本情况，包含名、字、功名、职官、配偶名字、传承关系。传记较为简略。如《世说新语》注引《羊氏谱》羊繇传云："字堪甫，太山人。祖续，汉太尉，不拜。父秘，京兆太守。繇历车骑掾，娶乐国祯女。生五子：秉、洽、式、亮、悦也。"传不是每人都有，名族、名人有的机会较多。序，述说姓氏渊源和作谱缘由，例如《世说新语》注引《温氏谱序》："晋大夫郤至封于温，子孙因氏，居太原祁县，为郡著姓。"有序、世系及小传的族谱，规模具备，能够反映宗族的基本状况及历史。

选官功能使通国谱得到发展。政府为从士族选官，着意于区分士庶，因而注重谱牒的修纂。九品中正制将士族分出等第，以便从中选出官员，同时区划出庶族，好向他们征收徭赋，所以贾弼之祖孙制作的《姓氏簿状》，"甄析士庶无所遗"。④官方如此，从个人讲，宗族的地位决定其仕宦前途，当然更加看重，

---

① 《晋书》卷51《挚虞传》，中华书局点校本，第5册第1425页。
② 《魏书》卷32《封懿传》，中华书局点校本，第3册第767页。
③ 《魏书》卷57《高祐传》，中华书局点校本，第4册第1263页。
④ 《新唐书》卷199《儒林·柳冲传》，中华书局点校本，第18册第1679页。

本来是士族的,希望提高等次,庶族则企图作伪,混入士族。这种情形在南朝宋、齐两代尤为严重。如萧齐时"卑贱人"王泰宝贿赂贾渊,将他纂入特等士族琅玡王氏谱内,被真正主家发现告到官,皇帝要处贾渊极刑,他儿子叩头谢罪,直至血流满面,才得到赦免。用人专重门第,自然会出现冒伪。这一事件,表明士族通过谱牒维护其特权。

联姻需要族谱。谱牒的功能,还为人们联姻提供选择姻亲的资料,以便达到门户匹配,巩固和提高本家族的社会地位。郑樵在《通志·氏族略》中说:"自隋唐而上,官有簿状,家有谱系,官之选举必由簿状,家之婚姻必由于谱系。"不查谱系,士族不敢随便联姻。

谱牒被人们用做处理人际关系的资料。人们运用谱学知识选择交游对象,并在社交中尊重别人,不犯人家祖先名讳,既显示自身博雅,又因尊重对方先人而取好感。南朝太保王弘,每天接待无数僚属宾客,因熟记各士族成员谱名,从来不说对方祖讳的字眼。北齐创始人高欢的父亲名叫高树,官员辛子炎在高欢面前把"署"字发出"树"字音,高欢大怒,说"小人都不知道避人家讳",当即杖击之。①尊重与触犯家讳,两种不同的社会后果,让人加强了对谱牒知识的掌握与运用。

四、隋唐官修谱牒的转型过渡时期

隋唐时期新旧士族、士族与庶族的斗争与交替,令官修谱牒结束昔日的辉煌,终结大规模官修族谱时代;私家修谱状况,反映士族分化的时代性特点;在族谱体裁方面,成为由通国谱向家族谱的过渡期;选举第一、婚姻第二的谱牒功能之颠倒性转化;产生刘知己的谱牒学理论。

"肉谱"反映人们对谱学的高度关注。隋朝修谱《开皇氏族》,唐初大规模修订谱书,应当说其时人们对谱学极其关注,更由"肉谱"的故事典型地显现出来。"肉谱"是李守素的绰号,他熟悉家族史和谱学,被人称为"肉谱""行谱""人物志",人身成了谱学资料库。据说有一次他和博学的余姚人、秘书监虞世南谈论人物,开始讲江南、山东的世家,虞世南尚能和他对话,及至说到北方的氏族,他说得头头是道,把每家的重要事情讲述出来,还援引谱书作为证

---

① 《北齐书》卷24《杜弼传》,中华书局点校本,第2册第347页.

据。虞世南对此全然不知,只能搓手微笑倾听,对答不出一句话来。事后感叹地说,肉谱实在可怕。①

三次兴修大型谱牒及大规模官修的终结。唐代前期三次修谱,成《氏族志》《姓氏录》《姓系录》。三次修谱,反映新士族势力的增强,就中有人反对,但未能改变这种趋势。如深明氏族学的著作郎孔至撰《百家类例》,上谱的条件是"婚姻承家,冠冕备尽",以宰相张说是新贵,不予登录,张说的儿子、驸马张垍表示不满,说天下的族姓位次,哪里是孔至乱定的! 也有人劝孔至添上张说家族,可是右补阙韦述别有见地:大丈夫奋笔成一家之言,何必因一个人改变主张。孔至因而坚持不改。②三次编写之后,官方不再修谱。

私家修谱及其特点。私人撰著家谱,为数甚多。隋朝人韦鼎等作《韦氏谱》,至宋代仍有流传。唐朝人编纂的谱书,在《新唐书·艺文志》里著录的有二十六种,其中有成州刺史、绛州裴守贞的《裴氏家牒》,太子左庶子、咸阳王方庆的《王氏家牒》,陆景献的《吴郡陆氏宗系谱》,吏部尚书刘晏的《刘晏家谱》,以及《鲜于氏家谱》《赵郡东祖李氏家谱》《李氏房从谱》等等。私家谱颇多特色,其一是老士族不仅兴修族谱,而且保存得好,上述有谱的裴、王、陆诸氏,均是两晋以来巨姓。其二是一些宗族修纂房支谱,上列后两种谱书都是房谱。其三是谱主的地望,有的不是老祖籍,而是新著籍,如王方庆是琅琊王导十一世孙,《旧唐书·王方庆传》说他是雍州咸阳人,因他的曾祖父王褒于北周时徙居咸阳,子孙就在这里著籍,所以他的家谱不再冠有"琅琊"字样。裴守贞,祖先原是河东闻喜人,后来才属籍绛州稷山。地望的变化,反映旧士族的分化,其中的一部分以新士族的面貌出现,家谱正表明这一状况。

刘知己的谱牒学理论。唐代谱学的另一个成果是它的理论有所发展,主要表现在刘知己的研究中。刘知己是古代第一位史学理论大家,他在《史通》中论述了谱牒学原理,并亲身实践,撰写了《刘氏家史》十五卷和《刘氏谱考》三卷,考证的刘氏族源及彭城丛亭里刘氏房源尤其精到。更重要的是他将氏族志当作史学的一个部门。在《史通·书志篇》中,他认为王朝史中的志要有三个门类,即一为都邑志,二为氏族志,三为方物志。给予氏族志以应有的地位。

---

① 《旧唐书》卷72《李守素传》,中华书局点校本,第8册第2584页;《新唐书》卷102《李守素传》,第13册3978页。

② 《新唐书》卷199《孔至传》,中华书局点校本,第18册第5685页;《唐会要》卷36。

他通观周代《世本》以来谱牒编纂史,认为"谱牒之作,盛于中古,汉有赵歧《三辅决录》,晋有挚虞《族姓记》,江左有二王《百家谱》,中原有《方司殿格》,盖氏族之事,尽在是矣"。他指出中国谱牒的功能,"用之于官可以品藻士庶;施之于国,可以甄别华夷"。他讲的谱学发展史及其功能比较符合实际。他批评前世修史对谱学的忽视,不予著录,因而建议:"凡为国史者,宜各撰氏族志,列于百官之下。"《史通》成书于唐中宗景龙四年(710),而在贞观十年(636)成书的《隋书》,在《经籍志》里已经有了"谱系篇",著录四十一部谱书,并有简单的说明,介绍谱牒的历史。可见唐初史官已经注意到谱牒的价值,这是中古谱牒发展的事实必然要反映到史书中,不过刘知己从理论上论证谱牒与国史的关系,还是一种发现。在唐代以后,历朝编纂国史,史家多留意到谱牒。《旧唐书·经籍志》有"杂谱牒"类目,著录五十五种谱书;《新唐书·艺文志》亦有"谱牒类",记载十七家三十九部作品;《宋史》《明史》都有同类的著录。刘知己的理论和唐初史家的实践,无疑提高了谱牒学的学术地位。

选举第一、婚姻第二的谱牒功能之转化。两晋南北朝的谱牒功能首先是仕宦,其次是婚姻,唐代将这个次序颠倒过来,令婚姻的选择占据了首要地位。唐太宗下令修纂氏族志,出发点是禁止旧士族的卖婚和以婚媾维持破落户地位,所以诏令最后说:"自兹以后,明加告示,使识婚嫁之序,务合典礼,称朕意焉。"这份诏书,在《全唐文》里题名"刊正氏族诏",符合于本意,而在《唐大诏令》中则题名为"诫励氏族婚姻诏",突出婚姻问题,正反映了诏令的主旨。唐代特别禁止高门士族间的联姻,不许北魏以来的陇西李宝、太原王琼等七姓十家互相通婚。同时不许士族与非士族,尤其是贱民通婚,这在谱牒中有着明确的说明。《敦煌唐写姓氏录残卷》最后部分写道:"自令以后,明加禁约。前件郡姓出处,许其通婚媾。结婚之始,非旧委悉,必须精加研究,知其囊谱,相承不虚,然可为匹。其三百九十八姓以外,又二千一百杂姓,非史籍所载,虽预三百九十八姓之限,而或媾官混杂,或从贱入良,营门杂户,慕容商贾之类,虽有谱,亦不通。如有犯者,剔除籍。"[1]可见通婚必须查阅族谱,士族不得与杂姓结亲,谱牒就是要起保证监督的作用。

由通国谱向家族谱的过渡期。最后,我们来看谱牒类型变化的意义。开元以前官修通国谱盛行,而后官方不再兴修这种谱书,与此相对应的,是私家修

---

① 转引自毛汉光:《中国中古社会史论》,台湾联经出版事业公司,1988年,第439页。

纂家族谱的相续不绝。而且自唐代以后，官修谱牒的盛况一去不复返，私家修谱取而代之，宋代以降常盛不衰。因此说唐代是谱牒类型中，通国谱、家族谱更迭的过渡时期。龚鹏程在《唐宋族谱之变迁》文中认为，唐代谱牒不是南北朝谱书的延伸，而是时代背景中冲突、争议、摩擦和世族结构变迁的中心或见证，它也是魏晋转型化为宋代型的转变型。[①]笔者和龚鹏程所说的谱牒转型，也许可用下列公式更清晰地表达出来：魏晋通国谱和州郡谱——唐代通国谱和家族谱——宋代以降家族谱。

五、宋元时期私修谱牒体例的定型

宋元是谱牒由通国谱向家族谱转型的完成期，内涵丰富：结束了官修为主的时代，进入私修为主阶段；谱牒体例发生巨大变化，成功创造家族谱的新的体例类型，影响深远，直至今日；谱牒的社会价值亦发生巨变，仕宦和选婚的主导作用消失，而伦理教育的功用显著上升，这同人们关注族内人际关系重于宗族在社会上的地位的观念转变相一致；谱书的兴修没有唐代及其以前那样深入人心，为士族以上特权阶层那样广泛关注；官方远不如以前重视，对皇家玉牒以外的谱牒已不怎么感兴趣。这些大约就是转型后宋元时期谱学的特点吧。

(一)宋人对谱牒的认识

南宋郑樵在《通志·氏族序》谈论谱牒学史，认为"自五季以来，取士不问家世，婚姻不问阀阅，故其书散佚，而其学不传"。猛然一看，以为郑樵是说谱学到五代失传，宋代没有谱学了。其实他是说官修谱牒及其表现形式——通国谱，经过唐末五代的战乱，谱书佚失，宋朝也不再编纂这类谱书，人们的出仕、选婚也不需要查考这种书籍，所以说谱学失传。在此，我们只要明了郑氏说的是中古谱学的失传，并非说后世就没有谱学了。当然，作为宋代人，他没能敏锐地捕捉住当代人(即宋朝人)编写族谱的事实，未能有所说明，故而谱学发展线索讲得不完整，以致容易让人误会。宋代以后家族谱的兴盛和发展，后世人就比郑樵的认识清晰多了。清人李兆洛在《养一斋文集·薛氏族谱序》中写道："自宋以下，隋唐之谱学废，而欧、苏之谱法兴。"不仅讲了谱牒学史，

---

① 龚鹏程：《唐宋族谱之变迁》，台湾《第一届亚洲族谱学术研讨会会议纪录》。

特别明确指出欧阳修、苏洵的谱学,是中国历史上谱学发展的一个阶段。看来,就谱学史的认识来说,唐宋之间实是巨变,中古谱学退出历史舞台,新谱学诞生,而以欧苏谱学著作为代表,开启谱学新时代。

(二)欧阳修、苏洵的撰著族谱及其体例

欧阳修,江西庐陵人,官至参知政事,主撰《新唐书》《新五代史》,撰写的《欧阳氏谱图》,收入在《文忠公集》里。他对谱牒学多有研究和重视,在《新唐书》体例上创设《宰相世系表》,将在唐朝出仕宰执的人物,以其家族为单位,一一叙明他的氏族、房分和传承。他将治史的经验,用到自身家族史方面,考察其成员、功名仕宦,经历十余年的搜集资料,考证异同,于嘉祐四年(1059)编纂成《欧阳氏谱图》。《谱图》用两种形式保存,一是刻于碑石,称为"石本";另一是收入《文忠公集》,称作"集本"。两种文本的文字小有差异,大约是《谱图》刻石之后,作过修改,而石碑上的不便改动之故。《谱图》包括四项内容,为谱序、谱图、传记、谱例。"序",概述欧阳氏先世历史、得姓缘由和修谱的原因。"谱图",绘制欧阳氏世系图。谱图之后为人物小传。原书并没有篇目,系笔者把它归纳的。"谱例",讲编著原则。细读原文,得知欧阳修的撰谱观念和方法,详亲略疏的著录对象原则,故《谱序》云:"宜以远近亲疏为别,凡远者疏者略之,近者亲者详之。此人情之常也。"

欧阳修主张各房支修谱,便于清晰和查考,再说,若各房谱修得好,合起来不就是总族谱了吗!他本此原则,谱图只记录从欧阳万到欧阳修九代人的世系。世系以图表示,五世一图,"旁行邪上"。具体写法是,先写第一代名字,下注明其生子若干;接写第二代名字,下注生子若干;依次写第三、第四、第五代,至此一图完成。另起一图,将上图之第五代复写一遍,然后依前法写第六、第七、第八、第九代。这第二图在位置上和第一图并列。欧阳修仅写到第九代,无第十代可写,设若有第十代或更多代,按照谱图作法,第九代至第十三代又为一图,也同前两图并列。这种作图法,取五世一图,符合于五服制和小宗法观念。每一个五世图并列,是参考司马迁作《三代世表》的方法,古人称做"旁行邪上",实际上是继承和发展周代谱牒的传统。传记叙述传主的简历和要事,包含名、字、功名、仕宦、封赠、享年、葬地、配偶。制作谱图的原因,是为忠孝传家,如同谱序所写,欧阳氏家风,"以忠事君,以孝事亲,以廉为吏,以学立身",希望子孙传承下来,以绵延奕世。

"苏明允,二十七,始发奋,读书籍。"《三字经》写的苏洵,四川眉州人,与

343

二子苏轼、苏辙到汴京，受到欧阳修的赏识延誉，著有《嘉祐集》。他看到唐末以来修谱制度废绝，尤其是由贫贱而富贵的人，怕讲实话，更不要谱牒。他认为不能忘记祖先，故而同欧阳修讨论编纂族谱的事情，并于至和二年(1054)写成《苏氏族谱》，内含"谱例""族谱""族谱后录""大宗谱法"、附录、"苏氏族谱亭记"。苏洵撰谱义法，尤其值得留意的是：采取小宗法，全谱仅著录六代人，苏洵为第五代，上溯到他的高祖，再以上不写，原因是亲已尽，不必写。藏谱与续修的规则已成谱，高祖子孙家藏一部，续增的后人至五世，续修家谱，如此往复兴修，总观起来，修谱不绝，宗绪不会混乱。世系表达，采取表的方式，六代一线贯穿下来，不像欧谱五世一图。修谱明孝悌，苏洵说有五服关系的人，应当喜庆忧戚与共，看到谱书，知道与宗亲的服制关系，"孝弟之心可以油然而生"。刻石谱，立碑于苏氏高祖墓茔旁边，碑上覆盖亭子，以事保护，同时在碑亭举行祭祖及教导宗人仪式。附录《欧阳氏谱图》及欧阳修撰文《题刘氏碑后》。

看了上面的具体介绍，读者可能已对欧、苏二谱作出比较，发现它们的异同。它们的共同点在于：笃信小宗法，着重于五世亲情，提倡小宗谱法，详亲略疏；体例，均有谱序、谱例、世系、传记；传记所包含的内容，为名讳、字号、仕宦、为人、生卒、享年、葬地、配偶、子数；旨趣相近，以教忠教孝传承家世；考证族源及先世，虽不足信，然表明欧阳修与苏洵对此的重视态度。欧谱用图、苏谱用表，世系表达法迥异。以图表示，不论宗族传了多少世代，人丁多么兴旺，都可以便利地记录下来，但世代、人口一多，检查起来不太方便；以表达意，对族人的世系、血缘关系，令人一目了然，但若世远人众，表就不好做了，无论是用纸张、布帛、石碑，书写(刻写)起来很不方便。谱图、谱表，各有优缺点，需要互相弥补，后世修谱者常常综合欧、苏二体，同时并用，就是这个道理。

关于欧、苏二谱，笔者以为有个共同问题，即讲求族源，而对远年先世并不清楚，并且很难、甚至不可能清理明白，比如欧谱说欧阳氏是大禹的遗胤，也是越王勾践的后人。从谱序和传记叙述，可知唐初的欧阳询至唐末欧阳琮，计五世，这是说近三百年才传五代，另记从欧阳琮到欧阳万经历八世，欧阳万至欧阳修为九世，扣除欧阳万重复计算的一世，则从欧阳琮到欧阳修计十六世，可是从唐末到欧阳修作谱不过一百五十年，不要以三十年就以二十年为一世计算，十六世也要经历三百二十年，一百五十年怎么可能传十六世呢?!而前面三百年无论如何也不会仅传五世。这样的记录与欧阳家族传代实况绝不吻合。这种不实状况，大约是欧阳修宥于资料，理不清世系所致。对此，清人钱泳在《履园丛话》卷三《宗谱》中也提出批评。后世许多家谱写姓源、族源和远年先世，是宗法欧、苏，其实不见得是好传统。

欧、苏谱均系小宗谱法，欧阳修感到有缺陷，不便他人模仿，苏洵因而又拟出大宗谱法，录于《苏氏族谱》，供他人参考。

欧、苏谱共同的宗旨、体例、书例，确立了近古以来家族谱书的特定体裁，使它在古代、中古图书文献中自成一体，即家族谱体。它对中古谱牒无疑有继承，但旨趣、体例多有不同，特别是中古族谱多系仕宦世家谱，而欧阳、苏二族在作谱时，发迹不久，反映的是介于官民之间家族的状况，他们的谱书体例适合于这种类型家族书写的需要，更适宜于宋代以降的社会情况。自此之后，一个家族一个家族编写本族历史，欧、苏体提供了范本，被人们视为圭臬。元代徽州教授程复心于延祐元年(1314)为武进姚氏族谱作序，主张学习欧、苏谱："苏氏、欧阳氏相继迭起，各创谱式，其间辨昭穆，别亲疏，无不既详且密，实可为后世修谱者法。"①明代大学士邱濬在所著《大学衍义补》里说："唐以前官修谱牒，宋以后私家自修，首自庐陵欧阳氏和眉山苏氏二家，明士大夫家亦往往仿而为之。"②表明元、明士人修谱，是学习欧、苏的行为和仿照其体例。无疑，欧、苏体被后人遵循，成为私家修谱的主要体例，它们也标志着家族谱体裁的相对成熟。

(三)其他家族的修谱及体例的完善

宋元出现一批家族谱。今存明末人编纂的《新安萧江宗谱》有《谱说》一目，辑录宋人关于编写家谱的言论，其中有欧阳修、苏洵、司马光、王安石、胡宏、蔡文定、程颐、王十朋、吕东莱、黄庭坚、陆九渊、陈淳等人，可见关心家谱的人颇有一些。《宋史·艺文志》里著录谱牒一百一十种，笔者确知为宋人编写的，有江西南丰人曾巩、曾布、曾肇兄弟的《曾氏谱图》，吏部郎中、衢州人毛渐的《毛氏世谱》，陈州人、皇后家族符承宗的《符彦卿家谱》，开封人向缄的《向敏中家谱》，吴越王钱镠后裔、枢密使钱惟演《钱氏姓系谱》。此外，王安石的《王文公文集》收有《许氏世谱》一文，表明临川许氏有族谱。以诗词书法扬名后世的修水人黄庭坚家族撰有族谱，黄庭坚写了序言。明人编纂的《许氏统宗

---

① 民国《辋川里姚氏宗谱》卷1，程复心：《序》。
② 邱濬：《大学衍义补》卷35。

世谱》,有许汉的《休宁许氏支派》一文,按语讲其家世迁徙和修谱,在宋代编修四次,元代编修一次,前后共五次。元代浙江丽水人祝大朋,访问散居外地的族人,书写于家牒中。①关于元人修谱,常建华在《元代族谱研究》文中说,在一百六十九种元人文集里发现有四十余部文集有家谱序、跋,②表明元代至少有几十种家谱是比较有名的。

南宋、元代修谱,对欧、苏体例有所补充,使它能随着宗族生活的丰富而丰满,逐渐完善起来。这里仅举元代武进姚氏宗谱谱例来说明。姚氏谱第一目是"王言",展示姚氏所得皇家的恩赐;第二目是"德业",推崇族人的功业;第三目是"世系",书写姚氏缘起和远年先祖;第四目"世次",列表著录近世族人;第五目"传赞",用编写人物传记表彰先人;第六目"表志",叙述宗族事务;第八目"著述",转录族人的著作,以便流传。这个谱例,比欧、苏谱增进了王言、德业、表志、著述,又将世系区分出世系、世次两项,大大丰富了欧、苏体例。姚氏谱例的出现亦非偶然,是当时的时尚,所以程复心说那八个项目,"皆近世之所尚,而谱系之所宜者也"③。

宋元私家修谱状况,当时人有不满意的地方,一是嫌编纂不普遍,二是怪谱书的失实。其实,修谱成为家族的事情不复关乎选官,所以官府不必审核它的真实性;私人只需管自家谱牒,也不能过问他族修谱,对那些冒伪族谱也就不理会了。因此家族谱失真问题只会发展而不能纠正。

(四)族谱特点与功能

吕思勉在《宗族小史》中说:"自宋学盛行,人有敦宗收族之心,而族谱之纂修复盛。"指明宋以后人们编辑族谱是为"敦宗收族",实是一语中的。笔者进而想,宋代以下,收族是各家族活动的共同目标,而修谱则是收族的一种方法,或者说是手段。所谓收族,是宗族失去分封制权利和士族用荫免役权利之后,族人若要再联结在一起,需要有新的条件,即北宋开始出现的宗族公共经济——义庄、义田和兴修族谱。如此看重修谱与收族的关系,原因有三,其一,修谱活动本身可以增强族人的族群观念。修谱有编纂人,他要联系族人,了解相互关系,寻觅旧谱,联络收藏者,带动族人参与其事,使修谱成为全宗族的

---

① 宋濂:《芝园后集》卷8。
② 常建华:《元代族谱研究》,《谱牒学研究》第3辑。
③ 民国《辋川里姚氏宗谱》卷1,程复心:《序》。

行为,从而增强同宗观念,有利于宗族的凝聚与形成。大约是元明时代的游默齐已经说出这个道理:"宗法既坏,则无宗子,何由以致其亲睦之意,独有族谱一事,犹能稍合宗族而收其流,是以前辈多留心焉。"[1]其二,修谱给人在思想上树立尊祖旗帜,建设宗族。作谱的主要工作是辨明族人世系,确定老祖宗,才能明了族人关系,所以程颐说"谱之要,在明一本而浚其源"[2]。其三,修谱使人尊奉伦常孝悌睦族建宗。人们在族谱的世系图表里找到自身的位置,明白昭穆关系,从而懂得宗法,便如苏洵说的"孝弟之心油然而生"。

六、明清私修族谱的发展

明清是古代私家修谱的集大成时期,修谱理论发展,体例更加完善,接近于官修国史和方志体裁;撰著纷呈,多至以千计数,成为构成古文献的重要部分;族谱的功能呈现多样性,强调教化功能,从政治思想领域支持政权,而不同于中古时期的为选官和婚配服务。

(一)官方的倡导修纂族谱

宋元时代民间修谱,政府采取不予过问的态度,可能是还没有认识到它对民间教化的作用。明清政府不同,采取积极倡导方针。明太祖向民间发出"六条圣谕",要求百姓"孝顺父母,尊敬长上,和睦乡里,教训子弟,各全生理,勿作非为"。这是号召家庭以宗法伦常教育成员。正是在这种鼓励下,一些宗族开展活动,宣讲圣谕六言,并将这种活动定为族规,记录在族谱里,可见圣谕促进了民间宗族活动和修谱活动的开展。清代皇帝比明朝更进了一步,雍正帝明确地说"修族谱以联疏远",号召百姓编辑家谱,以实现"联疏远"的目标。既然是"联疏远",必定会在大范围内修谱,而不仅是五服宗亲的。雍正帝的说教,表明皇帝充分认识到兴修家谱是民间一项重大活动,颇能体现宗法思想,是培养顺民的有效方式,需要给予鼓励、提倡。

明清两朝各自编纂了皇家玉牒,明朝修成《天潢玉牒》《宗支》等书。清朝做得尤其认真,每十年修一次玉牒,坚持进行,编纂出《宗室玉牒》《列祖子孙宗室横格玉牒》《列祖子孙宗室竖格玉牒》等,分别录成满、汉两种文本,又各

---

① 明末《新安萧江宗谱·谱说》。
② 明末《新安萧江宗谱·谱说》。

抄写两份,分藏北京和盛京(今沈阳)。

清朝由于是满洲人做皇帝,在政府中重用旗人(满洲、蒙古、汉军),给予一定数量的职位——"旗缺",旗人拥有世爵世职的也多,这样就必须明了旗籍和身份,为此需要编写族谱。在乾隆初年,任命和亲王弘昼主持兴修了《八旗满洲氏族通谱》(八十卷),类似中古的通国谱,不过只限于旗人而已。此书叙述满洲各氏族,以及早期归附清朝的蒙古人、朝鲜人、汉人的家族源流,各氏族名人小传及其子孙世系官职,形成整个满洲旗人家族史。为写此书,需要各个家族提供资料;从旗人讲,为袭爵、任职,也得有家族证明,要提供官方认可的家谱。这样官民双方需求,决定了满人编写家谱的兴趣。20世纪80年代,中国国家图书馆收藏有满文本满洲族谱二十一种,蒙古文本族谱五种。中国第一历史档案馆藏有许多内务府庄头的族谱,此为他们当差必须呈报的文书。孙文良主编的《满洲大辞典》,对八十部满人族谱作了介绍,其中有许多是清代编纂的。因为修谱,还出现案件。道光时期,正黄旗蒙古马甲玉柱控告保庆私改宗谱,蒙混承袭,查证结果保庆系据实继承,玉柱是诬告。[1]这一案件表明旗人族谱有实用功能,故为朝廷和私家所珍重。

(二)兴修盛况

明清时代人们对朱熹说的三代不修谱便为不孝的儆告特别留心,深知修谱是重大事情,有的家族以族规的形式表示不断兴修族谱的愿望。徽州徐氏决定六十年修谱一次,并以甲子年为编写年份。[2]有的家族规定三十年一修,还有二十年一修的。许多家族真是这样做了,如广东博罗林氏,于明正统六年(1441)始修家传,正德十年(1517)二次编纂,万历三十九年(1611)三修,四修于清康熙三十七年(1698),五修在嘉庆六年(1801),道光十一年(1831)六修,咸丰十一年(1861)七修,九修在宣统三年(1911)。前后四百七十一年间九次纂辑,平均五十二年一次。又如江苏武进冯氏在明清时期也是共修宗谱九次,首撰于明正德六年(1511),第九次编著于清光绪二十九年(1903),平均不到四十四年修一次,比林氏来得密。这些族谱肇始于明代,而清代续修频仍,坚持不懈。

修谱,事务殷繁,需要大量人力、物力、财力始能蒇事。宗族每次修谱要做

---

① 《清宣宗实录》卷163。
② 《新安徐氏宗谱》卷首之三。

充分的准备,寻觅与组织编写人员,广泛动员族人参与,筹备经费。对修谱主撰的选择,必须是郑重的,如同一些宗族将此事用族规固定下来,如刚刚说到的博罗林氏规定,主编要进士出身,若无合适的人选,下推恩贡生,依次是拔贡、副贡、岁贡、优贡、廪贡、增贡、附贡、增生、附生,编写组设主修、副修各一人,各房再举出采访、编辑人员。①每次修辑宗谱要动用很多人力,如平江叶氏先后七次编纂,光是参与的房长,第一次十五人,第二次十二人,第三次又是十五人,第五次十七人,第七次十八人。有的宗族在修谱之前做了许多基础性事情,如设置"纪年簿""长生簿",逐年登记各户人口的增减变动情形;或提前准备材料,如前述徽州徐氏定在甲子年修谱,同时规定在纂修前二年,各房应发出通知,让各户填好资料,整理好交给宗族,以便保证届时将宗谱修好。修谱时还要找出旧存的文献材料,诸如朝廷发给族人的诏敕诰命,族中公有财产的契据、契约、税单,以便记录在宗谱里。有的家族更从官方文书和私人著作中查找资料,将族人的传记和有关文字摘录出来,编入族谱。所以每次修谱要动用很多人员参与其事,做好多方面的事务。

明清时期究竟编纂出多少族谱,很难说清,仅以中国国家图书馆收藏的而言,到 1987 年 6 月为止,藏有谱牒二千七百七十种,普查二千二百五十种,其中宋、元所修各三种,明修二百四十种,清修一千一百六十种,民国以来八百四十四种,明清合计占总数的 62%,清代尤多,占总数的近 52%。②另据梁洪生在 1993 年撰文的资料,江西省图书馆收藏族谱三百二十六种,属于明代的四种,清代二百六十一种,民国六十一种,明清合占总数的 81%,清代则占到 80%。③从国图、赣图馆藏来看,清代修谱最多,民国其次,明代第三,宋元较少,这应当符合于修谱实际状况。不过有一点需要理解的,即明代所修之族谱,数量不会少,宋元修的也不会像今存的那么少,其时编写的应该多一些,只是时间长了,损毁多,令我们无法知道编修的实际状况,然而明清时代所修之家谱很多,则是事实。

明清修谱的盛行,还表现在联宗修谱方面。联宗续谱,在唐代称为"合谱""联谱",明清时期较多出现,如明代有《新安程氏统宗世谱》、新安《许氏统宗

---

① 博罗《林氏族谱》卷 6。

② 杨宝华:《北京图书馆藏家谱简介》,《谱牒学研究》第一辑,书目文献出版社,1989 年。

③ 梁洪生:《江西现存谱牒简介》,《古籍整理出版情况简报》,第 272 期。

世谱》《张氏统宗世谱》《新安黄氏统宗世谱》等。清代邹氏各支分居于常州、无锡、天台,常州、无锡两支合修宗谱。联宗续谱,反映明清时期宗族要求扩大群体范围的愿望,在同姓中寻求可能有过血缘关系的人群进行联合。

联宗修纂统谱的有一种特殊情形,就是中国历史上唯一传承不衰的贵族曲阜衍圣公孔氏的修谱。衍圣公府定例,每逢甲子年大修,甲午年小修,大修刊刻印刷,小修填格造册。各小宗也修谱,编成之后,送衍圣公府审核盖印,以示认可。所修统宗谱,除衢州南宗孔裔之外,散居的族人皆包括在内。今日在曲阜藏有各种类型的孔裔宗谱档案,共有一千零三十八卷,其中最早的形成于嘉靖年间,最晚的成于1939年。①

少数民族的修谱。满族、蒙古族的修谱,前面已经从仕宦需要有所叙及,兹不复述。其他少数民族也有编纂族谱的。藏族、彝族撰写的氏族谱书,藏在国家图书馆的有藏文四本,彝族文两种。云南白族文化高,氏族编纂家谱稍多。在少数民族中回族编写较多,今存也多一些,今人按地区将回族族谱进行了选辑汇编,如1980年出版的《泉州回族族谱资料选编》,收有《丁氏谱牒》《茶山李氏族谱》《清源金氏族谱》《燕支苏氏族谱》,反映明代各家族的活动。辽宁少数民族古籍整理出版规划办公室编辑的《辽宁回族家谱选编》,表明铁、脱、戴、张、杨、黑、金、尹、白等十几个家族撰写了谱书。另据新闻报道,陕西发现西夏皇族家谱《李氏世谱》《李氏世系图考》等,其中有两部谱书形成于乾隆年间。西夏王室是党项羌族李氏,此世谱以西夏末帝李睍为祖宗。②

(三)修谱理论和体例

私家的家族谱不但编著多,质量也比宋元时期有明显的提高,主要表现在修谱理论的发展和谱例的进一步完善。谱学理论家迭出,这里不拟多占篇幅,仅述明初方孝孺和清后期朱次奇的谱学观点。方孝孺写有多篇关于宗法、宗族、族谱的文章,收在《逊志斋集》中,《族谱序》较完整地说明了编纂大规模宗谱观点:"谱者普也,普载宗族远近姓名讳字年号。"他明确要求族谱记载本族所有的人,而不论亲疏远近。他又深入地说:"谱者布也,敷布远近百世之纲纪,万代之宗法源流。"意思是说族谱讲明宗法伦理和宗族源流,使宗人通晓遵守及和睦宗亲。要之,他是针对谱学权威欧、苏二氏的小宗谱法反对详亲略

① 张秀荣:《孔府档案概述》,《历史档案》1959年第1期。
②《天津日报》1994年12月26日。

疏,主张不分远近,将同祖先的族人都记录到一个宗谱里。为什么强调大范围编写?他的理论根据就是祖先崇拜的一本观念。他打比方说,千枝万叶都生于树根,根的状况决定枝叶的枯荣,人也是如此,族人尽管可以区分为五世近亲和五世外的远亲,但都是一个祖宗所生,所以族谱要把同姓宗亲记载在内,"考究乎先世之踪,以示万代之子孙也"。

方氏从写大族谱出发,提出族谱体例,包含十项内容,即一"序",讲得姓的根源;二"记",记载族人世系;三写爵禄,说明宗族的根基;四给有官职的族人作传记;五叙述坟茔所在地点和状况;六述妻妾娘家历史;七记载族女的婆家;八给有功名而又讲究忠孝伦常的族人作传;九推崇尚道德高尚的隐逸;十表扬在乡间有义行的族人。①方氏的十类,比欧苏体例有增添,加了坟茔、适女(族女)类项;有精详,将作传的人物区分成不同类型,实际上扩大了写作族人传记的范围和内容。他设计的坟茔类,有些像纪传体正史中的"志",人物分类也向正史列传的分类靠近。总之,方孝孺是对宋元族谱进行吸收,提出扩大记录范围的大型族谱法和向正史体例学习的族谱体例。

广东南海进士朱次琦撰文《南海九江朱氏家谱序例》,收在他的《朱九江先生集》中。以"序例"命篇名,不是他的创造,《四库全书》总纂纪昀写过《景城纪氏家谱序例》②,就使用"序例"为题名。"序例",不是一般性的序言、凡例,而是论述族谱的编写方法,讲求体例和书例,并加以论证,是谱学理论之作。朱次奇总结清人修谱义理和实践,在《序例》《南海九江朱氏家谱序》《朱氏传芳集凡例》等文抒发谱学见解,要义有三:(1)系统地提出族谱编辑体例、书例。体例分为七类:宗支、恩荣、祠宇、坟茔、艺文、家传和杂录。至于具体表述,即书例方面,对祖宗名讳、官爵、妻妾、子女、立嗣、除名等内容的写法作出规划。这样,他继纪昀《景城纪氏家谱序例》之后提出了完整的族谱体例和书例,并为后人肯定和效法。(2)朱氏强调重实证的修谱指导思想。他说"谱牒之学,史学也"。既然是史学,就应尊重史实,写家谱要言之有据,须在文中注明资料来源。对于修谱中出现的攀附先贤和虚美先人的弊病,朱氏甚为不满,批评欧、苏二氏及名家归有光、黄宗羲等人在这方面的缺失。(3)对谱牒学史进行勾勒。将谱学史分为四个时段,即先秦时代官修谱牒,与宗法制相维

① 方孝孺:《逊志斋集·族谱学》,中华书局四部备要本。
② 收入纪昀:《纪文达公遗集》。

系;两汉没有谱学;魏晋至隋唐士族制盛行的同时,是谱学的复兴;五代以后少数人修谱,但犯有攀附华腴虚张勋阀的毛病。他的看法虽然不能全部符合谱牒史实际状况,但他将谱学与宗法制相联系,试图抓住事物的内在本质,方法恰当可取。

综合各谱家的理论和宗族修谱的实践,谱书的体例可以归并为十七项:一为序,述说家族修谱的历史和要旨;二是恩纶录,辑录朝廷及地方政府对族人的表彰文字;三像赞,收录先人画像及赞语,以及遗墨、遗物;四先世考辨,叙述族源及迁徙史;五世系,以图表形式反映家族成员的世系关系;六世系录,成员世系名下注出生平要素;七祠堂,记录宗祠构成及建造历程;八坟墓,记述墓地及所葬先人及其葬向;九祠产,辑录宗族公产及其原始文献、管理方法;十宦绩,记叙做官的族人事迹;十一传记,反映有一善一行成员的事迹;十二宗族规约、祖训;十三著述,介绍或过录族人的著作;十四派语,记载家族排行字句;十五转录官方重要文书,如圣谕、五服图等;十六余庆录,在族谱结尾处装订几页空白纸,书写"余庆录"字样,表示子孙绵延亿载;十七领谱字号,填写领谱人及谱书字号,以昭郑重和珍重保藏。

这些类项,可以概括为序、表、传、"志"、图五大类。序言表达修谱主旨及编纂历程,是谱书之纲目。表是谱书主体部分,写出所有的宗族成员名号及其在宗族中的世系位置,也即在宗族地位的定位。传是给各种人物作传,从官僚到孝子顺孙、节妇烈女都有可能被写出。"志",这里是借用正史、典志史、地方志体裁的名称,如正史中的食货志、礼志、艺文志之类,族谱中的祠堂、坟茔、宗规、著述,是家族史中的专史,相当于史志里的志体,如祠产可类比为食货志,著述可方之为艺文志。族谱发展到有序、表、传、"志"、图体例,与国史、方志接近,表明它在体裁上规范化和史志化,同时表明它能容纳丰富的宗族史资料。

(四)谱学功能的多样化

比起宋元的谱牒,明清族谱的功能有着明显的增强。它的功用表现在四个方面。首先是教化作用。族谱所刊载的族规、祖训、宗诫、圣谕,讲求忠孝,尊祖睦族,实践人伦,是以宗法思想向族人施行教化。教化功能实质是一种政治功能,是让人做安分守己的顺民,不做不良分子(莠民),尤其不做乱民。族谱规约中禁止进祠堂和上谱的人,是犯了不忠不孝罪的,为盗作匪的,信仰异端邪说以及信奉佛教、道教的,习下流不务正业的,这是用政治和伦理标准衡量族人行为,可见规约本身就充满政治思想内涵。其次是建设宗族的作用。宗人之间是有血缘关系,若没有宗族组织对族人加以联络则关系松散,通过编修族谱将大家联系起来,凝聚在一起,主持人及撰修人成为宗族的核心,将族人组织化,从而产生宗族;即使原来有宗族组织形式的,由于修纂谱牒,制订宗规族诫,加强祠堂、祖坟、族产的管理,也令宗族建设走向完善。再次是直接政治功能,就是旗人的族谱,当做出仕、袭爵的证明材料。最后是处理民间纠纷的一种依据。民间发生财产、继嗣纠纷,甚至于命案,政府在处断中,必要时提调两造族谱,作为一种辅助证明材料。要而言之,明清的族谱主要作用是建设宗族和施行教化。

七、谱牒修纂史小结

古代谱学,归结起来可以分为两大发展时期,即以唐代作为划界的官修期与私修(民修)期,不同时期在修纂人、类型、体例、功能诸方面有着明显的差异。官修期的撰著人是朝廷指定的官员,在政府衙门里编写,是为王朝、为他人而作,而不是为本家族;私修,其编纂者无论是官或庶民,都是为自身宗族修谱,大多数情形下不借用他人之力。官修时代,通国谱和州郡谱为人们所关注,成果多;私修期之家族谱由原先的次要地位,上升为谱牒主流,而令通国谱、州郡谱成为稀见之物。体例方面,官修谱关注于族源、世系和人物小传,私修谱继承之,更重要的是发展、丰富谱牒体例、书例,最终使谱书正史化,成为拥有表、传、"志"、图的能够全面反映宗族史的完整史籍体裁。社会功能方面,官修期政治性强,是为选官、社会上层选婚而使用;私修期主要起教化作用,从这一角度维护传统社会政治,同时也起到联络族人(聚族)的社会功能作用。

八、谱牒学术资料价值与民众历史

古代族谱及其所书写的内容都是适应其产生的那个时代的需要,具有社会实用价值,起着巩固社会政治制度、组织人们社会生活的作用。历史发展到今天,作为古文献的宗族谱自然失去了它的实用性,但它作为民众的史书永放光彩,所保存的丰富历史资料,可供学术研究利用,是我国的宝贵文化遗产。

(一)古人对族谱史料价值的认识和运用

谱牒作为学术研究文献,在它产生的时代就被研究者采摘过。前面说过司马迁作《史记》使用过它的资料,其后裴松之注《三国志》、刘孝标注《世说新语》,大量采用谱书材料,因此唐朝人将谱书归入史部,予以高尚位置。宋代以降,由于族谱内容的一些讹误,降低了声誉,乾嘉学者又为它恢复名誉,钱大昕指出:"谱牒之学,史学也"①。章学诚在《文史通义》中将族谱作为编纂地方志的资料来源之一。梁启超在《中国近三百年学术史》更高度赞扬族谱,谓之为"重要史料之一","实可谓史界瑰宝"。古人的利用,古人、现代人对族谱资料价值的理解,无不证实族谱的学术资料价值。

(二)族谱——民众的史书

正史是帝王贵胄社会上层的史书,地方志也是社会上层、地方精英的史籍,社会下层、普通民众的历史,与正史、方志无缘,唯有族谱是他们的史书。

清朝人编修族谱常有"家之有谱犹国之有史"之说,将家谱与国史类比,虽有用众人皆认可的国史地位来凸显家谱身价,以张扬族谱的用意,不过比喻是恰当的,族谱确实是家族史,是民间史、民众史。族谱的世系表图记载每一个族人的基本信息,包含他的父母(乃至祖父母以上先人)、兄弟(以及堂兄弟)、妻室、子息以及姊妹、女儿及其婆家,本身的年岁(生卒)、职业、功名仕宦(如果有的话)、坟墓场所。宗族有谱书,就有个人的历史记录,异日子孙可以查找到,从而满足历史的归属感。所以20世纪90年代笔者在农村做田野调查,得知村民对上家谱的态度,虽然要交谱费,可是很乐意,原因就是个人有了历史记录,相比之下,对政府的人口调查倒不关心,以为那与个人没有什么关系。普普通通的个人因族谱有了历史记录,族谱真是了不起的文献。从宗族讲,族谱是族史,是不需要费力论证的事情,这里仅就族谱与宗族史关系作出勾勒:族谱记录宗族结构,祠堂组织、规则、职能和建筑,宗族祭祀及礼仪,宗族义产及其经营,宗族的伦理教育和文化教育,宗规祖训制约下族人的职业选择,婚嫁丧葬方式,交游的原则,文化娱乐生活,人们的宗法观念及修谱指导思想。所有这些,能够反映宗族是怎样的一种社会组织,它同族人家庭、社区社会和政府的关系,它的社会作用。比如直隶故城《秘氏族谱》记叙该族历

---

① 钱大昕:《潜研堂文集》卷26。

史,述及宗族移徙定居史:"先世由北通州里儿寺,占籍故城,居郑镇北之五户村,自有此谱则里邑迁徙可证也。"职业的耕、读两项,产生仕宦之人:"始祖而下业农,三世为庠生,代有名儒,六世乃贵显,七世、八世先后屡举孝廉,至九世成进士,以明经登仕籍者指不胜屈,自有此谱,则文章吏治可考也。"族谱还记载家族出现的德行高尚之人,"纯孝有人,殉难有人,坦率颖异秀丽有人,笃行好学有人,自有此谱,则潜德俊彦可稽也"。如其族人德兰为高尚之士,出嗣伯父,奉养数十年,既殁,营葬成礼;其兄伸枝早丧,家道零落,乃平分个人的产业,为其立后;舅氏袁某贫困,能曲体母意,赡给弗懈,并周恤其子孙。更有贞女烈妇的问世,"至于贞女之被虏不屈,刘氏之死之存孤,自有此谱,则妇道节烈益可彰也"。因此序谱者认为"秘氏一谱,史之义在是矣","行将与史册争光矣"。①一个耕读传家,且有仕宦之士的宗族,呈现在读者眼前。这个宗族是传统社会的个案,亦为一种典型。清朝康熙间进士、学政、云南人谢履忠为江西宜黄谢氏族谱撰序,云该谱所载人物、艺文,莫非献典;祭产、丘墓,悉属名胜;大宗图、小宗图,能明宗法。②谢氏亦为耕读仕宦之族。秘氏、谢氏的耕读之家,是传统社会人们职业、理想的展现,反映宗族的基本历史状况。

族谱记叙的家族史,反映的是社会最基本的状况,主流的观念,正常社会秩序下与非正常状态下生活对比,社会变革对人们生活的影响,所造成的人们思想意识的更新。所以说家族史是具体而微的国史,反过来说国史是一个个族史的整合物、综合物,族谱的宗族史与国史的整体史,真是相为表里的。族谱是民众史,应当珍视;民间有史,民众有史,中国史学的传统,值得大书一笔。③

(三)族谱提供全方位的历史资料

近当代学者不乏使用族谱资料从事学术研究的,而且成就颇富。潘光旦从人口婚姻的角度利用族谱资料和研究谱学史,撰著《明清两代嘉兴的望族》④。罗香林研治民族迁移史和社会发展史使用族谱资料,著作《中古族谱研究》⑤专著。潘氏、罗氏因留意人口史、民族史而使用族谱资料,是两个案例,表

---

① 故城《秘氏族谱》,康熙间《序》,宣统二年重修本。

② 谢赋文等修纂:《宜邑谢氏六修族谱》,康熙五十八年《初修旧序》,同治九年刊本。

③ 参阅冯尔康:《略述清代人"家谱犹国史"说——释放出"民间有史书"的信息》,《南开学报》2009年第4期。

④ 潘光旦:《明清两代嘉兴的望族》,商务印书馆,1947年。

⑤ 罗香林:《中古族谱研究》,香港中国学社,1971年。

明族谱文献可资利用,当然,族谱资料不限于人口史、民族史,史学所有的领域都有其研究素材,它的学术价值是多方面的,鉴于本卷《宗族制度、谱牒学和家谱的学术价值》中已有论述,这里不再重复,仅补充未及内容:

从社会问题方面来观察,谱牒资料的价值亦不可或缺。如记录战争对民间、社会的影响。族谱往往述及战乱的破坏性恶果及影响,诸如族人死难,族谱焚毁,而丧乱之余,人们更加珍视宗族群体,着力恢复宗族活动和续修谱牒。直隶沧州刘氏于光绪九年(1883)编修族谱,回忆明清之际家族的不幸遭遇,先是"崇祯末年刘氏家庙、族谱、一切住居房屋均遭回禄",接着是"国朝定鼎之初,所有地亩尽被旗圈所占,一败涂地,至于此极,数世而后,虽有志欲继修家谱者奈财力不及未能遂愿,又兼文献不足遂绝笔焉",迨至乾隆四十六年(1781)始能修成族谱。①"圈地",是清初与"剃发""易衣冠""迁海"等构成五大弊政之一的恶政,至清末刘氏才敢书写出来。广东惠来洪氏系明代由福建漳州迁入,其康熙三十三年谱序讲述明清之际的族人遭遇:族谱遭兵燹而遗失,康熙八年(1669),"蒙皇恩展界,随移居沙墩乡"②。清初的迁海令,造成闽粤沿海居民的流离失所,是一大灾难。后来取消迁海令,民人才能恢复安定的生活,洪氏谱序的"蒙皇恩展界",道出了迁海令下民人的灾难。宜兴《筱里任氏家谱》光绪十四年(1888)的《第十二谱序》,讲到咸丰四年(1854)修成十一谱,此时丁口不下四五千,咸丰十年(1860)遇上太平天国战争,人口存者什二,谱籍又均散失,其仅有存者,亦大半残缺。③同地庄氏亦受太平军影响,《光绪元年修谱序》:咸丰末年"食旧德者半为国殇,其存者流离转徙,散之四方"。及至同治三年(1864)清军复常州,族人相率回归,存丁口三百八十余,不及战前三分之一,团聚而谋修谱牒,恤存亡之道,遂在光绪元年(1875)续谱成功。④

族谱资料对社会变化与时代气息的反映。宣统元年(1909)山东黄县王氏族谱的王常翰谱序,运用古代所没有的"伦理学""进化论"的概念讲述家族人际亲等关系,家族与国家的关系——"君臣、朋友、国家,以家族为起源,社会以家族而肇始。礼以亲族为本,法以亲族为规,研究伦理学者,必先自五等亲

---

① 沧县《刘氏族谱》,光绪《序》,刘辛庄刘德瀛等藏。

② 洪宗海、洪已任编辑:潮州《洪氏宗谱》第1册,康熙三十三年《惠来族谱序》,民国十一年汕头名利轩印务局铅字排印本。

③ 任承弼编:《宜兴筱里任氏家谱》卷1《第十二谱序》,民国十六年一本堂刊本。

④ 常州《毗陵庄氏增修族谱》,《谱序》,光绪元年本。

始,职是故也……由亲等而家族,由家族而种族,竞争提携,由近及远,进化之公例也。"①光绪三十四年(1908)浮梁人刘燮材在《光绪戊申续修族谱序》中将生物学知识运用于社会学,论述人群及人群之三类划分,即"地合之群划以疆域,人合之群萃以流品,天合之群统以派系"。天合之群就是宗族,而宗族之合,又是靠宗法维系。他进而述及戊戌变法及其后的新政:"窃谓朝廷变法图治,月异日新……废科举而起学堂,若农若工若商若军若医,悉与士人纳入辟雍之域,人群美备,度越前古。近复诏各府厅州县,举行地方自治。……今当举行地方自治之日,而吾谱适告成功,然则吾今日对于此谱,则又不目为告朔之饩羊而直目为导涂之老马可也。"②他希望在地方自治之中宗族的天合之群得到振兴和发展。

族谱的这些学术资料价值,总括起来说,是为勾画中国历史全貌供给丰富的不可或缺的素材,而且也为史学的综合研究法的进一步实现提供可能。综合研究是史学研究的主要方法,没有族谱资料当然也可以使用这一方法,但难于做好,因为资料本身的不全面,怎么能做到全面的综合研究。还需要看到,族谱是民众的史书,是普通老百姓的史书,民间看重它,学术界、社会各界均宜尊重它,宝贵它,很好地利用它。

(原载冯尔康《中国宗族制度与谱牒编纂》,天津古籍出版社,2011年)

---

① 王次山修:《黄县太原王氏族谱》,《重修族谱序》,宣统元年刊本。
② 刘燮材纂:《南阳刘氏宗谱》,光绪三十四年刊本。

宗族制度、谱牒学和家谱的学术价值 *

族谱和谱牒学是伴随宗族及其制度的存在而产生的,反之,谱牒学又影响着宗族和宗族制度的发展演变。宗族制度在我国社会生活中的重要性、长期性和影响的深远性,与世界各国迥然不同,可以说是我国历史的一大特点。同样,谱牒学的发展也异常突出。因此,研究有着内在联系的宗族制度和谱牒学的关系,阐明谱牒的学术价值,对于分析中国历史和文化的特点,认识我国宗族、家庭的过去和未来,会是非常有益的。这或许就是我们编辑《中国家谱综合目录》一书的意义所在。

一、宗族制对中国历史广泛而深刻的影响

要懂得中国宗族制度的历史作用,只有把制度本身梳理清楚,才便于了解它的社会作用及其产生的原因。为此,我们首先从社会结构的角度来考察宗族。

(一)社会群体的宗族

什么是宗族,东汉班固在《白虎通》书中写道:"族者何也。族者凑也,聚也,谓恩爱相流凑也。上凑高祖,下至玄孙,一家有吉,百家聚之,合而为亲,生相亲爱,死相哀痛,有会聚之道,故谓之族。"[①]族是聚合一个个互相恩爱的家庭,这家庭是由高祖到玄孙不同辈分的各代人组成的。所以说,族是有男性血缘关系的家庭的聚合体。

至于"宗",班固是这样写的:"宗者何谓也,宗者尊也。为先祖主者,宗人之所尊也。礼曰:宗人将有事,族人皆侍。古者所以必有宗何也,所以长和睦

---

* 本文系《中国家谱综合目录》一书的"代序",该书系国家档案局二处、南开大学历史系、中国社会科学院历史研究所图书馆联合编纂,笔者为编纂组负责人之一,该书由中华书局于 1997 年印行。

① 《白虎通》卷 3,乾隆甲辰抱经堂版,第 14 页上。

也;大宗能率小宗,小宗能率群弟,通其有无,所以纪理族人者也。"①族人有血缘关系,应当崇奉尊长,这是自然的道理,但要实现它,还要经过人为的努力,宗就是组织族人,按照一定的原则服从尊长和管理族人。换言之,宗是把散漫的族人组织起来,并有首领。

我们对于宗与族的理解,吕思勉在《宗族》中已经说明了:"宗与族异。族但举血统有关系之人,统称为族耳。其中无主从之别也。宗则于亲族之中,奉一人焉以为主。主者死,则奉其继世之人。"②宗族,就是有男系血缘关系的人的组织,是一种社会群体。这里需要特别指出的,它不只是血缘关系的简单结合,而是人们有意识的组织,血缘关系是它形成的先决条件,人们的组织活动,才是宗族形成的决定性因素。

人类社会自父系氏族公社起,可以确定男性系统的血缘关系,此后就有出现宗族的可能。中国历史上最迟到殷代已有了宗族,产生了王族、子族。周代有了大宗之族、小宗之族的宗族结构。宗族成员系一个男性的后裔,由于繁衍不息,人口增多,少的几十人,多的几百人、几千人、几万人,如北齐时期,瀛州、冀州的刘氏,清河的张氏、宗氏,并州王氏,濮阳侯氏,"一宗近将万室,烟火连接,比屋而居"③。宗族内部构成,因人数多少和辈分结构的不同而有差异,在人口较少的宗族,由族人家庭直接组成宗族,其结构为:家庭—宗族;在规模较大的宗族,血缘近亲的家庭,成立家族组织,其结构则为:家庭—家族—宗族;规模庞大的宗族,人们辈分多,族人家庭间有的血缘关系已疏远,于是根据各自先人的情况形成多层次的组织,这就是:家庭—家族—支族—宗族。这些是宗族结构的普通形态。在宗族多层次结构中,核心是族人家庭,财产基本是家族所有,族人各家自行生活。

与宗族的构成相联系,宗族有着自身所特有的组织,管理宗族内部事务。早在周王朝,政府设有宗正,掌管天子姬氏成员。④秦汉以降,中央政府均建立宗伯(或名宗正寺、大宗正院、宗人府),"掌序录王国嫡庶之次,及诸宗室亲属

---

① 《白虎通》卷3,乾隆甲辰抱经堂版,第13页上。
② 吕思勉:《中国制度史》,上海教育出版社,1985年,第71页。
③ 杜佑:《通典》卷3《食货·乡党》。
④ 《汉书》卷19上《百官公卿表》,中华书局标点本(下引二十五史材料均出此版本,不再一一注明),第3册第730页注①。

远近,郡国岁因计上宗室名籍。"①明确宗室成员的相互关系,以便管理。皇室以外百官庶民的宗族也有其组织,明清时期普遍地叫祠堂,规模大的下设支祠、分祠。祠堂、支祠、分祠都有管理人,为族长、分支长、房长。有的祠堂组织严密,有一整套机构,如清初宜兴筱里任氏祠堂设有宗子,管祭祀,宗长主管全族事务,宗正协助宗长理事,宗祠掌管伦纪,宗直处置族人纠纷,宗史记录宗族历史,宗课管理宗族公共经济,宗干帮助宗长处理具体事务,此外还有宗守、守祠人、守墓人等杂役。②这类祠堂有点像国家政权,把全宗族的事务都管起来。

族长拥有管辖族人的权力,族人也在族长治理下过着宗族的生活。族长的第一个职能是主持祭祀,以隆重的形式纪念先人。族长根据宗法原则,处理族人间的纠纷,惩治违犯族规者,并对政府负责,维护族内和聚族而居村落的治安,它对族人具有仲裁和伦理执法的身份。

宗法原则的重要内容是大、小宗法。大宗管辖小宗,其精神是"以兄统弟"。③它实现的条件之一,是大宗给予小宗以生产资料——土地,即所谓"收族"。

宗族有着多种功能,它拥有或多或少的共有经济,由族长管理,用以祭祀和赈济贫苦族人,实行族内互救互助。族长还对族人进行伦理的教育,有条件的开办宗族义学,进行文化教育。族长对族人有着巨大的控制权,祠堂是宗族存在的体现,祭祖表现出来的"尊祖敬宗"是宗族的旗帜。

由于房分、辈分、年龄的关系,在宗族内部人们处于不同的地位,形成等级的阶梯。以房分为缘由,区别出长房和其他二、三、四等房,长房为大宗,其他房为小宗,大宗统治小宗;人们在祠堂中的地位形成宝塔式:族长—分支长—房长—族姓子户;血缘关系也把族人区别出尊卑,辈分高的为尊,辈分低的为卑,而不必管族人的年龄大小,所以俗语说"摇篮里的爷爷,白胡子的孙子";在同一辈分中,年岁的大小又生出长幼之别,少对长有尊崇之礼。族人的房分、辈分、年龄复杂多样,使人际关系也错综复杂,但他们同处在宗族等级阶梯之中则是人际关系的本质。

① 《后汉书》志 26《百官志三》,第 12 册第 3589 页。

② 民国《宜兴筱里任氏家谱》。

③ 瞿同祖:《中国法律与中国社会》,中华书局,1981 年,第 22 页。

上述宗族宝塔式的基础是族姓子户,在户内又实行父家长制,所以那个宝塔还要增厚塔基,成为这样的形式:族长—分支长—房长—家长——一般族人。族长制与父家长制紧密地结合在一起,牢不可分。

宗族由族人家庭组成,家庭是社会细胞,是最小的社会群体,也是最普遍的社会组织。宗族的规模虽然比家庭大,但也是我国古代普遍存在的社会群体。同时,社会还有各种群体和组织,如会馆、原始宗教、佛教、道教、民间的秘密宗教、秘密结社、士人的文社、社会救济的团体,还有各种社会等级、阶层、阶级,如贵族、平民、贱民等等。宗族比起它们基本上就是小的群体了。在社会结构的层次中,宗族和家庭是初级群体,其构成简单,成员数量少,它不同于社团、等级等高级群体;但是宗族的数量多,散布在社会的各个角落,具有普遍性,同时存在时间长,比会馆、佛教、道教等社会组织都出现得早。

总之,宗族是男系血缘关系的社会群体,有组织机构,有经济力量,有处理内部关系的伦理和准则,是中国社会结构中的一个重要组成部分,具有不容忽视的社会地位。

(二)与宗族制度结合的家族政治

我国古代实行的是家族政治,与宗族制度紧密结合。历代统治者所采取的与宗族制度有关的重大政治措施,主要有如下几点:

实行分封制。周天子将其伯叔、兄弟、族亲封为诸侯,给他们领地及其内的民人,诸侯到领地内理政,征收赋役,同时向天子纳贡。分封是依照宗族制度中的大、小宗原则进行的。按照宗法,周天子为大宗,其嫡传世代为大宗;被封的族亲为小宗,其后裔也以小宗相传;世世尊奉天子为大宗。天子给他们以封地,就是实行宗法的收族原则,使小宗团结在大宗的周围。所以分封制与宗法制相辅相成,互相维护。春秋战国时期,分封制遭到破坏,秦朝时进一步加以废除,但它在中国古代史上始终没有绝迹,汉高祖大封同姓王,并让他们到封国去掌管民事。到汉景帝时,发生了吴楚七国之乱,此后,分封宗室的事情在历代王朝仍有出现,只是藩王仅收赋税,不理地方民政,与西周的分封已大异其趣。但是,诸王在政治上时或起着"夹辅王室"的作用,他们或者还要参预一些朝政。在特殊的情况下,他们更能起到影响历史进程的作用。如明朝在北京被推翻后,其封藩福王、唐王、桂王、韩王先后建立政权,以明王朝的旗号持续了近二十年。不难理解,与宗法制相结合的分封制及其变形,是历史上的一种重要的政治制度。

实行从宗族中选官的制度。古代统治者认识到在家庭、宗族中实践孝道的人，必然会在朝廷上忠于皇帝，[1]于是实行求忠臣于孝子之门的政策。汉宣帝下令郡、国各举孝廉，任之以官。[2]后世王朝多开孝廉方正科，从中取士用为官吏。儒家讲孝悌是仁之本，是希望宗族团结实现国家的治理，从孝子顺孙中选官，既是用忠臣，也是支持宗族。魏晋南北朝实行九品中正制，把宗族区分为不同的等第，东南有"吴姓"，山东有"郡姓"，江左有"侨姓"，关中有"郡姓"，代北有"虏姓"，郡姓是士人以阀阅定等差，凡三世有三公者为"膏粱"，有令、仆者为"华腴"，有尚书、领军将军、护军将军以上者为甲姓，九卿、刺史为乙姓，散骑常侍、太中大夫为丙姓，吏部郎以上为丁姓，凡得人者，称为"四姓"。北齐时，凡不在四姓之内的，不得被举为秀才、州主簿、郡功曹。[3]于是形成"上品无寒门，下品无士族"[4]的局面，作为世族的宗族成员可以高官厚禄、把持朝政，这种任官制度也是以宗族制为前提，不过它特别有利于宗族中的世族、士族。

法律中的宗亲原则。历代法律有不少关于宗法制的内容，名例律中的"八议"，第一条是"议亲"，给皇帝五服以内亲属以特权，其用意如《唐律疏议》所说："义取内睦九族，外叶万邦，布雨露之恩，笃亲亲之理。"[5]以维持亲亲之道。"十恶"中有"不睦"一条，是关于宗族内部犯罪的，对谋杀及出卖五服以内尊长的卑幼严行惩治，即使大赦也不赦免。在具体量刑上，凡卑幼对尊长犯罪，处刑重于常人间的犯罪，而尊长迫害卑幼，处刑又轻于常人间的犯罪。法律给尊长以特权，维护宗族内尊卑长幼的等级秩序。法律保护宗族的财产、祖坟，对危害者的处刑比凡人加重。法律处理族人犯罪，奉行的是重情而不重理(事实)的精神，即重血统之情、伦理之情，把事情的是非放在第二位，这是法律的贯彻孝道精神。法律惩治官民，情节严重的，不仅涉及犯罪人本身，还有他的家属，甚而他的宗亲，这就是法律上的灭三族、五族、九族。

利用宗族宣扬教化。政府通过宗族宣传纲常伦理和政令，发展到清朝，各宗族朔望拜祖宗时要宣读康熙帝的"圣谕十六条"、雍正帝的《圣谕广训》，使

---

① 《后汉书》卷26《韦彪传》，第4册第918页。

② 《汉书》卷8《宣帝纪》，第1册第250页。

③ 《新唐书》卷199《柳冲传》，第18册第5677页。

④ 《晋书》卷45《刘毅传》，第4册第1274页。

⑤ 《唐律疏议》卷1。

它们成为宗族成员的必修课。政府采取表彰模范宗族的措施,作为实行教化的另一种手段。据清代史家赵翼统计,南北朝至明代的千余年间,政府表彰的模范宗族有 146 个,[1]事实上远不止这个数字。

支持族长的权力。政府有时设立族长,管理民间宗族,如北魏建立宗主督护。[2]北周太祖宇文泰率众进入关中,建立政权,对追随而立功者,命其为该族宗长。[3]清朝设立族正、族副,管理该宗族成员。宗主督护、宗长、族正和各宗族族长一起辖治同宗民众。

对豪宗巨族的支持与限制。豪宗巨族参与一个政权的兴建和巩固,相应的得到该政权的奖励与保护。耿纯率领全宗族参加刘秀队伍,使该族成为与东汉共存亡的望族。[4]三国时李典、许褚分别带领宗族协助曹操打天下,皆成为名将。在一个政权变乱时,如晋朝南迁,许多宗族结队相随,获得东晋政权的青睐。当农民起义发生时,有的宗族结寨自保,或组织军队参加对农民军的镇压,其作用有时比地方政权还厉害。[5]这类宗族自然会得到政府褒扬,族人因而进入官场。豪宗巨族的活动有时也会危害地方治安,扰乱政治。有时强宗为恶一方,公然与地方官相对抗;有的是宗族之间不遵守政府法令,擅自进行械斗。政府为清除隐患,有时采取打击强宗的政策,其措施之一就是强迫迁徙,使其离开故土,到新地方,宗族势力自然大大削弱了。秦始皇、汉高祖、汉武帝、明太祖、明成祖都是强力推行这一政策的帝王。

上述政权与宗族的关系,令人看到有一条主导精神,就是"以孝治天下"。从政权上的官制、学校的教育、法律的条文、伦理的宣传,无一不表明统治者实行以孝治天下的方针,希望以此达到其政权的稳定。而宗族得到这一方针的支持与保护,乐于同政权结合起来。

(三)宗族制对民众生活的影响

宗族制度在与政治联系之外,还有对族人生活的种种规范,明确宗族组织(如祠堂)的权力,规定族人的做人原则与生活道路,它直接影响民众的日常生活,诸如生活方式,婚嫁丧葬,祭祀祖先,财产继承与经济互助,族内、族

---

① 赵翼:《陔余丛考》卷 39。
② 《魏书》卷 53《李冲传》,第 4 册第 1180 页。
③ 《隋书》卷 33《经籍志》,第 4 册第 1180 页。
④ 《后汉书》卷 21《耿纯传》,第 3 册第 762 页。
⑤ 参阅顾炎武:《顾亭林诗文集·裴村记》,中华书局,1959 年,第 100 页。

际人际关系等等。

族人参加宗族祭祀。祭祖在古代的宗法社会是一种极大的事情。"祭者，所以追养继孝也。"①孝子事亲有三项内容，就是生养、死葬、丧后之祭，祭先人是尽孝的基本内容。祭祀先人有家庭之祭、宗族之祭，两者又是结合的。祭祖有其组织机构与礼仪。《礼记》谓国君有七庙，②后世皇室有太庙，明清两代君主在其宫室的左侧建太庙，与右侧的社稷坛相对称，为拥有政权的标志，可见太庙祭礼的重要性。贵族、官僚家族、庶民宗族也各有祭祖的场所，名为家庙、祠堂，如清代学者钱大昕所说："祠堂之设，以祀其先祖，俾族姓不忘其所自出。"③宗族的祭礼，最重要的是冬至祭祖、清明扫墓，宗祠祭祀隆重、肃穆。祭祀作为盛大事情，宗族成年男子必须参加，这既是他们的义务，也是他们的权力，不出席会受到处罚，而一旦不许进祠堂，这个人就被宗族开除，不再受保护。可见祭祀是族人宗族生活的重要内容。

族人参与宗族互助。按照宗法制和分封制，大宗要给小宗以土地，才使小宗有向心力。分封制破坏以后，宗族不可能再给族人经济实惠，但是热心宗族事务的富有者给予族人一部分财产，表示同宗共财的意思。但这种人是间或出现的，少数的，不成为照顾宗人的制度。到了北宋年间，以"先天下之忧而忧，后天下之乐而乐"为己任的范仲淹创办范氏义庄，以个人田产赡养族人，从此形成义庄制，使宗族救济贫穷族人制度化了。

族人接受宗族制裁。宗族多有法规，处罚族人，族人就在下述种种限制下生活。(1)开除族人。首先出现在皇家，汉景帝在平定吴楚七国之乱后，立即削除与吴王刘濞有联系的楚元王之子刘蓺的宗籍，以免他玷污宗室。④后世民间向皇家学习，对于谋逆悖伦显著者，采取除名出谱的办法。(2)限制族人的职业，只许从事士农工商四民之业，且往往以士农为贵，轻视从事工商的人，不许做奴仆、皂隶、倡优、僧道、巫师，以免这些贱人带累宗族，降低社会地位。(3)限制族人的婚姻。宗法制度，皇室或民间娶亲有"三月庙见"(或"三日庙见")的仪式，新妇要进祠堂拜祖先，才算是宗族的正式成员，但允许庙见与

---

① 《礼记·祭统》，《十三经注疏》本，中华书局，1980年，第1602页。

② 《礼记·祭统》，《十三经注疏》，第1589页。

③ 钱大昕：《潜研堂文集》卷2《钱氏祠堂记6》。

④ 《汉书》卷5《景帝纪》，第1册第143页。

否,要看新妇的出身。(4)不许随意告官。族人间的纠纷,要到祠堂解决,所谓"在祖宗神位前谕曲直,判是非",族人不得先到官府告状;否则,即使理直的人也要先受到宗祠的不告之罪的惩罚。祠堂判理是"以尊卑定顺逆,以曲折定是非"①。(5)控制族人文娱活动。宗族不许族人演唱戏曲;禁止青年人看小说,不准妇女出入寺院,以免"伤风败俗",维持风化。(6)以私刑处置族人。祠堂对违犯宗规的族人实行各种体罚,诸如打板子,罚跪,捆绑示众,以致于打死、活埋、沉潭。

族人参与修谱活动。编纂宗族图籍是宗族的一项重要活动,正是本文将要在第三大部分写出的内容,这里不赘。

族人接受宗族教育。有两种形式:一是在祭祀时听讲宗规家训和朝廷法令;二是进入宗族义学,读书学习。

联宗。本应为血缘亲属互认本家,但是没有血缘关系的人,或已无法确认血系而同姓的人,为了某种目的,认为同姓同宗。汉高祖刘邦为嘉奖娄敬定都关中的建议,特赐其刘姓,视为同宗。②民间联宗之风历代延续不断,明清之际学者顾炎武说:"同姓通谱最为滥杂,其实皆植党营私,为蠹国害民之事。"③为一己一族私利,冒认同宗,实是弊风陋习,但它却不失为宗族生活的一项内容。

宗族对外为一体,在其内部,除了血缘的尊卑长幼的差别,在政治身份上,财产占有上分化很厉害。在各个宗族里,不同房分有高下之别,其成员贫富大相径庭。以"四世太尉,德业相继"而著称的东汉弘农杨氏,④其先在西汉已显贵,到杨震时,他这一支衰微,杨震本身"少孤贫,独与母居,假地种植,以给供养"。⑤由于杨震发迹,其子、孙、曾孙代为三公。唐初定氏族志,区别同一宗族支派的地位,所谓"每姓第其房望,虽一姓氏,高下悬隔"⑥。即同宗内子族地位差别很大,同族人甚贫甚富。同宗内有田地的人,还以同宗人做佃户、做雇工,最严重的竟买为奴仆,在明代,浙江诸暨就有这样的风俗。这与宗族伦

---

① 《毗陵庄氏族谱》卷11《训诫》。

② 《汉书》卷43《娄敬传》,第7册第2121页。

③ 顾炎武:《日知录》卷23《通谱》。

④ 《后汉书》卷54《杨震传》,第7册第1790页。

⑤ 《后汉书》卷54《杨震传》引《续汉书》,第7册第1760页。

⑥ 《新唐书》卷95《高俭传》,第12册第3842页。

理不合,所以地方官刘光复发出"禁买同宗子女为奴"的禁令。①这都说明宗族内部贫富分化的严重。在同宗共祖的宗族成员内,实际上形成不同的层次:一方面是拥有大量财产和较高的社会地位的族人,在族内具有较大发言权,如果辈分再高的话,他们就成为族内的特殊阶层;另一方面是贫苦人形成的族内下层,如果他们辈分又小,地位就更加低下。所以,在表面上雍雍穆穆的宗族内部,存在族内上层与下层之别。这是一种严酷的事实,是对宗法伦理的绝妙讽刺。

(四)宗族制度的演变

宗法制度在中国古代经历了三个阶段的变化,每一个时期都有其显著的特点:

1.先秦时期

这是典型的宗法宗族制时代。宗族内分出大小宗的等级,宗子就是族长,世代沿袭,也即极端重视人在宗族中的血缘地位,真正实现以兄统弟的原则。宗法制与分封制紧密结合,大小宗法从而顺利实现。这个时期,宗族组织与国家政权合为一体,政府主持宗族载籍的修纂,保持宗族世系的准确性,宗族制度多实行于贵族、卿大夫以上的社会上层宗族,与平民关系不大;这时的宗族制与封建领主经济相结合。

2.秦汉至隋唐时期

大小宗法业已破坏,大宗已不存在,也即实质上没有宗子,实行的是前一个时代的小宗法,行的是五世则迁的祭礼,宗体及统率关系易于变动。②以兄统弟的原则在很大程度上失去了实践性,族长不完全由血缘地位所决定,而要同他个人的才德相结合。随着分封制的基本破坏,政权与族权分开。北魏三长制取代宗主督护制就是显例。可是政府实行九品中正制支持和保护宗族制度,由于世族、士族及其经济的发展,宗族制在门阀世族中最通行,他们聚族而居,经济上互助,有的还有武装,出仕政府为高官显宦,把族人作为荫庇户,减少对政府的赋役负担,加之两晋南北朝时代民族斗争复杂,汉人为保持民族文化,必须聚集在宗族旗帜下,接受一定程度的保护,以至在族长带领下举族而迁。就是说,这时的宗族制与世族、士族经济、政治相结合。这时因任官制

---

① 光绪《诸暨县志》卷17《风俗》。

② 瞿同祖:《中国法律与中国社会》,中华书局,2003年,第19页。

度的需要,兴修谱牒仍由官方主持,或者要得到它的认可。

3.宋元明清时期

与前期相同,宗族制仍实行小宗法,有权势和财产的人出任族长,代表宗族。[①]随着九品中正制的取消,在形式上政权与族权进一步分离,族权越发受政权的控制,政府允许宗族有多少权力,根据政府的需要来决定,而不管宗族的需求,族长的权力远远小于前一个时代。由于科举制的盛行,庶民可以进入官僚集团,从而强化其宗族,但他们不是世卿世禄,也非世职世爵,不可能长期控制宗族,所以社会上缺少前一个时期那样的世族、士族。这个时代庶民可以掌握宗族,使得宗族制民间化大众化,普遍到更多的族姓之中。[②]祠堂出现在全国各地,这是先秦时期所没有的现象,也是汉唐间所不能比拟的,从这个方面来讲宗族制还在发展。此时宗族与政府的任官制度不发生直接的关系,政府除经管皇室玉牒的编辑,不再过问私家族谱的兴修,作谱完全成了宗族内部的事情。

这样三个过程可以看出,宗族制度的演变,总的趋势是逐渐削弱,有时削弱得还很严重,但不妨碍它在某些方面的复苏、发展。而且终古代之世,家族制始终存在着,影响着整个社会的政治、经济及人们的日常生活。

(五)小结:宗族制对历史的影响

宗族制的盛行,是中国古代历史的一大特色,这一制度对历史的深刻影响,就其大端可以归纳为以下两点:

第一,古代君主专制借助于宗族制而长期存在。"五四"时期喊出"打倒孔家店"的吴虞指出"家族制度为专制主义之根据"。[③]我们可以进一步地认为,宗族及宗族制是君主专制的政治支柱和社会基础,是后者得以长期存在的不可须臾离开的社会条件,这样说是因为君主权力是族长权力的扩延,君主假借血缘关系子遇万民,就是这种表现。更重要的是宗法制与分封制的结合,从政权形态上表明君权是族权的扩大。政权实行以孝治天下的基本国策,通过宗族从思想上、政治上统治人民。宗族内部尊卑长幼的身分差别,发展到君主制下全社会的等级结构,君主专制的经济基础是一家一户的小生产所直接、

---

① 朱瑞熙:《宋代社会研究》,中州书画社,1983 年,第 98—114 页。

② 高达观:《中国家族社会之演变》,正中书局,1944 年,第 72 页。

③ 吴虞:《吴虞文录·家族制度为专制主义之根据论》。

间接提供的赋役,宗族的子户正是这些小生产的组成者,也就是说宗族成员是君主国家赋役的承担者,是构成国家经济基础的基石。

第二,与第一点相联系,宗族制度是造成中国古代社会长期停滞不前的重要原因,它阻碍着社会的发展。宗族制实现的首要条件是聚族而居,这样的宗族主要居住在农村,极少量的官僚宗族集合于城市。到了君主专制社会后期,个别的宗族汇萃于工商重镇,但总的来说宗族散布在广大农村,基本上从事农业生产,这也就是高达观在《中国家族社会之演变》一书中所说的:"家族社会自以寄生于封建的农业社会最为合适。"①农村社会是封闭性的,基本上是自给自足的自然经济,缺少商品经济,所以人们保守落后,不易进取,宗族制正是维护这种封闭型经济的,最怕族人活跃,因此不许无故徙移,不许从事贱业,甚至对从事工商业也加以歧视,所以说宗族制是君主社会经济的稳定剂。宗族用温情脉脉的血缘关系,掩盖内部的、从而掩盖整个社会的等级差别,使人们从思想上安分守常,消弥等级矛盾。宗族又作为政权的一种辅助工具,使人不敢反抗君主专制统治,纵有造反者,宗族又协助政府进行镇压。这样,宗族制起着稳定君主统治和社会秩序的作用,不利于社会变革的发生,阻碍社会变革和向前发展。我们认清宗族制的这些作用,就不难理解中国社会变革的步履为什么那样艰难了。

当然,宗族制也还有另外的作用,如宗族作为民间团体,具有民众互助互济性质。在社会团体极不发达的古代,它的存在活跃社区社会生活,丰富民众生活,这就有了它的积极意义。同时,宗族对社会有很强的适应性,其历史作用在随社会的变革而演变,这也是研究其社会作用应当注意到的。

二、宗谱的编纂与功能

适应宗族制的谱牒和谱学,有它产生和演变的过程,有其特有的类型与体裁,有它的功用。谱牒和谱学是客观存在,但人们对它的认识并不一致,这是我们在说明谱牒的编著及其功能时也要顺便讨论的。

(一)谱牒及其类型、体例

"谱牒"一词,先秦时代就出现了,司马迁在作《史记·三代世表》时就利用

---

① 高达观:《中国家族社会之演变》,九思出版社,1978年,第55页。

谱牒,如他所说:"维三代尚矣,年纪不可考,盖取之谱牒旧闻。"①又说"余读牒记,黄帝以来皆有年数,稽其历谱牒终始五德之传,古文咸不同,乖异。"②司马贞《索隐》解释"牒",是"纪系谥之书","历谱牒"是"历代之谱"。③由此我们知道,先秦历代多有谱牒之书,而谱牒是记载帝王世系、谥号并有系年的著作。司马迁又说"谱牒独记世谥,其辞略,欲一观诸要难",可见谱牒内容简单,世系、谥号、年代之外别无政事等内容。记世系是关于宗族的主要内容之一,后人用谱牒概括宗族谱录的著作是很自然的,也是准确的。下面我们从谱牒之作的各种名称与内容来看其种类和体例。

世本、玉牒。《世本》,《汉书·艺文志》记载:"《世本》十五篇。"下有小注云:"左史记黄帝以来讫春秋时诸侯大夫。"④看上去似乎该书专记诸侯大夫事,其实不然。裴骃《史记集解序》中有司马贞《索引》转录刘向的话:"《世本》,古史官明於古事者之所记也。录黄帝以来帝王诸侯及卿大夫系谥名号,凡十五篇也。"⑤可见,《世本》是记录战国以前帝王和诸侯大夫世系的。《世谱》,《汉书·艺文志》著录有《帝王诸侯世谱》二十卷,⑥也是先秦帝王诸侯谱系。《帝系》,张憕等撰《帝系谱》二卷,⑦专载皇家世系。《玉牒》,宋朝有《宋玉牒》三十三卷。⑧明初著有《天潢玉牒》一卷。⑨清代编有《宗室玉牒》,内含《帝系》《列祖子孙宗室横格玉牒》《列祖子孙宗室直格玉牒》。⑩玉牒也是专记皇家世系的著述。帝系、玉牒、世本、世谱均系记录国君家系的专著,惟《世本》在先秦以前杂记分封制下诸侯的世系,而秦汉以降随着分封制的消失而不再有这样的情况。世谱,在后世也有民间用作宗族谱系书名,然不多见。这一类谱牒,在分类上可称作"帝王诸侯系谱"。

百家谱、氏族志。郑樵《通志·氏族志》谓东汉出有《邓氏官谱》、颖川太守

---

　　①《史记》卷130,第10册第3302页。

　　②《史记》卷13,第2册第488页。

　　③《史记》卷14,第2册第511页。

　　④《汉书》卷30,第6册第1714页。

　　⑤《史记》,第10册裴序第2页。

　　⑥《汉书》,第6册1766页。

　　⑦郑樵:《通志》卷66《艺文四》,商务印书馆十通本,第783页。

　　⑧《宋史》卷204《艺文三》,第15册第5149页。

　　⑨《明史》卷97《艺文三》,第8册2419页。

　　⑩清代《宗室玉牒》诸书藏北京中国第一历史档案馆。

聊氏的《万姓谱》等书,书虽不存,由其题名可知为记录全国各宗族的谱书。《百家谱》,西晋贾弼之撰,记天下十八州一百一十六郡族姓。①萧梁王僧孺在贾氏基础上,成《十八州谱》七百一十卷。②《氏族志》,贞观中高士廉主修,系集"天下谱牒",勘定而成。③郑樵亦撰有氏族志五十七卷,缩写成《通志·氏族略》六卷④,记载古今天下郡国各宗族之姓氏。这类著作有个共同点,就是记叙全国各宗族,大体上是以州郡为纲目,下实以该地之族姓,也有以宗族姓氏来源加以分类叙述的,《通志·氏族略》就是这样。在谱牒学分类上,此类书通称"通国氏族谱"。

郡谱。《隋书·经籍志二》载有下列诸谱牒书目:《益州谱》《冀州姓族谱》《洪州诸姓谱》《吉州诸姓谱》《江州诸姓谱》《袁州诸姓谱》《扬州谱钞》,⑤书名都冠有州名,标明是讲该州家族的书籍,且是一书只写一州的宗族姓氏。这类书与通国氏族谱不同的也正在这里,它可以名之为"地方氏族谱""州郡谱"。

宗谱、族谱、家谱。以"宗""家""族"等字冠诸谱名的书非常多。《宗谱》,晋代杜元凯撰。⑥《吴郡陆氏宗系谱》,唐人陆景献撰。⑦《辋川里姚氏宗谱》,清人姚煦、姚孟廉先后修成。这些是以"宗谱"命名的谱书,其产生之早当不晚于晋代。《苏氏族谱》,苏洵撰。⑧《熊氏续修族谱》,清人熊文杰始修,熊开楠续撰。"族谱"是这类书的共同命名,它最晚出自北宋之人,时间也很久长了。《孔子家谱》《东莱吕氏家谱》《京兆杜氏家谱》都是宋代以前成书的以"家谱"为名的谱书。⑨《家牒》,西汉扬雄撰。⑩《裴氏家牒》,裴守贞撰。《李韩公家乘》。⑪宗谱、族谱、家谱、家牒、家乘,名虽异,而实际都是一个宗族的谱书。此外它还有一些异名,如《京兆韦氏谱》《谢氏谱》。⑫以"某氏谱"为名,实即某氏之宗族谱。又

---

① 《南史》卷59《王僧孺传》,第5册第1462页;《南齐书》卷52《贾渊传》,第3册第907页。
② 《南史》第5册第1462页;《隋书》卷33《经籍志二》,第4册第989页。
③ 《旧唐书》卷654《高士廉传》,第7册第2443页。
④ 郑樵:《通志》,第441页中。
⑤ 《隋书》,第4册第989页。
⑥ 杜佑:《通典》卷73《礼·五宗》。
⑦ 《宋史·艺文志》,第15册第5150页。
⑧ 苏洵:《嘉佑集·苏氏家谱》。
⑨ 郑樵:《通志》卷66《艺文》,第784页上。
⑩ 《汉书·艺文志》引刘歆《七略》。
⑪ 郑樵:《通志》,第784页上。
⑫ 《明史》卷97《艺文二》,第8册第2420页。

如《锡山过氏浒塘派迁常支谱》《毗陵天井里张氏圣经公支谱》,这"支谱"是宗族一个支族的谱书。上述谱牒,在世系之外往往有许多种内容,越是后世修的体例越复杂,可以包括传记、宗规家训、像赞、恩纶录、祠堂、坟茔图、祠产、艺文、先世考辨,全面反映家族的历史。这类谱书,郑樵总名之曰"家谱"。[①]它和"宗谱""族谱"等词,是对专讲一个宗族历史的谱书的命名,这是有别地方氏族谱的又一种类型的谱书。

综上所述,宗族谱书有四个类型,即帝王诸侯世谱,通国氏族谱,州郡(地方)宗族谱和家族谱。这四类也可以区分为两类,一是某一个宗族的,二为集合若干个宗族的。宗谱的体例,以记录族人血缘关系的世系为主体,如果没有世系,也就不成为谱书,而且世系通贯于所有四种类型的谱书之中,是它的基本的或主要的内容。但谱书不以世系为限,特别是后世谱书,应有宗族人物传记、宗祠坟茔、宗规族约等内容,它们与世系共同构成谱书体例。

宗谱的修纂有其发展过程,编写的目的要求、编纂的组织、人员、刊刻保存,都有它的不同时代的特点,也受一定条件的限制。比如帝王诸侯世谱、通国和地方宗族谱,在谱牒草创时期,不是私人所能写作的,它必须由政府组织专门人员从事这一事务,所以宗谱的写作就有官府修纂和私家著述的不同。人们根据这一状况以及纂著成果等因素,划分宗谱编纂学的发展变化时期。谱学史家罗香林认为,中国家谱经历了四个时期:周代至汉代的肇始与初倡时期;魏晋至隋唐的官修主流时期;宋明谱学地位外表降落,而内容日富的趋向转变期;清代谱牒名位已衰而修撰盛兴时期。[②]此法分得甚好,但需要补充一点,即民国以来,宗谱兴修仍在继续,似可别加一个时期,是为第五个阶段。在分期中有一点应特别注意,就是官修与私修之别。

(二)官修宗谱及其功能

先秦至隋唐,谱牒多由官府主持修撰,即使私家撰述,亦需政府审核认可,因此说这是谱牒的官修时代,这段时期很长,谱牒的兴修也颇有变化,可以区分为四个阶段。

先秦时代,谱牒的萌发期。中国自有文字以来,就可能有了世系的记载,甲骨文似乎已有家族世系的记录。《库方二氏藏甲骨卜辞》一书,收有一片甲

---

① 杜佑:《通志》,第784页中。
② 罗香林:《中国族谱研究》,香港中国学社,1966年,第41—42页。

骨文,有十三行刻字,每行四五个字,第一行为"儿先祖曰吹",下行为"吹子曰砒",共十三人,传十一世。一些著名的古文字学家,如陈梦家、张正烺、于省吾等认为该甲骨所载是家谱,因而称之为"家谱刻辞"[1],"是一个从商代初年开始,以男子为世系的专记私名的谱牒"[2]。另一批名学者郭沫若、董作宾、胡厚宣等人认为该片为近人伪刻,予以否定。[3]殷代是否确有谱牒,学术界虽无定论,但总说明殷代甲骨文记录宗族世系的可能,也即出现谱牒的可能。比甲骨文略晚的殷周青铜器铭文,有由两个或两个以上族氏名号组成的复合氏名铭文,先秦史和古文字研究专家朱凤瀚认为,铭文中的复合氏名在构成与性质上可以视为"一种氏名形成的族氏谱系"[4]。如果甲骨文的谱系不可信,金文的总可承认,因此可以认为殷周已出现原始谱牒,不过它极其简单,少则数字,多则几十字,只是宗族关系或家庭成员世系关系的表述,但是不能否认它的谱系性质。

可以确切地说,至迟到周代就有了谱书,《周礼》讲:"小史掌邦国之志,奠系世,辨昭穆⋯⋯"[5]根据郑玄注和贾公彦疏,我们知道,小史是史官,记叙国家历史的同时,纂辑君主的《帝系》和诸侯的《世本》。帝系、世本如前所述,就是谱书,这一事实表明,谱牒由官家纂定,不关乎私人。

周代朝政需要澄清和说明天子、诸侯的世系,以便保证王位、诸侯、卿大夫地位的正常传袭,这也就在客观上产生了对谱牒的需要。可以说,谱牒是宗法分封制与史官制度结合的产物。

秦汉时代,谱牒的兴起期。先秦的谱牒,没有完整的作品保留下来,汉代有了传世之作, 即 1957 年商务印书馆将清人辑本合为一书而成的《世本八种》。《隋书·经籍志》著录:"《世本》二卷,刘向撰;《世本》四卷,宋衷撰。"[6]说汉人宋衷撰不确切,它只是给《世本》作注释。至于刘向撰一说,大约是刘向和司马迁一样看到过秦代的《世本》,他又加以整理编辑,若谓之撰著勉强可以说

---

① 陈梦家:《殷虚卜辞综述》,第 652 页。

② 于省吾:《略论甲骨文"自上甲六示的庙号以及我国成文历史的开始"》,载《社会科学战线》1978 年创刊号。

③ 胡厚宣:《甲骨文"家谱刻辞"真伪问题再商榷》,载《古文字研究》第四辑。

④ 朱凤瀚:《商周青铜器铭文中的复合氏名》,《南开学报》1983 年 3 期。

⑤《周礼》,《十三经注疏》本,第 818 页中。

⑥《隋书》,第 4 册第 988 页。

得通。从今存《世本》看，包括帝王、诸侯和卿大夫世本和氏姓篇，帝王世本著录自传说中的黄帝起至周敬王止的各朝帝系，如"(周)成王生康王，康王生昭王，昭王生穆王，穆王生恭王，恭王生伊扈"①，可知所记主要是王位相袭的名氏，几乎没有其他说明。《世本》虽是刘向加工之作，但在谱牒学上功不可泯，是今存最早的谱书，这也是汉代谱学兴起的一个标志。两汉已出现一批谱书，如《邓氏官谱》《陈氏谱》《袁氏世纪》等，为宗族谱与天下通谱两种类型。汉代还产生一些氏姓之作，如应劭《风俗通义·氏姓篇》，王符《潜夫论·志氏姓》。王符说他研究氏姓是为"赞圣贤之后，班族内之祖，言氏姓之出"②。讲氏姓是赞扬祖先，光耀宗族，这就使氏姓学与谱牒修纂结合起来。这也是汉代谱牒兴起的标志。

魏晋南北朝是官修谱牒的黄金时代，这是杨殿珣在《中国家谱通论》一文中的说法。③笔者附议于此。西晋政府重视兴修谱牒，晋武帝命员外散骑侍郎贾弼之主其事，配备令史、书吏等助手。贾弼之搜集各族宗谱，审核考订，撰著《百家谱》《姓氏簿状》，缮写清楚，藏于秘阁和尚书府左民曹。④到刘宋，藏在左户曹前厢东西二库，当时人管它叫做"晋籍"。萧齐政府认为当时谱牒反映宗族情况不真实，下令在东堂校订，设置员外郎、令史掌管其事。梁武帝诏令北中郎咨议参军王僧孺知撰谱事，改定《百家谱》，王僧孺乃撰成《十八州谱》七百一十卷、《百家谱集钞》十五卷、《东南谱集钞》十卷。⑤两晋南朝，贾氏的贾弼之、贾匪之、贾渊祖孙父子"世传谱学"。王氏在王僧孺而外，王俭等都修纂谱牒。因而贾氏、王氏两个家族成为谱牒学世家。唐人柳芳讲，六朝"官有世胄，谱有世家，贾氏、王氏谱学出焉"。⑥就是说的这种情形。前述北周太祖命关东来的功臣为宗长，同时，"仍撰谱录，纪其所承"⑦，说明两晋南朝北朝统治者都重视谱牒，官设图谱局，不断地修纂谱书。

官府重视，是出于选官的需要。在"上品无寒门，下品无世族"的时代，政

---

① 《世本》，《丛书集成初编》本，第14—15页。

② 王符：《潜夫论》卷9。

③ 杨殿珣：《中国家谱通论》，《国学季刊》，1946年新3卷第1、2期。

④ 《南齐书》卷52《贾渊传》，第3册第907页。

⑤ 《南史》卷59《王僧孺传》，第5册第1462页。

⑥ 《新唐书》卷199《柳冲传》，第18册第5677页。

⑦ 《隋唐·经籍志》，第4册第990页。

府以族望取人,所谓"有司选举,必稽谱籍,而考其真伪"①,"官之选举,必由于簿状"②,因此它严格要求谱牒资料的准确性。如晋籍资料精详,各宗族"位宦高卑,皆可依案"。领军将军刘湛负责铨选事务,即"撰《百家》以助铨序"③。但是人们为出仕,适应政府录用士族的需要,往往伪造宗族历史,以求蒙混应选。刘宋后期和萧梁时期伪造簿状、家谱者,通过贿赂官方和自行作伪,在簿状、谱牒中抬高门第,所谓"昨日卑细,今日便成士流",于是杂役少人应承——"宋齐二代,士庶不分,杂役减阙,职由於此"。作伪者有的缺乏年代学和职官知识,伪作漏洞百出,④为此政府严格审订,所以这时撰修谱牒的一个任务,是查核各宗族谱牒资料的真实性,予以订正,与此对应的是对作伪者严加惩治。郎官贾渊修谱牒,接受鄙贱人王泰宝的贿赂,将其纂入高门士族琅琊王氏谱内,被该族尚书令王晏揭露,几乎被判死刑。⑤可见卖谱事情的严重程度。

因选官的需要,政府修谱,自然不重在个别的宗族,而要着力澄清各州郡的宗族情况,所以这个时期谱牒主流是天下州郡型的,单一宗族的谱书处于次要地位。

这时谱牒的功能,在为选举服务之外,还为人们通婚中用作选择姻亲及处理人际关系的资料。南朝时太保王弘一日接待无数宾客,与人交谈中不犯对方的祖讳、父讳,造就这种情形的是熟读谱牒,了解各官的家史、父祖名讳,表示对他人的尊重。⑥萧梁吏部尚书徐勉负责选官,和王弘一样,稔知各宗族历史,与百官交谈避人祖讳,所谓"核综百氏,皆避其讳"⑦。谱牒用途之广,也决定了它的兴修必定发达。

隋唐时期是官修谱牒的总结时代。唐朝政府三次大规模地修纂谱牒,唐朝建立后,南北朝以来的旧士族普遍衰落了,但传统的意识形态和习惯使社会上仍尊重他们,新贵们以与他们联姻为光彩,如开国功臣徐世勣、魏徵等,

---

① 《新唐书》卷199《柳冲传》,第18册第5677页。

② 郑樵:《通志》,第439页上。

③ 《南史》卷59《王僧孺传》,第5册第1462页。

④ 《南史》,第5册第1462页。

⑤ 《南齐书》卷52《贾渊传》,第3册第907页。

⑥ 《南史》,第15册第1462页。

⑦ 《南史·徐勉传》,第5册第1478页。

即与山东旧族通婚。李渊、李世民宗族门望不高,要提高自身及功臣的地位,贬抑旧士族,遂以兴修谱牒作为实现这一愿望的手段。唐太宗在《刊正氏族诏》中指斥旧士族:"市朝即迁,风俗陵替,燕赵右姓多失衣冠之绪,齐韩旧族或乖德义之风,名虽著於州闾,身未免於寒贱,自号膏粱之胄,不敦匹敌之仪,问名惟在於窃赀,结褵必归於富室,乃有新官之辈,丰财之家,慕其祖宗,竟乎婚媾,多纳财货,有如贩鬻。"①因而要求照下述原则修谱:收集"天下谱牒,参考史传,检正真伪,进忠贤,退悖恶,先宗室,后外戚,退新门,进旧望,右膏粱,左寒峻"②。吏部尚书高士廉等将二百九十三姓,一千六百五十一家,区分为九等,但仍以山东旧世族崔氏为第一姓,唐太宗看了很不满意,进一步说明他所以重编谱牒,为的是"崇重今朝冠冕",而非为旧士族,遂指示撰稿人,"不须论数世以前,止取今日官爵高下作等级"③。

及至《氏族志》纂定,以皇族为第一等级,崔氏降为第三等级。书成,除藏于中央,诸州各有副本,以为处置选官、婚姻的参考资料。该书没有著录武则天的家族,唐高宗时侍中许敬宗因而提出修改《氏族志》,宰相李义府也因不记载本宗而附议,政府遂用礼部郎中孔志约等重修,撰著者规定格式,凡在唐朝"得五品官者,皆升士流"。兵卒因军功到五品的,都入了谱。这与原来的士族概念不同,人们因此把它叫做"勋格"。全书著录二百三十五姓,二千二百八十七家,以四后姓,三公三师、宰相为第一,文武二品及知政事三品为第二等,各以品位高下区处,计为九等。定名为《姓氏录》,并从各州收回《氏族志》,加以焚毁。④这种改订,进一步打击了旧士族,肯定当朝的新贵。唐中宗时,因门胄兴替不常,命左仆射魏元忠、左散骑常侍柳冲等依据《氏族志》改定谱书,至玄宗先天间书成,名《姓族系录》(《姓系录》)二百卷。⑤

唐朝三次大修天下族谱,提高新贵地位,这是方向。与此同时,也有人不买新贵的账,和柳冲同时的著作郎孔至,撰写《百家类例》时以宰相张说属"近世新族",删没出谱。友人韦述劝他加以修改,添上张氏,但孔至表示:"丈夫奋笔成一家书,奈何因人动摇! 有死不可改。"张说儿子张垍恼怨,攻击他乱改天下族姓,

①《全唐文·太宗三·刊正氏族诏》。
②《新唐书》卷95《高俭传》,第12册第3841页。
③《旧唐书》卷65《高士廉传》,第7册第2443页。
④《旧唐书》卷82页《李义府传》,第8册2769页;《新唐书》卷95《高俭传》,第12册第3842页。
⑤《旧唐书》卷189下《柳冲传》,第15册第4971页。

孔至不惧,坚持按自家意思写作。①由此可知,唐代官、私修谱都是很发达的。

唐朝修谱总是强调鉴别旧士族,使之与新士族的婚姻分离,此点与两晋南北朝迥然不同。龚鹏程对此做了说明,谓南北朝重视血缘世族,时以血统为社会阶层划分的根据,表现为九品中正制;唐朝以政治地位为划分社会阶层的依据,以代替血缘标准。以血缘为标准,要特别注意婚姻选择,以政治为标准,就不需要那样了。②道出了唐代与六朝谱牒不同的根本所在。

唐人氏姓之学也颇有成绩,林宝著《元和姓纂》,郑樵据之写出《通志·氏族略》,此书还是今存最早的较完整的氏姓之作。

归纳起来,官修谱牒时代有以下几个特点:

(1)官修为主,私修为辅。

(2)合众姓之谱多,单一宗族之谱少。

(3)官修利用私修成果,但重在审定,力求谱牒资料的真实性。

(4)谱牒学与氏姓学结合,充分利用氏姓学的成果。

(5)功能多样化,第一用在政治上,为选举制服务,不同时期分别为巩固旧士族、新士族的地位服务;第二是为人们通婚所利用;第三用在日常生活、人际交往上。

(三)私修宗谱及其功能

唐宋两代,地主阶级内部结构发生了相当大的变化,租佃制盛行,无身份的地主取代了士族地主的地位,纂著谱牒也随之发生变化,如《宋史·刘烨传》所说:"唐末五代乱,衣冠旧族多离去乡里,或爵命中绝而世系无所考。"③郑樵则说:"自五季以来,取士不问家世,婚姻不问阀阅,故其书(按:指谱牒)散佚,而其学不传。"④是否已达到谱学不传的程度,倒不一定这么理解,但唐宋之间谱牒的纂修发生了巨大变化,由官修盛行变成了私修的时代。当然,两宋以降,进入了私家修谱的时代,这不是说从宋代起再没有公家撰修谱牒的事了,因为政府仍在编纂皇家的玉牒。宋代以来,天下郡国统谱类型的谱书也还有少量的出现,如明人撰写的《万姓统谱》一百四十卷,不过这一类的书被大量

①《新唐书》卷199《孔至传》,第18册第5685页。

②龚鹏程:《唐宋族谱之变通》,见台湾《第一届亚洲族谱学术研讨会议记录》。

③《宋史》卷262,第26册第9075页。

④郑樵:《通志·氏族》,第439页上。

出现的家族谱所淹没,不再像唐以前那样为人重视。下面根据私修谱牒的实况,分阶段做一说明。

1.宋明时期,私修谱牒的定型时代,或者说是成熟时代

《宋史·艺文志》著录宗族谱三十余部,其中有宋代以前成书的,有我们不知作于何时的,更有宋人的,如向缄著《向敏中家谱》,符承宗撰《符彦卿家谱》等。宋代私人著作谱书确有一些,但不是太多,文天祥有感于此,说:"自魏晋以来至唐最尚门阀,故以谱牒为重,近世此事寝废,予每为之浩叹。"①所以两宋谱书的发展倒不表现在书籍之多上,而主要是欧阳修、苏洵创造为后世所宗的撰辑谱法上。

欧阳修,进士出身,官至参知政事,著述繁富,不必叙于此,唯其作《欧阳氏谱图》需特别道及。该书包括《谱图序》《谱图》、传记、《谱例》,从中可窥其修谱原则与体例:梳理本家族的先世,始祖及其居地,得姓的始末;以图的形式列出祖先的世系,每五世一图,第二图自五世起至九世,第三图起自九世至十三世迄,以下类推,至现存者为止;先人小传叙传主名讳、字号、仕宦、特行、匹配、葬地、封赠、享年。作谱的原则是详近疏远——"宜以远近亲疏为别,凡远者疏者略之,近者亲者详之"。即与本支亲近的著录详细,疏远的亦不得遗漏,但事迹从略,这是怕子孙繁多,都详细了反倒会忽略近支。②

苏洵作族谱动手早,中间看过欧阳修《欧阳氏谱图》,到至和二年(1055)成书,名《苏氏族谱》,苏谱在对祖先世系的表述上与欧阳氏的五世一图不同,它是作世系表,按世系作一总表,即在某人之下书其子、孙、曾孙、玄孙,一代代一一注明。又在表中人名下注出他的仕宦、配偶、享年、死亡月日。③

欧、苏二体在对世系的表现上截然不同。欧谱以图表示,不管宗族传了多少世代,人丁多么兴旺,均可以方便地记录下来,但查检起来不甚便利。苏谱世系表清楚,看上去一目了然,但世远人众,表就不好作了,书写起来颇不方便。欧、苏虽然有此重大不同,可是共同之处更多:均以确切明了的祖先为祖先、不妄攀附,故欧阳氏考定先人九世,苏氏仅得六世;都有先人的小传,这

---

① 文天祥:《庐陵文丞相全集》卷8《跋吴氏族谱》。

② 欧阳修:《欧阳永叔集》,商务印书馆国学基本丛书简编本三《欧阳文忠公集》卷21《谱三首》,第88—106页。

③ 苏洵:《嘉佑集》卷13,商务印书馆国学基本丛书本,第125—137页。

是世系外的重要资料,为谱书不可缺略的内容;都采用详亲略疏的原则,特尊本支。欧、苏二谱,奠定了后世宗谱体例,这就是:世系图、表,谱例,谱序,人物传记。元人程复心讲:苏、欧各创谱式,"其间辨昭穆、别亲疏,无不既详且密,实可为后世修谱者法"。①明代大学士丘濬指出:"唐以前官修族谱,宋以后私家自修,首自庐陵欧阳氏和眉山苏氏二家,明士大夫家亦往往仿而为之。"②这些话我们理解有三方面的意思:一是元、明人和宋人一样编写宗族谱牒,二是兴修者为士大夫之家的文人,三是体例上尊奉欧苏二体。这正是宋明修谱的特点。欧苏二体奠定了后世私家修撰宗族谱的体例,标志此种谱书的成熟。

宋明私家修谱,其目的不在为出仕、联姻,至少可以说与这些关系不大,修谱的原因,苏洵认为唐以前的宗谱法废弃后,人们不敬祖宗,不联络宗族,同宗之人"喜不庆,忧不吊",如同路人,为了克服这种缺憾,作族谱以收尊祖睦族的效果,所以他说:"观吾之谱者,孝弟之心可以油然而生矣。"③欧阳修讲他的修谱是为族人继承先人的美德,做到"以忠事君,以孝事亲,以廉为吏,以学立身"④,如此宗族就可以发扬光大。由欧、苏的说明,可知宋人的作谱,是为进行伦理教育,以实现孝道,团结族人,争取家族的发展。明人修谱也是如此,如方孝孺所说,宗族要兴旺,"非统之以祭祀,合之以谱图",善于治家的就应当这样做。⑤看来,谱牒的功能,宋明大不同于前代,它主要作为处理族人内部的人际关系,是为维持宗族、家庭社会群体。⑥

2.清代,私修谱牒的大发展时代

清朝皇帝不仅编撰自身家谱,同时号召民间修纂,雍正帝在要求各地方宣讲的《圣谕广训》中,希望各宗族"修族谱以联疏远"。⑦一些地方官大力提倡,告诫所属家族不要把修谱当做"不急之务"。⑧许多宗族定出修谱的制度,

---

① 《辋川里姚氏宗谱》卷1《家乘原序》程序。

② 丘濬:《大学衍义补》卷53。

③ 苏洵:《嘉佑集》,第126页。

④ 欧阳修:《欧阳永叔集·谱三首》,第3册第98页。

⑤ 方孝孺:《逊志斋集》卷13《童氏族谱序》。

⑥ 参阅罗香林:《中国族谱研究》。

⑦ 雍正帝:《圣谕广训》第二条。

⑧ 湖南宜丰《曹氏族谱》,知县蒋宗芝《序》。

浙江余姚曹氏宗族规定十年一小修族谱，二十年一大修。①徽州徐氏族约每六十年修订一次。②如果三代不修谱，则被视为子孙不孝。③在这种风气下，清人普遍纂辑家谱。乾隆中江西巡抚辅德说该辖区宗族祠堂多，而"有祠必有谱"④，祠堂、族谱成了双胞胎，可见族谱兴修之多。清末钟琦讲："两江、两浙、两湖诸省崇仁厚，联涣散，各村族皆有谱牒。"⑤清人作谱，各地方并不平衡，大体上是长江流域及其以南地区兴修的多，而北方及边疆地区较少。清人作谱的，有的是官员，但更多的是生监下层士人，而主持人甚或是白丁。兴修人向下层发展，说明修谱基础广阔，达到了普遍化。

清人谱法，也是宗奉欧、苏二体，但是创新甚多，以体例讲，在世系、传记、谱序、谱例之外，增加恩纶录，著录该族所得敕书、诰命、御制碑文、上谕、皇帝和地方政府所给的匾额；像赞，记载先人遗物、遗墨；宗规祖训，叙述各种规章和对族人的要求；祠堂，叙述祠堂状况及其兴建史；祠产，记述宗族公有财产，登录文书和租佃契约；坟茔，说明祖坟情况，并有绘图；艺文，著录族人诗文；派语，登载族人排行字语；余庆录，白纸数页，装订于谱书之末，表示子孙绵延不绝，留有余庆。在传记体裁里，也比宋明时期大发展，不仅有小传，更包括列传、墓志铭、祭文、行述、年谱、寿序等反映人物传记的文体。此外，还有合谱（联宗统谱）的出现，即不在一县、一府，甚而不在一省的同族人联合修谱。体裁如此，在书写体例（书例）上也大为讲究。对异姓为后，赘婿，出嫁宗女，族人妾，族人娶再嫁妇或族人妻再嫁，婿、甥、过继、兼祧，族人出继外族，族人为僧道胥役，族人为盗匪，等等情形，是否载入族谱？若然，如何写法？族谱多有定例，大体是以三纲五常为准则，如盗贼、方外不上谱，已入谱者续修时要削其名，如此等等，表明书写体例也非常完备。总之，体例完备和修纂甚多，是清人修谱的特点，也是说它是私人修谱发达时期的原因。

清人修谱的情况，有一个问题曾引起学术界的讨论，有的学者认为乾隆帝为压制文人的夷夏之防意识不主张修谱。陈捷先作《清代"谱禁"探微》认为

① 《余姚道塘曹氏续谱》卷首《余姚道塘曹氏续谱缘起》。

② 《新安徐氏宗谱》卷首之三《凡例》。

③ 参阅《毗陵城南张氏宗谱》卷1《修谱凡例》。

④ 辅德：《请禁祠宇流弊疏》，《皇朝经世文编》卷29。

⑤ 锺琦：《皇朝琐屑绿》卷38"风俗"。

谱禁案不严重,对民人修谱影响不大。①作者同意陈氏之说,清朝确实出现过因宗谱而产生的政治案件,如雍正七年发生过《朱氏家规》案,因其中有"侏傡左衽,可变华夏"一语被人告发,但雍正帝认为这是汉人的普遍观点,没有反清的特别含意,只是加以教育了事。②因家谱召来的麻烦,没有使清人不修或少修家谱,而却使清人更加注意体例与书例。益阳《熊氏续修族谱》特在《凡例》中规定,回避庙讳、御讳、圣讳及例禁字,国号、年号采敬书体。《辋川里姚氏宗谱》之世系表,用《世系》一词,不用《世表》,因《世表》是诸侯谱系之称谓,民间回避以免招罪。③

　　清人修谱,多有不依照宗族历史实况写作的,是一个严重的毛病,这是私家著谱的通病,唐以前的不说,宋以降也是如此,文天祥就说族谱"凿凿精实,百无二三"④。钱大昕说:"宋元以后,私家之谱,不登于朝,于是支离傅会、纷纭踌驳,私造官阶,倒置年代,遥遥华胄,徒为有识者喷饭之助矣。"⑤清人也是这样,大都追认"帝王圣贤泽被后世,文章节义昭垂史册,为后儒仰宗"的古代人为始祖。⑥

　　清人修谱的目的也是继承宋明人的思想。乾隆间,协办大学士庄有恭为武进庄氏族谱作序,说修谱有"五善":"本祖德也,亲同姓也,训子孙也,睦故旧也,又有其大焉者,则报国恩也。"⑦强调修谱是为教导族人实践忠孝伦理,而其前提是实现宗亲团结,形成一体,所以说团结宗族是修谱的直接目的、基本目的。要通过祭祖达到收族合族目的,宗族需要有公共经济,既用作修祠祭祖,又要予族人钱物实惠,自宋代出现宗族义庄,经历元明的延续,到清代显著增多,清中叶李兆洛说义庄"几遍天下"。⑧冯桂芬进一步指出:"今义庄之设普天下"。⑨着力建立义庄就是为团结族人,如诗人沈德潜所说:"尊祖敬宗收

---

① 陈捷先:《清代"谱禁"探微》,《故宫学术季刊》1卷1期,1983年。
② 《朱批谕旨·赵弘恩奏摺》七年十二月九日奏折及未批。
③ 《辋川里姚氏宗谱》卷3《谱例》:"本朝乾隆四十四年,生员韦振玉家谱内用世表字样,比僭用违禁龙凤纹例拟徒,炳载成案,功定綦严,可勿慎哉!"
④ 欧阳修:《庐陵文丞相全集》卷8《跋李氏谱》。
⑤ 钱大昕:《潜研堂文集》卷26《钜鹿姚氏族谱序》。
⑥ 朱轼:《朱文瑞公集》卷1《高氏族谱序》。
⑦ 《毗陵庄氏族谱》卷首《序》。
⑧ 李兆洛:《养一斋文集》卷6《六安晁氏义庄碑记》。
⑨ 冯桂芬:《显志堂稿》卷4《汪氏耕荫义庄记》。

族,莫善於此。"[1]

3.民国以来,不绝如缕的续修时代

民国年间修宗谱的甚多,今日所见的谱牒,相当一部分是民国年间制作的。这时人们也有作谱的风气。辫子将军张勋就是"笃宗族、勤谱事"的人,于1915年主持修纂了该族族谱。[2]民国间的修谱多是在前人基础上的续作。就笔者所见,举数例列表说明:

谱名	作者	成书年代	兴修次数	始修年代	备注
宜兴筱里任氏家谱	任承弼	1927	13	1450—1456	
(江阴)澄江袁氏宗谱	袁衡五	1949	8	1432	
上海曹氏族谱	曹浩	1925	5	1721	1941年第四次修
六修江苏洞庭安仁里严氏族谱	严庆祺	1933	6	1639	
(武道)毗陵冯氏宗谱	冯汉南	1927	10	1642	
(南皮)侯氏族谱	侯光荣	1918	3	1643	
马佳氏族谱	马延喜	1925(？)	3	1842	
平江叶氏族谱	叶瑞	1935	7	1790	

由表可知,宗谱有连续兴修的特点,书修成后,由于宗族活动还在继续,到一定时间,族人又编一次宗谱,如此不断进行。所以表中宗族修谱最少的三次,多的则在十次以上,而民国间人是其次数增多的促成者。

民国间的族谱,为涵括新时期的内容,在体例上又比前代有所创新。这时有的谱书用近代统计方法制作表格,如《平江叶氏族谱》卷末有《平江叶氏人口统计表》,用统计表反映该族不同时期的人口数字,为前代所没有。又如1934年修成的《毗陵庄氏族谱》有《检字表》,对查找族人世系提供方便。《上海曹氏族谱》载有曹氏《族会简章》,过去宗族只有族规家训,而斯时有了族会,备有章程,刊之于族谱了。

民国间的修谱人,有一部分是思想守旧的,他们所感兴趣的还是儒家理学的纲常名教,宣传传统的仁义道德,诸如长幼有序、男女有别,以农为本等等。像1948年成书的《洛阳戈氏宗谱》,请蒋宗龄作序,蒋署其头衔"武进县修

---

① 沈德潜:《归愚文钞余集》卷4《陶氏义庄记》。
② 马其昶:《抱润轩文集》卷4《江右赤田张氏谱序》。

志局征访员、前清邑庠生",这样重视清朝功名的人所主持编纂的族谱很难有强烈的时代感。另一方面,我们也看到这时有新的思想内容的宗族,其主要表现在于重视商人。这类族谱的人物传记在介绍到近代的经商先人时,赞扬他们"振兴地方"的作用,不再是一副轻视商贾的面孔。人口统计、族会简章的增添,表明修谱者对人口学、宗族学有了新的见解,对它们的重要性比前人的认识提高了。终究是时代不同了,人们的观念在改变,宗谱随之做了反映,故而它的功能也起了某种变化。

中华人民共和国建立以后,居民时有发起兴修家谱的,在 20 世纪 80 年代以前只是上名字,作世系,其他内容尚谈不到。台湾的情况不同,这得从日本侵占台湾时期说起。那时日本在台推行"皇民化运动",阴谋改变华人姓氏,让汉人忘掉祖先,为此反对华人纂修和保存家谱。台湾人民为反对殖民主义者的奴化教育,不忘家国,注意编写自己的家谱,但环境不允许,所修不多。迨到抗战胜利以后,各姓组织宗亲会,逐渐修辑宗谱。1987 年出版的《台湾区族谱目录》著录台湾收藏的族谱 10613 部,其中绝大部分是台湾居民的谱书,而非大陆居民谱牒的流入。台湾的谱牒,著作于 20 世纪 60 年代至 80 年代的占相当大的比重。台湾家族所修谱牒均较简单,从《台湾区族谱目录》所介绍的情形看,大多册、页甚少,且多未刊印,笔者猜测那些谱书主要是宗族世系表,其他内容不会多。

近时族谱的功能,据易熙吾在《家族谱牒今例》中讲有十点:一为"文献",家谱可备史材之用;二为"怀旧",含有追远敬宗之伦理意义;三为"鉴古",于国于家,可鉴往知来;四为"遗传";五为"优生",由此两者皆可看出民族之兴衰;六为"户口",可证人口增加之比率,及生命统计;七为"社会",可反映当时民族心理,风俗情形;八为"后嗣",以防乱宗;九为"移民",有关史地;十为"用宏",如合各家谱之资料统计之,则所知必大。①

除了宣扬传统的宗法伦理,族谱对研究现行社会制度、风俗习惯提供了有价值的资料。

行文至此,有必要把谱牒编纂史做一小结:

(1)从编纂人讲,唐以前主要是政府组织专门人员纂辑,治谱者是为其他宗族写作,而非为本身家族。此时私家著述也不算少,但不是修谱主流。这时

---

① 转引自盛清沂:《台湾家谱编纂之研究》,见《台湾文献》14 卷 3 期。

谱牒学与氏姓学密切结合,前者多数吸收后者的成果。宋以降进入私修时代,官修的是玉牒和少数民族王朝的贵族谱书,私家大量修谱,且不需要政府承认。私家之谱多为本宗族自修,聘请外姓写作的极少,罕见职业谱家。

(2)从体例上说,官修时代通国和地方氏族谱多,单一宗族谱少;私修时代反是,而且几乎全是单一宗族谱。单一宗族谱体例也有由简变繁的漫长过程,到北宋欧阳氏与苏氏族谱出现,体例基本定型。而到清代体例、书例周详。民国以来又稍有发展。我们今日所说的谱牒,主要指宋以降的单一族谱,这是因它体例完备,保存甚夥,人们对单一宗族谱的兴趣要比百家谱大得多。

(3)从功能讲,各个时代的宗族谱牒的社会作用很不一样。周代为配合宗法分封制的推行,秦汉为适应形成与巩固强宗与豪族的需要,魏晋南北朝隋唐是为政府的选举、世族士族的出仕与门第婚姻的实行。以上是官修时代,总的来看是为政府用人政策和士族政治服务,所涉及的以社会上层人物为多。宋以降,主要的功能是对民众进行伦理道德教育,作为个人修养的工具,维系和强化社会群体的宗族和家庭,从而稳定君主专制社会秩序。与此同时,宗谱对确定人们的社会地位和联姻,也起着或大或小的作用。至于民国以后,人们为慎终追远而作的修谱活动中,除了古老的尊祖敬宗涵义外,尚有在离乡背井情况下的寻根内容,是精神文化的表现和需要。

三、宗谱的学术价值

古代谱牒的功能已如前述,那些功用,无论是选举、婚姻,或者是伦常教育,都是在它出现与存在的那个社会适用的,起着改变人们社会地位和生活面貌的实际作用。历史发展到今天,时代巨变了,作为古文献的宗谱自然地失去了它的实用价值,不能再像历史上那样起到它的政治、社会作用了,但它所保存的丰富而宝贵的资料,可供历史学、社会学、文学、哲学、民族学、文化人类学、人口学、优生学等学科的学术研究利用,因而有着巨大的学术研究价值。

(一)史学研究的学术价值

前已说过,司马迁用谱牒资料写作《史记》,这位史家鼻祖也是用谱牒于史学研究的开创者。此后,裴松之注《三国志》,刘孝标注《世说新语》,都采用谱牒文献。《隋书·经籍志》将谱牒归入史部,史学理论家刘知几在《史通》里也把氏族志作为史学的一个部门。到近代梁启超更指出族谱是"重要史料之一""实可谓史界瑰宝"①。谱牒是史籍,自然是历史学资料宝库,它所反映的历史画面,主要在下述方面:

1.宗族史和家庭史

"家之乘,犹国之史也。"②宗谱最直接反映的是该宗族及其成员的历史,即宗族史和家史,其具体内容则为:

宗族结构、祠堂组织,稍微完善的族谱都会对此有所记载,第一节说到的《宜兴筱里任氏家谱》记载该族设立职员、役员的情况,是宗族组织典型的事例;该谱的传记资料,使今人获知该族的绅衿和大土地所有者掌握着祠堂的管理权。族谱就是这样把一个为宗族上层在宗族史的作用呈现给读者。又如《毗陵修善里胡氏宗谱》祠规:"举一分尊而德尤尊者为宗支公正。"在族长之外,"祠堂特设讲正、讲副,每朔望率族中子弟往祠堂听讲"。对于祠堂执事人员的设置及其产生条件做了说明。

祭祀,是宗族重要的活动,主持祭祀也是祠堂族长的基本权力。南皮《侯氏宗谱》所录该族《家规》明定:"朔望率族子弟谒先祠""勿怠废先人祀"。《即墨杨氏家乘》中有《祭法》一篇,详述该族祭祀的仪式、供品和族人会餐中相见礼仪,如元旦大祭,先男子,后妇女,无故不许缺席,对不出席祭祀的宗族成员的惩罚,各种家谱记叙甚多。像《潜山琅琊王氏三修宗谱》卷1《家箴》,明言大祭不到的罚谷一石。被祭祀的是全族的始祖、始迁祖及与他们辈分接近的先人,附祭的是子孙认为值得纪念的先人。有的宗族,如宜兴筱里任氏以"德""爵"(官职)、"功"(对宗祠的贡献)为标准,允许晚出的先人陪祀。③这样把祖先以社会地位和财产状况分出等第。宗谱关于祭法的记载,说明宗族内部的等级制,参加祭祀活动的长期性。

宗规家训,是族谱中异常丰富的资料。家训、家诚,是祖先对后人的训诲,主要讲应当怎样做人;宗规、祠禁,是宗祠允许族人进行哪些活动,不允许族人出现哪些行为。《宜兴筱里任氏家谱》族例:宗人到祖宗坟山樵采放牧,到族人田地园圃山场偷盗或践踏庄稼,均责打三十板。这是保护宗祠、族人的财产

---

① 梁启超:《中国近三百年学术史》,中国书店,1985 年,第 336 页。

② 《宜兴筱里任氏家谱》卷 1《景龙四谱序》。

③ 民国《宜兴筱里任氏家谱》卷 2 之 5《宗法》。

和坟山风水。族规的另一内容是干预族人立嗣。《毗陵修善里胡氏宗谱》卷1《祖训》要求,族人立继嗣,"当请命族、分长集议,写立过房,告之祖宗"。宗约还规定和限制族人的职业。《澄江袁氏宗谱》祠规不许族人做奴仆。益阳《熊氏续修族谱》规约禁止宗人做巫师、胥吏。《平江叶氏族谱》宗约警告族人"不可左道惑人,结盟会匪"。在婚嫁丧葬上,《即墨杨氏家乘》家范要求族人,"男子定婚,女子许字,必谋于家长,既决而告庙"。族人有了丧事,房亲要出面主持,族亲不得躲避偷懒,以便孝子得尽守灵之责。对于族人的文艺及闲暇生活,《毗陵修善里胡氏宗谱》家诫要求,不得"唱曲吹弹""勿阅淫邪小说""勿笼禽鸟、养蟋蟀、放风鸢""勿学拳棒",以免落入下流。宗谱还记载各家族对违背族规的宗人的处罚手段,上述《胡氏宗谱》家规,对"干名犯分"的族人,"押入祠中,笞五十,仍罚银两,若强悍不服,则送官究治"。宗规家训制约族人的思想和行动,是宗族立法,刘王瑞明说它"将道德说教和人的悟性结合起来,把社会伦理同宗教信仰结为一体,在叙述伦理的真谛、风习和法规时,族规将这三者寓于其中,使之成为浑然一体的约束工具"[①]。对于宗规是族权的统治手段的作用说得甚为深刻。

凡宗族有共同财产的,谱牒多做了记录。《武进西营刘氏家谱》详记该族义庄的有关文件。《毗陵薛墅吴氏族谱》规约,记载该族无依无靠的孤儿寡妇,每年可向祠堂领取米、麦各三斗。所以宗族公有财产的形式、数量,经营方式及收入用途,都能在族谱中找到答案。

宗族凡有义学的,奖励族人读书进学的,谱牒亦必有反映。《毗陵唐氏宗谱》宗规记载,该族对举贡生监童生的日常测验和科举考试均有鼓励,奖给饭银,资助读书人购买文具用品和应考盘费。

族人与国家的关系,也书写于宗谱的有关规约之中。嘉应《洪氏宗谱》祖训:"君恩重于亲恩,谚云'宁可终身无父,不可一日无君',生当圣明,省刑薄敛,敬先尊贤,永享太平,其敢忘诸。"[②]这是从思想认识上要求族人感谢皇恩,向皇家尽忠。《毗陵高氏宗谱》家训则讲平民百姓忠君的必要,因为小民能种田,有室家安居乐业,是皇上"宵旰忧劳,为之兴利备患"造成的。更多的家谱具体要求族人尽子民之责,其一是纳粮当差,宗族公共田产和族人自己的田

---

① 刘王瑞明:《中国传统的宗族统治》,纽约,亚洲研究协会。
② 嘉应《洪氏宗谱》,浙江人民出版社,1982年,第20页。

地赋税需及时完纳,公共土地缴赋税剩下的收入再办宗族的事。有的宗族怕宗人交不起钱粮,特设公共助役田,资助贫穷族人完赋。其二是遵守政府法令,不做违法的事,不铸私钱,不讪谤君上,不犯圣讳等。如《毗陵修善里胡氏宗谱》祖训:"赋税宜依期输纳,差徭合依理承认。"家诫:"勿讪谤君上。"另外,宗谱的恩纶录,记载君主对该族及其族人的褒扬,反映国家对宗族的支持。族谱也是国家与宗族、官府与民人关系的图籍。

谱牒资料表现撰修者的宗法思想。《毗陵城南张氏宗谱》的《修谱凡例》说"谱牒乃一姓仁孝之书"。乾隆间许时熙为《毗陵修善里胡氏宗谱》作的序中讲:"夫家之有谱,所以尊祖而敬宗也,所以崇德而象贤也,所以别伪而存真也,所以训家而型族也,所以正名而辨分也。"表明修谱人是按儒家理学的伦理规范宗族生活,企图把一个个家族建成为模范群体。

谱牒记载宗族祠堂组织、职能和规则,祭祠祭祀,宗族与政府的关系,祠堂的财产和经营,宗族的文化教育,人们的宗法思想,宗规祖训制约下族人的职业选择,婚丧方式,文化娱乐生活。所有这些,说明古代宗族制度是利用血缘关系和祠堂治理族人的一种社会制度,是君主政权的补充和附属物。宗族作为一种社会群体,宗族制度史大有深入研究的必要,而谱牒恰是研究宗族制度和族权、家庭和父家长制的基本资料,其学术研究的价值至为明显。

2.人口史

人口问题所涉及的范围相当广,有人口统计、增长率、人口寿命、年龄结构、就业与职业、教育与文化、移民等等,在这些方面,谱牒也能提供丰富的资料。

按世系记录族人,是谱牒原始的工作,也是其基本内容。宗祠修谱牒,要求支族的分长、各房的房长报告所属族人及其简况,以便入谱。修谱时期如此,即在平常,一些宗族要求族人随时向祠堂报告人口增减情况。有的祠堂有公共财产,给贫穷族人发放救济,而以其是否向祠堂申报户口为领取条件。有的宗族是望族,怕有人冒籍,更加严格族人的户口登记。山东武城曾氏是大儒曾参的后裔,素为政府和社会所重视,该族为防止外人假冒,定立了严格的管理制度。《武城曾氏重修族谱·例言》说明,祠堂设有年纪簿,族人生子于三天命名后报告族长,登记于簿,娶妇、迁出、死亡,也都要及时报告登载。经过如此重视的资料准备,所修纂成的谱牒,人们依其世系图表、人物传记,可以统计出该族各个时期人口数字,包括人口总数,男女性别分类数。

有的谱书世系图表和传记中写明族人的生卒年、寿数,从而可以计算人们的平均寿命,若再配以其他相关资料,还可能计算出人口增长率和增长速度。如《欧阳氏谱图》所列,欧阳修的先祖生八子,这八子繁衍成十六人,再传则为三十人,四世下来,丁男为原来的三十倍。有人口统计的族谱更给研究者以直接可用的资料,如 1930 年撰著的新昌《吕氏宗谱》有人丁统计表,按十二个分祠一一统计,该族计有人丁 7840 名,显见是个大族。历代政府都做有人口统计,载于有关的政书和史书中,各地方志中也颇有户口统计数字,但是人们对那些资料常持怀疑态度。没有基本的可靠数字,对人口发展、变化的规律及其相关问题,就难以分析清楚了。谱牒所提供的数字只是个别家族的,不可能依据它做出一个地方的、全国的人口统计,但是对若干家谱人口做个案分析,对弥补全国性人口统计的不足、纠正其误失,会是有益的。

谱牒对移民史研究有特殊意义。宗谱总要记载其族源,原居住何地,经何处迁移到何地,再迁徙至现居地,其后族人分流到何处。就笔者从宗谱获知,移徙的原因或为战争,或为逃荒,或为做官,或为经商,或为婚姻,或为其他谋生。如果剖析若干个家族的迁徙史,可能会找到历史上人口流向的规律。利用谱牒资料研究移民史,已有学者做了不少工作,特别是大陆人移居台湾史的研究颇见成绩。庄为玑、王连茂收集一百部福建各姓族谱,并将同台湾有关系的资料,汇编为《闽台关系族谱资料选编》一书。[1]其上编为《移民资料》,摘编了迁台移民的生平资料。

宗谱履历记载功名,对秀才、举人、进士一一叙明,有的谱书还有科举表,有的在传记中交待传主是否读过书,从而可知该族文盲及有文化人的基本状况。

宗谱履历表明仕宦功名者的身份,即介绍了一部分人的职业;传记还会提供一部分士农工商的职业资料。

3.历史人物

这里说的历史人物,指在历史上有过某种影响的且为史学家所瞩目的。这些人在正史、地方志和文集里往往有其席位。但是资料都不一定全,而谱牒有传、履历、世系,对一些历史人物及其家世常常可以提供一些资料。如江苏江阴发现的以苏东坡为一世祖的《苏氏族谱》,载有其先世的《眉山世表》及

---

① 庄为玑、王连茂编:《闽台关系族谱资料选编》,福建人民出版社,1984 年。

387

有关苏洵、苏轼父子的祭仪诗文。①江苏丹阳岳飞遗胤献出的《曲阿培棠岳氏宗谱》，据说内有以前尚未发现的岳飞诗数首。②江西吉安文天祥后人保存的《富田文氏族谱》公诸于世，报导谓内有文天祥祖、父及子侄的记载。③花县《洪氏宗谱》证明洪秀全是客家人。④《蒲寿庚家谱》、南海甘蔗《蒲氏族谱》和崖县《三亚港通村蒲氏简谱》，证明蒲寿庚先人是从西域来华的伊斯兰教徒，宋元之际阿拉伯人入籍广东的甚多。⑤《五庆堂重修辽东曹氏宗谱》，有研究者认为它能说明曹雪芹先人在清太祖、太宗时期为明朝军官，在战争中投降清朝，开始籍属汉军旗，后来改归满洲正白旗，曹家祖居是辽阳，迁徙沈阳，而不是河北丰润县。⑥表示出一家之言。

4.下层社会

历史不只是英雄人物的，下层群众也是历史的主人，他们的日常生活、生产劳动、哀愁喜乐、风俗习惯，是历史研究所不能忽略的。谱牒到宋代以后，既然是民间的事情，越来越深入下层，这种性质决定它必然包涵大量的下层群众的历史资料。

在正史、文集和方志中不可能有传记的小人物，而谱牒的简历以每一个族内男性成员为传主，几乎每人都有历史，而族内稍有特性的人（如节孝楷模）又可能有传记文，这样普通民众也有了传记素材，从而向史学家提供了下层社会活动的史料。

《平江叶氏族谱》卷2何忠训的《兰省公家传》，叙述秀才叶明烈为谋生，离乡到湘阴彭举人家教书，心怀愤懑，写些嬉笑怒骂的文章，同治六年（1867年）适逢乡试之年，他在料理赴考中暴死，何忠训感慨地说：像他这样"屡试不第，且因试而客死，科目之累豪杰也，往往如是"。生动地说明了下层读书人的不幸遭遇。

叶明烈还有个功名，而有一些老童生终生不与功名沾边。益阳《熊氏续修族谱》卷首《舅祖熊逢甲公传》，写熊章源赶考三十多年，连一领青衿也没有捞

① 江阴《苏氏族谱》，参阅《光明日报》1988年3月6日。
② 丹阳《曲阿培棠岳氏宗谱》，阅《光明日报》1983年5月13日。
③ 吉安《富田文氏族谱》，阅《光明日报》1982年6月27日。
④ 参阅罗香林：《太平天国天王洪秀全家世考》，见《广州学报》1卷2期，1937年4月。
⑤ 参阅罗香林：《蒲寿庚研究》，香港中国学社，1959年。
⑥ 参阅冯其庸：《曹雪芹家世新考》，上海古籍出版社，1980年。

到,亏得有田几十亩,于是边读书边种田,他在放弃举业的时候愤愤然地说:"功名身外物耳,岂可角逐风尘,以与流俗争声华哉!"虽说是看开了,其实内心世界并不平静。举业中的落荒者惨状,于此可见一斑。

下层社会人们家业的兴衰,是宗谱传记文中常见的内容。武进《吴氏宗谱》卷三《顺龙翁六十寿序》谓寿序主人"行商致富,置良田,建别墅"。同县《洛阳戈氏宗谱》卷二《克氏公传》说传主本来"家政饶裕",中途败落了,于是猛省改行,"日与家人辈力作于畎亩间,凡事皆黜奢崇简,以是衣食仍得裕如"。同县《毗陵城南张氏宗谱》卷四《大南亲翁行略》叙述张大南、周氏夫妇"内操作,外经营","由是家道日隆,田增数十,房置数间"。族谱写败家的少,兴业的多,这些发家的多有农商结合者,"以末起家,以本守之",虽说他们"家道日隆""家政饶裕",其实不过是有几十亩田地的小业主,没有功名官职,仍属社会下层。

宗谱中关于孝子顺孙、克守孝道的记载俯拾皆是,这里不必列举了。

从上面谈到的事例可知,谱牒关于社会下层生活的描写,是正史以外难得的原始资料。

5.妇女史

女子的家庭生活及其在家庭、宗族中的地位,谱牒有一定分量的记载。观其内容,正史和地方志中的列女传,无论是传主人数上,或情节的丰富上,都无法与之比拟。

《辋川里姚氏宗谱·谱例》:"夫妇为风化之原,妇家姓氏阀阅,从其夫附见之;有节行者,必为立传以表之。"所以,家谱尽管以男性成员为主体,仍然要记录女性成员,问题是在如何记叙法,也即是书例。宗谱在世系和世系注部分,对男女成员的普遍书法是,以男性为叙述主体,在丈夫名下附书妻子,而妻子因其名分和婚姻状况又有不同写法,以《武城曾氏重修族谱·例言》所定而言,在丈夫名下写妻子,曰"配某氏",表示出夫为妻纲的原则,书"配"字又表示夫妻为敌体。妾没有生养的不上谱,所谓"妾为嫡压不书",若有子女,上谱书写作"妾""侧室""别室"某氏,如果生子出仕,得到诰封,根据母以子贵的原则,可被改写作"又娶"某氏,仍然不能称"配",以区别妻妾的名分。益阳《熊氏续修族谱·凡例》交代,族人续娶,叫做"继配",若娶的是再嫁妇,则写"续娶",绝不书"配"字。族人的妻子改嫁出去,则谱书不记载她,或写作"曾娶"。对于本家族的女子,《辋川里姚氏宗谱·谱例》以女儿也是本族人,应该记录,书其适某姓,如若宗女有再婚行为,就不书写。这些规则表示对所谓失节妇女的歧视。

"闺门当肃""严内外之别",这是谱牒所载宗规家训必有的内容,为的是使妇女保守贞操,不干预家庭的外部事务。《即墨杨氏家乘》记载康熙间做过县令的杨阶制定的《家法》,其中关于女子的摘录于下:

"妇将归宁,先告翁姑请命,得请则往,否则止。"

"妇人不许预外事。"

"妇人非其至亲之家不得往。"

"妇人不许往疏亲家饮燕。"

"异性卑幼,妇人不许辄见。小姑之夫不见,侄婿非大事不见,堂侄婿大事亦不见。"

"妇人不得入庙焚香,不许游山玩景,不许与男子语。"

"家人(指仆人)不许入中门,(妇人)有所语则扬声传语,有事呼入则妇人避之,有所诏则隔帘而命之。"

"妇人遇翁则避,年节生日,拜则卷帘,翁立门内,妇拜门外,叔翁则垂帘。"

"凡有丧事……孝子寝于地帷外,妇人寝于地帷内。"

这些对女子行为的规范,若遵守不严,便被视作行为不谨,武进《毗陵谢氏宗谱》卷一《宗规》说女子若"不避内外,不事女红,长舌司晨""皆是女德不淑"。不仅如此,严重的要被清除出夫家之门。《辋川里姚氏宗谱·宗规》:"秉性凶悍,妒忌傲僻,长舌厉阶,私溺子女"的妻子,若再不知改悔,祠堂将在祖宗牌位前,"合众给以除名帖,或屏之外氏之家,亦使之少有所警"。

女子不能主持家庭外部事务,不能当家长,基本上没有财产的继承权。无锡《锡山李氏世谱》卷十三《贞女记》,讲李明华次女受乃父之托,不出嫁,抚弟理家事,弟死,留下稚子、弟媳,她清理债务,以田地抵债,那时她抱着侄儿办事,即"召券主列坐,抱(侄儿)文茂出,扳地谢,谓予弟累诸君子,薄田数亩,顾悉以偿子母,勿使泉壤有负心人。众皆诺"。说明她是代表侄儿管家,并没有家产的处理权,她不是真正的家长,而幼侄才是田产的所有人。

谱牒对妇女的婚事反映亦多。关于寡妇守节,武进《荥阳郑氏大统宗谱》卷二《节妇马氏传》,记郑马氏十七岁结婚,二十九岁丧夫,有四个儿女,家无恒产,别人劝她改嫁,她却说:"宁饿死,不改节。"带着幼子生活下去。她的行为是理学家"饿死事小,失节事大"观念的体现。有的女子未婚夫亡,不再出嫁,在娘家守贞。《锡山李氏世谱》卷十三《贞姑传略》,记李祖茂女儿许配陆大章,十八岁时未婚夫死,她自尽殉夫,未果,乃在室侍奉孀母。童养媳的习俗,宗谱亦不缺乏,如《锡山李氏宗谱》记江阴梅氏女于十六岁为李传臻童养媳。此类节妇、烈妇、贞女的事,谱牒不厌其烦地详载。

族谱还有女子从事生产经营的资料,《洛阳戈氏宗谱》卷二《蒋氏孺人传》记叙,戈企曾妻蒋氏"朝夕经营",使不富裕的家庭逐渐置买"良田数十余亩"。《毗陵薛墅吴氏家谱》卷八《顾太淑人行状》,说顾氏的丈夫为山西崞县令,死于任所,顾氏携子回到故里,"旧居多为族之豪强者兼并",她暂不与计较,着力训子读书,儿子长大成人,"族之豪强者渐返其屋",后来儿子做官,她也得到诰封。

谱牒资料显示女子容易笃信鬼神。

研究历史,任何对妇女作用的忽视,必将是片面的。而探索妇女史,需要向谱牒索讨资料。谱牒确是妇女史的宝库。

6.民族史与边疆史

中国民族分布的重大特点,是少数民族多生活在边疆,所以民族史和边疆史联系在一起。清代学者研究西北史地,就是把西北少数民族与西北边疆问题融于一体来考察,我们在了解谱牒资料价值时也将这两门学问结合在一起说明。

清末民初,名盛一时的广西岑春煊家族的《西林岑氏族谱》,反映岑氏是宋元以来的"西南著名土司"。信奉伊斯兰教的安徽怀宁《马氏宗谱》,《聊斋志异》作者蒲松龄撰辑的山东淄川《蒲氏族谱》,广东番禺回民《羽承烈堂族谱》(《羽氏族谱》),广州回民《杨氏家谱》,福州元代色目人后裔的《雁门萨氏家谱》等谱牒,记载自西域入华诸回教徒的历史。

清代满洲人不乏修谱者,因满人有满缺、旗缺可以出仕,故需知旗籍、族属,政府就重视八旗史志的编纂。乾隆初修成《八旗通志初集》,嘉庆间又有《钦定八旗通志》问世。这些官书的编修,要满人各宗族提供资料,满人因而自修宗谱。《马佳氏族谱》,谱主是康熙朝大学士图海的后裔,道光初礼部侍郎升寅等撰纂成书,光绪间该族续修,民国时马延喜再次编纂。升寅在序文中说,族大支繁,子孙命名难免重复,宗族特议定十六字派语。按清朝规定,族人有出仕的可能,其族重视人名,怕的是有重名出仕时发生误会,故有其制定派语的特殊缘由。这个族谱反映了马佳氏宗族繁衍和迁徙的历史。

7.地方史

我国宗族史的特点是族望与地望的紧密结合。宗族同地区(郡县)联系在一起,古人讲到哪一宗族,一定要说明它是哪一个地方的,讲到哪一个人,也要指出他的乡贯,记载宗族史的谱牒,也必然反映宗族与地域的关系。唐以前州郡谱流行,就说明了这一事实。在那时,单个宗族的谱牒,也与地方相联系,所以谱名在姓氏之上冠以地名,诸如《京兆韦氏谱》之类。宗族与地方不可分离,州郡谱也正是反映这一情形。宋以后的单一宗族谱,继承了唐以前的传统,大多数谱名都带有该族现居地或始祖居处的名字,如同我们前面不止一次提到的《即墨杨氏家乘》《平江叶氏宗谱》《宜兴筱里任氏家谱》,都指出该宗族所在县分,甚至还有乡里的名称。谱牒与宗族一样是族与地的产物。

作为家族史的谱牒,既然有宗族与地方关系的纪录,可以视为地方史的一部分。古来编写地方史志,就利用该地谱牒史料。清代史家章学诚论述编写方志理论,特别讲到广泛搜集资料时,对家谱应予关注,[①]表明史家对方志与谱牒关系的认识向理论上提高。

现代谱牒研究者论述其研究对象的学术价值时,大都指出它弥补方志资料不足的功用。这是在说谱牒对地方史研究和今日编写地方史志起着提供素材的作用。笔者的认识也是如此,每读一部家乘,不只是对该族历史有了印象,对该族所在地也有了某种了解,似乎摸到了当地的民风社情,这就是族谱资料起了作用。像前述戈氏、高氏等家族中的人经商致富,反映该族所在地区武进、无锡商品经济较为发达,这确是这个地区的特点,不难说明族谱资料对地方史研究的价值。

8.其他

对经济史、学术史、宗教史、科技史、灾害史、身份史、中外关系史,以及一些历史事件,谱牒也能提供不少资料,限于篇幅,不再一一缕述。

上述谱牒对于各种专史提供的作用,是对谱牒学术价值的直观的了解,表面的认识,笔者认为谱牒对史学研究的意义,可做一层次的理解,把它归纳为以下三点:

其一:认识历史须从宗族家庭着眼,不妨试从谱牒研究入手。作为社会细

---

① 《文史通义·外篇·修志十议》。

胞和初级社会组织的家庭、宗族，被有的学者认为"是中国社会最主要的社会制度，也是社会的中心""家庭以外的社会制度，在中国很难单独发挥其功能，如果和家庭制度不发生关系的话"①。的确，宗族制是中国历史的特点，一部中国史也就是一部放大了的宗族制度史，把握家族制是了解中国历史的前提。因此，要揭开中国历史之谜，就需要着眼于宗族史的研究。如果此说不误的话，反映宗族史的谱牒自然是史家开始研究的必读载籍的一种了。

其二，为勾勒中国历史全貌提供了丰富的不可缺少的素材。无论是古代政府的史书、档案和地方志，士人的笔记、诗文集，都对历史进程和全社会面貌的某些方面缺乏记述，故而是史家全面考察历史引以为憾的事。但是，上万种的谱牒，记叙了族人的社会活动，如做官、经商、当兵、联姻等；著录了宗族的外部联系，如与官府的关系，与其他宗族的交往，宗族的迁徙，这些记载反映了地方乃至全国的政治、经济、文化和社会生活的某些侧面。所谓谱牒弥补正史、方志史料的不足，就是指它能在各个社会生活领域提供资料，大大丰富史源，供史学家做各种专史和通史的研究。

其三，为史学综合研究法的进一步实现提供可能。综合研究是史学研究的主要方法，没有谱牒资料也可以使用综合研究法，但那样难于真正做到，因为资料本身不全面，怎么能做到全面研究？只有在各方面资料充分具备的条件下，再有意识地运用综合研究法，才有可能成功。所以，谱牒提供史料的同时，还对历史研究法的科学化有意义。这还是就着历史学科内部讲的综合，其实谱牒还反映文化人类学、民族学、风俗学、社会学等学科的资料，可以利用它综合各学科的研究方法和内容，用于史学研究，有的学者已经这样做了。卓有成果的谱学研究者潘光旦撰著《明清两代嘉兴的望族》②专书、《家谱还有些甚么意义》等文，利用族谱资料研究历史上家庭的婚姻，说明优生学的道理。他希望治谱学者把史学与遗传学、生物学、心理学、社会学、人类学结合起来，才能富有成果。③潘氏说的非常有道理，不少学者也在这样做，他们在研究中国宗族社会时与人类学研究结合起来，林耀华作《从人类学的观点考察中国

---

① 蔡文辉：《社会学与中国研究》，台湾东大图书公司，1981 年，第 75 页。
② 潘光旦：《明清两代嘉兴的望族》，商务印书馆，1947 年。
③ 潘光旦：《家谱还有些甚么意义》，《东方杂志》43 卷 12 号。

宗族乡村》①，美国威特逊作《中国宗族的再考虑，历史研究中的人类学前景》②。近来，广东与香港学者采用了社会学、人类学与历史学互相结合的研究方法探讨明清时期珠江三角洲家族制度的发展问题。③这些学者的建议和实践，使我们认识到历史学与其他人文学科及自然科学的结合，在更广阔范围内进行综合研究，才可能科学地说明历史。谱牒的资料，将使这些学科的研究沟通起来。

在讲到谱蝶的史料价值时，有一个问题还需要说明，这就是谱牒资料的可信度问题。前述钱大昕讥讽强认君相贤人为宗族始祖的行为实可喷饭，对此，古往今来的史家根据实例揭露的不少，这里不必多说。要之，谱牒这种不实确为一个通病，一个重大缺陷。另一方面，由于谱牒的作者抱着隐恶扬善、为尊者讳、为亲者讳的态度，将先人劣迹隐去，妄加谀献之词。鉴于这两方面的失误，对于家谱的资料要鉴别真伪，慎重利用。但是，不必因为这两个毛病过分地否定它的价值，需知谱牒在始迁祖以后的世系，宗约祖训，祠堂规制，坟墓及其制度，敕诰像赞，义庄义塾，艺文著述，这些方面的内容虽也会有不准确的地方，但大多数还是真实的，而这是谱牒内容的主体。可以认为谱牒资料基本上可靠，不必因局部的需要鉴别的那些内容而否定它的学术价值。因此，谱牒作为史料价值的光彩不会减色，对于史学研究的价值不会降低，问题还是在于正确地利用它。

（1988 年 6 月初稿，1989 年 5 月定稿，1997 年以"代序"刊于《中国家谱联合目录》）

---

① 林耀华：《从人类学的观点考察中国宗族乡村》，《社会学界》第 9 卷，1936 年。
② 威特逊：《中国宗族的再考虑，历史研究中的人类学前景》，《中国季刊》1982 年第 2 期。
③ 陈春声：《明清珠江三角洲家族制度发展的初步研究》，《清史研究通讯》1988 年第 1 期。

关于编辑出版"族谱丛书"的建议

　　族谱,也即宗谱、家谱、世谱、家乘、房谱、支谱,记叙宗族、家族的状况和历史。它以其特异的体裁和内容,丰富了古文献宝库,并占有一席地位。

　　《隋书·经籍志》讲:"氏姓之书,其所由来远矣。"谱牒之学有着悠久的历史。在唐朝以前,谱牒基本上由官府修纂和承认,宋朝以降,皇室的玉牒之外,为私家著述。它的体例,唐前宋后有明显的不同。这里讲的是宋代以后的族谱,它是谱牒的一种。北宋欧阳修、苏洵创造的修谱体例,为后人所遵循,此后族谱除有同于一般书籍的序跋、凡例,包括多种文体的文献,即诏诰敕谕的恩论录,画像的赞语,论说文的宗规、家训,图表的世系,类似"志"体的关于祠堂、祠产的专题说明文,墓志铭、寿序、哀诔等传记文,这些文体容纳就使族谱能够记载很多事情。即使那些同于一般书籍的文体,也有其自身的内容,如凡例,是讲什么人能入谱,什么人不能入谱,什么人在谱上怎么写法,这就是其他图籍所没有的了。所以族谱自为一种文献,它的写作是单独的一门学问,这就是清朝人钱泳所说的:"此读书人别是一门学问又在词章考据举业之外者也。"(《履园丛话》卷三《宗谱》)族谱的编写,随着宗族人口的繁衍,时间的推移,要不断地进行,于是形成有连续性的特点。这样就使得族谱像地方志一样,不断地出现,并散在各地。但是就具体的一种族谱讲,它的印数少,流传不广。保留到今天的,大部分是清代和民国时期编写的。然而它们的确切情况,我们还不清楚。据说美国犹他家谱学会图书馆藏有中国宗谱近五千种,日本学者多贺秋五郎在所著《宗谱的研究》中指明中外收藏约三千种,我们做过很不完善的调查和了解,获知北京和各大城市图书馆、某些科研机构和高等学校图书馆,有着几十、几百以至一二千种的不等量的收藏,总数将不下于六千种。这大约就是我国族谱文献的基本情形吧。

　　容纳了巨量历史资料的家谱,有着不可忽视的利用价值。就笔者有限的涉猎,已知它可以提供下述诸方面学术研究的资料:

　　(1)古代宗族制度及其有关的资料。"家之乘,犹国之史。"古人总是这样说明族谱的价值:它是一个宗族的历史。宗族是怎么回事,它的权力机构——祠堂是怎样组织起来的,有何职能和权力,它有无共同经济和教育,它控制族人的手段是什么,它同封建政权是何关系,它对封建时代男子支配女子是什么态度,这些问题,族谱都有充足的资料,可供研究者利用。宗族制是中国古代社会的一种重要制度,对社会的发展变化有一定的影响,它是历史研究的课题之一,宗谱这方面的资料显然是很有史料意义的。

(2)古代人口及其有关问题的资料。综合家乘中的世系表、宗族成员履历和传记文,可知该族各个时期的人口数字,包括人口总数、男女性别分类数、人们的平均寿命、增减的速度和原因;人们的文化状况,有功名的人口数字,它在宗族总人口中的比重,文盲的情况;婚姻状态,婚配双方的门第关系,初婚及再婚,是否一夫多妻,是否鳏寡,有亲属关系的婚后的生育状况;移民及其原因,人口的流动规律;职业及谋生手段。

(3)历史人物传记资料。宗谱以表传为主,传记资料非常丰富。历史上有名的达官贵人和学者的传记资料,虽可见于正史、文集、笔记之中,但是他们家族的谱书,还可以作一些补充,特别是关于他的家世、生活环境的资料。名气小的、无名的而又值得研究的人物传记,别的体裁的文献容纳不了,惟有家谱可以有较多的提供。这样,社会中下层人物,诸如穷秀才、老童生、地主、破落地主、商人、农民、妇女的生活就可能有所展示。

(4)经济史资料。上述各种人的资料,已经包含了经济史的内容,此外,宗谱中有宗族经济,如祠田、赡族田、义庄田的买卖、租佃关系的资料,有修河筑堤进行生产斗争的资料,在一些手工业区,有手工工人生产和生活的资料。

(5)地方史资料。宗族聚族而居,属于一个地方,因此宗族史的资料也就是地方史资料的一部分。地方上发生的事情自然要影响到当地的宗族,宗谱记载了,就成为地方史韵资料。

(6)特殊社会历史问题的资料。宗族所在地不同,家谱写作时间不一,各地方的和不同时期的特殊历史问题,像客家人的产生,土客籍的斗争,宗族间的械斗,宗族武装与民众运动的关系等问题,在家乘中有相应的反映。华侨、华裔祖先的历史资料,还是他们寻根问祖的依据。

宗谱是资料的宝库,可供历史学、社会学、伦理学、遗传学、民俗学、人口学、人类学的研究者和文艺创作家来采集,一般来说,它是不会令人失望的。

谱牒的资料价值,很早以来史学家就有所认识和利用,南北朝时裴松之注《三国志》、唐朝李善注《文选》，常常使用谱牒资料。史学理论家章学诚议修地方志，主张征集家谱、图牒资料(《文史通义·修志十议》)。清代杰出学者钱大昕明确指出"谱系之学，史学也"(《潜研堂文集》卷26《巨野姚氏族谱序》)。

谱牒本身固有的资料价值和地位，古代学者认识得并不全面，也不够深刻。《四库全书总目》的《史部·传记类》著录年谱、日记、人物传记诸书，《子部·谱录类》著录关于器物、食物、草木鸟兽虫鱼等类的图书，基本上未及族谱载籍。张之洞的《书目答问》，也把族谱摒弃于外。赵尔巽等修《清史稿·艺文志》，全不著录族谱图书，近年武作成先生为之作《补编》，才在传记类中附录家谱，比前人进了一步。在现代的图书馆图书分类中，也往往把宗谱置于传记类。这种分类法，只看到或只强调族谱提供传记资料，而忽视它的宗族制度、人口问题、经济史、地方史等方面的资料价值。我国古人早就懂得并做出"同姓不婚"的规范，族谱中也多有这种规定，这是涉及到遗传学、优生学的问题，关系人类自身的发展，但把它提到这样高度来看，古人限于科学水平，不可能做到，因而也就很难充分利用这方面资料。前若干年，有人把家谱视作封建主义文化代表，予以毁坏，不能不令人惋惜。近数年来，出现了可喜现象，研究者相继著文介绍族谱及其资料价值，不断发现族谱，丰富了它的品种和收藏量，有的学者利用它的资料形成专著、论文。港台的学术界重视家谱的研究，有一批作品问世。国际学术界对中国族谱的研究，取得了一定的成果。我国的文化遗产，在某些方面我们还不如外国人清楚，我国图书单位的收藏还不及一些外国的单位，我们难道还不应当迅速地有力地改变这种状态吗？看来，族谱资料价值引起了学术界的注意，但只是开始，还很不够。

为了促进对族谱文献的重视，为了便利研究者对族谱资料的利用，为了适应社会科学各部门发展的需要，我建议整理出版《族谱丛书》。当然族谱种类繁多，优劣并存，必须有选择地剖厥一小部分。拣选的标准，最根本的是视其资料价值，具体讲，以下几种类型的家谱中的代表作，似可作优先考虑：

(1)历史上名人的家谱。名人的类型很多，有政治家、军事家、外交家、民众运动领袖、科学家、学者等，不一定只顾及某一方面的。

(2)宗规家训资料丰富的家谱。要注意族规、家诫制作时间清楚，反映社会生活面广阔的。

(3)生产与经济资料丰富的家谱，特别是有手工业和商业状况及对工商认识方面的资料的。

(4)人口资料丰富的家谱。要求宗谱成员履历清楚,并有族源考辨,迁徙等方面资料的。

(5)具有边疆地方史资料的家谱。边疆地区的文献大大少于内地,该地的族谱资料价值相对较高,而对学术界研究的意义也大。

(6)历史上望族和人口众多的大姓(如张、王、赵、李、刘)的家谱。望族地位高,在历史上起的作用大;大姓至今人口众多,有兴趣的研究者、读者面比较广一些。

具体编选可以考虑两种类型,一是综合性的丛书,精选上述诸方面有代表性的家谱若干种(比如说二十种),汇为一编;一是分类的,如某个地区的家谱丛书,又如历史名人宗谱丛书等。另外,还可以编辑家谱专题资料汇集,如族规家训资料汇编,人口资料汇编,祠田、义庄资料汇编、人物传记资料汇编等。这些工作不是一天能够做得出来的,可以有计划地分期、分批来完成。

笔者智钝识寡,不通谱牒之学,不过有了以上想法,提出来敬请方家指正。目前,我国的古籍整理事业出现了可喜的发展迹象,渴望族谱图书的整理出版也随之兴盛,让族谱充分发挥它的资料价值。

(原载《古籍整理出版情况简报》第 124 期,1984 年 6 月 20 日;《文教资料》1986 年第 2 期)

关于姓氏学的历史及姓源
——"百家姓书系"序

　　姓氏，在今天，主要是表示某个特定的人的符号中的一种因素，有什么必要写作专书，而且一做就是一个书系？在回答这个问题之前，不妨了解姓氏的渊源与其社会作用的变化，然后就容易说清楚了。

　　姓氏之学，在我国发生得很早，东汉王符在其《潜夫论》中作有《志氏姓》篇，应劭的《风俗通议》有《姓氏》篇，开启了对姓氏学的研究。唐代的林宝撰著《元和姓纂》，贡献出姓氏学的专著。宋代郑樵《通志》以六卷的篇幅对姓氏史提出一些不同于前人的观点。清代张澍写作的《姓氏寻源》，成为今日探讨姓源不可或缺的参考书。当代的学者，如吴其昌、马雍、李学勤等，在利用文献图籍之外，有的还运用甲骨文和金文的资料，对姓氏的渊源与演变做出考查。我在这里仅是使用现成的果实，对姓氏学的主要问题做一勾勒，并将前人所作的姓氏来源及分类举例做一转述，希望能对读者了解自家姓氏的来历有所裨益。

　　在我国姓氏发展史上，先秦和秦代以后是截然不同的阶段。在今人的理解中，姓和氏是一回事，姓氏说的就是姓，然而在先秦，姓与氏是两件事，姓，基本上是天子及极其特殊的人物才有的，是"皇天"所赐，为数极少，固定不变；氏，是天子、国君赐给下属的美称，其数量要比姓多得多，可以变换。姓与氏，仅是贵人所拥有的，许多人得不到。战国时代社会结构的巨大变化，典型的封分制、宗法制的破坏，使得与之相联系的姓氏制度发生相应的演化，秦汉以降，姓与氏的差别消失了，人们以氏为姓，并简单地以姓表示姓氏，同时人们普遍地拥有了它，故其数目大为增加。

　　在中国历史上，民族的交往，使得少数民族与汉族的姓氏文化交流融合，大大增添了姓氏的种类和数量。这就提醒我们在研究姓氏源流时，某一个姓氏，不见得只有一种来源，很可能是多元的。

　　我们阅览姓氏学的古文献，常常发现某个姓氏来源的解释不一，令后世的研究者难于抉择，只得存疑，或提出一种见解，而很难有定论。这是无可奈何的事情，研究者必须尊重这种文献造成的现实。

以上是我国姓氏史的一些特点，也是姓氏史研究所要留意的问题。下面介绍姓氏来源及其分类，从中或可进一步认识姓氏史。应劭在《风俗通议·姓氏》中将姓源分为九种，即号、谥、爵、国、官、字、居、事、职，说出了命氏的基本原则与类别。张澍在其书的序言中讲到姓氏之源，"或爵或邑或山或水或字或名或冒或徙"，亦指明分类要点。郑樵《通志·氏族略》则分成三十二类，另有避仇、省言等项，比应劭概括的现象要多，这里主要依据郑樵的归类做出简要的说明，并补充他所缺略的姓源。以下所讲的姓、氏，都是我们今日概念中的"姓"，只是为反映古代姓氏的复杂情况，时而说姓或氏。

"因生以赐姓"：传说中圣人、大贤所得之姓，如夏朝姓姒，商朝姓子，周朝姓姬，齐国国君姓姜等。

以号为氏：天子所得美称，如唐、虞、夏、殷、周等。

以国为氏：天子封诸侯国所得，如鲁、晋、卫、蔡、曹、滕、燕、于（邘）、郭、管、焦、吕、江、谢、盛、茅、胡、蒋、陈、田、许、诸葛等，以及与此相联系的王子、王孙、公子、公孙等。

以邑为氏：诸侯封卿大夫所得，如尹、苏、毛、樊、羊、冯、马、单、叶、白、卢、崔、华、鲜于、锺离、堂邑等。

以乡为氏：侯爵中的乡侯所得，如裴、陆、庞、阎、郝等。

以亭为氏：侯爵中的亭侯所得，如采、欧阳等

以地为氏：没有封爵者以居住地的名称和特征为姓，如傅、城、池、桥、济、艾、东门、西门、申徒、南宫等。

以字为氏：使用祖父的"字"为姓，如林、家、孔、张、吉、方、包、潘、成、南、乐、公羊、皇甫等。

以名为氏：用祖、父的"名"为姓，如大庭、大、怀、金等。

以次为氏：以排行为姓，如孟仲、叔、季、第五、主父等。

以族为氏：如昭、左、景、长勺等。

以官为氏：如史、太史、司马、司寇、司徒、司空、中行、庾等。

以爵为氏：如皇、王、公、侯、公乘等。

以德为氏：民间有德行之人得姓，如老成、考成、冬日等。

以技为氏：有专业技能者得姓，如巫、屠、卜、匠、优、干将等。

以事为氏:因特殊事情而得姓,如窦、车、白马、青牛等。

以谥为氏:以谥号为姓,如庄、严、康、桓、穆、宣等。

少数民族姓氏:如党、朴、赫、源、长孙、慕容、独孤、尔朱、尉迟、呼延、宇文、莫折、夫余、昭武、耶律、完颜、破六韩、阿史那、普六茹、瓜尔佳、孛尔只斤、爱新觉罗、西林觉罗等。

不知姓源的姓氏:如东、宫、翁、佟、查、奉、万、井、遇、墨、西都、北人、列御等。

领氏:登记分家,到官府领取新氏,如晋国大夫智果不满意于晋卿智宣子的立嗣办法,分裂出去,由晋国太史命为辅氏。

强制改姓:如莽、枭、兀、闻等。

避讳改姓:如庄氏避汉明帝名讳改姓严,庆氏避汉安帝父名改姓贺,师氏避晋景帝名讳改姓帅等。

避祸改姓:踈氏避王莽之难,去足为束;慕容精因北魏之难,改姓豆卢等。

避仇改姓:端木赐之后改为木氏,又为沐氏;谭氏改姓覃等。

少数民族改姓:如贺鲁改为周,乌丸改为桓,阿鹿桓亦改为桓,步六孤改为陆,万纽于改为于,孛尔只斤改为包,爱新觉罗改为金或赵或黄,瓜尔佳改为关,钮祜禄改为郎,舒穆鲁改为舒等。

省笔画改姓:如邴改为丙,邵改为召,桥改为乔等。

省字改姓:如闾邱改为邱,马服改为马等。

两姓合为一姓:这有两种情形,一是义子将本姓与义父之姓合二为一,如倪王;另一为赘婿将本姓同岳家姓氏合为一,如陆费。

自我创姓:本世纪上半叶有些人在抗日根据地和解放区使用与原来姓名不相干的名字,后来延用下来,子孙遂以为姓,如雪。

冒姓:以种种原因冒充高门大户或其他家族的姓氏。

上面说到的于、马等姓,在不同的类型里出现,这就表明,一个姓氏就其来源来讲,往往不是单纯的一种因素,可能有两个或几个来路。以卢姓而言,前面已列入以邑为姓之中,那是指齐文公的曾孙姜傒食采邑于卢,遂以卢为氏,这是卢姓的一个来源;其二是宾人七姓有卢氏;其三为北魏莫芦氏改为芦,又去草头,即为卢;四是吐伏卢氏改为卢;五是豆卢氏改为卢;六是范阳雷氏因雷音接近卢,遂改作卢;七是章仇大翼改为卢;八是陕西三原的闾氏改为卢。再如唐姓,来源有四个方面:一是唐尧的子孙,以唐为氏;二是周武王封其弟叔虞于唐，后裔以唐为氏；三是西南"白狼王"有唐姓；四是陇西羌人有唐姓。这两个姓氏的事例表明，一个姓氏产生于不同的民族和氏族。因此，今人在寻找自家姓源时，需要注意到来源的多途径，经过慎重考辨，才可能做出准确的结论。

有些姓氏的来源，历史上就存有互相矛盾的说法，需要澄清。如今日拥有众多人口的张姓，其姓源，或谓黄帝第五子挥的子孙因张罗网的职业而得姓；或说黄帝子少昊青阳氏第五子挥为弓正，因之赐姓张；或说黄帝巡行时有张若陪同；或云因汉初三杰之一的张良而得姓。这些说法很难符合实际情况，如在张良之前已有姓张的人，显然张姓不是从张良开始的。经学者的考证，晋国有解张，字张侯，后世孙子以字为氏，故姓张。当然，张姓的人，还有来自少数民族的。

上述的姓源，包涵两种情形，主要的是说姓氏如何取得的，其次是说某些家族改姓的事实。就得姓而言，以封国、封爵、官职、名字、居地的因素为多，而且多数姓氏得于秦汉及其以前；少数民族的姓氏原本是本民族的，后从汉人习俗，改用单字姓。

简单交代了姓氏来源及其特点，可知在古代姓氏基本上是社会身分、地位的标志，先秦时代尤其如此。如见到智氏，就知其为晋国卿大夫；公子氏、公孙氏，即为国君的后裔；马氏，就可能是马服君的遗胤；司马、司空、司寇，无疑是高级官员的后人；而巫、卜、陶、匠诸氏，其职业身分立即显示出来。到了中古，倘若把姓氏与地望联结在一起表达，比如博陵崔氏、范阳卢氏、荥阳郑氏、宏农杨氏、陇西李氏、太原王氏、琅琊王氏，即为头等士族，其族人出仕则为清贵官，不要多久，就会位登显要。宋代以后，姓氏基本上不再有贵贱之别，同社会地位脱离关系。(只在少数民族当政时统治民族中少量姓氏的家族有特殊地位。)时至今日，人们的社会地位与姓氏毫无联系。然而今天的姓氏学还有没有社会意义呢？我认为可以考虑下述三种因素：

第一，增长知识，提高生活质量。现代人爱发问："我是谁？我从哪里来，我到哪里去？"以此追溯自己的身世：祖先究竟是些什么人？如何获得的姓氏？他们对历史有着怎样的贡献，还有些什么遗迹可供寻觅？家族有哪些文化传承？当今的族人又在做着何种事情？人们对这种家族的历史，有一种天然的了解欲望，虽然它有时潜藏着，有时会使人兴致勃勃，奋力求索。与姓氏学关联的家族文化，是人类社会文化的一个组成部分，它同样记录着人们的足迹，而当人们了解同自己有血缘关系的人的历史时,会倍感亲切,还会因有杰出的先人而自豪,并受到精神的启迪、鼓舞和享受,从而提高生活情趣和质量。

第二,在一些姓氏的家族或宗亲中有着群体活动,它丰富人们的生活内容,或者还能给予生活上的某种帮助。这类活动中,旧式的小团体主义影响,不能说完全没有,然而是不足以大惊小怪的事。

第三,姓氏制度及其演变史是学术研究的一个领域。因为它关系到社会群体结构和政治制度,特别是原始时代的氏族制,稍后的分封制、宗法制、职官制、士族制、祠堂制度,以及"同姓不婚"的婚姻制度,对古人的社会生活有影响,对历史的变革亦留有它的痕迹,需要研究清楚。

至此,我要就"百家姓书系"说两句话。它是关于姓氏的历史普及读物,叙述的是一个个姓氏的源流、人物和文化遗迹,它重视的是姓氏文化,因此是文化史的著作,这是它的一个特点;另一个特点是以叙事简明为追求目标,每一位作者把经过研究获得的姓氏知识的结论书写出来,对不同的学术意见,限于篇幅,不作讨论,这是要提请读者注意的。

（原载"百家姓书系",新蕾出版社,1999 年）

《古今姓氏书辨证》及其校勘者

王力平副教授、博士校勘的《古今姓氏书辨证》，在古籍是一部古典姓氏学名著，在当今是古籍整理校勘的成功之作。

《古今姓氏书辨证》，系宋人邓名世之作。姓氏之学，约在东汉开始成为专门之学，而后不断有专著问世，今存最早而又较为完整的以唐人《元和姓纂》最著名，此后则是《古今姓氏书辨证》，辨证者，考辨姓氏源流及姓氏人物，甚为精密，故而朱熹赞为"考证甚详"，《四库全书总目》誉之为"较他姓氏书特为精核"，将之收入《四库全书》。我想今日研究古代姓氏学，《元和姓纂》、郑樵《通志·氏族略》和《古今姓氏书辨证》当为三部经典之作，所以把《古今姓氏书辨证》整理出版，具有颇高的学术意义。

王力平的整理校勘颇有特色，其一是选择了好的底本，即以《四库全书》本为底本，同时参照清人钱熙祚的校勘本，充分吸收前人的研究成果，以便做得更好；其二点校之功力甚为难得，因为姓氏书是专门之作，点校者应有深厚的专业素养，否则难于胜任，而她做得很好；其三写出研究性的长篇序言；其四是编制目录和索引。其中第三、第四两个特点，共同起着便利读者利用的作用。

鉴于《古今姓氏书辨证》本身的学术价值和王力平的精湛校勘，对王力平副教授、博士整理成果特予推荐，建议有关领导部门给予出版资助，以利该书的梓刻问世，方便学术界的利用。

（这是一封推荐函，写于 2005 年 1 月 15 日，所推荐之书业于 2006 年由江西人民出版社印行）

"尔"姓姓源

《今晚报》编辑尔先生来寒舍约稿,闲谈中说到尔氏的姓氏来源。"尔"为稀见姓,不知是否为汉人古姓,抑或北魏尔朱氏略去朱字而来,再或是满洲人于辛亥革命后改姓的产物?我素来不懂姓氏之学,实为一憾,尔先生的姓,引起我的求知欲,试图以了解"尔"姓姓源为出发点,学习一点姓氏学知识,于是查了些古书。

《康熙字典》是大型字书,使用方便,我首先翻检它。在"尒"字("尔"字)释义里,有一个作姓的解释[1],这就是说康熙以前就有"尔"姓,毫无疑问是一个古姓,不是满人改姓才造出来的。它与满人的关系问题可以释疑了,但尔姓来源为何,《康熙字典》未作解释,而且它不是姓氏专书,对此并无权威性。于是我向姓氏学辞书求援了。

查唐朝人林宝著《元和姓纂》(孙星衍辑本),在卷六有"尔朱""尔绵"二姓,但无单字的"尔"姓。再阅读南宋人郑樵的名著《通志》卷 29《氏族略五》,在"代北复姓"里有"尔朱""尔绵",并谓"尔绵氏"改为绵氏[2],然亦未见记录有尔姓。又索检清代道光间学者黄本骥编纂的《姓氏解纷》卷 5 载有"尔"姓,注释曰"代郡族"。该书同时记叙"尔朱""尔绵"姓氏,未言及与"尔"姓的关系,实即作者认为这是三个不同的姓氏,只是各有一个"尔"字相同。看这个记载,再结合《康熙字典》的说明,"尔"是个单字姓,应与尔朱氏、尔绵氏并存,但是"尔"与"尔朱""尔绵"究竟有无关系呢,似乎还存有疑问。

黄本骥指出,尔氏是代郡地方的人,代郡在山西西北部,巧得很,尔朱氏也居住在这个地方,北齐人魏收写的《魏书》卷 74《尔朱荣传》讲尔朱氏在尔朱间,以地方名氏,故姓尔朱[3]。尔朱氏在北魏时起家,与最高统治者拓拔部同属

---

① 中华书局,1958 年,寅集上第 20 页。
② 浙江古籍出版社"十通"本,第 1 册志第 474—475 页。
③ 中华书局点校本,第 4 册第 1643 页。

于鲜卑族，同生活在今日的晋北和内蒙古西部，之后尔朱氏成为北魏一支重要的政治力量，尔朱荣镇压农民起事，拥立魏庄帝，官为大将军，都督内外诸军、尚书令、太原王，控制朝政。庄帝不甘心为傀儡，杀尔朱荣及其族人，尔朱荣族子尔朱敬等免于难，后来在隋朝做官，不过朱尔氏从此式微了①。尔氏是否为尔朱氏存尔字而来的呢，前面的事实已经说明它们间没有这样的关系。《通志·氏族略六》还记载北魏时鲜卑人姓氏的事，如"贺鲁"改姓为"周"，"贺兰"改姓为"贺"，"尔绵"改作"绵"（第483页），等等，凡是新改之姓一一说明，而其中没有尔朱氏改姓的事。而且前述隋代尔朱敞事，可知至少到隋朝尔朱氏并没改姓。至于尔绵氏，《通志·氏族略五》讲到它改称"绵"氏。如此看来，尔姓与尔朱氏、尔绵氏没有关系，不是它们的改换姓代的产物。

归结我的意思，尔氏原来生活在山西北部，很可能是北朝以来的古姓，也可能是鲜卑人中的一支，它同满人没有关系，与尔绵氏、尔朱氏不发生联系。我们知道鲜卑民族与汉民族融合为一个民族，尔氏即使是鲜卑人，也早已成为汉人，所以它还是汉人的古姓。不过，文字写到这里，对尔姓的渊源还没有了解透彻，只有请专家补正了。

（原题《"尔"姓小考》，载《今晚报》1988年4月28日）

---

① 《隋书》卷55《尔朱敞传》，第5册第1374页。

简述中国传统家族文化的当代意义

说到中国的传统家族文化,人们有一个共识,就是它是血缘小团体文化,我也是这样认为的。不过在 20 世纪的长时间内,很多人由此出发,将它定性为封闭性、宗法性、排他性、守旧性、落后性、反动性的文化,阻碍社会进步,对它进行批判清算,对此,今天我有了新的想法:它既是小团体文化,又是中华民族及其文化形成发展的积极因素,如今仍然有着正面的价值,并且在克服宗法性。这篇小文就想从古代家族文化的主要内容论述到它对当代国家发展及社会伦理建设的意义。

一、传统家族文化的内涵

传统家族文化的内涵,我想到四个方面:

为家族而活的人生观。"光宗耀祖"的话,今日偶尔能在事业有成者的口中吐出,他们自云努力向前,是为"出人头地,光宗耀祖"。而这样的话,在古人则是口头禅,人们做事业、历艰辛,有一个目标,就是光大门楣,为祖宗争光,为家族争光。家族也以此期待于族人,看到有培养前途的少年,长辈辄言:"此吾家之宝驹也,兴旺发达即在此子",遂用家族的集体力量予以特殊的培养。胡适的父亲胡传就是获得这样的待遇,免去走商店学徒的人生之路,从而求学出仕的。他也以此回报家族,在太平天国战争中该族祠堂被毁,他乃殚精竭虑,克服种种困难,重建宗祠,保持胡氏家族的声誉。古代人们的为家族争光,表现在科举时代,中举人、进士者,返乡要拜祠堂,或为宗祠立旗杆,或向家族捐献田产,壮大家族实力。皇帝及地方政府,也会因某人的业绩或义行,奖予匾额,家族将它挂在祠堂,引为殊荣。品官有家庙祭祀制度,成为法定的望族,何其荣耀。

尊祖敬宗睦族的团体意识。"尊祖敬宗睦族""敦宗睦族"是家族史文献中常见的词语。尊祖,除了敬重在世的前辈,更重要的是讲究对祖宗的崇敬和祭祀。祭祖，是表示"水源木本"之思，"慎终追远"之意。"我从哪里来？"是祖宗的遗胤，为先人所赐，所以要溯源报本，对祖先永远保持敬重之心，进行永久的纪念——常备不懈的祭祀。如果能够做到，世人以为是宗族兴旺的表征，所谓"月旦以叙彝伦，荐时食，于春秋以隆祭典，斯称大体，方为望族"。

"敬宗"的"宗"是什么意思？涉及到宗族的概念。东汉人班固执笔的《白虎通》讲了"族"与"宗"的关系，族是有血缘关系的人的自然聚合，能不能凝聚为一个有组织的团体，则不一定，还要有其他的条件，这就涉及到"宗"，对此班固写道："宗者何谓也？宗者尊也。为先祖主者，宗人之所尊也。礼曰：宗人将有事，族人皆侍。古代所以宗必有祠何也？所以长和睦也。大宗能率小宗，小宗能率群弟，通其有无，所以纪理族人者也。"宗主管先祖"主"的木主，即祖先存在的标志——神牌，说白了，就是主持家族的祭祀，而且只有他才有祭祀始祖的权力，并率领族人祭祖。因此，用今天的话来说，宗是宗族组织的管理人，其代表人物在上古是宗子，后世是族长。敬宗是尊重宗子的权威，服从他的管理，认同他所代表的组织——宗族。所以敬宗、敦宗的涵义，首先是族人以宗族为自己的组织，其次是认同宗族的代表——宗子、族长为领导人，由他们带领自己实现尊祖祭祖的愿望。一句话，敬宗、敦宗是宗族团体意识。至于睦族，是讲处理好族人之间的关系，维护宗族的团结和合作，使宗族长存，是尊祖敬宗的必要内容。

所以，尊祖、敬宗、睦族三者，尊祖是目标，也是出发点；敬宗、睦族是实现目标的条件，是在尊祖的旗帜下实现家族的团结，达到收族的结果。就中敬宗是关键所在，如果没有族长，族人之间虽有血缘关系，并不能形成家族组织，家族就不可能举行大规模的祭祀祖先的活动，在社会上就会默默无闻，怎么能成为望族！家族成员对宗族具有强烈的归属感，有着浓厚的家族团体意识，才能组成以族长为标志的群体，才可能成为望族，为祖先争光，也为活着的人争取有利的立足于社会的条件。

家族、家庭伦理精神是讲求孝道。家族、家庭伦理讲求上慈下孝，父母对子女的抚育，应有慈爱的态度，教给谋生的手段，但是在实际上，由于古代社会物质生产的有限，或者说不足，绝大多数父母所能做到的是在艰难困苦的生活条件下将孩子"拉扯大"，就是有恩于子女。社会的观念对此似乎也不再有更高的要求。社会对"孝"比"慈"有更多的关注，产生的专门的经典著作——《孝经》，是科举考试的教材，清朝顺治皇帝说"孝为五常百行之原"，将孝道放在人伦的首要位置。孝道的全部内涵有三个方面：

第一，一般说是生养、死葬、祭祀。"养"的要求，是生活上的赡养，态度上的尊敬，替父母设想的比他们自己想的还要周到，还要早，还要多；死后安葬，病时服侍汤药，甚至割股疗亲，死后厚葬，以至卖产葬亲；祭祀，在于虔敬和持之以恒，保护坟茔，维持林木的茂盛。内容是这样，但能做到的程度在世人中会有很大的差异，而且这种养、葬、祭局限于对亲人的具体态度，远非孝道的全部。

第二，本身事业有成，能够扬名显亲。太史公之父司马谈说孝有三层涵义："夫孝始于事亲，中于事君，终于立身，扬名于后世，以显父母，此孝之大者。"意思是尽孝的第一步为赡养双亲，第二步是忠于君主，第三步是自身出人头地，能够光宗耀祖，达到孝的最高境界。民间家族有类似的训诫，也将尽孝分为三个层次：第一等的是不仅一般地奉养双亲，更能体察父母的要求和愿望，加以满足，而且本人名声好，不辱父母教诲；第二等的从事士农本业，生活上能够照顾父母；第三等的，做商人、工匠，能够省吃俭用孝养亲人。至于对宗亲，也要像对待父母那样予以照顾，疏忽就是不孝。史官和民间的说法，有个共同点，就是对孝子自身事业成就的要求，即他们要对国家、对社会有价值，得到承认，以社会好名声来为父母增光。如若本身事业无成，就算不得典型的孝子。

第三，应有传宗接代人。"不孝有三，无后为大"，要能生子育孙，使家族香火不断，绵延百世。由此可见，孝道内容广阔，上孝父母，下育儿孙，自身还要与社会和合，取得相应的成就，所涉及的不仅是家族内部的人际关系，还有社会关系，它是家庭、家族伦理的核心成分。"百善孝为先"，足以表明孝道在人伦关系中的重要地位。孝道的三种内涵，关系到家族的发展，它的成功地实现，乃至或多或少地实现，才能造成家族的延续。家族的兴旺，子孙的繁衍，是家族最为重大的事情。所以孝道的最终要求，就是族人事业有成，人丁兴旺，光大门祚，远不只是对父母的孝养。

孝与忠的交融性、一致性。孝与忠是两个概念，两种范畴的观念，是严格区分的，不可混淆，但是它们又有着极其密切的联系性，并有重叠的、交叉的内容。前述司马谈的话已经指出忠孝两者的一致性，他说孝的"中于事君"，是孝包含对皇帝尽忠的意思。试想，孝道最高层次是扬名后世，以显父母，怎么能扬名后世？可以是做好事，赢得社会的赞扬，但在司马谈的观念中，是同事君连在一起的，那就是因为尽忠，获得荣誉，从而得到尽孝的大名，可知孝道包含着忠君的内容。民间家训要求做官的子弟应有爱君之心，为君主办事，敢于承担责任，不结党揽权，不贪墨，不恋位。所以要想做孝子，必须同时做忠臣。做官如此，做老百姓呢？同样尽自己的责任，民谚"宁可终身无父，不可一日无君""君恩重于亲恩"，所以要及早完纳赋税，做安顺良民，所谓"守本分，完钱粮，不要县官督责的是好百姓"。而且若不按限完粮，将有追比之责，甚至于牢狱之灾，让人看笑话，令父祖颜面无光，真是大不孝。看来孝以忠为必要的内容，则是毫无问题的。从忠的角度看，东汉时人们已经认识到"求忠臣于孝子之门"的道理，忠道承认孝道的合理性，甚至孝道是实现忠道的前提，是以国君鼓吹孝道，实行以孝治天下的政策。总之，孝与忠有着内在的联系，存在着交融性、一致性，主要是孝道包含浓重的忠君内容。这种交融性、一致性，就使得家族文化突破了家族的范围，不仅是家族社会的信念，还是整个社会的一种观念。

二、家族文化是形成民族国家凝聚力的一种文化因素

刚刚说到孝道、忠道的交融性，实际上就是它们的一致性，乃是它们之间关系的主要方面。这种家族文化反映家族与国家的基本关系，古代如此，今天仍然是它的延续，是建设国家、增强爱国主义的一种思想因素。

（一）传统社会家族文化对国家的认同

周代实行宗法制和封分制，周天子既是国君，又是宗子。于是，君统与宗统合一，家族文化是支持政权的观念。分封制和大宗法制破坏之后，君统、宗统分离，但是家族观念并没有舍弃尽忠的责任和理念。魏文帝曹丕在做魏太子时，集会问众人，国君和父亲同时生病，只有一丸药可以救人，这丸药应当给谁服用，大家回答意见不一，有说给君主的，也有要给父亲的，未能取得共识。曹丕提出的尽忠、尽孝孰先孰后的问题，不排斥任何一方，只是先后的次序。在实际上，西晋末年少数民族进入中原，汉人纷纷举族南迁并在江南建立东晋政权，形成"王与马共天下"的局面，表明汉人士族（家族）强力支持中央政权。赵宋以来先君后亲的忠孝伦序牢固确立，人们当忠孝不能两全时，以"精忠报国"为至高境界。在中国历史上，有多少英雄舍身忘家而报国，为后人所讴歌，成为中华民族的不可或缺精神财富。家族的忠君文化，几千年一脉相传，由家国一致，到家国分离，经过一段时间的调整之后，家族总是将忠君观

念放在首要地位。家族文化是忠孝文化,中国所以成为持续二三千年的大一统国家,家族组织及其忠孝文化有以致之,或者说中华大一统局面形成的基础是家族组织,家族文化则是中华大一统的思想基础。可见家族小团体文化同国家大一统文化有着一致性。

家族文化与民族国家认同的关系,还可以进一步从观念基础上来看。家族的凝聚力来源于浓厚的"一本"观,人们认为祖宗犹如树木的本根,子孙则是枝叶,千百之子孙,皆源于一个老祖宗,追根溯源,永远怀念老祖宗,族人牢固地凝聚在一起。中华民族的共同观念是崇奉炎黄始祖,以"炎黄子孙"而自豪。从一本观到炎黄认同,是家族的一本观为炎黄认同奠立了思想基础。炎黄认同——中华民族认同实乃家族一本观的顺理成章的必然发展结果。

(二)现代社会家族文化对国家的持续认同和维护

在操作层面上,家族作为小团体,往往先顾及家庭、家族而后关照国家,与其在观念上先国后家有所差异。孙中山有鉴于此,提出合小家族为中华国族的主张,即以一姓之各家族实行联合,再合各姓成为中华国族,团结一致,对抗列强的侵略。孙中山的号召在组织上并未有大的实践,但在思想上颇有影响。20世纪二三十年代,一些家族信奉国族理想,宣称"爱国家以保种族",以此为目标,建设自身的家族,将家族建设同保国保种——保卫国家联系在一起。民众对国家的观念也在随着时代的进步而变化。传统时代民间供奉"天地君亲师"的牌位,这时改为"天地国亲师",用"国"取代"君",表示国家政体的变革,家族观念也随之更新,由忠于专制政体的君主及其国家,转移到忠于向民主政体转化的中华民族的国家。这时政府有实施乡治的政策,家族本来就具有民众自治性,但在传统社会时代认识不到这一点,至是有所明了,有的家族就将它的活动同自治联系起来。真是随同时代的变异,家族、家族文化也在进化。

50年代至70年代,政府实行没收家族公有财产及惩治其管理人、批判家族观念的政策,致使家族陷入销声匿迹状态。这是家、国处于对立状态的短暂时期。70年代后期以来,随着改革开放方针的落实,家族重新活跃起来,祭祖扫墓,续修家谱,以至兴修祠堂。但是它面临着如何处理好同国家关系的重大问题。它一如既往,拥护政府及其改革开放方针政策,忠于国家。在人们讲述为何新编家谱的原因时,充满着歌颂新时期、共和国的词语,诸如:"经十三届八中全会,邓(小平)氏以振兴中华,改革开放,恢复中华之元气";"斯值盛世,国家承平……搞翻番奔小康之年……我辈承先祖,启后昆,凡吾裔孙,均当爱国,国因家富,家因国足";"看今日,又逢盛世,国泰民安,修谱明系,发扬民族传统,方有条件形成共识";"把家谱编成进行爱国爱乡教育的乡土教材,为社会主义精神文明服务";"对家史的注重和关怀,是爱祖国爱人民的起点"。无不表明家族的爱国热忱,特别是颂扬改革开放的新时代的真挚情怀。

家族对政府方针政策的认识,同时代的进程相一致,当"科学技术是第一产生力""科学文化建国"的理论、方针提出,家族在固有的重视文化传家的基础上,自觉地强调学习文化的重要,并把它同建设国家连接起来,他们说:"爱祖国,尚科学";"力学问,勤职业";"继承(家族传统的)助学精神,培育人才,多作贡献";"子孙努力发扬民族优良传统,掌握现代化科学文化知识,为中华民族跻身世界之林多作贡献"。看来他们讲述助学,掌握科学文化知识,不只是为个人、家庭、家族,相当程度地考虑到国家的发展,提高国家在世界民族之林中的地位。由此可见,他们能够做到与时代同步前进,这也正如他们在家谱中表示的:"社会在发展,时代在前进,一个人或一个家族是社会的一分子,任何时候都应适应时代,适应社会。"

现代家族认同国家方针政策,同时也是认同国家的意识形态及主流文化。目前家、国关系虽然不能完全协调,尤其是处于主导地位的国家,根据家族的小团体性的认定,对其多所嫌弃,家族则像不愿离娘的孩子,总想依偎在母亲身边。其实,家族文化在当代对家国还有一种积极作用,就是联系海内外的华人。华人多受中华家族文化的熏陶,具有它的因子,希望中华国家富强,乐于寻根问祖,于是家族及其文化、家谱,就成为联系海内外华人的一种纽带,吸引海外华人投资,发展中国当代经济。

传统家族文化的孝道,要求人们做有社会价值的人,忠于君主及国家的人,是形成和巩固国家的积极因素。近代以来,家族观念随同社会的进步而演化,在传统观念的基础上,进一步认同中华民族多民族国家,愿为国家富强作出贡献,并能同全球华人的寻根问祖观念链接,成为当代中华民族凝聚力的一种因素。

三、家族文化与当代伦理建设

有个时期讲"不破不立,破字当头,立在其中",传统社会伦理在 20 世纪遭到政治的、社会舆论的强烈批判，又受到现代化中商品经济大潮的冲击，破是被破了，然而新的社会人伦规范远远没有完善地建立起来，人际关系处于某种失常状态，对社会的持续发展可能会成为阻碍因素。人们更多地接触到政治权利和金钱的力量，看到的是人情的淡薄，人对人的冷漠态度。在新时期的社会环境里，人究竟应当如何做人，人们应有怎样的人际关系，家人族人之间的关系如何才是合乎道德的，许多社会人士关注这一问题。家族历来钟情于人伦建设，今日的家族活动家受着这种传统深刻影响，他们也以建设新伦理为己任，充分认识到传统重视伦理建设的今日价值："在我们源远流长的中华文化思想宝库中，在发挥精神文明作用上，最注重的就是要讲伦理道德，处理好人际之间的关系，成为社会稳定、健康有序发展的支柱。"为了把重视伦理建设的传统精神延续到今日，他们以家族、家庭为出发点，思索人们之间各种关系怎样才是符合于道德的。于是依据当前的社会状况，拟订一些家庭、家族、社会伦理规范，尤其是老人赡养、家庭文明以及社会公德的公约，为处理社会人际关系提供了某种参照因素，其主要内容有：

互相尊重的人伦关系的提出与倡导。传统家族、家庭有尊卑长幼的名分，夫尊妻卑的伦常，家族新伦理建设，针砭人与人的等级观念和行为习惯，大力强调人们之间的互相尊重原则，以此为基础，建立新型的家内、族内人际关系，诚如有的家族活动家所说："我们今天要把人伦关系建立在双方互相尊重的基础之上，而不是什么谁服从谁的尊卑关系。"只有树立、实行这样的原则，人际关系才有和谐的可能。不仅如此，人们对于这种尊重，更提高到人权的严肃问题来进行审视，有的《家训》明确提出废除宗法思想，遇事公议、公办、公决，对犯错误的族人，只能说服教育，由国法裁定，不能像传统社会私设公堂，滥施惩罚，保障人权不受侵犯。对族内寡妇的再婚，劝喻公婆和族人不得干涉。人权和互相尊重是现代概念，是人类追求的崇高目标，家族以之为理想建设新型的伦理关系，表明其克服传统的宗法观念，自身也在向现代化群体发展。

敬老的社会监督与订立《赡养法》的呼吁。"老有所养"是古今社会共存的问题，如今赡养老人方面出现的不如人意之处，有孝道传统的家族主动去做适合时代要求的弥补工作。有的父母在家族活动时哭诉儿子的不孝，家族长辈就对有经济条件而不赡养父母的人进行规劝，使他们自觉地资助老人。这其实是一种社会监督，以舆论劝导迫使不孝子女改变错误思想和作法，履行赡养老人的义务。有的家族还认识到，仅有舆论的劝勉并不能完全解决问题，还需要有相应的立法作保障，因而呼吁国家制订《赡养法》。他们言词恳切而又颇带感情地在新修族谱中写道："如果人类把血脉相连的亲缘丢掉，那么罪恶便会疯长；如果人们把最具良知的孝道忘记，那么人间便失却了真情。江湖唱词道：'老来难，老来难，劝人莫把老来嫌，从前为儿做牛马，现在老了谁来管！'这既是对亲情的追忆，更是对不孝之子的控诉和警示。文明发展到今天，孝行仅靠道德维系是不够的，它只能牵引有良知的善人，却不能规范泯灭人性的'兽类'。因此除了弘扬道德，教化灵魂，还要有健全具体可行的法条，以便大多数人遵守，少部分人一旦试法，当强制执行。就此而言，国家制定一部《赡养法》，家族议定相应的'家规'，就是非常必要的。"人们希望用国家的《赡养法》和民间的族约家规的结合，维系亲情，实现老有所养的人类理想。家族所反映的民间养老的呼声和某些实践，表明其乃建设新时代家庭伦理的积极力量。

以男女平等为基本精神的家庭、家族文明公约。历史传承的男性社会，要想一朝实现男女平等，谈何容易，当今家庭、家族之中仍然或多或少地存在着女性弱势地位的现实，明智的家族活动家表示为此做一些纠正，为家族及家庭拟订的文明公约在讲究尊重人权之中，特别强调男女的平等关系的建立。有一个家族制定的《文明家训十则》，第一条就是"志同道合，夫妻和睦，民主理财，团结处世"；另一个家族的《家教》第六条是"创建民主和睦家庭"，重点在于尊重妇女，克服家长专断："家庭中应尊老爱幼，男女平等，遇事大家协商裁定，克服过去家长一言堂和不听取妇女建议的旧习俗。"还有一个家族的《公约》，含有《夫妻道德守则》六条，要求"男女平等，不男尊女卑"；"财务公开，不为钱物争吵"；"和睦相处"；"要相敬如宾，互相尊重，互相信任，互相帮助，互相谦让，互相鼓励，互相谅解，互相安慰"。这样在男女关系中提倡相互尊重，反对男尊女卑，就是用现代民主精神建立家庭伦理，是对传统宗法伦理的改造。

不少《家族公约》中包含"家庭道德守则""父母道德守则""子女道德守则"，传统伦理中的"父为子纲"，虽在现实社会生活中已被人们所抛弃，但父子关系如何才是正常的呢？有的家族做出这样的理解："父慈而教，子孝而箴"，即父母有教导儿女的责任，子女对父母的错误行为亦应当劝谏；父母"有培养教育子女的责任，不仅应教以学业，还应教以仁义道德"；子女"不仅应孝敬父母,还要有诤于父母,防止父母陷于不义"。强调父母对子女的谋生、道德双重教育,子女的尽孝与箴谏,这个"箴""诤"异常重要,古人家训也讲到子女对父母的"诤",但没有今日新家训把它提到这样的基本原则高度,无疑是重大发展。

家族对净化社会风气的努力。吸毒、赌博、嫖娼,在历史上时或成为社会病,成为严重的社会问题,在现实生活中有再度出现的某种表现,引发家族活动家的关注。家谱本来是隐恶扬善的,但我不只一部家谱里发现,讲述族中某人吸食鸦片烟破家灭门的事,以警诫族人。不仅如此,有的家族规训为此特别设置警条,如有《严禁四害(嫖、赌、盗、毒)》规约:"嫖为万恶之首,赌能倾家荡产,盗使人身败名裂,毒能毁灭人性、祸及亲朋邻里。四害已被世人深恶痛绝。一家之长,责任之重在于时时告诫子女后辈,要远离四害,多习礼仪,确保家门清白,世代忠厚传家。"还有的家族规定"不许嫖娼赌博""不许偷抢营生""维护社会公德,继承和发扬列祖列宗与人为善、忠厚传家的传统美德"。这类禁止吸毒、赌博、嫖娼、偷盗的家训。在传统族规中就有很多,今日家族又根据新的情况,表示继承先人的传统美德,抵制、反对可能泛滥的"四害",而且眼光不局限于四害本身,将它同社会风气、社会公德联系起来,为的是要净化社会风气,为建设良好的社会生活环境作出努力。

社会各界人士中,也有人关心新伦理的建设,比如有心人进行"中国孝心调查",著文开展讨论。家族的有关训诫和某种实践,汇入建设新伦理的社会资源当中。从上述事实可知,它正在成为当代社会伦理的一种不可忽视的建设力量。至于新的社会人伦的内容,家族的那些基本精神和具体规范,包括人和人之间的平等、尊重、关爱原则,建立良好家教门风的规条,反对社会的恶风弊俗(诸如"四害"之类),是对新伦理内容的有价值的探讨,并有参照实践的意义。要而言之,新伦理的建设是全社会的事情,是探索中的事情,也很难一蹴而就。家族发扬关注人伦建设的传统,参与新时代人伦的建设,成为一种社会力量和文化探索因素,将会作出有益的贡献。全社会应当对家族所作的努力给予尊重,允许、促进其在这方面充分发挥作用。

至此,归结就本文范围内所涉及到的中国传统家族文化的当代意义:

传统家族文化与现代社会文化的链接点:传统家族文化并没有随着传统社会的转型而消失,却有许多内涵为当代文化所传承,这中间似乎有一根链条将两者衔接起来,其衔接点我想是:由孝到忠的国家认同观念,即传统孝道要求贡献于社会,尽忠于家天下的君主、汉民族的国家,发展到今日是奉献社会与忠诚于中华民族的国家;古今的家族均致力于社会伦理道德的建设和致意于家族历史的纪录——编修家谱;家族共同体认同精神的保持。有了这样的链接点,就使得传统家族文化能够适应新时代的要求,调整其内涵,摒弃过时的宗法性的东西,而保存和发扬适应时代要求的成分。

传统家族文化在新时代的价值。传统家族文化经过调整、改造,能够和需要为现时代所吸收的,我想在于:从民族国家的认同,产生强烈的爱国主义情感,增进爱国情操,增强国家的凝聚力;关注新时代社会伦理的建设,使得家族成为伦理建设的不可或缺的一种社会力量,家族伦理的规范成为建设新伦理的一种文化因素。这两方面是我们比较详细说明过的。此外,根深蒂固的家族文化是吸引海外华人的中华文化因素之一,有益于吸收他们的资金,加速国家的经济建设,这是前面提到而没有展开叙述的;古今家族均有自治性,今日能否成为某种社会中介组织,要看社会所允许其在未来的发展;古今家族的兴修家谱,是中华文化的一种保存形式和体现,是我们中华民族的文化瑰宝。

社会需要善于利用家族文化的积极因素。家族是血缘群体,家族文化有其小团体的局限性和传统社会的宗法性,与其它群体可能发生冲突,如历史上不断出现的家族之间、家族村落之间的纠纷,乃至械斗,为家庭、家族而活着的人生观的狭隘性,以及家族内部的等级性、限止族人个性的发展等。我们应当看到这些方面,同时也应观察到它的变化,即以血缘性而言,这本来是它作为团体不可动摇的铁定原则,可是到传统社会的晚期、近当代,这个原则就松动了。它的宗法性,在经历社会的政治批判和自身的清洗,所存已无多。因此我们对家族及其文化,不宜于只观察它的某一个方面——宗法性方面,同时还要注意到其他成分,特别是它以小群体而认同于民族国家的大同,要以小群体促进国家及其文化建设的观念是应该给予充分肯定的。因此我认为社会需要正确对待家族及其文化,善于利用它的积极因素,以便其充分发挥作用,以利于民族国家的文化建设和发展。主流文化多年来对家族文化的误解,到了消除的时候了,不宜继续对它抱持恶意态度,应当给予发展空间,让它能够在新时期发挥建设社会伦理和凝聚民族国家的积极作用。

(原载《江海学刊》2003 年第 6 期)

宗族史在"二十五史"中的表现形式与内容
——忽视民众史是"正史"的缺憾

宗族在中国历史上处于重要的地位。它是历时最久的,几乎是与有文字记载的历史并存的社会群体,还是古老的合法民间组织,是中国历史的特点所在,它的文化——家族文化及与之密不可分的家庭文化,又是可能具有普世性的文化资源,是以今人认为宗族史非常重要。可是古人怎么看待它呢?我们从文献记载来观察,得知"二十五史"的正史对宗族中的皇族记叙甚多,对民间宗族关注极少,其情形究竟如何,为什么会是这个样子的?本文试图作出说明。

一、"二十五史"有关宗族的记录

"正史",就其本质来讲是帝王史,因此关于皇族的历史无疑是会有记录的,但是社会其他类型的宗族之史有没有呢?如果要有专门的记叙,应当列入"志"的体裁类别里,笔者遍查二十五史,没有找到这种专志——"宗族志"。是不是正史里就没有皇族以外宗族史的内容呢?不是的,在纪、传、志、表的各种体裁中可以发现各类宗族的一些相关内容。不妨从"史汉"开始,以若干部史书为例,查询一番。

《史记》,有 30 个"世家",记叙那些家族的传承历史;"世表""年表",亦简单记录一些家族的世系传承。司马迁说他制作《三代世表》,根据是谱谍:"余读谍记,黄帝以来皆有年数。稽其历谱谍终始五德之传……"①作世表取材于谱谍,也就是说有家族的历史文献,提供写作史书的素材。

《汉书》,有诸侯王表、外戚恩泽侯表,宗室王的传记散见在列传中。它继《史记》八"书"之后创造"志"体,其《刑法志》记叙家族连坐法,"八议"中的"议

---

① 本文所使用的"二十四史"及《清史稿》,均为中华书局点校本,下不赘述。

亲""议宾",涉及宗族的少许内容。

《后汉书》,关涉皇族史的有《皇后纪》《宗室四王三侯列传》;《礼仪志》含有"上陵""大丧",《祭祀志》有"宗庙""六宗",《百官志》有"宗正",谓其卿一人,秩中二千石,"掌叙录王国嫡庶之次,及诸宗室亲属远近,郡国岁因计上宗室名籍。若有犯法当髡以上,先上诸宗正,宗正以闻,乃报决"。

《晋书》,有《后妃传》《宗室传》;人物传记附记传主的子孙、宗人,即有宗人附传;创造《载记》,类似于《史记》的"世家",叙述独立政权及其家族始末;《礼志》有宗庙、藉田;《乐志》录有张华的《宗亲会歌》,词云:"族燕明礼顺,餲食叙亲亲。骨肉散不殊,昆弟岂他人。本枝笃同庆,棠棣著先民。于皇圣明后,天复弘且仁……德教加四海,敦睦被无垠。"还有曹毗的《四时祠祀》。

《魏书》,除了后妃传,皇族的传记大增,给每个皇帝的皇子立专卷的传记,多达九卷,而许多卷又分上、下卷,或上、中、下卷。人物传的附传特别多,成了家传,如卷 27 穆崇传,附传为:孙真,真子泰,崇子观,观子寿,寿孙黑,黑子建,黑弟亮,亮子绍,寿弟多侯,观从孙子弼,观弟颙,崇宗人丑善,丑善玄孙镂。又如李宝传,附传有:子承,承子韶,韶子瑾,韶弟彦,弟虔,虔从子咏,宝子茂,茂孙遐,茂弟辅,辅子伯尚。将以前史书的《职官志》改设为《官氏志》,颇有关于宗室的官制及宗室成员出任官职的记载:皇族封王,宗室封公;八个部落大人置于京城四方四维,为"八国";八国立大师、小师,辩其宗党,品举人才;每州设刺史三人,其一用宗室;设宗正;郡县定姓族,行宗主督护制。《礼志》有宗庙、丧服之制。

《北史》《南史》,列传均多家族成员的附传。

《隋书》,后妃传、诸王传、家族附传之外,《百官志》有"大宗正寺","掌宗室属籍。统皇子王国、诸王国、诸长公主家";《礼仪志》有"丧礼";《经籍志》有"谱系篇",著录谱牒文献书名;《刑法志》有连坐法,"其谋反、降叛、大逆以上皆斩;父子同产男,无少长,皆弃市;母妻、姊妹及应从坐弃市者,妻子女妾同补奚官为奴婢"。特别创设《孝义传》,首述孝义之价值:"诸侯卿大夫行之于国家,则永保其宗室,长守其禄位。匹夫匹妇行之于闾阎,则播徽烈于当年,扬休名于千载。"所载人物,有位居社会上层者,也有社会下层的,微末的家族人士历史在这里可以见到。

《旧唐书》,继《隋书》之后设置《孝友传》,记载善于父母,善于兄弟,德信被于宗族的人,并能移孝于君,善于施政的人。

《新唐书》，有《宗室世系表》，凡李唐后人，皆收入表中："唐有天下三百年，子孙蕃衍，可谓盛矣！其初皆有封爵，至其世远亲尽，则各随其人贤愚，遂与异姓之臣杂而仕宦，至或流落于民间，甚可叹也！然其疏戚远近，源流所来，可以考见，作《宗室世系表》。"另创《宰相世系表》，其与《宰辅表》不同，主旨云："唐为国久，传世多，而诸臣亦各修其家法，务以门族相高。其材子贤孙不殒其世德，或父子相继居相位，或累数世而屡显。呜呼，其亦盛矣！然其所以盛衰者，虽由功德薄厚，亦在其子孙。"所以应明了的是，它是以家族为单元制作图表，将历任宰相的家族历史显现出来。

《宋史》，其《礼志》关于家族史的记录相对较多，除了皇家的，还有官民的，内中有许多细目：卷106的"宗庙之志"的专卷；卷109的"群臣家庙"子目；卷122的"山陵"专卷；卷123的"园陵""上陵""群臣私忌"；卷124的"诸臣丧葬等仪"子目；卷125的"士庶人丧礼""服纪"。此外有"藉田""高禖"（皇帝无嗣求子）。在《选举志》里有"补荫"子目。《职官志》有"宗正寺"，为明其职掌，特别说明该机构修纂牒、谱、图、籍，计有五种，为《玉牒》《属籍》《宗藩庆系录》《仙源积庆图》《仙源类谱》，并特设大宗正司；另有"荫补"子目。《艺文志》著录"谱牒类"110部书目。设《孝义传》，书写家庭、家族孝义之人。谓宋朝，"子有复父仇而杀人者，壮而释之，刲股割肝，咸见褒赏；至于数世同居，辄复其家。"

《辽史》，具有独特的《营卫志》，为其他正史所无，该志内涵"部族"，谓"契丹故俗，分地而居，合族而处"，特为之记录。又有《皇子表》《公主表》《皇族表》《后妃传》《宗室传》。

《金史》，有《礼志·宗庙》《乐志·宗庙乐歌》《百官志·大宗正府》《宗室表》《后妃传》《孝义传》，特有的《金国语解》，说明女真人的姓氏与汉姓的对应字。

《元史》，与《宋史》《金史》多有共同之卷目，《后妃表》《宗室世系表》《诸王表》《诸公主表》《后妃传》《孝义传》《祭祀志》"宗庙"之外，另有"大臣家庙"。

《明史》，被认为"前四史"之外最好的正史，汇集了前史有关宗族史的内容，有《诸王世表》《后妃传》《诸王传》《公主传》《孝义传》《艺文志》有谱牒篇，著录38种谱书。《礼志·吉礼》有皇家陵庙专卷，内涵"庙制""禘祫""时享""荐新""加上谥号""庙讳"，另有"奉先殿""奉慈殿""王国宗庙""群臣家庙"；《礼志·凶礼》有《山陵》专卷，并有"皇后陵寝""诸王及妃公主丧礼"；"谒祭陵庙""忌辰""丧葬之制""品官丧礼""士庶人丧礼""服纪"。对民间家礼有所载笔，开卷即云："永乐中，颁《文公家礼》于天下。"对祭酒周宏谟、礼部尚书夏言关于民间祭礼建言，于后世研究者尤为重要，如夏言反对泥古，主张遵从程朱之议："……宋儒程颐乃始约之而归于四世，自公卿以及士庶，莫不皆然。谓五服之制，皆至高祖，则祭亦当如之。……若当祀始祖，则如朱熹所云，临祭时作纸牌，祭讫焚之。"《乐志》内有"宗庙乐章"，其初献乐云："思皇先祖，耀灵于天。源衍庆流，由高逮玄。玄孙受命，追远其先。明禋世崇，亿万斯年。"刑法涉及家庭、家族的内容颇多，而又重要，《刑法志》多所记录：丧服图，表明"族亲有反，视服等定刑之轻重"，即同罪异罚；"互为容隐者，最得递减"，并且不得做证人："告人祖父不得指其子孙为证，弟不证兄，妻不证夫，奴婢不证主。""有子犯法，父贿求免者，御史欲并论父。太祖曰：'子论死，父救之，情也，但论其子，赦其父。'""十恶"中最关乎家庭、宗族的，为"恶逆""不孝""不睦""内乱"，犯者，"虽常赦不原"。死罪犯人，有"存留养亲"条可以考虑不处死刑抵罪："犯死罪，非常赦所不原，而祖父母、父母老无养者，得奏闻取上裁。犯徒流者，余罪得收赎，存留养亲。"建文帝在皇太孙期间，向乃祖明太祖建言，"明刑所以弼教，凡与五伦相涉者，宜皆曲法而伸情"，因此改订刑律73条。《舆服志》有"内外官亲属冠服""宫室制度""臣属室屋制度"。《选举志》有"宗学"，吸收十岁以上宗室子入学。《职官志》有"宗人府"，列于百衙之首，"掌皇九族之属籍，以时修其玉牒，书宗室子女适庶、名封、嗣袭、生卒、婚嫁、谥葬之事。凡宗室陈请，为闻于上，达材能，录罪过"。传记中有《孝义传》，首先叙述浙江浦江义门郑氏的家族史，以及它成为其他家族楷模的社会影响；其他的孝义之门，如湖广蕲水七世同居的王氏。

《清史稿》，志、传、表中关于宗族史的记叙，大体同于《明史》，卷目亦多类同。这里仅仅说明他的独特之处。《食货志·户口》关于户籍制度，说到与宗族有关的两件事：准许移民纳入新籍的条件是有祖坟，"如人户于寄居之地置有坟庐逾二十年者，准入籍出仕，令声明祖籍回避"；民人立嗣，得按国家规制，"如民人无子，许立同宗昭穆相当者为后。其有女婿、义男及收养三岁以下小儿，酌给财产，不得遂以为嗣之类是也"。《刑法志》记叙待判决的死刑，原来区分情实、缓决、矜、疑四类，而雍正以后加入存留养亲，成为五类。《选举志》设有"封荫"类。

在正史的本纪里记录有关宗族的重大政策，因为少见，就不作绍述了。

以上介绍16部正史关于宗族史的记录，归结的话，它们叙述了哪些内容呢？由于社会是分阶层的，宗族是有不同的社会属性的，那么这些内容又是属于哪种家族的历史呢？笔者得到的印象是：皇族与民间宗族的历史纪录反差之巨大令人惊讶不已！

关于皇族的历史，在正史的各个部分皆有一些，乃至比较详细的表述。《职官志》《百官志》中的宗正、宗正寺、宗人府是皇族的管理机构；《宗室传》《诸王传》《皇子表》《后妃传》《公主表》等反映皇族的构成，皇族成员及其传记；《礼志》中的宗庙、藉田、祭祀、陵寝、上陵，《乐志》的宗庙乐章，记载的是皇家丧葬、祭祀制度；《职官志》《艺文志》中的编纂玉牒及著录族谱名称，反映了皇家历史文献的形成及成果；《刑法志》的议亲，表明皇族成员及皇家姻亲在司法制度上的特权；《选举志》的宗学，记录皇族的培养人才。凡此种种，无不表明正史对于皇族史的记录是比较完善的，令后世研究者可以勾勒出皇族简史。若参以玉牒类的图籍、各种礼志专著，当可写出比较详细的皇族史。

贵族家族的历史，正史也有一些记录。《世家》《载记》《外戚表》之类，就是贵族家族史的片断。此外的《官氏志》《选举志》《刑法志》，也有一些素材。

正史中官员宗族史的材料，主要在具有宗人附传的人物传记里；其次则是《宰相世系表》以及《孝义传》《孝友传》里提供的；在一些"志"里也有少许资料，如《刑法志》里的丧服图、十恶的一些内容(恶逆、不孝、不睦与内乱)、连坐法、家族复仇法，《礼志》里的群臣私忌、大臣家庙、品官丧礼、士人丧礼、服纪，《食货志》中关于立嗣、入籍的记载，《艺文志》有族谱名称，《官氏志》《选举志》有家族成员出仕的资料。人物传记材料可供撰写某些家族史的部分需要，"志"所涉及的官员宗族家庙、祭祀资料极其零星片断，颇有价值，然而难于写出官员宗族史。

庶民宗族的资料少得可怜，仅在《孝义传》《孝友传》中可见极其个别的家族片断情形，而对于全部庶民宗族来讲，犹如沧海一粟。在一些志里，如《刑法志》里的丧服图、十恶的一些内容(恶逆、不孝、不睦与内乱)、连坐法、家族复仇法、存留养亲法，《礼志》里的庶人丧礼、服纪，《食货志》中关于立嗣、入籍的记载，涉及到庶民部分，所用的文字，比官员又少，仅仅是只言片语而已，所以它反映不了民间宗族史。但是就那么一点材料，却可以表现它生存的社会环境和地位。

总的来看，正史对宗族制度，不像其他典章制度，给予像"职官""食货""刑法""天文""礼乐"等那些制度以特设的专志，即没有"宗族志"，但有关宗族史的制度,分别记录在相关的传、表、志里,所以虽无特立之"志",而有若干资料保存。这种状况令人获知两个特点:一是资料零散在各处,不系统,更不全面;二是记录侧重在皇族方面,官员宗族、庶人宗族反映极少,尽管如此,那一点资料价值很高,弥足珍贵。

正史未设宗族志,典章制度的专著亦然,笔者查阅"十通",惟有《通志》《续通志》《清通志》中有"氏族略",接近于宗族史专志,但终未达到那个水准。总之,不得不说正史和典章制度史,未给宗族史以独特的地位——未立专题之"志"。

二、正史有选择地记录宗族活动而又不设专志的原因

正史关于宗族史的记录,选择性很强,极度重视皇族历史,而忽视官员、庶人宗族活动,为什么会是这样子?笔者考查出五种因素,兹分别道来:

1.君主专制政体决定大写皇族史

在周代,是典型的宗法社会,"家国一体",家就是国,国就是家,是古人所说的"家天下",秦汉以后,实行君主专制主义集权制和郡县制,家国虽然分离,但分离得极不彻底,国家仍然是家族政权,突出表现在两个方面:一是建立宗庙,进行祭祀,象征家族政权的存在,这就是先秦人士所说的"国之大事,在祭与戎",国家政权存在的标志是社稷坛和太庙,这坛庙是祭祀的载体,在太庙祭祀就是国家的大事,是最重大的典礼。①正史《礼志》《乐志》记载宗庙、奉先殿、加上谥号、庙讳、藉田、祭祀、禘祫、时享、荐新、山陵(陵寝)、上陵、宗庙乐章,写的是国家丧葬、祭祀制度,其实它既是国家的,也是皇家的丧葬、祭祀制度。二是设置专门机构管理宗人,令皇族凝聚为一体,既给宗人以特殊的地位,也是为皇位传承有序,不会出现皇帝无子产生继承问题。正史《职官志》关于宗正、宗人府的记录正是这种现实的反映。可见君主政体决定,皇帝建立维护其家族政权的皇族管理、丧葬祭祀制度,并把它作为国家制度,正史对此

① 坛庙(社稷坛和太庙)的极其独特的重要地位,从张之洞编的《中国大地形势歌》可知。此歌七言体,计三十句;其内容,如歌题所示,言中国自然环境,行政区划,历史特点,这么广泛的论题,三十句话中竟然说到首都的坛庙。兹录出其中几句,已见笔者理解的不谬:"大清江山归一统,四万万里地球东。首善都城在直隶,中有坛庙和皇宫。四川两江最宽大,湖南湖北在当中……"见李振武:《张之洞编〈中国大地形势歌〉》,《广东社会科学》2007 年第 3 期。

如实地记叙出来。

2.宗法制盛衰影响对士族宗族的记录

宗族在历史长河中,各个时期发展状况不同,其地位和影响不一,这也反映在正史的记载里。魏晋南北朝隋唐时代,士族制盛行,作为宗族一种类型的士族极其活跃,垄断仕途,掌控文化习尚,长盛不衰,甚至于同皇帝相颉颃,所谓"王与马共天下"是也。正是在这种情况下,自《晋书》始,至"唐书"多有家族传记,《新唐书》并创"宰相世系表",表现士族的历史,宋朝以降的史书,传记中就少家族附传了,更显现中古时代士族之盛,从而产生正史表述的某些特点。

3.朝廷教化政策导致民间宗族史的记录

历朝政府实行"以孝治天下"的政策,影响到民间宗族活动,正史的《孝义传》《孝友传》对此作出部分的反映。这是从政府教化政策需要给予的记录,主观上讲不是要写民间宗族和民众的历史。

4.朝廷赋役征收的因素

民间立嗣、入籍的制度,出现在正史《食货志》的户口制度里,表明是为了政府对民户的管理和征收赋税。

5.少数民族王朝关注部族史

《魏书》改《职官志》为《官氏志》,记载关于宗室的官制及宗室成员出仕的历史,《辽史》特设《营卫志》记叙部族历史,《金史》的《金国语解》的记录部族名称。这些是少数民族王朝正史所特有的,因为其时部族在朝廷、在社会上地位重要、作用重大。及至民国年间修纂《清史稿》,在编写体例讨论中,于式枚等拟议的志目有"氏族志",而后易培基认为氏族志不合体例,最终取消了氏族志拟目。①可见少数民族王朝重视部族、宗族,因而正史有了反映。

正史既然书写了宗族史的若干内容,为何又不给以专题——"宗族志"的记叙?应当如何理解呢?

皇族史料并不缺乏,但不理想。如前所述国家的管理、丧葬、祭祀制度其实就是皇家的制度,正史作出充分的反映,但这是从国家制度出发的,而不是从皇族史角度写作的,因而令人产生错觉,不往皇族史方面去思考。不过话说回来,既然是写国家制度,那么多的内容,还是分别写在《礼志》《乐志》《职官

---

① 据邹爱莲等:《〈清史稿〉纂修始末研究》,《清史研究》2007年第1期。

志》《刑法志》里好，以便清晰、明了。这在写作处理上虽好，但是从皇族史来看，对它的内容尽管作出分类、分卷，毕竟没有将那些内容汇归在一起，因而出现分散、不系统的状态，作为皇族史来讲，并不理想。

官民，尤其是庶民的宗族史料的缺少，是正史的遗憾。民间宗族的历史，如宗族的存在状况，分布空间，它的兴衰；宗族的组成状况，其成员，规模，结构；宗族的建设，宗祠，家塾，祖坟，规范与祖训；宗族的活动，祭祖，修谱，族人间的人际关系；宗族与村落关系；宗族与国家的关系；等等。这些方面，正史几乎没有着墨，因此令人难于寻觅民间宗族（特别是庶民宗族）在历史上的痕迹。

这种现象的产生，不能不归结到古代史学的本质方面。古代历史学是为"资鉴"之用，乃皇家及社会上层的学问，记载皇家史和社会上层史乃史学应有之意，因而不顾及民众的历史。宗族制是历史上的重要制度，宗族史应占据其固有的位置，正史不给民众宗族史以应有的地位，实属不当，故而正史被后人讥刺为"断栏朝报"，虽否定过甚，然其忽视民众史，不载民间宗族史不过是显著的实例而已。

几乎不涉猎民间宗族史，确系正史的误失，亦是后世治史人的遗憾。

（2007 年 9 月 9 日写于顾真斋，载《吉林大学社会科学学报》2008 年第 5 期）

开展家庭史研究　拓展社会史研究视野

——"中国家庭史国际学术讨论会"开幕词

尊敬的各位学者,各位朋友:

研究中国家庭史的学者、耆宿汇聚于一堂,真是群贤毕至,少长咸集,我谨代表主办单位南开大学热忱欢迎各位的莅临。

我有这种荣幸来致开幕词,想乘此机会简单介绍南开大学社会史研究中心。

南开大学的社会史研究已经进行了二十年, 我们在 1986 年与《历史研究》杂志社、天津人民出版社合作,召开首届中国社会史学术研讨会。南开大学的社会史研究中心, 是教育部人文社会科学直属一百个研究中心之一;我们是中国社会史学会法人代表,主持会务工作,学会秘书处就设在南开大学;研究中心出版学术刊物《中国社会历史评论》,并与社会史学会共同出版《社会史研究通讯》。我们的研究方向基本上集中在三个方面, 其一是家庭家族史,这次研讨会以家庭史为主题,就反映了我们的这种研究兴趣;其二是思想与社会的互动关系,企冀透过思想文化活动及观念的研究,对人们的社会生活作出深层次的说明;其三是明清以来(含近现代)华北地区的政治经济社会史,在这方面我们有多年田野调查的研究基础。这三方面,都是教育部的社会史研究课题项目。此外,我们对社会史研究的理论问题和基本建设自始就予以关注,也获得了教育部的课题资助。我们对中国生态环境史、医疗社会史亦有所接触,并有初步的研究成果问世,在条件成熟的时候,将发展为重点研究方向。

研究中心颇致力于与国内外同行的合作与联系,比如同美国学者合作搜集、研究华北社会经济史资料;许多有成就的学者是我们课题组的成员及研究中心的兼职研究员;研究中心接受并资助全国各单位青年学者来中心进行课题研究;研究中心每年举行学术研讨会,并协助办理中国社会史学会召开的年会,以此比较广泛地联系同行专家学者。我们同《历史研究》杂志社有二十多年亲密合作的经历,这一次依然共同举办会议,老朋友不言谢,谢意记在我们的心头。我们自知研究水平有限,颇有力不从心之感,但是我们愿意努力,愿意尽力去做。学术乃天下之公器,我们热切期望与国内外同行合作,共同推动社会史的研究。

我还想就此机会,回顾中国家庭史的研究史,并提出研究中的一些问题。

家庭家族史的研究,是学术界经常的、有时也成为热门的话题,回顾它的研究史,我们发现它经历了从政治批判到学术研究的转变过程。在二十世纪的前二三十年,人们批判历史上的专制主义,以宗法家长制作为箭靶子,于是乎将中国历史上的家庭理解为宗法家长制的大家庭,男性家长统治、压迫妻室和子女,阻碍社会发展;转入学术研究之后,人们越来越认识到秦汉以来小家庭是主要形态,家庭中的女性权力和地位,家庭财产的属性等问题,均有不同的见解出现。无疑,这是学术研究的前进。但是在家族史的研究中政治批判的阴影并没有完全消失, 如何进一步克服政治批判对家族史学术研究的影响,可能仍是值得探讨的事情。

家庭史的研究正在经历着从人类学、社会学研究向历史学研究的转化。人类学家、社会学家对家庭的研究开了个好头,影响于史学家的研究,比如借用理论模式,关注家庭形态、家庭结构、家庭功能,这些都是家庭史必需讨论的内容,借鉴是完全必要的。然而历史学是叙事的学问,讲究的是将事情梳理清楚,陈述好事实,历史学的家庭史研究需要全面地弄清人是怎样在家庭中生活的,人从生到死的家庭生活及作用,若仅从家庭形态、结构、功能等方面来了解,显然是不够的。本次会议的论文,涉猎到分家、继承、收继、立嗣、赘婿、寄养外家等方面,深入研究人的家庭生活,也许可以视为向史学研究发展的某种标志。不过我觉得历史学的家庭史研究如何能有一个新的突破,我的同事想致力于人的家庭日常生活研究,是很有见地的设想,然而并没有理论化的设计,也还缺乏研究实践。我们的会议如果能从具体事情考察历史学家庭史研究的特色,我想是有意义的。

中国历史上的家庭有一个异于其他国家的特点, 就是家庭与家族分不开,因此这二者的关系是家庭史中特别重大的课题,目前对这两方面主要是进行了分别的研究,或者将两者混淆,看来,两者关系史的研究需要引起足够的重视。本来我拟给本次会议提交这方面的论文,但是很抱歉没能写出来。中国古人以家为本位,同时也是家族、宗族的人,既受家族、宗族的约束,也受家族宗族的保护;家庭财产与家族宗族财产很难分得清,因为祖坟、老宅基地基本上是家族共同的,不单是哪一个人的哪一个家庭的;家与族既协调,又有冲突;族以家为基础,家以族为依靠。然而家与族二者究竟是什么关系,这种关系对二者的价值如何,对社会的影响如何,这些问题,无论是研究家庭史还是家族史,都是需要解决的,看来,我们必需给它应有的关注。

家庭形态、类型在历史上就是变化的,当今世界上迅速发生的变异,如同性家庭、同居、协议婚姻,来势迅猛,真有点令人目瞪口呆,因此我想家庭以及家庭史很难有一个固定不变的定义,我们的研究总是在变化之中,应当是正常现象。问题是我们如何将动态的观念运用到研究中,提高学术水平。

家庭与人口、婚姻、宗教诸方面的关系同样是不可忽视的。对这些问题,我从与会学者的论文提要中获知,各位学者进行了相当深入的研治,提出了独到见解,就为我们会议的成功奠定了坚实的基础,在未来的三天会议中,我们本着互相尊重的精神,相互切磋,一定能将会议开好。倘若能在家庭史研究中起到些微的促进作用,则是我们的幸事。

最后,谨祝会议成功! 敬祝与会学者精神愉快,身体健康!

谢谢各位学者和朋友!

(原载天津史学会主办《天津史学会通讯》第 3 期,2003 年 2 月)

浅说家庭史的研究历程与趋向

将近一年前(2002 年 8 月),南开大学中国社会史研究中心主办"中国家庭史国际学术讨论会",我应会议主席张国刚教授之约,致了开幕辞,如今在会议宣读的部分论文,结集成《中国家庭史论》一书,主编又让我写序,我既然致过开幕辞,犹如上了"贼船",对给会议论文集作序的事就只好应命了,是以写出下面的文字。

我在开幕辞中简单地回顾了中国家庭史的研究史,并提出研究中一些值得讨论的问题。如今我仍想谈论这个话题,只是依旧浅薄,甚为惭愧。

近百年来家庭史的研究历程,我想经历了三个发展阶段,有着从政治批判到学术研究的转变过程。

首先出现的是对宗法家长制家庭的批判,这是 20 世纪一二十年代的事情。激情的政治活动家和学者将中国历史上的家庭理解为宗法家长制的大家庭,男性家长统治、压迫妻室和子女。他们批判历史上的专制主义,认为包含家庭在内的家族制度是专制主义的根据,其阻碍社会的前进,不啻于洪水猛兽。具体地说,他们认为这种家族和家庭产生四大恶果,即损害个人独立自尊的人格,窒息个人自由的意识,剥夺个人法律上平等权利,养成个人依赖思想而戕贼创造力。基本观点是要用个人本位主义代替家族家庭本位主义。这种对家族家庭的政治批判思潮影响深远,波及到文学艺术领域,产生了巴金的小说"激流三部曲"——《家》《春》《秋》和曹禺的话剧《北京人》等,到九十年代,"激流三部曲"还被摄制成影视连续剧播出;史学界则是较长时期地进行旨在说明历史上家长制家庭性质的研究。这种批判式的研究对认识历史上家庭的实质确有好处和某种必要,只是容易出现概念化的毛病,有碍于深入的学术研究的开展。

第二个阶段是人类学者、社会学者参与家庭史的研究,历史学家则借用他们的方法。人类学家、社会学家介入家庭史的研究,为家庭史由政治性研究转入学术研究开了好头,影响于史学家的研讨。这是二三十年代开始的事情。

各学科的学者共同关注家庭形态、家庭结构、家庭教育、家庭功能等方面的历史状况,移殖社会学家庭理论模式,按照核心家庭、直系家庭、联合家庭等分类原则,研究中国历史上的家庭结构,究竟哪一种家庭(大家庭亦或小家庭)是主流形态。这些问题的研讨,令人对家庭史有了轮廓的和某些细部的把握。比如在家庭结构方面,学者越来越认识到秦汉以来小家庭(或者说核心家庭)是主要形态,直系家庭占居重要地位,联合家庭更多地体现家庭的宗法性,却不是主导成分。又如家庭功能方面,始初学者以为生产功能居于第一位,因为传统社会是一家一户的自然经济社会,家庭主要职能是组织农业小生产;稍后生育功能为主说向生产功能第一说发出挑战,认为只有生育才能维系家庭。家庭中女性的权利和地位,与女性史的研究进程相同,从女性解放史进到性别史的思维构架讨论,不仅看到女子是家庭奴仆和生育工具,同时试图揭示她们的创造力和对家庭、社会的贡献。

家庭史的研究,史学家向其他学科借鉴是完全必要的,然而历史学是叙事的学问,讲究的是将事情梳理清楚,陈述好事实。历史学的家庭史研究需要全面地明了人的家庭生活是怎样进行的,从生到死不可须臾离开的家庭生活对人起着怎样的作用,若仅从家庭形态、结构、功能等方面来了解,容易让人看到社会制度的作用,难于明白人的生活,显然是不够的。于是出现向研究的第三个阶段的转变,即进行家庭行为的研究,探讨家庭婚姻、人口、性爱、生育、冲突等方面的问题。这是九十年代开始的事。当然,婚姻史的研究很早就进行了,但有意识地将婚姻、家庭两方面做综合研究的可以说刚刚开始。家庭与人口的关系,如同家庭与婚姻一样,也是近来才引起学者较大的关注。在前述"中国家庭史国际学术研讨会"的论文中,颇有涉猎到分家、继承、收继、立嗣、赘婿、寄养外家等方面的,深入研究人的家庭生活,也许可以视为向第三研究阶段发展的某种标志。

明了家庭史的研究历程,或许有益于我们更自觉地在深化认识和拓宽领域的研究中作出努力。我想若个人有机会研治家庭史的话,会在下述四个方面下点功夫:

(一)寻觅家庭史与相关学术领域研究的联接点(或者说重合点)

中国历史上的家庭有一个显著的特点,就是家庭与家族分不开,因此讨论这二者的关系是家庭史中特别重大的课题,目前对这两个方面主要是进行了分别的研究,或者将两者混淆,看来,两者关系史的研讨需要引起足够的重视。中国古人以家为本位,同时也是家族、宗族的人,既受家族、宗族的约束,也受家庭宗族的保护;由于"家族通财"观念,家庭财产与家族、宗族财产很难分得清楚,因为祖坟、老宅基地基本上是家族共同的,不简单地是哪一个人的哪一个家庭的;家与族既协调,又有冲突;族以家为基础,家以族作依靠。然而家与族二者究竟是什么关系,这种关系对二者各自的价值如何,对社会的影响如何,这些问题,无论是研治家庭史还是家族史,都是需要探讨的。

家庭与婚姻几乎是无法分割的, 一般地讲家庭以婚姻的成立为基础,合法婚姻以家庭为依托,婚姻与家庭的联接点是否是男性与女性的结合? 为此就需要关注性爱、离异与再婚、婚外恋、同性恋、同居、独身。

家庭是由有特殊关系的人组合而成,对它的研究与人口学、人口史自然是紧密联系的。人口学关注的儿童、老人、妇女问题,生育问题,职业教育和伦理教育问题,同样是家庭史讨论的极其重要的问题。

家庭与神灵、宗教信仰,家庭与社会、与国家政权,都有着密不可分的联系,因此家庭史的研究与这些方面的学科都有其密切关系。

家庭与所有相关领域之间的关系,若能找到它们之间的联接点,就抓住了事物的纲领,其中方方面面的问题就可迎刃而解了。

(二)继续深入细部研究

决定家庭结构的因素,研究者在一般性明了之后,注意到它同家庭成员的身份职业,同父母存亡状况及其与家庭类型关系诸方面,研究者发现拟制亲家庭、接脚夫家庭(寡妇招夫)、转房婚家庭、同性恋家庭、独身家庭、同居家庭、协议婚姻家庭等不同的家庭类别,特别是同性恋家庭这种类型出现在当代社会,提醒研究者要进行全面的通贯的讨论。家庭财产属性,因为宗法家长制的家庭定性,令人以为家庭财产是男性家长所独有的,后来有学者提出属于家庭的男性成员共有的见解,同时也在讨论女子有无实际继承权、部分继承权的问题;所有制范畴的"公私观念"问题,90年代以来被学者纳入家庭与宗族的关系命题加以研讨,势必影响到家庭成员间的私财(私房钱)与家庭公有财产关系的讨论,还会波及家庭与家族的公私财产问题。

(三)继续开拓研究领域

家庭冲突与家庭暴力,这是过往研究者所忽视的问题。传统社会耻笑"惧内"的男人,谴责凶悍的妇人——"妒妇""悍妇""泼妇";统治者深知家庭暴力的危害,以之作为社会是否稳定的一个标志,从而决定某些政策是否执行。现代的研究者开始将上述现象放到家庭冲突、家庭暴力中来考察,不过其内涵、外延,冲突的种种表象、性质及对社会影响均有待于开展研究。

分家与继承。分家是家庭内部不断发生的事情,反覆出现的现象,因为家庭扩大到一定的规模,产生的问题或隐或显到一定程度,分家就势在必行了。分家史范畴的诸子继承、异姓承嗣、招婿承嗣、遗嘱继承、异姓归宗、女性与家产等方面,开始引起了研究者的注目,并有专著的问世。

家庭冲突和暴力,分家和继承的研究,是关注人们的日常家庭生活。这种领域的开拓,令家庭史的研究由浅而深,必将使研究向前推进一大步。

(四)动态研究观念的牢固树立

家庭形态、家庭人际关系、家庭伦理总在不断发生变化,因此家庭及家庭史很难有一个固定不变的模式和内容,因之我们的研究理论、观点也总是在变化之中,这是正常现象。将动态的观念运用到研究中,不断改进研究方法,提高学术水平,是我们不断思索、实践的事情。家庭变异无止境,我们的家庭史研究也就需要不停顿地更新。

(《中国家庭史论》因故未能面世,此系我为该书稿在 2003 年上半年写的序言,所述及的家庭史研究史,觉得仍有一点意思,故节录于此,收入冯尔康《中国宗族制度与谱牒编纂》。2010 年 10 月 5 日记)

喜读中国家庭通史第一部力作
——评张国刚主编的《中国家庭史》

家，现代人的私人生活空间，安乐窝，避风港，隐私之所；家，古代人的生存空间，社会空间，传宗接代之所。古人之家与今人之家竟然有这样的差异！当然也有共同点——家庭是人的生活出发点，是支撑点。家庭史，记录古人、今人以家为单元的生活及其变化，同时记录家与家族（房支、五服宗亲）、宗族的关系，家与社会（姻亲、朋友、邻里）的关系，家与国家的关系。古人，对同宗、同乡、同寅（同事）、同年（同学）都要"敬畏"三分，因为同宗、同乡都是家庭形成的，即使今人对这"四同"也别有情怀。人人生活在家庭之中，对家庭的来龙去脉，对过往人们家庭生活的状况、经验或许多少有一点好奇，对家庭史会感到兴趣，我也如此。

收到张国刚教授主编的《中国家庭史》（以下简称"家史"），二百万字厚厚的五册，沉甸甸的，抱着求知的欲望阅读之后，更感到它的分量——内容和质量的厚重。我认为这是一部以家内生活和家内关系为中心叙事内容的家庭史专著，而且是第一部中国家庭通史（从上古到1949年），是我国家庭史研究的世纪性成果；这部著作的主编和作者，是我的朋友、学友，多少知道他们的写作过程，因而把这部书看成是精心敬业之作；我还注意到我的朋友们对作为中国家庭史特点的家庭与家族、国家的关系问题，倾注了相当的精力，然而在这方面我又没有满足感。总的感受是如此，下面就来说说具体体会。

一、家庭史研究的世纪性成果

我把"家史"视作中国家庭史研究的世纪性成果，是不是因为它是朋友、学友的作品而有偏爱呢？因而生出过誉、虚美之说呢？这要由该书的读者来评说，而我这样说是基于下述三点考虑，或者说三条理由：

其一，"三维"的研究方法和家内生活、家内关系的研究内容之提出。

一个世纪以来,海内外学术界对中国家庭史的研究,成就颇多,不尽如人意处也多。"家史"的作者,是站在前人的肩膀上,总结了研究经验和成果,找出了不足,经过提炼、升华,提出家庭史研究方向、内涵的主张,并付诸实践。

前人的研究状况,如同张氏在《卷首语》所说,有从法制史角度研讨家庭史的,主要是解决家庭成员法律身份问题;社会学家和人类学家多从现实问题出发关注家庭,而对历史时期的家庭演变只有概括的叙述;至于史学家对于传统家庭的研讨,限于一般的史料罗列,所提出的问题多与宗族制度、婚姻制度联系在一起。这些研究深度不足,更不能通达。这既是方法论的问题,更是对研究对象未能全面把握。因此他提出"三维"研究法,即法制史、经济史、社会史维度。法制史的维度,"主要是关注家庭内部各个成员的法权关系,把伦理关系放在法律的视角下加以考量";经济史的维度,"讨论农民的生计问题就属于这一类";社会史的维度,与社会生活史的研究有交叉的地方,并有特别关注的问题,如老人、儿童、家庭暴力、再婚家庭的父子母子关系等问题。三维度的提出,概括了法律学、经济学、社会学、人类学、历史学诸学科对家庭研究的内涵与方法,取各学科之长,综合运用到家庭史研究中,并且融为一体。就中又明确家庭史是历史学的专题史,应当具有历史学的特点,用张氏的话说是:"应该是比较细致的、以充满人性化的笔法来写,不妨多用事实来'唠叨'家常。"唠叨家常,说得有趣,也说得简单明了,而各卷作者在规范写作原则之时就具体化了。

第一卷作者王利华教授在《绪论》中强调家庭史写居家过日子:"无论就历史还是现实而言,家庭都不是空洞的组织形式,而是这种组织形式下的生动活泼的生命过程,是数千年来人们的一种特殊生存方式。正因为如此,家庭史首先应被理解为人们在'家庭'这种特殊亲属组织下的生活史;一部真正的家庭史,首先应该尽量讲清楚历史上的人们究竟怎样居家过日子。"又说:"家庭历史演进的基轴应当是围绕生活运转和血脉延续这两个中心而展开的丰富多彩家庭活动及其内容、形式与状态的变化,而不是家庭的制度、形态、模式或者结构。"第三卷作者邢铁教授则强调史学方法和内容:"研究历史上的家庭问题的主要方法首先应当是历史学的方法,即收集、甄别、诠释资料(特别是有关实例)的方法,相邻学科的研究思路和方法可以作为借鉴参考,不能主次颠倒。"(《绪论》)第四卷作者余新忠教授写的是明清时代家庭,他在《绪论》中规范自己的任务,重点是人们的家庭生活和家内人际关系："致力于明清家庭生活(包括生计)、家庭成员间的伦理关系以及家庭问题的呈现和揭示,并希望在此基础上尽可能地把握明清家庭的时代性。"第五卷作者郑全红副教授开篇的话是:"本卷研究民国时期(1911—1949)的中国家庭,重点研究家庭的规模、结构及其日常生活。"(《绪论》)主编和各卷作者的表态,明确地告诉读者,他们写的家庭史,第一是综合运用多学科的研究法,但定位在历史学,写出的是历史学的中国家庭史;第二是重点写人在家庭组织形式下的生活状态及家内人际关系,也就是日子是怎么过的,要唠叨家常。当然,对家庭史必有的内涵——家庭的规模、结构,家庭与婚姻,家庭与社会等方面也不能忽视不顾, 这由全书的框架设计表现出来:家庭规模、结构与社会等级;家庭生计与日常生活;婚姻与家庭生活;父母角色与家庭伦理,家庭与社会关系。这样的规范,显示出"家史"作者的史识,必能写出有特色的著作。

家庭,就其原生态来讲,是由若干个不同年龄、辈分的男女组成的;家庭生活,就是组成家庭的这些人在家中生活,共同劳作,共同享受劳动果实,相互关怀,共同对外,并以家庭成员的资格参与家庭以外的社会活动。人们为了研究家庭,于是创造出家庭结构、家庭伦理、家庭功能等等理论,如将一对夫妇与其未成年、未婚子女组成的家庭称为核心家庭,有两对不同辈分夫妇组成的家庭则称作主干家庭(或直系家庭)等。研究家庭史不能不借助这些理论、概念,以便深入进行。但是归根结底,是研究家庭成员的家庭生活,这是主体。但是家庭成员的多寡,人的生活是不一样的,这就牵涉到在什么类型的家庭中生活的问题,在核心家庭、主干家庭与联合家庭,人际关系的简单与复杂是大不相同的,为了说清楚人的家庭生活,就必须明了其家庭结构,所以有关家庭的理论、模式也是不可忽略的。"家庭"的作者们对此非常明确,所以在强调写家庭生活、家内关系的同时,将家庭结构、婚姻、社会关系等问题也列入写作范围之内。因此我认为"家史"既有重点突出,又有全面铺陈,是其学术上的重大特点。

其二,探讨、揭示中国家庭史发展线索及各个阶段特点。

"家史"将上古以来的中国家庭史区分为两个大的发展阶段,即春秋战国以前的原始形态,春秋战国以降的个体家庭形态。在第二个阶段中,又区分出三个时期:春秋战国至隋唐的传统个体家庭形成期、宋元明清发展期、近代的转型期。每个时期各有其特点,就是:

夏商周是家庭起源和古典家庭时代，其特征是家庭在家族组织笼罩之下，家庭经济是家族支配下的经济，人们在家族组织下完结人生之旅，家庭隶属于家族、宗族，缺少独立性。

春秋战国时代个体小家庭形成，并成为此后两千多年家庭的模式和传统。春秋战国社会剧变对家庭变革产生巨大影响，个体小型家庭逐步摆脱家族组织的支配，成为独立的社会群体，也是最小的社会群体；传统家庭伦理的确立，即由西周"孝友之礼""夫妇之礼"的礼仪、俗礼，经过儒家、道家以及墨家的伦理化，升华为一种形而上的"道"——孝道和三从之道，并因礼俗的民间化，使得孝道具有了"普适性"价值，成为中国传统家庭伦理体系。

秦汉两晋南北朝和隋唐时期，小家庭得到巩固和发展，家庭生活日益丰富多彩，夫妻、父母与子女、婆媳、嫡庶关系，寡妇、养子、非婚生子女、老人、家庭暴力等问题，财产继承、分家，家庭生命周期，家庭生计，家庭教育，家庭种种关系和形形色色的问题，在家庭实际生活中显现出来。有的得到某种程度的解决，比如"妇妒"的家庭不和谐问题、嫡庶子的矛盾问题，后世就没有那么严重了，又如双妻制，两晋南北朝过后，就不再出现了。

宋辽金元明清时代，由于地主制经济的发展，以农业为主要经济部门的社会内的农民小家庭发展得相当成熟了，人们的家庭类型因经济发展而多样化。如农户家庭，在一般的粮食种植户之外，又产生十几种"专业户"，即茶园户、织机户、糖霜户、水果园户、花户、漆园户、菜户、养猪户、养鱼户、磨户、酒户等。又因为辽、金、元、清时期少数民族的进入中原，使得家庭多样化，出现游牧人户。家庭的微弱变化，表现在分家方面，虽然为主流观念所反对，但实际上被普遍认可；家庭生计方面，观念上仍以传统的勤俭节约为归依，对合理的消费以及职业的选择采取了积极和开放的态度；家庭生活从伦理规范来说是呆板无趣的，然而实际生活情形并非那样刻板。

清末和民国的近代时期，随着传统社会向近代社会的开始转型，家庭规模、结构的演变具有典型的过渡型态特征，乡村家庭和城市家庭的从业状况、收入、支出水平和消费结构产生巨大的差异，乡村家庭功能基本维持生产与消费两大经济功能不变，而城市家庭的功能以转变为消费功能为主；家庭结构更趋小型化，兄弟"义居"向"异居"转化；在财产支配方面，出现民主化、平等化趋向。与此同时，无政府主义、虚无主义的"家庭革命"舆论兴起，扩大了家庭的不和谐因素。

在个体小型家庭产生、稳定之后的各个时期,家庭仍然受家族组织的影响,有时还较为严重。"家史"各卷的作者对此均给以关照和一定的笔墨。

寻觅中国历史发展线索和各阶段特点,史学家都有这种愿望,然而谈何容易。张氏在说到写作难点时写道:"如何把握漫长的中国封建社会家庭发展演变的历史阶段性变化,如何概括各个时期不同地域的不同民族家庭形态的地域性统一,是中国家庭史研究中的难点。"难是难,但是"家史"已经对中国家庭史作出像样的勾勒,区分了发展阶段,是令人满意的。

其三,在几个专题的研究方面有新颖的见解和建树。

在家庭生计与日常生活、家庭生命周期、家庭成员疾病医疗、家庭与性生活、对家人的"全程"关怀、家庭转型期理论探讨几个方面,"家史"做出的探索,或属前人尚未发现,或系缺乏研究实践,是它的创新,应予赞扬和肯定。

家庭生计与日常生活。"家史"的作者们,为贯彻写作家庭日常生活的主旨,特别强调家庭生计的内容,注意生计安排,讲论家庭生产与消费,储蓄与交换,具体到家庭的居室结构、厨房的方位,家庭添置动产、不动产以及消费品与家庭生计的关系。故而张氏就此发表议论:"现代所讲的菜篮子、米袋子、钱袋子和古人讲的柴米油盐酱醋茶,不只是涉及吃什么、用什么的问题,而且要涉及其收入与分配等生计问题,要联系起来谈。这是我们与'社会生活史''社会风俗史'重要差别之一。"(《卷首语》)

家庭生命周期。老家庭不断分解,新家庭不断产生,在古代不因青年男女结婚而有新家庭的诞生,它是婚后的若干时间后由老家庭分离出去的。这样的看法,我曾经并不清晰地表述过。"家史"的作者高明了,他们把新家庭的出现,借用社会学的"家庭生命周期"概念来表述,指出它反映一个人从结婚到去世这个时期的生命过程,它不仅反映夫妻婚姻生活的周期,也反映家庭代际结构的更替。说明家庭的形态和结构是处在发展变化的变动过程,处于不断循环过程中的家庭具有不同的家庭结构、形态和功能。他们依据历史文献研讨的结果, 发现:"核心家庭—主干家庭—联合主干家庭—若干核心家庭,其实是一个家庭发展的周期形态。从大家庭分离出来的年轻夫妇,在15年至20年内保持核心小家庭的形态。然后由于长子的娶妻,核心家庭变成主干家庭。随后几年,如果其他儿子结婚而不分家,这个主干家庭会变成为联合主干家庭。通常这种情况维持不了几年,会出现别籍异居,于是联合家庭分裂成若干核心家庭。假如父母或一方跟其中的一个儿子生活,就在其他儿子组成核心家庭的同时,还保持了一个主干家庭。"(第二卷第一章)有的作者不用家庭生命周期概念,使用"家庭解组"的概念,得到相同的研究结论:"现代一般将婚姻视为家庭成立的条件,但在历史上,一个新家庭的形成其实是通过分家这一形式来实现的。分家不仅表示了数个新家庭的开端,同时也宣告了原有旧家庭的终结。尽管如此,婚姻无疑仍是家庭成立的前提条件,如果没有新的婚姻的出现,分家也就失去了基本的理由。"(第四卷绪论)如此一来,就将新家庭产生的问题提升到理论的总结和说明。这就使得我们知道,中国家庭基本上有两种形态,或者说是常态,即核心家庭和主干家庭,而主干家庭在不停地发展变化,通常是解组,分裂为核心家庭;核心家庭也在发展,经过一段时间,演变为主干家庭。就具体家庭讲,永远是变动的,绝不是静止不变的。

家庭成员的疾病医疗。疾病和医疗史,长期以来不被史学界关注,近年稍有改观,"家史"的作者们学术敏感度极强,在家庭史方面率先关注家庭的疾病医疗史,并做出专节、专门子目的叙述。第四卷作者根据日记、方志、笔记、小说、医书等多种历史文献的资料,从三个方面记述家庭医疗史,即:(1)疾病的应对方式,通常的情形是放任不顾,这是基于对疾病的认识,认为病可以抗过去,当然,这样做也有经济条件和医疗条件的因素影响而采取的;或者采用求神拜佛等民俗疗法,如叫魂、冲喜之类;或者自我疗法,使用民间流传的偏方,凭经验自我治疗。(2)选择医生与看病方式,在城镇病家可以选择医生,乡村缺少医生,就没有选择余地了,而对女性的诊治,又有许多禁忌。(3)疾病的护理,完全在家内进行,护理的好坏,相当程度上反映子孙的尽孝状况。(第四章)第一卷作者写出"卫生与医疗"的子目,就居室环境的整洁、身体衣物的洁净、饮食的卫生三个方面,对秦汉时期家庭的习惯做出说明。(第五章)

家庭与性生活。说到"性",中国人是羞于齿口的,想当初研究性史的王书奴是有多么大的勇气,才撰著了中国第一部《中国娼妓史》。现在人们的观念改变了,但仍有不愿意公开讲性问题的情形,家庭史如果不提到性,家庭的功能怎么能全部讲得清楚。"家史"的作者没有回避这个问题,而是专门设立子目做出交待,指明叙述的意义:"性生活既是夫妻双方的生理需要,也是生儿育女、传宗接代的需要,同时也是夫妻关系的润滑剂,总之,它是家庭生活的重要内容之一。"(第一卷第五章)"在古代特别是宋明以后理学家特别强调婚姻的社会意义和道德教条,忌讳谈夫妻之间的性爱问题。但是这并不是说实际生活中,夫妻的性爱关系就不重要了。因为男女异性的结婚并建立家庭,不光是一种社会行为,它首先还是男女当事人即夫妻之间的感情和性爱关系问题。否则,就抽掉了家庭的生物学基础。"(第二卷第二章)

对家人的"全程"关怀。"家史"的作者为贯彻重点写家人生活史和家人关系史,特别写出家庭对人生的"全程"关怀。第三卷设有"对家人的'全程'关怀"专节,描写家庭围绕其成员一生乃至死后的一套系统的庆祝或纪念的礼仪和习俗,包括生育和寿诞、丧葬、家祭等内容。伴随着这些娱乐游戏的礼俗,既有提醒家庭成员把握自己的人生旅程的用意,也体现着对家庭成员的一种特有的关怀。(第五章)

家庭转型期理论探讨。在第五卷的"结语:对家庭转型研究中一些问题的反思"中显现出作者的识见,启发人深思。反思的结论有四点:(1)政府在推动近代中国家庭变革方面扮演了极为重要的角色,这在政府关于婚姻家庭的超前立法、革除旧俗恶习、倡导现代文明礼俗等方面的努力所取得的成效上显得特别突出。(2)"在国家—社会—家庭三者的关系中,关于'国家强、社会弱'成因的传统说法具有很大的局限性。"(3)家庭的门户传承功能比生育功能更为重要。从根本上来说,家庭在中国是一种伦理化的存在,生育功能只是其表层的功能,隐藏在生育功能背后的门户传承才是其功能实质。一旦家庭的门户传递功能面临危机,家庭和社会对妇女贞操的要求在这种特定条件下也会做适当的变通,以满足家庭对门户传承的强大欲求。(4)家庭的核心功能发生了程度不同的变化。家庭功能是多样的,其中有起主导作用的,是为核心功能。但在不同的历史阶段,其核心功能在变化,在近代中国的城市中,家庭核心功能不再是生产功能,而转化为生活功能(以消费功能和情感功能为主),家庭已变为私人生活的世界。

几年前,我撰文《"说故事"的历史学和历史知识大众文化化》,认为史学就是讲故事[①]。"家史"作者表示,他们的写作"以充满人性化的笔法来写,不妨多用事实来'唠叨'家常",是写人们在家中怎样过日子的故事。我们对史学的理解是如此地契合,是以我喜读这部书;更因为它吸收了百年来前人研究的精华,对各种相关学科的研究法和成果,经过自己的咀嚼、消化,加工出自己

[①] 见《河北学刊》2004 年第 1 期。

的东西——有自家创造性特色的作品。正是在这种含意上我说它是家庭史研究的世纪性成果。

二、家、国关系的关注与不足

"家史"的大纲中列有家庭与社会等级、国家政治与政策对家庭生活的影响等内容,关注到家与国的关系。我注意到作者们写出许多相关内容:最多的是两次(春秋战国、清末民国)社会转型时期,时代政治、经济的变革给家庭带来的巨大影响。在春秋战国时代,作者讲到土地制度变革、赋役租税制改革、编户齐民制度的建立、商鞅变法(国家对个体家庭发展所采取的强制和鼓励政策)对家庭变迁的意义,认为个体家庭摆脱家族而独立并作为社会基本细胞而大量涌现,是春秋战国社会变迁的一个重要环节,两者有互为因果的关系,而那些政治经济政策及分封制破坏、宗法关系松解等因素,成为家庭变革的直接动因,使得家庭脱离家族而独立,成为社会基本细胞。至于民国年间的家庭变革,由传统社会家庭,向近代家庭转化,我在上节"家庭转型期理论探讨"细目中已有所介绍,不再重复。

转型期之外,家国关系问题,作者们也时予关注。第三卷对家庭做出政治等级划分的说明,区分出皇室家庭、官(吏)户家庭、民户家庭、奴婢家庭四种类型。又根据国家的户等政策,划分家庭类型,为有田产的农家的主户,租地租牛而耕的佃农的客户,城镇居民和工商家庭的坊郭户,这实际上是民户家庭的再分类。第二卷写到政府的表彰义门。第四卷写到政治因素对家庭规模、结构的影响。至于国家的赋役政策对家庭经济和成员生活的严重影响,各卷不无关涉。此外,作者们还有意识地讨论家、国关系问题。前述第五卷讨论家庭转型,讲到"国家强,社会弱"问题,作者认为在专制制度下,"国家强势""社会弱势",而家(宗法、宗族和家族)与国一样是强势的,家、国同时在支配和覆盖着社会。在清朝灭亡之后,"国家强"的强度大大降低,社会力量弱甚至"缺位"的状况随之改变。"在社会格局上,近代中国社会由传统向现代转型的目标则是实现由'家国共治'走向'社国共治',以社会自治为主的社会格局,'家'则要完全退出政治的治理领域,蜕变为纯粹的私人领域",所以应当批判族权、父权对家庭成员的束缚和控制。

"家史"对家、国关系的说明,我觉得写的不够到位,似嫌深入探讨不足,感到有两方面的问题。

第一，宏观上对家国关系、对从家的特点看中国历史特点的问题关照不足。

中国是由西周的"家国一体"演变为家国分离的，离也不彻底，家、族、国总是搅和在一起，是一致的，又是对立的。请看这些事实：

中国人称"国家"，不是简单地称"国"，而要带个"家"字，将国与家连结在一起，与外国不同。对此，何炳棣在《读史阅世六十年》已然指出。称国为国家，可能是因为周代诸侯建国，卿大夫立家，天子领有天下，周朝家国一体的天下失掉之后，再建立的政权，就是诸侯的国和卿大夫的家的统一，故曰"国家"，家和国是不能绝对分离的。

在观念上，从古至今人们常把"家"和"国"联系起来，霍去病的"匈奴未灭，无以家为也"；岳飞的"敌未灭，何以家为"？陆游的"王师北定中原日，家祭无忘告乃翁"；陈三立、陈寅恪父子的"百忧千哀在家国""哀泪已因家国尽"；等等。还有"化家为国""毁家纾难""国破家亡"等等说法，人们总把家与国的命运联系在一起。

对国家的治理，要靠具有"修身、齐家、治国、平天下"素养的人，这种人得先有好修养，才能够治家，进而治国，治天下。

中国近代化之时，人们从另一个角度看待家国关系，将"家庭革命"与国家革命绑在一起。刘师培云"欲开革命之幕者，必自破家始矣"。还有人说"革命！革命！家庭先革命！""欲革国命，先革家命"。

华人家庭观念强烈，尤其重视家庭文化教育和保持中华文化传统，海外华人受到良好教育并频频获得诺贝尔奖，是为明证。这种家文化，又同"为国争光"、建立大中华文化圈联系在一起。总之，不忘母国。

古往今来，人们观念中的家、国是如此的密不可分。作为一部家庭史，不仅要在具体事情方面交待家国的关系，还需要在宏观上讨论家国。为什么家国关联，关联又在何处？何谓"国是放大的家"，家、国的宗法性、专制性究竟是怎么回事？这还联系到宗族，家与族的关系，族与国的关系，族是否具有家国之间的某种"中介"性质？家国的关联，是不是中国历史有别于其他国家（尤其是西方国家）的特点，是不是中国家庭史的特点？家庭文化与建立大中华文化圈是何关系？既然家、国如此密切联系，家庭史研究的特殊意义何在？这一系列的问题，家庭通史似乎应该有一个稍微系统的说明，至少要有概要式的回答，以解读者的疑问。对此，不知我的朋友以为如何？

第二,需要讨论忠孝先后次第、家庭利益与国家利益的关系问题。

"家史"第一卷提到先秦人们对处理家庭利益与国家利益关系的看法,如若"出仕"与"事亲"有了冲突,人们以事亲为重,就不出仕,而且出仕也是为得到俸禄以养亲,出发点也不在为国,而是为家庭。这就表明人们将家放在国之上。这是很好地提出家、国矛盾及人们的处理原则问题。对于这个家国关系的根本性问题,很可惜"家史"没有有意识地讨论下去。其实家国利益矛盾、忠孝孰先孰后的问题,在历史上长期存在。楚国的伍子胥因父亲被冤而投奔吴国,领兵蹂躏楚国,鞭尸楚平王(或云《史记》记载不实),显然是把家的利益放置在国家之上。曹丕在当魏太子时询问官员:当国君、父亲同时生病,只有一丸药,是给君主,还是给父亲,结果是众说不一,至此人们并没有把国看在家之上。到了宋代,家国先后论才基本统一,岳飞背刺"尽忠报国"四字,在忠孝不能两全时,将忠君(即国家)放在首位,家庭置于其下。文天祥的"人生自古谁无死,留取丹心照汉青",同样是以国家为重,家庭、个人为轻。到了后世,民间乃有"君恩重于亲恩"的说法。家、国到底谁为先?在观念上是解决了,实践上又是如何呢?谁做天下,谁当政,老百姓都是纳粮当差,管他是谁呢?这种状况是存在的。如何把家和国的利益统一起来,只是强调精忠报国,置家庭利益于不顾?只有把家的利益和国的利益结合起来,两种利益兼顾,并做到国的利益能够代表家的利益,才会使家、国一致。我想,家庭通史,对家与国的关系,对"忠孝不能两全",对国和家利益矛盾的焦点在什么地方、如何解决等问题,需要有所思考,有所交待。

家庭与国家的密切关系是中国家庭的特点,家、国利益的协调是双方需要处理好的大问题,家庭史需要给予足够的重视和笔墨。"家史"在这方面的论述有所欠缺,可能的一种原因,是作者将写作重点定在家庭生活方面,这是很得当的,只是未将家国关系问题放在应有的位置,有点顾此失彼了。我希望这不是苛求于我的朋友,因为写出中国家庭史的特点应是研究者的一个基本目标。不过话说回来,一部书不可能将所有的问题都解决了,尤其是作为一部"家史",已经成就非凡,留点课题,让别的研究者来做也好。

三、费尽心血的敬业之作

"家史"的作者都是史学专家,张国刚专长于隋唐史、中古制度与社会史、中西文化关系史;王利华倾注于中国古代生态环境史、农业史和社会生活史的研究,著有《中古华北饮食文化的变迁》;邢铁主要研究唐宋社会经济史、家庭史,撰著《家产继承史论》《宋代家庭研究》;余新忠从事明清以来社会史和医疗社会文化史研究,作有《清代江南的瘟疫与社会———一项医疗社会史的研究》;郑全红专攻近代法律史、社会史。他们厚实的史学根底和研究成果,表明都是社会史专家,在写作"家史"以前,多有家庭史研究的专题论文,有的本身就是家庭史研究专家,所以他们具备写作家庭史的良好条件。不仅如此,更重要的是他们写作前的充分准备,和写作中的艰苦奋斗。现将我所知一二书写于后。

张氏等人在2001—2003年先后三次召开国际、国内家庭史学术研讨会,他们自身写论文,其中有关于家庭史理论方面的,也有断代家庭史专题的。三次会议我都出席了,记得"家史"作者们提出家庭史的构想、家庭生计在家庭史中地位的论文,请与会者发表高见。当然,他们更倾听与会者的专题研究报告,从中汲取营养。会后他们编辑论文集,原计划出版两种,其中的《家庭史研究的新视野》业于2004年问世(三联书店)。他们内部的讨论会就更多了。总之,在写作之前,对写作原则、主旨、框架以及家庭史的某些具体写法有了统一见解,在此基础上分工进行。

一部成功作品的写作是个艰苦的过程,自是不消说的,问题是作者如何以高度的敬业精神去克服困难,"家史"的作者们是做得令人佩服的。有的作者讲他五年间的写作之苦:"这项任务始终像一块巨石压在身上,我时感心力难支。"写到结语部分,心情是:"行文至此,笔者已是殚思竭虑、身心俱疲,却并无一丝'大功告成'的喜悦。"(第一卷)这样说,不是诉苦,而是表现出作者对高质量图书的追求,是兢兢业业研究和写作,是敬业精神的表现。有的作者说他参与这个"学缘群体",是年逾不惑之后的最大收获。(第三卷)认为机会难得,是以极其乐观的态度投入撰写之中,敬业更不在话下了。还有作者在后记写到:"书稿写到这儿,自己才感到这只是开始,只是开始的开始……因此,当别人把书稿当作一种纪念品、里程碑,要献给谁的时候,我却愿意把我的书稿当作一部未完稿,送给我自己,继续走刚刚开始的路!"(第五卷)谦虚谨慎的治学态度,跃然纸面,说得多么实在,多么感人。这样的治学,怎么能没有成功之作哩!

作者们的学术素养高,敬业精神强,勤勤恳恳写,这就是产生高品位的

"家史"的根本原因。

写此小文谨祝"家史"的面世,但愿它能够获得读者的好评。

[2007 年 8 月 8 日于顾真斋,载 *Frontiers of History in China*(《中国历史学前沿》)第 4 卷第 1 期,2009 年 3 月]

《常州名门望族》序

　　与朱炳国先生相交有年,承他情,在其主编的《家谱与地方文化》选刊旧作并披露新作《家族与村落建设——以明清徽州为例》,2010年我到扬州出席学术研讨会,朱先生从常州前来相会,如今要我为《常州名门望族》书写弁言,我以两种心情愉快接受了,一者盛情难却,二者深感荣幸,何也? 常州是历史上文化名郡,我受其赐甚多,能为宝地文化著述献言,与有荣焉。"受赐",说来话长,早在20世纪60年代初年,我撰写《清中叶苏南地租形态》的研究生毕业论文,阅读多种常州地方志、家谱和常州人文集,获益良多,还写出副产品《黄印和他的〈锡金识小录〉》,此后利用当年及陆续阅览所得资料在多篇拙作中引用。为《中国家谱综合目录》(中华书局,1997年)书写的《代序——宗族制度、谱牒学和家谱的学术价值》一文,反复运用常州族谱史料,不意朱先生注意到了,并费心做出统计,谓拙文:"引用谱例82处,其中26处为常州家谱,引用率高达31.7%,亦可见当年常州谱事之盛。"(《常州的家族与家谱》)我因学术探讨尤其是谱学研究而同常州结下不解之缘,关键在于受惠于常州文献,特别是族谱,焉能没有感情,不表敬意!

　　说到常州望族,朱先生研究出它的脉络:"常州望族兴起于魏晋南北朝之间,但真正崛起则在宋元之际,至清代达到全盛。"那么何谓望族,朱先生的意思是:"一是科举成功,二是文化兴盛,三是世代相承。"强调举业、文化、世系三要素形成名门望族,我以为是从常州望族历史总结出来的,是可以信赖的结论。望族的界定明确了,就便于书写客体的确定——认定哪些家族是名门望族。应该介绍哪些内容,朱先生按照收集到的常州望族十八家资料,以世代为顺序,按照世系沿革、科举成就、学术活动、婚姻关系、社会影响等方面逐一明析其望族史。一个一个绍述望族,不能反映常州望族的整体性,朱先生考虑及此,在叙事中"力图做到静态分析和动态考察、个案剖析和整体讨论相结合"。不仅如此,朱先生还将视野投向望族与地方互动关系的领域,认识到"常州望族的兴起与常州在科举、文化等方面的成功相辅相成,互为因果",通过了解常州地区宗族组织的发展变化，明了常州地区的文化变迁和历史变化。如果说一个一个望族研讨是微观研究，与地区历史变迁联系起来，就具有宏观研究品质。这是本书学术价值的重要方面。

本书写一个一个望族史，以编撰体例来讲，还不是独创，与2005年安徽大学出版社梓行的黄山市政协文史资料委员会编《徽州大姓》是同一种类型。我将《徽州大姓》视为"当代的州郡谱"①。古代宗族文献编撰方法，大体区分为三大类：通国谱、州郡谱和家族谱，州郡谱发达于两晋六朝隋唐，宋元以降罕见，不过仍有问世，如元代陈栎编纂《新安大族志》，明代戴廷明、程尚宽等编撰《新安名族志》。此后数百年的21世纪初期，相继出现的《徽州大族》《常州名门望族》，与州郡谱一脉相承，可视作它的余绪。如今的望族(大族、名族、名门望族、著姓、世族、巨姓、故家)史书产生在常州和徽州，偶然吗？今存族谱，以绍兴、金华、常州、徽州为多，毗陵与新安，文化明贤辈出(如钱穆、钱锺书，以近代方法研究明清史的开创者孟森、胡适)，族谱繁多，文化积淀深厚，名族史的出现就有其必然性了。当然，事在人为，《常州名门望族》《徽州大姓》的成书，仍应归功于它们作者的辛劳。

朱先生表示，本书仅选出18家，尚有众多望族需要续写，是以有两个设想；一为继续进行龚氏、李氏、蒋氏、丁氏、袁氏等望族的写作；二是进一步从个案研究进入到整体分析，综合说明名门望族史与常州历史的内在关系，以及望族在中国宗族通史中的位置与历史作用。期盼朱先生实现宏愿，新作源源面世。

全国各地多有名门望族，历史上起过重要作用，今日来看，最主要的是它们在文化上的贡献，可为今人吸收传承的成分丰富。借朱先生给我写序的篇幅，表达一种愿望：更多的学者关注望族史，让望族史著作(研究性专著，如吴仁安著《明清时期上海地区的著姓望族》；编著性的如朱先生弘著)成为书坛、学林奇葩！

谢谢朱先生！

谢谢读者！

(2015年10月29日草，载朱炳国《常州名门望族》，南京大学出版社，2015年)

---

① 《当代的州郡谱——〈徽州大姓〉读后感》，作为前言刊入该书。

租庸调法的"庸"之制度化在于何时

与均田制相适应的力役制度,自北魏开始,历经北齐、北周,到开皇十年(590),隋文帝才作了局部改动。《隋书·高祖纪》开皇十年六月辛酉:"制:人年五十,免役收庸。"同书《食货志》记叙稍详:"又以宇内无事,益宽徭赋,百姓年五十者输庸停防。"这就是允许应该出徭役的五十岁以上的人不亲自赴役,而交纳庸值作为代替,于是"役"开始变为"庸"。这种办法只适用于五十岁以上的老人,五十岁以下的中、青年不能援用。隋制:丁男二十一岁起应役,六十岁免役。五十岁以下的人占应役者的大多数,最少在四分之三以上,所以开皇十年的办法只在少数人中实行。这种办法是从统治者"怜恤"年老农民而产生,而且这一变化仅是开始,[1]还远远没有制度化、普遍化。那么"庸"之制度化是在什么时候形成的呢?又何以出现在哪个时候呢?

笼统地说,"庸"之制度化完成于唐初。唐朝政府于武德二年(619)、七年(624)先后制定赋役法则,其中都有关于庸的规定,不过由于史籍记载的差异,致使今日的治史者对庸之制度化是发生在武德二年,或者是在七年,看法不一。

持武德七年说的学者相信《唐会要》的记录。该书卷八三《租税》项下云:武德"七年三月二十九日,始定均田赋税……每丁岁入粟二石。调则随乡土所产,绫、绢、绝各二丈,布加五分之一。输绫、绢、绝者,兼调绵三两;输布者,麻三斤。凡丁,岁役二旬;若不役,则收其庸,每日三尺"。按照这个法令,每丁一年有二十天的劳役,如果不亲身应役,可以交绢代替,方法是每天三尺,二十天共为六丈,即不应役者交绢六丈,是为"庸"。这项办法,与隋文帝时有很大

---

[1] 以庸代役,在开皇十年以前也曾实行过,如西魏文帝大统年间,裴侠任河北郡太守时,该郡例有三十丁供太守役使,但裴不要他们亲自应役,而收其"庸直"为"市官马"(《周书》卷35《裴侠传》)。裴的办法实行的范围极小,完全由他个人的品德所决定,就更带有偶然性,所以它还不是以庸代役制度的开始。

不同,它没有年龄的限制了,凡有丁役负担的人都可以用庸代役。因此,根据这个资料认为武德七年"庸"制度化了,自是说得过去。然而能否以此排除武德二年说,则需另作讨论。现在我们不妨看看武德二年说是否有道理。

为武德二年说提供的资料很多,先摘抄于下:

《新唐书·高祖纪》:武德二年"二月乙酉,初定租庸调法"。

《资治通鉴》卷一八七:武德二年二月,"初定租庸调法,每丁租二石,绢二匹,绵三两。自兹以外,不得横有调敛。"

《册府元龟》卷四八七《邦计·赋税》:"唐高祖武德二年制:每丁租二石,绢二匹,绵三两,自兹以外,不得横有调敛。"

马端临:《文献通考》卷二《田赋》:"武德二年制:每丁租二石,绢二匹,绵三两,自兹之外,不得横有调敛。"

毋庸赘言,这些书里把武德二年的赋役法概括为"租庸调法",反映诏令中已有庸的内容。但是有的学者说该项诏令中没有关于服役和折庸的任何规定,《新唐书》的记事有错误,《通鉴》中的"庸"字是司马光错加的。是不是这些记载有错误,武德二年的法令中有无"庸"的规定,笔者拟对上列诸条资料以及其他史籍的有关记述一一剖析,以求对这个问题有近诸历史实际的理解。

读《通鉴》的文字,不仅要注意到"庸"字,同时需要充分留意"绢二匹"及其与庸的关系。"绢二匹",笔者认为系户调和丁庸合计应征数额。在隋朝,开皇三年定户调为绢二丈,绵三两(《隋书·食货志》)。武德七年的户调从上引《唐会要》文可见,亦为绫、绢、绝任一种的二丈,外加绵三两,与隋制完全相同。介于开皇三年与武德七年之间的武德二年的绢二匹,如果只是户调,不可能突然增到二匹,即增加原额的三倍,因此绢二匹除了户调以外,可能还有别项内容,这就是役折庸。如前所述,武德七年庸值为绢六丈,唐制绢四丈为一匹,六丈为一匹半,加调绢二丈,正好是二匹,即所谓"绢二匹,绵三两",恰是户调与丁役折庸完纳量的和数。因此,不能不认为这样数量的赋额,确是包含了调和庸的两项内容。而这两种内容统一用绢来计算,对调来说,历来如此,自不足怪,在庸则不然,它表明以庸代役已经是确定的事实,自可用庸值表示役的实物量。既然"绢二匹"已包括调与庸,那么《通鉴》说武德二年"初定租庸调法"的这个"庸"字用得就很妥切,反映了历史实际,当然不是错加的。反过来说,如果取消它,"绢二匹"的"匹"字就不准确了,这条资料反倒失实。在这里,"庸"与"绢二匹"构成为有机的整体,易一字而不能了。这也证明了司马光下笔不苟,治史态度严谨,对他的书是不好率意怀疑的。

说明了《通鉴》叙事之不误,与它记述相同的《新唐书·高祖纪》的武德二年"初定租庸调法"之说,不待言,是没有差错的。

《册府元龟》关于赋税的内容,与《通鉴》完全一样,连造词遣字皆同,所不同者,它没有"定租庸调法"之总括语。《册府元龟》为辑录前人正史记载之类书,笔者怀疑它和《通鉴》引用的同一种书,只是司马光加了"初定租庸调法"这样概括的话。

《文献通考》的记叙与《通鉴》《册府元龟》相同,显然亦是据而录之。马端临对武德七年的租庸调法之记载,据《通典》和《唐会要》,他还查考了《通鉴》和《陆宣公奏议》,又考出《新唐书·食货志》所载与上述诸书不同,疑其调太重,而不取其说,可见马端临作史很认真。在这种态度下,录武德二年"绢二匹"之记载,不可谓其不经过考虑而盲目抄录,适见他相信前人对此问题的记述。这从一个侧面证明《通鉴》记载之不误。

上述《通鉴》《新唐书》《册府元龟》均成于北宋,《文献通考》又晚些,比它们早的书才应该是更有权威性的。涉及到武德二年赋税事的现存的最早史籍,我们见到的是杜佑的《通典》,其全文是"(武德)二年制:每一丁租二石。若岭南诸州则税米,上户一石二斗,次户八斗,下户六斗;若夷僚之户,皆从半输。蕃人内附者,上户丁税钱十文,次户五文,下户免之;附经二年者,上户丁输羊二口,次户一口,下户三户共一口。凡水旱虫霜为灾,十分损四分以上免租,损六分以上免租、调,损七分以上课、役俱免"(卷六《赋税》)。这里对于租的记录非常清晰,不仅有内地的,还有边疆的,少数民族地区的,对于调和役仅仅触及到,即讲六分以上灾情可免租和调,而七分以上则可免租、调和役。它虽未载调、役的办法和数量,但表明武德二年的赋税内容中有调和役两项,这就是说它同《通鉴》等书并无矛盾,且可互相补充,至少,不能以此推翻《通鉴》等书的说法。

《唐会要》亦成于《通鉴》等几部书之前,它关于武德二年赋税的文字是:"每丁租二石,绢二丈,绵三两,自兹以外,不得横有调敛。"(卷八三《租税》)它与《通鉴》《册府元龟》只有"绢二丈"与"绢二匹"的"丈""匹"一字之差。它的"丈"显然是错字,因为绢二丈只是调的数量。它又说,"自兹之外,不得横有调敛",就是说,除了租、调,不准许再有征敛。它把役排除出去了,可是从《通典》诸书看,武德二年是有役的,排除了役是不符合实际的,自然是错误的。所以说"绢二丈"这个数字不对,因为它不包括役折庸在内。王溥辑《唐会要》,是依据唐德宗时苏冕《会要》、宣宗时的杨绍复《续会要》增补而成,很可能他在抄录中把"绢二匹"错写成"绢二丈",因而贻误后人,也可能是刊误,也可能有漏文,不管那种可能,它倒是确实有错的。

至此,我们可以看到,诸史关于武德二年赋税制度的记载并非有不可解决的矛盾,关键就是要懂得"绢二匹"包含着户调和丁役折庸两项内容,其他问题都可迎刃而解了。因此,似宜得出这样的结论:武德二年的赋税制度,不仅确定了租庸征收量,同时规定了以庸代役的具体办法,就是二十天役,允许交六丈绢来代替。值得注意的是这时以绢代役,再没有像隋朝那样的年龄限制,也没有其他限制,就是凡有丁役负担的人都可以用庸代替。所以说,早在武德二年,庸的对象就扩大了,普遍化了,全面了,作为制度业已完善,并非到武德七年它才形成。

写到这里,似乎可以搁笔了,但如果把庸之制度化发生在武德二年的社会条件再略作分析,或许有助于对这个问题的说明。

武德二年,社会各阶层发动的反隋战争已经推翻了隋炀帝的隋朝政权,但战争还没有结束,唐王朝在这时改革赋役制度,自然同隋末争乱以及正在进行的统一战争有关。

隋末民众战争以反暴敛、反徭役、反门阀世家为其特点。单看反徭役的问题,首先发难的王薄以《无向辽东浪死歌》进行反徭役反兵役的鼓动,反映了群众的愿望,于是"避征役者多往归之"(《通鉴》卷一八一)。公元613年,隋炀帝第二次进攻高丽,在江南征兵,余杭人刘元进举兵起义,"三吴苦役者莫不响应,至旬月,众至数万"(《隋书》卷七十《刘元进传》)。这些事实说明反对隋朝繁重的徭役乃是民众起义的一个主要目标。

民众战争的力量及其反徭役的目标,给统治者以沉重的教训,使得统治阶层内部较为明智的人懂得要想平服民众暴动,不能像隋炀帝暴政那样滥发徭役,需要适当解除人民的痛苦。如礼部尚书杨玄感起兵反隋时,以"为天下解倒悬之急"(《通鉴》卷一八二)为号召,就是看出了赋税和徭役的苛重,已达到人民所不堪忍受的程度;为了赢得民心,必须以此为号召。李渊、李世民父子是统治阶层中的明智者,太原起兵以前,已看到"主上(指炀帝)无道,百姓困穷"(《通鉴》卷一八三)的情况,所以在起兵之后和进入长安之际,采取了两项反对隋炀帝暴政的措施,一是开仓赈济,一是"与民约法十二条,悉除隋苛禁"(《通鉴》卷一八四),从而使自身在关中立住了脚跟。公元618年隋朝灭亡,群雄逐鹿中原,争当统一的共主。李渊除了对其他集团用兵之外,对内修明政治,尤注意赋役制度的改革,公元619年二月制定了租庸调法,同年又宣布"百姓年五十者皆免课役"[①]。隋炀帝的横征暴敛,使"天下死于役而家伤于财"(《隋书·食货志》),谁要是再继续隋炀帝的政策,谁就会立刻遭到与他同样的可悲下场。李渊在戎马倥偬之际实行赋役改革,设想通过减轻民众的负担来换取人民的支持,以利他削平群雄,统一天下。因此,笔者以为武德二年庸的制度化,是李渊集团政治经济改革中的一项重要内容,是他们在建立全国性政权过程中争取民众支持的一种手段。换句话说,隋末民众战争,促成了武德二年庸的制度化。

总之,笔者认为,以庸代役制度的确立,有一个发展的过程。与均田制相适应的力役制度,从北魏开始,是受役者亲身应役;至隋,在一定范围内,实行折庸代役;稍后,受隋末民众战争的影响,李渊于武德二年制定全面的以庸代役的政策,于是庸的制度化完成了。这一年,唐朝政府只颁布赋役法令,而对与之密切相关的均田制,尚无暇顾及。迨至武德七年,同时颁布均田令与租庸调法,再次肯定庸的制度。这种徭役制度的演变,使农民能够较多地按照自己的意志和依照农时进行生产,所以它是有利于生产发展的、具有进步意义的历史变化。

(原载《历史研究》1983年第4期)

---

① 《册府元龟》卷486《邦计·户籍》。

从社会史视角考察户籍赋役制度 *

　　与民众关系最为密切的制度,有赋役、户籍、乡里(什伍)、宗族数种,户籍与赋役是国家最基本、也是与民众联系最密切的制度。本文将从社会史的视角研讨户籍赋役制度史,关注点在于制度与民众社会生活关系,兼及户籍、赋役、乡里制度的内在联系。本文主要讲述四个问题:一、户籍、赋役制的基本内容,二、违犯制度与法律惩治,三、制度影响于人们的社会生活,四、性质与历史影响。

一、户籍赋役制度基本内容与民人职业、居地的固定

　　1.户籍制的主要内容:

　　(1)户户人人都要进行户口登记,包括姓名、性别、年龄、相貌、资产、成分,谓为"著籍""附籍"。

　　(2)登记身份、职业,即后世所谓成分。军、民、商、匠(工)、灶、驿、医、卜、乐诸色人户,区分很细,不下几十种,如秦唐间,半贱民、贱民即有:魏晋南北朝军户(士家、军户、兵户、镇户、营户、雏卒),宾客(屯田客、佃客、衣食客、十夫客、食干、典计),杂户(官奴、太常音声人、隶户、医户、平齐户、僧祇户、平凉户),奴隶(隶臣妾、徒、铁官徒、工户、乐户、官户、奚奴、牧奴、昆仑奴、部曲、奴婢、家僮、家人、苍头、庐儿、人奴产子)。明清时期浙江绍兴府户籍登记区分23种人:军户、民户、官户、生员户、水马驿站户、各色人匠户、捕户、僧户、医户、阴阳户、乐户、灶户、力士校尉户、弓兵铺户、皂隶户、道户、尉户、厨户、外府县寄庄户、杂役户、纸槽户、儒户、窑冶户。

　　(3)登记户籍按村落、坊厢进行,相应的是由著籍而产生的籍贯,籍是户籍,贯是同地域联系,为乡贯。民国《辞源》解释:"登录人口之册曰户籍,就其

　　* 本文系 2008 年在清华大学历史学系的演讲稿,系详细提纲,未能正式成文。

人与地而言谓之籍贯。"

2.户籍编审与赋役册

编审方法:户口登记,正式称谓为"编审户口",编是编制,审是审核,保证如实登记。编审是大事,通常,一个王朝先实行乡里制度,编制里甲;次后在此基础上实行编审。

户口编审形成的赋役黄册,在宋代叫做"户口版籍"。乡里制,明代主要是里甲制,在乡村编赋役册,110户为一里,推丁多者十人为长,余百户为十甲,轮年应役,催办钱粮勾摄公事。城中曰坊,近城曰厢。十年一轮换。鳏寡孤独无役者为畸零户,附于110户之后。赋役册四分,分藏州县、府、布政司、户部。户给知由单。所编之册,宋代开始称"四柱清册",即旧管、新收、开除、实在四项,旧管+新收-开除=实在,将民户资产、人口、赋役之现存、增减、清除一一注明。财产清查:丈量百姓田亩,成果是"鱼鳞册"之类。粮长制、里甲制相辅相成,共同服务于赋役征收。

名为"黄册",是因为西晋时期用黄色木牍,注入之户为纳税户,另有白色簿籍,登记流寓户,无赋役。后来南朝实行"土断"法,将流寓注入黄册,纳粮当差。后世沿用黄册(后世用黄色纸张)。

中央政府的编审户口,经常进行,间隔年头各朝有所不同,有三年一次的,有五年、十年一次。此外州县官每年登记一次,唐代称为"计帐""手实",宋代称为"租税簿""夏秋税簿"。每届大造之年,依据计帐汇总黄册。

3.固定职业与居地

"人户并以原报册籍为定",职业身份保持原先的,新登记不得变动,如此,职业身份永远不能改变(职业与身份基本一致)。

"著籍",亦曰"地著",固定在特定的地方,不得离开,使得百姓附著于乡里。近现代政府规定的公民权力中有"迁徙自由"一项,就是相对古代民人的不能离开乡土而言。

二、违犯制度与法律制裁

既然户口编审是为控制人口,征收赋役,所谓"赋取于田产,役出于人丁",如此编审户口以固定民人的职业与居地,征收赋役,自然为民人所不满和反抗,政府就此制订防范、惩治的刑罚。

脱户罪。《唐律·脱户》:"诸脱户者,家长徒三年,无课役者减二等",脱户及增减年状以免课役者,"一口徒一年,二口加等"。惩治极严。明清法律有"脱漏户口"条,凡全家不登记户籍或少报人口,治罪;有赋役者,杖一百,无杖八十,相冒合户同罪;若漏口,诈老诈小,杖六十,隐匿他人丁口,罪同,发还本户,附籍当差。邻里、里甲连坐,惩罚严,影响大。

冒籍。即私自改变身份,有罪:"诈冒脱免"之罪,军籍诈为民籍,匠籍冒充民籍以免匠役,贱籍冒充民籍,为赋役之避重就轻,杖八十。考试者,得有有功名者担保,误保贱民应科举考试,有罪。

逃避赋役罪。明清时代"逃避差役"罪:民户逃住邻近州县,杖一百,发回原籍当差;丁夫、杂匠在役及工乐杂户,即驿、灶、医、卜等,逃者,一日笞一十,五日加一等,罪止笞五十。豪民隐蔽差役有罪,家长杖一百,官员容隐者同罪。凡欺隐田粮,全不报户入册,脱漏版籍者,一至五亩,笞四十,每五亩加一等,罪止杖一百;其田入官,所隐税粮依数征纳。减瞒粮额及诡寄田粮,罪同。

私自离开乡里有罪。若离开,得取得政府准给的"路引",否则有"私越冒度关津"罪,清代杖八十或九十;越度缘边关塞,杖一百、徒三年;出境,绞监后。

三、制度影响于人们的社会生活

户籍赋役影响民众生活是多方面的,等级身份的固定,日常生活方式的采取,经济生活的状况,地域观念、等级观念的形成;影响之大,大到逃亡、被迫造反,细小到交友、作担保。

1.赋役与民众运动、家训

农民暴动与战争,是历史上常见现象,由于赋役沉重造成,科敛无度之时尤多。自陈胜揭竿而起,至明末李自成起义,史不绝书,多因民众承受不了繁重的赋役。陈胜戍卒之役,晚到亦死,不如造反求生。王薄"无向辽东浪死歌",李密讨隋炀帝檄文,谓隋炀帝"逆折十年之租"(预征,寅年吃卯年粮),民不聊生,故其宣称"解天下之倒悬"。方腊起义,讲赋重,吃不消,花石纲之役成为直接原因。李自成"均田免粮",口号"吃他娘,着他娘,闯王来时不纳粮"。农民起义,官逼民反,就是赋役繁重所致,故以减税、免税相号召。

农民逃亡与暴动。天灾人祸时农民逃亡,政府在法令严禁之外,清查户口,搜索民户,隋朝"大索貌阅",唐高祖武德四年下令括天下户口,玄宗开元九年括户,搜出80余万户、每年多得税钱数百万,可见逃户之多。明代括户,改为清查逃户方法:"造逃户周知册",登记逃民乡里、姓名、男妇口数、军民匠灶等籍,遗下田地税粮若干原籍有无人丁应承粮差,送各处督抚,督令复业,窝家杖一百。另有"挨勘流民籍":男妇大小丁口,排门粉壁,十家编为一甲,互相保识,分属当地里长带管。括户与逃亡,是农民反抗政府暴政的一种方式。政府为惩治脱户,还用地方官考成的方法,令官员认真执行。逃亡山林湖泊,抗官,正犯、里老、窝家按律科断。宋元以后,尤其是明代,人口增多,土地分配不均,农民向未开垦的山区流动,寻找耕地。政府禁止,引起明代中叶荆襄流民暴动,都御史项忠奉命镇压,勒令回籍,死亡无数,项忠立纪功碑,人称为"堕泪碑"。但是流民再至,政府不得不让步,在当地设立府县,如郧阳府(今十堰市),允许流民著籍纳粮当差。此类事明代多见,清代亦有。

职役户之千方百计避免差役。里甲制,范围较广,包括什伍、里甲;老人、里老、乡约;保甲;粮长。政府将民人按照财产、人丁,区分出户等,通常是五等,多至十等。《水浒传》人物绰号反映户等:"哥",李大哥逵、郓哥哥乔、张二哥顺;"郎",武大郎、武二郎、宋三郎;"官",柴大官人进、李大官人应。元明将民户分为五等:哥、畸、郎、官、秀(沈万三秀)。宋代将人户分为主户、客户,主户又分五等,依据户等,确定衙前、里正、粮长等职役人,宋代和明代实行富人充当职役制度。宋代田多者的一、二、三等户,充任:主管官物的衙前,课督赋役的里正、户长、乡书手,逐捕盗贼的耆长、弓手、壮丁,供州县官使令的承符、人力,以及州曹、县曹孔目押录、虞侯。职役户可以做手脚向他人摊派负担,但输送钱粮要自出路费,京城主管官员勒索贿赂,往往倾家荡产,因而希望减少人口,分散财产,以降低户等,甚而"嫁祖母及与母析居以避役者,有鬻田减其户等"。明代粮长也有赔累问题。耆老,年高有德、众所推服人内选充。地保,近于贱民。

民户逃税,采取合户法,原先家庭分家后,不登记,仍为一户,实际人口增添,而少上户口,所以赋役之户与家庭之户不相同。此类户,早先研究者弄不懂,现在有所明白。研究人口史,常常为人口数字不准确而苦恼,实因历史上编审数字不实,脱漏户口的各种手段造成的。州县收税,是依据六房书吏编制的、历久相沿纳税册籍征收,他们知道该册户口数与实际人口不同,但无所谓,收上额赋即可。此即明代飞洒诡寄等弊端下的所谓"白册",与晋代白册不同。(官户、白册,不同时代性质不同,甚至迥然不同,读史者宜于留心。)

家训宗规,教导子弟当差纳粮。其内容有:说明草民为何纳粮,乃因"君恩重于亲恩","宁可终身无父,不可一日无君",皇帝忧勤,寝食不宁(宵衣旰食),享受皇帝太平之福,应该纳税;依期限早早纳粮,然后安心过日子,无追比之苦,也不辱没先人;不要心存侥幸,等候蠲免钱粮而拖欠钱粮。由此可见宗族是政府的附庸,所以政府给予宗族合法地位,给予司法上若干权利,如送审权、司法过程的出庭作证,某些案件的协助执行权,承认族谱为合法证据,民间细小案件的调解权等。

2.等级身份的确定及其不可变异性(世袭性)

各种人户,属于不同的等级,官户(宋代以后的官员户,而唐代以前是贱民)、生员户属于特权等级,农工商医卜为凡人、良人,或曰齐民、平民,由于实行重农抑末政策,工商、医卜相对低一些,乐户、皂隶是贱民、半贱民。身份不同,有无赋役变通,特权等级减免不一,应役各不相同。政府为保证赋役征收,将人户职业固定,即前述不得变更。等级固定,衣食住行均有制度,不得违犯,否则官府和民间双重监督,令人很难逾越。如宋元明清的浙江堕民,不能读书做官,不得与良民通婚,男子带狗头型帽子,妇女穿青衣兰裙(横布裙),不许卷袖,发髻高于良家妇女,簪子用骨角,不许带耳环,出门夹柄头冲下的伞,聚居于贫巷,不许乘车马。

走读书、科举道路。平民改变身份,科举几乎是惟一道路(此外有捐纳)。于是竞走此路,难,也要走此独木桥。"万般皆下品,惟有读书高"。科举制以前,农家子弟读书,可以充任佐吏,少数人有机会上升为官员,科举后,上升制度化了。九十岁"童生"下考场,祖孙同赴童生试,并被视为美谈。可悲,却是人们希望所在。宋朝人说:"细家中人衣食才足,喜教子弟以读书,秀民才士,往往起家为达官。"

违法冒籍。低身份者,企图改变身份,法律防范:乐籍、奴隶即是合法脱籍,三代过后的后人始可参加科举考试,否则取消资格。堕民行医,捐官,被告发;乐籍从良,未满三代而科举,被揭发。来自民间的监督非常厉害,等级权力,不容他人染指。

3.籍贯与地域观念影响人们的生活

故乡观念强烈。人们生于斯,长于斯,父母之邦,祖坟所在,亲戚故旧皆在于斯。故旅人归乡,尽量不流落他乡,遗体运送回乡,多大的困难也应克服。孝子千里询亲,千里运枢之事,史不绝书。籍贯,一般不得离开籍贯地——乡里,死徙无出乡,留恋故土。

人们认同同乡关系,产生强烈的同乡观念。科举考试在原籍进行,防止冒籍者参加本州县考试,占据有限的名额,是以本地人有共同利益。

土著与客民的冲突。为对付外地人,本地人团结一致,外地人也形成共同体,于是产生土著与客民的冲突,甚至引起械斗。土、客籍的冲突,是历史上的大问题,经久不衰。南朝土断法,侨置州县,凭借政府力量,压抑南方土著。宋元以后南方宗族制发达于北方,原因是多方面的,土客斗争是原因之一。清代客民修家谱,转载服制图、圣谕广训、律例歌,表示拥护朝廷,期冀获得朝廷支持,不在同土著斗争中吃亏。客家人的存在,尤其值得研究,离开原籍,认同原籍,在生存斗争中形成勤劳节俭品德。

外出者,同乡之间应当关照,有无相助,进而产生会馆、义冢。会馆,官绅出面,商人出力,免房费,存货物,通信息,联络官府、土著,对在新居地落足、发展大有益处。

寄籍者,要融入当地社会,应给地方做贡献。商人捐助义学,修缮文庙及其他信仰建筑物,修缮道路桥梁,又有祖坟,才能入籍,子弟才能以商籍、寄籍参加科举。

官僚绅衿之家,同地方密切关系。与齐民一体编次,听保甲长稽查,违者照脱户律治罪。清代官员有乡里回避制,不得在本地做地方官,同宗不得在同一地方做官。

关津制度给民人造成异地谋生的极大困难,甚至不可能。民人私自移动谋生,在清代,无户部、工部给发之票,到口外佣工、烧炭,各处查拿;捏称佣工领票,让给他人,并杖八十;私自出口外,杖一百、流三千里。"诈冒给路引",杖八十。出国,成为化外之民,在外不保护,回国惩治,没收财产,并不得携带境外妻子。原先中国人畏惧出洋谋生,同法律严惩及浓厚地域观念有关。

四、性质与历史影响

编审、赋役、乡里三种制度的关系。编审户口是最基本、最基础的制度,最终目的是为了赋役制度的实现。赋役制建立在编审制度上,是基本制度,政府的经济基础所在。乡里制度,其主体成分是编审的产物,亦为赋役制的实现服务,或者说其目标之一是实现赋役制(另一为治安)。总之,根基是编审,目标是赋役,乡里是辅助。

户籍制的实质,实现政府对民人的控制,实即对民人人身的不完全占有,令民人对政府有人身依附关系。户籍令民人身份、地域固著,而且凝固化,民人不可逃避政府的人身控制,无法逃避苛捐杂税。由此考察中国古代社会,税民(主体是农民)与政府的矛盾是社会基本矛盾,激化时期则成为主要矛盾,是以有农民战争的发生。通常说法,封建政府是地主的政府,地主是国家的基础。然否? 职役令富民倾家荡产,如何是政府基础? 政府基础是赋役,所以关键是控制人口。脱漏户口罪,唐律比明律重,后世的减轻,因上古、中古役重于赋,役轻之后,控制民人的现实性减少,故摊丁入粮之后取消编审,改成岁计人口,并重视保甲法以维持治安。役重于赋,表示民人对政府人身依附关系重,政府更加需要控制人,而赋重时,人身控制相对减轻。

户籍制维系传统社会二千年,影响深远。地域观念,从会馆发展到近代的同乡会;人身地著,久久不能根除,不仅是经济发展水平不足,也是人身控制没有彻底解除,如在清代,非法流动,要押解回籍,对"盲流"收容、递送回籍;等级观念与血统论结合,长盛不衰;等级身份固定化,形成深根蒂固的观念,皇帝崇拜文化心态,贵族崇拜流传不衰。

(2008 年 3 月 18 日初稿)

从古代什一税讨论当代农民的土地所有权及农业税(提纲)

一、从何开荫仿行"什一税"建议谈起

《中国农民调查》[1]一书,介绍安徽省政府参事何开荫,鉴于当今农民向国家缴纳农业税外,"还要向集体缴纳各种负担和提留",建议仿照古代什一税及改良办法,将各项的税收、摊派归并裁汰,以农民收入的百分之十五(百分之十为农业税,百分之五为各项负担)作为税收额度,进行征收,达到减轻农民负担的目的。提出这样的建议,是根据唐代施行的两税法、明代的一条鞭法、清代的耗羡归公和养廉银法,这些都是在实际上减轻农民负担的办法。

何开荫是学习农业科学出身的,却能总结历史经验,提出政策性建议,因此有人提问:何以学历史的人提得出来,学经济史和经济学的人倒提不出来?不觉得惭愧吗?史学家、经济学家诚然应当有所反思:何以学术与实践关照得不好?当然,历史学、经济史学是基础学科,不是应用学科,它所总结的理论和经验,供读者运用,就起到了学科作用。不过话说回来,何开荫的建议,实在是提醒史学家、经济史家:现实关怀是极其必要的。

笔者对历史上的农民及其负担问题,有所留意,先后写出过《租庸调法的"庸"之制度始于何时》(1983)、《清代地主阶级述论》(1984)、《关于中国封建时代自耕农的若干考察》(1989)、《清代自耕农与地主对土地的占有》(1990)、《中国古代农民的构成及其变化》(1998)、《审视"定论"与等级分析——以关于封建时代农民、地主的理论为例》(1998)等。今日受何开荫的启发,由什一税而讨论农民的赋税问题,以及与此直接相关的土地所有制问题。

---

[1] 陈桂棣、春桃:《中国农民调查》,人民文学出版社,2004 年。

二、什一税征收的根据是农民拥有土地及其所有权

1.什一税是向拥有土地的农民征收的

税率历朝有所不同,"三十税一",是轻徭薄赋的税率,一般是什一税,但是税外有征徭。

什一税是农业税,征收对象是农民。

交纳什一税的农民是土地所有者,这其中有古人所说的上农、中农、下农,近代的概念则是地主、富农、自耕农、半自耕农,不论属于农民中经济状况的那一个层次,都是拥有田地的。

占有田地的农民是土地所有者,可以出卖、出典、出租、转让,即拥有土地所有权,当然是不完整的所有权,因为皇帝有最高的支配权。

所以需要明确,拥有土地所有权的农民才是什一税的交纳者,或者从政府方面讲,有土地的农民是什一税的征收对象。无土地的佃农、雇农自然与什一税无关(在清朝实行摊丁入亩政策以前,无土地的农民有徭役负担)。

2.什一税是基本税则,建立在多数农民拥有土地的基础上

国家向农民索取的,一般来说是什一税,故其为基本税制。

什一税是面对所有农民的,是假定农民都有自耕的田地,事实上是多数农民自有耕地,否则什一税政策无法推行,政府就会调整其政策,由其推行,可知众多农民自有田地,可供耕作。

这里要明确,通常情形是自耕农占农村人口大多数,佃农在非正常情况下才占多数。

3.今日农民与土地所有权

土改使农民普遍有了耕地;农业合作社令土地归集体所有;公社化初期土地归公社所有(实际与国有接近),调整后为三级所有,队为基础;土地家庭承包责任制后土地仍为集体所有;城市化、开发区建设中低价位的征购土地,有人说是对农民的新剥夺,令农民丧失大量耕地。

田地归农民,世界通则,台湾地区土改亦然,任何社会不能剥夺劳动者的农民。

三、历史上赋、役轻重关系的调整及弱化对农民的人身控制

1.役重赋轻状况的变化

中古以前,役重于赋,故而反征徭的农民造反不断(陈胜、王薄)。

代役制的实行,有利于徭役的减轻和役变为赋。

2.赋役合一

将役纳入赋,保证税收前提下取消徭役和人头税的名目。

3.国家对农民人身控制强度的削弱

徭役是国家对农民人身不完全占有的标志。

役的减少和合于赋,标志着国家不再依照原始方式控制农民,且也不需要那样的控制。

4.今日之农民负担如何减轻

是历史前进抑或倒退？农民之负担为农业税,税外之各种摊派多;如果将各项摊派视为役,则役远重于赋,是倒退到古代役重于赋的状况。

重在减"役"。减税很必要,然而远不能解决农民负担沉重问题,关键在减"役",而不在减免税,此为"小惠未遍"也。康熙普免钱粮、乾隆三次普免钱粮,注意在地主得到免税之利后,如何让佃户均得实惠,关键是让农民真正得到实惠。

缩小城乡差别而非扩大之。改变农村户籍制度,实质上是取消、削弱对农民的"人身控制"问题。

真正实现城市支援农村。

四、历史的启示与解决"三农"问题的探讨

1.何开荫是从历史上得到启示,他也给学术界以启示

2.历史的经验:一瞥之经验启示

任何社会不能剥夺农民,否则社会不能稳定。

农民应当以真正的社会平等成员的面貌出现于社会之上。

探讨农民与土地所有权的关系问题,理论的、可操作性的。

轻徭薄赋,特别是减轻徭役(本色的和折色的)。

(写于 2004 年 5 月 9 日,以此作为学术研讨会上的发言提纲)

历代人口政策与婚龄

　　古代的人口增殖，与赋役政策、婚姻政策关系极大，尤其和前者。比如人头税、徭役税的征收轻重，人丁、次丁、老、黄小年岁的规则，孕妇及其丈夫免役与否的临时规定，都影响着人口的出生率和成长率。本文不接触这么多问题，专谈人口与婚姻法定年龄的关系。

　　历朝政府关于婚龄的法规，有两种类型。一是常规的，确定法定婚龄，即规定男女到多少岁才可以结婚；一是临时性的，视当时社会情况而制定，这种法规就一个朝代讲是偶见的，把许多朝代的串在一起，也可以发现它们的共同性：是为解决一个突出的社会问题而制定的。

　　政府强迫人民到一定年岁必须结婚，否则给以制裁。我们所见记载，此说提得最早的是墨子所说的圣王时代，也即古人所说的三代以上吧。墨子讲："昔者圣王为法曰：丈夫年二十，毋敢不处家，女子年十五，毋敢不事人，此圣王之法也。"（《墨子·节用上》）墨子认为上古男子 20 岁、女子 15 岁必须结婚，这是法令规定，不敢不遵行。墨子说的是那一个时期的事实，有没有这一事实，很难确证。我们确知政府实行这一政策最早的是春秋时代的越国。被吴国战败的越王勾践回到会稽，卧薪尝胆，准备力量进行复仇，实行"十年生聚，十年教训"的方针。"生聚"的内容之一就是为增殖人口，因而宣布："女子十七岁不嫁，其父母有罪；丈夫二十不娶，其父母有罪。"（《国语·越语上》）这是把男 20 岁、女 17 岁定为最迟结婚年龄，即必须结婚的年岁，而不是可以婚配的岁数。

　　西汉惠帝六年(公元前 189)诏令："女子年十五以上至三十不嫁，五算。"（《汉书·惠帝纪》）汉代人口税中有一种算赋，是 15 岁至 56 岁的男女成年人交纳的，每人一算，120 钱，但是商人和奴婢要交二算。惠帝这个法令使 15 岁至 30 岁的未婚女子多交算赋，且达常人的 5 倍，商人交二算是为实行重本抑末政策。这一婚龄规定对未婚女子的处罚比商人重得多，简直是把她们当作罪人对待了。

正式建立西晋的晋武帝在泰始九年(273)下令:"女年十七,父母不嫁者,使长吏配之。"(《晋书·武帝纪》)女儿到了 17 岁父母还不把她嫁出去,政府就要强行把她匹配了,要那样,还不如父母赶在 17 岁以前让她结婚了事。

北周武帝建德三年(574)诏令:"自今以后,男年十五,女年十三以上,爰及鳏寡,所在军民,以时嫁娶,务从节俭,勿为财币稽留。"(《周书·武帝纪》)女子 13 岁就要成亲,是我们所知的法令中年岁最小的。

唐太宗贞观元年(627)诏书讲:"其庶人男女无室家者,并仰州县官人以礼聘娶,皆任其同类相求,不得抑取。"怎样以礼婚嫁呢,诏令解释道:"男年二十,女年十五以上及妻丧达制之后,孀居服纪已除,并须申以婚媾,令其好合,若守志贞洁,并任其情,无劳抑以嫁娶。"(《通典·礼·男女婚嫁年纪议》)中央要求州县官督促 15 岁女子、20 岁男子的婚配,必须进行完毕,但在执行中要注意政策,不给民人硬性分配配偶。

我们把历次强制结婚年龄的法令,列成下表,读者可能了解得更清楚:

朝代	年号、公元	男年	女年
春秋越王勾践	公元前 5 世纪	20	17
西汉惠帝	六年,前 189 年		15—30
西晋	泰始九年,273 年		17
北周	建德三年,574 年	15	13
唐	贞观元年,627 年	20	15

这些法令告诉我们,男女到一定年龄必须结婚,否则由政府加以处罚和强行婚配,而规定的年岁又很小,甚至小到女子还处于少年阶段,这是政府实行强迫早婚政策。此类法则都是在特定情况下制定的。

通常的婚龄,同男子的冠礼、女子的笄礼年龄相一致,因为原则上说冠、笄礼之后,男女可以成亲了。冠、笄礼的年龄各个时期的说法也不一致,大体上说是男子 20 岁,女子 15 岁。这只是一种说法,冠、笄礼本身就没有怎么实行。政府听民众自行婚姻的年龄,自唐玄宗开元二十二年(734)的诏令起,有了明确的说法,即是"男年十五、女年十三以上,听婚嫁"。(《唐会要·婚嫁》)北宋初年实行开元法。明太祖洪武元年(1368)下令,民间婚娶,依《朱子家礼》进行,即男 16 岁、女 14 岁,听其婚配。

清朝继承了明朝的立法。明朝政府还就宗室子女的婚姻,议定 15 岁以上可以婚配。①历朝政府的听婚年龄,并没有什么法律约束力,到年龄的结婚与否固然不管,没有达到婚龄的结亲,政府也不过问,童养媳制度的存在就是明证。从这里看来强制婚龄的法令反映出一种严重的社会问题。

为什么有的王朝要在一个时期内强迫人民结婚呢?我们看制定那项政策的社会状况就可以明白了。越王勾践的法令出现在春秋五霸争雄、吴越战争以越国惨败而结束的时候,北周武帝处在南北朝长期混战的年头,汉惠帝、晋武帝、唐太宗则在大规模的长期战争之后,即都是长期战争或刚刚结束的时候,战祸使很多人死亡,造成人口锐减。

以国家掌握的人口数字来说,东汉人口达到 5600 多万,经汉末三国大乱之后,西晋只有 1600 多万,仅及东汉的 2/7。隋代人口 4600 万,在南北朝长期战争之后,未恢复到东汉水平。隋末社会大乱之后,贞观时人口虽比武德年间有所增加,也只有 1200 多万,不过是隋朝的 1/4。人口少,劳动力不足,因而影响赋役的征收和兵力来源,为解决这个问题,统治者希望通过强迫早婚,达到增殖人口的目的。关于这一点,越王勾践就有所说明,他认为贤君之政,人民自然奔向那里,人口就多了,他不是贤君,不能使民归之如流水,但是他表示"将率二三子夫妇以蕃",即鼓励多生产人口,所以他规定"壮者无娶老妇","老者无娶壮妻"(《国语·越语上》),为的是使有生育能力的男女结为夫妻,以便生养,而年龄搭配不当,就不生育或少生育了。他之所以让男 20 岁、女 17 岁必须婚配,也是为繁衍人口。而把早婚政策与人口增殖关系说得极其明白的是南朝中军录事参军周朗,他在给宋世祖的上书说战争使人口损失一半以上:"自华夷争杀,戎夏竞威,破国则积尸竟邑,屠将则覆军满野,海内遗生,盖不余半。"他认为一个政权,"不患士之不广,患民之不育",把人口减少看作是严重的社会问题,为此建议政府实行强制民人早婚的政策,但凡"女子十五不嫁,家人坐之"。(《宋书·周朗传》)

孟子讲诸侯有三宝:土地、人民和政事,没有一定数量的人民,国家也就不成其为国家。人口与国家的关系,汉魏之际的政论家徐干说:"故民数者,庶事之所自出也,莫不敢正焉;以分田里,以令贡赋,以造器用,以制禄食,以起

① 王圻:《通考》。

田役,以作军旅。"(《中论·民数篇》)粮食器物是人生产的,赋役、兵役都要人去服务。缺少人,一个政权就没有大量的财政收入和可供役使的人。为增加人口,统治者就采取了强迫人民早婚的措施,就制定了汉惠帝等的那些政策。

政府为使少年早婚,提倡简化婚仪,节俭办婚事,前面提到的北周武帝诏令中"以时嫁娶,务以节俭,勿为财币稽留"的号令,就是讲的这个原则。如果婚姻双方竞要财礼和嫁妆,贫穷之家很难及时婚配,更不要说提前结亲了。早婚令是权宜之法,但提倡婚事中的俭约,如果能在通常法中加以坚持就好了,可惜历朝统治者虑不及此。他的眼光盯着人口,是为向臣民要赋役,当人口多了,就不注意提倡节俭办婚礼了。

在颁布的强制早婚法令中,我们还可以看到,政府提倡寡妇再婚,如前述贞观诏书表述极清楚。唐以前的人们对再婚女子并不或不怎么歧视,但对守节的表示赞扬。贞观令讲孀妇丧服期满,政府就要求她再行婚配,当然,对于坚持不改嫁的也不强迫。妇女二次结婚,本应同男子一样,是她的权利,但在男尊女卑的社会却对二婚女子横加指责,可是在早婚令实行时,政府就鼓励女子再婚,在客观上也是对守节观念的冲击。

在实行早婚令时,政府往往还采取其他措施鼓励民人婚姻,如魏孝文帝到山西巡视:"所过问民疾苦,以宫人赐贫民无妻者。"(《魏书·高祖纪》)让宫女同贫民结婚,解决怨女旷夫的婚配问题,不管出于什么原因,也是一种善政。

早婚令实行中,有的政府在赋役政策上奖励民人生育。越王勾践规定,孕妇将要分娩,公家派医生看护,帮助产妇催乳哺育婴儿,如果一胎三子,公家派乳母,一产二人,公家给食粮,资助产妇家庭把婴儿养好。汉高祖七年(公元前200年)法定,百姓家生养儿子,免除他家两年的徭役。(《汉书·高帝纪》)汉章帝元和二年(85)诏令,过去百姓产子,三年不收他的算赋,现在增加一条:给孕妇保胎粮三斛,豁免他丈夫一年算赋。(《后汉书·章帝纪》)暂免赋役,对于贫苦人民家保胎保婴有实际价值,有利于婴儿的生存、成长。后世政府发展这项政策,对一胞多胎的产妇家庭给予物质资助,成了一项社会福利事业。

总起来看,历朝政府为增加人口,强迫民人早婚,甚至把不行早婚的男女当作罪犯来对待,是极没有道理的。强令少年结亲,对于他们的身心健康是一种摧残。因此,即使在人口稀少之时,强制早婚的政策也是荒唐的,不足取的。人要在生理发育成熟了,才能结婚生育,这既符合婚姻者本身的利益,也是人类优质再生产的前提,早婚令恰恰违背了这种自然的要求。它反映古代统治者把人当作一种生育劳动力、兵力的工具,他们根本就不把平民当作人来看待,这就是君主专制时代不讲人性,是它野蛮的表现。

早婚令提倡节俭办婚事,主张寡妇再婚,这是有积极意义的。唯因它同增殖人口的迫切要求结合在一起,当这种迫切性减弱时,就不再强调了,所以它的积极意义只在短期内有效。就其本身讲,也不是早婚令的固有内容,无需过分看重。我们只能对早婚令持批评态度。

（原载《去古人的庭院散步》,中华书局,2005 年）

高力士与唐明皇

　　唐明皇与高力士,名分上是主奴关系,实有难兄难弟之谊。

　　明皇与力士年龄几乎相同,前者生卒年为 685—762 年,后者为 684—762 年。出生差一年,卒于同年。生前,他们同享荣华富贵,共度患难。唐明皇由藩王入主大内,人主自雄;高力士由小内竖而权势炙手可热,得自明皇的恩赐:受封为骠骑大将军、齐国公、内侍监。力士忠于职守,经常住于殿中帷幄之内,不回宅第,各地奏疏,他先开览,小事立即处断,大事才奏报明皇。明皇绝对信任他,说力士当班,我可以放心地休息。皇上宠幸如此,各种人都设法巴结他,希图同他搞好关系。太子亲密地叫他"二哥",诸王公主尊他为父辈,称他"阿翁",驸马等皇亲称呼他为"爷",就连明皇也不叫他的姓名,而径以他的官职"将军"相称。明皇信任力士,力士知恩图报,真正是君臣际合,始终如一。

　　这对君臣亲密而患难与共的关系,事实甚多,兹列举数端,以见一斑。

　　力士暗投明皇,助平韦氏。力士是岭南潘州(今广东茂名)人,曾祖父冯盎是唐太宗朝的越国公,武则天时力士被岭南讨击使阉割送入宫中,成为宦官高延福的养子,从了"高"姓。力士聪明伶俐,为人谨慎细密,武则天用他传达诏令。韦后害死唐中宗秉政,时为临淄王的唐明皇谋图推翻韦氏政权,与唐高宗女太平公主联合发动兵变,诛杀韦氏集团成员,尊奉乃父为睿宗皇帝,其为皇太子。在这次政变中,明皇收容三教九流人物,如道士冯道力、处士刘承祖,善于心计的高力士认为明皇将来必然发达,倾心投靠,助讨韦后。有了这份厚重的晋见礼,被明皇视为心腹,令他"日侍左右"(《旧唐书·高力士传》)。

　　力士参与清除太平公主势力的活动。睿宗系懦弱之君,朝政被太平公主和太子明皇控制,而这双方势不能两立,明皇先发制人,率领少数亲兵消灭公主集团。发难时,高力士参加战斗,拥戴明皇登基,因而被超拜为银青光禄大夫,知内侍省事,成为太监总管。

　　力士谏议明皇勿予宰相李林甫权柄。明皇在位年久,倦于政务,以李林甫能理事,一概委任,李林甫因而"久典枢衡,天下威权,并归于己"(《旧唐书·李

467

林甫传》)。高力士怕影响到皇权,形成尾大不掉之势,遂建言明皇对李林甫不宜信用太专,说"天下柄不可假人,威权既振,孰敢议者"(《旧唐书·高力士传》)。明皇听了很不高兴,力士马上叩头谢罪,说自己发了疯,讲错了话。明皇知道他是好意,设酒席招待他,使他安心。宫中的人因此欢呼万岁,歌颂明皇体谅力士的忠诚。

力士赞同并帮助明皇册立肃宗为太子。开元二十五年(737),明皇废黜第二子、太子李瑛,武惠妃谋求立其子、第十八子寿王李瑁,得到李林甫的支持。明皇想立年长的儿子,但拿不定主意,焦灼中不思饮食。力士适时地为他解忧,说册立长者,谁也不敢争竞。明皇于是下决心,册立第三子、忠王李亨(后来的唐肃宗)为太子。力士的话,有了一言九鼎的味道,也难怪太子称他为兄了。

力士两度迎还杨贵妃。明皇对杨贵妃真是"集三千宠爱于一身"(白居易《长恨歌》),须臾不可离,可是爱深难免嫌隙生,天宝五年(746)七月的一天,明皇将杨贵妃谴责出宫,然而不过半天,思念不已,拒绝茶饭,情绪暴躁,动辄笞挞宫人。力士深知是为杨贵妃出宫引起的,奏请将贵妃迎回,明皇等不得了,当天夜间把她召回宫里,贵妃承认过失,明皇乃高兴异常。天宝九年(749),杨贵妃再次获谴出宫,又是力士奉命把她召回来。

力士谏言压抑安禄山而明皇不从。明皇宠幸安禄山,命他专一镇守北方,但是安禄山阴谋反叛,力士有所觉察,不敢直说,不过仍然提醒明皇:"北兵悍且疆,陛下何以制之?臣恐祸成不可禁!"(《新唐书·高力士传》)不幸被他言中了,安禄山果然造反,害得明皇逃亡蜀中。

力士从明皇幸蜀,耽天下之忧。明皇出逃,原来一个与高力士地位相当的大宦官袁思艺投降了安禄山,而力士保驾西行,路途兵士躁动,明皇不得已派高力士传旨,赐杨贵妃自尽于马嵬坡。但是军士仍鼓噪不愿相从,迫得明皇只好说"朕自有子弟中官相随,便于卿等作别"。(《旧唐书·玄宗纪》)太子在灵武即位,尊奉明皇为太上皇,明皇兴奋地忘掉逃难的忧愁,力士则劝他谨慎地对待形势,不能过于乐观。他说东西两京失守,民人流亡,天下痛心,陛下怎能说没有忧患!这种话请陛下不要讲出口,臣也不敢听啊!

力士最终保护太上皇的努力。唐肃宗恢复两京,迎接作为太上皇的明皇回长安。开始礼节周到,父子情深,但新朝宦官李辅国当政,高力士大约没有把这个昔日的下属看在眼里,不去联络感情。李辅国与肃宗张皇后挑拨明皇、肃宗父子关系,致使肃宗将明皇从兴庆宫迁往西内加以控制。在移徙的路上,李辅国指使军士挡道,将有不利于明皇的举动,高力士见状,挺身而出,大声地说:太上皇是五十年的太平天子,李辅国要干什么! 又说太上皇问将士们好! 这样把李辅国和士兵镇住,使明皇安全到达西内。

力士的流放和明皇、力士之死。力士被李辅国视为迫害明皇的障碍,将之流放巫州(今湖南黔阳)。他于此作《感巫州荠菜》五言绝句:"两京做斤卖,五溪无人采。夷夏虽有殊,气味都不改。"(《全唐诗》卷732)表示世事虽有变化,而他对明皇的忠心不二。宝应元年(762),明皇在极度抑郁中亡故,肃宗寻即驾崩,代宗继立,大赦天下,高力士遇赦回长安,途中获知明皇业已归天,非常痛苦,以不能攀扶明皇梓宫,吐血而亡,并尊明皇遗命,陪葬明皇泰陵,而且是泰陵唯一的陪葬者。墓在陕西蒲城县,今已被发掘。如果真有在天之灵,高力士真是追随其主子唐明皇于冥冥之中了。

在高力士与唐明皇的关系中,贯穿着忠与信的伦理道德。力士对主子是绝对的忠诚,一心一意地保卫明皇的江山,保护明皇的人身安全,并希望明皇家庭生活幸福。他利用明皇给他的权力,贪婪地追逐财富,结交官僚,纵容下属宦官作恶。但是他不结党,不搞自己小圈子,在政治上原则性很强,就是围着明皇转,为明皇帝位的获得、巩固而奋斗不懈。明皇正是欣赏他的这种忠心,对他坚信不移,并且原谅他的贪求之罪。

作为刑余之人的宦官,本来就被人贱视,何况东汉、唐朝、明代宦官弄权,败坏政局,历来为百官和史家所指斥,至今依然如此。高力士作为唐朝内监,先就被置于受批判的地位,文艺作品中的高力士为诗圣李白脱靴的故事,成为大快人心事;岭南向杨贵妃供应鲜荔枝,又是高力士引导的,也是他的一大罪状。不过如果我们对宦官不采取一概斥责的态度,而是具体分析的话,从高力士与唐明皇关系来看,力士忠谨有余,擅权败政并不严重,对他的评价应当客观一些,无须过分苛求。据媒体报道,高力士的家乡茂名市拟给他竖立塑像,蒲城拟在其墓地建立展览馆,则是给他正面的评价了。笔者倒侧重在力士与明皇主奴关系的协调方面,他们的历史,可以说是君主专制制度下君臣关系的典范,从这个角度做一番研讨, 或许能深入认识古代中国的专制主义政体及与其相适应的忠君观念,特别是忠君意识为什么那么强烈,为什么那么影响深远。

(本文手稿写于1993年5月23—24日,2006年5月5日输入电脑时略事增加,载《历史学家茶座》第六辑,2006年12月)

关于五代时期几次战争的读书札记

 1963 年我在阅读《新五代史》《旧五代史》和《资治通鉴》五代部分时,于 7 月草写成《五代时期统治阶级间的战争及其特点》的文稿,压置近四十年,今略事整理,以现在的题名,提交隋唐史学术研讨会,作为"入门券",聊博方家一粲。

 本文所写的几次战争是朱梁、李晋柏乡之战,后唐灭后梁之战,后周、北汉高平之战,后周、南唐淮南之战,都是五代时期的大战役,也是从分裂向统一过渡的大战,容或有略作研讨的价值。

一、柏乡之战(910 年十二月—911 年正月)

 《新五代史》卷二五《周德威传》记柏乡之战:"自梁与晋争,凡数十战,其大败未尝如此。"①当时是梁强晋弱,而晋军却获得了胜利。

 柏乡之战发生在后梁开平四年(910)十二月,由后梁发动进攻。其时朱温统一了北方大部分地区,军力升腾,颇有不可一世之势。镇州节度使王镕、定州节度使王处直都臣服于朱温。他们是世袭藩镇,如王镕的先人从 821 年四世祖开始任镇州留后,后人一直继任节度使,到这时已有 90 年的历史。朱温不满足于他们的表面归顺,百计谋求对那里的直接统治。开平四年秋天,以防备幽州刘守光侵犯为借口,派兵占领王镕的深、冀二州。王镕、王处直感到独立统治地位的不保,转而投靠晋国的李存勖。李晋与后梁是死敌,也屡争镇、定,现有此良机,立即派周德威屯兵赵州。这一下形势紧张起来。十一月,朱温以王景仁为北面行营都指导使,韩勍副之,李思安为先锋将,进屯邢州,经营镇、定,十二月下旬,梁晋双方到达柏乡前线。

---

① 中华书局点校本,1974 年,第 1 册第 261 页;下引此书资料,均据此版本,不再说明。

参加这次战争的兵力很多,后梁的军队究竟有多少,各书记载不一,同一部书的记叙也不一致。《旧五代史》卷二三《王景仁传》谓领步骑十万;[①]卷二七《唐庄宗纪》云,庄宗审问战俘,获知后梁使用精兵七万(第2册第372页);卷五四《王镕传》说,王景仁领军七万攻赵州(第3册第728页);卷五六《周德威传》载,王景仁领军八万(第3册第751页)。《新五代史·周德威传》说王景仁帅师七万(第1册第260页)。《资治通鉴》卷二六七则云王景仁拥军四万。[②]以上六说,四万、八万、十万各一,七万为三。究竟哪个数字可靠?朱温攻打镇、定的决心很大,发兵时对统兵主帅下令:"镇州反复,终为子孙之患。今悉以精兵付汝,镇州虽以铁为城,必为我取之。"[③]后梁为中原霸主,军队相当多,历次用兵,人数可观,同年秋天争夺潞州时就出兵十万。这一次尽发精兵,可能是号称十万,实际七八万,而精兵四万。李晋的军队有多少,未见载笔,肯定比梁军要少得多。晋军将领周德威提出战争策略是,先要战略退却,理由之一是"众寡不敌,使彼知吾虚实,则事危矣"[④]。从军力上看,可以认定梁众晋寡。

前面说到,开平四年十二月下旬双方来到柏乡前线。二十一日梁军进驻柏乡,二十五日李存勖经过赞皇达到赵州,次日扎营于距柏乡五里的野河北岸,开始了战斗。晋军挑战,韩勍出步骑三万以应,追晋军至野河而返。韩勍所领之兵,"铠胄皆被缯绮,镂金银,光彩炫耀",样子很威武,所以"晋人望之夺气"[⑤]。在这种形势面前,李存勖内心不安,以为孤军远来,与镇、定二镇的联合又不巩固,不速战,久则生变,因而急于求战。周德威却有相反的主张:

第一,梁军势重,在敌强我弱而敌人又无懈可击的情况下,自己不应出战,需要避开敌人的锐气,待其势衰之时,战而胜之。特别是当时双方安营相距五里,梁军若开展攻击,晋军想避开战斗也不可能,而若立刻进攻,晋军必败。要保存自身力量,必须后退。

第二,晋军是以骑兵为主力,并占有优势。早年李克用在长安、陈州两次打败黄巢军队,就是凭借的骑兵力量。现在梁晋双方营盘相近,中间的空间很

---

① 中华书局点校本,1976年,第1册第318页;下引此书资料,均据此版本,不再说明。

② 《后梁纪二》,古籍出版社,1956年,第4册第8730页;下引此书资料,均据此版本,不再说明。

③ 《通鉴》卷267,第4册第8731页。

④ 《通鉴》卷267,第4册第8732页。

⑤ 《通鉴》卷267,第4册第8731页。

小,骑兵施展不开,因而为了能发挥特长,就必须往后撤军,以制造大的战场。

第三,晋军的同盟者镇、定二镇的士兵善于防守而不能进攻,要发挥他们的长处,晋军暂时不发动攻击,守是可以守得住的。

根据这个分析,周德威建议退军高邑,然后用扰敌战术,即引诱梁军离开柏乡大本营,当其出动时,己方守之,当其回营时,骚扰之,使其不得安生;同时派骑兵断其粮饷,以困梁军。经过一段时间,梁军虽多,也被拖弱了,然后攻之,则可取胜。李存勖没有立即接受这个建议,但是投降的梁军士兵报告,王景仁在野河上积极造浮桥,准备进攻晋军。李存勖这才认识到不急速退军,战事将会像周德威所预测的那样发展下去,意识到自己处于危险的境地,于是撤军,退守高邑。

晋军退到高邑,按照周德威的计划准备反攻,时时派出骑兵骚扰梁军,其中重大一项是断绝梁军马料。柏乡原来没有马草,梁军驻扎后,派军士四处割草喂马,晋军一面派骑兵捉拿梁军割草士兵,一面在梁营前驰射诟骂,梁军以为晋有伏兵,不敢出营盘援助割草军士,割草者为晋军俘去。梁军没有马料,就用房屋上的草和坐席充当草料,结果把马喂死很多。在这种骚扰下,梁军士气下降。

决战是在乾化元年(911)正月初二进行的。这天早晨,周德威帅三千精骑至梁营骂阵,激恼了王景仁。他意气用事,也无战略部署,悉众而出,晋军边战边退,保守野河河桥,王景仁仗着人多,紧追而来,但打到午间不分胜负。这时李存勖想将后备兵力拿出来反攻,周德威认为时机不到,他说现在打不能取胜,应当等到黄昏时进攻,因为梁军已经前进了 30 里,出发时虽然会带干粮,然而在战斗中没有时间就餐,再等等他们就会又饥又渴,疲乏不堪,就会自动后退,那时才可以在追击中取胜。李存勖觉得有理,依计而行。果然,黄昏时分,梁军因饥饿而无斗志,王景仁不得不稍稍退兵,晋军遂大举进攻。周德威领军攻梁东翼,大呼梁军已逃跑了,晋军争着攻击,梁东翼士兵真像被击败的溃军奔逃起来;李嗣源攻梁军西翼,诈呼梁军东翼已溃,西边为什么还不逃跑!经这一吓,梁军大惊败逃;晋军李存璋忙着招降梁军士兵,呼叫"梁人亦吾人也,父子兄弟饷军者勿杀"。[①]逃奔中的梁军闻听此言,解甲弃兵器投降。晋军大肆追杀,自野河至柏乡,僵尸遍野。晋军又南下 150 里至邢州,杀梁军二

---

① 《通鉴》卷 267,第 4 册第 8736 页。

万,获得粮食、资财、器械无算。梁精兵丧失殆尽,王景仁、韩勍、李思安只剩得数十骑逃归。至此,后梁失去了控制河北的能力。

二、后唐灭后梁的战争(923 年)

梁、晋(后唐)相争二十多年,大小数十战,互有胜负。到 923 年(后梁龙德三年、后唐同光元年)四月,李存勖在邺都称后唐皇帝,占有今山西、河北及河南北部一些地方,后梁占据今河南大部、陕西、山东及湖北北部,双方势均力敌。但是几个月之后,后唐竟然灭掉后梁,结束了双方相持局面。后唐是怎样取得胜利的? 不妨看一看战争的进程。

后唐于闰四月攻占后梁郓州,十月下汴京,灭梁,为时半年,军事行动上可分为四个时期:1.闰四月;2.五月至七月中旬;3.七月下旬至九月;4.十月。

1.后唐进占郓州

闰四月,后梁郓州卢顺密投唐,报告郓州虚实及可取之状。李存勖派李嗣源前往经营,他率领精骑五千,从得胜北寨出发,沿黄河东下,至杨刘(今山东东阿境内)渡河,径取郓州,经过不大的战斗获得胜利,后梁守将逃去。

后梁与李晋、后唐相争的很长时间里,基本上是后梁处于优势,直到 915 年后梁魏博节度使贺德伦降李晋,才改变形势:晋据魏博,渡黄河就军临汴京了。918 年胡柳陂之战,晋军在得胜(今濮阳)渡口筑了南北二城,南城在黄河南岸,随时可以从这里出军进攻汴梁。梁军为保卫首都,力谋恢复魏博,夺取得胜,多次攻打,迄未奏效。但在这里形成拉锯战,尤其是 922 年八月梁军取得了卫州,扩大了黄河以北地盘,也给邺都以威胁。战争就僵持在这里了。

至是唐军从战争中心点抽出一部分力量东下,开辟了另一个战场。郓州,在黄河南边,是太平军节度使所在地,系军事重镇。它距离汴京不过三四百里,中间一片平原,利于行军,可以说是后梁的要害之地。汴京既无重兵,又无险可守,唐军进占郓州给汴京造成极大的威胁。唐军这一着是奇着,马上改变了战争的形势,打破了关于五代时期几次战争的僵局,巩固了战略进攻的地位。

2.王彦章攻杨刘的失败

梁末帝朱友贞见郓州失守,斩杀逃将,改用王彦章为北面招讨使。王彦章要保卫汴京,收复郓州,有三个办法:一是将河北大军撤回河南取郓,如若这样,唐军则可从得胜直捣汴京,所以这是下策;一是像以前一样,继续在邺都西南活动以威胁邺都，牵制后唐兵力，不使援郓趋汴，不过这终究不是治本之策，是为中策；另一是攻下唐军黄河渡口，截断李嗣源与李存勖的联系，郓州就会成为瓮中之鳖、囊中之物，这是上策。王彦章采取后一策略。五月十五日受命为将，十六、十七两日行军210里，赶到滑州，十八日攻下得胜南城，唐军自动从北城撤走。王彦章又攻占潘张、麻家口、景店等唐军渡口，声势大振，于是沿黄河东下，以十万众围攻杨刘，断绝了李嗣源与邺都的联系。王彦章从五月二十六日急攻杨刘，几次要拿下来，都没有成功，无计可施，乃退屯城南，筑垒守之。待到六月初二，李存勖引兵救杨刘，王彦章守寨，使城内外不得相通，李存勖见不能破围，命郭崇韬东下至博州马家口（今聊城境内）筑城，以通郓州。为麻痹王彦章，李存勖日日出兵与其交锋，及至六天后城已建成，王彦章始知，十五日引兵攻之，李存勖往救，王彦章不能取胜，退保邹家口，李嗣源恢复了同李存勖的联系。李存勖又发动一次佯攻，引兵沿黄河南岸西行，梁军中心任务是保卫汴京，最害怕唐军接近它，于是王彦章撤出邹家口，解杨刘围，回驻得胜，进攻宣告失败。

王彦章的战略是正确的，而战术不当，没有随着战争形势的变化改变自己的战术，当攻杨刘不下，改围，使自身由进攻者退为防守者，对李存勖增援措手无策。如果采取围城打援的办法，以众多兵力消灭李存勖一部是可能的。在这个基础上，攻打杨刘就会容易得多。而李存勖打破王彦章的围攻却很有办法。

3.段凝无战略意义的军事行动

朱友瑱罢王彦章，用段凝为将。段凝采用两路用兵法，并有阻敌一策：一是段凝驻扎滑州，骚扰邺都西南。八月，段凝将五万人剽掠澶州诸县，至顿丘，九月活动至临河、相南、澶西，日有战斗，打得热闹；二是王彦章领銮骑兵及其他军力万余人屯兖、郓间，准备进攻郓州。别出一策："决河自固"，自滑扒黄河口，水淹曹、濮、郓，以阻郓州唐军进汴，谓之"护驾水"①。

这一时期为时两个多月，没有大的战斗，唐军是以逸待劳，段凝是无谓地疲劳自己。这次军事行动，体现出我们前面指出的中策计划，不会有好效果。

4.唐军由郓州袭取汴京

当段凝在那里做无意义的军事行动时，唐军却制定了由郓袭汴的战略。

---

① 《通鉴》卷272《后唐纪一》，第4册第8890页，胡三省注第8893页。

八月间，梁右先锋都指挥使康延孝降唐，献由郓袭汴之计。他了解到梁军有分兵全面进攻的计划，即由段凝、李存勖取邺都，王彦章取郓州，霍彦威自相、卫、邢、沼攻镇、定，董璋自泽、潞攻太原；在后梁分军时，不仅各支部队人数少，京师也会空虚，可以从郓州直取汴京以定天下。李存勖将康延孝计策交给众人讨论，李绍宏不同意，要求用郓州换回卫州，与梁划河为界。郭崇韬支持康延孝意见，并做了进一步的补充，他看到：

（1）段凝是无能之辈，当唐军由郓州袭击汴京时，他必不能临机变策，急速援汴；且其因决河，也不会以郓州为意；即使他想援汴时，也为"护驾水"所阻限，不能很快回到郓州汴京一线。

（2）对付段凝在邺都西南骚扰的办法是守卫，围杨刘，以保卫根本。

（3）深知梁京空虚，不需大军，可以精兵和郓州李嗣源部汇合，从郓州出发袭取汴京。

李存勖采纳了这个战术，十月初三到郓州，连夜进军，初五得梁中都（今汶上），生俘王彦章，初七至曹州，梁守将降。汴京方面听说王彦章被俘，慌作一团，忙命张翰伦征召段凝回军，至滑县为决河之水所限不能前进；同时命开封尹王瓒驱百姓守城。初八朱友瑱见大势已去，自杀。初九王瓒开城迎降，李存勖进入汴京，后梁各州镇相继归降。十二日段凝才回军至封丘，降于后唐。

三、高平之战（954 年）

公元 954 年（后周显德元年），北汉、契丹联合进攻后周，周世宗柴荣率兵抵御，取得高平之役的胜利，进而围攻太原，宣扬了后周的军威，北汉从此一蹶不振。

北汉和后周是死敌。北汉主刘崇是后汉高祖刘智远的弟弟，951 年郭威建立后周，取代后汉政权，并且杀死原来要立为皇帝的刘崇的儿子承赟。后周政权一建立，刘崇就在太原称帝建北汉。双方对于誓不两立的情势认识得非常明确，王朴在为柴荣谋划统一全国策略时，就说有些地方可以凭着声威拿下来，而北汉却是"必死之寇，不可以恩信诱，当以强兵制之"[1]。两国战争很多，高平之役以前，多是北汉进攻，其中一次在 951 年冬天，刘崇以二万人和

---

① 《通鉴》卷 292《后周纪三》，第 4 册第 9526 页。

契丹军万余人攻打晋州,在周军有力防御下败退。

刘崇建国,即臣属契丹,仿照石晋故事,对契丹皇帝称侄皇帝,契丹封刘崇为大汉神武皇帝。北汉年年向契丹纳贡,成为契丹属国。

北汉的内政非常腐败,残暴压榨属民。还在 949 年,为了建立政权,"征敛一方,略无虚日",所以"人甚苦之"①。称帝以后,为对后周用兵和给契丹进贡,更大肆搜刮,所谓"内供军国,外奉契丹,赋繁役重",造成"民不聊生"的恶果,许多人逃入后周境内。②

契丹是中国北边的强盛国家,屡次侵扰中原。936 年,契丹帮助石敬瑭打败后唐,建立后晋,石敬瑭向耶律德光称儿皇帝,成为中国历史上最无耻的统治者。耶律德光还不满足,946 年出兵灭掉后晋,在汴梁称皇帝,派契丹贵族为地方官。他们到镇,以迫害百姓和搜敛为务,如镇州麻答,"略中国人,剥面,抉目,拔发,断腕而杀之,出入常以钳凿挑割之具自随,寝处前后挂人肝、胫、手、足,言笑自若,镇、定之人不胜其毒"。③耶律德光又派数千骑兵,"分出四野,劫掠人民,号为'打谷草',东西二三千里之间,民被其毒"。④契丹后来退出中原,仍占据燕云十六州。郭威建国,开始对契丹亦采取妥协政策,遣使契丹答应每年纳贡钱十万缗。⑤但是契丹极力支持北汉,频频对后周用兵,双方关系处于紧张状态。

还须看到,五代时期的统治者,大多患有契丹恐惧症。后唐李嗣源称帝,派姚坤报告契丹,耶律阿宝机以长者自居,责备李嗣源不告自立,要干涉后唐内政,姚坤委曲辩解,不敢责其狂妄。石重贵虽曾反对过契丹,及至杜威在镇州叛变,赶忙授首投降,死于异域。教他反对契丹的景延广,临敌不敢战斗,后来还要投降契丹。⑥耶律德光在汴梁称帝时,刘智远奉表称臣耶律德光呼之为儿。⑦郭威的臣下同样惧怕契丹,952 年九月,契丹过胡卢河,掠冀州丁壮数百人北去,丁壮看见周军,情绪高昂地欲攻契丹,但是周军不敢接应,结果全部

---

①《旧五代史》卷 135《刘崇传》,第 6 册第 1811 页。

②《通鉴》卷 290《后周纪一》,第 4 册第 9470 页。

③《新五代史》卷 73《四夷传二》,第 3 册第 903 页。

④《新五代史》卷 72《四夷传一》,第 3 册第 898 页。

⑤《通鉴》卷 290,第 4 册第 9460 页。

⑥《旧五代史》卷 88《景延广传》,第 4 册第 1146 页。

⑦《旧五代史》卷 99《汉高祖纪》,第 5 册第 1324 页。

被契丹残害。

战争另一方的后周,建政不久,然而实行改革政策,轻赋敛,宽徭役,罢营田,给民地,惩贪官,去污弊,郭威、柴荣自奉节俭,招徕远人,优待俘虏,因而得到民间拥护,就连南唐人都说:"郭氏有国虽浅,为治已固。"①

从上述基本事实不难了解,这次战争,后周具有获胜的因素。刘崇以为郭威一死,后周政权会动摇,这是他的不切实际的幻想。后周疆土广,北汉只是一隅;后周兵多,柴荣能动员数十万人攻打太原,而刘崇兵力不过数万,力量对比强弱分明。

战争从显德元年二月打到六月,可以分为两个阶段:第一阶段,二月至三月十九日,高平之役;第二阶段,三月二十日至六月初,围攻太原的战役。

954年正月,周太祖郭威死,内侄柴荣继位。刘崇以为周有国丧,柴荣地位不稳固,可以乘机用兵,就在二月亲自率兵三万,配合契丹派遣的武定节度使、政事令杨衮的骑兵一万余人,朝着潞州杀来,斩周将穆令均,后周昭义节度使李筠退保州城,刘崇弃而不攻,直趋泽州。刘崇以前数次出兵,都是进攻晋州,只是为掠取财富,这次意欲穿过泽、潞,渡黄河,直奔周都汴梁,夺取政权。

后周内部发生分化,柴荣力主抵抗,宰相冯道等人散布失败情绪。柴荣得知北汉与契丹出兵,就要亲征抗敌,但多数朝臣不赞同。他们开始好像是轻敌,对于这次战争的严重性认识不足,他们说刘崇自951年十二月晋州之战后,"势蹙气阻,必不敢自来",说些与事实相违的梦话。柴荣看得准,他说:"刘崇幸我大丧,轻朕年少新立,有吞天下之心,此必自来。"坚持亲征,表示以唐太宗自励,谓唐太宗都是亲自领兵,削平叛乱,自己不应偷安。但是冯道难之曰:"未审陛下能为唐太宗否?"柴荣避开这个纠缠个人地位的问题,自信地认为:"以吾兵力之强,破刘崇如山压卵耳!"冯道则讥讽道:"未审陛下能为山否?"②原来冯道等人轻敌,其实是惧敌,他们不允许柴荣向英武的唐太宗学习,不承认自己是山,敌人是卵,长敌人志气,灭自己威风,是失败情绪。

柴荣冲破阻力,于三月十一日出发亲征,十六日到怀州(今沁阳),其间325里,平均每日行军54里,十八日过泽州,至高平前线,共行185里,日行

①《通鉴》卷290,第4册第9475页。

②《通鉴》卷291《后周纪二》,第4册第9502页。

90余里。怀州以后，行程比以前快了将近一倍，能这样赶赴军前，是在怀州处理了随员中反战官员的结果。原来在怀州以前，柴荣要兼程前进，随行人员不奉命，控鹤都指挥使赵晁向通事舍人郑好谦说："贼势方盛，宜持重以挫之。"①郑好谦遂以此进谏，柴荣果断地将他们投入怀州监狱，警告了懦弱分子。

柴荣到达前线的第二天，即三月十九日，是高平大战决定胜负的日子。刘崇先排开阵势，军列三路，自居中路，张元徽居东，杨衮居西，队伍严整。周军与之相对应，柴荣、张永德居中，樊爱能、何徽领右军在东边，白重进、李重进领左军在西边。当时周军还未到齐，人数少，刘崇见了，又以在潞州新胜，一发得意，命令张元徽发动攻击。张元徽进攻周军东路，战不数合，樊爱能、何徽引骑兵逃跑，步兵数千人脱去盔甲呼万岁降于北汉，右路军溃。情况万分紧急，柴荣亲自引兵50入阵力战，直冲刘崇牙帐，鼓舞了军心，士气大振。宿卫将领张永德和赵匡胤各引2000人，身先士卒，军士奋战，无不一以当百，内殿直马仁瑀一连杀了几十人。周军很快斩杀北汉骁将张元徽，令汉军夺气，由骄而馁，失去了战斗力。刘崇亲自举旗收兵，剩得万余人。到了黄昏时分，刘词率领的周军后军赶到，发起攻击，成了惊弓之鸟的汉军迅速败溃，刘崇领百余骑逃去。杨衮的契丹兵畏惧周军盛强，不战而退。周军获得了高平之战的大捷。

樊爱能、何徽是高级将领，逃跑中剽掠友军辎重，柴荣派遣身边近臣和亲军校追他们回来，他们还以为是"契丹大至，官军败绩，余众已降虏矣"②。不但不回头抗战，反而杀掉柴荣使者。路上遇到后军刘词，阻止其前进，刘词坚决不从，赶到前线，有的人则跟着樊爱能等逃跑，泽州刺史李彦荣就是一个，并造成严重损失。十九日决战之前，柴荣命令李彦荣领兵守江猪岭，以断绝刘崇的逃路。李彦荣闻听樊爱能逃跑，跟着南逃，结果让刘崇从这条路上逸归太原。

高平之战结束，周军要不要乘胜消灭北汉、统一北方呢？当时柴荣和他的臣下并没有意识到这个问题，只是在以后的军事进程中逐渐有所认识。三月二十九日，柴荣命符彦卿等由潞州向北进发，王彦超、韩通由阴地关向北挺进，目的是"耀兵于晋阳城下，未议攻取"③。柴荣本人驻镇潞州。符彦卿等进入

---

① 《通鉴》卷291，第4册第9503页。

② 《通鉴》卷291，第4册第9506页。

③ 《通鉴》卷291，第4册第9509页。

北汉境内,得到民人欢迎,所到州县纷纷迎降。这时柴荣产生了夺取太原的意愿,五月初三来到太原城下督战,二十三日符彦卿在忻州与契丹战斗不利,六月初三柴荣下令退军,周军所得州县重为北汉所有,除了扬军威之外,一无所获,而物力、人力损失颇大。

一般来讲太原可能拿下,可以消灭北汉,理由如次:

第一,周军势众,汉军力衰,而契丹之援不可恃。围攻太原的周军有数十万,北汉只有少许残兵,周与汉的力量对比,犹如柴荣所比喻的山石与鸡卵的状况。北汉所依靠的是契丹的援助,但在其忻州、代州守将降周后断了与契丹联系的通道,出使契丹的王得中在代州被俘送到周营。整个围太原过程中,契丹兵参加了两次战斗,一次是符彦卿在忻州、代州之间出击契丹,使之退保忻口;一次是在忻州城下周军先杀契丹军二千,继而因轻敌穷追,丧失大将史彦超。契丹军参战的不过数千人。

第二,周军已占领北汉大部分地区,太原仅是一座孤城。周军北伐,是在高平大捷的情形下发生的,所谓先声夺人,北汉许多州县不战而降,有些州经过一场战斗也就解决了。太原被围,北汉内部出现分裂,在忻州的刘崇亲信李勍,杀掉刺史赵皋和契丹将领杨耨姑降周,周军还没有到达代州,北汉防御使郑处谦以城归顺。这样周军取得了汾(临汾)、辽(左权)、宪、岚、石(离石)、沁、忻、代八州,北汉只有 12 州,领土已失大部,太原实是孤城一座。

第三,民心向周背汉。如前所述,北汉统治残暴,民众怨恨,所以欢迎周军的到来,"争以食物迎周师,泣诉刘氏赋役之重,愿供军需,助攻晋阳"[①]。

后周可胜而未得,是什么原因造成的呢?

第一,柴荣战略部署失当。表现在:当柴荣知道北汉和契丹联军入侵,亲自出征,同时命令符彦卿从磁州西向入北汉境,以扰乱其后方,又令王彦超自晋州东向拦截汉军。这两支部队在高平之役中都没有用上,他们的行动落了空。假如不是这样的部署,而让他们直捣太原,高平战斗之后,刘崇恐已无投身之地。这表明柴荣在对北汉战争中未能制定周密的战略部署。

第二,围攻太原失去有利时机。高平战役过后,周军没有迅速行动,柴荣在潞州大赏功臣,十天过后才发兵,而柴荣本人又迟了一个多月始到太原前方。在进军过程中没有采取直取太原的速决战法,有的部队攻一些地方耽误

<hr>

① 《通鉴》卷 291,第 4 册第 9509 页。

了时间。这就给刘崇以喘息的时机，收拾残兵，修固城池，以备周兵。周军由于行动迟缓，一方面遇到太原守军的抵抗，一方面碰上了雨季，大雨连绵，军士更加劳苦生病，不得不撤退。

第三，意志不坚定。从前面的事实中不难看出，柴荣攻打太原的意志不坚定，他的臣僚更差。当柴荣与诸将商讨进攻太原时，众将说："刍粮不足，请且班师，以俟再举。"[1]真是军粮不足吗？不是的，恰恰相反：很多。请看周军从太原撤退时，"粮草数十万，悉焚弃之"[2]。可见是将领不愿打，特别是前军主将符彦卿缺乏斗志，他领一万多人在忻州与契丹数千人战斗，先已获胜，却请求增兵；柴荣命李筠帅三千人往援，忻州城下的一战是不分胜负的，但他不坚守忻州，领兵回太原。由此可知，柴荣在他们包围下就难以有作为了。

四、淮南之战(955年—958年)

后周显德二年(955)十一月至五年(958)三月，后周发动了对南唐的战争，军事胜利的结果，尽取南唐江北14州60县，达到了预期的目标。

战争中后周采取的战略战术基本上是王朴提出的。王朴"平边策"中关于统一南唐的建议是："唐与吾接近几二千里，其势易扰也。扰之当以无备之处为始，备东则扰西，备西则扰东，彼必奔走而救之，奔走之间可以知其虚实强弱，然后避实击虚，避强击弱。未须大举，且以轻兵扰之。南人懦怯，闻有小警，必悉师以救之。师数动则民疲而财竭，不悉师则我可以乘虚取之。如此，江北诸州将悉为我有。既得江北，则取彼之民，行我之法，江南亦易取也。"[3]王朴提出灭南唐要分两步走，第一步取江北，第二步下江南。取江北的办法可以概括为八个字：扰疲对方，避实击虚。柴荣基本上用的是这个方略，只是在实际运用中做了重要补充：积极消灭敌人有生力量。

战争的进程大体可分为三个阶段：第一阶段从显德二年十一月起到三年七月止，周军分兵四出，攻取州县；第二阶段，起于三年七月，止于四年三月，进行了关键性的寿州战役；最后一阶段，自四年四月到次年三月，周军拾取南

---

① 《通鉴》卷291，第4册第9509页。

② 《旧五代史》卷114《周世宗纪》，第5册第1517页。

③ 《通鉴》卷292，第4册第9256页。

唐江北之地,结束战斗。

第一回合(955年十一月—956年七月),周军进入淮南,围攻寿州。寿州位于淮河南岸接近汴京的颍河的入淮河口,是南唐江北的门户,自古兵家必争之地,历史上有名的淝水之战发生在这里,897年决定朱温不能再向南发展的清口之役也在这里。周军进攻寿州,先扫清其外围,继而打破其援军,杀万余人,斩其主将刘彦贞,但寿州守将刘仁赡很有办法,保定城池。在这种情况下,周军仅用部分兵力围困寿州,而大部分力量四处活动,攻击南唐江北各州县,司超败唐兵于盛唐,赵匡胤下滁州,降天长,韩令坤入扬州,下泰州,何超得光州,郭令图得舒州,南唐蕲州守将李福举州降,齐藏珍攻黄州,至此后周共拿下光、蕲、濠、舒、滁、和、扬、泰八州,围攻寿、黄二州,楚、通、泗三州偏远不及,唯有处于四面包围中的庐州置而不顾。因庐州是杨行密的老家和发祥地,从吴以来城池坚固,戒备严密,置之不顾,正是避实就虚的战术表现。不难看出,周军在实行着疲劳敌人的战术,使唐军顾此失彼,疲于奔命,常常在运动中被周军打击或消灭。李璟得知扬州失守,急忙调四万军队去争夺,但在他们向扬州进发途中,韩令坤在扬州湾头堰败楚州兵万余,又败陆孟俊于扬州东,李重进在盱眙典溪堰败泗州军万余,南唐齐王李景达领二万人趋六合,赵匡胤杀其五千,余众逃亡,渡江争舟,溺死甚多。在这一回合中,消耗了南唐一些人力和物力。

第二回合(956年七月—957年三月),由于后周军纪恶劣,引起淮南民众反抗,南唐恢复除光州以外的失地。周军也感到只是扰乱对方,不大量消灭其兵力难于成事,于是专一围攻寿州,就中打南唐援军。时李景达领军五万屯濠州,遣许文稹、边镐、朱元将兵数万屯于寿州城南紫金山,与寿春烽火相应,又欲筑甬道以运粮接济城中。柴荣决心消灭南唐援军,三月初三,命赵匡胤攻唐军先锋寨,斩获三千,断了唐军甬道,切断唐军前后方的联系。初四,朱元四万人投降,形势对周军非常有利。柴荣考虑到唐军会逃跑,先派水军沿淮河东下,以便拦截。次日早晨大战,攻唐紫金山寨,杀获万余,生擒许文稹、边镐,柴荣领轻骑追击唐军,至夜晚前进了200里,沿途杀降唐军近四万,获得战舰粮船数百艘,寿州随即投降。这是一次歼灭战,消灭南唐大量军力,也是对自己最好的补充。所以寿州战役是关键性的战斗,决定了周军在整个战争中胜利的地位。

第三回合(957年四月—958年三月),由于农事关系,寿州战役后,周军停止了进攻。过了夏秋,到十一月战事又紧张起来,周军战术意图主要是消灭淮河上的南唐水军。柴荣领军沿淮东下,先在濠州胜了一仗,士气高昂,追唐军时,克服重重困难:"时淮滨久无行人,葭苇如织,多泥淖沟堑,士卒乘胜气跋涉前进,皆忘其劳。"①追上唐军时,且战且行,金鼓声闻数十里,终于在淮河入口处楚州(淮安)打败南唐水军,烧沉之外,尚获战舰 200 艘,南唐在淮河上的水军全部被歼,从而失去立足江北的力量。与此同时,周军取得除庐、舒、蕲、黄 4 州之外的南唐江北 10 州,后周的水师已耀武于长江之上,金陵岌岌可危,庐、舒等 4 州也难于再守。至此,李璟称臣投降,主动让出四州。后周获得江北 14 州 60 县 326574 户人口,战争以后周的胜利而结束。

五、五代时期战争的特点

上述四次战争,是割据政权下的军阀混战,一定意义上说是唐中叶以来藩镇混战的延续,但是值得注意的是在向统一战争过渡。

1.割据政治与连绵不绝的战争

唐代藩镇势力的发展,终至代替李唐王朝,朱温以宣武等四镇节度使身份在中原建立后梁小王朝,其他地方的节度使也纷纷独立,建立割据政权,实际上出现了超过五朝十国数目的政权,中国处于四分五裂的武人割据状态。虽然其中中原王朝因接替唐朝中央政权、占据中原地区、土地广大,而以正统、中央自居,也有的割据政权承认这种情况,但是中原王朝和各国政权虽有势力大小的差异,实际上都是割据政权。五代时期的政治是军阀政治,军阀政治必然导致军阀之间的战争。每一个割据者都企图扩大自己的统治范围,挤一挤别人,掠夺些牲畜、财富和人口。中原王朝的统治者希望其他政权臣服,其他政权的统治者则企羡中原皇帝的宝座。他们为了满足自己的贪欲,在力所能及的范围内,进行着你征我伐。

一般说来,五代十国之间,凡是近邻就互相为仇,并结交远方以对付邻国(传统的远交近攻策略的实行)。整个五代时期,吴越与中原王朝结合,对付夹在它们之间的先后出现的吴国、南唐,而吴、南唐又和北方的李晋、北汉、契丹接纳,应付中原王朝、吴越。后蜀亦有同样做法。楚国又以不与中原接壤,

---

① 《通鉴》卷 293《后周纪四》,第 4 册第 9574 页。

采取联中原对付吴国的政策。战争是政治的产物,所以中原王朝与吴、南唐、前蜀、后蜀、晋国、北汉、契丹征战不休,楚、吴越与吴、南唐间不断用兵。前述四次战争,都发生在邻国之间,后梁对李晋、后唐,后周对北汉、南唐都是邻国关系。早在对黄巢的战争中,朱温和李克用就产生了矛盾,后者差点被前者害死,从此双方成为不共戴天的仇敌。及至朱温做了皇帝,谋求进一步统一北方,劲敌是李克用,后者也想从河东主变为中原皇帝,他死后,儿子李存勖继承遗志,与后梁相争 20 年,终于取而代之。梁晋间的战争,反映了军阀政治下争夺权利斗争绵延不绝的状况。再从政权的更替像走马灯变化那样迅速更可以明了。在五代的短短 53 年中,中原王朝换了梁唐晋汉周五个集团,而君主则有 13 个,又属于 8 个家庭,在中国历史上皇帝家族的变更从来没有如此迅速。而朝代的更替,多是通过统治者内部战争来完成的:军事胜利者登上皇帝宝座。

2.军阀战争极端残酷

军阀之间的战争,最受害的是民众。百姓被迫出军粮、民伏,军队过境要遭洗劫,甚而被屠杀。梁、晋统治者都是杀人魔王。903 年,朱温遣朱友宁攻博昌,"月余不拔,朱全忠怒,遣客将刘捍往督之。捍至,友宁驱民丁十余万,负木石,牵牛驴,诣城南筑土山。既成,并人畜木石排而筑之,冤号声闻数十里。俄而城陷,尽屠之"①。912 年,杨师厚攻下枣强,"无问老幼皆杀之,流血盈城"②。出了柏乡之败,以镇州作报复,逼得民众反抗他们,朱温在蓚县(景县),"蓓之耕者,皆荷锄奋梃逐之"③。李克用的沙陀军更无纪律可言,所谓"稍宠军士,藩部人多干扰邠市,肆其豪夺,法司不能禁"④。非不能禁也,乃不禁而鼓励之也,李克用说得明白:"此辈胆略过人,数十年从吾征战,比年以来,国藏空竭,诸军之家卖马自给。今四方诸侯皆悬重赏以募勇士,吾若束之以法,急则弃吾,吾安能独保此乎!"⑤军阀为了保持和扩大地盘,要养兵,为此纵容士兵劫掠,是他们的主要养兵办法之一。梁晋战争对于生产破坏特别大,如梁军两次扒

① 《通鉴》卷 264《唐纪八十》,第 4 册第 8610 页。
② 《通鉴》卷 268《后梁纪三》,第 4 册第 8753 页。
③ 《通鉴》卷 268,第 4 册第 8754 页。
④ 《旧五代史》卷 53《李存璋传》,第 3 册第 720 页。
⑤ 《旧五代史》卷 26《武皇纪下》,第 2 册第 359 页。

黄河，以水阻止晋军前进。一次是前述的朱友瑱、段凝决口，八月扒的河，到十月还阻碍通行；另一次是在918年二月，王彦章在杨刘与李存勖对垒，"决河水，弥漫数里以限帝军"[①]。梁军两次决河，罪恶滔天，遗毒数百年，"河决为害，见于史鉴，累累不绝书，想赵宋横陇之决，尚是朱梁遗恨生民，余毒数百年"[②]。军阀政治腐败，他们的战争充分表现了其残暴性。

3.产生以少胜多、以弱胜强的著名战例

柏乡之战，晋军打得相当漂亮，表现出高超的军事艺术。晋军少，处于弱势，但在周德威的战略战术部署下，李存勖的正确指挥下，实行先退却而后反攻的战略，战胜强梁。晋军的退却是以本身是弱势处于强势面前，考虑到不能迅速击败梁军的进攻，为保存军力，待机破敌，先让对手一步。这种退却是有计划的战略步骤，包含积极准备进攻因素。晋军在反击之前做了充分的准备，挑选了有利的地势，等待到有利的反击时间，从而获得胜利。从战术学来说，柏乡之战，可以和赤壁之战、淝水之战等有名的以弱胜强的战争媲美，为我国丰富多彩的军事科学增添了色彩。

4.柴荣开始进行统一战争

五代时期战争是割据政权间的战争，但到高平战役之后的后周时期，战争出现了一个新的特点。后周对北汉、对后蜀、对南唐、对契丹的战争，从形式上看都是为争夺地盘，但是它有了新的内容，即后周开始了统一中国的事业。这些战争均由后周发动，目的是逐渐消灭对方，统一全国。柴荣统一事业是从围攻太原开场的，高平之役以前，他没有统一的观念，不但柴荣没有，其他国主也没有。唐末以来中国就没有真正统一的中央政权，这一现象到这时已有70年的历史。后梁以来的皇帝所统治的地区，最多不过是今天的河南、陕西、山东全部和河北、湖北、山西一部分。后唐虽把前蜀灭掉，但指挥战争的郭崇韬就想在那里搞独立政权，尽管没有弄成，随后派去的孟知祥却建立了后蜀，后唐根本不能统治。攻打是劳而无功，反正军阀会割据，大概是看到了这一点，后晋、后汉、郭威根本就不考虑拓土问题。所以产生统一全国的意志是很重要的。柴荣是在对北汉用兵的实际斗争中产生的："帝常愤广明以来中国日

---

① 《旧五代史》卷28《庄宗纪二》，第2册第391页。
② 王鸣盛：《十七史商榷》卷95《守魏固杨刘自郓袭汴》条，商务印书馆，1959年，下册第1087页。

蠖,及高平既捷,慨然有削平天下之志。"①为此,于955年四月让群臣献"开边策",他说:"每思致治之方,未得其要,寝食不忘。又自唐、晋以来,吴、楚、幽、并,皆阻声教,未能混一,宜命近臣著《为君难为臣不易论》及《开边策》各一篇,朕将览焉。"②比部郎中王朴响应,所上开边策有巨大实践意义。柴荣的开边,和赵匡胤的统一中国,大体上是按照王朴的献策进行的。柴荣积极开边,在他短短的六年执政中,向南取南唐江北14州,向西得后蜀秦、成、阶、凤四州,向北夺契丹宁、莫、瀛3州17县。

统一战争与藩镇、军阀割据战争不同,它是为了中国的统一。只有国家一统,才有利于被长期战争和分裂割据所破坏的社会生产、社会经济的恢复和发展,才可能使人民有稍微安定的社会环境。统一是社会生产发展的要求,以及由此出现的清明政治是百姓的愿望,具有进步性。民众对各类战争的反对或某种支持的不同态度,适足表明战争的性质。周军进入北汉,民众欢迎的情况业已说过。淮南战争之初,南唐民众同样表现出对周军的热情,记载云:"初,唐人以茶盐强民而征其粟帛,谓之博征,又兴营田于淮南,民甚苦之。及周师至,争奉牛酒迎劳。"③因此周军很快占领大片土地,但是周军的掠夺性也很强,违背北汉、南唐民众的反暴政心愿,在太原城下"剽掠,北汉民失望,稍稍保山谷自固"④。周军在淮南也曾"专事俘掠,视民如土芥。民皆失望,相聚山泽,立堡壁自固,操农器为兵,积纸为甲,时人谓之'白甲军'。周兵讨之,屡为所败,先所得唐诸州,多复为唐有"⑤。民众反对以暴政代替暴政,以自身的力量警告统治者。柴荣接受这两次教训,纠正士卒的暴行,以争取民众的信任。当他得知军队在太原城下抢掠情形,"驰诏禁止剽掠,安抚农民,止征今年租税"⑥。并命从后周境内运送粮食供给前方,以止抢劫。在淮南,周军也在改变作风。向训撤出扬州时,"封府库以授(南唐)扬州主者,命扬州牙将分部按行城中,秋毫不犯",乃赢得民间信任,所谓"扬州民感悦,军还,或负粮糈,以送

①《通鉴》卷292《后周纪三》,第4册第9524页。
②《通鉴》卷292,第4册9525页。
③《通鉴》卷293,第4册第9558页。
④《通鉴》卷291,第4册第9510页。
⑤《通鉴》卷293,第4册第9558页。
⑥《通鉴》卷291,第4册第9510页。

之"①。957 年三月寿州投降时,柴荣下令,"赦州境死罪以下……政令有不便于民者,令本州条奏"。尤其引人注意的是对白甲军采取宽容态度,特令:"州民受唐文书聚山林者并召令复业,勿问罪;有尝为其杀伤者,毋得仇讼。"② 957年十二月南唐泗州范再遇投降,柴荣自至泗州城下,禁军中刍荛者毋得犯民田,民皆感悦,争献刍粟;既克泗州,无一卒敢擅入城者。③

周军在淮南战争中始胜、旋败、最终获胜的反复,是淮南人民对周军态度"欢迎—反对—欢迎"变化的结果。柴荣的成功,重要一点是能接受教训,并能主动减少民间因战争造成的痛苦,这从在淮南的用兵时间上也能表现出来。这次战争跨越四个年度,打仗时间不到二年半,柴荣从汴京来到前线三次,时间是:956 年正月至四月,957 年二月到三月,957 年十一月至 958 年三月。这三个时间正是战争紧张时期,都在冬季和初春。柴荣选择这时进攻,系由两种因素所决定:一年的农事已完,赋税征收了,军粮具备了;时值农闲,可以征发民伕了。

看来,五代时期的战争是割据者间的争夺势力范围,但末期出现争统一的趋势,预示着中国将由分裂割据的政治局面走向统一。

(原载《中国古代史论集》,中国中古社会变迁国际学术讨论会论文集,2000 年)

---

① 《通鉴》卷 293,第 4 册第 9553 页。
② 《通鉴》卷 293,第 4 册第 9567 页。
③ 《通鉴》卷 293,第 4 册第 9574 页。

郑和下西洋的再认识

——兼论"下西洋"同封建专制政治的关系

脍炙人口的郑和下西洋的"盛事"与封建专制有内在的联系吗？它们是怎样关联的呢？过往人们是如何看待它们之间的关系呢？我认为郑和下西洋是封建主义皇权至上的政治产物，而不是明初社会经济发展要求的结果；郑和下西洋所进行的对外贸易，是以封建主义的官手工业生产为基础的封建国家垄断的商业，它的后果，不是推动了国内外贸易，刺激了中国手工业的发展，而是阻挠了商品经济的发展，维护了封建的自然经济；郑和下西洋的另一个后果是助长中国封建统治者虚骄的心理，固步自封，不利于中国的政治经济革新；郑和下西洋是航海史上的壮举，但片面宣传这个"盛事"，不利于对封建主义的批判。

一、朱棣为巩固皇位，用下西洋购买"万国来朝"

朱棣为什么派遣郑和出使西洋，这是众说纷纭的问题。由于直接反映朱棣意图的资料的缺乏，我们不妨从分析他的外交政策入手，以求接近于符合他的愿望的说明。

郑和出使西洋之时，明朝中国与西洋各国的交往非常频繁。郑和自己曾说："海外诸番"，"皆捧珍执贽，重译来朝"，"际天极地，罔不臣妾"。(《长乐南山寺天妃之神灵应记》)那时史臣则说："四夷君长，无间大小远迩，朝觐贡献，请授官爵于阙下者无虚日。"[1]中国古人把这种情形叫作"万国来朝"，或谓"远人慕义""四海一家"，好像天下万国都成了中华上国的属邦。

这种万国来朝，源出于朱棣发展对外关系的方针，落实于郑和、侯显及陈诚等人的西洋或西域之行。郑和出使各国，公开使命是所谓"赍敕往

---

[1]《明太宗实录》卷 130。

赐"①,即一面宣读明朝皇帝给各国君主的书信,一面把"锦绮纱罗绫绢等物,赐诸国王"②。这就是说,郑和按照朱棣的命令,以赠送礼品为手段,联络各国上层人物,取得对方的好感。他们礼尚往来,派遣使臣到中国回访。这些使者有的搭乘郑和回船同来,"附随宝船赴京朝贡"③,有的自行乘船而来。一时之间,东西洋二三十国使节聚集南京,熙熙攘攘。满刺加、勃泥、锡兰等国国王亲自来华,有的居住数年,客死中国。如此"远人归附",不消说,主要是下西洋"赏赐"的结果。清人赵翼说郑和"以重利诱诸番,故相率而来"④,也是看清了这一点。

永乐末年,朱棣暂停下西洋,来使立即大减,所以宣德初年"海外诸番久缺贡"⑤。明宣宗为造成万国来朝的盛世,效法乃祖,派遣郑和给西洋诸国君主"赐采币"⑥,于是各国又纷纷遣使来华。但是,以后"天朝不复通使,远番贡使亦不至"⑦。很明显,海外客人的来或不来,全视主人是否去请,去送礼,这也表明万国来朝是主人花钱买来的。

购买的万国来朝,使得中国人民付出了沉重的代价。这笔购买费出自人民赋税自不必说,此外还增添了人民的负担:政府为此所需要的采办增多了,而采办,实际上是官府倚仗权力向民间半买半夺。徭役加重了,如各国贡品进入国境后,政府为之免费运输。进广州的,要送往南京,中间南岭阻隔,不通舟楫,遂征发夫役运送,妨碍农业生产;从西北陆路来的贡品,运输量亦大,人民更深受其害。这样的万国来朝,表面上是盛事,实际上劳民伤财,当时的官僚李时勉、邹缉等就看出了这个问题,在上书中指出:"连年四方蛮夷朝贡之使相望于道,实罢中国。"⑧。

以疲弊中国换取的万国来朝,只能在特定的条件下实行,而不可能长期维持。永乐初年,赞助朱棣任命郑和出使的袁忠彻,后来向他的主子进谏"外

①《明太宗实录》卷86,永乐十年十一月丙申。
②《明太宗实录》卷119,永乐十九年正月戊子。
③巩珍:《西洋番国志·自序》。
④《二十二史札记》卷33《海外诸番来朝》。
⑤《明史》卷326《阿丹》。
⑥《明宣宗实录》卷67,宣德五年六月戊寅。
⑦《明史》卷326《阿丹》。
⑧《明太宗实录》卷120,永乐十九年四月甲辰。

国取宝之非",获知他的议论的大臣也莫不"韪之"①。联系李时勉等上书看,在朱棣统治集团内部出现一股反对下西洋的势力了。朱棣有鉴于此,在永乐十九年四月下令暂停下西洋,但他决心不大,话音尚未消失,又一次命郑和出洋。看来很难由他自己改变政策。三年后他去世,户部尚书夏原吉立即向继任者明仁宗建议"罢西洋取宝船"②,新君深有同感,在即位诏中宣布"下西洋诸番国宝船悉皆停止","修造下番海船"和"买办下番一应对象"也"悉行停止"③。表现了坚决的态度。此后他的儿子明宣宗虽还搞了一次下西洋,但最终不得不停止了。宣宗的孙子宪宗欲谋再举祖宗下番故业,中级官员兵部车驾郎中刘大夏竟敢阻拦,他说"三保下西洋,费钱粮数十万,军民死且万计,纵得奇宝而回,于国家何益?此特一弊政……"④并拒不交出郑和航海图。闹得明宪宗也无能一试了。他后人的统治愈趋衰落,下西洋一事也无从提及了。郑和下西洋遂成为明朝历史上昙花一现的奇迹。为什么不能持续呢?李时勉、刘大夏等说得明白:劳民伤财,明朝支持不住。

综上所述,所谓万国来朝,是中国皇帝花钱购买外国的臣服。这个局面能维持多久,也视中国经济力而定。

朱棣为什么要加强与各国的联系,不惜以疲弊中国去购买"万国来朝"呢?对外政策是国内政策的延续,我们认为考察永乐初年的政治斗争是解决这个问题的线索,下述因素值得考虑:

第一,以发展对外关系来增强朱棣的国内地位。朱棣"靖难"成功,登上皇帝宝座,但建文帝朱允炆的残余势力还保留着,特别是持有正统观念的人对永乐政权采取保留态度,他们蔑视朱棣,责骂他是"燕贼"⑤,是篡位,誓死不为其臣,有的人"犹思兴复",伪装归附,而谋刺朱棣。⑥朱棣对朱允炆残余势力残酷打击,正身活剐下油锅,家属罚充官妓、奴仆,以至有灭十族、"瓜蔓抄"等历史上著名的政治株连惨案。这都表明永乐初年政治斗争比较激烈,朱允炆残

---

① 《明史》卷 299《袁忠彻传》。

② 《明史》卷 149《夏原吉传》。

③ 《明仁宗实录》卷 1 上,永乐二十二年七月丁巳。

④ 《殊域周咨录》卷 8《古里》。

⑤ 《皇明通纪直解》卷 3《方孝孺》。

⑥ 《明书》卷 103《景清传》。

余势力同朱棣集团的矛盾是不可调和的,后者需要彻底清除其政敌的潜在威胁。暴力屠杀是一种手段,但要瓦解对方的社会基础,改变人们对朱棣的看法,必须提高他的政治威望。"万国来朝",历来被中国封建统治者视为是皇帝圣明、太平治世的标志。因此营造万国来朝的形势,对朱棣异常必要,也就是说利用发展对外联系,提高朱棣的国际地位,改变国内某些人对他夺嫡的不满,可以巩固他的地位。正是出于这种考虑,他局部地改变朱元璋的外交政策,积极开展外交活动,频繁地派遣使臣出访,热情地接待外国来客,放宽朝贡贸易的限制。郑和使团是众多使团中的一个,不过以规模大、次数多,典型地表现了朱棣借对外联系改善国内统治状况的愿望。

第二,到海外查访朱允炆。朱允炆下落不明,是死是活,若是活着,是隐藏国内,还是亡命海外,这是当时一些人所关心的问题。忠于朱允炆的人,相信故君尚在,有了奔头,坚持反对朱棣的立场,等待时机复辟。有的政治野心家,如打开南京金川门出卖朱允炆的谷王朱橞,为谋帝位,居然也以朱允炆藏其府中,"为申大义"作口实,反对朱棣。①这些情况,促进朱棣大力寻找朱允炆下落,派遣胡濙等人在国内搜查,郑和下西洋,也就很自然地赋有了踪迹朱允炆的使命。

一句话,朱棣派遣郑和出使西洋,主要是为造成万国来朝的盛世,以利瓦解政敌朱允炆残余势力,稳固他的皇位和他子孙的长远统治。郑和下西洋的产生,分明是封建皇帝为了巩固其地位,实行其至高无上的权力的结果,与明朝初年社会经济的发展并没有因果关系。明代中后期社会经济发展比前期好得多,却没有下西洋之类的事,不就是明证吗!

二、以官手工业生产为基础的西洋贸易,阻碍工商业的发展

郑和在西洋各国"开读赏赐"外,广泛开展贸易活动,那些"领船大人",也即"内官大人",代表明朝,同所往国的"富户""国人"交易,出售中国货物,购买当地产品。这种海外商业,对明朝讲是一种官营贸易。随同下西洋宝船而来的各国使节,带来大量"贡品",由明朝政府收受,给予优厚的"赏赐",实质上也是一种官方贸易。海洋贸易和朝贡贸易,使明朝政府同西洋各国的经济交

---

① 《明史》卷 108《朱橞传》。

往大为频繁了,朱棣因"诸番贡使益多"①,特在福建、浙江、广东三市舶司设驿馆,以适应交往的需要。但是这种官方贸易,具有垄断性,同民间贸易是对立的。明朝政府严禁民间对外通商,如永乐二年申明禁民下海令。那时福建沿海居民私乘海舶,出海与外国交易,朱棣以之为盗贼,强令民间改海舡为平头船,不许出洋。②明宣宗在令郑和下西洋的同时,"严私通番国之禁"③不许商民染指对外商务。至于来华贡品,私商无法问津,即使贡使采买私人物品,也是"例干禁条",买卖双方或因此获罪。所以,下西洋和万国来朝,是扩大了官方对外贸易,然而限制了私人商业,其实际后果是阻碍商业的发展。

郑和在西洋的交易品,主要是丝绸织品、陶瓷器皿和铜钱。这些物品相当数量是官手工业制造的。明朝政府设立南京神帛堂、供应机房,苏州、杭州织染局,织造绫绢缎匹,每年生产三万七千四百余端。④政府烧造陶瓷器具,开始把工匠征到京师制造,以后在陶瓷产地生产。铸钱,是官工业的一个部门,也只有政府有权铸造。朱棣祖孙把官工业产品的一部分,给郑和用作下西洋交换物资。由于西洋贸易需要量较大,不足部分由政府向民间购买。永乐十九年暂停下番诏中云:"下番一应买办物件并铸造铜钱、买办麝香、生铜、荒丝等物暂行停止。"⑤下番买办一些成品,以便官府作转手贸易,同时要买生铜、荒丝,而郑和在西洋并不出售这类物品,可见政府购买它们是为官工业部门提供原料,经它加工后,投入西洋市场。在这里我们看到,西洋贸易是以官手工业的生产为基础,民间手工业的生产也为它准备了一定条件,却不占主要地位。西洋贸易转卖民间手工业品,自然对手工业生产有微弱促进作用,但官工业产品充斥外贸市场,是束缚民间手工业生产发展的因素。所以,以官工业生产为基础。西洋贸易,就其主要作用讲,其实是阻碍民间手工业的发展。

下西洋输出的物资是生活必需品和金属货币, 带回的物品则种类繁多,有香料、药材、纺织品、珠宝及装饰品、珍禽异兽。其中药材的进口,对中国医

---

① 《明史》卷81《食货》。

② 《明太宗实录》卷26,正月辛酉。

③ 《明宣宗实录》卷103,宣德八年七月己未。

④ 《明书》卷82《食货》。

⑤ 《明太宗实录》卷120,四月乙巳。

药学的发展有积极意义，其他大多是奢侈品和珍玩，为统治阶级所享受和欢迎，像在阿丹买的重二钱许的大块猫睛石、高二尺的珊瑚，像苏禄进贡的"罕世莫能有"的重达七两五钱的巨珠，当然皇帝见了很高兴。所以马欢说："归到京华觐紫宸，龙墀献纳皆奇珍。重瞳一顾天颜喜，爵禄均颁雨露新。"（《瀛涯胜览·纪行诗》）这大宗的奢侈品和玩物，与人民生活脱离，更不是生产资料、生产技术，当然不能促进中国社会生产的发展。

总之，西洋贸易，似乎扩大了国内外市场，促进工商业发展，其实，透过现象看本质，以官手工业生产为基础的官方贸易，阻碍商品经济的发展，维护封建的自然经济。

三、下西洋更促使中国封建统治者狂妄自大、固步自封

在下西洋的国际交往中，明朝不仅在政治上以上国自居，还以世界文明的中心傲视他国。郑和把锡兰王国亚烈苦奈儿俘虏来京，在讨论处理他的问题时，朱棣说："蛮夷，禽兽耳"。[1]因"悯其愚无知"，而将之释放回国。[2]在中国统治者的心目中，外国人不懂礼义，没有文化，野蛮落后。这件事，典型地反映了中国统治者对外国文明的无知、偏见和蔑视。这就是他们在国际交往中对待外国文化的基本态度。相反，他们把同外国打交道，看做是传播中华文明和儒家高尚道德。如郑和说他们的西洋之行，是"宣德化而柔远人"（《长乐南山寺天妃之神灵应记》）。又如马欢说下西洋使中国"声名施及蛮貊，使普天之下含灵蠢动悉沾德化，莫不知有其君尊等[其]亲焉"（《瀛涯胜览序》）。

中国作为文明古国，郑和的出使，确实输出了物质的和精神的文明，也使中国人扩大了眼界。郑和的随员马欢、费信、巩珍回国后，分别写出《瀛涯胜览》《星槎胜览》《西洋番国志》等书，记载他们出使诸国的地理位置、历史、物产、风俗、文化以及中国同这些国家政治经济联系，丰富了中国人民的海外知识。诚然，郑和下西洋，促进了中外文化交流，但是中国统治者在文明化身的精神束缚下，吸收他人的文化太少了。马欢等人的著作鲜明地表现了这个缺陷。费信说，看了他的书，不用到外国去，就可以知道"中国之大，华夷之辩"，

---

[1]《朱域周咨录》卷9《锡兰》。
[2]《明太宗实录》卷77，永乐九年六月乙巳。

也可以了解"殊方末俗之卑陋"(《星槎胜览序》)。充满了中国地主阶级传统的藐视外国的观念。在这种思想指导下写成的著作,其中关于荒诞不经或落后不开化的叙述,许多是失实的。如马欢、费信都在他们的书中说占城"书写无纸笔,用羊皮槌薄,或树皮熏黑,折成经折,以白粉载字为记"。对此,明人严从简提出怀疑:"占城既通文字,且有秀才,则纸笔乃其所有,虽言语不通于中国,而其诗文与华夏亦颇近似,若灰纸之说,恐亦上世之事,而非今时之陋也。"①记载的荒唐、失实,都不足为怪,须知这是盈满思想的表现,也是它的结果。事实表明,在下西洋的国际交往中,中国统治阶级夸己之长,讥人之短,而不能吸收他人的优秀文化,弥补自己的不足,只好躺在固有的文明上,裹足不前。

更严重的是,随着下西洋的成功和万国来朝,中国统治者政治上越发保守了。西洋诸国君主、使节来访,表示臣服,事情本身,就够使中国统治者兴奋的了。朱棣说这叫"敬天事大,朕心所嘉"②。其自得之意,溢于言表。使臣带来的表文或在华期间发表的言论,又都奉承中国皇帝及其政治,说什么"远夷之人,仰慕中国"③,"获靓天朝太平乐事之盛,死且有光"④,越发把中国统治者陶醉得昏昏然了。这样的"四夷宾服,被统治阶级看作皇帝圣明、国泰民安的一个标志,有的朝臣就以此作为条件,要求朱棣封禅泰山,"刻石纪功德,垂之万世"⑤。他们以为自己的政治好得不得了,天下稳定的像泰山,绝无外患之忧,只要敬天法祖就可以保持长治久安了,

由于历史悠久、幅员辽阔、中央集权、国力强盛、文化发达,中国封建统治者养成了一种得天独厚的优越心理,在同外国交往中,以圣朝上国自居,蔑视其他国家。这种大国主义的思想和作风,是中国封建主义的一个内容,也是它的一个特征。郑和下西洋和万国来朝,在政治上,使本来就以天之宠儿自居的中国统治者头脑发涨,以圣君盛世自欺欺人,安于现状,不改革朝政,不求前进,从长远上看是影响中国社会发展的。

---

① 《朱域周咨录》卷7《占城》。

② 《明太宗实录》卷114,永乐十七年十月癸未。

③ 《明太宗实录》卷40,永乐四年正月己酉。

④ 《明太宗实录》卷40,永乐四年正月戊戌。

⑤ 《明太宗实录》卷100,永乐十四年四月壬申。

四、封建主义政治限制了郑和下西洋发展它的积极成果

有些同志在讲到郑和下西洋的历史地位时,喜欢把它同地理大发现作对比,津津乐道下西洋比地理大发现早半个多世纪;中国的船几十艘,上百艘,西方的不过三五;中国船长四十多丈,西方的才二十余米;中国乘员二万七八千,西方仅数十百人,简直不够零头。言下之意中国比西方先进得多,强得多。这个对比本身对不对呢?这个情绪好不好呢?我们有所赞同,而又不敢完全首肯。那些对比的内容是事实。下西洋发生得早,利用当时世界上最先进的造船术和航海术,船队规模大,航行持续时间长,在人类航海史上是空前的壮举。这是中华民族对世界航海事业的贡献。它还表明当时中国经济、文化发达。这些都值得我们引以自豪,加以歌颂,也是我们进行爱国主义教育的生动内容。但是那种对比,在内容上是片面的,在情绪上是偏颇的,因而也就不能使人全面地吸取这个历史事件本身固有的历史经验。

一个事件的历史意义,在很大程度上要看它对当时以及后世社会生活的影响,因此把下西洋和地理大发现的后果作一对比是十分必要的。作为资本主义生产方式出发点的原始积累,它的一个重要方式是对殖民地的掠夺。地理大发现所开始的殖民活动,揭开了西方资本原始积累的时代。海外殖民伴随着地理大发现来到了人间,那些初期殖民者实行海外掠夺,把大量黄金输入欧洲,引起"价格革命"。在物价上涨中,使得新兴的工业资产者发财致富,促使一部分富裕农民发家,工人却因农产品涨价而贫困,征收定额地租的地主经济也遭到破坏,所以价格革命带动生产关系的变化,促进城乡资本主义的发生和发展,造成封建制的进一步衰落。这就是地理大发现的重要意义。郑和下西洋的后果与此不同。中国封建统治者利用经济富足和技术水平高的条件,从事下西洋活动,以巩固其在国内的政治统治,而这种活动对中国经济发展的影响如何,则不是他们考虑问题的出发点。所以下西洋的结果,虽使西洋诸国在名义上臣服中国,但不是建立殖民地;明朝所进行的海洋贸易,不是掠夺对方的资源,而是用中国的财富填补对方;它不是促进而是阻碍中国商品经济的发展,更没有引起资本主义萌芽的发展和对封建制的打击。郑和下西洋和地理大发现,对于它们的母国,产生了截然不同的后果。

为什么会出现这样的情况呢？还不是由于中国是纯粹的封建主义国家，中国封建统治者不懂得利用科学技术发展生产，不懂得利用郑和下西洋加强与外国联系的有利条件，吸收他国的长处，发展自己的国家。

除了对比中、欧探航事业的后果，我们认为还要注意：

郑和下西洋时间早，在某种意义上可以说是地理大发现的先声，但序幕总不是全剧的高潮，当然也不会是最精彩的部分。地理大发现的历史意义要比下西洋深刻得多，重大得多，因此只盯着个"早"字就很不够了。

比较船只多少、吨位大小、乘员众寡，固然表明中国航海技术高、国力强，有值得称述之处。但是达伽马以一百六十三人、三只船发现新航路，哥伦布只有九十人、四条船发现新大陆，麦哲伦也以二百八十五人、五艘船环行世界，他们人船俱少，贡献却比船夥人众的下西洋大得多，这不恰恰暴露了郑和下西洋之行的弱点：仗恃船多人众财富，不计算成本，成果自然比人家低。因此用人、船数量的对比说明中国先进，其效果恰是说者的愿望的反面。

利用下西洋进行爱国主义教育，很正确，而且这种教育是历史研究和历史教学的任务之一。史学工作者严肃地对待这项任务，要像研究其他历史问题一样，必须具有尊重历史的态度，根据我国丰富的可歌可泣的爱国主义史实，作正确的说明。像过往那样在中、欧航海事业对比中进行的爱国主义教育，不是完全建立在科学基础上的，因为它忽视或者说摒弃一部分基本事实。同时还必须搞清，爱国主义教育和尊重别的国家的历史不能对立起来。我们是历史唯物主义者，不是民族沙文主义者，像那样对比中、欧航海事业，有意无意地贬低地理大发现探航者的艰苦斗争精神以及他们对人类的贡献，也是不尊重他们的国家的历史、全人类的历史。

中国封建主义的大国主义思想和民族虚荣心，在我国民主革命中，同封建主义一起受到了冲击，但是它像其他意识一样，不易消失，特别是我国新民主主义革命以反对帝国主义为重要任务之一，因此需要加强民族自尊心和自信心，封建的大国主义思想和民族虚荣心遂能鱼目混珠，部分地取得合法地位。所以，我们思想上残存着封建的大国主义思想，并常常不自觉地流露出来。在郑和下西洋的历史评价上，贬低其他民族、国家的历史作用，不能说同这种思想没有彻底肃清没有关系。

五、余论

就本文所考察到的郑和下西洋中的一些问题,使我们产生下述认识:

第一,夺取和保卫皇权是封建主义的必然产物,与此相关的历史,要同它联系起来,才可能获得正确说明。

建文帝下令削藩,是为了保持自己的虚弱皇位,朱棣靖难起兵,乃是为夺取帝位;朱棣成功之后,惩治建文余党,派遣郑和出使西洋又是为了巩固自己尚不稳定的地位,防止建文势力复辟。靖难之役和郑和下西洋,都是围绕着朱氏皇室内部不同支派争夺皇冠而发生的。一家骨肉尚且如此,异姓争王,自当同样残酷,诚如黄宗羲所说的那些谋夺皇位的人,"屠毒天下之肝脑,离散天下之子女,以博我一人之产业,曾不惨然曰,'我固为子孙创业'"(《明夷待访录·原君》)。

"普天之下,莫非王土;率土之滨,莫非王臣"。封建帝王拥有至高无上的权力,是地主阶级的总代表,是封建主义的象征。这种特殊地位,当然为剥削阶级所企羡,因此就不可避免地、反复地出现皇位的争夺。

与皇权相联系的历史事件、历史现象,史学工作者要以批判封建主义的精神,把它们之间的内在联系揭示出来,才有利于阐明事情的真相。

第二,封建主义的经济结构阻碍社会经济的发展,这是值得研究的课题。

郑和下西洋中,官方贸易、官手工业表现了它们对社会发展的恶劣作用。官手工业、官方贸易,是自然经济的产物,也是它的组成部分,阻碍着社会生产力和商品经济的发展。中国封建社会长期停滞不前,原因甚多,官手工业、官方贸易的经济结构,即为原因之一。它们既然对历史有如此重大影响,不能不引起我们的重视。总结其利弊,对实现"四化"定会有足资借鉴之处。

第三,封建主义的大国主义思想,不利于发展对外关系,需要彻底批判。

郑和下西洋,是明朝政府积极开展对外关系的表现,我们对它多所指责,是否由此可以得出结论,或者说我们赞成;中国要断绝与外国的一切联系,实行彻底的自我孤立呢?不是,绝对不是!一个民族的国际联系,为它的迅速发展所不可缺少。问题是要什么样的交往。万国来朝式的,掏腰包、买友谊,以实现皇帝"天下共主"的虚骄愿望,是要不得的,须知恩赐而来的友谊,是不平等的,虚假的,你以天朝上国自居,宣扬你的文化、制度,谁愿意要你这样的救世主,给你真正的友谊? 因此,这种关系也不会维持长久,几时钱尽,则必然义断——联系中止。郑和下西洋的历史不就是这样吗?事情要对双方有利,还要相互尊重、平等待人才适合双方经济政治发展的要求,关系也才能巩固。郑和下西洋的历史经验表明:互相尊重、平等互利,应为中国人民在国际交往中的准则。而不能夜郎自大,固步自封;损己之财,图取虚名。

(原载《南开史学》1980 年第 2 期)

明代移民的生活

明代移民有两大类型。一是明初政府组织的人口迁徙;二是人民自发流移,而政府加以限制和打击。这两种迁民在移徙过程中到达新居地后的生活及遭遇很不相同。

明初政府组织下的移民,被迁徙的原因,所去的地方,到新地区的职业,均有所不同。一种情形是为开发明太祖朱元璋故乡凤阳地方,几十万人迁到那里。二是为解决地少人多区域的失业问题,将狭乡之民迁往宽乡,如移徙山西泽、潞等州无产业的人民到河北、河南,给钱钞备农具,三年内不征赋税。(《明史·太祖纪》)明初晋东南人口不止一次大迁移,散布河南、河北以至安徽,二百多年后顾炎武到河北大名府,了解到当地居民来源于泽、潞的情况,他听魏县长老讲,该县非土著居民占人口的 8/10,濬、滑、内黄等地迁居者也占 3/10,(《天下郡国利病书·北直·大名府田赋志》)以此想见明初晋东南移民之多。后世河南、河北人说起祖籍,往往提山西,并形成俗谚"问我祖先来何处,山西洪洞大槐树"。三是把丁多田少和无田之家迁到耕地多的地方,如山东济南、青、兖、登、莱五府的民人,凡家有五丁而不到一顷耕地的,十丁不足二顷的,十五丁不足三顷的,或全无土地的,迁往东昌府,于是去了 1000 多户,4600 多口人,编入当地户籍,从事耕作。(《洪武实录》)四是移民充实京师,朱元璋把浙江和应天府属州县的富民 1400 多户迁到南京,称为"富户";迁徙南直隶、浙江民 20000 户到南京,充当仓脚夫的差役。明成祖定都燕京,又把南直隶、浙江富民 3000 户迁移到宛平、大兴二县充当厢长。(《明史·食货志》)五是将塞外民人内迁到河北,有的被点为军卒,吃军粮,有的为民,被组织起来从事屯田。

在明初移民中,到凤阳及其周围地区人数最多,政府又最为重视。朱元璋正式建立明朝以前,于元顺帝至正二十六年(1366)回乡扫祭祖坟,所过州县,见百姓稀少,田野荒芜,建立明朝后的第三年(1370)决定往这里移民垦荒。他对左丞相李善长说:"天下无田耕种村民尽多,于富庶处起取数十万于濠州乡村居住,给以耕牛谷种,使之开辟荒田,永为己业。"①(刘辰:《国初事迹》)他的方针包含三项内容,一是大量迁移;二是解决耕地问题,并给予迁民以土地所有权;三是在迁徙过程中及到目的地后给予经济援助。这一方针当年开始实行,将苏、松、嘉、湖、杭五府的无产业民人 4000 余户迁到临濠,给资粮牛种,并宣布三年免征赋税。洪武九年(1376)朱元璋把犯有笞刑以上罪的官吏发配到凤阳屯种,以此赎罪,一时间,这里人数多达万人。(《明史·韩宜可传》)次年(1377),把山西、河北真定无产业的人民迁到凤阳屯种。二十二年(1389)迁徙浙江、江南民人于凤阳等地,人数达 14 万。(《明会要·民政·移徙》)按照朱元璋所下的诏书,江浙迁往凤阳地区的人民,路途由官员护送,供给舟船交通工具,发给口粮,到地方后发给土地、耕牛和种子。

实际状况如何呢?浙江温州府平阳县有 100 多个成年男子,离别父母妻子,只身前往凤阳,政府派粮长王子寿带队。他负责准备行粮,又请了一位医生随行,到了目的地又帮助安置,然后返回原籍,他离别时移民由于失去保护者,更感到悲哀,比离开家乡时的情形还要凄惨。②这是离乡时还没有体验到离家之苦,等到了新居地进一步感到回乡之无望,于是更苦恼了。平阳迁民遇到好心人王子寿还是幸运的,而大多数的护送人侵占迁民的口粮,动辄呵责,致使移民死于道路。这些移民到新地方,对自然环境、风俗人情等方面都要有一个适应过程,这期间会有很多苦恼。但对无地的穷人来说,到新处所有了耕田,也即有了安身立命之地,总比在家乡好一些。他们付出了代价,也有所得。

民人因为天灾人祸被迫无奈的自行流徙也有两种情况。一是因旱涝天灾,没有收成,在本地无法生活,就到外乡逃荒,渡过青黄不接之时,回到本土,继续生产和生活,这种流动是暂时的,本文就不再道及了。这里要说的是另一种情形,即在家乡没有耕地,或只有少量的土地,但很贫穷,官税私租,以及高利贷,压得他们喘不过气来,于是为了获得自己的耕地,为了逃避繁重的赋役,寻找一片乐土,背井离乡,寻找未开垦的处女地,进入移民的行列。明朝中期,由于土地兼并和赋役苛重,迫使相当数量的民人离开故土,出现严重的流民问题。

流民移动,有的离原籍较近,有的很远,形成分散各地的移民区。但就全

---

① 梁绍壬:《两般秋雨庵随笔》。
② 苏衡:《苏平仲集·西山处士王君墓志铭》。

国范围讲,流民多向中原腹部山区移动,就是河北、河南北部、山东、陕西北部、四川及长江中下游湖北南部、湖南、江西、南直隶的民人,从东南西北各个方向,朝着以郧阳为中心的河南南部、湖北北部及西北部、陕西南部三省交界处集中。这个山区,尚未开垦的地方很多,而郧阳地区在元代是被封禁的,不许民众迁入,整个地区人烟稀少,容易获得垦田。同时这里的气候界于南北方之间,比较温和,雨量不少,可以种水田,也可以种旱地。这样的自然环境,南北各方面的人都可以适应,来此地生活,发挥自己的特长,基本保持原来的生活方式,因此移民以这里为理想的处所。大学士丘濬在《大学衍义补》里说,荆、襄、南阳三府兼有水陆之利,"南人利于水耕,北人利于陆种,而南北流民侨寓于此者比他郡为多",就是说的这种情形。流民向这个大方向移动,倒不一定有很明确的地方,不过是走到哪里,可以站住脚了,就居住下来,否则再游动。

移民在路途上的生活,明人李松写的《流民叹》有生动的描述。他写道:"恻恻背乡井,迟迟行道侧。"这是上路时的情形与心理,对熟悉的故土难舍难离,但还是狠狠心告别了。同行的是妻子儿女,一个个因为饥饿,脸上都是焦黄的。往哪儿去呢?"闻道大河南,人家富黍稷。"这是一个黄河以北的农民,听别人讲南方好,就朝那儿奔。肩上挑着破烂家私担子,走不快,但是心里很着急,恨不得立即到了理想境界。饥饿时拿出带的干粮啃几口,边走边吃,哪有钱找个饭铺享受一餐呢!道路上风尘仆仆,身上的衣服尽是落的土,像个黑泥人。走到天黑,卧在荒郊野外。由于白天奔走的疲劳,加上无家可归的烦愁,哼哼叽叽地难以入睡。伤心到了极点,感叹人生固然有许多痛苦,但是以没有家为最可怕。第二天爬起来又走,如此走啊走,像被巨风刮动的浮云,像没有树林的上空的飞鸟,哪儿是个安身之处呢,还不知道。全家人回头往北看去,离开老家已经渐渐地远了。(《明诗纪事》戊签卷14)这是一户移民单独行动,一路之上,饥肠辘辘、心情沉闷、备尝艰辛,迁到尚不知是不是乐土的新处所。

民众往鄂陕豫交界处移动的规模很大,人数众多。宣德三年(1428),十几万山西饥民流亡到河南南阳,河南地方官不允许他们在当地居住,饥民死亡的很多。(《明史纪事本末·仁宣致治》)成化初年,荆襄流民因反对明朝政府对他们的驱逐发生暴动,有100万人是暴动者的后援,指挥明军的左都御史项忠说他先后招抚流民140多万,(《明史·项忠传》)因此可以估计荆襄移民会有二三百万人。此后各地民人继续往这里迁徙,成化二十二年(1486)湖广镇守太监韦贵报告:陕西、山西、山东、河南、北直隶的"饥民南流,日有万口"①。流民多到这么严重的程度,可以想象社会动荡不安的情况,民人迁移是当时社会的重大问题。弘治十五年(1502)兵部尚书马文升讲,从河南、山西、山东、四川及陕西一些府县到汉中府的流民,已经定居的不下10万人。②

　　流民到荆襄,从事各种职业,以维持生活。大多数人开垦荒地,成为自耕自食的农民,当明朝政府承认他们的居住权和土地所有权后,他们向政府完纳赋役,成为"税户"。有的人到得早,占的耕地多,自家种不过来,就租赁给后来的移民。新移民为立即投入生产,亦有愿意租田的,成为"承佃户"。有的移民做商贩,成为"营生户"(《大学衍义补》卷13)。荆襄移民主要从事农耕,所以这个地区注意兴修水利。郧阳一府开垦田地143万余亩,相当于洪武时全国垦田8.56亿亩的1.7‰,相当于弘治间全国垦田4.23亿亩的3.4‰,数量不小。荆襄迁民与土著居民一起修筑水利,如郧县捍江堤、吴公堤是防止汉江泛滥的。(《天下郡国利病书·湖广二》)其他如疏浚汉川竹筒河,建筑老龙堤、刘家隔、雷家垴等工程。(嘉庆《湖北通志·职官志·官宦迹》)移民对新地区的开发做出了贡献。

　　荆襄移民与明朝政府的关系,起初非常对立。明朝建国后继承元朝对荆襄山区的封禁政策,卫国公邓愈率兵到房县清剿,"空其地,禁流民不得入"(《明史纪事本末·平郧阳盗》)。正统二年(1437)饥民大量涌向荆襄,明朝政府阻拦不住,遂发布《挨勘流民令》,要求各地方官清查流民,登记男女大小丁口,挨户在房墙做上标记,10家编为一甲,互相作保,由地方里长临时管理。(《续文献通考·户口》)景泰二年(1454)明朝重申隐丁换户之禁。为惩治荆襄流民,统治者特别加强对该地区的控制,天顺八年(1464)添设湖广布政司参议一员,专管荆、襄、南阳三府逃亡农民,次年(成化元年)特派右副都御史王恕到三府控制局势,因形势紧张,王恕母亲死,不许丁忧。总之,统治者怕移民聚众,破坏其统治秩序,故把荆襄流民当作"腹心之疾"③,非要驱逐而后快。

　　流民争取移徙权,以图改变原来的苦难生活,不意又遭政府的残酷迫害,遂愤而反抗。成化元年(1465)郧阳地区的几十万人在刘通领导下起义,攻打

　　①《明臣奏议》卷5,王恕:《论山陕救荒疏》。
　　②《明臣奏议》卷10,马文升:《巡抚事宜疏》。
　　③《宪宗实录》卷78。

襄阳、邓州,次年失败,明朝采取"噍类不遗"的大屠杀政策。移民不畏牺牲,上百万人于六年(1470)在刘通部下李原领导下再度起兵,明军在项忠指挥下肆行屠戮,"死者枕藉山谷",又把1万多人编成湖南、贵州,在路上很多人死亡,尸首被抛到江、湖里,事后,项忠树立《平荆襄碑》记其功劳,当时人把它叫作"堕泪碑"。失败了的移民在被押解返籍的路上,生活之苦比来时又厉害了不知多少。民人在项忠屠杀之后,仍坚持往荆襄迁移,使明朝统治者感到高压政策无济于事,于是接受抚治荆襄都御史原杰的建议:移民中"能治产服贾老子长孙婚嫁姻戚势不可动"的,允许着籍,纳粮当差,新来无产业的勒令回乡。[①]这就是说移民到这里置有不动产,有姻亲关系,可以合法定居了,不过要以完纳赋役作为与政府的交换条件。明廷批准了原杰的建议,19万多户的移民在当地着籍,明政府为统治这大量的移民,在鄂西北增设郧阳府,下辖7县,其中竹溪、郧西等县是新添设的。到荆襄的移民,付出了血的代价,但总算冲破明朝的封禁政策,争取到垦荒权,这种成果真是来之不易。

民众往荆襄迁徙,明中叶以后还在继续,清人严如熤说:历经成化、弘治到天启、崇祯"绵延而未之绝"。(《三省山内风土杂识·序》)其实又何尝是有明一代,清时依然,不断有移民进入,称为"棚民""山民",他们还是清中叶川、楚、陕、甘、豫五省白莲教起事基本群众的组成部分。应该说,荆襄移民是明清两代尤其是明代的一个严重社会问题。

上述明代的移民,是从一个农业区,迁徙到另一个农业区,或者是未开垦的地方,也即新的农业区,空间移动后农民依旧是农民,基本上没有改变职业。移民中新产生了一些自耕农,但仍有相当多的人处在地主与佃农组成的统一体中,也就是说移民中没有出现新的生产关系。移民开垦的荒地,扩大了耕地面积,一定程度地发展了社会生产,但幅度很小。总之,明代的移民,是传统社会内居民的纯粹空间移动,与社会生产方式、生产关系的变化不发生关系,意义不大。近代社会的移民,从农村到城镇,到手工业、商业中去,改变职业,出现新的生产关系,促进社会结构的变化和社会进步。可见对明代移民的社会意义不可评价过高。

明代的移民活动表明,凡是民间的自发流动,必有其社会原因,是政府用行政力量无法遏制的,明智的政府应当顺应其形势,加以疏导,就不会发生严

[①]《宪宗实录》卷160;《明经世文编》卷93,原杰:《安置流民疏》。

重对立了。刘通暴动前,明朝政府对荆襄流民一味高压,是实行愚蠢政策,而毫无效果。改行允许流民着籍当差的政策之后,对立就基本解决了,就是明智政策取得了成效。这种历史的经验,对后世政府的移民政策不无借鉴价值。

(原载《去古人的庭院散步》,中华书局,2005 年)

养济堂和老人的生活

敬老的思想源远流长，早在春秋时，人们就讲"老有加惠"（《春秋左传》），即国君对老年人的赏赐是特给的，并不要求他有什么功劳。人们知道"老幼孤独不得其所"是"大乱之道"（《礼记正义》），因此要使孤老得其所。历朝政府也多有对老年人的优惠政策，如豁免征徭，赐给爵级。对贫病无依靠老民的照顾，形成正式制度的，大约自唐朝的悲田院始，下历元明清，该制度不断完善，但善堂终是凤毛麟角，根本解决不了贫苦老人的生活难题。不过老民善堂制度和在其中的老民生活，或许还是值得研究人口问题者和老年人关心的事情。

唐代长安设有养病院，又名"悲田院"，收养贫病无依靠的老年乞丐，政府派专人负责其事，由佛教寺院具体管理。据记载该院自唐玄宗开元初年就有，实际设立应当还要早些。[①]唐代的养病院是养老院的滥觞。

北宋政府最初在汴京设立东、西两个福田院。福田，是佛家语言，意思是说人们对应当供养的人要供养他。究竟供养什么人，有几种说法，其中有三福田说。一是报恩福田，供奉父母师长；二是功德福田，供佛寺之用；三是贫家福田，供养穷苦人。东、西福田院属于贫穷福田，收养孤独有病的老年乞丐，供给口粮和零用钱，但是能进院的老人极少，最少时只有 24 人。宋英宗下令增设南、北福田院，这样就有了东南西北四所福田院。东南西北院是按东京城的方位开设的，可能进院的人要根据住所方位来确定。这时的福田院由政府增修房屋，四院可以容纳 300 人。它的经费来源是内府所出 500 万钱，英宗的意思是他个人出资救助老年贫民，以栽培福田。熙宁二年（1069）东京大雪，宋神宗下令于四福田院定额外，收养老幼贫病的乞丐，供养到第二年开春。北宋政府令各地方救济贫病老人，自冬天十一月初一起给粮食，至第二年元月停给。同时令各地方以绝户的房屋财产充当供养鳏寡孤独老病残废无依靠者的经费，

---

① 高承：《事物纪原·贫子院》。

如果不够用,就以官房和常平仓的利息钱作补充。(《宋史·食货志》)宋代东京的福田院专门收养老年穷人,是孤老院,养老的专门机构性质很明显。它由政府开办并经理,虽用释家的"福田"名称,但同寺院没有直接关系,这一点不同于唐代。

元世祖至元八年(1271)下令各路设立济众院,收留鳏寡孤独残废不能自养的人,给口粮,另给柴薪。十年(1273)因官吏侵占贫民口粮,下令凡发放粮草要在官厅当面发给,以免弊端。二十年(1283)给大都南城孤老衣粮房舍。二十八年(1291)给贫穷嫠妇冬夏衣裳。成宗元贞二年(1296)下令,但凡下发恩诏,就给孤老一人一匹布、一匹帛。(《元史·食货志》)这些规定大多不能实现,只有少数官员认真执行,如至正间在福建邵武路任经历的郭瑛在城西建立惠老慈济堂,为堂买田,收取地租,供养入堂老人。(嘉靖《邵武府志·名宦》)没有堂田,或前有田后丧失的,也就不能养济穷民了。

明朝政府有收养孤老的法律,《明律·户律》规定:"凡鳏寡孤独及笃疾之人,贫穷无亲依靠,不能自存,所在官私应收养而不收养者,杖六十;若应给衣粮,而官吏克减者,以监守自盗论。"明朝建立之初诏令府县设置养济院,洪武十九年(1386)规定,没有依靠的鳏寡孤独,每年给予六石米,建文元年(1399)改为三石米,令亲戚代养,无亲可投的入养济院。天顺元年(1457)开办大兴、宛平二县养济院,每县一所,供给收容人员一天两顿饭。成化二年(1466)下令把所有京城贫民收入养济院。十六年(1480)以前,京城历年赡养孤老7490余人,供给米26900多石,布7400多匹,这一年明朝政府以主管官吏侵蚀钱粮,使穷民不得实惠,令顺天府府尹每月巡察两次,巡按御史也加强监察。嘉靖元年(1522)下诏收养京城贫民,六年(1527)命令在北京五城各设养济院一区,尽数收养贫民,巡城御史发现乞丐,凡民籍的送顺天府交养济院,军籍的送幡竿、蜡烛二寺供养。九年(1530)饬令各地方官认真办理养济院,次年(1531)又令收养京城贫民。(《明会要·恤鳏寡孤独》)二十年(1541)开始,每年一月份在京城散赈,每天以200石米煮粥发放,领的人给一杓,够三四个人吃的。[①]看来明代北京的孤独老人,有的进了养济院,领取口粮、布匹,过集体生活;有的向政府领取粮布,和亲戚生活在一起。

清朝由康熙皇帝倡导,在北京设普济堂,要求各地方仿效建立。普济堂收

---

① 郎瑛:《七修类稿·施粥施药》。

养老年贫民,视经济状况决定供养人数和生活水平。乾隆时山东淄川普济堂有公田 200 余亩, 收地租 100 多石粮食, 规定给入堂的老人每月 6 斗粮食,盐、柴钱 100 文。①同时期河南光州普济堂收养老民几十人,署知州朱家濂看到还有聋、瞎的男女无靠老人,又筹措田地,以其收入供养堂外孤老,计 20人,凡年过 70 岁不能劳动的,每月给 150 文,若能作些活计的则给 100 文。(乾隆《光州志·恤政》)各地存养孤老情况不拟多叙,这里介绍江苏松江普济堂的条规,可见老民生活的一般情形。该堂规定每年收容 220 名,投堂的人要年满 50 岁,经过堂董事查明,确实是无依靠的,凡是年力尚壮的,能谋生的一概不收。老民每天早晚吃稀粥,中午吃干饭,每天定量是白米八合,盐菜钱二文,午饭有蔬菜,初一、十五两天有豆腐皮等菜。每逢端午、中秋节,各领赏钱20 文,元旦则领 30 文。端午节后领席、扇钱 34 文,冬至后领床柴钱 14 文,布袄钱 100 文。老民病故,给棺材、安葬钱 3000 文。普济堂支出靠地租收入,如遇欠年,老民只能以稀粥维生,其他一切费用就领不到了。普济堂给老人规定纪律,如确实需要就医、探亲,可以请假出堂,但不能在外"生事",否则不许回堂。堂里要求老人"安分度日",若倚老闹事,或者嫌供给微薄,发生议论,被认为是"无良之民",立行逐出。(嘉庆《松江府志·建置》)该堂有几千亩田产,其来源为官田和富人捐助田。该堂有管事四人,是官府从华亭、娄县两县绅衿富人中挑选任用的,每三年一换。堂务不许胥吏插手,以免他们舞弊。管理堂务的董事,有的可以免除徭役,有的给予八九品顶戴,以资鼓励。

在这类救济性质的善堂之外,清代还出现自救性的合办善堂,如江苏溧阳有养老堂,堂有田业,全部是入堂老人自家带进来的,因为他们失去劳动力,雇工生产,收入归堂中公用。(嘉庆《溧阳县志·养育》)上述事实表明,到了清朝,老人善堂内容多样化了,堂规细密完善,这对入堂老人的生活既是一种保障,又是严密管理。

唐朝以来兴办起养老堂,其组织管理代有变化,始与寺院关系密切,后为纯粹官办,待后又官民合办,无论如何变化都由政府倡导督办,可知政府是关心这件事的。养老堂主管方面的变化,是向民办趋势发展,到了近代,善堂就转以民办为主了。

办理养老堂,使得抚恤孤老制度化,有组织机构的保障,这在社会救济方

---

① 乾隆四十一年修《淄川县志·公署》。

面是一种进步，是从道义的声援和不时的赈济进入有组织的赡养，是把这种福利事业制度化，保障性比此前为大，是社会进步的表现。人类社会越到近现代，社会福利越多，社会保障事业越发展。古代还谈不上社会保障，但有制度化的养老堂总是好事。

养老堂开办后，尽管只有少数人可以领到赈济口粮与亲戚一块生活，能进堂的只是为数极少的人，但这部分人的状况之悲惨极令人同情。把他们收容进堂，可以免除这些人到社会上乞讨而引起的事端，可以令人产生政府实行善政的感觉。这样对稳定社会秩序有利，统治者正是认识到这一点才注意兴办这个事业。如朱元璋青年时当过游方僧，实际是流丐，备尝讨饭的穷苦滋味，也深知这些苦难而没有社会责任的人是不稳定的社会因素，他本人就是这样参加红巾军的，所以他做皇帝后说："吾昔在民间，目睹鳏寡孤独、饥寒困踣之徒，心常恻然。"于是多次下令设立养济院，给贫民衣食房屋，并要求官员认真办理。（《明会要·民政》）

我们还看到古代养老堂不稳定，它建立不久就会破败，故而一个朝代开初又重新设立，很难有善堂是代代延续下来的。它受损害的原因，一是经手的官吏舞弊，侵占可怜的老人的口食；二是政府所给的经费太少，只够供养极少的人，而且只维持原状，当年收入当年支出，没有继续建设的费用，如房屋坏了不能维修，到一定时间倒塌了，养老堂只能解散。另外，皇帝只注意门面，对都城的养老堂过问尚多，地方上一般只是下个诏令，官吏也多不尽责，因为它不是考绩的内容，原是可做可不做的。

前面说到江苏溧阳的养老堂，不同于一般救济性质的善堂，它是有一定产业的人联合起来共同生活的自助性团体，在古代这是极为罕见的善堂，殊不知它却是有生命力的事物。当今出现"托老所"的问题，即离开工作岗位的老人，经济上能够养活自己，但生理上的原因使生活的某些方面不能自理，加之由于种种原因亲人又无法照顾周到，就希望有一个社会福利组织帮助他们解决生活上的困难，所以人们就议论成立"托老所"，来解决这一社会问题。这是一项需要开发的事业，可以说是溧阳养老堂精神的发展。

（原载《去古人的庭院散步》，中华书局，2005 年）

溺婴的父母

《诗经·小雅·斯干》:"乃生男子,载寝之床,载衣之裳,载弄之璋。""乃生女子,载寝之地,载衣之裼,载弄之瓦。"说明周朝父母对生儿子和女儿的截然不同态度,故后世对生男叫"弄璋之喜",生女是"弄瓦之喜"。生男孩高兴地把他放在床上,下体遮以衣裳,给他珪玉玩耍,表示男子将来要到外面活动,要做官,而生女孩,将来不过在家内劳动和纺织,没有出息。

由于对男女地位和作用的不同看法,婴儿一诞生,就给以男尊女卑的待遇。还有比这更奇怪的现象,就是溺死婴儿,古代社会早期溺毙男婴多见,溺毙女婴现象一直存在着,而后期尤其多。

汉元帝时,谏大夫、御史大夫贡禹多次上书,指陈时政的得失。他讲当时的一种现象:百姓"生子辄杀,甚可悲痛",表明元帝时百姓溺男婴是一种普遍现象。贡禹又分析产生这个社会问题的原因:自汉武帝起,小儿到3岁出口钱,15岁有算赋,百姓害怕这种人口税的负担,不得不溺杀婴儿,他建议推迟人头税的年龄,改为7岁出口钱,20岁出算赋,(《汉书·贡禹传》)以减少民间溺男婴的现象。

西晋初年,还没有统一吴国,巴郡邻近吴国,徭役特多,人民为躲避繁重的征役,"生男多不养"。王濬来当太守,减少徭役,凡生育者一个时期内免去徭课,因此几千家存养了男婴。(《晋书·王濬传》)老百姓遇到这样的太守是幸运的事。

东晋孝武帝时,中书侍郎范宁说当时"四境晏如,烽燧不举",但是人民"生儿不复举养,鳏寡不敢娶妻"。究其原因,还是赋役太重:"古者使人,岁不过三日;今之劳扰,殆无三日休停。"这就不能不出现不敢结婚,不敢养子的情况。(《晋书·范宁传》)

北宋仁宗时,福建建州风俗"生子多不举",王鼎去当知州,禁止溺婴。(《宋史·王鼎传》)南北宋之际,福建崇安人胡安国的弟媳儿子多,打算淹死新生的胡寅,幸亏胡安国的妻子把胡寅抱养了,才使他存活下来。(《宋史》卷435)

南宋初年,衢、严、信、饶等州的百姓,"生子多不举",礼部侍郎、枢密都承旨赵子尽因而提出禁止溺婴的建议。(《宋史·赵子尽传》)接近这些地区的徽州也有溺婴现象,据《淳熙新安志》卷一《风俗》记载:"愚民嗜储积,至不欲多男,恐子益多,而赀分始少。"这是怕分家时,儿子多分不到什么财物,因而不愿意多要男孩。

以上发生在南宋以前的淹毙男婴由两个因素造成:

一是政府征徭过重,百姓贫穷,负担不起,只好以减少人口来对付,这是主因。次因是考虑分家时的家产,不愿因人多而陷入贫困境地。

淹死女婴的记载要比溺男婴的多得多,元代以降尤其如此。

战国时期溺女婴就有一定的普遍性,《韩非子·六反》:

"且父母之于子也,产男则相贺,产女则杀之。"说明溺女已是人们带有的一种普遍性的心理。到南北朝时,"世人多不举女",表明溺女婴者多,颜之推在说到这种事情的时候,特地举出他亲戚的例子:那人广有婢妾,每当她们将分娩时,派奴隶守在产房门外,若是生的女孩,就拿出去害死,产妇心疼,号哭不让,其悲惨之声令人不忍听闻,但并不能改变那个人溺女的习性和举动。(《颜氏家训》)颜之推这个亲戚极残忍,是溺女的一个典型。

元末人郑文和在《郑氏规范》中说:"世人生女,往往多至淹没。"反映的是元代人的溺女习俗。

明初浙江严州府遂安人"生女多不举",知县袁政禁止,以后百姓生女儿,多取名叫"袁留",表示对袁县令的纪念。(民国《吴县志》卷66引《姑苏志》)金华府人"产女多不举",县令吕祚禁止,据说活下的女婴甚多。(光绪《常昭合志稿·人物》)嘉靖间兰溪令李昭祥令民间生三个女儿的豁免徭役,因此几年内没有抛弃女婴的。(光绪《华亭县志·人物》)同时间江西贵溪县民人也使溺女成为风俗。(民国《吴县志·传》)浙江新昌人弃女,县令采取刑法处断的手段严行禁止,他在任九年,有成千的女婴存活下来,他离任时,女孩的父亲为他送行,向孩子们说他才是你的真正父亲,表示感激。(乾隆《绍兴府志·人物》)万历时,刑部侍郎吕坤指责恶劣的风俗,把江南溺女作为其中的一个现象。(《实政录·恶风十戒》)江西万年县人"弃女者载道",广东番禺人、知县麦秀歧回家乡请来十几个乳母,抚养被遗弃的女婴。天旱,上司指示他举行祈雨仪式,他不听,说干旱是百姓不仁弃女引起的,只有杜绝了溺婴风俗,才能求雨。(屈大均:《广东新语·事雨》)崇祯时福建浦城县民也是溺女成俗。(道光《武阳合志·

义行》)终明之世,溺女在长江以南地区流行着。

清初左都御史魏裔介上疏,说福建、江苏、安徽、江西等省,"甚多溺女之风",顺治皇帝因而下令:"溺女恶俗,殊可痛恨,着严行禁革。"(《清世祖实录》)这几个省的溺女习气确实严重,此外浙江之风行不亚于福建省,只是魏裔介没有说到罢了。

古人为什么溺女婴呢?我们从清朝人的心理就可以了解到了。乾隆间编撰的《泾县志》讲该地溺女是三大弊俗之一,造成的原因是:"嗣艰者冀目前之速孕,资乏者忧异日之赠奁。"(《风俗》)这里提出的是两条理由,一是没有男儿的希望现在奶孩子的妇女尽早受孕,以得到男孩,而乳母一般不易怀孕,所以淹毙女婴以断奶。二是怕女儿长大,陪不起嫁妆,干脆就不要女孩。在溺女地区陪嫁之风盛行,如安徽宁国人"皆以无厚奁为耻,往往有因嫁女而破产者"(同治《宁国县志·风俗》)。"嫁女破家",成了许多地方的民谚,可见厚嫁的事实,而且厚奁有传统性,不好改变。如明朝浙江温州项氏家族的家训讲:"吾温风俗,百金嫁女,犹谓不足;十金教子,则鼻大如靴。"形象地说出厚嫁的情况。到了清朝,人们还说当地"奁资盛而溺女"(光绪《永嘉县志·风土》)。光绪年间,翰林院检讨王邦玺上书,说民间溺女,有因"抚养维艰"而淹毙的(《大清律例新增统纂集成·刑律斗殴》),是说贫民养不起女儿而被迫淹溺,这是溺女的第三个原因了。

溺女是残忍的不道德的事情,有少数的统治者在那里禁止,可是大多数父母却认为是正常的事。古人大多贫穷,生活条件差,女子劳动力弱,生产收入少,女人多,家庭经济就更差。早在汉代社会上就流行"盗不过五女门"的说法(《后汉书·陈蕃传》),就是讲有几个女孩的家庭必然很穷,小偷也不会光顾。人们以为女儿造成家庭贫困,不要女儿也是不得已的事。再说为了养儿子而不要女儿,人们也认为是常情,因为女儿是人家的人,儿子是香火接代人,两者只能取其一时,只好要男而舍女了。在那个时代,人们就这样把残忍不道德的事情当作合情合理的,这就是那时溺女父母的心情。

同治年间编写的《雩都县志》卷五《风俗》说:"溺女为俗,相沿已久,皆以为当然。"把溺女当作天经地义的事。依据资料记载,我们知道有这么几个父母溺女时的思想意识:宁波一个男子连得两个女儿,先后淹死了,到第三个女儿出世,改为焚烧,并绑上石头投到江里。当时有几百人围着观看,问他为什么这样做,他说若还是采取淹死的办法,怕她投胎再来,使用火烧的法子可以断绝她,下一胎好生个男孩。①在愚昧迷信和重男轻女思想支配下,他害女儿还以为得计,做得那样"理直气壮"。安徽旌德县人方兰生连得五个儿子,妻子舒氏又怀了孕,别人根据他的思想状况,断定他生女儿要淹死,他的哥哥方帝卜就用著名文人施闰章的《溺女歌》劝他生女儿也要存养,他犹豫不决,妻子怀胎 13 个月生不下来,这才害怕溺女违犯天意,决定生女孩也要留养。有个叫谢士型的人,妻子有孕,也是打定不要女儿的主意,后来有人给他讲《溺女歌》,他才醒悟,留养女婴。②方、谢怕"天谴"才改变主意,一般的人没有人给他们讲这种"道理",不知惧怕,自然不以溺女为非了。

溺婴是中国历史上始终存在的社会问题。溺女事件史不绝书;溺男在唐以前不时出现,宋以后少见,因唐以后赋役制度改变,人口税前重后轻,穷人不存在因徭役重而淹毙男孩的问题了。所以说,历朝政府的赋役制度是造成溺婴的一个重要原因。

厚奁的风俗是人为的。由于娘家嫁女要丰盛的财礼,婆家反过来娶妇也要富厚的陪嫁。不给嫁奁,女儿在婆家被人看不起,受公婆丈夫的虐待,以至造成疾病死亡,或自寻短见,所以父母为此不得不厚嫁。厚奁若不可能,不如不要养活,免得将来受罪。厚嫁与溺女相联成为社会风习,作为个人讲就不易抵制了。重男轻女观念和社会实践,也是形成溺女的一个社会原因。

对父母的溺婴问题,我们还应有更深刻一点的认识。

君主专制时代子女是属于家长的,家长就有权来处置他的教育、职业、婚姻、交友,这个权利也包括对婴儿的杀害权。历朝政府没有保护婴儿的法令,溺婴并不犯罪。溺婴既然是家长的权利,它当然就是合理的,道德的。"人一出世,就应当有生存的权利。"这不是传统时代的道德观念,而是近代的意识,这正是我们要批判君主专制主义的地方。不但统治者不讲人道,连父母也不讲人道,所以那是不文明的社会,终究被比较合理的社会制度所取代。如果我们把问题再看得深一些,家长不仅不能溺婴,而且要保证婴儿健康地成长,给儿童以优良的物质和文化生活,才算尽到家长的责任。传统时代,家长只要把子女拉扯大,就算有了恩,至于孩子缺吃少穿,未受文化教育,父母就管不了那

---

① 俞樾:《右台仙馆笔记》卷 3。
② 施闰章:《愚山先生别集·矩斋杂记·戒溺女》。

么多了。那时生产力不高,人们生活水平普遍低下,也不可能讲究孩子的抚养,能把孩子带大,就算尽到责任,就算符合道德了。这是低水平的道德,今天看来很不够了。

（原载《去古人的庭院散步》,中华书局,2005 年）

厚葬、薄葬与停丧不葬

　　古人重视丧葬,特别讲究厚葬,几千年习俗不变,与此同时针对它的弊病的薄葬也产生了,但薄葬却没有显示出它的强大力量,只是作为厚葬的对立面而存在着。厚葬总是弊端太多,终于走向它的反面,出现停丧不葬的怪现象,千百年与厚葬相伴随。

　　厚葬同人们的社会等级地位和经济条件相一致。高等级的人讲究葬礼,破费尤多,帝王贵胄最为特殊,这里列举几个事例即可见一斑。秦始皇陵出土的陪葬俑,步兵、车兵、骑兵陶俑多达近万件,马俑500余匹,木质战车130多辆,兵、马之俑与真人、真马的高度、大小相当,造形逼真,生动异常,因而始皇陵被中外人士誉为古代最完美的军事博物馆,如今国人又将之誉为中国十大旅游点之一,名副其实,一点也不过分。兵马俑不过是秦始皇的一部分陪葬物,《史记》卷六《秦始皇本纪》记载:秦始皇即位之初,就着手修建他的骊山墓,动员的人力竟多达70万,"穿三泉,下铜而致椁,宫观百官奇器珍怪徙藏满之。令匠作机弩矢,有所穿近者辄射之。以水银为百川江河大海,机相灌输,上具天文,下具地理。以人鱼膏为烛,度不灭者久之"。地宫内建设像地上一样,分出官衙和百官秩位,收藏各种奇珍异宝,铺满水银,象征江河大海,燃点人鱼膏,使陵内长期保持火光。这些记载令人难以置信,人们不可想象秦始皇能有那么多的水银去象征河海,可是今日的考古发掘证实了这一点:确实是水银满地。出土发现的铜车马室,内有铜铸御手驾御的4匹铜马,为我国的宝中之宝。始皇陵的地下建筑,从今日考古发掘获知,包括寝殿、内城、外城、铜车马室、饲官建筑、陪葬墓区、兵马俑坑。根据以上情形,说始皇陵规模宏大,收藏极丰,是一点不夸张的。

　　汉武帝的茂陵,今天我们到陕西兴平县境,老远就能看见它。它高46米,底部58000平方米,内藏"金钱财物,鸟兽鱼鳖牛马虎豹生禽",计190种。因随葬品太多,汉元帝时谏大夫贡禹就此作出指责。(《汉书·贡禹传》)当然他不敢指向皇帝本人,而是说负责葬礼的大将军霍光奢侈悖礼。就是这位霍光,在他死后,政府给他治丧,赐给的葬品绣被100领,衣50箧,金缕玉衣一袭,用梓木制作棺,枞木做成椁,就是陪葬的婢妾的椁也是枞木打制的。(《汉书·霍光传》)古代皇帝贵族的陪葬品,除了珍宝器物、禽兽,常常还有婢妾奴仆。因为人殉太残酷,不断地有统治者表示仁慈,禁止人殉,如秦献公元年(公元前384)"止从死"(《史记·秦本纪》),但人殉现象却长期存在,到明朝前期还有宫人殉葬皇帝的制度,明英宗加以废除,历来被认作是一项仁政。以上说的是厚葬的两个内容,即建造规模宏大的墓室,放置大量随葬物品(甚至包括活人)。

厚葬的第三项内容是吊唁和送殡规模大。丧主通知亲友,设灵堂,供生者悼念。东晋时中书令王献之死,他的哥哥黄门侍郎王徽之奔丧到来,直上灵床,弹奏弟弟生前使用的琴,表示哀悼。(《晋书·王徽之传》)散骑常侍顾荣生前爱好奏琴,死后家属将琴放在灵床上,他的朋友张翰来哭灵,边抚琴边伤感地说,我的老朋友再不能欣赏我的琴声了,说着痛哭起来。(《晋书·顾荣传》)这种就死者生前的喜好而表达的言行,是对亡者的真正追念,是正常现象。但是生者不以此为满足,希望来吊唁的人越多越好,次数越频繁越好,这就是厚葬的思想了。汉景帝时,洛阳人剧孟是个赌徒,他母亲死了,参加送葬的人所乘的车子有一千余辆,队伍庞大,引人注意。楚王相袁盎与剧孟交游,一个富人不以为然,对袁盎说剧孟是赌徒,同他交友岂不失了身份,袁盎说剧孟确实是赌徒,但他母亲出殡有那么多的人去送葬,可见其人不简单。袁盎不但继续同剧孟交好,反而和那个富人绝交了。(《汉书·袁盎传》)袁盎重视剧孟是看到他的社交能量,而根据就是他母亲的送葬者众多。这件事说明送殡的人多是丧主的一种荣耀,人们当然要追求它。北魏赵郡房子(今河北高邑)人,光禄卿赵修,因得魏世宗的宠幸,在安葬乃父赵谧时,王公以下百官都去吊唁,祭奠仪物之多,灵堂放不下,宅院容不了,充塞于临街的大门。他将尸枢送回原籍安葬,在京城制作了墓碑、墓志铭、石兽、石柱,沿路用凶吉车辆将近百乘。他这样隆重的出殡,似乎是在讲孝道,但是一路之上,与宾客嬉笑无度,甚而抢掠民女扒掉衣服取乐。(《魏书·赵修传》)

吊唁出殡的隆盛还表现在路祭的发展上。这是在出殡途中,亲友设祭坛于交通要道口。在唐朝,开始是设大约底部一方丈、高数尺的祭盘,用帏帛围起来,中间放置人造花、果,表示祭奠之意。安史之乱以后,路祭大发展,祭盘帐幕高达一丈,内置灵床,雕金饰画,帐盘之外,盛列牛羊祭品。唐代宗大历(766—779)中,太原节度使辛云京的葬礼在长安举行,诸道节度使派人致祭,范阳节度使的祭盘最大,并演出类似后日的木偶戏,以开国勋臣尉迟敬德为形象,与突厥人战斗,又作了以鸿门宴为故事内容的演出,孝子以祭盘精好与高大给两匹马犒劳其主事人。昭义节度使薛某死,灵柩送回原籍绛州,管内各县官及其他地方的长官在阳城南面设祭,每隔半里一个祭盘,到漳河码头二十余里,祭坛不绝,其中大祭盘要费钱千余贯,小的也要三四百贯。等到灵车过后,这些祭盘全部成了废物。(《唐语林》)人们如此热衷于吊祭,如果亲友不来,丧主就要责怪了。东晋会稽郡守王述在郡居母丧,接替他的王羲之仅吊唁一次,他以为王羲之还会来,终于再没见人,因此对王羲之非常痛恨。(《晋书·王羲之传》)

有经济条件的人厚葬,缺乏财力的人也不甘示弱。西汉初年,平原君朱健的母亲亡故,家贫没有钱发丧,打算借贷衣服用具。辟阳侯审食其本想同朱健亲近,朱健看不起他的为人予以拒绝,他就接受太中大夫陆贾的建议,赠送朱健百金,以便他购买死者的殓衣,朱健遂因这项救济而同审食其交好。(《汉书·朱健传》)朱健为要把母亲的丧事办好,不惜改变品行与妄人结交,可见厚葬治丧思想的严重。汉武帝时游侠原涉友人的母亲死亡,无钱下葬,原涉给他募捐,送去衣被棺木及饭含等物,使友人漂漂亮亮地发了丧。(《汉书·原涉传》)北宋初年检校刑部尚书、光禄卿张铸亡故,家里没有现金下葬,卖了他的衣服、舆马及园圃,得钱 10 万办了丧事。(《宋史·张铸传》)借贷、募捐、卖产埋葬,都是厚葬的表现。

厚葬是一种弊风陋俗,为有识之士所反感,并致力于对它的抵制。汉武帝时有叫杨王孙的人,家有千金之业,生活上想吃什么吃什么,想用什么用什么,是"厚自奉养"的人,但对治丧从厚持反对态度。病危之时告诉儿子,死后实行裸葬,办法是把尸体装在布囊里,到入土时,从脚下抽出布囊,使赤裸的身体与土壤结合。他的儿子既不敢违抗父命,又不愿父亲裸葬,就请乃父的朋友祁侯缯去劝说他改变主意。祁侯缯于是给杨王孙写信,说裸葬等于是戮尸,也不好在地下见先人,这个办法不可行;再说《孝经》就讲安葬要用棺椁衣衾,这是圣人的遗制,可不能违背啊!不孝与违礼是严重的问题,杨王孙却不在意,回信说明他的看法。他认为丧礼应该有,但是现在的人厚葬做得太过分了,所以"吾以裸葬,将以矫世也"。他是抱着改变厚葬的恶风劣俗而实行薄葬,是为了惊醒沉溺于厚葬的世俗庸人。他还认识到厚葬有两个害处,一是生者让财富随死者下葬,不久腐化了,这对生者死者都没有益处,只不过是俗人以安葬之奢靡来比阔气；二是厚葬引起盗墓的怪事，致使先人遗体遭到毁坏、暴露，这和不葬又有什么不同，这才是真正的不孝，若薄葬就不会发生盗墓的事了。他还进一步说明裸葬的好处，即裸葬使身体与土地有直接接触，可以"反真"："且夫死者，终生之化，且物之归者也。归者得至，化者得变，是物各反其真也。反真冥冥，亡形亡声，乃合道情。"（《汉书·杨王孙传》）

照我们的理解，他的意思大约是人来自自然界，死后返回自然界，而裸葬最易实现这个道理，因为厚葬有棺椁衣衾隔着身体与土壤，反而不易返真。杨王孙的坚持薄葬，有理论，而目标是对准着厚葬。比杨王孙略晚的谏大夫贡禹向汉元帝上言，强烈反对厚葬，他指出当时民间的厚葬状况："众庶埋葬，皆虚地上而实地下。"所以造成这样的情形，是"过自上生"，即皇家带的头，汉武帝、昭帝、宣帝的营葬都是奢华过度，"大失礼，逆天心"。（《汉书·贡禹传》）他主张薄葬，把矛头对准皇家的厚葬，是有胆识之见。

像杨王孙、贡禹那样主张薄葬者，西汉以后代不乏人，东汉大儒马融享年八十有八，临终"遗命薄葬"。（《后汉书·马融传》）以卧冰取鱼供母食用而著名的孝子、西晋的太保王祥，对于自身丧事的安排是：断气之后，只洗手足，不必沐浴全身；只穿着平常的衣服，不要新装；朝廷所赐玉佩、玉、绶筥都不用随葬；墓穴能放下棺椁就行，不需用石砌，也不要起坟陇；祭品只用干饭、干肉各一盘，酒一杯，不得多用；家人大小都不要送丧。总之，一切要求从简。他死后，皇帝赐了很多钱帛。他的子孙遵照遗命不敢大办，除了亲旧故吏及贤明朝臣来悼念，"门无杂吊之宾"，（《晋书·王祥传》）丧事办得确实简单。南朝中书侍郎王微"遗命薄葬"，出殡时不用长幡、吹鼓和挽歌，灵床两宿即行撤消。（《南史·王微传》）唐代开元名相姚崇说古来薄葬的人，"子孙皆遵成命，迄今以为美谈"，表明他欣赏薄葬。他认为"死者无知，自同粪土"，何必搞厚葬，把家业给败坏了，因此要求子孙给他薄葬，即用素常的衣服装裹，四时衣服各一套，不要穿官服。世俗用释氏大做佛事，姚崇对子孙们说，我是不信佛的，你们如果循俗情给我请和尚念经，只能在七七期内做，布施只可用我随身衣物，不得多费钱财。他还要求子孙将来也像这样打发自己。（《旧唐书·姚崇传》）北宋宰相晏殊在世时"奉养清俭"，（《宋史·晏殊传》）死后也是薄葬。据记载，他葬于阳翟，（今河南禹县）那里还有张侍郎坟茔，盗墓人从张侍郎坟得到很多宝物，而在晏殊墓中只有木胎金裹带一件值钱，气得发疯，把墓主尸骨砸碎了，事实证明晏殊是薄葬论实践者。①

薄葬的实行者,最多的是出现在民众之中。以方腊起事而名声显著的摩尼教教徒有其独特的葬法:当入殓时身着衣冠,旁边有两个同教之人,一人问人始生的时候有帽子吗?一人回答说没有,然后摘下尸身的帽子;又逐一询问生时有衣服和他物吗?回说没有,因而一一去掉;又问来时有什么呢?说是胞衣,于是用布囊盛起来安葬。②这是民间宗教徒的薄葬,反映了不少民众反对厚葬的态度。

总的看来,薄葬者在实践之外还有理论,就是反对厚葬的浪费财物,主张让尸体速朽,返回自然界。

有的人在理论上并不反对厚葬,甚或还是它的主张者,但是在行动上却不实践。他们把死者简单装殓,放在家中,或者寄存在寺庙等公共场所,不行入土安葬,等几年以至一二十年后始行掩埋,这就是停丧不葬。这是一种习俗,至迟在北宋年间已经形成。司马光在《家范》中指出,当时人相信阴阳家的风水说,要选择上好的吉壤做坟地,还要挑选黄道吉日作为下葬的时间,如此要求不免一时难于达到,因此"久而不葬",还有的人因为"贫无以办具",即没有钱备置安葬的各种物品,也不能使先人入土。两宋之际的庄绰也说当时人对于安葬,"信时日,卜葬尝远,且惜殡攒之费,另停柩其家,亦不设涂墍,至顿置百物于棺上,如几案焉"。(《鸡肋编》)他们共同说明两宋时代人们停丧不葬的风俗,究其原因是两方面的。一是迷信风水,希冀葬事吉利,给生人带来富贵兴旺;二是想厚葬,但目下经济力量不足,寄希望于日后发达了阔绰地打发先人。停丧不葬,两宋以后愈演愈烈,至清代而极盛。

因为宋人的那两个原因始终存在着,所以就只能延续下来了。

薄葬、停丧不葬皆由厚葬而起,而厚葬是主流,形成古人丧葬的特点。那么古人何以非要厚葬呢?原因说来也简单,就是古人迷信,以为还有一个阴间,要使死人在阴间过得好,就要风风光光地发送到阴间去,因此按照阳间的社会生活模式,安排葬仪、葬物,好使死者到阴间享受到在阳间的待遇,或者还要超过阳间。古人讲"事死如事生",就是讲的这个道理。

不过这样说太笼统了,具体说厚葬先人是行孝,厚葬皇帝是尽忠。前述原

---

① 《梁绍壬:《两般秋雨庵随笔》。
② 庄绰:《鸡肋编》。

涉帮人募捐葬亲,他自己对丧事也大有讲究。他的父亲是南阳太守,死在任上,按照当时的习惯,属吏要给他敛钱千万以上,以便他安葬父亲及其家属置买产业,原涉在乃父死时,不要南阳郡的馈赠,得到义行的美名,过后觉得自己是得到好名声了,可是因为没有要赠遗而缺乏钱财,对先人的安葬简单些了,是不孝的表现——"令先人坟墓俭约,非孝也"。为弥补这一缺憾,于是给父坟大搞地上建筑,盖祠堂,修围墙,立墓表,上题"南阳仟"字样,竟以其父代表南阳郡。(《汉书》)

厚葬是行孝的观念一经形成,厚葬就等于是尽孝尽忠,那么不厚葬就是不孝不忠,反定理一成立,人们为了表示忠孝,更以厚葬为不可移易的准则。而且不厚葬,还会被人视为小气,舍不得给先人花钱,舍不得宴请吊唁亲友。姚崇就道出了厚葬实行者的这种心理:"咸以奢厚为忠孝,以俭薄为悭惜。"(《旧唐书·姚崇传》)小气是社会舆论所蔑视的,人也不敢犯,为与其绝缘,就要在治葬中大手大脚,尽可能丰厚地办丧事了。

考察古人的厚葬,我们感慨良多。

第一,厚葬是一种恶劣的风俗,应当大力摒绝。厚葬把人间有用的资财埋于地下,有的化为灰烬,有的腐朽而失去它的实用价值,有的是为埋葬用的,即是明器,这种生产浪费了人力物力,却毫无实用价值。这样糟蹋社会财富,不利于生人的生活,不利于社会物质财富的再生产。因此毁坏物质文明的厚葬作为一种社会行动,可以说是一种社会病,作为一种社会风尚,则是极其丑陋的弊俗。在这里我们要和今天把古人随葬品当作出土文物区别开来。古人把珠宝器物埋葬掉是毁弃社会财富,今人将出土物妥善保管,供人们欣赏,是变废为宝,是另一回事。这正是今人的高明处,从而也纠正了古人厚葬的弊病。

第二,厚葬表现出古人严格的等级观念,应当进一步批判。我们从前述秦始皇陵及霍光等人的丧葬可知,墓穴和地上建筑、死者穿着和随葬品,以至人殉,无不标志着死者及其子孙的社会地位。本来,在等级社会丧葬制度就是等级制度的一项内容,一种标志,厚葬是全面依照丧葬制度实行的,是丧制的体现,也是等级制的体现。等级制是历史上一种阻碍社会发展的制度,其恶劣作用毋庸赘言,那种厚葬制度及习俗自然应在清除之列。今日有人不明究竟,意欲效法,经营商业赚了钱,早早地给自己修坟墓,并在坟地按照辈分给子孙规划墓穴,搞以祖宗为中心的坟山,这是家族等级制的反映,是父家长制残余在丧葬制度上的表现。今日预造坟墓已是荒唐之举,再搞家内等级的区别,更是谬上加谬。又据报载,昆明郊区石城山、鸡旦山由西南仪器厂承包绿化,山上原来柏树、柳树成荫,一些职工认为这是风水宝地,因而在此营造生圹,墓用石块和水泥修建,有的从外地运来黑色大理石,有的在碑上雕刻龙凤戏珠,并饰以金粉、银粉,坟墓占地颇多,大的达 18.5 平方米。还有 128 名职工自造的棺材,在这些人中有 12 名宣誓与迷信开战的共产党员,有中层领导干部,还有属于知识分子的工程技术人员。当我们获知此事,欲笑笑不出来,心中感慨,不可名状。

(原载《去古人的庭院散步》,中华书局,2005 年)

宋元明时期的火葬

火葬作为一种葬法,在历史上争论颇多,是社会生活中一个值得注意的问题。火葬在五代两宋流行开前,从人们对火葬的恐惧和对于土葬的虔诚,可知它产生的不易,所以我们不妨从唐以前的两个孝子葬亲的事实谈起。

廉范,东汉京兆杜陵人,官至太守。他父亲在两汉之际的大乱中客死四川,廉范15岁辞别母亲,赴川给父亲收尸。蜀郡太守张穆是乃父的属吏,要资助他,他不接受,与雇的人背着尸首步行返里,途中乘船,船触石沉没,廉范抱着棺材不放,众人为他的孝行所感动,设法把他救上来,他终于将乃父埋在家乡的土壤里。(《后汉书·廉范传》)他不顾生命危险迎还父尸埋葬,除了孝顺思想,还受安葬故土和完尸观念的支配。

会稽诸暨人贾恩,刘宋元嘉三年(426)母亲故世,还没有安葬,忽然邻居家着火,延及贾家,贾恩和妻子桓氏怕把母尸烧化,一边哭泣,一边抢救,邻人也赶来帮助,遂使母亲的尸体棺椁完整保存,但是贾恩夫妇却烧死了。地方官把这件事报告中央,皇帝下令将贾恩的乡里改名孝义里,免除他家三代的赋税,追赠贾恩天水郡显亲县左尉,以示表彰。(《宋书·贾恩传》)贾恩夫妇以死保护母亲尸体,是怕母尸火化,邻人那样救助也是怕火化,政府给贾恩的恩荣是旌其孝义,是赞扬他保护母尸。这件事情充分表明南北朝时汉人是多么惧怕火化。

然而后世发生了变化。建隆三年(962)三月,宋太祖下令禁止火葬:"近代以来,率多火葬,甚愆典礼,自今宜禁之。"(《续通典·礼典》)这一年是北宋建国的第三年,宋太祖就说民间火葬现象很普遍,说明火葬至迟在五代时期就流行开来了,北宋初年的火葬应是这种风俗的沿袭,不过政府持反对的态度。开宝三年(970)宋太祖诏令开封府,"禁丧葬之家不得用道、释威仪及装束异色人物前引"(《宋史·礼志》)。佛教上层人士中流行火化,建舍利塔,宋太祖禁效释家的诏书,应当包含反对民间火葬的内容。北宋政府禁止火化,有些地方官建立义冢,令人土葬。但火葬仍旧流行,如山西人普遍实行火葬,有的地方人把尸体火化后,将骨灰撒于水中,毫不保存。到南宋绍兴二十七年(1157)监登闻鼓院范同上奏,说"方今火葬之惨,日益炽甚",建议地方官设立义地令贫民葬亲,宋高宗批准了他的请求。次年(1158)户部侍郎荣㠝上言,置义冢确为善政,但仍有穷人葬不起,客死他乡者的后人也难于尽使亲尸返里,因而建议"除豪富士族申严禁止外,贫下之民并客旅远方之人,若有死亡,姑从其便"。宋高宗考虑到实际情况,同意他的看法,于是在部分人中禁止火葬,而对另一部分人就听其自便。(《宋史·礼志》)有些地区,富人、贫人都不遵守政府禁令,实行火葬,在吴县,有个通济寺,内设焚化亭,供民间火化亲人,骨骸烧不成灰的,投入深渊,绝不埋葬。景定二年(1216),亭子为风雨摧毁,寺僧要求官府重修,引起吴县尉黄震的反对,写出《乞免再起化人亭状》,给我们留下关于该地火葬流行的情况。(顾炎武《日知录·火葬》)

元代北京路百姓父母身亡,往往置于柴薪之上以火焚烧。顺帝至正十五年(1355),北京路同知高朝上言,表示反对,礼部讨论,认为四方风俗不一,民族习惯不同,不能强行一致,建议把从军应役、远方客旅及色目人除外,土著汉人一律土葬。(《续通典·礼典》)《郑氏规范》记载一条郑氏家规,讲劝人"勿用火葬",无地的人允许埋在他家的义冢里,反映元代浙江穷人火葬的事实。

明太祖于洪武三年(1370)下令,禁止浙江等处民人水葬和火葬,如若违犯,治以重罪。这个条令并未完全实行,终明之世火葬仍在不少地方流行,明末清初江南昆山人顾炎武在《日知录·火葬》中讲:"火葬之俗盛行于江南,自宋时已有之。"从语气可知,他生存的时代仍不乏火葬的。他在《天下郡国利病书》引《永康县志》说浙江永康县有八项弊俗,其一就是火葬。

《日知录》中关于火葬的记载,清初也有一些地方的人实行火葬。顺治五年(1648)四月,清朝公布丧葬则例,官民人等"有愿从旧制焚化者,听之"(《清世祖实录》卷三十八)。这里允许官民火葬,是遵从满洲族旧俗。在清代,蒙古族、藏族中一部分人也是火葬。少数民族的葬俗放过不谈,清初广东的一些汉人,就番禺人屈大均所见,穷人因为没有坟地,有实行火葬或者水葬的。(《广东新语》)乾隆五十七年(1792)浙江绍兴知府李亨把该府历年禁止的事项,拣出10件"尤为风俗害者",勒石严禁,其中有一条就是"焚烧尸棺"(乾隆《绍兴府志·风俗》)。显然绍兴也有火葬的流行。同时期,浙江海盐举人吴文晖作《悯俗》诗,叙述当地火葬情景:孝子将棺椁抬到坟地,把棺材劈开,就用作燃料焚化尸体,所谓"椁毁棺开速曆火,赫然焰起如流虹"①。嘉庆道光间,浙江嘉兴府桐乡县也有火葬的现象,当地人郑敬怀看不惯,说这是"忍心火葬到骨肉"(《清诗铎》)。同治时,有些杭州、嘉兴、湖州府人对已经土葬的亲人发冢开棺,把尸体烧化,叫作"明葬";如果尸体业已腐烂,就烧棺材,叫作"暗葬";有的尸首僵化了,就用斧头劈开了烧化。火化时请僧道念经,并宴请亲友。(《禁火葬录》)中原汉人有一些在特殊情形下实行火葬的,如有的婴幼儿殇逝,家长将之火化;有些无人收葬的野尸,慈善堂收尸焚化;因特种疾病而死,火化以免病菌传染。

汉人为什么要实行火葬呢?最重要的原因是贫穷埋葬不起。古代人以为另有一个阴间世界,也像阳间需要金钱物质,所以对安葬的要求很高,要像生前那样有必需的和充足的用品,于是在棺椁之外,要有很多陪葬物,要建造像样的阴宅。这是厚葬的办法,穷人生存都难维持,哪有余钱去土葬,有的人连巴掌大的地方也没有,往哪里去埋葬亲人呢?而火葬则不同,只需要火化费,陪葬物用不着,坟地也不要,最容易打发,穷人只能采用这个方法。从这方面看,实行火葬还是针对土葬中的弊俗而来。

葬礼中摆排场讲形式的风气历来很盛,即如唐代,皇家园陵规模之大,内藏之丰富,从永泰公主等人坟茔的出土物,已令人可以想象帝后陵寝随葬物之多了。在官民之家,唐代宗大历七年(772)规定送葬之家的设祭,只准在家中和茔所两处,不许在街肆摆设祭盘,禁令当然是针对街市设祭状况的盛行而言的。宪宗元和六年(811)条令,规定官民丧葬所使用的扛夫、挽歌人数,明器数量,以及出殡仪仗物装饰品的规格。(《唐会要·葬》)唐穆宗长庆三年(823)下令,民间丧葬祭奠不能用金银、锦绣做饰物,不得陈设音乐。这项法令又告诉我们当时丧葬有以锦绣装裹、金银装饰和用音乐的风尚。后唐明宗长兴二年(931),继唐宪宗条令之后,又一次规定官民出丧时使用的扛夫、挽歌人数,明器件数。如用违禁之物,赏给巡查出来的官员;如用乐,则责罚伶人。(《宋史·礼志》)唐朝五代厚葬弊俗如此之盛,五代北宋兴起的简朴的火葬,应当是它逆反的产物。

北宋还产生停丧不葬的弊俗,司马光说:"今世俗信术者妄言,以为葬不择地及岁月日时,则子孙不利,祸殃总至,乃至终丧除服,或十年,或二十年,

---

① 张应昌辑:《清诗铎》。

或终身，或累世犹不葬。"(《家范》卷五)因为要发达子孙，选择葬地和安葬的年月日时，选不出吉利时，就长期停丧不葬，这又是一种弊俗，流传到清代。这也是穷人所做不到的，只有焚化最省便。

宋元明政府屡次禁止火葬，认为它不合礼义。具体说又有两种含义。一是说它不符合等级规制。葬仪要反映死人在世时的社会地位，政府定有棺椁之品、建树之制，如果进行火葬，一炬完事，逝者的等级身份无从在身后长期表现了。二是要保持尸体完整的观念。尸、首相异，那是受了极刑，是不得好死，是死者及其亲属的耻辱。战国时燕国乐毅破齐国都城，围攻即墨，燕军挖掘城外坟墓，烧死人，即墨人在城上看见，因辱及先人，愤怒十倍，人人斗志昂扬，卒有田单火牛阵破燕军的大胜。(《史记·田单传》)

还有焚烧仇人，以为报仇的。明熹宗裕妃张氏，受阉党魏忠贤、熹宗乳母客氏的陷害，被打入冷宫，死后还被魏、客焚化，等到崇祯帝继位，昭雪张妃之冤，才被改行葬礼。(《明书·熹宗后妃》)焚烧尸体历来是对敌斗争的残酷手段，因为重视尸体的完整与安全，政府法令予以保护，禁止损坏他人尸体，唐律专设《残害死尸》条文，规定若焚烧、支解尸体，按照斗杀罪减一等处刑，斗杀罪有处死刑的，有判流刑的，毁坏死尸仅比这些刑罚减一等治罪，不用说处刑相当重。这还是对平常人的处治，若子孙毁坏缌麻服以上尊长尸体则完全依照斗杀罪处刑，就有杀身之祸。(《唐律疏义》卷十八)严刑惩治毁坏尸体的人，政府保护死尸的态度极其鲜明。毁尸不行，火化亲人自然被认为是不合人伦的，不道德的，是人子的不孝行为。政府为维持纲常伦纪也不允许火葬。如清朝政府后来觉得顺治五年的允许火葬法令不对，法律就规定不许毁坏亲尸，违者处死。同治七年(1868)翰林院侍讲学士钱宝廉针对浙江民间火葬的习俗，上书请求严禁，得到同治帝批准，在执行过程中，还出现了《禁火葬录》一书。

历朝政府在从观念上反对火化的同时，也不能不面对现实。即使再节俭安葬，有的穷人连葬地都没有，如何让他实行土葬呢？为解决这个问题，北宋建设漏泽园，用国有土地作为乱葬场，允许没有祖坟的人安葬。漏泽园后世颇有发展，大都市尤多。漏泽园又成为火葬的逆反现象。

火葬产生一些社会反响，引起社会福利的发展，这是火葬先趋者们完全没有料到的。

自五代至今，火葬已有 1000 年的历史，时间不可谓不久，应该说是一种古老的传统了。不过它不是在全国普遍实行的,在时间上又是时断时续的,所以后人并不了解这种传统。对于火葬的儒家伦理认识,更使人对它产生不良的印象,实行火葬的又多是穷苦人,也让人看不惯。

历史上少数民族有实行火葬的,据司马光说汉人火葬是学习的羌族葬法。(《续通典》卷八十二引司马光《仪书》)早期满族人实行火葬,这是前面说过的,顺治皇帝就火化了,但是他的后人以火葬为不光彩,在历史记载中故意含糊其辞,经过近人的考证才把这件事情揭示清楚。所以火葬尽管不乏实行者,但卑视的观念历来浓重,要想改变它,不花大力气是办不到的。

火葬史表明,一种风俗的流传有曲折,流行了可能中断,中断了又会兴起,这倒符合一般事物的发展变化规律,火葬就是这样演变的。火葬手续简易,经济节省,有骨灰可供永久纪念,对个人、对社会都是少浪费财富。还有一点应当看到,就是火葬节约坟地。清代杭、嘉、湖是地狭人众的地方,农桑发展,但土葬占地面积大,与农田争土地,人们焚尸是为腾出地方,好种桑养蚕,发展生产。钱宝廉说,"乡民无知,坚持蚕桑为重,营葬即有碍种桑之见",故而有"火葬之举"(《禁火葬录》),把火葬与保留耕地的关系说得很明白。因此我们说火葬是有利于发展生产的好葬法,它应当是有生命力的事物,在遭到严重压抑的时代都能维持下来,在人们普遍认识它的好处后,会更能流行了。

(原载《去古人的庭院散步》,中华书局,2005 年)

《中国古代农民的构成及其变化》导读(节选)

常建华

冯尔康先生的《中国古代农民的构成及其变化》,是一篇宏观考察从战国到清代农民问题的重要论文,提出了诸多新的学术观点。该文成于1996年,发表于1998年,距今20年了。这样综论中国古代农民的宏文,学术界并不多见,我以为是继王毓铨先生1980年所写《〈中国历史上农民的身分〉写作提纲》后的又一力作。王先生所论的"身分"指生产关系中的地位,旨在说明中国历史上的农民并非"自由的""独立的",不同于18世纪欧洲的农民,隶属于皇帝的"家天下"。我理解王文主要是从国家与农民的关系角度探讨农民身分的。冯先生的论文则主要从土地所有与农民的关系角度论述农民的构成及其变化。两篇大作都讨论中国古代农民,立意有所不同,可以参照阅读。

冯先生的论文,既是建立在中国学术界以往有关农民的学术讨论如土地所有制、农民战争、租佃关系、资本主义萌芽等等基础之上,也是自身学术研究的积累、转变,如要把握好冯先生的学术观点,应认识他有关社会经济史研究的过程与学术观念的变化。

一、从租佃关系到社会群体

冯尔康先生治明清史最初侧重于社会经济史,1962年冯先生师从著名历史学家郑天挺先生读研究生,[①]他的毕业论文就是清代中叶江南租佃关系研究,该毕业论文加工后,以《十七世纪中叶至十八世纪中叶江南的商品交换、

---

① 冯尔康(1934—　)出生江苏仪征,成长于北京,1955年就读于南开大学历史学系,1959年毕业留校,旋师从郑天挺教授为明清史研究生,毕业后仍在中国古代史教研室任助教,"文革"后晋升讲师、副教授,1985年为教授,现为南开大学荣誉教授。

消费与本末观念》为题目发表于《清史论丛》第七辑(中华书局,1986年)。冯先生大量发表学术论文是在改革开放之后,20世纪七八十年代之交,发表了一批有关租佃关系的论文,计有《试论清代皖南富裕棚民的经营方式》(1978)、《清代押租制与租佃关系的局部变化》(1980)、《清代的货币地租与农民的身份地位初探》(1980)、《清代地主层级结构及经营方式述论》(1984)以及较早完成出版较晚的《清代自耕农与地主对土地的占有》(1990),这批论文主旨在探讨租佃关系,已开始涉及地主、自耕农、农民等不同经济关系的社会阶级。

改革开放以后,南开大学历史系中国古代史专业在刘泽华、冯尔康两位先生的推动下,将阶级关系作为研究方向。南开大学历史系在国内积极推动这一研究,先是联合《历史研究》杂志社、云南大学历史系于1983年10月在昆明举行"中国封建地主阶级研究"学术讨论会,后来又与《历史研究》杂志社、天津师范大学历史系合作,于1985年5月在天津召开了"中外封建社会劳动者生产生活状况比较研究讨论会"。这两次会议将"地主阶级""劳动者"作为群体单独提出考察,不仅重视他们的"生产"而且关注"生活",一时别开生面。冯先生为前一个会议写了《清代地主层级结构及经营方式述论》一文,为后一个会议提交《关于中国封建时代自耕农的若干考察》[1]一文。

这些会议的举行以及相伴随的论文写作,使得冯先生对于"社会"的认识发生了较大的变化。1986年,南开大学历史系联合《历史研究》杂志社、天津人民出版社举办了"首届中国社会史研讨会",冯先生发表《开展社会史研究》一文,主张"中国社会史的研究对象是中国历史上人们的群体生活与生活方式"[2]。将"群体"研究作为认识社会的的主要途径,阶级研究转化为"群体"研究,而且是从"生活"考察。接着,冯先生发表《清代社会史论纲》[3],提出对清代社会研究的全面设想。

20世纪80年代末,冯先生承担了国家社科基金重点项目中国社会群体及其结构的探讨,主编并主撰《中国社会结构的演变》(河南人民出版社,1993年),在长达近20万字的绪论中,概括了中国古代至近代前期的社会结构模

---

[1] 分别收入南开大学历史系中国古代史教研室编《中国古代地主阶级研究论集》(以《清代地主阶级述论》为题目),南开大学出版社,1984年;南开大学历史系等编《中外封建社会劳动者状况比较研究论文集》,南开大学出版社,1989年。

[2] 冯尔康:《开展社会史研究》,《历史研究》1987年第1期。

[3] 冯尔康:《清代社会史论纲》,《中华文史论丛》1987年第1期。

式及其变化。

1996 年,在著名清史专家台湾大学名誉教授陈捷先的联络下,于南开大学历史系举办"彭炳进教授学术讲座",由冯先生负责实施,每年一个主题,邀请著名学者演讲,然后按照主题结集出版。第一讲主题是"中国农民",分别由冯尔康、刘泽华、朱凤瀚、蔡美彪、郭松义、陈振江、魏宏运演讲,结集为《中国历史上的农民》,于 1998 年在台北出版,冯先生的《中国古代农民的构成及其变化》即是收入该书的论文。

《中国古代农民的构成及其变化》是研究农民群体的专文。该文是冯先生数十年研究中国社会群体及其结构的思考与总结,冯先生自定的两种文集都反映出他研究社会史的关心点,他的《顾真斋文丛》(中华书局,2003 年)比较全面地开展对于清代各个阶层与社会经济结构、群体、区域社会、社会问题四大方面的探讨,冯先生认为该书称得上是"清代社会群体史卷"。第一方面的论文依次是《清代社会史论纲》《清代地主层级结构及经营方式述论》《清代自耕农与地主对土地的占有》《清代押租制与租佃关系的局部变化》《清代的货币地租与农民的身份地位初探》《十七世纪中叶至十八世纪中叶江南的商品交换、消费与本末观念》《试论清代皖南富裕棚民的经营方式》7 篇论文,冯先生对于清代地主、自耕农、租佃关系、农民的研究支撑了他对清代社会与社会群体的基础性认识。冯先生另一部文集《中国社会史研究》(天津人民出版社,2010 年),第二部分"社会结构与农民"收录《中国社会结构演变简史》(《中国社会结构的演变》绪论)、《关于中国封建时代自耕农的若干考察》《中国古代农民的构成及其变化》等文章,反映出冯先生从农民群体探讨中国社会结构的思路。

其实把握冯先生对于清代农民与社会的认识,还应当了解他利用嘉庆朝刑科题本对乾嘉之际下层社会面貌的研究。

冯先生在 20 世纪 70 年代开始阅读第一历史档案馆刑科题本土地债务类档案,他带领学生从嘉庆朝的三万两千余件刑科题本中抄录清代各种人资料。冯先生发表于 20 世纪七八十年代的前述论文,接续了社会形态史学下经济社会史研究的传统,但是在改革开放的背景下,研究理念发生了一些变化,冯先生利用刑科题本关注不同的人群,兴趣扩大到下层社会。2004 年冯先生应台湾纯智文教基金会汪荣祖教授的邀请,为"萧公权学术讲座"作第二讲讲座(第一讲由何炳棣演讲),演讲题目为"乾嘉之际下层社会面貌——以嘉庆朝刑科题本档案史料为例",并出版,[①]内容主要为五部分:小业主的经济状况和社会生活、家庭生活与婚姻生育、宗族社会状态、流动人口、社会不稳定状态下人们的生活。在此基础上,冯先生将清代流动人口、宗族状态、小业主生活的部分修改成论文发表。[②]冯先生研究的这些问题往往涉及农民,或者说他从更开阔的视野看待清代农民。

冯先生编纂嘉庆朝刑科题本史料的理念也发生了变化,将阶级关系扩展到全社会。冯先生长期关注嘉庆朝刑科题本,探讨其史料价值,认为:"记录命案而形成的土地债务类档案,往往把涉及诉讼双方以及见证人的身份(功名、官职、平民、佃户、雇工、贱民、旗民、僧道等),土地占有状况(数量、买卖、典当、找赎、田价),土地经营方式和租佃关系(自营或出租、租佃双方身份、地租形态及地租量、平常关系),雇佣关系(东伙双方身份、雇工类型、工价、日常关系),主奴关系(家主身份、奴婢类型、身价、来源),借贷关系,官民关系,被压迫、被剥削者的反抗意识、活动和结局,交待得比较清楚,给后人留下了关于清人社会经济生活和社会结构的资料。"[③]并指出尤以租佃关系、东伙关系、主仆关系和宗族、家庭成员间相互关系四方面的内容更多些,还认为它的史料价值特别表现在"下层民众社会生活史"上,即:"土地买卖、典当、找赎、租佃和银钱借贷运行过程,雇工的生产劳动和生活,人们的宗族、家庭生活,移民的迁徙和创业过程,奴婢听受主人支配的生活,在土地债务类档案中均有不少的记载。这些社会下层民众的生活,不像达官贵人有较多的文字记录,赖有这类档案史料,使史家可以采集耙梳,去描述下层民众的社会生活和他们的历史。"[④]

---

① 冯尔康:《2004 萧公权学术讲座》,台湾中正大学历史系,2004 年。

② 冯尔康:《18 世纪末 19 世纪初中国的流动人口——以嘉庆朝刑科题本档案资料为范围》,《天津师范大学学报》2005 年第 2 期;《十八、十九世纪之际的宗族社会状态——以嘉庆朝刑科题本资料为范围》,《中国史研究》2005 年增刊;《乾嘉之际小业主的经济状况和社会生活——兼述嘉庆朝刑科题本档案史料的价值》,《中国社会历史评论》第 7 卷,天津古籍出版社,2006 年,第 13—32 页。

③④ 冯尔康:《论"一史馆"土地债务类档案的史料价值》,《南开学报》1999 年第 4 期。

二、土地产权多层级、农民构成多样化与社会历史的新认识

著名历史学家傅衣凌先生晚年郑重声明，不再使用封建社会这个名词，而称之为传统社会，认为中国的传统社会是一个多元社会，不但具有极大弹性，而且为中华民族创造了长达十几个世纪领先于世界的灿烂文明。傅先生所谓的多元化社会，强调"财产所有形态和财产法权观念的多元化"[1]。赵冈先生认为："中国社会的产权制度很早就导出市场经济，而市场经济就是多元化的结构，具有极大的弹性。"[2]

冯先生对于中国古代农民的新认识，也是从对于土地产权讨论的突破入手的。学术界对于中国古代土地所有制的认识主要有国有制、私有制、多种所有制诸说，冯先生用多层级土地所有制来概括，即认为国家、私人都有所有权，并有不同层级的权力区别，除了第一层级对官田之外，都没有完整的所有权。共分为五个层级：一是国家所有权，或说皇帝所有权；二是贵族官僚对官田的占有权；三是私人业主所有权；四是典当业主的部分所有权；五是"一田二主"的押租制下的佃农的永佃权和转让权，一定程度地分割土地所有权。冯先生同时强调："以上五个层级，自上而下，所有权的量度在递减；自下而上，所有权的量度在递增。"主导面则在一、三两个层级，私田在相当程度上可以买卖。冯先生的新看法，旨在化解中国古代土地所有制的国有制与私有制之争，同时兼顾了二者各自的合理性。

冯先生摒弃只把种田人作为农民的狭隘看法，认为"一切与耕地、与农业生产有关系而又不是其它职业或身份的人都属于农民范畴"，大大拓宽了认识农民的视野。在明了多层级土地所有制和农民范畴之后，冯先生提出农民的社会构成，他把农民分为九类：自耕农、半自耕农、平民佃农、佃仆、国家佃户、农业佣工、农业奴隶、富裕农民、平民地主，冯先生强调，从生产劳动角度讲，农民主要成分是属于平民身份的自耕农（含半自耕农）和平民佃农，其次是依附农（佃仆、佣工）；从影响社会变化的视角看，自耕农、平民地主和佃农最重要。

---

[1] 傅衣凌：《中国传统社会·多元的结构》，《中国社会经济史研究》1988 年第 3 期。

[2] 赵冈：《论传统中国社会的性质》，《中国社会经济史研究》1992 年第 2 期。

冯先生特别指出,从变化发展来看,自耕农和佃农迭为主体。即唐代以前自耕农为农民的主体,唐代以后随着依附农的减少,平民佃农增多,社会地位提高,逐渐取代自耕农的地位,时或上升成为农民的主体。冯先生认为,探究自耕农在农民构成中得以长期成为主要因素、佃农地位得以上升以及双方地位转化的原因,多层级土地所有制的变化当是着眼点,主要考虑的因素有四:一是官田的私田化,扩大庶民土地所有制;二是土地买卖权力程度的变化,与庶民地主土地所有制的发展;三是土地所有权第一层级实施的作用,影响自耕农;四是其它社会因素和土地买卖的作用。

冯先生从对多层级土地所有制、农民构成的研究,发现中国古代历史的三个特点:第一,中国古代封建社会具有两种基本社会矛盾,即封建国家与农民的矛盾,地主与佃农的矛盾。这一看法不同于以往论述封建社会形态的主要矛盾为地主与农民矛盾说。第二,农民构成的历史实际所反映的中国封建时代的特点,一是多层级土地所有制下私有制和庶民土地所有制的发达;二是多层级土地所有制是中国封建中央集权所由产生的终级原因,或者是人们通常所说的小土地所有者成了社会的基础;三是多层级土地所有制和农民的广泛构成,允许农民具有创造性,为产生古代的灿烂文明作出贡献。第三,由土地所有制和农民构成认识古代农村居民的分化及流民、游民问题的严重性。

冯先生上述论证很有逻辑性,不仅注重土地产权的分析、阶级分析、等级分析,还特别强调了兼顾四种研究方法而熔于一炉。其一,注意农业要素,即农业包含土地、劳力、投资和农业知识四要素;其二,注意与土地所有制相联系,认识劳动者如何与土地结合,也就是需要考查土地所有制与生产关系下的生产者成分;其三,农民与政权关系;其四,运用社会结构理论,要义是寻找结构要素之间的联系和变化,据此考察农民构成诸成分之间的关系及其变动,并探讨农村分化。

冯先生的出色研究,解决了他在论文开头所说的四个疑惑问题:(1)农民不只是指或主要是指佃农,不能忽视了自耕农的大量存在,如此才能认清农民结构。(2)自耕农和佃农在农民构成中各有地位,主体地位大致以唐代为界发生大的变化。(3)古代的地主与农民构成在一定意义上的农民。(4)小土地所有制和小农制经济的多层级与分散性成为封建经济基础和专制基础。冯先生的这项研究,不仅提出了农民构成及其变化的看法,是农民问题的基础性